上虞年鉴

SHANG YU NIAN JIAN

绍兴市上虞区史志工作委员会　编

2013

方志出版社
Publishing House of Local Records

图书在版编目(CIP)数据

上虞年鉴. 2013 / 绍兴市上虞区史志工作委员会编
. — 北京 : 方志出版社, 2017.12
ISBN 978-7-5144-2919-0

Ⅰ. ①上… Ⅱ. ①绍… Ⅲ. ①上虞—2013—年鉴
Ⅳ. ①Z525.54

中国版本图书馆 CIP 数据核字(2018)第 014650 号

上虞年鉴(2013)

编　　者: 绍兴市上虞区史志工作委员会
责任编辑: 李志瑜
出 版 人: 冀祥德
出 版 者: 方志出版社
地址　北京市朝阳区潘家园东里 9 号(国家方志馆 4 层)
邮编　100021
网址　http://www.fzph.org
发　　行: 方志出版社图书经销中心
(010) 67110500
经　　销: 各地新华书店
印　　刷: 杭州富春电子印务有限公司
开　　本: 889×1194　1/16
印　　张: 29
字　　数: 875 千字
版　　次: 2017 年 12 月第 1 版　2017 年 12 月第 1 次印刷
印　　数: 0001 ~ 1000 册
ISBN 978-7-5144-2919-0　定价: 160.00 元

金科
金科大酒店
大通购物中心
Walmart
沃尔玛
时代百货
Times
McDonald's

△上虞市区全景

编辑说明

一、《上虞年鉴》由中共上虞区委、上虞区人民政府主办，上虞区史志工作委员会主持，中共上虞区委党史研究室（市志办）组织实施，各有关单位参与，众人撰写，年鉴编辑部编纂。

二、《上虞年鉴》具有党委、政府年度公报性质，是集地方性、时效性、综合性于一体的大型资料性工具书。

三、《上虞年鉴》每年编纂出版一部，全面、系统、客观地记载上虞区上一年度自然、经济、政治、文化和社会生活的基本面貌及发展状况，为各级领导提供决策依据，为区内外人士了解上虞提供参考资料，为研究市情及编修志书积累史料。

四、《上虞年鉴（2013）》记载2012年上虞市围绕“全面建成惠及全市人民更高水平的小康社会，率先基本实现现代化上虞”奋斗目标，加快建设“创新上虞”“精致上虞”“人文上虞”“幸福上虞”的实际情况，着重反映当年事关全局的大事、要事、新事、特事，着力体现时代特征、年度特点和地域特色。

五、《上虞年鉴（2013）》坚持以马克思列宁主义、毛泽东思想、邓小平理论、“三个代表”重要思想、科学发展观、习近平新时代中国特色社会主义思想为指导，贯彻落实习近平总书记系列重要讲话和治国理政新理念新思想新战略，坚持辩证唯物主义和历史唯物主义的立场、观点和方法，记载时限为2012年1月1日至12月31日。记载内容均由各乡镇街道和区级有关职能部门撰写，并经相关领导审核后上报。所载全年主要经济指标等数据以区统计部门提供为准，统计部门没有的则以职能部门提供的数据为准；各业所指产值等均指当年。全书文稿经市保密部门审查，由区史志工作委员会审核定稿。

六、《上虞年鉴（2013）》由卷首、百科、卷尾三部分组成，按类目、分目、条目三个层次框架编排。类目下常设综述，分目下设概况，以便记述事物的发展情况与基本数据；全鉴以条目为主要载体，一事一条。卷首设彩页、地图、中英文目录、特载、特辑、大事记和总述，百科部分依事物属性设38个类目，卷尾设人物、统计资料、规范性文件目录选编、附录和索引。

七、《上虞年鉴（2013）》的计量单位采用国务院1984年2月发布的中华人民共和国法定计量单位。考虑到社会使用习惯，全书中亩不统一换算。全文图照除署名外，其他均由有关单位提供。全鉴采用双重检索系统，卷首设中英文目录，卷尾附索引。

八、《上虞年鉴（2013）》编纂出版工作，得到浙江省、绍兴市方志部门和全区各乡镇街道、区级部门单位的大力支持，广大撰稿人员通力合作，在此一并致谢。由于编辑时间仓促等原因，书中难免存在疏漏和失误，敬请读者批评指正。

《上虞年鉴》编辑部

上虞史志丛书编纂委员会

《上虞年鉴(2013)》编辑部

△2012年2月21日,上虞市第十六届人民代表大会第一次会议开幕

△浙东新商都——上虞

△2012年2月20日，中国人民政治协商会议第九届上虞市委员会第一次会议开幕

△2012年5月23日，省委书记、省人大常委会主任赵洪祝(前排右一)到上虞专题调研产业集聚区建设和工业强县(市、区)发展情况(杭州湾上虞工业园区)

△2012年3月21日，省委副书记、省长夏宝龙到上虞专题调研工业转型升级工作

△2012年5月22日，省政协主席乔传秀到上虞考察杭州湾上虞工业园区卧龙超(特)高压电力变压器产业项目

△2012年8月23日，省委副书记、政法委书记李强，省委常委、公安厅厅长刘力伟等有关领导观摩在上虞市举行的应急联动处置演练

▷2012年8月15日，副省长毛光烈到上虞调研工业强市建设工作

◁2012年11月1日，副省长陈加元，省军区副司令员周国建等到上虞市视察征兵工作

▷2012年2月22日，副省长郑继伟到上虞开展“进村入企”大走访活动，了解上虞市校车管理模式

△2012年9月19日，省人大常委会副主任、省总工会主席厉志海(左二)到上虞调研社会救助工作

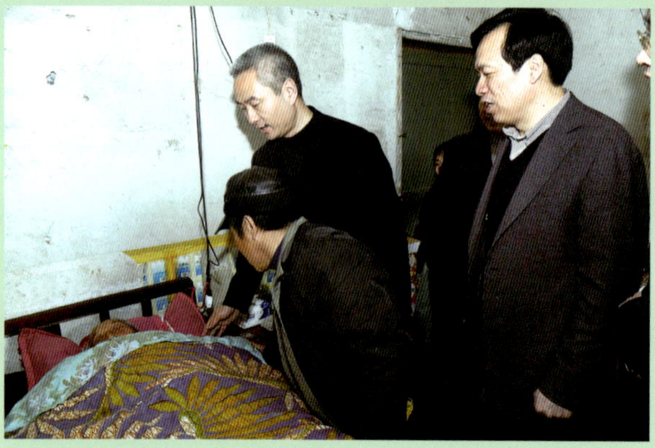

◁2012年3月16日，绍兴市委常委、组织部部长吴晓东，在上虞市领导孙云耀、朱敏龙等陪同下慰问贫困群众

▷2012年3月13日，市委书记孙云耀考察高铁新城

▷2012年4月18日，市委、市政府领导在位于上海浦东新区中南部的中国国家级高新技术园区张江高科技园区考察

▷2012年7月26日，中共上虞市委书记孙云耀向预备役军官授衔

▷2012年10月31日，市委书记孙云耀会见奥地利国会议员

◁2012年1月6日，总投资50亿元的启德通用航空产业基地项目正式签约落户上虞市，上虞由此将成功构架起海陆空立体交通体系

◁2012年1月10日，十大民间爱心基金表彰大会颁奖现场

◁2012年2月7日，召开全市深化平安建设暨信访工作大会

▷2012年4月18日，都市会客厅、“四季仙果之旅”上海推介会

◁2012年4月19日，在杭州湾上虞工业园区东二区举行工业项目集中开工仪式

▷2012年4月27日，市委宣传部、文明办举行“孝义、诚信、责任”电视面对面节目

◁2012年4月28日，四季仙果之旅2012上虞生态休闲旅游节暨“五一”购物休闲体验周在时代广场盛大开幕

▷2012年6月6日，时代广场，文化、消防联合举办文化市场消防安全演练

◁2012年6月22日，宁波市虞商联谊会和宁波市上虞同乡联谊会宣告成立

△2012年7月28日，信义节颁奖晚会举行

▷2012年8月1日，上虞市"孝义"学术研究报告会

◁2012年8月7日，强台风"海葵"影响上虞市，渔政人员加固渔船

◁2012年9月13日，步行街飞腾音像店，多部门联合开展出版物专项整治

◁2012年9月25日，浙江省上虞绿色精细化工科技创新服务平台顺利通过验收

◁2012年9月26日，人文上虞2012书画展

▷2012年9月29日，市政府召开“营造良好发展环境、促进经济转型升级”恳谈会

◁2012年10月4日，浙东新商都2012购物节

△2012年10月18日，杭甬运河上虞港曹娥作业区项目开工仪式现场

◁2012年10月29日，杭州市上虞商会、杭州虞商联谊会成立（刘丹　摄）（杭州市上虞商会和杭州虞商联谊会，是继江苏、宁波、成都、北京、上海等地之后的又一个虞商联谊组织）

▷2012年11月10日，上虞举行祭祀虞舜仪式

◁2012年11月20日，成立上虞市社会科学界联合会

总　目

Table of Contents

目 录

特 载

特 辑

大 事 记

总 述

农林渔牧业

制造业

电力、燃气和供排水

建筑业

房地产业

商贸业

中介服务业

市 场

旅 游 业

金 融 业

财政税务

对外及港澳台经济贸易

生态环境

城乡建设与管理

水　利

经济管理与监督

国土资源管理

交通运输

高铁新城

邮政通信

机构

中共上虞市委员会

上虞市人大常委会

上虞市人民政府

政协上虞市委员会

民主党派·工商联

社会团体

法治

军　事

科学技术

教 育

文 化

医疗卫生

体 育

社会事务

民生保障

开发区

乡镇 街道

统计资料

文件目录

人物

附　录

索　引

特　载

稳中求进　克难奋进　和谐共进
全力开创“四个上虞”建设新局面

——在中共上虞市委十四届二次全体(扩大)会议上的报告

(2012年1月29日)

孙云耀

同志们：

这次市委全体(扩大)会议的主要任务是认真贯彻落实党的十七届六中全会、中央经济工作会议，省委十二届十次全会、省经济工作会议，绍兴市委六届十三次全会和市十四次党代会等重要会议精神，回顾总结2011年工作，认真分析当前形势，研究部署今年目标任务，动员全市各级党组织、广大党员和干部群众，进一步解放思想、振奋精神，鼓足干劲、奋勇争先，全力开创“四个上虞”建设新局面。

下面，我受市委常委会委托，向大会作工作报告。

一、认真总结，充分肯定过去一年取得的成绩

过去一年，我们在上级党委的正确领导下，坚持以科学发展观为统领，按照“抢抓新机遇，增创新优势，实现新发展”的总要求，围绕“推进产业重构、提升城市能级”两大主题，深入实施招商引资“一号工程”，大力开展项目推进年、城市提质年、基层建设年等“三个年”活动，协调推进经济建设、政治建设、文化建设、社会建设和生态文明建设，全面提升党建科学化水平，实现了“十二五”发展良好开局。

1. 综合实力迈上新台阶。2011年，全市实现地区生产总值520.7亿元，增长10.3%；限额以上固定资产投资241.07亿元，其中工业生产性投资

132.05亿元，分别增长38.4%和18.3%；财政总收入65.11亿元，其中地方财政收入35.52亿元，分别增长20.3%和21.8%；规模以上工业产值1191.18亿元，增长23.3%；服务业增加值184.67亿元，增长12.1%；自营出口27.4亿美元，增长20.7%；实到外资1.5亿美元，引进内资50.56亿元；社会消费品零售总额154.8亿元，增长18.9%；城镇居民人均可支配收入34011元，增长13.6%，农民人均纯收入15833元，增长17%。

2. 转型升级取得新进展。实施新兴产业“1331”培育计划，引进韩国SK集团、艾可普罗、港龙客车等优质产业项目，完成新兴产业投资48.99亿元，增长39.2%，实现新兴产业产值333.13亿元，占规模以上工业产值的28%。“211”企业培育工程深入实施，兼并重组步伐加快，首发上市企业1家，新认定国家重点扶持高新技术企业16家，惠普、浙大网新等科创项目签约落户，引进各类人才1.14万人，被评为全国县(市)科技进步考核先进集体。推行资源利用综合评价考核，加快淘汰落后产能，节能减排任务全面完成。成功举办大型购物节、生态休闲节，曹娥、东山、祝家庄三大景区一期建成开园，省高速公路枢纽港综合物流基地、省农发集团商贸综合体等重大项目扎实推进，“四季仙果之旅”创建为省服务业名牌，“浙东新商都”品牌影响力进一步扩大。坚持以大平台支撑大转型，基本完成杭州湾工业园区东二区基础配套，新东进闸建成投用，治江围涂、临时码头等工程加快实施，经济开发区、乡镇工业功能区扩容提质步伐加快。农业“两区”建设深入推进，水利项目投入力度加大，粮食生产保持稳定。建筑业产值突破千亿，建筑强市地位巩固提升。成功举办首届虞商大会，回归经济发展势头良好。

3. 城乡建设呈现新面貌。嘉绍通道、杭甬高铁、南北中心大道等重大交通工程加快推进，绍诸高速、四环东关立交建成通车，区位优势进一步放大。“三城一区域”加快建设，高铁新城站前区域基础设施配套进展顺利，滨江新城项目落户势头良好，滨海新城主干道路和启动项目扎实推进，大龙山生态公园一期基本完成，龙山隧道全线贯通；重点区块拆迁扫尾加快推进，老城区市政民生实事工程全面完成，城市管理水平不断提高。实施中心镇三年拆迁改造计划，城乡道路、公交、供排水、电力、通讯等基础设施加快建设，违法用地和违法建设“三制式”管理成效明显。中心村培育力度持续加大，宅基地置换改革和农民集中居住区建设扎实推进，村级物业项目加快建设，“清洁家园”行动卓有成效。切实加强生态文明建设，大力推进平原绿化，清洁空气行动和清水工程深入实施，环境执法力度切实加大，成功创建为省生态市、省森林城市。

4. 人民生活实现新改善。深入开展省创业型城市和充分就业社区创建活动，新发展家庭工业1948家，新增就业岗位15128个，培训农民5547人次，转移就业3625人次，城镇登记失业率3.03%。社保体系更趋完善，新增“五大保险”7.78万人次，全面实施特殊群体养老保险，新农合扩面提标，社会救助力度加大，保障房建设扎实推进，慈善和社会福利事业加快发展，创建为省扶残助残爱心城市。不断提升教育均衡发展水平，学前教育三年行动计划全面实施，职业教育创新提质，完成学校自备接送车社会化运行改革，全民健身活动丰富多彩。医改工作扎实推进，基本药物制度深入实施，公共卫生服务体系不断完善，医疗服务水平不断提高。计生服务更为优质，人口保持均衡发展。群众性精神文明创建深入开展，公民道德建设成效明显，“魅力文化十大行动”扎实推进，创建成为省示范文明城市。深入推进“平安上虞”建设，省、绍兴市信访积案有效化解，“网格管理、联动服务”“四不出村”“三色预警”、新居民服务管理等工作扎实推进，企业解困成效明显，安全生产形势总体平稳，食品药品监管扎实有效，最具安全感城市加快打造。

5. 党的建设得到新加强。精心组织纪念建党90周年系列活动，“娥江先锋”创先争优和“知我上虞、爱我上虞、兴我上虞”主题教育活动深入开展，宣传思想工作项目化管理取得实效。严格执行换届纪律，顺利完成镇村两级换届，实现了班子配强、素质提升、结构优化的目标。扎实推进干部人事制度改革，选人用人公信度不断提高。实施“千名干部素质”提升计划，加大干部培训力度，选派优秀年轻干部到基层一线、重要岗位压担锻炼，干部能力水平有效提升。切实抓好村级组织规范化运行，“两新”组织党建扩面和社区党建“契约化”共建扎实推进，村级便民服务中心实现全覆盖。积极开展“下基层、进企业、解难题、促发展”活动，作风建设成效明显。严格落实党风廉政建设责任制，健全完善惩防体系，创新开展履职联审，突出抓好农村集体“三资”管理，严肃查处各类腐败案件，风清气正的良好局面进一步巩固。与此同时，市委常委会充分发挥总揽全局、协调各方的核心作用，全力支持人大、政协围绕中心、履行职能，推动政府依法行政，高度重视统战、人武、法院、检察院、群团、老干部等工作，配合完成省委巡视组到上虞巡视工作，形成了各项工作齐头并进的良好局面。

在去年国内外形势复杂多变的情况下，能够取得这样的成绩实属不易。这是省委和绍兴市委正确领导的结果，是全市各级党组织、广大党员和干部群众同心同德、艰苦奋斗的结果。在此，我代表市委常委会，向所有关心支持、积极参与上虞建设发展的同志们，表示衷心的感谢和崇高的敬意！

二、把握重点，全力开创“四个上虞”建设新局面

今年是党的十八大召开的喜庆之年，是实施“十二五”规划的关键之年，也是贯彻落实市十四次党代会精神的开局之年。做好今年工作意义重大，需要我们认清形势、主动应对，提振信心、奋发有为。

*新的一年，国际形势更趋复杂，挑战之中蕴藏机遇。*欧美债务危机持续影响，世界经济复苏的不稳定性不确定性上升，国际市场将在较长一段时间内陷于低迷。但同时我们必须认识到，严峻的经济形势也为我们承接国际产业转移、引进国外先进技术和高端人才、加快“走出去”步伐和拓展新兴市场带来了新的机遇。我们必须趋利避害、顺势而为，善于在纷繁复杂的变化中把握大势，善于在困难挑战中捕捉机遇，不断开创工作新局面。

*新的一年，国内经济稳中求进，更加有利转型升级。*当前，我国发展仍处于重大战略机遇期，特别是在推进新型工业化、新型城镇化和农业现代化的进程中，蕴藏着巨大的需求潜力，增长动力充足，在未来较长时期内将继续保持平稳较快发展。中央经济工作会议提出以“稳中求进”为主基调，实施积极的财政政策和稳健的货币政策。我们必须看到，积极的产业支持政策和结构性减税举措、信贷规模合理增长和定向宽松、外需市场低迷倒逼和扩大内需拉动等，都将为产业转型升级创造更好的外部条件。

*新的一年，上虞发展优势凸现，开发投资持续升温。*随着绍诸高速建成通车，嘉绍通道、杭甬高铁加快建设，全省海洋经济发展示范区、重点产业集聚区强势推进，我市区位优势、资源优势和产业优势进一步放大，日益成为国内外投资者广为聚焦的开发热土。市第十四次党代会描绘了今后五年发展的宏伟蓝图，全市上下创新创业加快发展的热情进一步激发，和衷共济开创新局的氛围更加浓厚。所有这些，都为上虞在新的起点上实现又好又快发展提供了强劲动力。

同时，我们也要清醒地看到，新的一年中，我市经济社会发展中也面临更多压力：一是稳增长的压力增大，宏观经济不景气导致企业发展信心有所下降，由此带来的投资下滑、增速下降等问题，亟须引起我们高度重视；二是要素保障的压力增大，在房地产调控、用地从紧、节能减排“双控”等多重影响下，要素供求矛盾更加突出，需要我们着力创新破解；三是防范企业经营风险的压力增大，受成本上升、外需低迷等综合因素影响，部分企业生产经营困难、效益下降，需要我们积极应对、防范风险；四是社会管理的压力增大，包括群众诉求疏导、新居民服务管理、信访维稳、环境保护、安全生产等，都需要我们花更大的精力、做更多的工作。

基于上述分析，今年工作的总体要求是坚持以科学发展观为统领，认真贯彻落实党的十七届六中全会、中央经济工作会议和省、绍兴市有关重要会议精神，紧紧围绕打造“创新上虞、精致上虞、人文上虞、幸福上虞”的总体目标，着力把握“稳中求进、克难奋进、和谐共进”的工作基调，深入实施招商选资“一号工程”，大力开展“项目推进年”“城市提质年”“企业服务年”等“三个年”活动，扎实做好稳增长、快转型，重投入、兴实业，抓改革、优环境，惠民生、促和谐的各项工作，确保经济平稳较快发展和社会和谐稳定，以优异成绩迎接党的十八大胜利召开。

今年工作的主要预期目标建议为地区生产总值增长10%，力争12%；财政总收入增长10%，力争12%；地方财政收入增长10%，力争12%；固定资产投资增长12%，力争15%；工业生产性投资增长15%，力争20%；自营出口增长12%，力争18%；社会消费品零售总额增长15%；科技研发投入占地区生产总值的比重达到2%以上，新兴产业产值占规模以上工业总产值比重提高2个百分点；服务业增加值占地区生产总值比重提高1个百分点以上；单位生产总值能耗下降、主要污染物排放总量削减完成上级下达的任务；城镇登记失业率控制在3.5%以内，城镇居民人均可支配收入增长10%，农民人均纯收入增长11%。

——稳中求进。就是要立足于"稳"，着眼于"进"，以进促稳，好中求快，努力实现发展的速度、质量与效益相统一，在转变发展方式上取得新进展，在推动开放创新上取得新突破，在加快产业转型升级上取得新成效。

——克难奋进。就是要着眼于当前复杂的宏观形势、繁重的发展任务，进一步强化忧患意识、危机意识、责任意识，坚定发展信心，以更好的精神状态、更大的工作力度、更实的发展举措，在克服各种困难和挑战中推进赶超发展。

——和谐共进。就是要着眼于以人为本、执政为民的理念，切实加强以民生为重点的社会建设，更好地统筹城乡发展，努力让发展更协调、人民更幸福、社会更和谐，最大限度地调动各方积极性，努力开创和谐发展新局面。

根据上述总体要求和奋斗目标，今年要着力抓好以下七方面工作：

1. 重抓项目投资，努力在实现较快增长上求突破。牢牢把握发展实体经济这一坚实基础，积极应对经济下行风险，大力开展"项目推进年"活动，实施大招商，推进大项目，打造大平台，强化大保障，切实增强发展后劲，促进经济平稳较快增长。

大力开展招商选资。进一步强化招商选资"一号工程"，坚持"招大、引强、选优"导向，把战略性新兴产业作为主攻方向，更加注重产业链招商，更加注重服务业项目招商，更加注重总部经济招商，着力提升招商信息共享水平，巩固扩大虞商大会成果，实施重大引领性项目和优质项目"一事一议"，力争新引进总投资超5000万美元外资项目3只、超5亿元内资项目10只，实现合同外资2.5亿美元、力争3亿美元，实到外资1.8亿美元、力争2.2亿美元，引进内资55亿元。积极支持企业加快外贸转型和结构调整，优化海关、商检大通关服务，努力促进外贸出口稳定增长。

切实加大项目投资。坚持打桩就是硬道理，启动"三个一批项目三年建设计划"，力争实施5亿元以上产业类项目29只，其中10亿～20亿元项目8只，20亿元以上项目4只，全年完成固定资产投资276亿元，其中工业生产性投资158亿元，服务业项目投资80亿元。健全重点投资项目联系制度，做到"一只项目、一名领导、一个班子、一抓到底"；进一步完善工作例会、难题协调、考核督查等项目推进机制，大力开展比服务、比效率、比保障、促进度等"三比一促"活动，形成"一切围绕项目转"的强大合力。

加快推进平台建设。充分发挥大平台优势，杭州湾工业园区要围绕打造全省海洋经济产业带中具有较强竞争力的现代工业中心，完善园区产业布局规划，全力推进滨海新城建设，加快东一区项目建设进度，重抓东二区项目招商落户和配套设施完善，适时启动东三区基础设施建设，推进一线标准海塘建设，新围海涂15705亩，完成临时码头建设，抓好上虞新港区前期工作。经济开发区要围绕打造现代科技新城，加快滨江新城建设，推进拓展区块基础配套。乡镇工业功能区要围绕建设精品园区、特色园区，加大用地空间盘整，推进扩容升级，为产业培育提供支撑。

努力破解要素制约。致力向优化配置要绩效，推动有限的土地、资金、环境容量等向中心城区、"两区"、中心镇倾斜，向生产性、功能性、基础性等重点项目倾斜，更好地体现集中资源保重点，提升集约发展水平。致力向拆迁盘整要空间，大力度推进城中村、城郊村、中心镇等拆迁改造，对城区规划范围内影响环境、不符合城市发展要求的工业企业，要大力度推进"提转搬"，全年完成拆迁60万平方米；加快闲置土地处置、土地综合整治、宅基地置换、高山移民等步伐，力争土地综合整治产生指标800亩，争取重点项目戴帽指标1000亩，盘活转而未供土地1000亩；牢固树立“以亩产论英雄”的理念，强化投资项目亩均投资强度刚性管理，强化企业亩均产出水平考核评价，大力推进节约集约用地。致力向拓展渠道要资金，积极开展银企对接活动，鼓励银行争取信贷规模、调优信贷结构，加快发展小额贷款公司、村镇银行，重视引进和发展保险、期货、证券等非银机构，力争引进市外银行2家，着力缓解中小企业融资难题；实施财政性资金存储与银行信贷投放相挂钩的联动机制，创新投融资平台运作机制，努力争取政策性银行中长期贷款，积极拓展融资租赁、地方债券等新途径，着力引导国有资本、民间资本参与城市开发和平台建设。要加快重点电力基础设施建设，科学实施有序用电管理。

2. 强化创新驱动，努力在推进转型升级上求突破。坚持工业化与信息化“两化融合”，推进先进制造业与现代服务业“双轮驱动”，注重新兴产业培育与传统产业改造“两手并重”，不断强化自主创新能力，推动制造业向高端攀升，提高服务业比重，切实增强区域经济竞争力。

加快发展先进制造业。坚持把新兴产业发展作为推进新型工业化的重中之重，深入实施“1331”培育计划，重点抓好启德通用航空基地、港龙客车等重大高端项目建设，力争完成新兴产业投资58亿元。鼓励企业实施股份制改造，大力推动企业上市，确保新上市1家、报会2家、培育上市后备企业30家，积极引导募集资金投向新兴产业、募投项目扎根本地。着力推进传统产业改造提升，深入实施“211”企业培育工程，加快构建现代企业制度，推进新技术、新装备、新工艺应用，引导规模企业从加工制造向研发设计和品牌营销两端延伸，鼓励跨地区、跨国界的兼并重组，不断提升国际竞争力和市场话语权；推动乡镇块状经济向现代产业集群转型，加快建设公共服务平台，引导企业健全质量管理体系，加大品牌创建力度，支持龙头企业组织产业联盟，提升产业链配套协作水平。坚持节能减排不放松，大力发展绿色产业、循环经济、低碳技术，坚决淘汰落后产能，重点抓好杭州湾工业园区国家生态工业示范园区创建，加快低效化工企业的退出和改造，实施政策激励和行政倒逼“双管齐下”，力争淘汰退出低效化工企业8家，努力使节能减排的过程成为产业优化升级的过程。加快推进建筑业转型升级，力争完成产值1150亿元，增长15%。

大力发展现代服务业。积极实施“服务业兴市”战略，以中心城区为主平台、特色集聚区为主抓手，推进现代服务业跨越发展。立足于我市比较优势，进一步加强现代服务业发展研究和政策激励，加快培育现代物流、科创研发、股权投资、总部经济、商务会展等新型业态，大力推进省高速公路枢纽港综合物流基地、省农发集团商贸综合体等重大引领性项目。精心举办主题购物节等活动，加快传统商贸业转型升级，推动从“一站式购物”向“全城式消费”转变，进一步打响“浙东新商都”品牌。抓实品质提升、诚信经营、设施配套三个重点环节，进一步加大对外宣传推介力度，不断提升“四季仙果之旅”的品牌影响力。

积极发展高效生态农业。大力推进现代农业“两区”建设，新建24495亩粮食生产功能区，建设省级现代农业综合区2个、主导产业示范区2个和特色农业精品区4个。高度重视农技队伍建设和农业科技创新应用，提升农业机械化、设施化、信息化水平，力争新建设施农业3000亩。进一步加快农业产业化步伐，整合提升特色农业品牌，不断完善农业社会化服务体系和质量安全保障体系。加大农田水利等基础设施投入，加快中心粮库建设，确保粮食生产稳定。

切实增强科技创新能力。大力实施科技创新工程，强化企业创新主体，完善科技创新服务平台，构建区域创新体系，加快提升科技创新水平。注重科技创新与金融创新紧密结合，进一步强化创新扶持，积极引导企业加大研发投入，重视抓好科技企业上市培育，大力发展科技金融中介服务体系，加快培育引进风投、创投、基金机构。注重抢占科技制高点与提高市场占有率紧密结合，推动共性技术联合攻关，大力培育自主知识产权和自主品牌，力争各项专利指标保持全省领先，新培育国家重点扶持高新技术企业10家。注重建设创新高地与人才高地紧密结合，鼓励建设企业研发中心，深化推进产学研合作，重点抓好惠普、浙大网新等科创项目建设，扎实推进精细化工、照明电器、汽车零部件等公共创新平台建设。大力推进人才引进培养十大重点工程，建立健全人才专业化服务机制，加快人才公寓建设，力争引进各类人才8000人。

3. 注重品质提升，努力在统筹城乡建设上求突破。大力开展“城市提质年”活动，不断提升城乡规划建设和管理水平，努力促进城乡之间优势互补、融合互动、协调发展。

强化规划引领。着眼于建设区域中心城市的新要求，充分发挥规划的引领和调控作用，进一步深化完善城市总体规划和中心镇建设规划。重点围绕把“一江两岸”建设成为展示现代化城市风貌的核心景观带，完成相关区域城市建设形态设计；围绕把大龙山区域打造成为城市花园和“都市会客厅”核心区，上半年完成开发建设定位研究，下半年开展规划设计。进一步细化建设规划，加强对城市色彩、建筑风格、公共空间等方面的规划管理，充分体现精致化要求。

建设精品城市。以“三城一区域”为重点区块，以“一江两岸”为核心地带，全力加快城市开发步伐。高铁新城重点推进站前广场、江东路、称山北路等建设，启动实施城北客运中心、商务办公楼宇等项目；滨江新城重点启动杭甬运河桥，打通一号路，贯通滨江河，推动重点楼宇项目建设，开展过江隧道项目前期研究；滨海新城重点加快滨海大道、东西中心大道、千亩人工湖、首期职工居住小区等建设；大龙山区域要健全开发建设体制，建立专门机构，组建工作班子，加快推进规划研究和开发建设，重点抓好三环东路铁路上跨工程、生态公园二期等建设。切实加快老城区基础设施改造，大力推进杭甬高速小越道口区域、舜帝岭至岭光区域等城市门户改造，促进周边乡镇加速融入主城区，着力提升城市整体建设品位。积极配合支持嘉绍通道、杭甬高铁建设，着力抓好南北中心大道等市域交通工程。

加速城乡一体。突出中心镇在统筹城乡中的支撑作用，树立中心镇就是小城市的理念，加大中心镇建设力度，建立政策扶持与发展速度质量相挂钩、资源配置与内部挖潜盘整相挂钩的激励机制，大力推进“三年拆迁改造计划”，加快中心镇功能性项目建设。鼓励经济较发达的镇加快发展，对经济总量、税收贡献等指标达到一定标准的乡镇，给予享受市级出台的中心镇有关政策，形成比学赶超的良好局面。重视虞南山区发展，大力发展绿色生态经济、富民经济，切实加大转移支付力度，提升区域统筹水平。深入开展“美丽乡村”建设，扎实推进农村住房梯度改造、宅基地置换等惠民工程，积极探索既节约集约用地又能改善农村住房困难户住房条件的新路子；深化清洁家园行动，大力开展城乡环境综合整治；启动实施村级集体经济增收五年计划，推进村级物业异地联建和经营模式创新。加快完善城乡基础设施，启动实施公交公营化改革，扎实推进城乡道路、污水管网、饮用水和电力农网改造等基础工程。

提升管理水平。进一步理顺城市综合执法管理体制，明确部门职责，落实管理任务，实施绩效评价。注重抓好“数字城管”扩面及应用管理，深化完善城市保洁、交通管理、建筑垃圾清理等长效管理机制。深入开展违章建筑“一月一整治”活动，切实加强农贸市场改造提升和马路市场管理，有效制止乱搭乱建行为。

4. 加快文化建设，努力在推动文化繁荣上求突破。充分发挥文化引领风尚、教育人民、服务社会、推动发展的作用，启动实施“文化强市十大工程”，推动文化与产业结合、与城市相融、与生态互动，着力提升社会文明程度。

坚持先进文化引领。把加强社会主义核心价值体系建设作为根本任务，大力开展“孝义、诚信、责任”主题教育活动，切实加强思想道德建设，深入开展道德模范等评选活动，大力弘扬良好社会风气。开展新时期“上虞精神”总结提炼工作，营造共同精神家园。深入开展群众性精神文明创建活动，巩固提升省示范文明城市创建成果。加强新闻舆论阵地建设，弘扬主旋律，增强引导力，推动社会文明进步。

繁荣公共文化事业。加大公共文化设施投入，启动建设谢晋电影城，推进镇村文体设施提档升级，完善公共文化服务平台。广泛开展群众性文化活动，深入实施“魅力文化十大行动”，继续办好“虞舜文化节”等活动，推进文化惠民行动，培育发展乡村文化，更好地满足人民群众的文化需求。重视引进和培养优秀文化人才，加大文艺创作发展扶持力度，努力创造一批精品力作。

打响特色文化品牌。注重文化传承，发掘和梳理历史文化资源，积极实施“上虞记忆”工程，加大文化遗产保护力度，进一步彰显上虞文化厚重感。大力弘扬虞舜文化、梁祝文化、青瓷文化、东山文化、白马湖文化等特色文化，整理挖掘更多彰显城市文脉和个性的文化元素，不断提升“中国英台之乡”“中国孝德文化之乡”“青瓷之源”的品牌影响力。

培育现代文化产业。全面实施文化产业发展规划，加大文化产业发展扶持力度，扎实开展文化产业招商，积极培育创意设计、文化旅游等新兴产业。加快重点文化产业项目建设，抓好文化创意园等项目建设，推进曹娥景区、东山景区和祝家庄景区二期建设。加快培育文化市场，鼓励发展文化中介组织，加强市场有效监管，提升文化消费水平。

5. 兴办民生实事，努力在增进人民幸福上求突破。牢牢把握保障改善民生这一根本目的，努力办成一批让人民群众看得见、得实惠的实事工程，不断提升人民群众幸福感和满意度。

拓展就业增收渠道。大力开展充分就业社区（村）创建，加大职业教育、培训转移、就业援助力度，动态消除城镇“零就业”家庭，新增就业岗位1万个，引导企业全面建立与经营水平相适应的工资正常增长机制。深化省级创业型城市创建工作，整合各类创业政策、资金、服务平台和信息资源，深入推进规模企业配套协作本地化，加大创业扶持，鼓励发展现代家庭工业和个体商业经营，努力实现城乡居民收入较快增长。

提高社会保障水平。稳步推进城乡居民养老保险扩面提标，加快社保“一卡通”建设，逐步提高医保待遇水平，新增五大保险5万人。重视改善弱势群体生活，建立健全社会救助体系，完善扶贫帮困长效机制。加大保障性住房建设力度，推进农村危旧房改造，逐步解决困难家庭住房问题。支持慈善和社会福利事业发展，加快建设多元化养老服务体系。切实保障妇女儿童权益，加快发展残疾人事业。

完善公共服务体系。坚持教育优先，大力发展学前教育，深化职业教育改革，力争通过省“义务教育均衡发展县（市）”认定。深入推进医药卫生体制改革，实施卫技人才队伍建设三年提质计划，不断提升基本医疗和公共卫生服务水平。推进全民健身运动，积极创建省体育强市。深化计划生育优质服务，扎实推进国家优生项目试点工作。

加强生态环境建设。启动实施“蓝天行动”和“清水工程”五年计划，加大重点区域、重点行业环境治理，逐步改善大气和水环境质量。实施“1818”平原绿化行动，新增平原绿化面积7400亩。加强虞南山区和曹娥江等重点水源地生态保护，建立完善生态补偿机制，积极争创国家级环境保护模范城市。

6. 创新社会管理，努力在促进和谐稳定上求突破。坚持服务为先、机制领先、基础优先，强化社会管理创新，努力使社会关系更加协调、社会秩序更加规范、社会大局更加稳定。

加强民主法制建设。进一步增强党委统揽全局、协调各方的能力，支持人大及其常委会依法履行职能，保障人大代表依法行使职权，支持人民政协切实履行政治协商、民主监督和参政议政的职能，重视发挥民主党派、工商联、无党派人士、群团组织作用，加强民族、宗教、对台和侨务工作，更好地凝聚发展合力。坚持党管武装，认真做好双拥、人武及国防教育等工作。不断扩大基层民主，完善村（居）民自治和企事业单位民主管理制度。大力推进法治建设，扎实开展“六五”普法，加强依法行政，推进公正司法，努力促进社会公平正义。

完善社会管理机制。进一步健全源头管理机制，坚持社会稳定风险评估，深化“三色预警”“网格管理、联动服务”“四不出村”等工作方法，努力把矛盾纠纷化解在萌芽状态。深化“大调解”工作机制，推进社会矛盾纠纷调处工作组织网格化、队伍专业化、机制规范化；完善“大防控”机制，切实加强人防、物防、技防建设，严厉打击各类违法犯罪活动，确保社会治安稳定；健全“大接访”机制，扎实开展领导干部接访、约访、下访活动，高度重视初信初访，着力化解信访积案；落实“大安全”机制，进一步健全工作网络，切实抓好安全生产、防灾救灾、公共卫生、疾病预防、食品药品安全、道路交通安全和信息安全等工作，着力提高应急处置的能力。进一步健全网络舆情监管机制，强化社会热点和突发事件舆论引导，提高虚拟社会管理水平。高度重视经济领域不稳定因素，积极防范和处置企业经营风险，完善困难企业帮扶和风险化解长效机制，有效维护金融生态安全。

强化基层基础建设。把加强村和社区建设作为创新社会管理的重要基础，进一步加强基层综治工作中心、矛盾纠纷调解中心和村级便民服务中心等公共平台建设，推动社会管理重心向基层转移，加快实现社会管理终端化。强化新经济组织和新社会组织的服务管理，注重先进典型的引导示范，推动"两新"组织健康有序发展，充分发挥他们在反映群众诉求、化解矛盾纠纷等方面的积极作用。

7. 突出创先争优，努力在加强党的建设上求突破。以执政能力和先进性建设为主线，全面加强党的建设，不断提升党建科学化水平，为"四个上虞"建设提供坚强保证。

切实加强思想政治建设。深入开展十七届六中全会精神宣传教育，深化学习型党组织和学习型领导班子建设，进一步完善党委中心组学习、"虞舜论坛"等制度，不断提升广大党员干部的思想素质。扎实推进大规模干部培训，组织实施推进科学发展主题培训计划，切实提高干部培训的质量和效益。健全完善领导班子运行机制，提高科学决策、民主决策水平。完善领导干部联系点制度，推进干部作风转变。

切实加强干部队伍建设。坚持重品行、重干劲、重实绩的用人导向，不断深化干部人事制度改革，探索干部任用人岗相适新机制，推动干部多岗位交流，扩大干部工作民主和信息公开，进一步提高选人用人公信度和满意度。完善领导干部目标责任管理，探索干部考核激励新机制，加强后备干部队伍建设，加大年轻干部实践锻炼力度，抓好大学生村干部培养管理，不断增强干部队伍活力。

切实加强基层组织建设。深化"娥江先锋"创先争优活动，健全落实基层党建工作责任制，广泛开展"双强争先"活动，扎实推进服务型基层党组织建设。启动第二轮"三个一百"村干部培养计划，抓好村级组织规范化运行。深化社区"契约化"共建，切实抓好社区党组织换届选举。建立健全党员教育管理机制，推行党代表任期制，深化远程教育学用工作，探索农村不合格党员退出机制。深化"孵化器"工作法，强化"两新"组织党建创新，着力推进区域化党建工作。

切实加强党风廉政建设。认真学习贯彻省纪委十二届八次全会精神，进一步落实党风廉政建设责任制，切实加强惩防体系和廉政文化建设，规范党员干部从政行为。强化监督制约，规范市级部门、乡镇权力运行，推进党务政务公开，加强对公共资源交易、重大工程建设等重点领域监管。扎实推进农村基层党风廉政建设，深入开展"勤廉双优示范乡镇"创建和"评星晋级"活动，加强农村"三资"信息化监管。扎实推进行风效能建设，着力解决群众反映强烈的突出问题。严肃查办各类违纪违法案件，以反腐倡廉的实际成效取信于民。

三、激情干事，切实担起"四个上虞"建设的重任

上虞的发展已经站在了一个新的起点上，新征程、新使命迫切要求广大党员干部特别是各级领导干部，进一步振奋精神、勇挑重担，勤勉创业、开拓进取，争做"四个上虞"建设的实践者、推进者。

1. 发扬昂扬向上、奋发进取的精神。精神状态决定事业成败。要坚定加快发展的信心。市场变化给水平高的带来机遇，宏观调控给办法多的带来机遇，区域竞争给发展快的带来机遇。无论困难多大、任务多重，我们都必须始终坚持科学发展不动摇，坚定市十四次党代会宏伟目标不动摇，把必胜信心转化为阔步迈进的强大动力。要共树赶超发展的雄心。面对日趋激烈的区域竞争，我们要有等不起、慢不得、坐不住的责任感，只争朝夕、紧张快干，决不怨天尤人、自我懈怠，以坚定有力的举措，加速赶超发展的进程。要增强创先争优的决心。切实强化创新意识、争先意识，敢与好的比、敢与强的拼，扬创新之勇、争发展之先，以各级各部门工作的创先争优，推动上虞发展争先进位。

2. 激发迎难而上、敢于担责的勇气。善攻坚、敢担责是新形势下我们领导干部最迫切需要、

也最为宝贵的精神。要冲在第一线。领导干部不但要善于运筹帷幄，更要勇于冲在第一线，特别在完成一些急难险重的任务中，一定要亲临一线、靠前指挥、亲力亲为，破解难题促发展，化解矛盾促稳定。要勇于担责任。切实强化“在其位、尽其职”的意识，困难面前不退缩，问题面前不推责，敢于主动承担责任，敢于同歪风邪气做斗争，敢于在原则问题上较真，以主动作为推动工作、服务发展。要敢啃硬骨头。困难是最好的试金石。领导干部要有所作为，必须到环境复杂的地方去攻坚克难，到群众意见多的地方去化解矛盾，到工作推不开的地方去打开局面。特别在招商选资、征地拆迁、项目推进等重点工作上，要坚持“只为成功想办法，不为困难找理由”，千方百计、坚韧不拔，迎难而上、克难奋进。

3. 提升引领发展、服务群众的能力。各级领导干部要团结带领广大干部群众立足新起点、把握新趋势、增创新优势，真正成为引领发展的“领头羊”。要切实提高传承创新的能力。正确对待和处理好“继往”与“开来”“承前”与“启后”的关系，把前任的好思路、好经验继承发扬好，在此基础上，根据时代发展的新变化，不断改进工作方法，不断优化发展思路，确保发展的质量和效益越来越高。要切实提高推动发展的能力。始终坚持着眼大局、服务发展，善于把上级精神和本地本部门的实际结合起来，自觉用科学发展的眼光、实事求是的精神，着力解决发展中的问题，对当前有成效、长远可持续的事要大胆放手地去做，对当前不见效而对长远打基础的事要坚持不懈地去做。要切实提高群众工作的能力。进一步强化群众观念，经常深入群众、深入基层，问政于民、问需于民、问计于民，真心实意关心群众生活，扎扎实实帮助解决困难，妥善化解基层矛盾纠纷，掌握做群众工作的基本功。

4. 强化真抓实干、雷厉风行的作风。作风就是形象，作风就是战斗力。要善于狠抓落实。工作靠抓，抓而不紧等于白抓；事业靠干，干而不实等于白干。我们必须把狠抓落实作为推进工作的关键环节，作为体现领导水平的重要标尺，抓紧分解任务、明确责任，建立和完善工作督查机制，一项一项抓督查，一件一件抓突破，一抓到底、抓出成效。要提升服务效能。切实强化效能观念，不断创新服务方式，大力倡导立说立行、说干就干的作风，坚持以效能抓进度、促发展，碰到问题快协调、快落实，急事急办、要事快办、特事特办，坚决克服慵懒散漫、不推不动、不催不办等机关作风病。要注重团结协作。以共同的目标凝聚人，把推动发展作为共同的事业和追求，把办成事作为考虑问题的出发点，遇事多沟通、多商量，决不允许各自为政、互不买账的现象发生，齐心协力，合力攻坚，同心同德共创发展新局面。

5. 树立干净干事、清正廉洁的形象。这是对领导干部基本的政治要求，也是领导干部的必备素质。各级领导干部要树立清廉形象，发挥表率作用，以良好的形象感召人。要正确行使权力。权力不是享受，而是责任；权力也不是安逸，而是辛劳；权力更不是获取，而是奉献。要敬畏权力，始终以如临深渊、如履薄冰的态度来对待权力，慎重用权、秉公用权，牢记肩上的责任，珍惜手中的权力，真正把权力用到推动科学发展、促进社会和谐、造福全市人民上来。要严格遵守制度。以合理制度规范人，自觉把制度建设贯穿于权力运行的全过程，严格执行廉洁自律的各项规章制度，牢牢守住思想道德、党性原则和法规纪律的防线，始终保持科学务实、谦虚谨慎、艰苦奋斗的作风，带头依法行政，带头规范用权，带头廉洁从政，以良好的形象带好班子，影响群众。要自觉接受监督。监督是提醒、更是关心，是约束、更是爱护。我们要自觉置身于法律监督、组织监督、舆论监督和群众监督之下，坦坦荡荡做人，实实在在做事，真正以廉政取信于民、以勤政服务于民。

同志们，新挑战催生新动力，新机遇孕育新希望。让我们进一步牢固树立科学发展观，坚定信心，鼓足干劲，担起责任，奋力前行，全力开创“四个上虞”建设新局面，以优异成绩迎接党的十八大胜利召开。

上虞市人民代表大会常务委员会工作报告

——在上虞市第十六届人民代表大会第一次会议上

（2012年2月22日）

上虞市人大常委会主任　徐尧峰

各位代表：

我受上虞市第十五届人民代表大会常务委员会的委托，向大会报告工作，请予审议，并请市政协委员和其他列席人员提出意见。

过去五年的工作回顾

过去的五年，是我市经济社会各项事业蓬勃发展的五年，也是人大工作取得扎实成效的五年。五年来，市人大常委会在中共上虞市委的领导下，坚持以邓小平理论和“三个代表”重要思想为指导，全面贯彻落实科学发展观，围绕市委总体要求和工作部署，依法履行宪法和法律赋予的各项职责。五年来，共召开常委会会议39次、主任会议78次，听取和审议“一府两院”专项工作报告85项，组织执法检查、视察调研52次，作出有关经济建设、社会发展重大问题的决定21个，提出审议、评议和视察意见65个，依法任免“一府两院”国家机关工作人员267名，为推进我市民主法治建设和依法治市进程，保障和促进全市经济社会平稳较快发展做出了积极贡献。

一、以保障经济建设为中心，服务全市大局，促进科学发展

五年来，市人大常委会坚持以支持和服务经济发展为第一要务，围绕事关改革发展稳定大局、经济转型升级和城乡一体化建设等事项，依法履行职责，有力地保障了上虞经济平稳较快发展。

1. 围绕持续发展，加强对重大事项的监督。一是密切关注全市宏观经济运行情况。计划和财政工作事关全市经济发展全局，常委会每年定期听取和审议市政府关于国民经济发展、预算编制和执行等工作报告，并适时作出相关决定，强调要充分认识保持经济平稳较快发展和推动转型升级的艰巨性，科学研判经济形势，抢抓发展战略机遇，加快发展战略性新兴产业，培育新的经济增长点，打好节能减排攻坚战，着力保持经济平稳运行，支持政府坚定信心、应对挑战，确保“十一五”各项目标任务的实现。二是密切关注政府性投资重大项目建设情况。政府性投资重大项目建设情况是常委会一直关注的重点，每年听取项目计划安排与实施情况的报告，进一步规范政府投资，提高决策水平，支持和促进政府解决项目推进中遇到的各种困难和问题。三是密切关注重大规划实施和修编。常委会通过专题调研、听取报告等形

式，密切关注“十一五”规划实施、上虞市域总体规划修编和“十二五”规划编制等工作，并对规划实施进行中期评估，促进政府认真总结“十一五”规划成就，科学谋划“十二五”发展规划，推动上虞科学发展、赶超发展。

2. 围绕转型发展，加强对经济工作的监督。一是监督促进工业经济发展。招商引资、中小企业发展、金融服务企业等工作是推进区域经济发展的重要举措，对于加快经济转型升级、促进实体经济增长具有重要意义。为加强对招商引资“一号工程”的推进力度，2010年，常委会视察了招商引资及平台建设情况，提出了创优投资环境、强化招商措施、增强招商引资竞争力等意见，促进政府坚定不移多招商，招好商。2007年，常委会听取和审议了市政府关于中小企业和块状经济情况的报告，2009年和2011年，常委会主任会议两次听取了金融服务企业发展情况的报告，强调政府要研究制订相关政策，引导激励市内银行加大金融创新力度，在积极保障重点企业、重点项目的同时，进一步优化中小企业发展环境，加大对中小企业的资金扶持力度。常委会还十分重视人才引育、产业提升、平台建设等工作，听取了人才引进和培育工作的报告，调研了我市工业经济转型升级工作，视察了外来企业投资发展和“两区”经济发展情况等工作，全力推动我市“工业立市”战略的实施，促进经济转型升级。二是监督促进农业经济发展。农业是国民经济的基础。2008年，常委会主任会议听取了市政府关于加强农业保障体系建设情况的报告；2009年，按照省人大常委会的统一部署，开展了农业法执法检查；2011年，又视察了市农村合作银行和市供销社服务“三农”工作情况，推动“三农”政策的贯彻落实，促进农业增效、农民增收，推进我市农业和农村经济发展方式转变。三是监督促进商贸服务产业发展。“商贸活市”是市委五大战略之一，对于提升城市能级，促进产业结构升级，集聚人气商气财气，丰富市民生活具有重要意义。2007年，常委会对我市商贸服务业和旅游业发展情况进行了审议，实地视察了石狮商贸城、国际大酒店、上百万和城等商贸重点项目；2010年，调研了曹娥江旅游资源开发情况，通过专题调研和深入分析，常委会提出了“加强规划引导、加大政策扶持、加速总量扩张、加快领域拓展；开发与保护并重、扶持与培育并举、宣传与推介并进”等意见，进一步促进了“浙东新商都”和“四季仙果之旅”品牌建设。2011年，常委会审议通过了上虞城市形象标识，促进了我市城市内涵的丰富和城市形象的提升。

3. 围绕统筹发展，加强对城乡建设的监督。五年来，常委会围绕提升城市能级主题，积极关注城市建设、城乡统筹发展，开展系列监督工作，推动城乡一体化建设。2009年、2010年，常委会分别视察了城市管理和省示范文明城市创建工作，引导广大市民积极投身创建活动，推动市容市貌的持续改善，推进城市品位的有效提升，为确保省示范文明城市一举创成发挥了积极作用；2010年、2011年分别视察了全市交通重点工程和城区公共交通建设情况，为确保城市交通畅达，加快区域交通网络建设、提升交通服务经济的水平作出了努力；2007年、2008年连续两年对世纪丘围涂工程进行跟踪视察，促进了我市围涂战略的实施；2008年，听取了我市农村文化建设情况的报告，推动城乡文化事业协调发展。五年来，常委会还重点加强了对农村宅基地置换改革、农村村庄整治等工作的监督，专题视察了城市征迁工作，促进了城乡均衡发展。

二、以维护人民利益为宗旨，重视民生保障，促进社会和谐

五年来，常委会从切实维护人民群众根本利益出发，认真行使监督职权，着力推动以保障和改善民生为重点的社会建设，促进社会和谐稳定。

1. 关注环保，致力推动生态文明建设。生态文明建设是全市人民十分关注的大事。五年来，常委会围绕创建省级生态市的目标，把生态建设和环境保护工作作为跟踪监督的重点，紧紧抓住环境保护、生态建设与污染治理三大任务，一以贯之，持续推进。2007年，常委会视察了市污水处理二期重点工程；2009年，听取和审议了全市生态环境保护工作情况的报告；2010年，视察了全市生态市建设进展情况，并与省、绍兴市人大常委会上下联动，依法开展水污染防治“一法一条例”执法检查活动；2011年，又视察了全市污水管网建设情

况，通过持续的跟踪监督，确保全市生态环境不断改善，环境保护氛围日渐浓厚，人与自然和谐发展稳步推进。

2. *关注社保，着力维护群众切身利益*。社会保障工作事关人民群众切身利益。五年来，常委会先后听取和审议了市政府关于我市劳动与社会保障行政执法，城乡居民社会养老保险，全市养老保险基金管理等工作情况的报告，并着重就扩大养老保险覆盖面、健全社保基金多元投入机制、确保基金安全与保值增值、提高社保管理服务水平等提出意见，推动全市社会保障事业的可持续发展。同时，密切关注医疗保障工作，2008年、2011年，常委会分别视察了我市卫生事业发展情况，专题听取了市政府关于深化医疗卫生体制改革情况的报告，提出要“强化政府职责，加快规划实施，提升服务功能，稳步推进医药卫生体制改革，逐步提高基本医疗保障水平”等意见，进一步推动医疗卫生体制改革，促进全市医疗保障水平稳步提升。

3. *关注安保，全力促进社会和谐稳定*。城乡供水、安全生产、社会治安、产品食品安全等事关人民群众的健康和生命安全，常委会一直以来都十分关注。2007年，常委会专项视察了城乡居民供水工作，提出了建议意见，市政府高度重视，主要领导亲自深入调研、提出要求，相关部门积极规划、狠抓落实，使有关乡镇供水问题在本届任期内得到了圆满解决，切实保障了城乡居民饮水安全。2008年、2009年常委会跟踪视察了全市标准江堤建设，推动曹娥江标准江堤建设的全面实施；2010年，针对虞北防汛排涝的现状，常委会开展了专题调研，并视察了新东进闸建设情况，提出了要积极争取海涂北线治导线定位，尽早启动海涂三号闸建设，重新规划海涂二线海塘，着力破解新东进闸建设要素制约等意见，督促政府高度重视，抓好落实，确保了虞北和杭州湾园区防汛排涝问题的及时解决。2008年，常委会视察了全市安全生产工作，提出“重抓主体、重抓关键、重抓监管”等意见，保障人民群众的生命财产安全。2008年，常委会听取和审议了全市社会治安工作的报告，促进公安部门进一步发挥职能作用，努力打造最具安全感城市。2009年、2010年，常委会连续两年分别对产品质量和食品安全工作开展了监督，为维护市场经济秩序、保障消费者合法权益、确保全市人民饮食安全作出了努力。五年来，常委会还加强了对社会普遍关注的校安工程、“三防”等工作的监督，维护人民群众的根本利益，促进重大民生实事落到实处。

三、以推进民主法治为目标，强化法律监督，促进依法治市

五年来，常委会以推进民主法治建设为目标，切实深化对法律执行、执法活动的监督，推动“一府两院”依法行政、公正司法，着力优化我市经济社会发展的法治环境。

1. *依法推进法制宣传*。五年来，常委会认真贯彻省委、省人大常委会关于建设“法治浙江”的决定、决议，听取和审议了我市“五五”普法实施和“六五”普法规划情况的报告，作出了《关于加强法制宣传教育的决议》，督促市政府进一步健全普法工作网络和工作机制，切实加强对农村基层群众、外来务工人员、广大青少年等群体的法制教育，增强全体公民的社会主义法治观念，提高全社会的法治化水平。五年来，常委会坚持每年对全市副局级以上领导干部进行法制培训，并结合“12·4”全国法制宣传日，采取多种形式开展普法宣传教育活动，有效提高了广大干部和市民的法制意识和法律素养，为全市经济社会发展创造了良好的法治环境。

2. *依法开展执法检查*。五年来，常委会结合省、绍兴市人大常委会上下联动的执法检查活动，先后开展了农业法、水污染防治“一法一条例”、产品质量法、城市管理行政处罚条例和工商法律法规等执法检查，参与了省人大常委会开展的浙江省曹娥江流域水环境保护条例、浙江省禁毒条例修订的立法调研，听取和审议了全民健身条例、残疾人保障法、气象法、流动人口居住登记条例等法律法规贯彻实施情况的报告，增强了公职人员的依法履职意识，推动了法律法规在本行政区域的有效实施。

3. *依法监督两院工作*。五年来，常委会先后听取和审议了市人民法院关于落实“三项承诺”情况、商事审判工作情况的报告，市人民检察院关于法律监督工作、认罪轻案办理程序改革工作情况的报告，专题调研了市人民法院执行工作，2007年以来连续四年开展对市人民检察院关于预防职务犯罪工作的监督。常委会充分肯定了市人民法院、人民检察院在依法履行职责，服务经济发展，维护社会稳定等方面所取得的成绩，并对人民法院提出了不断丰富"三项承诺"内涵，进一步加强和改进商事审判工作，充分发挥经济审判职能，保障经济社会又好又快发展等意见；对人民检察院提出了进一步强化法律监督职能、提高诉讼效率、提升预防职务犯罪水平等意见，为维护司法公正、推进公平正义作出了积极努力。切实推进人民监督员、人民陪审员制度落实，审议通过了《关于进一步做好人民监督员工作的意见》，并先后任命了19名人民监督员、37名人民陪审员，确保人民监督员、人民陪审员在"人民参与、监督司法"中发挥更大的作用。

此外，常委会还坚持把人民调解工作和信访工作作为密切联系群众、为民排忧解难的要事来抓。依法对人民调解工作进行监督，并就如何做好新形势下人民调解工作提出了建议。同时，常委会切实加强和改进人大信访工作，五年来，共受理人民群众来信531件次，来访339批次，根据不同情况分别予以妥善处理，尤其是对一些涉法信访及群众反映突出的问题，督促有关部门依法处理，引导人民群众以合法途径和合理方式解决矛盾和问题。

四、以保障代表权利为重点，拓宽履职渠道，发挥代表作用

五年来，常委会认真贯彻代表法和中央〔2005〕9号文件，以支持和保障代表执行职务为重点，积极搭建代表履职平台，不断改进代表履职方式，充分发挥代表主体作用。

1. 创新代表活动方式。五年来，常委会积极创新代表活动方式，创设代表活动载体，提高代表活动实效。2007年，开展"我为创业富民、创新强市献一计"活动，全市近200名市人大代表踊跃参与，提出了具有较高参考价值和较强操作性的建议134条，发挥了人大代表在"两创"中的模范带头作用。常委会积极探索代表发挥作用的形式，2008年以来，探索和推广代表按行业分组开展视察、考察、检查活动；2010年以来，按照代表法的有关精神，结合我市实际，常委会出台《上虞市人民代表大会代表约见地方国家机关负责人暂行办法》，并就人民群众普遍关注的城区积水排涝、乡镇道路建设、新居民子女入学、平原河道整治等问题，组织开展市人大代表约见政府及组成部门负责人活动，成效明显，既保障了代表权利，体现了选民愿望，又促进了政府重点工作的落实。五年来，常委会共邀请96名市人大代表列席常委会会议，邀请代表320多人次参加常委会组织的视察、执法检查、工作评议和专题调研活动，增强了常委会工作的开放度、透明度，提增了代表对常委会工作的参与度。同时，注重对代表履职能力的培养，通过业务培训、寄送常委会会刊、《上虞人大》杂志等方式，为代表知情知政、依法履职创造条件、提供服务。

2. 加强代表建议督办。五年来，市人大代表共提出建议、意见819件。常委会对这些建议、意见的办理工作高度重视，规范完善了人大督办、"一府两院"承办制度，切实加大代表建议督办力度。2008年以来，每年从代表建议、意见中列出10件左右，作为重点督办的建议意见，由常委会组成人员领衔督办。2010年，常委会还采用视察的形式，对2008年以来33件重点督办的代表建议进行跟踪督查，既推动了代表建议意见的办理工作，更激发了代表提出建议、意见的积极性。五年来，每年的建议、意见都得到了较好办理，问题解决率日益提高，代表满意和基本满意率保持在88%以上，代表建议、意见办理的效率和质量不断提高。

3. 抓好代表换届选举。2011年进行的市、乡镇两级人大代表换届选举，是选举法修订后首次实行城乡按相同人口比例选举人大代表，对于更好地体现人人平等、地区平等、民族平等，发展社会主义民主政治，加强市、乡镇两级国家政权建设，意义十分重大。市人大常委会和市选举委员会在组织准备、宣传发动、选民登记、推荐确定代表候选人、投票选举等各阶段，始终坚持党的领导，突出各级党委的领导核心作用，切实保证换届选举工作的正确方向；坚持发扬民主，尊重和保障选民的选举权利，创造有利于选举人充分表达意愿的环境和条件，积极推进公民有序的政治参与，促进社会主义民主政治的健康发展；坚持严格依法办事，准确把握宪法法律的各项规定，健全完善选举操作规程和相关措施，确保代表换届选举工作依法有序顺利。全市115个大选区选出市十六届人大代表284名，554个小选区选出新一届乡镇人大代表1174名，全市人大代表换届选举工作取得圆满成功。

五、以提高履职能力为基础，加强自身建设，提升工作水平

五年来，常委会以提高履职能力为基础，强化常委会及机关的自身建设，不断提升人大整体工作水平。

1. 注重学习调研，履职能力进一步提高。五年来，常委会注重理论学习，加强对中国特色社会主义理论、“三个代表”重要思想、科学发展观以及上级党委和市委的重大决策部署的学习贯彻，加强与人大监督工作相关的法律法规的学习培训，不断提高理论修养和依法履职水平。配合市委召开好全市人大工作会议，认真学习贯彻市委《关于加强和改进人大工作的意见》。注重交流宣传，加强与省、绍兴市及兄弟县市人大的联系沟通，学习探讨人大工作有效方法。2007年，常委会承办了全国十二城区（市）人大工作理论研讨会，推动了上虞的外向度，提升了上虞的知名度；2009年，以纪念地方人大设立常委会30周年活动为契机，全面回顾总结上虞民主法治建设的光辉历程和实践经验，深入宣传人民代表大会制度。注重专题调研，围绕全市工作大局和人大工作重点，结合人大职能和工作实际，充分发挥各工作委员会的作用，每年分专题深入开展调研，为提高审议质量、增强监督实效奠定基础。

2. 致力工作规范，制度建设进一步加强。五年来，常委会根据监督法和有关法律的要求，按照“依法办事、稳中求进”的原则，进一步完善市人大常委会会议和主任会议的议事规则，制订了人大常委会会议、主任会议、主任例会的运行程序，推动常委会各项工作的规范化、程序化、制度化。为加强和改进监督工作，2008年，常委会修订完善了《上虞市人民代表大会常务委员会审议意见交办落实反馈办法》，就审议意见的形成、交办、落实、反馈等事项作了规定，确保常委会的监督有回音、出实效。建立健全了工作评议机制，本届常委会先后对市经贸局、民政局、科技局、安监局、司法局、水利局等六个政府组成部门开展了工作评议，达到了推动依法行政、促进部门工作的目的，推动了市委决策、人大决议、政府决定的贯彻落实。

3. 服务基层人大，整体水平进一步提升。五年来，常委会依法加强对乡镇（街道）人大工作的指导，每年召开全市乡镇（街道）人大工作会议，总结部署工作，交流借鉴经验。健全和完善常委会组成人员联系乡镇（街道）人大制度，注重与乡镇人大主席团、街道人大工委经常性的工作联系，发挥乡镇（街道）人大基础作用。加强对市、乡镇两级人大代表履职能力培养和法律知识培训，组织乡镇（街道）人大主席（主任）、副主席（副主任）参加业务培训，指导乡镇开好人代会、组织好各项选举、开展好对政府及基层站所评议等工作。五年来，全市18个乡镇人大、3个街道人大工委组织代表，开展评议、视察、检查等活动400余次，推进了乡镇政府、基层站所工作，切实发挥了基层人大的作用。

过去的五年，市人大常委会较好地履行了宪法和法律赋予的职责，各方面工作都得到加强并取得了新的进展。这是市委坚强领导的结果，是历届人大常委会打下坚实基础的结果，是“一府两院”密切配合的结果，是市政协和全市各部门、单位和乡镇（街道）大力支持的结果，也是全体人大代表辛勤工作的结果。在此，我谨代表市十五届人大常委会，向所有关心、支持我市人大工作的各位领导、各位同志和社会各界朋友表示崇高的敬意和衷心的感谢！

过去五年的工作体会

各位代表，回顾总结本届人大及其常委会五年来的工作，我们深刻地认识到，做好人大工作，必须坚持正确方向，遵循工作原则，把握监督重点，依法履行职责。归纳起来，主要有五点体会：

一是必须强化核心意识，坚持和依靠党的领导。人大工作坚持正确的政治方向，最根本的是坚持党的领导、人民当家做主和依法治国的有机统一，核心是坚持党的领导。五年来，常委会从有利于加强和改善党的领导，有利于巩固党的执政地位，有利于保证党领导人民有效治理国家的立场出发，坚持和依靠市委的领导来统一思想，推动工作，在决定重大事项、选举任免干部、履行监督职能等工作中，坚决贯彻市委意图，及时准确地把市委的主张通过法定程序变成国家意志，确保人大工作始终在市委领导下依法、有序开展。

二是必须强化大局意识，服务和促进科学发展。人大要在促进经济社会发展中有所作为，关键是为大局着想，为发展助力，突出重点，依法履职。五年来，常委会把服务和促进科学发展作为人大工作的着眼点，把推进国民经济发展、“十二五”规划编制、政府投资项目、经济结构调整、“三农”工作、城市能级提升、城乡统筹、商贸服务业发展、交通重点工程建设等作为人大工作的重点，把市委想抓、政府想做和人民群众想办的大事监督、推动好，确保全市经济社会平稳较快发展。

三是必须强化民本意识，维护和实现人民利益。维护人民群众的根本利益是人大工作的出发点和落脚点。五年来，常委会坚持贴近民生、顺应民心的工作理念，注重倾听民声，深入了解民意，围绕社会保障体系完善、生态文明建设、医药卫生体制改革、城乡供水、安全生产、社会治安、校安工程、食品安全、司法公正等人民普遍关心、社会普遍关注的热点、难点问题，依法履行监督职责，自觉将人大工作基于深厚的民意之上，融于人民群众的生活之中，置于人民群众的监督之下，切实维护和实现人民群众的根本利益。

四是必须强化服务意识，支持和保障代表履职。人大代表是国家权力机关的主体，是推进民主法治建设、推动经济社会发展的重要力量。五年来，常委会突出人大代表主体地位，积极搭建平台、创新方式、创设载体，探索代表建议督办新途径、组织开展人大代表约见政府及组成部门负责人等活动，主动为代表履职提供服务和保障，引导代表反映民情、传递民声，发挥代表在推进民主法治建设、推动经济社会发展中的承上启下作用，为推动市委决策落实、推进经济社会发展鼓劲聚势、凝心聚力。

五是必须强化规则意识，注重和讲究工作规范。人大及其常委会的各项职权都由宪法和法律赋予，这决定了人大各项工作具有很强的法律性、程序性。五年来，常委会按照监督法的精神，建立健全了重大事项讨论决定、监督工作、人事任免、代表工作以及会议运行等规则和程序，形成了按法律办事、照程序监督、依规则操作的良好工作机制，人大工作规范化上了一个新台阶。

回顾过去，我们也清醒地看到，我们的工作与宪法和法律赋予的职责，与形势的要求和全市人民的期望相比，还有一定差距。常委会各项工作还需不断创新，工作实效还需进一步体现，代表作用还有待更好地发挥，自身建设还有待进一步加强，所有这些，要在今后的工作中，采取有效措施，认真加以改进。

今后五年的工作建议

今后五年，是我市全面实施“十二五”规划的重要时期，是上虞的发展机遇期、优势扩张期和实力赶超期。作为人大及其常委会，促进发展责无旁贷，依法履职任重道远，发挥作用大有可为。为此，我们建议新一届市人大常委会要紧紧围绕市第十四次党代会提出的总体目标和工作部署，以推动“创新上虞”“精致上虞”“人文上虞”“幸福上虞”建设为目标，为推动上虞经济社会持续健康发展贡献力量。重点把握好以下几点：一是要紧紧围绕大局，全力推动经济社会发展。坚持把推动市委重大决策实施和全市重点工作落实作为依法履职的着力点，把增强民主性和科学性作为决策的重要保障，审议决定好国民经济和社会发展、“十二五”规划实施情况、政府投资重点项目等重大事项，重点加强对招商选资、创新平台建设、战略性新兴产业、现代服务业、现代农业发展等工作的监督，促进经济转型升级；要积极推动精品城市、特色城镇和美丽乡村建设，着力加强对“三城一区”建设、中心镇培育、虞南山区建设等工作的监督，营造优美人居环境；要保障民生发展，密切关注环境保护、社会保障、教科文卫事业、食品药品安全等热点问题，维护人民群众根本利益。二是要依法履行职责，致力推进民主法治进程。要以促进社会公平正义为目标，把保证宪法和法律、法规在我市的贯彻执行放在首位，切实加强对“一府两院”工作的监督，着力推进民主法治建设；要坚持党管干部原则，依法行使人事任免权，加强对任命干部的监督，促进依法行政和公正司法。三是要积极创设平台，着力保障代表主体权利。要更加重视代表工作，拓展代表工作思路，丰富代表活动形式，切实加强代表议案、建议的督办力度，继续开展人大代表约见政府及组成部门负责人等活动，保障代表依法履职，发挥代表主体作用。四是要创新工作方式，努力提升人大履职水平。要深入贯彻实施监督法，进一步改进监督工作，明确监督重点，丰富监督手段，综合运用听取和审议专项工作报告、执法检查、专题视察、专项督查等形式，切实增强人大监督的针对性和实效性；要更加重视常委会自身建设，不断推进工作创新，提高履职的能力和水平；要进一步加强与乡镇（街道）人大的联系，加强工作指导，改进服务方式，共同开创我市人大工作的新局面。

各位代表，展望上虞的美好前景，我们满怀信心。让我们在中共上虞市委的坚强领导下，团结和依靠全市人民，求真务实、开拓奋进，为全面建成惠及全市人民更高水平的小康社会，率先基本实现现代化而努力奋斗！

政府工作报告

——在上虞市第十六届人民代表大会第一次会议上

（2012年2月21日）

上虞市人民政府代市长　王慧琳

各位代表：

现在，我代表市人民政府向大会作工作报告，请予审议，并请市政协委员和其他列席人员提出意见。

一、过去五年的工作回顾

市十五届人大一次会议以来的五年，是上虞综合实力加速提升、城乡面貌显著变化、民生事业加快推进的五年。五年来，我们坚持以科学发展观为统领，在上级党委、政府和市委的坚强领导下，紧紧依靠全市人民，按照“抢抓新机遇、增创新优势、实现新发展”的总体要求，围绕“发展、民生、和谐”的工作主题，突出“推进产业重构、提升城市能级”两大任务，开拓创新，奋勇争先，经济社会各项事业取得了明显进步，基本完成了市十五届人大历次会议确定的各项目标任务。到2011年，全市实现地区生产总值520.7亿元，按可比价计算，年均增长11.1%；财政总收入65.11亿元，其中地方财政收入35.52亿元，年均分别增长21.1%和23.8%；规模以上工业总产值1191.18亿元，年均增长16.3%；固定资产投资241.07亿元，其中工业生产性投资132.05亿元，年均分别增长21.1%和16.7%；社会消费品零售总额154.8亿元，年均增长16.3%；自营出口27.4亿美元，年均增长20.7%；城镇居民人均可支配收入34011元，农民人均纯收入15833元，年均分别增长12.2%和13%；城镇登记失业率控制在3.03%；人口自然增长率为负0.86‰；节能减排目标任务圆满完成。

五年来，我们注重开发开放，发展基础更加扎实。全力配合嘉绍跨江通道、杭甬高铁、绍诸高速、杭甬运河等重大工程建设；南北中心大道、滨海大道、东西中心大道等工程加快实施，329国道过境线（四环线东关至边墩）建成通车，龙山隧道全线贯通；新东进闸、污水处理二期工程全面完成，新增给排水管网931千米、输变电容量359万千伏安，新围海涂6.34万亩。杭州湾上虞工业园区列入全省重点产业集聚区，东一区、东二区基础配套基本完成；经济开发区和乡镇工业功能区整合提升步伐加快。坚持招商引资“一号工程”，成功举办欧洽会、虞商大会等重大活动，累计利用外资10.47亿美元、内资168.94亿元，引进总投资5亿～10亿元项目15只、10亿元以上10只。

五年来，我们注重转型升级，经济质量稳步提升。大力推进粮食生产功能区和现代农业园区建设，创建国家级有机食品生产基地3个，新建无公害农业特色基地16.76万亩，被评为全省粮食生产先进市县。实施新兴产业"1331"培育计划和"211"企业培育工程，累计新增销售超亿元企业71家，上市公司7家，五大新兴产业产值占工业总产值比重达28%；加快传统产业改造提升，推进块状经济集聚发展，实施循环经济项目202只，淘汰改造"三高一低"项目56只。建筑业发展继续走在全国前列，新增一级及以上资质企业17家，建筑业产值突破千亿元。"浙东新商都""四季仙果之旅"品牌日益打响，新增商贸楼宇面积165万平方米，城北新区引进各类金融机构(网点)47家，曹娥、东山、祝家庄三大景区一期工程建成开园，被评为中国最佳休闲小城。大力开展"引智强企"活动，成功举办科技节，国家级照明电器高新技术产业化基地和省级绿色精细化工特色产业基地加快建设，引进各类人才4.3万人，新增国家重点扶持高新技术企业69家，新创省名牌产品35只，参与制订国际标准2只、国家标准21只，高新技术产业产值比重提高到36.2%。

五年来，我们注重统筹协调，城乡面貌显著改善。编制实施城市发展系列规划，城北新区展现魅力都市形象，滨江新城、高铁新城、滨海新城和大龙山区域加快建设，老城区功能日益完善，"数字城管"建成运行，完成拆迁155万平方米，建成区面积从25平方千米拓展到36.5平方千米，成功创建国家园林城市。深入推进"扩权强镇"，累计完成中心镇基础设施投入3.5亿元，新建农村联网公路218千米、乡镇污水收集管网145千米，培育超50亿元块状产业2个，新增税收收入超亿元乡镇4个。扎实推进新农村建设，城乡公交、给排水、垃圾处置等一体化进程不断加快，农村宅基地置换改革深入实施，"清洁家园"行动成效明显，省待整治村建设任务全面完成，建成村级物业项目139只、便民服务中心365个，完成新农村电气化改造14.5万户，新解决13.7万农民的饮用水问题，新增家庭工业4740户，被评为全省新农村建设优秀单位。镇村两级换届选举圆满完成。

五年来，我们注重普惠共享，民生事业加快推进。预算内民生支出累计达93亿元，占财政支出的70%，年均增长24.6%。完善就业创业服务体系，新增就业岗位5.7万个，累计培训农民9万余人次、转移2.9万余人。推进社保扩面提标，新增城乡居民社会养老保险参保24.7万人、五大社会保险参保56.5万人次，新型农村合作医疗保险人均筹资标准从70元提高到420元，建成经济适用房500套，解决城乡居民住房困难1376户。加快教育均衡发展，新建改建中小学校59所、乡镇(街道)中心幼儿园8所，义务教育实行全免费，高考质量稳步提升，职业教育成效明显，新居民子女就学得到切实保障。健全公共卫生服务体系，城乡医疗卫生服务机构实现全覆盖，完成三轮城乡居民健康体检，重大疫情和传染病得到有效防控。稳定低生育水平，人口素质逐步提高。实施新农村文化繁荣工程和"魅力文化十大行动"，运作"十大民间爱心基金"，群众性精神文明活动和全民健身运动蓬勃开展，成功创建全国科普示范市、省示范文明城市、省扶残助残爱心城市、省老龄工作先进市和省双拥模范城，被命名为中国孝德文化之乡和省历史文化名城。成功创建国家一级档案馆。征兵工作获得国防部先进集体荣誉。工会、青年、妇女、儿童、慈善、红十字等事业扎实推进，民族、宗教、对台、侨务、外事、统计等工作切实加强。

五年来，我们注重和谐稳定，人居环境不断优化。大力改善生态环境，实施清水工程、清洁空气和"811"环境保护行动，建成废水、废气、固废处理设施1576台(套)，淘汰高危高耗能特种设备1336台(套)，建设清水河道300千米，新增绿化面积2.1万亩，新建生态防护林带640千米，森林覆盖率达45.41%，城市空气质量持续改善，成功创建省级生态市和省森林城市。努力保障公共安全，突发性公共事件应急体系不断完善，食品药品安全监管切实加强，安全生产责任制有效落实，完成道路安全改造136千米，维修加固山塘水库117座、桥梁136座，新建标准江堤80.5千米。全力维护社会稳定，严厉打击各类违法犯罪活动，推行社会稳定"三色"预警机制，有效化解信访积案92件，医患纠纷、交通事故专业调解和110联动调解机制不断健全，新居民服务和管理工作切实加强，社会诚信体系加快构筑，城市人居环境不断改善。

五年来，我们注重积极有为，政务效能日益提高。加快创新体制机制，实施新一轮政府机构改革，优化政策导向、财政体制和行政审批制度，建立健全工作推进、督查考评等一系列机制，共推发展的氛围日益浓厚。积极应对风险考验，妥善处置安全生产、自然灾害等突发事件，努力化解金融风险，着力破解要素制约，争取各类扶持资金24亿元，盘活存量土地9869亩，服务解难的成效不断显现。全力推进依法行政，实行重大事项集体讨论决策，自觉接受人大、政协和社会监督，切实办好人大代表建议和政协委员提案，健全政府信息公开制度，落实政府系统廉政建设责任制，强化行政监察和审计监督，推进节约型机关建设，进一步树立了清正廉洁的良好形象。

各位代表，回望过去五年，成绩令人欣喜，经验弥足珍贵。我们感到，继承创新是前提。在推进科学发展的过程中，只有坚持既定战略不动摇，强化规划的严肃性，保持工作的连续性，开拓工作思路，优化体制机制，创新方式方法，才能延续良好的发展态势。我们感到，优势整合是基础。在抢抓战略机遇的过程中，只有坚持赶超发展不停步，主动对接配套，优化资源配置，推进融合互动，才能不断提升区位优势和发展后劲。我们感到，合力攻坚是关键。在破解发展难题的过程中，只有坚持咬定目标不松劲，倡导勇于担责，加强协作配合，强化考核激励，努力调动方方面面的积极性，才能战胜一个又一个的困难和挑战。我们感到，和谐稳定是保障。在促进统筹发展的过程中，只有坚持以人为本不懈怠，强化民生保障，完善公共服务，创新社会管理，推进生态文明，才能营造宜居宜业的良好环境。

各位代表，过去五年取得的巨大成就和积累的宝贵经验，是全市人民团结一致、奋力拼搏的结果。在此，我代表市人民政府，向奋战在各条战线上的广大干部群众和“新上虞人”，向各位人大代表、政协委员，向各民主党派、工商联、人民团体、无党派人士和离退休老同志，向在虞直属单位和驻虞部队、武警官兵，向所有关心支持上虞发展的各界人士、海内外朋友，表示崇高的敬意和衷心的感谢！

回顾五年来的工作，我们也清醒地认识到，发展中仍面临着不少困难和问题，主要是自主创新能力有待提高，生产性服务业发展相对滞后，新兴产业培育和传统产业提升任重道远，企业经营压力不断加大；城市功能尚需不断完善，新城开发模式有待创新突破，镇村实力仍然偏弱，城乡面貌有待继续改善；民生保障与群众诉求还有一定差距，社会管理难度不断增大，生态环境仍需优化；政府自身建设需要不断加强，工作执行力和服务效能有待进一步提升。对这些问题，我们一定高度重视，采取切实有效措施，努力加以解决。

二、今后五年的目标任务

今后五年，上虞既面临着十分难得的发展机遇，也面临着纷繁复杂的多重考验，推进科学发展、赶超发展的任务艰巨、前景美好。根据市第十四次党代会精神，综合考虑各方面因素，今后五年政府工作的指导思想是：以邓小平理论和“三个代表”重要思想为指导，深入贯彻落实科学发展观，始终坚持经济建设这一中心，始终坚持转型升级这一主线，始终坚持富民惠民这一根本，着力强化改革创新，着力加快城乡一体，着力保障改善民生，着力提升生态文明，着力推进文化繁荣，着力创新社会管理，着力建设亲民政府，合力打造“创新上虞、精致上虞、人文上虞、幸福上虞”，圆满完成“十二五”规划目标任务，全面建成惠及全市人民更高水平的小康社会，为率先基本实现现代化奠定坚实基础。

根据上述指导思想，力争通过五年努力，实现以下六个方面的愿景：

*1. 更加突出开放发展，努力在参与区域竞争上增创新优势。*实施更加积极主动的开放战略，推动开发开放向更宽领域、更深层次、更高水平发展。不断提升开放理念，崇尚创业创新，倡导大气包容，尊重创业者，关爱建设者，服务新居民，努力提高城市的亲和力。不断优化开放平台，杭州湾上虞工业园区积极发挥港桥联动、产城互动效应，努力打造全省海洋经济产业带中具有较强竞争力的现代工业中心；经济开发区加快提升高端要素集聚能力，努力打造现代科技新城；乡镇工业功能区着力推进“腾笼换鸟”和区域联动，努力打造块状产业提升发展集聚区。不断深化开放举措，坚持招商选资向高新产业拓展、向上下游产业延伸，鼓励返乡投资，引导对外并购，优化外经外贸结构，加快提升城市的开放度。力争通过五年努力，

地区生产总值、地方财政收入实现翻番，财政总收入跻身全省十强。

2. *更加突出转型发展，努力在促进产业升级上取得新成效。*坚持把高端产业作为主攻方向，大力推进先进装备制造、汽车整车及零部件、新能源新材料、节能环保、生物医药和通用航空等新兴产业集群发展，全力突破现代物流、软件服务外包等生产性服务业，着力培育特色、生态、精品农业，致力提升建筑业专业化、差异化、多元化发展水平。坚持把自主创新作为核心动力，推进创新型城市建设，优化科创平台，集聚高端人才，争创自主品牌，提升产业核心竞争力。坚持把改造提升作为内在要求，加快淘汰落后产能，鼓励装备更新、工艺革新和管理创新，推进兼并重组、股权投资和股改上市，着力培育一批优势骨干企业。坚持把产业互动作为重要抓手，整合农工商旅文和山水资源优势，大力发展文化旅游产业和休闲观光农业。力争通过五年努力，形成500亿级产业集群3个、200亿级1个，新增国家重点扶持高新技术企业30家、上市公司8家，新兴产业产值占规模以上工业总产值比重超过三分之一，服务业增加值比重年均提高1个百分点以上。

3. *更加突出融合发展，努力在加快城乡统筹上获得新进展。*

按照建设省区域中心城市的目标定位，推动城市内涵提升和城乡互动发展。围绕打造精品城市，突出"一江两岸"重点，注重规划精益化、建设精品化、管理精细化，实施五年500亿建设计划，扎实推进"三城一区域"开发，努力提升老城区功能，不断彰显山水人文特色和现代都市魅力。围绕推进城乡融合，深化"扩权强镇"改革，完善政策扶持体系，优化中心镇发展规划，加大改造提升力度，加强镇际道路、公交网络等基础配套，努力把中心镇建成现代小城市、一般乡镇建成特色小城镇。围绕建设美丽乡村，按照"四美三宜"目标要求，积极实施村级集体经济增收五年计划，扎实开展"清洁家园"行动，加快农村住房梯度改造，培育一批各具特色的中心村、示范村。力争通过五年努力，"三城一区域"初具形象，"一江两岸"展现新貌，城市建成区面积达到45平方千米，城市化率达到66%，新增税收收入超2亿元乡镇3个，基本消除年集体收入20万元以下的经济薄弱村。

4. *更加突出均衡发展，努力在推进惠民安民上再上新台阶。*致力提高群众收入水平，完善就业服务和创业扶持体系，实施低收入群众增收计划，努力实现收入增长与经济发展同步。致力满足群众基本生活需求，完善养老、医疗、低保、慈善救助等社保制度，健全教育、卫生、计生等公共服务体系，改善住房、消费、出行等生活环境，维护妇女、儿童和残疾人权益，努力实现新居民同城化待遇。致力保障群众生命财产安全，推进社会管理创新，完善突发事件应急处置体系，健全安全生产、社会治安、信访维稳和食品药品监管等工作机制，促进公平正义和民主法治，努力打造最具安全感城市。致力丰富群众精神文化生活，实施文化强市建设十大工程，广泛开展全民健身和群众性文化活动，强化舆论监督和引导，切实加强社会公德、职业道德、家庭美德和个人品德教育。力争通过五年努力，城乡居民收入年均分别增长10%和11%，城镇登记失业率控制在3.5%以内，基本建成覆盖城乡的社会保障体系，成功创建省现代化教育强市、省卫生强市和省体育强市。

5. *更加突出绿色发展，努力在建设生态文明上迈出新步伐。*大力发展绿色低碳型经济，倡导低碳生活和绿色消费，加快培育生态产业，严格新上项目准入标准，全面推进产业生态化重组，积极争创国家级生态示范工业园区。大力构建资源节约型社会，严格落实节能减排，扎实推进节地、节水、节材、节能行动，不断提高资源集约节约利用水平。大力建设环境友好型城市，实施"蓝天行动""清水工程"五年计划，加强虞南山区和重点水源地生态保护，推进平原绿化和防护林建设，积极创建国家生态县（市）和国家环境保护模范城市。力争通过五年努力，森林覆盖率达到46.5%，城市空气质量优良率达90%以上，城乡水环境明显改善，全面完成节能减排任务。

6. *更加突出服务发展，努力在优化体制机制上实现新突破。*着力提升服务转型发展的能力，优化产业扶持导向，强化政策激励和行政倒逼，创新投融资体制，提高公共资源的配置效率。着力提升维护和谐稳定的能力，健全社会管理网络，加大民生事业和社会管理投入力度，不断优化有利于改善民生保障、维护公共安全的体制机制。着力提升高效履职的能力，深化政府机构改革，完善科学决策、行政审批、工作推进和服务解难等工作机制，加强行政监察、审计监督和行政问责，扎实推进政府系统行风效能和廉政建设，努力打造务实高效廉洁的亲民政府。

三、2012年政府的主要工作

展望新的一年，宏观形势较为复杂，但机遇仍然十分难得。从宏观形势看，经济发展的不稳定、不确定因素较多，但一系列稳增长、促转型的措施正在加快落实，经济有望实现稳中求进。从我市实际看，企业生产经营困难较多，要素保障、社会管理的压力不断加大，但区位、平台和产业的优势正在加速放大，推进科学发展、赶超发展的前景依然看好。

综合考虑各方面因素，建议今年经济和社会发展的主要预期目标为地区生产总值增长10%以上；财政总收入和地方财政收入均增长10%；固定资产投资增长12%，其中工业生产性投资增长15%；社会消费品零售总额增长15%；自营出口增长12%；服务业增加值占地区生产总值比重提高1个百分点以上；万元生产总值综合能耗下降和化学需氧量、二氧化硫、氨氮和氮氧化物排放总量削减率均完成目标任务；城镇居民人均可支配收入增长10%，农民人均纯收入增长11%；城镇登记失业率控制在3.5%以内；人口自然增长率控制在0.57‰以内。

围绕上述目标要求，我们将牢牢把握"稳中求进、克难奋进、和谐共进"的工作基调，深入实施招商选资"一号工程"，大力开展"项目推进年""城市提质年""企业服务年"活动，着重抓好七方面工作：

1. 激发经济活力，力保平稳增长。

全力发挥投资拉动作用。围绕"重投入、兴实体"，推动重点产业、重大基础和社会民间投资。加快推进70只亿元以上重点工业项目，其中投资10亿元以上项目8只，5亿～10亿元项目20只，力争完成工业生产性投资158亿元。加快20只重点服务业项目建设，力争完成服务业投资80亿元。全力配合嘉绍跨江通道、杭甬高铁建设，加快南北中心大道、110千伏高贡变、世纪新丘治江围涂及一线标准海塘等重点项目建设，启动建设滨江河、329国道北移线（绍兴孙端至道墟四环线）等工程，推进隐潭水库、上虞新港、500千伏江滨变、三环东路上跨及连接线等项目前期工作，完成临时码头、九四丘临江一线海塘加固等工程建设。加快杭州湾上虞工业园区东二区、东三区和经济开发区拓展区基础配套，力争完成投资4.5亿元。

有效挖掘市场消费潜力。组织开展"浙东新商都"购物节和生态休闲旅游节活动，突出主题购物，丰富消费业态，加快培育特色街区。着力发展会务经济，整合商旅资源，注重规划引导和政策扶持，加强项目招商和整体推介，规范提升农家乐，积极打造"沪杭甬都市会客厅"品牌。实施水果基地创建提升计划，力争建成水果基地AAA级景区2个，进一步扩大"四季仙果之旅"影响力。大力实施农贸市场改造提升计划，扎实推进"三网一区"建设工程，进一步挖掘市场消费潜力。

积极优化外经外贸结构。完善激励扶持政策，组织系列境内外参展活动，鼓励块状产业抱团参展，深化电子商务合作，加强海关、国检大通关服务。支持发展加工贸易，加大高新设备和资源性产品的进口力度。加强自主出口品牌建设，支持开展境外商标注册和专利申请，鼓励设立境外销售机构，深入推进对外工程承包，引导支持境外股权并购。健全外经外贸预警机制，切实提高应对贸易摩擦能力。

努力维护金融生态环境。健全经济运行监测和风险防范体系，完善企业扶持政策和解难机制，落实各项税费减免措施，切实减轻企业负担。积极组建村镇银行和融资服务中心，鼓励设立小额贷款、融资租赁、信托等非银行业金融机构，力争引进市外银行2家。全面落实金融支持实体经济和中小企业发展政策，建立企业互助基金，强化金融秩序监管，依法打击涉众涉企型经济违法犯罪和恶意逃废债务行为，切实防范区域金融风险。

2. 强化创新提升，推进工业转型。

全力实施招商选资"一号工程"。紧盯世界500强、大型央企国企和行业龙头企业，注重产业链招商，深化驻点招商，鼓励返乡投资，推动增资扩股和股权投资，大力引进跨国公司地区总部和研发机构。完善目标考核和督查推进机制，力争新引进总投资超5000万美元外资项目3只、超5亿元内资项目10只，实现合同外资3亿美元，实到外资2.3亿美元，引进内资55亿元。

大力发展战略性新兴产业。以建设全省新兴产业集聚区为目标，深入实施“1331”培育计划，细化完善财政扶持、土地配套、人才支撑、考核激励等政策制度，着力推动港龙客车、艾可普罗锂电池材料、启德通用航空基地等一批战略性新兴产业项目。力争完成新兴产业投资58亿元，新兴产业产值占规模以上工业总产值的比重提高2个百分点。

积极培育壮大优势企业。大力发展民营经济，落实各项促进政策，推动民营经济发展壮大。继续实施“211”企业培育工程，大力推动技术改造、兼并重组和合资合作，提升企业信息化、专业化水平，加快企业股改、上市进程。实施新生代企业家综合素质提升计划，推进经营模式和管理创新。力争新增销售超亿元企业14家、超10亿元企业2家，新增上市公司1家、报会2家，培育上市后备企业30家。

努力提升自主创新能力。加快实施“浙大网新·上虞科技园”项目，扎实推进精细化工、照明电器、汽车零部件等科创服务平台建设。积极开展“招才引智”活动，完善人才创业扶持体系，推进人才公寓建设，吸纳创新团队和领军型人才，力争引进各类人才8000人。加强核心技术研发和知识产权保护，开展科技金融试点，力争科技研发投入占地区生产总值比重达到2%以上，新增国家重点扶持高新技术企业10家、省级高新技术研发中心3家，实施省级以上科技计划项目25只，授权发明专利70件。推进质量强市建设，加强品牌和标准化工作，新创省级及以上驰(著)名商标5只、省级名牌6只，制订国家、行业标准5只。

3. 提升城市品质，繁荣城市经济。

精益化完善城市规划。注重城市规划与文化内涵相融合、与功能布局相协调，加快实施“一江两岸”城市建筑、景观、亮化规划设计和业态布局规划，深化“三城一区域”专项规划，优化完善新城之间、新城与主城之间、城郊之间的区域连接规划，编制完善104国道、329国道、人民西路等入城口改造和三环路、迎宾大道、舜江西路等城市主干道两侧的城市设计规划，加强电力、通讯、给排水等综合管线和城区停车、排涝、慢行系统规划研究。

精品化推进城市建设。完成滨江新城一号路建设和聚英路改造，加快杭甬运河一号桥、北二路和五星路建设，推进滨水景观带前期工作，推动电力调度大楼等重点楼宇项目。完成高铁新城站前广场一期和江华路建设，加快推进称山北路、康居路等路网工程，启动建设城北客运中心。完成滨海新城滨海大道建设，加快推进东西中心大道、经七路、经八路、经十二路等骨干道路和职工居住区、千亩人工湖建设。全力推进城市门户改造，完成大龙山区域生态公园二期、三环路绿化提升改造、三环东路绿化和四环北路生态绿地二期等工程建设。制定实施城市改造五年计划，适时启动城中村、城郊村等拆迁改造，力争全年完成拆迁改造60万平方米，基本建成安置房52万平方米。

精细化实施城市管理。提升“数字城管”管理水平，强化马路市场、夜排档疏导管理，开展步行街等重点商业路段专项整治，完善城市保洁机制。加强重点区域、重点时段交通组织，启动公交公营化改革，优化公交线路布局和站点设置。完善社区基础功能，提升社区综合服务水平。深入开展违章建筑“一月一整治”活动，切实抓好五大类市政民生工程。

高端化培育城市经济。以建设省级服务业集聚区为目标，大力发展总部经济，制定出台本地企业扎根上虞、在外虞商回乡创业、市外企业设立总部等专项政策，充分发挥“建筑强市”优势，加强虞商联谊联络，力争新引进企业总部3家，建成投用百官广场，实现建筑业产值1150亿元；大力发展高端服务业，制定实施专项扶持政策，全力推进惠普两化融合外包服务、滨海创意休闲生态园、省农发集团商贸综合体等项目建设；大力发展生产性服务业，扎实推进省交投集团高速物流、杭甬运河曹娥作业区和英特医药物流中心建设，引进第三方物流企业2家。加快百安广场等专业市场建设，继续推进企业分离发展服务业。

4. 加快统筹协调，增强基层实力。

大力发展现代农业。完成中心粮库建设，新建粮食生产功能区2.45万亩，确保粮食播种面积

70万亩、产量28万吨。实施农业七大提升工程，建设省级农业综合区2个，建成省级主导产业示范区2个和特色农业精品园4个，实施4.5万亩标准农田质量提升工程和2万亩中低产田改造，新增土地流转面积1万亩，新建设施农业3000亩，新创省级农业龙头企业1家、省级农业名牌2只。改善农田水利设施，推进虞北渔港建设。加强农技推广、动植物疫病防控和农产品质量安全监管，深化农业政策性保险。

大力培育活力城镇。深化“扩权强镇”改革，优化考核激励机制，高标准制定完善中心镇发展规划，继续实施“三年拆迁改造计划”，加快崧厦小城市培育，推进丰惠、章镇、小越、道墟等中心镇建设。积极培育块状区域品牌，集聚提升边界经济，鼓励发展商贸综合体、连锁超市、品牌专卖店等集镇商贸业。继续推进乡镇污水管网、自来水“一户一表”改造等配套项目，加快建设曹娥江上浦大桥。

大力建设美丽乡村。编制实施美丽乡村建设总体规划和行动计划，扎实推进特色村培育试点，培育建设精品示范村3个、省级示范中心村2个。加快农民集中居住区建设，推进空心村和零星居住点改造整治，力争完成改造建设2万平方米。实施村级物业项目异地联建，试行村级集体资产股份制改革，新增家庭工业1600户。深入开展“清洁家园”行动，完善农村环境卫生和生态墓地长效管理机制。

5. 推进节约集约，优化生态环境。

提高资源利用效率。完善资源利用综合考评体系，加强项目能评审查，深化节能技术推广，实施循环经济项目10只，完成清洁生产企业审核4家。推进农村土地综合整治，强化土地“三制式”管理，提高单位土地投资强度和产出效益，加快闲置土地盘活和转而未供土地清理，力争土地综合整治产生指标800亩，争取重点项目戴帽指标1000亩，盘活转而未供土地1000亩。推进四环线以内和道墟化工小区工业企业“提转搬”，完成杭州湾上虞工业园区低效化工企业退出改造8家。积极实施落后产能淘汰计划，淘汰“五小”企业30家、落后印染产能3000万米、高危高耗能特种设备186台(套)，节约标煤3万吨。

改善大气和水环境质量。大力推动工程、结构和管理减排，深化杭州湾上虞工业园区环境质量提升行动，强化污水处理设施运行管理，推进农业面源污染治理，确保完成减排任务。大力实施“蓝天行动”，加强大气质量监测，加大重点行业污染整治，加快淘汰“黄标车”，强化城区扬尘污染控制。大力推进“清水工程”，实施浙东古运河上虞段、城北新区水环境和平原河网专项整治，加快清水河道建设。

巩固生态创建成果。深化环境友好型企业和绿色系列创建活动，推进“1818”平原绿化行动，新增平原绿化面积7400亩，新建生态防护林带80千米。加强虞南生态资源保护，完善生态补偿机制，推进有序开发利用。强化垃圾集中收集处置，加快蟠龙岙垃圾填埋场二期和杭州湾上虞工业园区垃圾填埋场一期建设。

6. 创新社会管理，维护公平正义。

切实保障公共安全。严格落实安全生产责任制，强化事故隐患排查整治，确保事故起数、死亡人数和直接经济损失“零增长”。完善突发公共事件应急体系，加强环境安全监察和重大传染病防控，组织开展“打四黑除四害”专项行动，确保食品药品质量安全。重视防汛防台抗旱工作，加快建设气象防灾减灾中心，启动建设城南消防站，推进山塘水库除险加固和地质灾害防御工程建设，努力提高防灾救灾能力。

切实加强民主法治。深入实施“六五”普法，积极开展司法救助和法律援助，深化社区矫正工作，开展民主法治村(社区)创建。加快企业、个人诚信体系建设，切实维护消费者权益。深化劳动关系和谐企业创建，充分发挥工会组织在劳动维权中的作用。完善基层民主自治机制，深化村级集体三资管理。

切实维护安定秩序。完善社会稳定“三色”预警和群体性事件应急处置机制，高度重视网络舆情分析引导。健全社会治安防控网络，加快“天网工程”建设，严厉打击黄赌毒、涉黑涉恶和“两抢一盗”等违法犯罪活动。推进新居民调解委员会建设，完善诉调、检调、警调对接机制，加快构建大调解体系。深入开展大接访活动，着力化解信访积案。重视抓好“菜篮子”“米袋子”工程，强化物价监测检查，保障重要生活必需品供应安全。

7. 注重人文关怀，提高幸福指数。

努力保障群众基本生活。深化省级创业型城市和充分就业社区（村）创建活动，全面落实各项就业政策，动态消除城镇“零就业”家庭。加快社保“一卡通”建设，推进城乡居民养老、医疗保险扩面提标。稳定发展房地产业，加快保障房、公租房建设，完善廉租房保障制度，加强农村困难群众住房救助。完善社会化养老服务体系，加快老年大学建设。深化残疾人共享小康工程，保障残疾人基本生活。扎实推进红十字、慈善等事业，切实抓好妇女、儿童、青年、档案、征兵和双拥等工作。

努力满足群众教育需求。积极创建省义务教育均衡发展县（市），继续推进城乡教育共同体建设，确保九年制义务教育学校省标准化合格率90%以上。深入实施学前教育三年行动计划，加快中心村幼儿园建设。深化职业教育改革，推进专业化、一体化、社会化办学。切实加强教师职业技能和师德修养，着力提升素质教育水平。

努力增强群众健康体质。深入实施医药卫生体制改革，建立完善医疗服务、医疗保障、公共卫生三大体系，实施卫技人才队伍建设三年提质计划。加快推进医疗设施建设和医疗资源整合，扎实做好市妇保院和第二人民医院等级评审工作。加快区域卫生信息化建设，完善居民电子健康档案，做好慢性病、职业病防治工作。积极开展国家优生项目试点工作，深化优生促进工程。启动建设体育会展中心，推进全民健身运动，积极创建省体育强市。

努力丰富群众文化生活。积极实施文化强市建设十大工程，深入推进“魅力文化十大行动”，组织开展“孝义、诚信、责任”主题教育活动，实施民间爱心十大基金项目，举办“虞舜文化节”、《儿童文学》金近奖颁奖等活动。完善公共文化服务平台，启动建设上虞大剧院（谢晋电影城）。加大文化产业扶持力度，积极引进和推动文化创意园、民营博物馆等文化产业项目；规划布局文化产业园（青瓷文化创意园），推动青瓷文化向制作、展示、体验等方向发展。积极实施“上虞记忆”工程，深入挖掘孝德文化、东山文化、梁祝文化等人文底蕴，着力提升曹娥、东山、祝家庄三大景区品质，力争曹娥江旅游度假区列入省级旅游度假区，促进文化、商贸、旅游产业融合发展。

各位代表，新的一年，我们将继续按照以人为本、民生为先的要求，努力办好十方面民生实事：一是就业方面：新增就业岗位1万个，引导和帮助4000名城镇失业人员实现再就业，完成免费技能培训1.2万人次。二是基本生活保障方面：新增五大类社会保险参保5万人次，新增城乡居民社会养老保险参保0.5万人，企业退休人员基本养老金人均每月提高250元，已享受被征地农民基本生活保障待遇人员增发每月30元生活补助。三是医疗卫生方面：完成曹娥卫生院新建工程；新型农村合作医疗保险人均筹资标准提高到500元，政策范围内住院医疗费补偿率提高到70%以上。四是住房保障方面：完成人才公寓、城市吸纳型农民集中居住区建设总工程量的60%和80%，新开工建设公租房1000套，新增廉租房受益家庭50户，完成农房改造2500户。五是教育方面：基本完成9所中小学校、3所中心幼儿园和市职中专、职教中心、培智学校的建设改造。六是文化方面：实施浙东古运河文物遗址清查保护，完成曹娥庙二期修缮和胡愈之故居布展，完成1.2万户有线电视用户数字化整体转换。七是公共交通方面：优化城乡交通网络，基本完成城区公交公营化改革，新建城区公共停车泊位300个。八是城市改造方面：大力推进杭甬高速小越道口区域、舜帝岭至岭光区域城市门户改造，实施70只城区五大类市政民生工程，完成农贸市场改造提升6个。九是水环境方面：建成下管供水工程和50千米城乡供水管网，完成50个村的自来水“一户一表”改造，新解决1万农民的饮用水问题，完成大三角水厂二期出厂管工程量的70%；完成外环南路污水泵站建设；完成城北水环境整治8千米、乡镇清水河道80千米。十是公共安全方面：完成赵家大桥、人民大桥维修加固；完成20座山塘、4座水库和18座桥梁的除险加固；初步建成社会视频集成作战平台，新增“天网工程”监控点300个。

四、努力建设务实高效的亲民政府

面对新形势、新任务，我们将按照“为民、务实、高效、廉洁”的要求，进一步增强政府的执行力和公信力，努力为发展尽力、为民生尽责。

1. 情系百姓，为民理政。常怀为民之心，始终把改善民生作为政府工作的出发点和落脚点，多为长远着想，多为基层考虑，多为群众谋利。善行亲民之举，深入基层倾听民声，高度关注网络民意，广泛了解社会民情，畅通诉求渠道，听取群众意见。多办利民之事，始终把解决群众最关注、最迫切的民生问题作为首要任务，全力推进经济发展，切实加强财力保障，努力提升群众的幸福感和满意度。

2. 公开透明，依法行政。自觉接受人大及其常委会的依法监督和政协的民主监督，主动听取各民主党派、工商联和社会各界的意见，认真办理人大代表议案、建议和政协委员提案。严格按照法定权限和程序履行职责，完善行政执法责任制，规范行政自由裁量权，加强行政复议工作。坚持重大事项集体决策和社会公示、听证制度，优化完善政府网站和电子政务建设，保障公民的知情权、参与权和监督权。

3. 勤勉务实，高效施政。大力倡导敢于担责、立说立行的工作作风，加强目标管理，完善体制机制，强化督查考核，从速从优、善始善终地推进各项工作，不断提高政府工作的执行力。切实强化服务企业、服务基层的工作理念，深化行政审批制度改革，健全市、镇、村三级便民服务中心建设，深入实施全程代理和网上审批，坚持开短会、行短文，不断提高服务发展的能力和水平。

4. 干净干事，廉洁从政。加强政府系统廉政建设，完善惩治和预防腐败体系，强化行政监察、审计监督和公共资源交易监管，严肃查处各类违纪违法案件。大力倡导勤俭节约，严格执行部门预算制度，规范公物配置，严控公务开支，珍惜民资民力。切实加强干部队伍建设，深入推进行风效能评议，始终保持清正廉洁的良好形象。

各位代表，展望未来发展，蓝图催人奋进，前景无限美好。让我们在中共上虞市委的坚强领导下，紧紧依靠全市人民，同心同德，锐意进取，开拓创新，奋发有为，为合力推进“四个上虞”建设，开创科学发展、赶超发展新局面而努力奋斗！

中国人民政治协商会议
第八届上虞市委员会常务委员会工作报告

——在政协第九届上虞市委员会第一次会议上

（2012年2月20日）

卢一勤

各位委员、同志们：

我受政协第八届上虞市委员会常务委员会的委托，向大会报告工作，请予审议，并请列席会议的同志提出意见。

一、五年来的工作回顾

政协第八届上虞市委员会第一次会议以来的五年，是上虞在全面建设小康社会、率先基本实现现代化的征程中实现了历史性跨越的五年；也是上虞政协在与时俱进、继承创新中取得积极成果的五年。五年来，在中共上虞市委的正确领导下，市政协常委会坚持以科学发展观为统领，牢牢把握团结和民主两大主题，始终紧扣“发展、民生、和谐”的工作主线，围绕中心顾大局，认真履职促发展，在协调关系、汇聚力量、建言献策、服务大局等方面发挥了积极的作用，为推进我市经济发展和社会进步做出了新的贡献。

（一）围绕中心，服务大局，切实履行政协职能

常委会始终坚持以服务发展为己任，牢牢把握围绕中心、服务大局的工作原则，始终与市委保持目标一致、步调合拍，切实做到在服务中履职，在发展中献策。

围绕重大议题，增强协商议政成效。常委会围绕重大议题，周密部署，精心组织，扎实开展各项协商活动。例会是政治协商的重要平台和形式。五年来，共召开全体会议5次，着重就我市经济和社会发展情况、年度政府工作报告、财政预算和执行情况报告及人民法院、人民检察院工作报告等进行协商讨论。召开常委会议21次、主席会议53次，着重就建设新的水资源工程、发挥大桥经济效应、发展生产性服务业、推动医疗卫生体制改革、推进民办博物馆建设、做好土地利用文章、规范城市管理、加强职业教育、发展战略性新兴产业等方面问题开展协商议政。为进一步丰富会议形式、提高会议质量，积极创新方式途径。全体会议期间，除精心组织大会发言、委员讨论外，召开了4次专题议政会，邀请市委、市政府主要领导参加，专门听取委员的意见建议。常委会议和主席会议坚持协商讨论与实地调研视察相结合、通报情况与双向交流相结合，使委员意见得到充分表达，增强了民主协商的成效。

积极探索创新，加大民主监督力度。民主监督是人民政协的三项基本职能之一。常委会在主要通过会议协商、委员提案、反映社情民意、大会发言、专题议政、委员担任监督员和人民陪审

员等方式开展民主监督的基础上，积极探索民主监督新形式。探索民主评议监督。2010年9月，我们出台《民主评议工作办法（试行）》，并选择市卫生局、外经贸局等经济社会发展中的重点、热点部门开展民主评议。通过成立评议工作组、召开动员会、座谈会、个别谈话、问卷调查等，特别是召开政协常委会议进行民主评议和测评，广泛听取和征求了社会各界对两局工作的意见和建议。这是上虞政协拓宽民主监督渠道的一次有益尝试，在创新民主监督形式上迈出了重要的一步。从评议效果看，达到了服务大局、推动工作的目的，得到了市委、市政府的重视和肯定，也得到了部门的理解和支持。开展专项集体民主监督。为配合省示范文明城市创建，我们利用“界别活动周”的有利时机，有计划、有步骤地组织无党派、文化新闻、三胞眷属等7个界别的委员，在相关部门的积极配合下，深入城市各个角落，视察督查包括公共安全保障、市民交通行为、文化娱乐场所管理、社区文化活动阵地建设、主要大街和重点地区面貌、沿街店铺管理及车辆停放等文明创建工作开展情况，通过听取汇报、实地察看等方式，发现创建工作中存在的不足和问题，面对面地提出相应的对策建议，体现了既善于监督、更重于服务的工作特色。实践证明，专题性的民主评议和专项性的集中监督，不仅提高了政协民主监督的组织化程度，也使民主监督工作更具声势、更有分量、更为有效。

注重汇集力量，提高建言献策水平。坚持“把准着眼点精选课题、把握着力点提升质量、把好着重点增强实效”的原则，通过自身尽力与善借外力相结合的方式，依托各专委会、依靠相关委员、依仗部门和专家，深入调研、充分论证，有效提高建言献策的层次和水平。五年来，围绕完善杭州湾新区规划、推进污水处理工程、发展旅游事业、建立住房保障体系、保障群众基本文化权益、科学开发大龙山、发展环保节能建材产业、缓解中小企业融资困难、打造地区性物流中心、发挥基层商会作用、创建扶残助残爱心城市等重要课题，深入调研，建言献策，所形成的调研报告、建议案等得到了市委、市政府及有关部门的高度重视和积极采纳。

紧扣全局工作，做好服务发展文章。常委会既主动建言献策，又注重身体力行，把献计与出力结合起来，当好实际工作的参与者和推动者。发挥政协联系广泛的优势，积极参与、支持招商引资“一号工程”，主动牵线搭桥引项目、引技术、引资金，服务委员、服务企业、服务经济。根据市委统一安排，认真做好所联系的乡镇、村、社区、重点项目建设和阶段性中心工作的协调、督查等服务工作，并动员广大政协委员以服务发展为己任，主动投身经济建设，为全市经济社会发展添砖加瓦。

（二）关注民生，维护民利，努力实践履职为民

常委会牢固树立“人民政协为人民”的理念，始终坚持以人为本、以民为先，把协助党委、政府实现好、维护好、发展好最广大人民群众的根本利益作为政协工作的出发点和落脚点，认真做好履职为民工作。

重视提案引民谏。常委会把加强提案工作作为听民意办实事的一种重要途径，进一步加强提案征集工作，真正把人民群众普遍关注和急需解决的问题作为提案的主要内容。加大提案督办力度，选择重点提案摘编报送市委、市政府领导，对重点提案实行市政府领导领办、市政协领导督办制度，召开重点提案、一类提案办理情况汇报会，常委会议专题听取政府系统提案办理情况汇报等，不断推动提案办理工作的落实和办理质量的提高。特别是去年又组织开展了2007年以来重点提案办理情况“回头看”活动，促进提案办理工作的再落实，有效推动一批事关民生和谐的“老大难”问题得到逐步解决。如老百姓广为关注的推进社区公共卫生服务体系建设、尽快立项建设南二环岭光至边墩道路工程、加强杭州湾上虞工业园区废气监测体系建设、加快城南片区规划改造及配套建设等提案均得到了政府及相关部门的重视，解决或正在解决之中。五年来，共立案并交办提案991件，现已全部办复。委员对办理结果表示满意和基本满意的有959件，占96.8%。

关注社情汇民意。常委会坚持把反映社情民意作为替群众代言、向党政献策的一种重要方式，作为政协履行职能的重要基础，加强组织领导，健全工作机构，创新工作举措，切实增强工作实效。在市委、市政府的重视和支持下，设立了社情民意

信息工作委员会，增加了机关行政编制。调整充实信息员队伍，建立了反映社情民意工作向全体会议报告制度，政协办与市委办、市府办联合下发了《关于办理政协社情民意反映的工作规则》，健全了定期收集、落实反馈、考核激励等反映社情民意工作的推进机制。同时，通过组织委员专题视察、承办部门负责人与社情民意反映人面对面座谈等形式，切实加强对社情民意办理落实情况的督促、检查，较好地保障了反映社情民意工作的有序开展，提高了社情民意反映的质量和办理的实效。如委员反映的《南美白对虾养殖户急盼政府解决应急柴油》《关于解决百官街道部分社区办公用房的建议》《关于尽快在上虞建立汽车检测站的建议》《关于设立奖孝基金弘扬孝德传统的建议》等均得到了有效落实。五年来，共编发《社情民意反映》520期，其中被全国政协采用的9期，被省政协采用的19期，被绍兴政协采用的119期，市委、市政府领导批示的 52期，直送市级有关部门和单位办理的28期，为党和政府及时了解民情、体察民意发挥了重要作用。反映社情民意信息工作在绍兴市政协系统考核中连续四年获得一等奖，一些做法得到绍兴市、省和全国政协的肯定。

办好实事为民生。按照“履职为民”的要求，运用“界别活动周”暨“委员活动日”的载体，积极为群众办实事、做好事、解难事。如2008年以“倾情助民生、尽力解民困”为主题，18个界别的广大委员立足自身优势，深入边远乡村、重点企业、山区学校、城镇社区和敬老院等，积极为基层群众送资金、技术、文化、医疗、法律等，助民生、解民困，并向市慈善总会大病救助基金等捐款105.3 万元。2009年的“走进企业、知情解难”、2010年的“率先讲文明，服务为百姓”和2011年的“人人献爱心，个个添光彩”主题活动，都开展得有声有色、富有成效。“界别活动周”暨“委员活动日”已经成为近年来我市政协探索开展的一项行之有效的为民服务活动，拉近了委员与群众的距离，展示了委员的精神风貌，也增强了政协组织在群众中的影响力。

（三）加强团结，凝聚力量，致力促进社会和谐

常委会坚持把聚人心、增合力作为工作的重要立足点，积极协助党委、政府做好统一思想、凝聚人心的工作，努力调动积极因素，化解消极因素，形成推动社会和谐的强大合力。

加强各党派团体的合作。加强与各民主党派、工商联和人民团体的联系和沟通，邀请其参加政协的有关会议和活动，专门召开各民主党派、工商联负责人座谈会以听取意见、协商问题，鼓励和支持各民主党派、工商联、人民团体在政协会议上、活动中提交提案、发表政见，为党派、团体的政治参与、良好合作提供保障。五年来，各民主党派、工商联、人民团体提交的提案和反映社情民意信息的数量、质量均在逐年上升和不断提高，在政协大舞台上充分展示了协商议政的风采。

广泛开展联络联谊活动。注重发挥统一战线组织的功能作用，不断拓宽联谊渠道。与市委统战部每年举办各界人士中秋联谊会，进一步加强联谊、沟通感情、增进共识、凝聚力量。加强同港澳台地区人士的联系，积极开展各种形式的交流访问活动。特别是近年来，我们把加强与虞籍华人华侨和市外虞籍实业家的联络联系，作为政协联谊工作的一个重点，以乡情、亲情、友情为纽带，参与开展新春团拜、虞籍海外人才故乡行等多种活动，努力为我市发展牵线搭桥，添薪助燃。发挥宗教界人士的积极作用，协助党和政府做好宗教工作，促进宗教和睦、社会稳定。

扎实推进文化文史交流。发挥文化文史交流的独特优势，以虞舜书画院为平台，广泛开展市内外、省内外的书画展览和交流。五年来，先后举办或承办了“辉煌成就30年”书画影大赛、“相约春天”书画展、纪念弘一大师书画展等40多次书画展览，与绍兴越城区书画院、吉林省白城市书画院、普陀政协书画院等市内外书画机构开展书画联谊活动。同时十分重视做好上虞地域文化资料的搜集、整理、汇编等工作，充分发挥其“存史、资政、团结、育人”的价值和作用。组建了特邀文史员队伍，通过加强与市文联、文广新局、教体局、乡贤研究会等部门和单位的合作，先后编纂出版了《胡愈之文化思想研讨会论文集》《上虞文史选粹之一》《上虞名人故居》《上虞孝德文化》，启动编撰《上虞政协志》《上虞文史选粹之二》《上虞名人信笺》，为更好地宣传上虞文化、扩大上虞影响、提升上虞形象发挥了重要作用。

切实加强政协宣传工作。创办《上虞政协》网

站，并将之作为对外宣传的重要渠道来抓，落实专人负责，组建通讯员队伍，广泛采编信息，及时更新维护，目前点击率已愈43万人次；加强与市级新闻媒体的联系和合作，丰富报道内容，创新报道形式，市内宣传报道力度不断加大；积极做好对外宣传工作，先后有50余篇宣传报道被《人民政协报》《联谊报》《绍兴政协》等上级政协报刊采用，较好地宣传了我市政协工作的动态、经验、特色和亮点。

（四）强化自身，固本强基，不断提高能力水平

加强自身建设，是政协履行职能的前提和基础。常委会坚持继承和创新相结合，进一步探索富有时代特征、政协特色、上虞特点的方法载体，全面加强政协自身建设，不断提高政协工作的实效。

完善工作机构，逐步理顺工作关系。针对换届后的实际，在市委、市政府的重视下，2007年，我们调整专委会的设置，建立提案和社会法制委员会、财政经济和科学技术委员会、城建交通和环境资源委员会、教育体育和文化文史委员会、民族宗教和港澳台侨委员会，并经编委批准列入正式机构序列。后于2009年年底借贯彻落实省、绍兴市政协工作会议精神的东风，又在原来5个专委会的基础上，增设了1个专委会。同时，根据实际工作职能，将政协专委会办公室更名为政协研究室，增设2名副秘书长。由于不断调整优化机构设置，科学合理配置力量，促使整个机关有序高效运转。

注重制度规范，不断推进“三化”建设。制度建设是政协“三化”建设的核心。常委会在市委的领导和市政府的支持下，坚持实体与程序并重、内部与外部并重、行为规则与实施机制并重，不断推进工作的制度化、规范化、程序化。2009年，市政协协助市委召开全市政协工作会议，制定出台了《关于进一步加强人民政协工作的意见》。2010年，政协办与市委办、市府办又联合下发了《关于加强人民政协履职成果落实工作的通知》，进一步促进了工作实效的提高。2007年以来，市政协还着力在建立健全各项配套制度上下功夫，先后制定完善了《关于进一步发挥委员主体作用的意见》《关于进一步发挥界别作用的意见》《关于市政协领导、专委会分工联系部门工作制度》《市政协各专委会联系界别的通知》等有关工作联系、政协会议、提案信息、调研视察、委员工作、机关运作等方面的10多项制度，力求做到有制可依、有范可守、有序可循。

加强队伍建设，努力提高履职水平。强化政协常委会组成人员的政治意识、大局意识、责任意识和表率意识，努力把常委会建设成为更加务实、更加开放、更加团结的领导集体。深入开展班子成员集中约谈走访委员活动，广泛听取委员对全市经济社会发展和市政协工作的意见和建议。有计划地组织政协专门委员会、联络组负责人进行学习培训。指导界别、联络组因地制宜做好联络委员、学习调研、反映民意、建言献策等方面的工作。不断完善委员履职激励机制，继续开展“优秀提案、优秀信息员、优秀文史员、优秀通讯员”等评选表彰活动，切实提高委员履职的积极性。同时，以建设学习型、服务型、创新型、和谐型的政协机关为目标，不断改进工作作风，保证各项工作任务的顺利完成。

各位委员、同志们，八届市政协常委会工作取得了一些成绩，这是中共上虞市委正确领导的结果，是市人大常委会、市政府大力支持的结果，是政协各参加单位、广大委员、政协工作者共同努力的结果，是各乡镇（街道）、部门、社会各界人士积极配合的结果。在此，我代表八届市政协常委会，向所有关心和支持政协工作的同志们、朋友们，致以崇高的敬意和衷心的感谢！

在看到成绩的同时，我们也清醒地认识到，面对新形势新任务，我们的工作还存在不少问题与不足。如如何进一步提高建言献策的水平和实效，如何进一步改进民主监督的方式方法，如何进一步发挥界别优势和委员作用，如何进一步提升政协机关服务协调水平，等等。这些问题需要予以充分重视，并切实加以改进。

二、主要的工作体会

回顾五年的履职实践，我们深深地体会到：

1. 坚持党的领导，是政协工作的首要原则。坚持正确的政治方向，巩固共同的政治基础，是政协工作的生命线。必须把坚持党的领导作为重要政治原则，把贯彻党的决定作为重要政治任务，把

坚持在同级党委领导下开展工作作为重要政治纪律，准确把握政协工作方位，自觉接受党的领导，始终与党委政治上同心、目标上同向、工作上同步、行动上同力，使政协工作与党政工作同频共振。

2. 坚持服务大局，是政协工作的第一要务。坚持围绕中心、服务大局是人民政协的重要工作原则，也是政协履职的关键所在。政协组织职能的履行、作用的发挥、地位的确立，都必须在围绕中心、服务大局的具体工作实践中加以体现。只有把服务发展大局作为政治协商的根本方向、民主监督的根本标准、参政议政的根本目的，才能使政协工作体现时代性、把握规律性、注重实效性、富于创造性。要想党委之所想，急政府之所急，尽政协之所能，充分发挥政协人才荟萃、智力密集的优势，切实把政协各参加单位和广大政协委员的积极性、主动性、创造性，引导到服务科学发展上来，真正做到在服务中履职，在发展中献策，在监督中支持。

3. 坚持关注民生，是政协工作的根本要求。关注民生、履职为民，是人民政协工作的根本要求。必须把反映好、实现好、维护好最广大人民的根本利益作为履行职能的出发点和落脚点，充分发挥联系群众的桥梁、纽带作用，真诚倾听群众呼声，真实反映群众愿望，真情关心群众疾苦，在爱民之所亲、忧民之所患、解民之所困中有所作为，把群众反映强烈的热点、难点作为履行职能的重点，更加关注民生、更为贴近民生、更好服务民生，满腔热忱地为群众干实事、办好事，真正把“人民政协为人民”的理念体现到履行职能的各项工作之中。

4. 坚持继承创新，是政协工作的内在动力。继承传统、开拓创新，与时俱进，是做好新时期政协工作的重要保证。要坚持继承和创新相结合，努力使工作富有时代特征、政协特色、上虞特点。历届政协常委会打下了良好的工作基础，积累了许多宝贵的经验，必须继承好、发扬好。新的形势、新的任务，又要求我们必须进一步开拓创新。要加强资源统筹、力量整合和工作协调，不断拓展领域、丰富内容、探索途径、改进方法，着力提升政协工作的组织化程度，充分发挥政协组织的整体效能，推动政协工作干中求进、常做常新、富有成效。

三、今后五年的工作建议

今后五年，是上虞全力推进发展方式转变、增创区域竞争新优势、率先基本实现现代化的关键期。中共上虞市第十四次代表大会提出全市经济社会发展的总体要求是：坚持经济中心、推进科学发展，合力打造“创新上虞”“精致上虞”“人文上虞”“幸福上虞”。新的形势、新的任务对政协工作提出了新的更高要求。我们正站在新的历史起点上，要高举中国特色社会主义伟大旗帜，坚持以邓小平理论和“三个代表”重要思想为指导，深入贯彻落实科学发展观，牢牢把握团结和民主两大主题，围绕中心、服务大局，注重民生、真情履职，继续创新、奋发有为，努力为完成市第十四次党代会提出的各项战略任务，合力打造“四个上虞”，全面建设惠及全市人民的小康社会而奋斗。为此，我们向九届市政协建议：

1. 要围绕中心，服务大局，在推动科学发展上有新贡献。发展是党执政兴国的第一要务，也是人民政协工作的第一要务。要深入学习贯彻市第十四次党代会精神，找准工作定位，进一步把思想统一到科学发展上来，把力量凝聚到促进发展上来，把智慧集中到服务发展上来，规范协商机制，增强监督实效，提高参政水平，推动市委、市政府重大决策部署的落实、群众关注的热点难点问题的解决和乡镇部门工作的开展。要充分发挥政协位置超脱的优势，围绕“十二五”目标任务建真言，立足全市科学发展谋良策，精选课题，深入调研，提出具有全局性、前瞻性、针对性、可行性的意见建议，积极打造建言献策的“精品工程”，为促进科学决策、民主决策提供有力的智力支持。

2. 要以人为本，关注民生，在维护群众利益上有新成效。要把关注民生、履职为民作为政协工作的出发点和落脚点，贯穿于履行职能的各项工作之中。要充分发挥政协委员联系广泛的优势，全方位了解基层实际情况和群众所思所求，继续落实对提案和社情民意反映的跟踪督办制度，千方百计协助党委政府解决好群众最关心、最直接、最现实的利益问题，增强党委的凝聚力和政府的公信力。要继续结合“界别活动周”暨“委员活动日”等有效载体，深入进行视察调研、宣传咨询、帮困解难，努力为群众办实事、解难事、做好事，切实维护好群众的根本利益。

3. *要凝心聚力，增进团结，在促进社会和谐上有新作为*。坚持科学发展，构建和谐社会，需要充分调动各方面的积极性，需要最大限度地凝聚全市人民的智慧和力量。要进一步推进民主政治建设，使政协成为各党派团体和社会各界人士广开言路、集思广益、求同存异、增进共识的重要平台。要进一步增强政协工作的开放性、包容性，多做协商沟通、联络联谊、走访慰问等工作，努力“协调关系、理顺情绪、化解矛盾、凝聚人心”。要进一步弘扬传统美德，倡导政协委员带头“重孝义、讲诚信、负责任”。要进一步以文化为媒介，充分发挥文史委、虞舜书画院的作用，开展形式多样、丰富多彩的文化活动，加强与社会各界及各地的交流合作，为繁荣上虞文化、打造“人文上虞”作出应有的努力。

4. *要开拓创新，强化素质，在提高履职水平上有新提升*。创新是推动人民政协事业发展的动力和源泉。我们要坚持在继承中发展，在开拓中前进，不断在新的实践基础上推进制度创新和工作创新。要切实发挥委员的主体作用。积极引导委员正确处理好社会荣誉和社会责任的关系，多形式、多途径提高委员的积极性、参与度，充分发挥委员在界别内的模范引领和民意代言作用，努力提高委员履职的整体水平。要注重发挥界别的独特作用。加强界别组织建设，健全界别召集人例会制度，完善界别联系各阶层成员的机制，并把界别工作与专委会、联络组工作有机衔接，鼓励支持委员进行界别履职，充分保障各界别群众的利益诉求得到有力的代表和体现；继续深入开展“界别活动周”活动，明确主题，丰富形式，增强实效。要有效发挥专委会、联络组的基础作用。继续完善以重要课题为纽带，以提案、社情民意反映为重点，以委组牵头协调、委员广泛参与为格局的工作机制，不断提高视察调研、提案信息的质量，努力打造协商议政、建言献策的“精品工程”。要充分发挥机关的保障作用。继续以建设“学习型、服务型、创新型、和谐型”政协机关为总要求，增强机关人员的责任意识和服务意识，改进工作作风，加强综合协调，强化服务保障，不断推进工作的制度化、规范化、程序化建设，努力为委员履行职责创造良好环境。

各位委员、同志们！回顾过去，我们备感成绩来之不易；展望未来，我们深感使命神圣光荣。让我们在中共上虞市委的坚强领导下，深入贯彻落实科学发展观，同心同德、和衷共济，求真务实、开拓创新，为推进我市人民政协事业新发展，合力打造“四个上虞”做出新的更大的贡献！

特 辑

统计公报

2012年面对复杂严峻的宏观形势，市委市政府带领全市人民，坚持以科学发展为统领，以加快转变经济发展方式为主线，围绕建设“四个上虞”的总体要求，按照“稳中求进、克难奋进、和谐共进”工作基调，深入实施招商选资“一号工程”，扎实开展“项目推进年”“城市提质年”“企业服务年”等“三个年”活动，全力以赴调结构、保增长，促投入、兴实体，强保障、优服务，实现经济较快增长，社会事业全面发展，改善民生成效显著，经济社会发展呈现稳中有进的良好态势。

一、综　合

综合实力持续增强。据初步核算，2012年上虞市地区生产总值达571.05亿元，按可比价计算，增长10.0%，增幅高出绍兴平均0.3个百分点。按户籍人口计算，全市人均生产总值73403元，增长9.8%，按年平均汇率(6.3125元)计算，人均生产总值达11628美元。从三大产业看：第一产业实现增加值39.27亿元，增长3.2%；第二产业实现增加值319.42亿元，增长10.8%；第三产业实现增加值212.36亿元，增长10.1%。三次产业结构由上年的7.0∶57.5∶35.5演变为6.9∶55.9∶37.2，三次产业对GDP增长的贡献率分别为2.2%、62.2%和35.6%。

市场物价涨势减弱。据抽样调查全市价格水平涨幅比上年略有回落，全年居民消费价格指数上涨3.3%，涨幅比上年回落2.1个百分点。八大类商品消费价格“六升二降”，其中食品类价格涨幅较大，上涨5.0%，涨幅比上年回落6.0个百分点；烟酒及用品上涨2.9%，家庭设备用品及维修服务上涨3.5%，医疗保健和个人用品上涨4.1%，娱乐教育文化用品及服务上涨4.8%，居住类上涨3.7%；衣着类下降0.3%，交通和通信类下降0.9%。

二、农　业

农业经济稳步增长。2012年随着一系列强农惠农富农政策的落实，上虞市农林渔牧各业稳步增长，效益提升。全年实现农林牧渔业总产值62.64亿元，按可比价计算增长3.2%，其中农业总产值39.79亿元，增长3.0%；林业3.41亿元，增长9.7%；牧业9.35亿元，增长0.4%；渔业9.53亿元，增长4.6%；农林牧渔服务0.55亿元，增长10.2%。

农业生产小幅下降。2012年全市农作物播种面积125.81万亩，比上年下降1.5%。其中粮食播种面积达74.51万亩，增长0.9%；蔬菜播种面积26.85万亩，下降5.1%；棉花2.65万亩，下降14.0%；水果8.63万亩，增长3.3%；水产品总产量3.88万吨，增长0.6%；全年生猪出栏41.76万头，下降12.8%，家禽出栏555.67万只，下降0.8%，肉类总产量4.08万吨，下降8.6%。

现代农业亮点纷呈。大力推进虞南、虞北现

代农业综合区建设，2012年全市新建粮食生产功能区2.49万亩，累计建成省级现代农业综合区2个、主导产业示范区10个和特色农业精品区29个。进一步打响“四季仙果之旅”品牌，继2011年成功获得“中国杨梅之乡”“浙江樱桃之乡”之后，2012年再次成功创建“浙江红心猕猴桃之乡”。建立诚信保证体系，加大对外宣传力度，建成盖北葡萄基地、驿亭杨梅基地2个水果基地AAA级景区。加快农业科技应用和产业化步伐，新建设施农业3000亩，新流转土地11544亩。继续实施“强龙兴农”工程，至年末共拥有农业龙头企业82家，其中年销售收入超亿元企业9家，省级骨干龙头企业9家。全年新增农民专业合作社25家，累计达365家，覆盖农业各个产业，其中省级示范性专业合作社12家。农业品牌建设取得新突破，至年末，全市共有浙江名牌产品13只，浙江著名商标10只，绍兴名牌产品56只，绍兴著名商标21只。积极推进农产品认证，全市全年新认证无公害农产品18只、绿色食品2只，无公害农产品基地面积1.5万亩。

“美丽乡村”全面启动。2012年上虞市以“浓情上虞、甜美乡村”为主题，全面启动美丽乡村建设，全市财政对农林水事务投入5.69亿元，增长13.6%。加快中心村建设，至年末，全市已培育省级示范中心村2个，绍兴市级精品示范村3个。积极推进农村住房梯度改造、宅基地置换、高山移民等惠民工程，完成章镇集镇拓展型项目建设。启动实施村级集体经济增收“五年计划”，全年实施村级物业经营扶持项目38只，村级公共服务中心建设扶持项目36只，至年末共有竣工项目37只，在建项目37只。开展农家乐提档升级工作，共创建省级农家乐特色点1个、绍兴市级农家乐特色村（点）2个、绍兴市级主题农庄2个。实施“清洁家园”行动，农村生活垃圾集中处理率达100%。

林业建设进展明显。2012年上虞市加快推进“1818”平原绿化行动，完成平原绿化7423亩。成功创建省级森林城镇3个，森林村庄17个，园林式工业区2个，全年完成造林总面积7623亩。

三、工业和建筑业

工业生产稳中有升。2012年上虞市加快转型升级，积极推进“工业强市”试点创建工作，全市全年实现工业总产值1759.22亿元，增长10.8%，其中规模以上工业产值1298.81亿元，增长11.0%；从轻重工业看，规模以上轻工业实现产值599.02亿元，增长14.6%，规模以上重工业实现产值699.79亿元，增长8.2%；从两大平台看，上虞经济开发区和杭州湾上虞工业园区继续引领上虞工业的发展，全年上虞经济开发区实现规模以上产值405.24亿元，增长13.5%，杭州湾上虞工业园区实现规模以上产值550.44亿元，增长21.2%，两区实现规上产值占全市比重达73.6%，比上年提高4.2个百分点。

创新因子激发活力。2012年全市规模以上企业实现新产品产值372.03亿元，增长20.7%，新产品产值率达28.6%，比上年提高2.5个百分点；实现高新技术产业产值513.53亿元，增长13.2%，占规模以上工业产值的39.5%，比上年提高3.3个百分点；2012年上虞市深入实施“1331”新兴产业培育计划，全年实现新兴产业产值409.64亿元，增长12.2%，产值总额和增幅均居绍兴五县市第三位；占规模以上工业产值的比重达31.5%，比上年提高3.5百分点，比绍兴平均高5.9个百分点居五县市第二。分行业看，新材料行业、生物医药产业、先进装备制造业增势强劲，分别增长28.6%、19.1%和13.0%。

工业效益总体向好。2012年全市工业经受住国际市场疲软和宏观调控的重重考验，破解发展中的矛盾和问题，工业经济效益实现逆转。全市规模以上工业全年实现主营业务收入1220.03亿元，利税122.56亿元，利润85.20亿元，分别增长9.1%、4.6%和4.1%，增幅分别比全年最低点回升3.1、13.2和20.3个百分点。列入国家考核的七项主要经济指标综合得分220.67分，比上年提高7.5分。

大型企业支撑明显。至年末全市共有主营业务收入2000万元以上企业522家，其中年主营业务收入10亿元以上企业22家，5亿~10亿元企业18家，1亿~5亿元企业139家。全市主营业务收入亿元以上企业实现产值1129.49亿元，增长13.7%；实现主营业务收入1066.03亿元，增长12.2%；实现利税115.03亿元，增长6.2%；实现利润82.00亿元,增长5.8%;占规模以上工业企业的比重分别达87.0%、87.4%、93.9%和96.2%。全市94家大中型企业完成产值825.81亿元,实现主营业务收入77.81亿元,利税89.29亿元,利润62.15亿元,分别增长18.0%、15.7%、7.7%和7.6%,均高出全市规上工业企业平均水平,占规上工业企业比重分别为63.6%、63.8%、72.9%和72.9%,比上年提高4.0、4.1、1.8和1.6个百分点。

节能降耗成效显著。2012年加快落后产能淘汰转型,节能降耗成效显著。全市522家规上企业综合能源消费量为94.57万吨标准煤,增长3.7%;低于规上工业总产值增速7.3个百分点;万元产值能耗0.0728吨标准煤,下降6.6%。其中123家重点能耗企业综合能源消费量85.69万吨标煤,增长3.5%,增幅小于规模以上工业综合能耗消耗量0.2个百分点,实现产值927.23亿元,增长14.0%,增幅高于规模以上工业产值3.0个百分点,万元产值能耗0.0924吨标准煤,下降9.2%,为全市节能降耗起到了示范引领作用。全社会用电量38.16亿千瓦时,增长5.9%,其中工业用电量29.71亿千瓦时,增长5.7%,增幅均比上年降低5.2个百分点。

建筑产业劲头强势。上虞市是浙江建筑业的排头兵和全国著名的"建筑之乡",2012年继续保持强劲的发展势头,业务总量大幅增长。全市全年实现建筑业总产值1151.04亿元,其中在外省实现835.86亿元;实现利税69.44亿元,利润总额35.08亿元,分别增长14.2%、15.7%、10.3%、12.0%。完成房屋建筑施工面积10383.51万平方米、房屋建筑竣工面积3876.44万平方米,分别增长9.8%和13.9%。评级创优大力推进,2012年上虞建筑企业新升一级企业2家、二级企业6家,新获鲁班奖1项(参建) 、詹天佑金奖1项、国优工程银奖1项(参建)、中国钢结构金奖1项 、全国建筑工程装饰奖15项、全国用户满意工程3项、上海市白玉兰18项(其中参建8项)、钱江杯7项(其中参建5项)、浙江省优秀安装质量奖4项、浙江省优秀建筑装饰工程奖69项。

四、固定资产投资

投资规模加速扩大。2012年上虞市加大项目推进力度,努力创建产业发展大平台,全年计划投资500万元以上项目完成固定资产投资296.54亿元,增长23.0%,其中基础设施投资63.88亿元,增长48.0%;启动"三个一批项目三年建设计划",完成工业生产性投资170.05亿元,增长28.8%,增幅高出绍兴市平均水平10.4个百分点,居五县市首位。第三产业投资125.01亿元,增长16.0%。高端项目建设顺利推进,全市全年完成战略性新兴产业投资69.34亿元,增长41.5%,增幅高出全市限额以上工业投资增幅18.5个百分点,占限额以上工业投资的比重达40.8%,投资额、增幅、比重均居绍兴五县市第二。两区平台仍是全市投资的主战场,其限额以上固定资产投资和工业生产性投资占全市的比重分别达40.9%和66.7%;上虞经济开发区完成固定资产投资24.58亿元,增长29.8%,其中工业生产性投资23.08亿元,增长27.2%;杭州湾上虞工业园区完成固定资产投资96.84亿元,增长15.9%,其中工业生产性投资90.27亿元,增长26.3%。

房产市场缓慢复苏。2012年政府对房地产行业调控形成的政策性下行压力与市场需求导致的上行压力并存,房地产市场缓慢复苏。全年完成房地产开发投资60.30亿元,增长8.3%,全年商品房施工面积353.21万平方米,增长2.8%,增幅分别比全年最低点回升57.1和41.5个百分点。其中本年新开工商品房施工面积71.72万平方米,下降23.1%,商品房竣工面积60.23万平方米,下降2.1%。全年房地产交易逐月回暖,全年实现商品房销售面积44.86万平方米,增长8.9%;商品房销售额38.10亿元,增长4.5%。

城市建设日新月异。2012年上虞市以"城市提质年"活动为契机,以"精致上虞"为目标,积极推进"三城一区域"建设。高铁新城建设顺利推进,西侧临时公交停车场已基本完工。积极推进七大城市门户靓化改造工程,杭甬高速小越道口、舜帝岭至岭光区域等入城口启动改造,104国道、329国道东关段、人民西路道墟至开发区段等入城口改造规划项目有序推进。龙山开发深化拓展,人民大桥完成换索,在春节前全面投用。新建城区公共停车泊位420个,实施"五大类"市政民生工程71只,完成年度投资3500万元。按照"城乡统筹、普惠共享"为目标,加快多层次住房保障体系建设。推进人才公寓建设，完成一期3万平方米、500套经适房销售，新开工建设公租房30套，新增廉租房受益家庭50户，完成城市吸纳型农民集中居住区建设总工程量的86%，完成农房改造2959户。

五、国内贸易

消费市场繁荣稳定。2012年上虞市积极实施“服务业兴市”战略，第三产业增加值占GDP比重比上年提高1.7个百分点。随着“四季仙果之旅”“沪杭甬都市会客厅”“上虞文化旅游景区”等品牌的日益打响，上虞市消费品市场保持繁荣稳定，全市全年实现社会消费品零售总额180.34亿元，增长16.5%，实现总量和增幅分别居绍兴五县市第二和第三位的良好发展态势。按城乡市场分，城镇消费品零售额146.55亿元，增长17.0%；乡村消费品零售额33.79亿元，增长14.4%。从批发、零售、住宿、餐饮四大行业销售情况来看，批发业销售平稳较快增长，全市限额以上批发零售业实现销售额180.08亿元，增长20.4%，增幅比全年最低点提高14.3个百分点。住宿餐饮业持续高位运行，全市限额以上住宿餐饮业实现营业额11.07亿元，增长45.0%，增幅比上年提高12个百分点。

商品市场交易活跃。2012年，上虞市积极拓展市场，进一步推动产品转型提升，市场交易继续保持活跃繁荣的良好局面。年末全市共有商品交易市场56个，实现成交额131.12亿元，其中消费品市场成交额72.87亿元，生产资料市场成交额58.25亿元。大型商品交易市场活力彰显，年末成交额超亿元市场6个，实现成交额76.24亿元，占全市商品交易市场成交额的比重高达75.8%。其中浙江石狮国际商贸城和绍兴大通集团公司农副产品批发交易市场年成交额超10亿元。

六、对外经济

招商选资谋求实效。2012年，上虞市积极实施招商选资“一号工程”，全年新办外商投资企业40家，新批外商增资项目25只，计划总投资5.13亿美元，下降33.0%，合同外资3.51亿美元，增长8.7%，实到外资2.54亿美元，增长68.9%，实现招商选资规模和质量双提升，继日本伊藤忠、日本川崎、日本松下、荷兰飞利浦、韩国SK、法国液化气之后，今年又与惠普公司成功签约，韩国LG公司和嘉利珂合作的项目签约在即。全年全市新增总投资1000万美元以上项目16只，涉及合同外资1.94亿美元，占全市总量的55.5%，其中5000万美元以上项目2只；实到外资中，当年到资额在400万美元以上的项目11只，实到外资7568万美元，占全市总量的29.9%。

对外贸易低位徘徊。2012年，受国际市场需求疲软和贸易壁垒等因素影响，上虞市对外贸易形势严峻。全市全年新增进出口备案登记企业158家，累计达1517家，有进出口实绩的企业832家；实现进出口总额32.29亿美元，下降3.6%，其中进口总额4.83亿美元，下降20.7%，出口总额27.47亿美元，增长0.3%；新兴市场开拓成效明显，全市有贸易往来国家（地区）176个，出口超1000万美元的国家（地区）50个，比上年增加2个，出口总量居前五位的国家（地区）依次为美国、印度、日本、韩国、巴西；出口超1000万美元的企业61家，比上年增加1家。从出口方式看，一般贸易出口25.01亿美元，增长2.3%，占出口总额的91.1%；加工贸易出口2.46亿美元，下降16.9%，占出口总额的8.9%。从出口产品结构看，机电产品出口8.18亿美元，下降0.8%，占出口总额的29.8%；化工产品出口7.87亿美元，增长8.9%，占出口总额的28.6%；纺织产品出口5.24亿美元，下降12.2%，占出口总额的19.1%。

外经合作步伐放缓。受投资地政局动荡、市场环境和经营管理等多重风险影响，上虞市境外投资减速，2012年全市新批境外投资企业8家，下降11.1%，境外企业总投资5516.52万美元，下降69.5%，投资额超100万美元的5家，大项目比重为62.5%。全市完成境外承包劳务营业额10471万美元，增长2.7%，其中境外工程营业额3408万美元，下降1.7%。全年外派劳务25人次。

七、交通和旅游

交通运输保障惠民。2012年上虞市积极推进交通重点工程建设，全年交通基础设施项目投资7.98亿元，其中政府投资项目2.12亿元。嘉绍跨江大桥和杭甬客运专线两大部省级重点工程建设顺利开展，政府投资项目建设工程按计划有序推进，完成赵家大桥等8座桥梁加固维修，上浦东山大桥开工建设。加快实施农村联网公路建设，新建里程11.7千米，至年末累计联网公路建设217.7千米。实现城区公交全面公营化运营改革，7月1日起推行了“上车一元、一票到底”惠民政策，城区共有公交线路18条车辆116辆，日运行班次已达到1390班次。积极推进交通投融资体制改革，发行交投二期债券10亿元。

旅游事业优质发展。2012年上虞市以“打造长三角地区著名休闲旅游目的地”为总体目标，积极创建“全国休闲农业与乡村旅游示范县”，入选“长三角100个最佳旅游休闲名城”，同时被列为全省旅游标准化试点单位，以及绍兴唯一一家全省旅游专项改革试点单位，曹娥江旅游度假区正式获批省级度假区，“四季仙果之旅”成功申报“浙江省旅游发展创新奖”，在统一野藤葡萄、二都杨梅品牌的基础上，又统一了覆卮山樱桃、舜阳猕猴桃品牌。创新品牌推荐手段，拍摄微电影《剪爱》。启动“沪杭甬都市会客厅”品牌培育。全市旅游总接待游客570万人次，增长25.5%，旅游总收入45.54亿元，增长27.0%。其中接待国内游客564.1万人次，国内旅游收入44.18亿元，分别增长25.6%和27.2%；接待入境游客5.9万人次，旅游外汇收入2161.86万美元，分别增长22.9%和24.8%。年末共有涉外饭店、宾馆10家，其中五星级2家，四星级1家，三星级4家。全市共有旅行社16家，其中四星级1家，三星级3家。

八、财政和金融

财政实力保障民生。2012年全市实施积极的财政政策，全力组织各项收入，持续优化支出结构，切实加强资金保障，稳步推进财税改革，整体工作进展顺利。全年实现财政总收入72.93亿元，公共财政预算收入39.19亿元，分别增长12.0%和10.3%。在公共财政预算收入中，各主体税种情况主要为：增值税增长12.4%，营业税下降4.3%，企业所得税增长24.4%，个人所得税下降3.3%。财政支出坚持民生福祉为先，推动社会和谐发展。全年完成公共财政预算支出39.92亿元，增长11.6%，其中民生领域共计支出29.69亿元，占全年公共财政预算支出的74.4%，增长11.9%。

金融运行平稳有序。2012年上虞金融业积极贯彻稳健的货币政策，全市金融体系平稳有序运行。全市年末金融机构本外币存款余额801.45亿元，增长2.6%，本年新增21.98亿元，其中居民储蓄存款379.36亿元，增长7.6%，新增26.87亿元；本外币贷款余额683.84亿元，增长11.5%，新增70.37亿元，其中短期贷款528.05亿元，增长13.5%，新增62.91亿元，中长期贷款151.79亿元，增长4.4%，新增6.44亿元。

资本运作创新活跃。2012年上虞市创新推动金融业发展，晶盛机电在创业板上市，首发融资11亿元，成为上虞市首家创业板上市企业；至年末全市已有浙江龙盛、卧龙电气、世纪华通、阳光照明、卧龙地产、亚厦股份、闰土股份、上风高科、天外天伞业、晨辉光宝、华程地产、晶盛机电等12家上市公司，上市企业家数居全省县级市前列，全年资本市场融资30.17亿元，累计达143.74亿元。浙江龙盛发行10亿元短期融资券，卧龙电气发行5亿元短期融资券，全年上市公司直接融资达45.17亿元。新增报会3家（金盾风机、金科股份、自立股份）、新评审上市后备企业9家，上市后备企业累计达30家。中欣化工发行中小企业私募债融资5000万元，成为全国首批、绍兴市首家中小企业私募债发债融资企业。春晖智控、康隆达两家企业在浙江省股权交易中心挂牌，成为省股交中心首批挂牌企业。新组建股权投资企业2家，注册资本总额2亿元，股权投资企业总数达17家，累计注册资本达到20.09亿元。小贷公司新发起设立3家（春阳小贷、大通小贷、舜峰小贷），全市小贷公司总数达6家，注册资本达18亿元，2012年度全市小贷公司累计投放信贷资金96.89亿元，开业以来贷款累计投放234.5亿元。

九、科学技术和教育

科技事业再创新绩。2012年上虞市大力推进科技创新，积极培育高新技术产业，全年新认定国家级科技项目45项，省重大科技专项5项；新列入国家重点新产品12项，省级新产品计划241项；新认定国家重点扶持高新企业16家，省级创新型示范企业1家，省级创新型试点企业1家，绍兴市级创新型企业23家；新认定省级企业研究院3家、省级企业研发中心9家、绍兴市级企业研发中心24家。成果转化有序开展，125项科技成果通过鉴定，获省科学技术奖5项、绍兴市科学技术奖12项，绍兴市成果转化奖1项。全市专利申请量、授权量分别为3489件和2353件，其中发明专利全市专利申请量、授权量分别为325件和118件，同比增长24.0%和14.4%。

教育事业均衡发展。2012年上虞市围绕创建"省义务教育均衡发展县市"目标，积极打响"学在上虞"品牌。全市公办初中小学全面实行"零择校""阳光招生"，教育均衡迈出大步。全力保障新居民子女入学，就读人数达12571人，入学率达100%，其中10731人在公办学校就读，占85.4%。保障校园安全稳定，投资5个多亿的"校安工程"基本竣工，惠及6万多名师生。教育资源提质扩面，全市累计72所省义务教育标准化学校，覆盖率达90%；省级重点普高6所。学前教育加速发展，全市共有幼儿园96所，在园儿童18584人，全市省等级幼儿园85所，比例达到88.5%。大力普及义务教育，年末全市共有小学55所，在校学生46036人；普通中学33所，在校学生39503人；中等职业学校3所，在校学生9530人，九年制义务教育对象入学率100%。教学质量高位稳定，全市高考重点线上线人数1006人，在全省各县市中继续居前五位。全力开展职业教育管理模式改革，实施校企合作办学、并实行对新兴产业13个专业免学费政策。

十、文化、卫生和体育

文化事业繁荣昌盛。2012年上虞市获"中国信义城市"称号，深入实施"魅力文化十大行动"，扎实开展"孝义、诚信、责任"主题教育活动，总结提炼新时期上虞精神，成功举办中国(上虞)信义文化节。坚持文化"三下乡"，全年组织下基层演出163场，送图书下乡8466册，放映农村公益电影5544场，受惠观众达104.45万人次。积极打响文化品牌，大力弘扬虞舜文化、梁祝文化、青瓷文化、东山文化、白马湖文化等特色文化。举行2012社会各界祭祀大舜，举办《上虞文化史》首发式，完成曹娥庙二期维修、壁画保护与石牌坊清洗工程和竺可桢生平事迹陈列布展，落实"青瓷文化创意园"和"龙山文化创意园"两个文化产业规划，非物质文化遗产保护工作深入推进，至年末全市有国家级"非遗"项目2项，省级11项，绍兴市级35项。省级文物保护单位16家，文物藏品20096件。年末全市拥有公共图书馆总藏量36.82万册，电视台1座，广播电台1座。有序开展有线电视用户数字化整体转换，年末数字电视用户23万户。

卫生事业再创佳绩。2012年上虞市顺利通过省级卫生城市复评、全国基层中医药工作先进单位复验；市中医院、市妇保院、市第二人民医院分别晋升为国家三甲中医院、省三乙妇保院、省二甲综合性医院，曹娥街道等6个乡镇(街道)卫生院(社区卫生服务中心)成功创建为省规范化乡镇卫生院(社区卫生服务中心)，全市省规范化乡镇卫生院(社区卫生服务中心)实现全覆盖。2012年年末全市拥有医疗卫生机构241家，床位2468张，卫生技术人员3534人，其中执业(助理)医师1466人，注册护士1301人。医疗改革纵深推进，5家市级公立医院全面实施以"一降、二调、一补"为主要内容的综合改革，医疗费用上涨趋势和医药比例得到较好控制；对全市规划内的124家村卫生室进行标准化建设，并实施以"五统一、二独立"为主要内容的紧密型一体化管理，落实乡村医生专项补助政策。完成区域卫生信息化建设并成功启用；扎实推进基本公共卫生服务均等化，全年完成农民健康体检23.24万人，60岁以上老人体检率81.02%，居民电子健康档案累计建档74.43万份，建档率96.04%。全市本地孕产妇死亡率为零，5岁以下儿童死亡率为5.38‰，婴儿死亡率为3.58‰。

体育事业欣欣向荣。全民健身活动丰富多彩，组织第十六个全民健身节启动仪式暨千人登龙山活动、承办"大舜杯"绍兴市象棋锦标赛等多项市县级赛事；体育创强稳步推进，全市共有3个乡镇和40个行政村、4个社区成功创建省体育强乡镇、省体育小康村及城市先进社区验收。竞技体育成绩突出，全年共获国家级金牌2枚，省级金牌15枚，绍兴市金牌155枚。上虞市输送的运动员王铁鑫获赛艇世界冠军，并参加伦敦奥运会。

十一、生态环境

生态建设扎实推进。2012年上虞市积极开展生态绿色系列创建,全市累计获国家级生态乡镇5个,省级生态乡镇(街道)17个,省级绿色社区11个,当年新增省级绿色学校3所,省级绿色企业1家,高丰社区成功创建为省级生态文明教育示范基地。

生态保护力度加强。启动实施"蓝天行动",完成14家重点气污染企业限期整治任务,在城区正式实施"黄标车"限行,建成投运市机动车尾气监测站,完成48家加油站和6辆油罐车油气回收治理工作。实施重污染项目强制性淘汰改造新三年行动计划,对全市20家企业重污染项目强制性改造。曹娥江、城北水系等水环境专项治理全面实施,全市"清水工程"地表水断面总达标率为71.4%,汤浦水库集中式饮用水源地水质达标率继续保持100%;城区环境空气优良天数比例达到97.8%,城区环境噪声符合功能区要求。

十二、人口、居民生活和社会保障

人口增长控制有效。据市公安局人口年报统计,2012年年末全市总户数29.41万户,户籍总人口77.85万人,比上年末增加1069人,全市户籍人口中非农业人口28.72万人,农业人口49.13万人,分别占总人口的36.9%和63.1%;男性人口38.57万人,女性人口39.28万人,分别占总人口的49.5%和50.5%。全年出生5537人,人口出生率为7.12‰;死亡5761人,人口死亡率为7.41‰,人口自然增长率为-0.29‰(按公安口径计算)。2012年全市暂住人口20.83万人。计划生育工作开展顺利,2012年全市计划生育率为95.11%。

居民生活稳步提高。根据抽样调查,全市城镇居民人均可支配收入37981元,增长11.7%;农村居民人均纯收入17686元,增长11.7%。城镇居民人均消费性支出24106元,增长13.1%;农村居民人均生活消费支出10717元,增长7.8%。城乡居民恩格尔系数分别为31.8%和42.5%,比上年下降1.3和0.5个百分点。城镇居民人均居住使用面积30.71平方米,农村居民人均住房面积58.67平方米,分别比上年增加0.18和1.63平方米。

就业局势保持稳定。2012年上虞市成功创建省级创业型城市。加强人才引进,开展经常性"引智强企"活动,共组织招聘活动18次,推出岗位8540名,累计引进各类人才8877名,其中硕士以上高层次人才255名。事业单位累计招聘435名。开展各类招聘会98场次,其中大型招聘会11场次,登记招聘单位数3684家次,岗位数53706人次,为31087人成功求职搭建平台,缓解"两难"矛盾。继续抓好"零就业家庭"和就业困难家庭的就业援助活动,新增就业岗位16560个;其中下岗失业人员再就业5440人,就业困难人员实现就业1781人。城镇登记失业率控制在2.89%,比上年降低0.09个百分点。全市共完成各类培训12400人,鉴定各类人员职业工种13731人,核发职业资格证书12974本。

社会保障扩面提质。积极推进社保全覆盖城市建设,社会保障工作在扩面提质中实现新提升。积极推进社会保障卡发放工作,全市职工医保参保人员社保卡已基本发放到位,2012年累计发放城乡居民社会保障卡25万张,完成年初目标任务的138.9%。职工基本养老、医疗、工伤、失业、生育等五大社会保险参保人数不断增加,至年末全市共参加基本养老保险31.75万人,新增5.36万人;参加基本医疗25.53万人,新增2.80万人;参加工伤保险21.82万人,新增1.03万人;参加失业保险14.95万人,新增1.2万人;参加企业生育保险14.86万人,新增2.09万人。城乡居民养老保险总参保22.66万人,有1.95万人向更高统筹层次的企业职工基本养老保险转移。城镇居民和未成年人医疗保障总参保14.69万人(含失地农民9.86万人),新型农村合作医疗制度覆盖人口50.59万人,参保率达96%,人均筹资标准从420元提高到500元。

社会福利继续发展。2012年全市大力开展"阳光民政"建设,切实保障了特殊群体、优抚群体、困难群体的生活权益,促进了社会和谐稳定。年末全市共有最低生活保障家庭5729户9080人,其中农村4621户7295人,城镇1108户1785人,全年最低生活保障资金支出4143.5万元,其中城镇936.4万元,农村3207.1万元。全年优待优抚对象2296人,优待总金额3191.7万元。不断巩固集中供养水平，年末全市共有集中供养对象470人，其中农村五保390人，城镇“三无”80人，全市集中供养率达100%。全年共下拨五保、“三无”对象补助资金290.6万元。老龄事业成效显著，全市有5家乡镇敬老院转型升级为养老服务指导中心，53家农村“星光老年之家”转型升级为农村居家养老服务站。组织第二届“孝亲敬老月”，举办各类活动128项，抓好老年电大教学，全年招收学员6345名。新办理老年人优待证8294张，其中70周岁以上老年人5306张。募集慈善资金3986.86万元，支出救助金1578.91万元，救助74064人次。销售各类福利彩票1.28亿元，增长19.6%。

说明：

1. 本公报所列各项数据为年度初步统计数据。

2. 全市生产总值、各产业增加值绝对数是按当年价格计算，增长速度按可比价计算。

3. 规模以上工业企业指年主营业务收入在2000万元及以上的工业企业。

4. 部分数据因四舍五入的原因，存在与分项合计不等的情况。

（统计局提供）

大事记

1月

1日　市委书记孙云耀先后奔赴盖北、丁宅、谢塘、驿亭等乡镇，调研"四季仙果之旅"品牌建设情况。

1日至15日　完成大中型水库移民复核工作，共核减移民81人，恢复待遇2人，新增2人，全市移民在册扶持人员为10008人。

3日　浙江晨辉光宝科技有限公司(LED照明)品牌入选"2011中国浙商新锐品牌"榜单。

4日　央视著名少儿节目主持人董浩应邀到上虞，并专程赴华维文澜小学与孩子们进行了交流。

同日　中国现代玉雕、石雕作品最高专业奖项——中国玉雕石雕作品天工奖(第十届)花落上虞。

5日　石狮商贸城创成五星级文明示范市场，商品市场建设获得浙江省综合性最高荣誉。

同日　中国邮政《壬辰年》(龙年)特种生肖邮票首发仪式在上百·万和城举行。

6日　上虞市被授予全民健身先进单位。

同日　总投资50亿元的启德通用航空产业基地项目正式签约落户上虞。

同日　杭州湾舜滩源生态文化湿地项目正式动工建设。

8日至10日　中国共产党上虞市第十四次代表大会在上虞剧院召开。

13日　杭州湾上虞工业园区103家投产企业捐赠和谐基金仪式举行，共捐赠和谐基金1214万元。

同日　市领导孙云耀、王慧琳等分赴各地开展扶贫帮困送温暖走访慰问活动。

同日　曹娥景区一期项目(大舜殿、虞舜宗祠组团及环境配套)工程在2011年度中国风景园林学会优秀园林工程评选活动中喜获"优秀园林古建工程奖"金奖。

19日　市宣传主管部门实施的"宣传思想工作项目化管理"被省委宣传部评为2011年度十大创新事件。

2月

2日　上虞历史上知名虞籍乡贤王充、魏伯阳、嵇康、马一浮、陈春澜、竺可桢、吴觉农、谢晋等19名代表性人物被制作成神态逼真的铜质雕像，安放在龙山公园供游人观赏。

7日　"乡贤典范"、虞籍乡贤何畏在上海逝世。

8日　市非物质文化遗产展示中心名列浙江省非物质文化遗产宣传展示基地榜单。非遗展示中心坐落于市图书馆大楼1楼，整个展示中心占地面积650平方米，2010年1月1日正式对外免费开放。

13日　无臂书画家陈伟强名列"全国残运会'成就展'特艺表演书画家"，作品入选"中华人民共和国第八届残疾人运动会文化村"。

16日　市重点商贸服务业项目——百安广场暨红星美凯龙项目奠基仪式举行。孙云耀宣布项目开工，王慧琳致辞。

17日　中央电视台新闻节目中心社会专题摄制组一行10余人，专程到天外天伞业有限公司下属的高博旅游用品有限公司的裁剪车间和缝纫车间，拍摄生产线与产品展示，进行“中国制造”系列主题制作。

20日　中国人民政治协商会议第九届上虞市委员会第一次会议在上虞剧院开幕。

21日　上虞市第十六届人民代表大会第一次会议在百官开幕。

22日至23日　副省长郑继伟到上虞开展“进村入企”大走访活动。

23日　中国人民政治协商会议第九届上虞市委员会第一次会议在上虞剧院胜利闭幕。

25日　上虞市第十六届人民代表大会第一次会议在上虞剧院胜利闭幕。

28日　日本著名书法家、日本书道院副会长高桥静豪一行专程探访大舜庙，并捐赠一件珍贵的楹联作品。

同日　“当代孝女”曹秋芳、驿亭镇中学生石鸿莹荣获“浙江省青少年学生道德榜样”称号。

29日　副省长郑继伟到上虞调研县级公立医院改革。

同日　竺可桢故居整修保护行动正式启动。

3月

9日至10日　中国少年先锋队上虞市第九次代表大会召开。280多名少先队员代表系着鲜艳的红领巾，参加上虞市少先队组织的最大盛会。

16日　市人民法院院史陈列室建成投入使用。

21日　小学地方课程《孝德教育》教材首发式在百官小学举行。

同日　世界汉文化联合会执行董事、美中文化交流中心主任罗怀涛先生携妻子陈瑞玉女士专程到上虞，捐赠我国近代新文化运动时期杰出的艺术大师和著名的爱国高僧弘一法师的五张生前照片，并珍藏于上虞市档案局。

21日至22日　省委副书记、省长夏宝龙到上虞市专题调研工业企业转型升级工作。

22日　省旅游局副局长方敬华、省农业厅副厅长王建跃等领导专程到上虞，调研全国休闲农业与乡村旅游示范县争创工作。

26日　上虞市与美国拉克斯波市缔结友好城市。

4月

1日　《上虞日报》读者服务中心正式启用，对外开放。

3日　来自全国各省、市、自治区及香港、台湾等地的近百名谢氏后裔，齐聚东山，祭拜谢安墓，并在太傅祠内举行中华谢氏祭祖大典。

6日　省网吧行业协会在市档案馆三楼会议室举办2012年度网吧行业从业人员培训，全市网吧负责人、管理人员、服务人员共171人参加培训。

7日　2012年上虞丁宅十里桃花节开幕仪式暨“桃花之恋”交友会在丁宅乡芋艿湾举行。

9日　上虞供销系统农资经营企业与浙江惠多利农资有限公司举行合作签约仪式，组建成立上虞市惠多利有限公司。

12日　公安部奖励给“救火阿三”阮炳炎的消防摩托车赠送仪式在道墟镇肖金村举行，浙江省公安厅消防总队副总队长邵裕桥、绍兴市消防支队领导及上虞市有关领导出席庆贺。

15日　2012年上虞覆卮山樱花大会暨“健康之旅”出征仪式在岭南乡茗花岭村举行。

16日　上虞市“阳光文化行动”启动仪式举行。

18日　市人民法院滨海法庭揭牌仪式举行。

同日　市领导孙云耀、王慧琳、余云才、胡文炜率党政代表团赴沪考察国家级高新技术园区上海张江高科技园区。

同日　在上海千禧海鸥大酒店举行“近揽山水，醉忆上虞”——2012上虞休闲体验之旅（上海）启动仪式。

19日　著名乡贤经叔平先生生平事迹陈列馆在上虞家乡驿亭镇正式开馆。

21日　全国饭店业低碳节能环保领域的标杆企业——中南海滨绿色连锁酒店上虞店开张营业。

同日　第十六个全民健身节启动仪式暨千人登龙山活动在市文化广场举行，千余名各界群众代表参加活动。

24日　“阳光文化”惠民工程正式启动。

27日　获得全国五一劳动奖章的浙江上百贸易有限公司职工朱立新，获得全国工人先锋号的上虞新和成生物化工有限公司520车间和获得省五一劳动奖状的新天龙集团有限公司的代表，赴杭州参加浙江省庆祝“五一”暨劳模先进表彰大会。

28日　首届青年文化艺术节开幕式暨时代广场商圈文艺晚会在时代广场举行。

同日　浙江省楹联研究会创作基地授牌仪式在祝家庄景区祝府举行。

5月

1日　第111届广交会第三期在广州琶洲国际会展中心拉开帷幕。上虞市伞业商会组织20家伞业企业第7次抱团参展。

2日　“四季仙果之旅”2012年上虞覆卮山樱桃开摘仪式在下管镇洙凤樱桃基地举行，正式开启2012年上虞生态休闲旅游节之“四季仙果”快乐采摘游的第一站。

3日　全市纪念建团90周年暨“五四运动”93周年大会举行。

同日　市委书记孙云耀，市委副书记、市长王慧琳，副市长赵如浪专程调研“一江两岸”城市形态设计项目进展情况。

4日　中国伞城商业广场荣膺“浙江省现代服务业集聚示范区”荣誉称号。

同日　“浦发银行杯”首届“青年歌手”大奖赛暨迎“五四”青年歌赛决赛在市文化艺术中心举行。

8日　华孚色纺股份有限公司总裁陈玲荣膺2011中国纺织行业年度创新人物称号。

同日　中国伞城举行工银商友俱乐部启动仪式，中国伞城崧厦工银商友俱乐部启动。

10日　“四季仙果之旅”——2012上虞桑果文化旅游系列活动桑果开摘暨江滨文体公园启动仪式在丁宅乡举行。

同日　市爱弥儿幼儿园首届科技节正式启动。

11日　老新闻工作者张家治的作品《产业报国者，造福乡里人》在“万事利杯”全国民营（乡镇）企业报刊新闻奖评选活动中荣获“最佳新闻奖”。

同日　田思嘉英雄事迹报告会在城北文化艺术中心剧场举行。

15日　第三届网络文化节启动仪式在时代广场举行。

16日　绍兴市委书记张金如到上虞检查防汛工作。

同日　首家村邮站——东关街道大西庄村邮站正式落成运营。

17日　市委副书记、市长王慧琳，副市长徐耘率市水利局、围垦局、气象局等相关部门负责人检查防汛工作及标准海塘建设情况。

18日　上海知名高校、知名高中学校与上虞市相关职业学校、普通高中举行上海——上虞教育合作项目签约授牌仪式。

同日　市妇幼保健院门诊综合大楼启用暨与上海市红房子妇产科医院合作签约、宁波卫生职业技术学院教学医院授牌仪式举行。

同日　浙江省纪念陈鹤琴诞辰120周年暨鹤琴幼儿园建园60周年庆典活动在鹤琴幼儿园总部举行，陈鹤琴之子陈一心先生，陈鹤琴小女陈秀兰女士等参加庆典活动。

同日　举行丰惠派出所、丰惠交警中队综合业务用房落成启用仪式。

同日　市民族管弦乐协会正式成立。

19日　《上虞罗雪堂遗墨》首发仪式在普净寺举行。

22日　省政协主席乔传秀在绍兴调研滨海产业集聚区建设情况，并专程到上虞考察杭州湾上虞工业园区卧龙超（特）高压电力变压器产业项目。

23日　省委书记、省人大常委会主任赵洪祝到上虞，专题调研产业集聚区建设和工业强县（市、区）发展情况。

25日　谢塘镇被中华全国妇女联合会命名为“全国妇联基层组织建设示范镇”，成为绍兴市唯一获得全国级殊荣的乡镇(街道)。

25日至27日　体育健儿王铁鑫在2012赛艇世界杯第二站(瑞士)比赛中领桨以5分53秒10的成绩获得男子轻量级四人单桨冠军,成为上虞有史以来夺得的首个世界性比赛冠军。

28日　竺可桢中学被省气象局、省气象学会联合授予第一批"浙江省校园气象科普教育基地"称号。

29日　2012中国首届《儿童文学》金近奖颁奖典礼在金近先生的故乡上虞举行。中国少年儿童新闻出版总社副社长、首届《儿童文学》金近奖组委会主任吴翠兰,中国关心下一代委员会副秘书长李启民,团中央《辅导员》杂志原副总编辑、金近夫人颜学琴等出席。

同日　文化产业成立首个非公有制企业党支部,浙江雅图传媒环艺有限公司举行党支部成立仪式,推进"两新组织"党建工作全覆盖。

30日　2012年首期入党积极分子培训班在市委党校举行,148名入党积极分子参训。

同日　章镇镇2012年"王充文化节"正式启动。

31日　2012上虞生态休闲旅游系列活动——2012"清灵陈溪·风情虞南"休闲游系列活动启动仪式暨陈溪漂流开漂、阳明祖居奠基仪式在陈溪乡举行。

6月

6日　长篇报告文学《大围涂》和"知我上虞、爱我上虞、兴我上虞"主题教育活动荣获2011年度绍兴市文化创新奖。

7日　2012年全国普通高等学校招生考试开考,全市6129名考生赴8个考点、222个试场参加高考。

8日　国学大师马一浮的弥甥女丁敬涵女士将珍藏多年的马一浮照片、书法作品、诗文稿、日记、拓片、抄本、记事信封、临帖等档案资料共计132件,捐赠给市档案馆永久保存。

8日至10日　"舜水仙毫""觉农舜毫"在浙江省·静冈县2012绿茶博览会上双双夺得金奖。

13日　省供销合作社副主任瞿建、绍兴市供销合作社主任阮建明到上虞,专题督查2012年供销系统的重点工作。

15日　省发展和改革委员会副主任姚作汀一行到上虞,调研重大项目建设工作。

同日　全市山洪灾害防御演练活动在丁宅乡成功举行。

16日　盖北镇社会服务管理中心正式挂牌成立。

18日　市委书记孙云耀,副市长、市三防办总指挥徐耘带领有关部门负责人奔赴海涂山塘一线,深入检查防汛救灾工作。

19日　虞南抗日根据地旧址纪念碑揭碑仪式在陈溪乡通泽大庙举行。

21日　绍兴市委副书记、市长钱建民到上虞检查指导防汛抗台工作。

22日　宁波市虞商联谊会和宁波市上虞同乡联谊会宣告成立。

25日　2012年上虞二都杨梅采摘活动在驿亭镇二都杨梅游客服务中心正式拉开帷幕。

26日　市党政考察团专程赴嘉兴、绍兴两地考察度假区建设情况,借鉴学习外地成功样本,进一步提升大龙山区域的规划建设品位。

同日　市医改工作暨市级公立医院综合改革动员会召开,公立医院综合改革全面启动。

27日　市领导孙云耀、王慧琳、陈坚等深入全市各地,分组开展走访慰问活动,向新中国成立前入党的老党员、优秀党员、退职老干部和生活困难党员送去党组织的关怀与温暖。

28日　曹娥江东山大桥在上浦镇曹娥江畔东山脚下正式开工建设。

29日　由省政协副主席黄旭明带队的省政协经济委员会成员到上虞,参观调研旅游经济发展工作。

同日　绍兴市委常委、绍兴军分区司令员刘德萃到章镇镇看望慰问优秀党员、生活困难党员和老党员。

7月

3日　央视寻宝栏目特邀专家蔡国声专程到上虞国际大酒店，品鉴酒店收藏艺术品。

8日至19日　应奥地利维也纳投资促进局、德中国际商业管理协会、希腊希中工商会的邀请，市委书记孙云耀率团赴奥地利、德国、希腊等欧盟三国开展经贸考察。

9日　市供销合作总社党委书记、理事会主任姚一松被中华全国供销合作总社和人力资源社会保障部联合授予“全国供销合作社系统先进个人”称号。

10日　优秀赛艇运动员王铁鑫成功入围奥运大名单，成为上虞历史上参加奥运会第一人。

13日　市委副书记、市长王慧琳，副市长赵如浪带领市级有关部门负责人专程到一线慰问，向坚守岗位的城市管理者送上高温下的关爱。

13日至15日　中央电视台大型纪录片《瓷路》摄制工作组来到上虞，对上虞传统的制瓷技术、生产工艺、青瓷历史等进行多角度、全方位的实地采访和录制。

21日　曹娥庙会、道教音乐(太极祭炼音乐)、绍兴莲花落等三个项目入选第四批浙江省非物质文化遗产名录。

23日　一部展现40余年来百万上虞人大围涂历史的电视纪录片《别无选择》在虞正式开拍。

24日至25日　共青团上虞市第十八次代表大会召开。

25日　2012中国南方葡萄产业高峰论坛在虞举行。

26日　2012中国·上虞野藤葡萄文化旅游节开幕式在盖北镇举行。

同日　应中残联和国际奥委会特别邀约，无臂残疾人陈伟强赴伦敦奥运会，进行书画才艺展示。

同日　上虞举行预备役军官任职(晋)授衔仪式，一批预备役军官受命任职并被授予军衔。

27日　市委书记孙云耀、副市长徐耘带领市级有关部门负责人走访慰问海军驻虞某部。

28日　中国(上虞)信义文化节开幕式暨中华十大信义人物颁奖盛典在上虞剧院举行。孙东林等10位来自全国各地的信义典型被评为首届中华十大信义人物。

同日　在中国(上虞)信义文化节开幕式暨中华十大信义人物颁奖盛典上，上虞市被组委会特别授予“中国信义城市”称号。

同日　信义林命名及信义墙揭幕仪式在城北舜会百官广场举行。

8月

1日　2012年海外华裔青少年中国寻根之旅夏令营绍兴分营到上虞。

2日　市委书记孙云耀在上虞国际大酒店会见到访的日本川崎重工精密机械株式会社圆田诚社长一行。

3日　市慈善总会、丁宅乡政府在丁宅乡慈善扶贫基地——上虞市百味园果蔬专业合作社举行签约仪式，上虞市首个慈善扶贫基地建立。

6日　市委书记孙云耀，副市长、市三防指挥部总指挥徐耘实地检查指导防御第11号台风工作。

同日　民政部命名一批全国民政系统“群众满意窗口”“优质服务品牌”“优质服务标兵”，市民政局的居民家庭救助管理核对平台荣获“优质服务品牌”称号，并被命名为全国民政系统行风建设示范单位。

13日　绍兴市人大常委会副主任车晓端率检查组到上虞，开展食品安全“一法两规”贯彻实施情况执法检查。

15日　副省长毛光烈到上虞调研工业强市建设工作。

17日　举行非上市企业直接融资论坛暨上虞市融资服务中心授牌仪式，市委副书记、市长王慧琳为新设立的上虞市融资服务中心授牌。

18日　东关街道高田头村挂牌成立村股份经济合作社。

22日　全市新提任领导干部党性修养培训班开班，市委常委、组织部部长朱敏龙作动员讲话。

26日　农村集体资产股份合作制改革成功破

题，又一个农村股份经济合作社——百官街道二村股份经济合作社成立。

28日　省委宣传部常务副部长胡坚作出批示，肯定上虞实施“上虞记忆”工程记录历史文化轨迹工作。

同日　“喜迎党的十八大召开、庆祝撤县设市二十周年老年书画作品展”在市图书馆开幕。

29日　全市领导干部科学发展轮训班正式开班，第一期共有86名学员参加培训。

30日　2012中国·上虞舜阳红心猕猴桃开摘仪式在章镇文化商业广场举行。

同日　城乡一体化住户调查工作正式启动。

9月

3日　中央维稳办副主任于复苓一行在省委政法委维稳处处长朱传日的陪同下，到市公安局调研指导110社会应急联动工作。

6日　民间巧手孙汲闻制作的“二十四孝”剪纸作品获得绍兴市首届民间巧手才艺大赛“金巧手”奖。

10日　举行庆祝全国第28个教师节大会。

同日　上浦镇茶花幼儿园开工奠基仪式举行。

14日　成都虞商联谊会暨四川上虞同乡联谊会成立。

18日　市第23届老干部运动会在市老干部活动中心开幕。

同日　市公安局驻环保局警务室成立。

同日　绍兴银行上虞支行举行迁址仪式。

19日至20日　省人大常委会副主任、省总工会主席厉志海带队到上虞调研社会救助工作。

21日　北京虞商联谊会在北京国际饭店会议中心正式成立。

22日　中国曲艺家协会会员、市戏曲家协会副主席吴一笑从艺30年曲艺演唱会在市文化艺术中心剧场举行。

25日　由教育部基础教育一司副巡视员杜柯伟等领导组成的督查组到上虞，专题督查校车安全工作情况。

同日　“长路漫漫——陈阳中国画展”在市图书馆开幕。

28日　第二届“孝亲敬老月”启动仪式暨新农村百对金婚夫妇代表庆贺大会举行。

29日　2012浙东新商都(上虞)购物节暨第十四届中国杭州西湖国际博览会上虞分会场启动仪式在舜会百官广场举行。市委书记孙云耀宣布盛大启幕仪式正式开幕，市委副书记、市长王慧琳致开幕辞。

10月

9日　东山越窑青瓷坊作品获得2012中国(杭州)工艺美术精品博览会银奖。

10日　“艺苑撷英”——崧厦中学校庆60周年部分校友书画作品展在市图书馆开展。

12日　聘请上虞籍奥运功勋教练朱志根为少年儿童游泳名誉教练，优秀运动员王铁鑫为青少年皮划艇名誉教练。

12日至14日　中国(上虞)首届虞舜文化学术研讨会在虞召开。会上还宣读了关于同意上虞市建立中国先秦史学会虞舜文化研究联络中心的批复，并举行了授牌仪式。

14日　我国著名国学大师罗振玉孙女、中国社科院历史研究所研究员罗琨等专家、教授到小越镇大庙罗村，考察罗振玉故居。

15日　老一辈摄影艺术工作者、知名摄影家谭寿焕摄影作品集《乡风》在上虞宾馆首发。

18日至19日　市委书记孙云耀率市党政代表团赴台州温岭、温州永嘉两地考察，学习借鉴小城镇培育建设方面的先进经验。

20日　上海虞商联谊会在黄浦江畔香格里拉大酒店举行成立仪式。

21日　著名虞籍书法家、吉林省书法家协会副主席曹伯铭书法展在市博物馆开幕。

24日　市委、市政协举行座谈会，庆祝市政协成立30周年。

25日　商务部副部长兼国际贸易谈判副代表、广交会副主任钟山到上虞参展企业展位，视察第二期广交会，重点调研企业参展情况和发展现状。

同日　市委书记孙云耀，市委常委、常务副市长余云才专程赴广州琶洲展馆，看望112届广交会上的上虞参展企业。

26日　百官中学正德楹联学堂正式成立。

27日　丰惠镇乡村艺术节开幕式暨西湖村文化广场落成典礼举行。

29日　杭州市上虞商会和杭州虞商联谊会在西子湖畔的洲际酒店宣告成立。

31日　市委书记孙云耀在国际大酒店亲切会见到访的奥地利国会议员、奥地利商会副主席马茨奈特博士一行。

11月

1日　副省长陈加元，省军区副司令员周国建率有关部门负责人，专程到上虞视察征兵工作。

2日　崧厦镇潘韩村举行全市首个村容村貌巡视队成立仪式。

8日　民间组织促进会成立。

10日　社会各界举行祭祀大舜活动。

13日　上海华昌企业集团董事长蔡永康到上虞，考察上虞城市建设“北工、中城、南闲”情况。

同日　市中医院被命名升格为浙江省三级乙等中医医院。

18日　崧厦中学举行建校60周年庆祝大会。

同日　绿洲文化艺术培训学校在绿洲山庄内正式开张。

20日　上虞市社会科学界联合会正式成立。省社科联副主席何一峰和市委书记孙云耀为新成立的市社科联揭牌。

22日　上虞金昌宝顺汽车销售服务有限公司举行开业仪式，成为上虞市首家BMW授权经销商。

23日　全市投资最多、规模最大、设施最佳、功能最齐的首家现代化农贸市场——崧厦农贸市场开业。

27日　举行应急联动集结演练暨市应急联动指挥中心授牌仪式。

29日　城北高档收藏会所承缘堂开业。

12月

2日　上虞被浙江省林业厅认定为“浙江红心猕猴桃之乡”。

5日　市青年志愿者协会新址揭牌暨市直机关青年志愿服务总队授旗仪式举行。

8日　“华夏出版网上虞图书编辑中心”在虞设立。

10日至11日　市委书记孙云耀率团先后赴嘉善、宜兴、长兴三地参观考察，实地感受长三角城市竞争圈大干快上的发展氛围，学习周边城市敢于担当、敢于破难、敢于争先的精神和转型升级、城乡一体化等方面的成功经验，为上虞谋划明年发展开拓思路。

同日　市委副书记、市长王慧琳率团先后赴临安、淳安和兰溪等地学习考察，力求拓宽发展新思路，谋得发展新路径。

11日　上虞中青国际旅游有限公司顺利通过“旅行社品质等级划分与评定”考评，成为上虞市首家“浙江省四星级品质旅行社”。

14日　市环保志愿服务总队成立。

15日　中华孝德文化联谊会成立暨张关卣书画作品展在北京大学百年讲堂举行。

18日　市农民学院成立暨授牌仪式在市职业中专举行。

19日　上虞市撤县设市20周年民心工程展览活动在市文化广场举行。

22日　深圳虞商联谊会在深圳马哥·孛罗好日子酒店正式成立。

26日　上虞4件文艺作品越剧《南风歌——舜的传说》、摄影集《留住手艺》、绍兴莲花落《绝办法》和电视连续剧《枪声背后》获得绍兴市第12届鲁迅文学艺术奖“百花奖”。

29日　市达溪流域旅游文化研究会2011年年会暨《上虞市达溪古诗文集》首发式在陈溪乡举行。

（档案局提供）

总　述

人文历史

【建制沿革】 上虞历史悠久，据史籍记载和出土文物证明，早在4000多年前的新石器时代，就有人类在这里生活。上虞又是传说中虞舜的出生地及其后裔的封地，有许多与虞舜相关的古迹。据《太康地记》载："舜避丹朱于此，故以名县。百官从之，故县北有百官桥。"亦云："舜与诸侯会事讫，因相娱乐，故曰上娱（娱通虞）。"夏帝少康后属越国，战国时期楚灭越后属楚，秦王嬴政二十五年（公元前222），置上虞县，隶属会稽郡。新王莽始建国元年（9），废上虞入会稽县，属会稽郡。东汉建武（25—56）初，恢复上虞县，属会稽郡。永建四年（129），分上虞南乡入始宁县，同属会稽郡，历三国、两晋、南北朝不变。隋开皇九年（589），废上虞、始宁入会稽县，先后属吴州、越州、会稽郡。唐初，上虞境仍为会稽县的一部分，属越州。唐武德四年（621），曾以剡县与故始宁地为嵊州，八年（625）州废。天宝、至德年间（742～758），属会稽郡。乾元元年（758）后，仍属越州。贞元元年（785），分会稽复置上虞。长庆元年（821）并入余姚，次年复置，属越州。五代时属吴越国东府。北宋仍属越州。南宋绍兴元年（1131）改越州为绍兴府。元至元十三年（1276）改绍兴府为绍兴路，元至正二十六年（1366），复为绍兴府，上虞皆为其属县。清承明制。民国元年（1912）改府制为道制，上虞属会稽道。民国十六年（1927），废道制，直属于省。民国二十一年，属浙江省第七行政督察区。民国二十四年（1935），属浙江省第三行政督察区。民国三十七年（1948），属浙江省第二行政督察区。中华人民共和国成立初属绍兴专区。1952年2月起，属宁波专区。1964年9月起，复归绍兴专区。1968年6月起，属绍兴地区。1983年8月起，属绍兴市。中华人民共和国成立后，上虞与绍兴县、余姚县相邻乡（镇）有些许变动。1954年秋，绍兴县东关区及汤浦区的四峰、渔浦、汤霞、四村、胜江五乡和富盛区的长东、保山、长塘、会胡四乡划入上虞。1956年11月，丰惠区永兴乡和下管区王家庄、大岭顶村划归余姚县，绍兴县川下村划归汤浦乡；1960年8月及1966年1月，下管公社的大山、隐地、黑龙潭、悬岩、溪山五村以及陈溪公社戴王、糜家两村划归余姚县。秦王嬴政二十五年（公元前222）建县时，县治设百官。唐长庆二年（822），县治迁丰惠。1954年9月，县治还置百官。1992年实施撤区扩镇并乡，撤销百官、下管、章镇、丰惠、东关、小越、崧厦、海滨8个区公所，由原来的57个乡镇调整为百官、蒿坝、东关、沥东、谢桥、道墟、上浦、汤浦、梁湖、下管、驿亭、小越、永和、谢塘、崧厦、沥海、丰惠、章镇18个镇，陈溪、丁宅、岭南、龙浦、大勤、盖北6个乡。8月24日，国务院批准上虞撤县建市。10月18日撤上虞县设立县级上虞市。2001年10月，撤销百官镇、蒿坝镇和原东关镇部分村，设立百官、曹娥、东关3个街道办事处；撤销沥东镇，所属村部分并入崧厦镇，部分并入沥海镇；撤销谢桥镇并入丰惠镇；撤销龙浦、大勤乡并入章镇镇；撤销东关镇设立长塘镇；撤销盖北乡设立盖北镇；道墟、上浦、汤浦、梁湖、下管、驿亭、小越、永和、谢塘9个镇，陈溪、丁宅、岭南3个乡不变。调整后，年末辖百官、曹娥、东关3个街道,道墟、上浦、汤浦、梁湖、下管、驿亭、小越、永和、谢塘、崧厦、沥海、丰惠、章镇、长塘、盖北15个镇,陈溪、丁宅、岭南3个乡。

【历史文化】 上虞不仅是浙江建县最早的县份之一,也是古越文化的核心区域之一,境内有属于河姆渡文化的五星村遗址和牛头山遗址。至春秋时期,上虞即以酿酒、烧瓷、制茶、冶炼著称,东关牛山为当时越国冶炼铸造基地。上虞更是中国青瓷的发源地,以全国重点文物保护单位——汉代上浦四峰山小仙坛窑址为代表,其古窑址已发现的达300多处,构成了早自商周延续到宋代的庞大窑系,而且时代特征明显,青瓷器皿种类有几百种。

除了青瓷文化,上虞更以虞舜文化、东山文化、白马湖文化闻名海内外。作为虞舜故地,上虞历史上有最多的与舜有关的地名,以及有关舜的传说记载与祭祀活动。上虞既是以孝文化为核心的虞舜文化的传承地,亦是"东山再起"之处。东晋的谢安与谢氏家族中的谢道蕴、谢灵运、谢惠连、谢朓,以及连带王羲之、沈绰、支遁等,构成了东山文化的高雅品位,使东山成为浙东唐诗之路上的胜地。上虞又是"五四"新文化的重要村落。20世纪20年代初,经亨颐、夏丏尊、丰子恺、朱自清、朱光潜等一大批"五四"文化精英聚集上虞的白马湖畔,这一被称为白马湖现象或白马湖流派的文人荟萃,对中国现代文化的推动具有重要意义。

上虞素被誉为"达人杰士、史不绝书"的地方。汉代的王充、魏伯阳,以及孝女曹娥,魏晋时期的嵇康、谢安,宋代的李光,明代的"上虞四谏"——叶经、陈绍、谢瑜、徐学诗,清代的章学诚,直至近现代的罗振玉、陈春澜、马一浮、杜亚泉、竺可桢以及王一飞、叶天底、徐懋庸等等,都是上虞历史上的杰出乡贤。

【名胜古迹】 上虞江海环带,山川盘郁,历史悠久,人文秀衍,历代为浙江望邑,自然人文景观甚多。

大舜庙 原在百官龙山脚下,始建于夏朝,时与绍兴禹庙为浙江两大祀庙。现大舜庙移建于曹娥景区舜耕公园,投资2.5亿元,按两汉建筑风格设计,以天然石材砌筑,融原始风格与当代技术为一体,成为国内罕有的大气、古朴、庄严的庙宇建筑。庙前为舜耕群雕,以花岗岩为主材料的象队群雕长68米、高27米,与大舜庙同为奇观。

曹娥庙 位于曹娥江西岸孝女庙村,距市区3千米,为纪念孝女曹娥而立。始建于东汉元嘉元年(151年),距今已有1800多年历史,几经迁徙、扩建、修葺,奠定了现有庙宇布局严谨、错落有致、气势恢宏的建筑基调,占地面积6000平方米,建筑面积达3840平方米。曹娥庙文化积淀深厚,艺术品位高雅,尤以庙内雕刻、壁画、楹联和书法"四绝"而饮誉海内外,被誉为"江南第一庙"。庙内现存的曹娥碑系王安石女婿蔡卞重书,已历千年,弥足珍贵。曹娥庙为省级文物保护单位。

英台故里祝家庄 位于上虞市东南,距市区7.3千米。三面环山,庄前有玉水河,与开凿于西晋的四十里河贯通。现尚存有祝氏祖堂、玉水河、井空泉、药师寺等与英台文化相关古迹。

凤鸣山风景区 坐落于上虞市丰惠镇东南4千米,距上虞市区17千米,景区面积2.4平方千米,以山陡谷深、急流叠瀑、苍山翠绿、小桥流水的自然美而闻名,其中"悬石飞瀑""千年古藤"堪称奇观。凤鸣山是道教"第九小洞天"所在地,有东汉道教祖师魏伯阳炼丹遗址。景区内凤鸣真人祠始建于汉初,至今已有2000余年历史。

白马湖春晖名人园 位于距市区4千米的春晖中学内,为省级文物保护单位。20世纪20年代,夏丏尊、朱自清、丰子恺等前来春晖执教,何香凝、蔡元培、叶圣陶、李叔同、胡愈之等前来春晖讲学,吸引了大批莘莘学子前来求学,有"北有南开、南有春晖"之美誉。春晖名人园是当初这些名家的居家办公之处,其中有夏丏尊的"平屋"、丰子恺的"小杨柳屋"、弘一法师李叔同的"晚晴山房"、经亨颐的"长松山房"等。

东山景区 距市区10千米,有3000亩自然水域与生态林地面积,与上虞佛文化发源地东山国庆寺毗邻。东山是东晋政治家县的隐居地,也是成语"东山再起"的出典处,景区内有谢安墓及指石等遗迹。唐代李白、贺知章、刘长卿等，宋代苏东坡、陆游等，都曾盘桓东山，留下著名诗篇。

称山风景区 位于上虞市西北，离市区7千米。相传春秋末期，越王勾践为复国雪耻，卧薪尝胆，奋发图强，曾在此山称炭铸剑，锻炼兵器，称山由此而得名。景区成立后，为弘扬越王爱国精神，在铸剑遗处设立爱国主义教育基地——越王史迹陈列室。景区内还有明代石亭等建筑。

桃花源景区 地处上虞市西南，离市区13千米，距离绍兴市约25千米，景区面积为2.6平方千米。景区内除满目青山和4950余亩的桃李竹林外，还有桃源湖、龙潭湖共390亩水域面积，山明水秀，寺院清净。建有马一浮纪念室。

秀峰寺 位于章镇堆高山景区，距市区35千米，南邻嵊州。堆高山上有建于明代的秀峰庵，现扩建为秀峰寺，建筑面积3.8万平方米，内有一尊高达2.8米的缅甸玉佛。景区苍山翠岭之中多有飞瀑，其中雨娘瀑高60米。

普净寺 位于蒿坝卧龙山景区，距离市区7千米。普净寺始称普净莲社，建于南宋，屡经废兴，清乾嘉年间重加修复。20世纪80年代起又大加扩建。寺庙现占地面积3万余平方米，建筑门类齐全，成为佛教活动的主要场所。

峰山道场 在峰山灵迹风景区，距市区5千米。据考证，日本宗教界的鼻祖最澄法师于唐初来华学法，终于在峰山灌顶授法，后回国创立日本第一大教派——日本天台宗。峰山道场由此成为中日文化交流的重要见证，为日本宗教朝拜的圣地。

覆卮山冰川 覆卮山位于上虞、嵊州、余姚三市交界处，是上虞市的最南端，为上虞第一高峰，因南朝山水诗人谢灵运"登此山饮酒赋诗，饮罢覆卮"而得名。山峰南坡无数巨石顺坡而下，气势壮观，为国内外均属罕见的第四纪古冰川遗迹。

同兴里 同兴里位于上虞市小越镇衡山徐村。是上虞市著名乡贤陈春澜和其侄子出资建造的一处中西合璧晚清民初江南代表性民居。寓意"兄弟同心，共同兴旺"。主体建筑坐北朝南，分三纵三横轴线布局，占地10亩，建筑面积近4000平方米。建筑布局严谨、气势恢宏，中西合璧、外雄内秀，为上虞单体独院规模最大的台门式建筑。2010年，在中轴线布置有"陈春澜生平事迹陈列馆"，展览面积近2000平方米，以情景再现的方式形象生动地展示了陈春澜一生的奋斗历程。2011年1月被列为浙江省文物保护单位。

自然环境

【地理位置和面积】 上虞市地处浙江省中北部、杭州湾南岸，东临余姚，南接嵊州，西连绍兴，北濒钱塘江口，隔江与海宁市、海盐县相望。位于北纬29°44′00″至30°13′29″，东经120°38′25″至121°06′12″。全境南北走向，成长方形轮廓；南北跨度60千米，东西跨度46千米。总面积1403平方千米。市区中心地理坐标为北纬30°01′，东经120°51′，面积36.5平方千米。

【地形地貌】 全境处在浙东丘陵山地与浙北平原地貌的交接地带，地形南高北低，南部山地丘陵分属两支：东南系四明山余脉，山势高峻，主峰覆卮山海拔861.37米，是全市最高点；西南属会稽山脉，略为平缓，最高点罗村山，海拔390.7米。市域内有章镇和丰惠两大盆地，其中章镇盆地东起丁宅庙湾，南至章镇新三联，西至章镇花坎，北至上浦鲍岙，海拔10～25米之间，总面积80平方千米；丰惠盆地东起丰惠镇单家岙，西至外梁湖，南自丰惠镇百西，北至丰惠镇东光村之间，海拔7.88米左右，总面积89平方千米。两处盆地土质肥沃，是全市主要产粮处。北部为水网地带，属宁绍平原，地势低平，平均海拔10米左右，总面积672.1平方千米，盛产粮、棉及葡萄、黄花梨等经济作物。鉴于南部山地丘陵与北部水网平原面积基本参半，俗称"五山一水四分田"。境域面积构成中，按性质分：陆地面积1334平方千米，杭州湾海域面积69平方千米。陆地面积按类型分：山地丘陵面积598平方千米，占土地面积的44.8%，平原面积567平方千米，占42.5%。盆地面积169平方千米，占12.7%。

【河流湖泊】 境内江河纵横交错，湖泊星罗棋布，素以水资源充沛享誉浙东。浙江省第三大河——曹娥江自南而北纵贯全境（境内长70千米），境内主要支流有小舜江、下管溪、隐潭溪。浙东运河（萧曹运河与虞甬运河两段）越境而过；其他还有四十里河、十八里河、百沥河及海涂中心河等人工河。平均年入境水量约27.95亿立方米，是全市水资源总量的3.33倍。主要湖泊有小越河、破冈湖、白马湖、铲还湖、皂李湖、西溪湖、谢憩湖、康家湖、贺家池（部分属绍兴县）9个，以皂李湖为最，水域面积达1755亩。

【自然资源】 市域内土壤类型众多，分布复杂，性态各异，质地良好，宜植宜种。从类型看，除地带性红壤、黄壤外，还广布隐域性的水稻土、岩性幼年土、潮土、盐土等6个土类、15个亚类、46个土属、84个土种。其中红壤土占3个亚类、9个土属、14个土种，面积697500亩，占土壤总面积的41.6%；黄壤两个亚类，面积7200亩，占土壤总面积的0.4%；水稻土占4个亚类、24个土属、46个土种，面积579000亩，占土壤总面积的31.76%；岩性幼年土两个亚类，面积48915亩，占土壤总面积的2.8%；潮土两个亚类，面积184999.5亩，占土壤总面积的10.4%；盐土仅一个亚类，面积257100亩，占土壤总面积的13%。丰富的土壤资源，为农、林、牧业的发展和名、特、优农产品的产出，提供了有利条件。上虞地处北亚热带常绿阔叶林植被带，其中天然森林植被有次生常绿阔叶林、针叶林、针阔混交林、薪炭林、竹林等5类，覆盖率达41.08%。人工植被主要有粮油作物、经济作物和观赏植物等三大类，其中粮油作物超过20种，经济作物品种超过30种，蔬菜作物有11类37种。属野生的有兽类80种、鸟类290种、两栖类30余种，土著鱼类有23科70种，1982年后从外埠新引进30余种。国家级野生保护动物有69种、省级重点保护的有73种。动物资源中属饲养的种类有25种，其中特种动物15种。全市有木本植物81科527种。丰富的自然资源为投资开发上虞提供了广阔的前景。上虞境内矿藏有铁、锰、铜、铅锌、金银、叶蜡石、萤石、高岭土、石英、白云石、黄铁等，其中叶蜡石蕴藏量约200万吨，已有40余年的开采历史。南部山地（岭南乡田家山村至余姚市梁弄镇）岩体中分布大量脉岩体（俗称花岗岩）侵位于晚侏罗纪地层中，贮量丰富。

气象特征

【概况】 2012年，年平均气温与常年持平；日照时数较常年偏少；降水量、降水日数较常年偏多，时空分布极不均匀。梅汛期6月17日—6月29日，出现了明显的梅雨降水集中期。8月受“苏拉”和“海葵”两个台风影响，出现大风、暴雨和内涝。

年内的主要气象灾害有梅汛期暴雨、强对流（强雷暴、冰雹、短时暴雨等）、大雾、高温、连阴雨、寒潮、雨雪冰冻、灰霾等。

【气温】 年平均气温为16.7℃，与常年持平。1月、2月、6月、9月、11月和12月较常年偏低，其中2月和11月明显偏低，分别偏低1.6℃和1.2℃；8月较常年持平；其余月份较常年偏高，其中4月和7月偏高明显，分别偏高2.4℃和1.0℃。

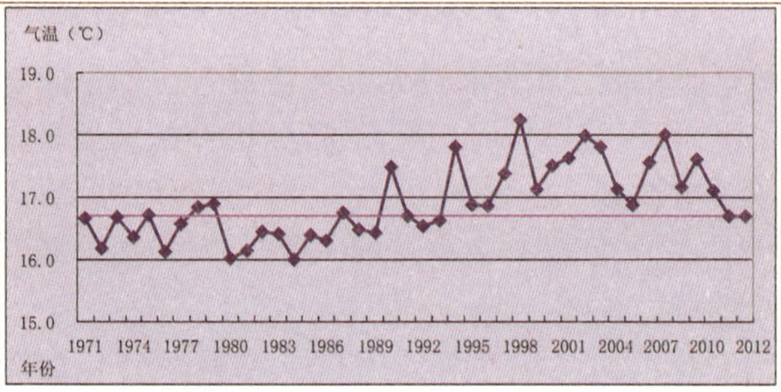

上虞市1971—2012年历年平均气温

年极端最低气温为-4.4℃，出现在12月31日，年极端最高气温为38.5℃，出现在7月4日。初霜日、终霜日分别出现在11月12日和3月22日，无霜期235天。日最高气温≥35℃的高温天气有31天，与上年持平；连续3天日平均气温≤23.0℃的秋季低温，出现在9月4日，比常年偏早；连续3天日平均气温≤20.0℃的秋季低温出现在9月13日。

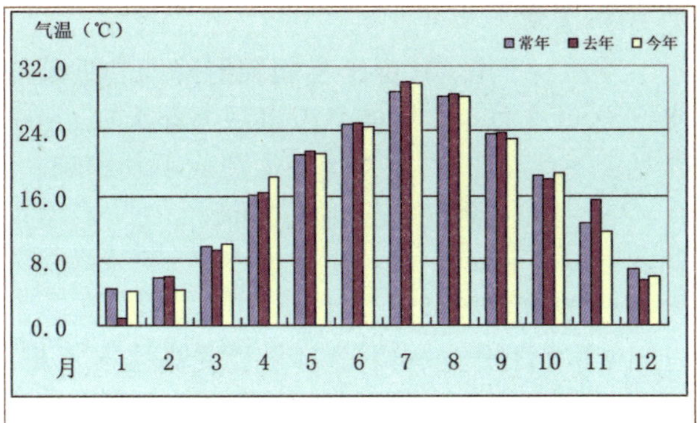

上虞市1971—2012年逐月平均气温

【降水】　年降水量为2056.4毫米，较常年偏多578.9毫米，较去年偏多793.9毫米，破历史极值（2046.7毫米，1989年）。全年雨日174天，较常年偏多16天。

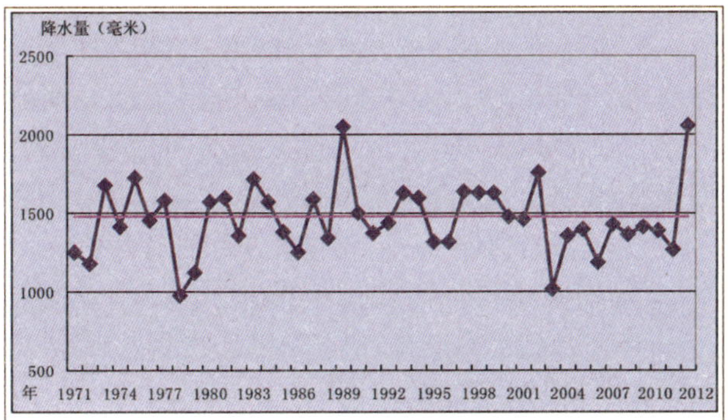

上虞市1971—2012历年降水量

降水时空分布极不均匀，4月、7月、9月和10月较常年偏少，其中10月降水量仅为常年的三成；1月、2月、3月和11月较常年偏多七成，6月较常年偏多九成，8月和12月较常年偏多一倍。6月、7月和9月雨日较常年基本持平，5月、10月较常年偏少，其余月份均较常年不同程度偏多。

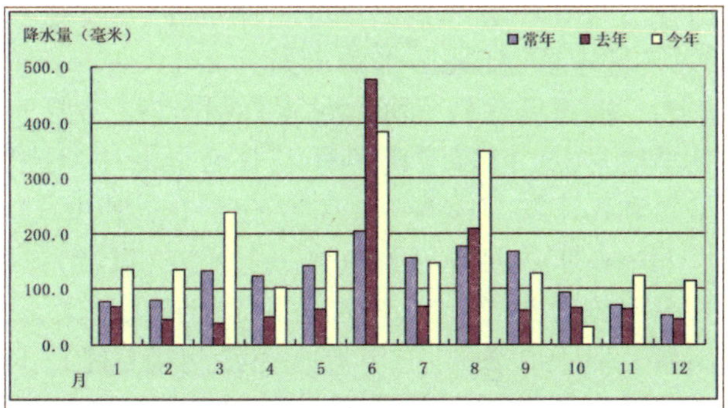

上虞市1971—2012年逐月降水量

【日照】　年日照时数为1714.6小时，较上年基本持平，较常年偏少95.8小时。1月和2月日照仅为常年的六成，6月和12月为常年的七成左右，其余月份较常年偏多。

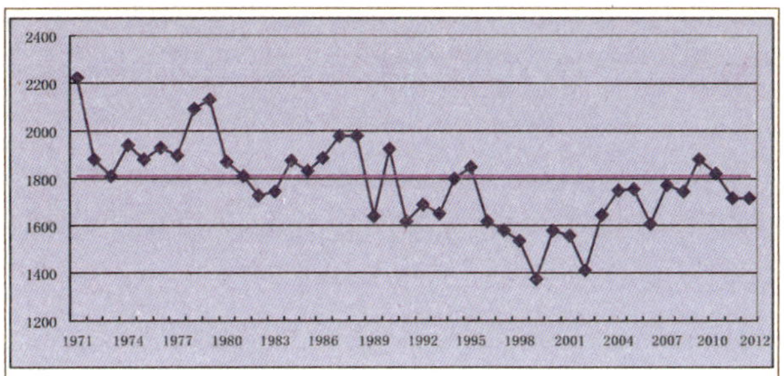

上虞市1971—2012历年日照时数

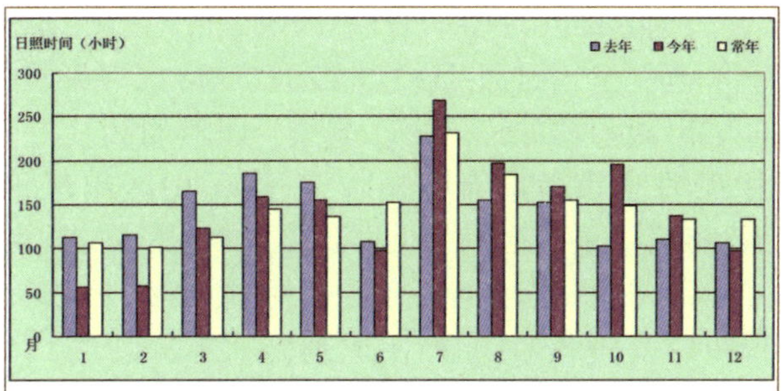

上虞市1971—2012年逐月日照时间

【风】　年平均风速2.6米/秒，最大盛行风向为东北偏东风，次大盛行风向为东北风。全年共出现大风1次，即8月8日17.7米/秒（8级）。

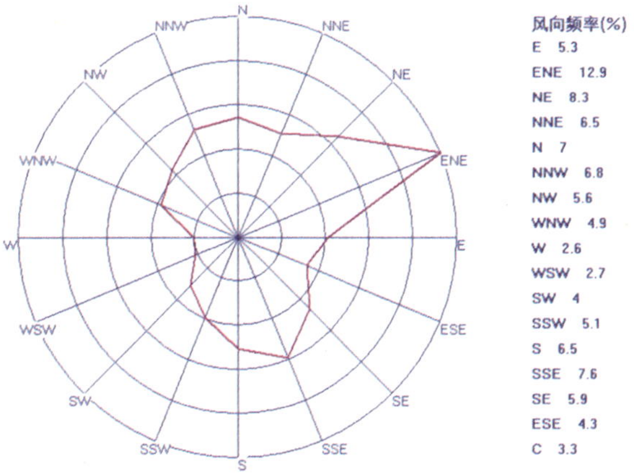

【雷暴】　年雷暴日数为35天，较常年少3天，比去年少5天。雷电监测显示共发生地闪6336次（比

2011年多973次,增加18.14%)。从月分布来看,主要集中在7、8、9三个月,三个月地闪占总地闪次数的98.17%;从时间分布来看,主要集中在14时到20时之间,该时间段内地闪次数占总地闪次数的94.93%;从空间分布来看,崧厦镇相对较多为695次,全市地闪平均密度4.54次/平方千米。

【霾】 年霾日数为62天,较去年偏多。其中最多为1月份,霾日数达12天,上旬几乎天天出现霾,其次为4月、11月,8月最少,霾日数只有1天。空间分布特征主要表现为北部地区高于南部地区。

【重大天气事件】

1. 低温雨雪和冰冻

1月6日、1月21日夜里—1月22日、1月24日下午至夜里、2月25日—2月26日受冷空气影响,全市出现雨雪冰冻天气。其中1月21日夜里—1月22日全市普遍有明显降雪,南部山区出现积雪;24日下午到夜里全市再次出现较明显降雪,南部地区普遍积雪深度达1厘米~3厘米;2月25日夜里降雪过程较明显,平原地区积雪深度达1厘米左右,部分山区更大,积雪深度达3厘米~4厘米。

12月28日—12月30日,受北方强冷空气影响,全市日平均气温48小时降温幅度达8℃~9℃,出现明显降温、雨雪冰冻和风力增大过程,部分地区出现积雪。12月30日和12月31日天气转晴,夜间辐射降温,气温继续下降,出现严重冰冻天气,平原地区早晨最低气温-4℃~-5℃,山区更低,对交通和农业造成一定影响。

2. 冬末春初连续阴雨寡照天气

1月—3月9日,由于冷暖空气活动频繁,全市持续阴雨寡照天气,雨量雨日异常偏多。1月和2月总雨量为历史同期第二高,整个冬季日照异常偏少,较常年同期最低,其中1月和2月的总日照时数较全市历史同期第二少。3月1日—3月9日,持续阴雨寡照天气,雨量较有气象记录以来历史同期第二多,而日照时数较历史同期最少。

12月14日夜里开始出现2段连阴雨天气,分别为:12月14日夜里—12月22日和12月26日—12月30日,总雨量是常年同期两倍多。

3. 大雾

受冷空气影响,由于夜间辐射降温和近地面水汽充沛,1月7日早晨全市出现大雾天气,最小能见度不足200米,对春运交通造成不利影响。2月22日白天受降温和近地面充沛水汽影响,全市普遍出现大雾天气,最小能见度不足300米。

4. 四月突现罕见大风

4月2日夜里—4月3日早晨受高空下滑槽、地面气旋和冷空气共同影响,全市自北而南大部分地区先后出现阵风7~9级,个别10~11级大风过程,最大出现在下管,风速达29.4米/秒(11级)。

5. 强雷电、局地性突发强降水多

5月29日后半夜—5月30日上午受高空槽东移、中低层低涡切变和地面气旋影响,全市普遍出现暴雨。

7月14日傍晚—7月14日夜里受副高减弱东撤和西风带低槽切变共同影响,全市出现短时强降水、强雷电和雷雨大风等强对流天气,其中最大降水量出现在永和,为176.2毫米。

受11号台风"海葵"影响,8月10日下午—8月10日傍晚全市出现短时强降水,五甲渡观测站1小时雨量超过70毫米,并出现9级大风。

6. 梅汛期暴雨和内涝

2012年全市6月17日入梅,入梅时间较常年略微推迟(常年同期6月13日),6月29日出梅,出梅时间较常年偏早(常年同期7月9日)9天,梅期13天,较常年偏短13天,梅雨形势较为典型。出现了典型的梅雨降水集中期,梅雨期雨量达377.9毫米,较常年同期偏多八成。入梅以后先后经历了三次明显的大到暴雨,局部大暴雨天气过程,降水空间分布不均匀,总体呈北多南少分布,全市面雨量达281.0毫米,其中北部地区平均雨量为371.7毫米,南部地区平均雨量为224.0毫米。梅汛期三次系统性较强降水过程分别出现在6月17日早晨—6月18日傍晚、6月22日后半夜—6月24早晨和6月26日凌晨—6月27日下午。其中6月17日—6月18日受暖湿气流、弱冷空气以及台风外围环流的共同影响,出现大暴雨和特大暴雨,面雨量达到192毫米,五甲渡观测站测得6月17日雨量达109.8毫米,6月18日雨量达177.1毫米。由于雨量集中,出现严重内涝,全市共转移安置

419人，农作物受灾面积达187800亩，绝收1353亩，房屋损坏2933户，直接经济损失1.7466亿元。

7. 夏季酷热高温

受副热带高压环流影响，7月1日—7月12日和7月20日—7月30日出现了范围较广、强度较强的持续高温天气，7月≥35℃的高温天数为20天，其中≥37℃的有2天。

8. 台风

受第9号台风“苏拉”外围环流影响，8月1日20时—8月3日15时全市面雨量达60毫米，8月2日白天普降大到暴雨，局部大暴雨，其中丁宅、汤浦24小时降水量超过100毫米，丁宅3小时降水量达74.7毫米。

受第11号台风“海葵”影响，8月6日8时—8月8日21时全市面雨量达143毫米，其中最大雨量出现在陈溪，为268.2毫米，普遍出现8级~10级阵风，局部11级阵风。受暴雨和大风影响，全市有75732人受灾，转移安置52266人，有1582845亩农作物受灾，绝收71955亩，倒塌房屋148间，农业经济损失13355.7万元，直接经济损失27545.07万元。

【气象记事】

1月，上虞市气象局获得浙江省2011年度重大气象服务先进集体（浙气发〔2012〕4号）；绍兴地区气象部门2011年度目标考核达标单位、2011年度公共服务先进集体；2011年度上虞市级机关工会工作先进集体（市机工联〔2012〕1号）；2011年度建设学习型机关先进单位（市委宣〔2012〕3号）；2011年度《机关党员之家》信息报送先进党组织（三等奖）（市机工委〔2012〕2号）。

1月16日，上虞市发展和改革局下发通知，上虞市气象防灾减灾中心建设列入政府新建项目计划。上虞市委市政府重视气象工作，将建设气象防灾减灾中心作为政府投资重点项目。

5月14日，上虞市气象局与市民政局签订合作备忘录，借此契机市气象局与市民政局实现灾害信息共享互通，联合开展工作检查、建立联席会议制度等方式构建合作长效机制，统筹推进综合防灾减灾工作。

5月15日—18日，上虞市气象局与民政局联合开展灾害（气象）信息员培训，上虞市21个乡镇（街道）灾害信息员在市民兵训练基地开展为期4天的封闭式训练。这是上虞地区首次针对防灾减灾开展跨部门专项合作。

5月28日，上虞市气象局与市水务集团签订合作备忘录。

6月25日，浙江省农业气象中心专家一行到上虞晶梅杨梅专业合作，对杨梅生产基地实地调研和现场检测，确定2012年晶梅杨梅专业合作社生产的水晶种、深红种杨梅品质“优”，并发放优质气候品质认证标志7000枚。

8月28日，上虞市人民政府办公室发布《关于切实加强气象灾害防御工作的意见》（虞政办发〔2012〕228号）。

9月20日，虞气发〔2012〕22号《关于调整内设机构的通知》，撤销原业务科，相关职能分别划入气象减灾科、气象台和气象观测站。原行政许可科并入气象减销原业务科，相关职能分别划入气象减灾科、气象台和气象观测站。原行政许可科并入气象减灾科，与气象减灾科合署办公。

10月18日，上虞市气象局被市财政局评为“上虞市级部门预算编制工作先进单位”。

（李　飞）

区划及人口

2012年，全市辖3个街道、15个镇、3个乡。分别为百官街道、曹娥街道、东关街道、道墟镇、上浦镇、汤浦镇、章镇镇、下管镇、丰惠镇、永和镇、梁湖镇、驿亭镇、崧厦镇、沥海镇、小越镇、谢塘镇、长塘镇、盖北镇、岭南乡、陈溪乡、丁宅乡，全市共340个村110个居委会（社区）。

2012年9月道墟镇道墟居委会和肖金居委会合并组建道墟镇道墟社区。

年末，全市居民总户数294114户，户籍总人口778502人，分别比2011年年末减少14户和增加1069人，全市户籍人口中非农业人口287220人，农业人口491282人，分别占总人口的36.89%和63.11%；男性人口385660人，女性人口392842人；分别占总人口的49.54%和50.46%。全年出生

5537人，人口出生率为7.12‰；死亡5761人，人口死亡率为7.41‰，人口自然增长率为-0.288‰，计划生育率为95.11%。全市人口按年龄段分布，18岁以下112336人，约占总人口的14.43%，18岁至35岁161758人，约占总人口的20.78%；35岁至60岁345859人，约占总人口的44.43%；60岁以上158549人，约占总人口的20.37%。全市暂住人口(暂住一个月以上)20.83万人。（阮明忠）

经济和社会发展情况

【概况】 全年全市实现地区生产总值571.05亿元，增长10.0%。财政总收入72.93亿元，增长12%，其中公共财政收入39.19亿元，增长10.3%；限额以上固定资产投资296.54亿元，增长23%；实现进出口总额32.29亿美元，同比下降20.7%，其中进口总额4.83亿美元，下降20.7%，出口总额27.47亿美元，同比增长0.3%；城镇居民人均可支配收入37854元，增长11.3%，农民人均纯收入17701元，增长11.8%；城镇登记失业率控制在2.89%。

【农业】 全年全市实现农林牧渔业总产值62.64亿元，增长3.2%。全年粮食播种面积745100亩，增长0.9%，蔬菜播种面积268500亩，下降5.1%；棉花26505亩，下降14.0%；水果86295亩，增长3.3%；水产品总产量3.88万吨，增长0.6%；全年生猪出栏41.76万头，下降12.8%，家禽出栏555.67万只，下降0.8%，肉类总产量4.08万吨，下降8.6%。

至年末共拥有农业龙头企业82家，其中年销售收入超亿元企业9家，省级骨干龙头企业9家。全年新增农民专业合作社25家，累计达365家，覆盖农业各个产业，其中省级示范性专业合作社12家。农业品牌建设取得新突破，至年末全市共有浙江名牌产品13只，浙江著名商标10只，绍兴名牌产品56只，绍兴著名商标21只。积极推进农产品认证，全市全年新认证无公害农产品18只、绿色食品2只，无公害农产品基地面积15000亩。

【工业和建筑业】 实现规模以上工业总产值1298.81亿元，增长11.03%，从两大平台看，上虞经济开发区和杭州湾上虞工业园区继续引领上虞工业的发展，全年上虞经济开发区实现规模以上产值405.24亿元，增长13.5%，杭州湾上虞工业园区实现规模以上产值550.44亿元，增长21.2%，两区实现规上产值占全市比重达73.6%，比上年提高4.2个百分点。全市规模以上工业全年实现主营业务收入1220.03亿元，利税122.56亿元，利润85.20亿元，分别增长9.1%、4.6%和4.1%，增幅分别比全年最低点回升3.1、13.2和20.3个百分点。至年末全市共有主营业务收入2000万元以上企业522家，其中年主营业务收入10亿元以上企业22家，5亿～10亿元企业18家，1亿～5亿元企业139家。全市主营业务收入亿元以上企业实现产值1129.49亿元，增长13.7%；实现主营业务收入1066.03亿元，增长12.2%；实现利税115.03亿元，增长6.2%；实现利润82.00亿元，增长5.8%；占规模以上工业企业的比重分别达87.0%、87.4%、93.9%和96.2%。

全市全年实现建筑业总产值1151.04亿元，其中在外省实现835.86亿元；实现利税69.44亿元，利润总额35.08亿元，分别增长14.2%、15.7%、10.3%、12.0%。完成房屋建筑施工面积10383.51万平方米、房屋建筑竣工面积3876.44万平方米，分别增长9.8%和13.9%。评级创优大力推进，2012年上虞建筑企业新升一级企业2家、二级企业6家。

【城市建设】 2012年上虞市以“城市提质年”活动为契机，以“精致上虞”为目标，积极推进“三城一区域”建设。高铁新城建设顺利推进，西侧临时公交停车场已基本完工。积极推进七大城市门户靓化改造工程，杭甬高速小越道口、舜帝岭至岭光区域等入城口启动改造，104国道、329国道东关段、人民西路道墟至开发区段等入城口改造规划项目有序推进。龙山开发深化拓展，人民大桥完成换索，在春节前全面投用。新建城区公共停车泊位420个，实施“五大类”市政民生工程71只，完成年度投资3500万元。按照“城乡统筹、普惠共享”为目标，加快多层次住房保障体系建设。推进人才公寓建设，完成一期3万平方米、500套经适房销售，新开工建设公租房30套，新增廉租房受益家庭50户，完成城市吸纳型农民集中居住区建设总工程量的86%，完成农房改造2959户。

【国内贸易与对外经济】 全年实现社会消费品零售总额180.34亿元，增长16.5%，实现总量和增幅分别居绍兴五县市第二和第三位的良好发展态势。年末全市共有商品交易市场56个，实现成交额131.12亿元，大型商品交易市场活力彰显，年末成交额超亿元市场6个，实现成交额76.24亿元，占全市商品交易市场成交额的比重高达75.8%。其中浙江石狮国际商贸城和绍兴大通集团公司农副产品批发交易市场年成交额超10亿元。

全市全年新增进出口备案登记企业158家，累计达1517家，有进出口实绩的企业832家；实现进出口总额32.29亿美元，下降3.6%，其中进口总额4.83亿美元，下降20.7%，出口总额27.47亿美元，增长0.3%；新兴市场开拓成效明显，全市有贸易往来国家(地区)176个，出口超1000万美元的国家(地区)50个，比上年增加2个，出口总量居前五位的国家(地区)依次为美国、印度、日本、韩国、巴西；出口超1000万美元的企业61家，比上年增加1家。从出口产品结构看，机电产品出口8.18亿美元，下降0.8%，占出口总额的29.8%；化工产品出口7.87亿美元，增长8.9%，占出口总额的28.6%；纺织产品出口5.24亿美元，下降12.2%，占出口总额的19.1%。

【交通和旅游】 2012年，上虞市积极推进交通重点工程建设，全年交通基础设施项目投资7.98亿元，其中政府投资项目2.12亿元。嘉绍跨江大桥和杭甬客运专线两大部省级重点工程建设顺利开展，政府投资项目建设工程按计划有序推进，完成赵家大桥等8座桥梁加固维修，上浦东山大桥开工建设。加快实施农村联网公路建设，新建里程11.7千米，至年末累计联网公路建设217.7千米。实现城区公交全面公营化运营改革，7月1日起推行了“上车一元、一票到底”惠民政策，城区共有公交线路18条车辆116辆，日运行班次已达到1390班次。积极推进交通投融资体制改革，发行交投二期债券10亿元。

全市旅游总接待游客570万人次，增长25.5%，旅游总收入45.54亿元，增长27.0%。其中接待国内游客564.1万人次，国内旅游收入44.18亿元，分别增长25.6%和27.2%；接待入境游客5.9万人次，旅游外汇收入2161.86万美元，分别增长22.9%和24.8%。年末共有涉外饭店、宾馆10家，其中五星级2家，四星级1家，三星级4家。全市共有旅行社16家，其中四星级1家，三星级3家。

（叶 舟）

政治文明建设

【概况】 2012年，全市共有中共党员47608名，基层党组织2878个，新发展党员836名，新发展入党积极分子2679名。全年全市共评出“五好”基层党组织92个，优秀党务工作者50名，优秀共产党员148名，有8人被评为绍兴市创先争优优秀共产党员，1人被评为浙江省创先争优优秀共产党员。17个党支部(总支、党委)被评为绍兴市创先争优先进基层党组织，2个党支部(总支、党委)被评为省创先争优先进基层党组织，1个党总支被评为全国创先争优先进基层党组织。

【圆满完成市、镇两级领导班子换届选举】 根据上级统一部署，市第十四次党代会、市“两会”顺利召开，圆满完成市级领导班子换届选举任务。抓好乡镇换届指导及乡镇部门领导班子联动调整后的乡镇二次人代会选举指导工作，17个乡镇新一届人大、政府领导班子顺利选举产生，新提任的领导班子成员顺利当选。严肃换届选举纪律，实施候选人换届纪律承诺，加强宣传教育，发送学习资料、换届纪律提醒卡和短信，派出工作组指导和监督乡镇换届，换届工作风清气正。

【开展“娥江先锋”创先争优活动】 开展“四不出村”工作法、“服务基层、服务企业”行动，开展窗口单位和服务行业基层党组织“对标创标”活动，“四不出村”工作法入选全省百例特色服务型基层党组织建设品牌。开展创先争优“闪光言行”展示评选，编印《“娥江先锋”创先争优群英谱》，全市8名个人、5个集体入选全省创先争优群英谱。开展

“基层组织建设年”活动，实施基层党组织分类定级和晋位升级。健全落实党员“一句话”承诺、党员“闪光言行之星”评选制度，推行基层党组织五星级管理。组织基层党组织和党员开展十八大精神学习贯彻活动。

【完成第二届社区组织换届选举】 采取“党内民主推荐、居民代表推荐、党员大会民主选举”和“社区党组织提名推荐、居民代表联名推荐、居民代表会议间接选举”的社区党组织、居委会“两推一选”制度，完成候选人任职资格审查，推行竞职、服务“两项承诺”制度，选举产生新一届社区领导班子。

（陈燕宇）

精神文明建设

【概况】 2012年，全市开展“孝义、诚信、责任”主题教育活动，举办中国（上虞）信义文化节活动，开展中华十大信义故事（人物）、上虞十大信义故事（人物）、上虞“二十四孝”评选活动。开展“我们的价值观”大讨论活动，提炼出“崇孝守信、务实创新”新时期上虞精神。开展第四届“社区邻里月”和第二届“孝亲敬老月”活动。开展“万朵鲜花送雷锋”活动，设立“道德讲堂”43个，完成20个行政村的文化结对帮扶工作。新创建各级文明单位24个、文明村镇26个、文明社区9个。新增“春泥计划”实施村62个，累计达到217个。新建设乡村学校少年宫13家，累计达到16家。

【开展“孝义、诚信、责任”主题教育活动】 围绕引导成立“三大”民间组织、探索建设“三个”诚信体系、精心组织“三项”专题教育、策划举办“四大”系列活动、大力开展“八项”社会宣传、合力推进“十一个”专项行动等六大方面，共开展市级层面61个项目，乡镇（街道）、部门单位层面500余个自选项目。其中，中国十大信义人物（故事）、上虞十大信义人物（故事）、上虞“二十四孝”评选活动，新时期上虞精神提炼活动等社会影响较大。

【举办中国（上虞）信义文化节】 7月28日，由中国伦理学会、上虞市委市政府联合举办的“中国（上虞）信义文化节”隆重开幕。文化节共安排寻找当代最感人的中华十大信义故事（人物）、中国（上虞）信义文化节开幕式、信义中国——企业家与知名学者（上虞）对话会等三大主体活动，以及“孝义、诚信、责任”专场文艺演出、上虞市十大信义人物表彰晚会、“信义”学术交流活动、成立信义文化研究会、成立信义基金等14个系列活动。其中，赵书兵、杨茂义、刘文福、褚玉国、孙水林（孙东林）兄弟、曾玉萍、曹安之、万其珍、梁建红、董国光获得中华十大信义故事（人物）称号。评选活动共产生阮炳炎、王银森、许兴祥、邵柏清、金素琴、章余庆、厉志友、龙浦小学雏鹰小队爱心长跑23年、舜杰奖学金十八载奖教助学、林家子女以德报怨的故事获得上虞十大信义故事（人物）称号。上虞市被中国伦理学会授予“中国信义城市”荣誉称号。

【建立三大诚信体系】 7月，选择社会管理中的几个节点，积极探索建立文明单位命名复评诚信体系、农村货币信用环境体系和部分行业诚信联盟体系，来强化企事业单位、村镇、商贸服务业的诚信意识和责任意识。8月2日召开工作座谈会，对三大诚信体系作了进一步完善与确定。

【开展上虞“二十四孝”评选活动】 4月，启动上虞“二十四孝”评选活动，经各乡镇（街道）、部门单位、广大市民群众推荐，相关部门联审、活动组委会审核评定等程序，授予王梦灵、冯月来、厉久苗、郑海军、金齐杰、俞惠根、胡林元、赵樑、徐惠强、高彦春、章伟根、章国方、丁玲玲、王吉凤、包桂君、石鸿莹、严美珍、沈晓芬、陈爱香、钟秋芹、徐菊英、袁远、钱杏娟、曹秋芳为上虞“二十四孝”荣誉称号。

【开展“我们的价值观”大讨论活动】 3月，以书面征集、座谈会、辩论、沙龙、演讲、征文等多种形式开展“我们的价值观”大讨论活动，共有40家机关单位、94家国有企业和规模以上民营企业、58所中小学校上报了各自的“我们的价值观”核心词。经过精心梳理、深入论证、报市委常委会研究同意，最终确定“崇孝守信、务实创新”为新时期上虞精神。

【设立“道德讲堂”】 统一在各乡镇(街道)、2012年度申报创建绍兴市级及以上文明单位(村镇、社区)共43个单位中开设“道德讲堂”,明确了“道德讲堂”开设时间、工作流程、管理制度、工作要求,成立了宣讲员队伍,排定了道德讲堂宣讲安排表,按期开展宣讲活动。

【举办第四届“社区邻里月”活动】 8月,以“孝义、诚信、责任”为主题,百官、曹娥两个街道25个社区围绕“信义家园、生态家园、开心家园、幸福家园”四大内容,开展了为期一个月的第四届“社区邻里月”活动。各社区共计开展活动项目361个,市级主要新闻媒体多角度全方位开展活动报道。

【举办第二届“孝亲敬老月”活动】 10月,以“孝亲敬老,做一个有责任的上虞人”为主题,全市各乡镇(街道)和部门单位围绕“敬老行动、爱老行动、助老行动、惠老行动、悦老行动”五大行动,累计开展活动140项,营造了全社会爱老敬老的良好风尚。

(陈 健)

城乡统筹

【启动实施村级集体经济增收五年计划】 制定出台了《关于村级集体经济增收五年计划的实施意见》(市委〔2012〕36号),计划5年内全市规范完善“三资”经营管理项目398个,新增村集体常年经营性收入628.3万元。计划用三年时间,新建(购置)村级物业经营项目42个,其中市统一实施联建项目3个,乡镇(街道)实施统一联建项目29个,村单建10个,增收3739.8万元。今年新立项联建(购)项目12只,单建(购)项目26只,涉及常年经营性收入20万元以下的行政村142个,预算总投资3.6亿元,项目建成后预计每年新增村级集体经济2500余万元,可帮助127个经济薄弱村实现常年经营性收入20万元以上的目标。到年末,全市完工1只,主体工程结顶4只,开工建设8只,累计完成投入3000余万元。另有6只项目完成了工程建设招投标,7只项目完成了前期规划设计和立项审批。

【“清洁家园”不断深化】 强化考核激励作用,对各乡镇(街道)实行分类考核,拓宽考核内容,提高补助标准,增加考核权重。通过明察暗访等方式,定期不定期地督促检查环境卫生工作情况,并对工作开展不力、治理效果不佳的问题予以曝光。累计组织检查430人次,发出通报10期,市电视台“清洁家园”栏目播出50期,曝光突出问题90处,整改率达98.3%。

【农村宅基地置换改革稳步实施】 城市吸纳型农民集中居住区累计投资4.2亿元,完成总投资额84.5%。章镇集镇拓展型项目累计投资9750万元,完成总工程量97.5%,完成置换农户208户。崧厦镇自我改造型二期多层住宅内部施工。

【开展农民建房用地保障工程试点】 在长塘镇广陵村和东关街道高泾村开展试点,其中广陵村拆除旧房6355平方米,腾出建设用地6060平方米,规划新建联立式农房7幢和公寓式农房2幢,建筑占地约1600平方米,总建筑面积5900平方米,可解决31户私人建房需求。高泾村拆除旧房面积5137平方米,占总数的92%,完成整治区块规划设计,预计可解决22户无房户、缺房户建房。

【扶贫开发】 开展了农村住房困难户情况调查。结合“进村入户大走访”活动,组织开展了农村住房困难户情况调查。全市有人均15平方米以下住房困难户1916户,占0.86%,其中低保户196户,占10.2%。

农林渔牧业

综　述

【概况】 2012年，全市农民人均纯收入17701元，比2011年增加11.8%。全年实现农林牧渔业总产值62.64亿元，按可比价计算增长3.2%，其中农业总产值39.79亿元，增长3.0%；林业3.41亿元，增长9.7%；牧业9.35亿元，增长0.4%；渔业9.53亿元，增长4.6%；农林牧渔服务0.55亿元，增长10.2%。全年全市农作物播种面积1258500亩，比上年下降1.5%。其中粮食播种面积达745500亩，增长0.9%；蔬菜播种面积268500亩，下降5.1%；棉花25500亩，下降14.0%；水果85500亩，增长3.3%；水产品总产量3.88万吨，增长0.6%；全年生猪出栏41.76万头，下降12.8%，家禽出栏555.67万羽，下降0.8%，肉类总产量4.08万吨，下降8.6%。

至年末共拥有农业龙头企业82家，其中年销售收入超亿元企业9家，省级骨干龙头企业9家。全市共创浙江名牌产品13个，浙江著名商标10个，绍兴名牌产品56个，绍兴著名商标21个。

【两区建设新成效】 全年全市新建粮食生产功能区24900亩，累计建成省级现代农业综合区2个、主导产业示范区10个和特色农业精品区29个。3个主导产业示范区、3个精品园通过省级验收，建成9个绍兴市级现代农业园区。

【成功创建“浙江红心猕猴桃之乡”】 成功创建“浙江红心猕猴桃之乡”，获得省级农业名牌1只。建成“全国休闲农业与乡村旅游三星级园区”1个。建立诚信保证体系，建成盖北葡萄基地、驿亭杨梅基地2个水果基地AAA级景区。

【完成了三个村(居)集体资产股份合作制改革】 2012年完成百官街道二村、东关街道高田头村、曹娥街道民丰居委三个村(居)的集体资产股份合作制改革，为全区全面推开打好基础。

【加强“三资”工作管理】 2012年村级工程审计核减工程款2670万元，新增集体经济收入20万元以上村27个，获得浙江省农村集体“三资”管理示范县称号。

【推进农产品认证】 全市引导开展农产品“三品一标”及产地统一认证，共实施省级农业标准化项目2个，实施县级标准化项目8个。全年全市新认证无公害农产品18只、绿色食品2只，无公害农产品基地面积15000亩。

【农产品质检站建设项目通过省级验收】 农产品质检站建设项目总投资400万元，于上年底完成项目建设内容并通过市级初验，2012年6月21日省发改委、省农业厅等有关部门组成的验收组对检测中心实施的农产品质检站建设项目进行竣工验收，并顺利通过省级验收并上报农业部。

（陈绫钢）

【开展农产品质量安全检测】 全年对全市无公害农产品生产基地、规模生猪养殖场和果蔬批发市场开展农产品质量安全例行监测。本级共抽取样品1350批次，共抽检果蔬、茶叶样品512批次，其中蔬菜879批次，水果165批次。抽检蔬菜生产基地40个，抽检样品246批次；水果生产基地40个，抽检样品67批次；茶叶生产基地14个，抽检样品18批次；竹笋生产基地1个，样品1批次；市蔬菜批发市场抽取96个品种，120批次样品；市水果批发市场抽取46个品种，60批次样品。对抽检的共512批次样品开展农残定性检测，选取其中218批次样品进行农残定量检测，经检测所有样品全部合格。抽检水产养殖基地2个，南美白对虾样品5批次，经氯霉素检测，所抽样品均合格。对百官、曹娥、东关、道墟、崧厦、下管、永和、丰惠、梁湖等乡镇(街道)116家生猪养殖场现场开展"盐酸克伦特罗、莱克多巴胺、沙丁胺醇"三项兴奋剂金标快速检测，共抽取尿样282头份，经现场检测，合格率100%。开展有机磷、有机氯及拟除虫菊酯类定量检测256批次，氯霉素检测5批次，经检测全部合格。配合完成市食安委抽取样品550批次，配合省、绍兴市抽取样品216批次。（陈绫钢）

【推进"1818"平原绿化行动】 全年全市加快推进"1818"平原绿化行动，完成平原绿化7423.05亩。全市累计成功创建省级森林城镇3个、森林村庄17个、园林式工业区2个、森林公园2个，全年完成造林总面积7623亩。

【新增各类农业机械1045台(套)】 全年全市新增各类农业机械1045台(套)，其中四轮乘坐式插秧机20台，步进式插秧机12台，收获机械83台(其中：半喂入联合收割机8台、全喂入联合收割机54台、油菜收割机4台、秸秆粉碎还田机8台、双人采茶机9台)，粮食烘干机51台，纯农田作业大中型拖拉机100台，纯农田作业手扶拖拉机106台，田间管理机械92台，耕整地机械155台，茶叶机械50台，畜牧水产养殖机械等343台(套)，床土处理设备4套，排灌机械9台，连栋加温系统20套；推广水稻机插面积12930亩，比上年同期增长28.3%；现代农业园区新建各类钢架大棚3100.95亩，喷滴灌设施4315.05亩。实施省级设施农业设备项目14只，拟争取补贴资金282.715万元；新建水稻育秧中心3个，新建粮食烘干中心5个。全年新建设施农业3000亩，实施水稻机插面积12930亩，增长28.3%，粮食生产机械化率达71.1%。（赵懿懿）

【新增农民专业合作社67家】 全年全市新增农民专业合作社67家，累计达365家，覆盖农业各个产业，其中省级示范性专业合作社12家，并落实150万元专项资金鼓励提升发展。全年创建省级示范社4家、国家级示范社1家。推选汤湖雷竹笋专业合作社的"笋及果品生产示范基地基础设施建设"、丰山青梅专业合作社的"青梅生产管理及购销服务设施建设"两只项目申报。新培育省级示范社四家，分别是真山杨梅、汤湖雷竹笋、三丰富硒、新海岸水产，通过省评审并在网上公示。在内部整改、乡镇自查的基础上，对全市申报规范化等级的40家合作社进行检查验收，确定2012年度A级、AA级、AAA级合作社。

【完成各类农业实用技术培训3933人次】 根据省农广校统一安排，组织开办了动物卫生防疫员、种植(果树生产技术)职业技能鉴定培训班，参加人员96人，经省组织的职业技能考核，96人全部获得职业技能资格证书。全市举办各类农业实用技术培训67期，培训3933人，超额完成市农转办下达的全市农业专业技术培训3600人的目标。全年共招收农广校新生108名，大专学历新生22名，超额完成省、绍兴市下达的目标任务。

【落实2个土地治理项目】 全市农业综合开发土地治理项目有2个，即：岭南乡隐潭溪山区小流域农业生态工程项目，总投资1280万元；长塘镇里山畈山区小流域农业生态工程项目，总投资1072万元。年内9月份全部完成招标工作，两个项目共6个标段已全面进场施工。

【争取省以上财政无偿资金1634万元】 全面完成并认真实施2012年度国家农业综合开发项目立项指标。共争取到中低产田改造1249.5亩，争取到产业化财政补助项目3个，产业化财政贴息项目3个，争取到省以上财政无偿资金1634万元。

【新增土地承包经营权流转面积 12228 亩】 在依法采取转包、出租、互换、转让、入股等多种形式下，新增家庭承包土地流转面积 12228 亩，超额完成绍兴市下达的 10000.05 亩的计划目标，全市承包土地流转率达到 52%，占全市家庭承包土地总面积的 53.81%。全年共安排 160 万元财政专项扶持资金促进土地流转，对全市范围内符合规定条件的流出方、流入方、服务方给予奖励扶持，根据政策全年兑现奖励资金 1378023 元，涉及 49 个大户、合作社、企业和流转服务组织。 （张小丽）

岭南乡综合开发土地治理项目施工 （章青青 摄）

粮 油

【概况】 2012 年全市粮食播种面积 745110 亩，比 2011 年增加 0.9%；播种面积单产 5925 公斤；总产 29.41 万吨，同比增长 2.3%。油菜籽面积 94680 亩，同比降低 5.8%；总产 1.36 万吨，同比降低 6.5%。

【粮食种植面积、产量稳定】 全市安排 68 万元资金用于开展高产创建活动，实施“百亩方亩产千公斤”攻关行动，建立各级高产创建点 16 个，面积 8400 亩。

【建立粮食生产功能区 24495 亩】 市财政投入 2000 万元资金用于粮食生产功能区建设，共认定 27 个粮食生产功能区块，涉及 10 个乡镇，面积 24495 亩。崧厦镇海涂七六丘（东）南畈认定为第五批省级粮食生产功能区，面积 1438.5 亩，小越镇七里江（南）畈省级粮食生产功能区认定为第五批省级粮食生产功能区，面积 1300.5 亩。

【开展现代农业发展资金水稻产业提升项目】 开展中央现代农业发展资金水稻产业提升项目 1 批，项目中央补助资金 400 万元，省级补助资金 120 万元，上虞财政配套 121.25 万元。建设内容为在东关街道三丰畈粮食生产功能区内农田基础设施建设子项目 1 个，投资 188.9 万元，中央补助资金 80 万元；育秧烘干中心建设子项目 3 个，投资 375.4 万元，中央补助资金 260 万元，省级补助资金 30 万元；种子生产基地子建设项目 1 个，投资 150.1 万元，中央补助资金 60 万元，省级补助资金 40 万元。

【开展水稻病虫统防统治 76500 亩】 全年实施农药减量控害增效工程 307005 亩次，建立示范区 6 个，总面积 12000 亩，开展水稻病虫统防统治面积 76500 亩。

【新增标准农田提升面积 15000 亩】 2012 年新增标准农田提升面积 15000 亩，总实施面积达到了 60000 亩，年度共投入财政资金 1200 万元。共推广应用水稻专用配方肥 2000 吨、磷钾肥 530 多吨、商品有机肥 2300 多吨，实施秸秆粉碎还田 70005 亩次。推广测土配方施肥技术 700005 亩次，初步建立“测——配——产——供——施”一体化推广体系。 （俞镇浩）

晚稻田间试验现场 （俞镇浩 摄）

蚕　桑

【概况】 全市桑园总面积13965亩；蚕茧总产量为537吨。

【桑园面积较上年减少138亩】 全年全市桑园面积13965亩，较上年减少138亩，同比降低0.98%，其中果桑面积795亩。全年蚕种发放量11270张，较上年减少848张，同比降低7%，生产蚕茧537吨，较上年减少28吨，同比降低5%，蚕茧平均收购价33.10元每公斤，产值1777万元，较上年减少242万元，同比降低12%。桑果产量800多吨，产值800多万元。

【蚕种催青迁至九浸畈租民房】 岭光原蚕种催青室拆迁，转而在九浸畈租民房改建催青室进行蚕种催青。（俞镇浩）

上虞晚秋茧收购处仓库　（俞镇浩　摄）

畜　牧

【概况】 2012年，全市畜牧业总产值8.17亿元，同比下降12.7%，其中生猪业产值5.84亿元，家禽业产值1.62亿元，其他产值0.71亿元。全年生猪饲养量74.34万头，同比减少4.7%，其中年末存栏39.66万头，年内出栏34.68万头。家禽饲养量448.6万羽，同比减少43%，其中年末存栏120.7万羽，年内出栏327.9万羽。牛存栏846头，其中奶牛438头。羊存栏21111头，兔存栏17369只。全年肉类总产量31644吨，其中猪肉产量26010吨，禽肉产量4211吨。禽蛋产量3482.4吨，牛奶产量2051吨。

【开展动物疫病防控工作】 全市春防生猪存栏37.7万头，比去年同期增长17.8%，母猪存栏4.3万头，比去年同期增长19.4%，家禽存栏87.7万羽，比去年同期减少3.3%。本次春防猪口蹄疫、猪瘟、猪蓝耳病、高致病性禽流感及牛羊口蹄疫均达到99%以上，犬类狂犬病强制免疫74203头。全市秋防生猪存栏39.7万头，家禽存栏120.7万羽。经过免疫第一阶段，已防疫猪口蹄疫、猪瘟、猪蓝耳病、高致病性禽流感分别为33.1万头、33.2万头、27.1万头和113.9万羽，达到应免数的99%、100%、81%和100%。

【两区建设顺利开展】 虞北农业综合园区和虞南农业综合园区建设继续有序开展。虞北农业综合园区：海涂七六丘上虞市富强生态农业有限公司生猪标准化规模养殖场建设项目建设完成，建设各类猪舍5050平方米、各类附属用房750平方米，围墙2000米，道路1500平方米，雨、污水系统管道3000米，引进良种母猪300头，项目总投资372万元。谢塘镇上虞市新苗农牧开发有限公司建造各类猪舍13300平方米；配套道路硬化和绿化等附属工程，购置生产设备4台(套\批)，新增基础母猪230头，投资1205万元。虞南农业综合园区：章镇镇上虞市嵊花种猪有限公司改建各类标准化猪舍2416.8平方米，硬化场内道路1000平方米及运动场226平方米，铺设排污管道250米，购置防疫消毒喷雾系数4组，产床36套等饲养设备，培育母猪150头，引进公猪4头，总投资183万元。章镇镇上虞市南山鹌鹑养殖专业合作社新建存笼5000套种鹌鹑养殖场一个，新建年产350万羽苗鹌鹑的孵化厂一家，新建年产40万肉鹌鹑的养殖场一个，新建年屠宰能力为200万羽的屠宰厂一家，新建年加工能力为100万羽的深加工厂一家，新建贮藏50万羽肉鹌鹑的冷库2

座，新建年速冻能力为360万羽肉鹌鹑的速冻库一座，购置冷风干燥机一套，总投资153.52万元。建设存栏20000羽左右的种鹌鹑场，投资约50万元。

【病死动物无害化处理池建设】 全市产业化政策计划安排66万元资金，批准8家规模养殖场建设无害化处理池，共2200立方米。结合秋防，全市开展存栏200头以上的养殖场(户)及病死动物处理能力不够的乡镇加强兴建病死动物无害化池，合计申报建设无害化处理池15500立方米。按照建设在前、验收在前、补助在后的原则，完成验收52家，在建49家，未开工61家。

【完成排泄物治理项目建设】 全市完成吴巧浓猪场等7个单位的小型规模畜禽养殖场排泄物治理项目建设，合计存栏8850头，年出栏11000头，合计建设厌氧池810立方米，建设氧化塘2650立方米，堆粪棚900立方米，年处理污水能力20000吨，总投资152万元，财政补助50万元。

【发放能繁母猪补贴419.5万元】 据统计，全市21个乡镇(街道)能繁母猪养殖户2386家，存栏共41985头(其中沥海33家，存栏5867头)，按照每头能繁母猪补贴100元的标准，合计发放补贴419.5万元。

【发放生猪良种补贴100万元】 全市采用人工授精的场(户)能繁母猪存栏2.8万头，7月完成2011年度的2.5万头(10万瓶)人工授精任务，按照每瓶10元的标准进行补助，合计补助资金100万元。

【国家级及省级生猪养殖示范场通过验收】 于2010年申报审批的上虞市杨丰牧业有限公司生猪标准化规模养殖小区改建项目(省级)、上虞市百官街道杨丰畜牧示范园区、上虞市崧厦镇越泉农牧现代农业园区项目顺利通过验收。上虞市富强生态农业有限公司通过国家级生猪示范场验收；上虞市祥盛农业有限公司通过省级生猪示范场验收。

【瘦肉精监测合格率100%】 3月12日至3月14日，对百官街道、曹娥街道、东关街道和道墟镇合计21个生猪养殖场的尿样进行盐酸克伦特罗、莱克多巴胺和沙丁胺醇三个项目的兴奋剂检测，阴性率为100%。全年瘦肉精监督抽检养殖环节、屠宰环节各200批次，合格200批次，宰前检测6000个，合格6000个，合格率100%。

【加强实验室监测】 区畜技中心共监测主要四种动物疫病血清样品9330份，其中口蹄疫989份；高致病性禽流感1231份；猪瘟717份；鸡新城疫416份。奶牛结核病检测115份，耕牛血吸虫病检测50份。 (厉金炳)

渔 业

【概况】 2012年，全市渔业总产值9.48亿元，比2011年增长3.71%；水产养殖总面积102135亩。水产品总产量38804吨，比2011年增长0.64%；其中海洋捕捞产量1525吨，淡水产量37279吨。淡水产量中，南美白对虾养殖产量仍独占鳌头，为20257吨，基本同去年持平。政府全年投入渔业产业化奖励补贴资金达178.2万元左右。渔民年人均收入13149元，同比增长8.92%。

【引进水产养殖新品种】 年初，天玥湖农业发展有限公司(地址鲍岙水库)，从广州引入斑鳜夏花15000尾试养，翌年移入丰惠镇东风水库网箱养殖。滨海农业发展有限公司，从上海青浦引入暗色东方鲀鱼种10000尾(100克左右/尾)试养；又同时同地引入胭脂鱼夏花10000尾(每尾10元)混养于对虾塘中。

【南美白对虾养殖出现减产并亏损】 是年，海涂60000多亩南美白对虾养殖基地，出现了大范围养殖产量减产及投资亏损现象。主要原因为病害及成虾市场价下降。

【完成《休闲渔业》专题片拍摄】 上虞电视台《金色田野》栏目组完成了上虞市《休闲渔业》专题片的拍摄工作。

【上虞重点渔业水域被卫星定位及测绘】 浙江省淡水水产研究所完成了对上虞重点渔业水域的卫星定位及测绘工作。

【新晋级具有水产高级工程师任职资格者两名】 1月11日，浙江省经济和信息化委员会办公室发文(浙经信人事〔2012〕33号)，确认上虞市水产技术推广中心俞宁宁、王潮林两人具有水产高级工程师任职资格。至此，上虞具备水产高级工程师任职资格人员已有6人。

【完成上虞志书渔业部分的编撰工作】 根据2006年国务院《地方志工作条例》和2010年《上虞市志》修编工作会议精神，2010年《上虞市志》《上虞农业志》修编工作全面展开。其中有关渔业部分内容由水技中心有关人员负责编撰。已完成初稿。

【完成"上虞渔业文化博览长廊"鱼类图片及文字资料】 上虞渔业文化博览长廊，是对上虞渔业历史和现状的方方面面的浓缩及诠释，"长廊"以"图文解说、渔具实物展示"为主要形式，通过对某一特定场所进行布置、展览，达到弘扬上虞渔业文化、教益后人的目的。前期工作耗时8个月，11月份完稿，由水技中心有关人员完成。

【继续开展渔情信息采集工作】 池塘渔情信息测报工作，是根据农业部要求，从2009年开始的，每年上报一直至今。上虞共设5个测报点(其中，4个为南美白对虾养殖测报点，1个为鱼类养殖测报点)，采集总面积2479.5亩。主要内容为水产苗种放养数量、苗种同商品鱼虾出售情况、各项生产成本和疾病灾害等情况。由水技中心采集整理上报。

【渔业园区创建工作】 科强省级渔业主导产业示范区、滨海南美白对虾产业精品园、玉水河省级特色渔业精品园、麻忝湖省级特色渔业精品园这四个单位是该年度上虞市渔业园区创建单位。9月24日，玉水河省级特色渔业精品园通过浙江省海洋与渔业局组织的现场验收；11月9日，科强水产养殖有限公司养殖场和丰惠西溪湖阿乔渔庄经绍兴市农业局考核验收确认为水产养殖示范场(第七批)。

【例行水产养殖技术培训工作】 4月，在海涂新港农场举办对虾养殖技术培训班，参加养殖户达100余人；5月，在沥海镇举办水产品质量安全与园区建设培训班，参加者80余人。 (俞宁宁)

养殖大户的增氧机

林木果蔬

【概况】 2012年，全市共核发林木采伐许可证121份，发证蓄积4255.97立方米，折合材积2553.58立方米。办理林地征占用5件，其中长期征占用5件，面积137.85亩，收取森林植被恢复费33.48万元。全市果园总面积86295亩，其中杨梅园23400亩，葡萄园16215亩。水果总产量为23.71万吨，其中，杨梅1.18万吨，葡萄6.05万吨，果用瓜11.59万吨。蔬菜总面积268500亩，总产量71.4万吨。 (王 汀)

【开展林权证数据录入】 移交上虞市2006年林权档案至浙江农林大学，共移交档案103盒，包括54卷、391件文件资料，相关数据录入浙江省地籍系统。 (王 汀)

【开展古树名木保护】 开展全市古树名木生长情

况调查。至年底，全市共有古树名木359株，其中一级古树21株，二级古树40株，三级古树296株（古树群一处35株），名木2株（位于春晖中学内的红山茶、南天竹）。 （王　汀）

【果园面积增加2775亩】 全年全市果园总面积86295亩，同比增长3.3%，产量（包括果用瓜）23.71万吨，同比减少2.0%。在丰惠镇三溪村建成省级无公害青梅标准化种植示范区4500亩。上虞市"龙浦"牌夏黑葡萄和"翠沁"牌蜜梨在2012年省精品水果展示展销会上获得金奖；葡萄在全国南方及设施葡萄精品大赛中获得金奖2只。 （俞镇浩）

【蔬菜种植面积较上年减少14559亩】 全年全市蔬菜种植面积268500亩，较上年减少14559亩，减5.14%；产量71.4万吨，较上年减少3.5万吨，减4.67%；产值103531万元，较上年增加2399万元，增2.37%。其中，榨菜种植面积34455亩，产量11.2万吨，产值7837.38万元，芥菜种植面积23595亩，产量5.71万吨，产值2855.6万元。制定无公害草莓、包心菜、茭白、番茄、萝卜标准化栽培技术规程及大棚无公害蔬菜技术规程等6只县级农业地方标准，建设保障型蔬菜基地4000.05亩。 （俞镇浩）

【茶叶产值增长11.6%】 全年全市茶园总面积46995亩，比上年减少3000亩。茶叶总产量3560吨，下降13%，产值16190万元，增长11.6%。其中名茶产量550吨，产值13500万元，分别减8.3%、增22.4%。上虞市选送的"觉农舜毫""舜水仙毫"茶双双获"浙江省人民政府、日本静冈县政府主办的茶叶博览会"名茶评比金奖。上虞市东园茶业有限公司承建的省级主导产业茶叶园区项目通过验收。上虞市茶叶责任有限公司的"舜水"获省著名商标。绍兴市天香茶叶公司获绿色食品认证。 （俞镇浩）

【发生森林火情33起】 全市共发生森林火情33起，无一起成灾，过火面积37.05亩，损失林木蓄积36立方米，受害率为0.02‰，比2011年下降67%，各项指标均低于省定和绍兴市定标准，无人员伤亡。 （连云渊）

【恢复林业用地9880平方米】 围绕安全执法和市委办"三制度"管理办法文件，市森林公安局联合市国土局开展了"保护林地资源，维护生态平衡"为主题的林地专项整治活动；开展了"铁拳三号"等专项行动。全年共查办41起林政案件，收缴木材120立方米，恢复林业用地9880平方米。罚款总额27.4万元。侦破刑事案件4起，刑事拘留2人次，取保候审4人次，移送起诉3人次。 （连云渊）

【平原绿化面积7425亩】 全年完成平原绿化7425亩，投入资金1.68亿元，其中完成第六批中央新增重点防护林工程建设项目3622.95亩（农田林网2119.95亩，基干林带1503亩），完成年度计划的100.6%。 （宋文君）

【平原绿化行动扎实推进】 出台《上虞市人民政府办公室关于加快2012年平原绿化的政策意见》（虞政办发〔2012〕65号），安排1100万元资金，通过实施"三网二区一村镇"绿化工程，实现全市平原林木绿化率由现在的17.2%提高到18%。开展平原绿化建设（包括沿海防护林）、森林村镇创建、林果基地设施项目建设、林果基地建设（其中连片30亩以上杨梅、樱桃等林果基地，每亩补助400元；连片20亩以上猕猴桃基地建设，每亩补助800元）。 （宋文君）

【成功创建省级森林村庄2个】 全年全市创建省级森林村庄2个，分别是谢塘镇新戴家村、小越镇新宅村；绍兴市森林城镇2个，分别是汤浦镇、上浦镇；绍兴市森林村庄7个，分别是曹娥街道董村、小越镇朱家滩村、丁宅乡上宅村、长塘镇桃园村、梁湖镇大厍村、崧厦镇新下湖村、东关街道大西庄村；创建上虞市级森林城镇3个，分别是：章镇镇、上浦镇、汤浦镇；上虞市级森林村庄17个，分别是金家岙村、漳汀村、高田头村、沽渚村、王湖村、四峰村、章家埠村、张村村、三溪村、新岙村、东联村、兴海村、外五甲村、缸岙村、太平山村、许岙村、东里村；上虞市级园林式工业区2个，分别是：梁湖镇工业区、小越镇工业区。

（竺华栋）

【新增林果基地面积2745亩】 全年全市新建林果基地面积2745亩，其中杨梅675亩、樱桃720亩、蓝莓210亩、香榧210亩、冬枣60亩、杏90亩、桃形李75亩、桃135亩、猕猴桃570亩。

（竺华栋）

【病虫害监测覆盖率100%】 全年全市完成松材线虫病、松墨天牛、板栗瘿蜂、板栗剪枝象甲等病虫监测面积1569000亩，监测覆盖率100%，测报准确率达99.6%，高于绍兴市下达的测报准确率指标87%。全市主要林业有害生物总发生面积13039.05亩，其中成灾面积1993.95亩，计算出成灾率为2.64‰，控制在绍兴市下达的成灾率指标4.5‰以内。林业有害生物发生种类分别为松材线虫病1993.95亩，松墨天牛2250亩，花卉、板栗、竹子等其他病虫害发生8794.95亩。对发生的主要林业有害生物，均采取各种有效措施防治，防治面积12988.95亩，其中，防治其他7045.05亩，人工防治5644.05亩，化防300亩，无公害防治率100%，高于绍兴市下达的无公害防治率84%的指标。

（竺华栋）

【参展义乌国际森林产品博览会】 全市共有5家企业参加第5届义乌森博会，设展位7个，参展产品涉及竹木家居类、森林食品类、花卉园艺类等，其中浙江龙泰木业有限公司的重竹秋千、沙滩椅参加首届中国创意林业产品大赛，世纪阳光园林绿化工程有限公司的蜡杨梅和浙江龙泰木业有限公司竹木家具等产品获优质奖。

（宋文君）

【省、市级林业园区创建】 全市共成功创建2个省级林业园区，分别是上虞市长塘毛竹示范区和上虞市梁湖苗木精品园；成功创建2个绍兴市级林业园区，分别是上虞市丰惠镇四明毛竹现代林业园区、上虞市岭南乡大寨山花卉苗木现代林业园区。（竺华栋）

【新增省级森林食品基地2个】 新增2012年度森林食品基地2家。上虞市汤湖雷竹笋专业合作社的舜湖牌雷竹笋和上虞市青峰杨梅专业合作社相思名珠牌杨梅被认定为省森林食品基地。全年省地市各级森林食品检测结果全部合格。

（宋文君）

【森林休闲旅游产值1.5亿元】 全市新增省级森林公园1个，为上虞东山湖省级森林公园；新增省级林业观光园2个，分别是上虞晶梅杨梅林业观光园、上虞张家岙林业观光园；新增市级林业观光园3个，分别是上虞市东魁杨梅林业观光园、上虞市石窟庙林业观光园、上虞市关山林业观光园；新增市级森林休闲旅游特色镇2个，分别是岭南乡、上浦镇；新增特色村3个，分别是陈溪乡虹溪村、岭南乡东澄村、驿亭镇杨溪村。至年底，全市累计有省级森林公园2个，市级森林公园2个；省级林业观光园10个，市级林业观光园8个；市级森林休闲旅游特色镇5个、特色村10个。实现森林旅游休闲产值1.5亿元。（竺华栋）

【义务活动共种植苗木40万株】 1月29日，市四套领导班子及市直机关工作人员80余人，在曹娥风景区舜耕公园参加义务植树活动，种植各类绿化苗木250余株。全年全市参加义务植树人数达0.2万人次，义务植树尽责率达91%，共种植各类苗木40万株。（竺华栋）

【完成木本油料产业提升项目(油茶)建设750亩】 至10月底，木本油料产业提升项目(油茶)完成良种推广示范基地1200亩，推广长林油茶系列良种5个，分别是4#、23#、27#、40#、53#，栽植油茶良种苗木12万株；技术培训135人次，发放资料300余份；联系示范户10户。完成主干道建设12千米；设施栽培蓄水池7个、辅助道4千米建设。完成投资331.81万元，其中：中央财政119万元，省财政资金30万元，地方财政30万元，自筹152.81万元。

（竺华栋）

【公益林建成率100%】 全年全市共有公益林面积220500亩，其中国家级公益林3859.95亩、省级公益林217500亩。公益林建成面积220500亩(郁闭度0.5以上),建成率100%。2012年度公益林损失性补助标准为225元/公顷,补偿总额331.06万元。全市累计公益林损失性补助资金1898.12万元。（竺华栋）

【林业种苗生产】 全年全市林业种苗生产面积29533.95亩,苗木数量1076.26万株,圃地产值达6.0亿多元,其中容器苗214万株。全年销售苗木300万株,销售额6000余万元,盆栽植物生产面积100.05亩,销售85.5万盆,销售额500万元。总销售产值6500万元。（竺华栋）

7月,领导视察野藤葡萄基地,村民正在为领导介绍葡萄收获情况（刘 盼 摄）

农业生态

【概况】 2012年,全市提倡生态种养模式,重点推广以沼气为纽带的"猪——沼——作物"生态循环种养模式,加快生态循环技术的应用和推广,下达2个省级农业生态工程项目,计划总投资1072万元。

【提倡生态种养模式】 全市鼓励利用丘陵山地、沿海滩涂等发展设施栽培,推广基质栽培、喷灌滴灌、肥水同灌等节水节肥设施应用。合理布局生态畜牧业,按照种养结合、废物利用、资源循环、协调发展的思路,落实畜禽禁养区、限养区政策,重点推广以沼气为纽带的"猪——沼——作物"生态循环种养模式,提高经济、生态效益。（王刘丹）

【加快生态循环技术的应用和推广】 全市注重对农民熟悉且愿意接受的如种植绿肥、秸秆还田、施用有机肥等的推广应用,推进农业废弃物综合利用,保障农产品无害化供给,实现资源利用节约化、生产过程清洁化、废弃物利用资源化、环境影响无害化。重点实施丰惠省级生态循环农业示范区建设,建成三叶园林、越泉农牧等生态循环农业示范点,巩固发展百成、富强有机肥加工企业,鼓励畜禽养殖等废弃物转化为沼气、有机肥,应用于生产、生活。（王刘丹）

【下达省级农业生态工程项目2个】 省农业综合开发办公室批复农业生态工程项目2个,即:里山畈山区小流域农业生态工程项目治理,小流域面积600亩,计划总投资1072万元,其中,中央财政投资335万元,省财政投资335万元,县级财政配套投入335万元,村群自筹67万元(投劳折资),项目由上虞区长塘镇人民政府负责实施,实施地点为长塘镇里山畈,项目对工程、设计、监理公开招标,共分为3个标段和1个科技实施方案实施;隐潭溪山区小流域农业生态工程项目治理,小流域面积645亩,计划总投资1280万元,其中,中央财政投资400万元,省财政投资400万元,县级财政配套投入400万元,村群自筹80万元(投劳折资),项目由上虞区岭南乡人民政府负责实施,实施地点为岭南乡隐潭溪,项目对工程、设计、监理公开招标,共分为5个标段和1个科技实施方案实施。（黄志刚）

岭南乡隐潭溪生态治理新面貌（黄志刚 摄）

农业产业化

【概况】 2012年,全市农业企业技改投资2.27亿元,农副产品出口总额增长12%。全市有2个主导产业示范区、1个精品园通过省级验收,9个现代农业园区通过绍兴市级验收认定,全年新增农民专业合作社67家,创建国家级示范性专业合作社1家、省级示范社4家。有1个农产品获省农博会金奖、6个农产品获省农博会优质产品奖。

【农业企业技改投入增幅30%】 全市农业企业技改投入全年共计2.27亿元,与去年同比增长30%。其中,绍兴女儿红酿酒有限公司投入8170万元,浙江舜地食品有限公司投入8000万元,浙江海兴食品有限公司投入940万元,上虞舜耕庄园果汁果酒有限公司投入850万元,浙江小精农机制造有限公司投入650万元,上虞市多哈茶叶有限公司投入550万元,上虞市绿健食品有限公司投入520万元。

【7个农产品分获省农博会金奖、优质奖】 在省农业博览会上,浙江顾大嫂食品有限公司选送的"顾大嫂"牌小馄饨获得金奖,另6只参展产品获得优质奖。在中国国际森林博览会上,浙江龙泰木业有限公司参展的竹木家居获得金奖。

【农副产品出口创汇总额增长12%】 全年全市17家出口创汇企业创汇额达到7210万美元,其中自营出口4083万美元,分别与上年同比增12%、36.1%。

【建成3个省级、9个市级现代农业园区】 驿亭杨梅、长塘毛竹2个主导产业示范区和玉水河青虾精品园通过省级验收。祥龙蔬菜、虞园一品水果、杨丰牧业等9个现代农业园区通过绍兴市级验收认定。

【创建国家级、省级示范社5家】 开展农民专业合作社规范化建设和基础配套建设,全年新增农民专业合作社67家,创建国家级示范性专业合作社1家、省级示范社4家。 (胡建伟)

【落实2个省级产业化经营财政补助项目】 全市实施产业化经营财政补助项目2个,即十姐妹果蔬专业合作社承建的15万公斤精品水果(猕猴桃、樱桃)种植项目,总投资合计90万元,其中,中央财政无偿资金20万元,省财政无偿资金16万元,市财政配套4万元,合作社自筹资金50万元;小草湾果业专业合作社承建的年产30万株猕猴桃良种繁育基地建设项目,总投资140万元,其中,中央财政补助资金35万元,省财政补助资金28万元,市财政配套资金7万元,合作社自筹资金70万元,产品方案及规模为新建猕猴桃良种繁育基地60亩,包括品种收集园、采穗铺、优质猕猴桃繁育铺、试验测试林、新品种展示示范基地,引进猕猴桃新品种。 (黄志刚)

海涂蔬菜基地 (胡建伟 摄)

农业科技

【概况】 2012年,全市开展农业地理信息系统建设,共建成10个省级新农村示范网站。开展上虞广播电视台电视专栏宣传24期、农技广播讲座36期,上虞日报"农业在线"专栏12期。组织下乡培训班33期,培训人员1030人次。全市农机总动力拥有量为56.1092万千瓦。至年底,全市农户共购置各类农业机械1045台(套),合计享受财政补贴888.5万元,受惠农户465户。

【开展农业科技示范县建设】 全市积极构建"专

家+团队+农技人员+科技示范户”的科技成果示范推广和快速转化机制，开展渔业科技入户、高产示范创建、核心示范区建设、新品种引进和新技术试验。开展省级生态循环农业示范县创建，加快生态循环技术的应用和推广，实现种养殖模式的创新。

【开展农业标准化建设】 全市积极引导开展农产品“三品一标”及产地统一认证，共实施省级农业标准化项目2个，实施县级标准化项目8个，18只农产品获得国家级无公害农产品证书，2只产品获得绿色食品证书，无公害粮食产地认证1500亩。

【开展农业地理信息系统建设】 全市已建粮食生产功能区、现代农业园区和标准农田完成上图入库，实现信息化管理，建成10个省级新农村示范网站。

【打造15个精品示范基地】 全市积极引进和应用功能型、节能型的农业装备设施，建设钢架大棚及喷滴灌。加快老基地的改造提升，完善配套设施，积极发展休闲观光农业，打造15个精品示范基地。在虞北重点建设海涂水产、盖北葡萄精品示范基地；在虞东重点建设驿亭杨梅；在虞南重点建设章镇猕猴桃、茶叶，下管、岭南樱桃，丁宅草莓、桑果精品示范基地；在城郊重点建设梁湖蔬菜、花卉、茶叶精品示范基地以及上浦等工商业主投资的综合休闲农业精品基地。

【培养各类农业实用技术培训人数达到3240人】 全市积极推行以订单为纽带的“农业龙头企业+农业专业合作社+农户”的产业化经营模式，鼓励毕业大学生、科技人才直接从事农业生产经营，加强对从事农业生产的农民、种养大户、合作社负责人的培训。全年共开展上虞广播电视台电视专栏宣传24期、农技广播讲座36期，上虞日报“农业在线”专栏12期。用于农民培训资金共计25万元，其中市财政专项培训补助资金12万元，农林渔牧局自筹资金近13万元，各乡镇（街道）投入数万元。就近在乡镇、村开办培训班，建立师资库，现有兼职专业技术讲课教师40名，其中高级职称占一半以上。全年共组织下乡培训班33期，培训人员1030人次。

【完善10个乡镇农业公共服务设施】 全市继续推进“三位一体”农业公共服务体系建设，全年完善10个乡镇的农业公共服务设施，提高农业服务能力，基本形成“一个现代农业综合区、一位农业首席专家，一个主导产业示范区、一个农技指导员，一个特色农业精品园、一位责任农技员”的农技服务格局。同时强化农业科技成果的引进和转化，积极构建“专家+团队+农技人员+科技示范户”的科技成果示范推广和快速转化机制。

（王刘丹）

【推广水稻生产机械化育插秧技术】 6月11日，出台水稻机插作业补贴实施意见，6月26日召开水稻机插补贴座谈会。全市完成水稻机插面积12930亩，比去年增长28.3%。其中早稻机插面积4950亩，单季稻机插面积2470.05亩，连作晚稻机插面积5509.95亩。为避免早稻育秧期间因天气原因造成的大面积烂秧、秧苗短缺延误季节的情况，落实5家粮食（农机）专业合作社（公司）实施1999.95亩早稻机插储备秧项目，市财政支出19.156万元予以补助。

【新建水稻育秧中心】 确定上虞市三丰富硒粮油专业合作社为2012年水稻机械化育插秧中心建设的实施单位，并新建（扩建）3个具有单季1999.95亩(次)供秧能力的机械化育插秧中心。

【发放农机购置补贴资金】 全年全市共实施补贴资金总额888.5万元，其中中央补贴资金716万元，省级资金69万元，上虞配套资金103.5万元。2012年多次组织开展对2010年以来购置的补贴机具的检查，减少补贴机具倒卖现象的发生。

【开展农机检修与培训】 全年全市组织农机维修店、经销商和生产厂家下乡镇村1200余次，对春耕、“三夏”、秋收冬种生产的农机具检修1400余台(套)。全年通过各种形势培训各类农机技术人员3352人次，其中举办农机操作人员培训班22期，培训农机驾驶员及机手1310人次。

【组织实施省设施农业设备补贴项目】 对省级现代农业园区(特色农业精品园)、市级粮食功能区内的项目建设单位申报的设施农业设备项目进行资料审查和实地勘察并督促落实，全市14家农民合作社或农户合计争取中央补贴资金282.715万元，新增钢架大棚9.6374万平方米，玻璃温室4437平方米。

农机人员丈量设施农业钢架大棚尺寸

（丁　整　摄）

【粮食生产综合机械化率71.1%】 粮食生产机械化率比上年提高2.5%。全市粮食生产机耕率94.497%，其中水稻机耕面积459000亩，大小麦机耕面积88500亩；全市粮食生产机收率90.1%，其中水稻机收面积435000亩，大小麦机收面积85500亩；全市粮食生产机插率20.07%，其中水稻机插面积129300亩。 （赵懿懿）

农业行政执法

【概况】 2012年，市农林渔牧业行政执法大队农牧业执法中队负责全市种植业、畜牧业、农机行政执法和农产品质量安全监督工作。全年共立案查处农业违法案件15起，监督抽检农业投入品54批次、农产品281批次、猪尿样品240批次，换(核)发各种农机证件牌照510本。市农林渔牧业行政执法大队被授予“浙江省农业综合执法示范窗口”称号(全省共10个)。

【组织开展“绿剑”系列集中执法行动】 农牧业执法中队组织开展了“绿剑”春季、秋季集中执法行动、“种子执法年”活动、农产品质量安全百日大检查、农产品质量安全大整治百日行动等系列执法行动，共出动执法人员652人次，检查各类农资生产经营企业、种植养殖基地453家次，立案查处农业违法案件15起，其中农药案件7起、种子案件3起、兽药案件4起、饲料案件1起，共查获涉案农资3500千克，涉案金额4万余元，罚没金额41745元，没收问题农资2800余千克。查办的“生产擅自修改标签内容农药案”被评为“2012年浙江省农业执法十大典型案例”；由黄志扬、阮彰景承办的案卷(无兽药经营许可证经营兽药案)被省农业厅评为“2012年全省农业行政处罚优秀案卷”。

【监督抽检农业投入品54批次】 全年全市完成省农业厅下达的抽检任务共54批次，其中抽取农药12批次、肥料10批次、种子10批次、兽药5批次和饲料17批次，经省农业厅相关检测机构检测，种子不合格2批次、饲料不合格1批次，合格率为94.4%。

【农畜产品质量检测合格率100%】 全年全市共抽检水果、蔬菜、稻米样品281批次；共抽取猪尿样品240批次，经现场检测均为阴性，同时对抽取的尿样进行了封样并送相关检测机构检测，检测合格率100%。

【换(核)发各种农机证件牌照】 全年农牧业执法中队共考试考核拖拉机驾驶员233人，核发拖拉机驾驶证233本，考试考核稻麦联合收割机驾驶员55人，核发稻麦联合收割机驾驶证55本，换发拖拉机驾驶证203本，换发稻麦联合收割机操作证4本，补发驾驶证15本；新拖拉机上牌发证218台，换发拖拉机号牌1副，转籍和过户拖拉机102台(转入3台、转出31台)，拖拉机变更87台，补检拖拉机31台，补发拖拉机行驶证15本，补办拖拉机号牌13副，核发拖拉机临时号牌56副，稻麦联合收割机上牌63台，核发稻麦联合收割机跨区作业证119本，农田拖拉机上牌205台。9至11月，组织全部农机监理人员开展送检下乡活动，共年检拖拉机1535台，年检稻麦联合收割机65台。

【开展农机安全上路巡查排查】 全年农牧业执法中队上路检查49天，出动执法人员153人次，检查拖拉机462台次，纠正违章违法行为98起，其中查获脱检拖拉机12台，违章载客拖拉机29台。全年共发生农机道路交通事故7起，死亡5人、受伤9人，直接经济损失3.7万元，未突破拖拉机道路交通死亡不超过5人的标准，未发生农田作业农机事故，也未发生重特大农机事故。

【高耗能农业机械报废更新】 全年全市排查摸底报废高耗能农业机械共1810台，其中14.7千瓦以下1627台（计划报废350台，实际报废188台），14.7千瓦以上183台（计划报废52台，实际报废40台），按照补贴金额的标准（14.7千瓦以下补贴1500元，14.7千瓦以上补贴3500元），计划补贴总金额为70.7万元，实际补贴总金额为42.2万元。6月份至9月份对全市21个乡镇（街道）（包括滨海新城）228台农机进行了集中报废解体，并办理了相关补偿文书和归档工作。

【“加拿大一枝黄花”防控面积达3679.5亩次】 全市根据属地管理原则，按“春季喷药、秋季铲除”方案，通过部门配合、乡镇联动、政府督查，科学开展“加拿大一枝黄花”防控。全市春、秋两季共防控“加拿大一枝黄花”3679.5亩次，其中春季防控2062.5亩次（其中药剂防除1579.5亩次，占春季发生面积1773亩的89%），秋季防控1617亩次，到11月底得到基本铲除，全面完成防控任务。

【做好种子管理工作】 全市完成早稻种子繁种面积1162.65亩，实际产量50.8万公斤，晚稻种子繁种面积1642.95亩，预测繁种产量80.15万公斤。共储备救灾储备种子26.5万公斤。订单早稻良种面积1162.95亩，核定最高奖励资金28万元；订单晚稻良种面积1822.05亩，核定最高奖励资金43.7万元，奖励资金通过邮政“一卡通”全部发放到农户。

【开展行政许可现场踏勘】 全年踏勘农药经营店195家，其中通过审核的162家，未通过审核的33家。踏勘兽药经营店25家，已通过兽药经营许可证（GSP）验收的共18家单位。实地踏勘养殖场8家，符合动物防疫卫生条件5家，其中2家符合种畜禽生产经营许可（孵坊）条件。共审核设施农业临时用地89起，其中种植业项目临时用地35起，林业项目临时用地38起，水产项目临时用地8起，畜牧养殖项目临时用地8起。办理“主要农作物种子生产许可证”3份，审核上报“主要农作物种子经营许可证”1份。签发“产地检疫合格证”27份、产地检疫面积4072.7亩，合格种子1648250公斤，产地检疫合格率100%；签发“植物检疫证书”14份；签发“调运植物检疫要求书”33份。

（胡慧平）

制 造 业

综 述

【概况】 2012年，上虞市加快转型升级，积极推进“工业强市”试点创建工作，全市全年实现工业总产值1759.22亿元，增长10.8%，其中规模以上工业产值1298.81亿元，增长11.0%；从轻重工业看，规模以上轻工业实现产值599.02亿元，增长14.6%，规模以上重工业实现产值699.79亿元，增长8.2%；从两大平台看，上虞经济开发区和杭州湾上虞工业园区继续引领上虞工业的发展，全年上虞经济开发区实现规模以上产值405.24亿元，增长13.5%，杭州湾上虞工业园区实现规模以上产值550.44亿元，增长21.2%，两区实现规上产值占全市比重达73.6%，比上年提高4.2个百分点。

【创新因子激发活力】 2012年，全市规模以上企业实现新产品产值372.03亿元，增长20.7%，新产品产值率达28.6%，比上年提高2.5个百分点；实现高新技术产业产值513.53亿元，增长13.2%，占规模以上工业产值的39.5%，比上年提高3.3个百分点。2012年，全市深入实施“1331”新兴产业培育计划，全年实现新兴产业产值409.64亿元，增长12.2%，产值总额和增幅均居绍兴五县市第三位，占规模以上工业产值的比重达31.5%，比上年提高3.5百分点，比绍兴平均高5.9个百分点，居五县市第二。分行业看，新材料行业、生物医药产业、先进装备制造业增势强劲，分别增长28.6%、19.1%和13.0%。

【工业效益总体向好】 2012年，全市工业经受住国际市场疲软和国家宏观调控的重重考验，破解发展中的矛盾和问题，工业经济效益实现逆转。全市规模以上工业全年实现主营业务收入1220.03亿元，利税122.56亿元，利润85.20亿元，分别增长9.1%、4.6%和4.1%，增幅分别比全年最低点回升3.1、13.2和20.3个百分点。列入国家考核的七项主要经济指标综合得分220.67分，比上年提高7.5分。

【大型企业支撑明显】 至年末，全市共有主营业务收入2000万元以上企业522家，其中年主营业务收入10亿元以上企业22家，5亿～10亿元企业18家，1亿～5亿元企业139家。全市主营业务收入亿元以上企业实现产值1129.49亿元，增长13.7%；实现主营业务收入1066.03亿元，增长12.2%；实现利税115.03亿元，增长6.2%；实现利润82.00亿元，增长5.8%；占规模以上工业企业的比重分别达87.0%、87.4%、93.9%和96.2%。全市94家大中型企业完成产值825.81亿元，实现主营业务收入77.81亿元，利税89.29亿元，利润62.15亿元，分别增长18.0%、15.7%、7.7%和7.6%，均高出全市规上工业企业平均水平，占规上工业企业比重分别为63.6%、63.8%、72.9%和72.9%，比上年提高4.0、4.1、1.8和1.6个百分点。

【节能降耗成效明显】 2012年，加快落后产能淘汰转型，节能降耗成效显著。全市522家规上企业综合能源消费量为94.57万吨标准煤，增长3.7%；低于规上工业总产值增速7.3个百分点；万元产值能耗0.0728吨标准煤，下降6.6%。其中123家重点能耗企业综合能源消费量85.69万吨标煤，增长3.5%，增幅小于规模以上工业综合能耗消耗量0.2个百分点，实现产值927.23亿元，增长14.0%，增幅高于规模以上工业产值3.0个百分点，万元产值能耗0.0924吨标准煤，下降9.2%，为全市节能降耗起到了示范引领作用。全社会用电量38.16亿千瓦时，增长5.9%，其中工业用电量29.71亿千瓦时，增长5.7%，增幅均比上年降低5.2个百分点。（葛淑芬）

机械装备业

【概况】 2012年，全市机械业装备业共有规模以上企业107家，规模以上工业总产值269.29亿元，占全市规模以上企业总产值的26.16%。实现主营业务收入256.60亿元；利税总额35.86亿元；利润25.79亿元。为全面落实省实体经济，工业强省等相关精神，上虞编制工业强市建设五年规划，再增加每年1亿元的工业强市建设引导资金。

【8家企业入选“省标准创新型企业”】 2012年“浙江省标准创新型企业”名单公布，全市共有8家企业名列其中，入选企业家数居绍兴市各县市区榜首。其中有5家机械装备业企业入选，分别是浙江上风实业股份有限公司、卧龙电气集团股份有限公司、上虞通风机有限公司、浙江东轻高新焊丝有限公司、上虞华盛电机有限公司。

【内配公司成功开发出“双金属复合气门挺柱”新工业产品】 2012年，春晖集团内配公司成功开发出“双金属复合气门挺柱”新工艺产品。新工艺产品打破了国内用整体材料设计的理念，由筒体用45B2材料和G20硬质合金通过真空钎焊组合而成，于11月底通过2000小时满负荷试车考核，各项技术指标都好于主机厂设计的全钢制挺柱和冷激合金挺柱，填补了国内专业生产此类产品的空白，市场前景广阔，12月份主机厂已下订单要货。

【卧龙蝉联中国制造业500强企业】 9月1日，“2012中国企业500强发布会暨中国大企业高峰会”在长春召开。会上，中国企业联合会、中国企业家协会联合发布了中国制造业500强名单，卧龙控股集团继续蝉联，并刷新排名，从去年391位上升至340位，较上年提升51位，营业收入从917282万元增至1302640万元。

【春晖压缩机公司自主创新结硕果】 2012年春晖压缩机公司加大了自主创新力度，先后成功开发出吉利SUV、帝豪1.3T、KC-1，郑州日产NV200等车型压缩机，其中与吉利收款SUV车配套生产的压缩机替代了韩国汉拿产品。2011年，该公司一款零部件检测装置获国家发明专利、四款加工夹具、检测装置、零部件经认定获国家实用新型专利；CH3a217新产品被省科技厅列入2012年第一批省级新产品获省科技成果奖；公司通过了国家高技术企业的认定，同时被评为“2012年上虞市级科技开发中心”。该公司还与伊朗Padiotor公司正式签订销售定为6万台以上的压缩机订单，并逐年递增。

【节能风机入围国家节能机电产品名录】 浙江明新风机有限公司推出“烟叶烘烤风机”“冷却用轴流风机”“变压器风机”三个系列的节能产品，成功入围2012年国家节能机电产品名录。

【卧龙北京变压器获“专利项目典型企业”称号】 2012年，经北京市科学技术协会组织评审通过，卧龙电气集团北京华泰变压器有限公司科学技术协会获得“专利项目典型企业”荣誉称号。

北京变压器科协围绕企业生产经营活动，在企业技术系统推广使用“欧美专利数据检索系统”，全力保障科技信息服务项目顺利推进。使用该系统后，公司准确掌握了欧美国家变压器、电力电子、高压开关行业技术发展的趋势、市场竞争格局等相关信息，有利于加快企业科技创新发展步伐，增强企业核心竞争力，顺利实现转型升级、结构调整。

【晶盛机电成为上虞第14家上市公司】 2012年2月14日，证监会公布创业板发审委第11次会议审核结果，浙江晶盛机电股份有限公司首发申请获通过。成为上虞国内上市第11家企业。上虞股板第14家上市公司。

【世纪华通投资5亿建设项目】 2012年，浙江世纪华通集团股份有限公司投资5亿元，建设年产12860万件汽车轻量化、节能用塑料件系列产品项目。项目完成后，可实现销售超10亿元、利税2亿元。同年，该公司在长春、沈阳、烟台、武汉、成都、南京、上海等地建立子公司，直接配套主机厂的生产。 （葛淑芬）

医药化工业

【概况】 2012年，全市医药化工业企业95家，实现工业生产总值377.98亿元，占全市规模以上企业工业总产值的29.10%。实现主营业务收入345.44亿元，同比增长11.6%；实现利税总额40.87亿元，同比增长12.6%；利润29.85亿元、同比增长13.7%。

【龙盛、闰土跻身中国制造业500强】 2012年中国企业500强发布暨中国大企业高峰会经典盛会在吉林长春落下帷幕。会上，中国企业联合会、中国企业家协会联合发布了中国制造业500强名单。浙江龙盛控股有限公司蝉联该榜，并以165.4亿元的营业收入位居排行榜第285位；闰土控股集团有限公司跻身2012年中国制造企业500强，位列475名。

【龙盛荣登省百强企业榜单】 由省工业经济联合会、省企业联合会和省企业家协会主办的2012浙江省企业领袖峰会与9月13日下午隆重召开，在峰会颁奖典礼上，浙江省企业联合会、浙江省企业家协会公布了2012年浙江省百强企业名单，浙江龙盛控股有限公司以年营业收入165.4亿元列全省综合百强企业48位。

省工业经济联合会、省企业联合会以上一年度企业营业收入为主要依据，排定全省综合百强。此次排名龙盛继续以优势业绩领跑上虞市入围企业。

【新和成投资14亿开发新材料】 2012年8月，新和成在杭州湾上虞工业园区启动建设总投资14亿元的年产2万吨聚笨硫醚(PPS)及3万吨复合聚硫醚(PPS)新材料项目。预计2013年9月试生产，产品达到国外同类水平。

【浙江龙盛获两项国家新产品计划】 《JI-pce-II混凝土超高效减水剂》入选2012年度国家火炬计划，该项目由上虞市吉龙化学建材有限公司负责，运用高分子设计与合成技术，采用马来酸酐或衣康酸代替甲基丙烯酸（或丙烯酸）合成酯化大分子，提高了产品酯化率，降低了原料成本；聚合工艺采用水溶液低浓产品沉降、分层，实现高浓度（50%～55%）聚羧酸减水剂生产。

《环保节能速染型分散黄棕EE》入选2012年度国家重点新产品计划，该项目由浙江龙盛染料化工有限公司负责，采用高温连续偶合工艺制备单色染料组分，利用复配增效技术，筛选合适的染料单体及助剂，经过多方案实验，得到优化的最优配方组分，与其他色系组分的配伍性较好，具有环保、节能、高效的性能特点。

【安诺公司荣获省“创新型企业”】 2012年安诺公司获得由省质量技术监督局授予的浙江省标准化创新型企业称号。

安诺公司一直注重企业标准化工作的开展，2011年10月，通过浙江省AAA标准化良好行为规范确认。公司从建厂以来一直积极参与国家标准、行业标准的制定修订工作：2006年参与制定简苯二胺行业标准，为提高国内间苯二胺的质量做出了贡献；2009年主导制定3，4—二氯苯胺国家标准；2011年主导制定对苯二胺国家标准；2012年计划主导修订间苯二胺行业标准。

【6家公司列入国家重点扶持高新技术企业】 2012年度国家和省级各类科技创新名单公布结果显示，上虞盛晖化工有限公司、上虞京新药业有限公司、浙江秦燕化工有限公司、上虞帝瑞云涛化工有限公司、浙江嘉成化工有限公司、浙江鸿盛化工有限公司等6家企业被评为2012年度国家重点扶持高新技术企业。 （葛淑芬）

轻工纺织业

【概况】 2012年,全市有规模以上轻工纺织业143家,工业总产值203.95亿元,同比增长11.6%;主营业务收入188.87亿元,同比增长7.3%;利税总额15.05亿元;利润8.78亿元。其中规模以上纺织业工业总产值120.96亿元,占59.31%。主营业务收入115.86亿元,占61.34%。

【女儿红研究中心列入省计划行列】 根据浙江省科技厅浙科发条〔2012〕178号文件精神,“女儿红生活酿造省级新技术企业研究开发中心”被列入2012年省级高新技术企业研究开发中心建设计划行列。“黄酒发酵自动化智能控制系统”获中国轻工业联合会科学技术进步奖三等奖。

【浙江华孚被国家授予新型色纺纱产品开发等三个基地】 华孚色纺股份有限公司是一家面向全球专注经营中高新型纱线的制造商和供应商,是全球最大的色纺纱线企业之一,“华孚牌”色纺纱已成为色纺行业国际品牌,连续多年入选“中国棉纺织行业竞争力100强”,被授予国家“新型色纺纱产品开发基地”“中国纱线色彩研发基地”“中国色纺纱精品基地”“省级高新技术企业”等称号。

【20家伞业七下羊城抱团参展】 2012年5月1日,第111届广交会第三期在广州琶洲国际会展中心拉开帷幕,上虞伞业商会组织20家伞业企业第7次抱团参展,至3日下午,达成意向成交额1246.8万美元。其中拉美、非洲、中东等新兴市场采购商大幅增加,洽谈成交活跃,前三天,伞品意向成交额达578.3万美元,较上年同期上升36.7%。

【汤浦童装城举行第三届童装节】 2012年,2月27日,在新落成的汤浦童装城举行上虞市第三届童装节暨首届童装博览会开幕式,浙江省服务协会常务副会长兼秘书长韩礼成、上虞市委常委吕军、服务业发展局局长金伟兔、汤浦镇党委书记王培坚、镇长周先章、各村党组织书记、村委主任、全体镇机关干部及服装企业代表共200余人参加。开幕式后举行了产品展览及企业与客商签约活动,现场签约额达500余万元。 (葛淑芬)

照明电器业

【概况】 2012年,全市有规模以上照明电器业企业28家,工业总产值65.41亿元,比2011年增长4.7%;产品主营业务收入60.56亿元,同比增长5.4%;利税总额7.67亿元,同比下降13.7%;利润总额5.40亿元,同比下降17.0%。7月,浙江盛开光电有限公司与世界500强美国霍尼韦尔合作,具有年产80万套LED应用照明灯具的生产能力。

【照明企业抱团赴港澳推介新产品】 2012年10月27日至29日,上虞31家照明企业抱团赴港澳开展推介暨新产品说明会,向近2300家来自37个国家及地区的客商展示各类灯饰产品及照明科技。推介活动期间共接待客商5600人次,签下协议订单5000多万美元,其中“晨辉”当场签下100万美元的LED产品和500万美元的节能灯产品订单。

【年产80万套LED应用照明灯具投产】 2011年7月,春晖集团投资创办了浙江盛开光电有限公司,与世界500强美国霍尼韦尔合作,引进其成熟的管理经验和先进技术,充分利用霍尼韦尔郎能的现有资源,研发更为节能、环保的照明产品。

浙江盛开光电有限公司于2012年9月正式投资,短短3个月时间公司已实现销售收入3000万元,已具有年产80万套LED应用照明灯具的生产能力。

【阳光照明承担马尔代夫援赠项目】 2012年11月,浙江阳光照明电器集团股份有限公司承担了马尔代夫LED灯援赠项目,在货物运抵受援国后,国家发改委领导以及公司高层亲赴受援国,举行了产品交接仪式及安装技术培训,协助受援国将赠送的LED灯安装在当地学校、医院等公共基础设施内。为更好地帮助受援国使用援赠产品,公司派出了技术骨干赴当地进行技术指导，马方对赠予产品和公司服务予以了高度评价。

（葛淑芬）

光伏及绿色能源业

【概况】 2012年，全市有光伏及绿色能源业企业5家，实现工业总产值2.45亿元，比2011年下降57.5%。实现销售业收入1.67亿元，比2011年下降64.4%。2012年7月，卧龙电气集团杭州研究院有限公司和西班牙W2PS签署合作备忘录，9月春晖环保能源公司又一个新能源项目诞生。

【春晖生物质发电项目投产运行】 2012年9月，浙江春晖环保能源有限公司投资1.25亿元的生物质发电项目投产运行。这是继垃圾焚烧发电、污泥焚烧发电项目后又一个新能源项目。

这是一项利用生物质直接燃烧来进行发电的可再生能源发电技术。项目自2010年12月开始启动，新增130吨循环流化床锅炉一台和12兆瓦背压式发电机一台，新增土地70亩，历时一年多的建设，于9月底顺利投入试运行，10月底正式投产发电，成为绍兴市唯一的生物质发电项目实施单位，也是浙江省通过审批的第二家企业。

项目利用所在地即杭州湾上虞工业园区周围50千米范围内（不包括余姚、慈溪）的竹木加工废弃物、农业秸秆和果树枝等生物质作为燃料，通过生物质直燃锅炉产生蒸汽，蒸汽进入汽轮发电机组发电、供热。项目不消耗煤，属于清洁可再生能源。全市2/3的农作物废弃物可通过该项目消化（1/3因焚烧等流失），年可增加农户收入4000万至5000万元，生物质燃烧后的草木灰是一种优质有机肥料，返回农田又可节约肥料成本。按年燃烧生物质16.18万吨计，日耗量539(t/d)，折合标煤量约7.27万t/a。与热电联产相比，全年可节约标煤406682吨，减少SO_2的排放26吨，可实现发电量7200万吨、供热量66万吨。同时节能和环境效益显著，有利于促进公司及上虞市节能减排工作。

【卧龙电气与西班牙W2PS签署合作备忘录】 7月12日，卧龙电气集团股份有限公司下属控股子公司卧龙电气集团杭州研究院有限公司和西班牙Wind to Power Systrm S.L.公司（建成“W2PS”）签署了合作备忘录。

W2PS公司是一家主要致力于研发、制造及配送将可再生能源并网的电力电子解决方案、电能质量与低电压穿越(LVRT)测试设备的西班牙公司，已成功开发出Solar2PS大功率光伏逆变器及相关解决方案，并在不同地域完成了一系列的产品认证。

卧龙研究院在光伏逆变器的研发、制造和销售上具备一定基础，取得了国际市场相关认证。为进一步引进先进技术，做大做强光伏逆变器产业，卧龙研究院与W2PS公司双方有意在中国杭州设立合资公司，进行太阳能光伏逆变器产品及相关解决方案的研发、生产、制造、销售及维修等。

在本合作备忘录的有效期间内，双方将尽快商定合资协议的具体内容和条款，并在获得必要的批准条件下正式签署。

卧龙研究院在先前首次携光伏逆变器等新产品亮相德国慕尼黑举行的INTERSOLAR 2012太阳能技术贸易博览会时，便接到首批光伏产品订单300台，成功进军国际光伏市场。

【浙江绿野首批电动汽车远销山东】 2012年7月21日，上虞市杭州湾上虞工业园区的浙江绿野汽车股份有限公司生产的首批电动汽车远销山东。“绿野汽车”属于低速电动汽车，价格在4万元以上，其速度能够保持在60千米/小时左右，最高可达70千米/小时。在30千米/小时至40千米/小时的经济时速下，每次充电7个小时，续航里程为120千米。

传统汽车制造企业，从项目动建到生产出整车，一般需要2至3年时间，而“绿野汽车”创造了一个奇迹，从2010年8月，“绿野汽车”呱呱落地，仅用了13个月时间，就完成了A级SUV超级平台整车下线。创造了国内汽车业建设投产期的最短纪录。

（葛淑芬）

电力、燃气和供排水

电　力

【概况】 2012年，上虞市全社会用电量为38.17亿千瓦时，同比增长5.86%。全市全社会最高负荷664.11兆瓦，同比增长3.68%；农网综合电压合格率99.755%，农网供电可靠率99.9373%。从用电结构看，上虞市用电态势明显，2012年以化工、制造业为代表的第二产业用电量约占上虞市全社会用电量的79%。

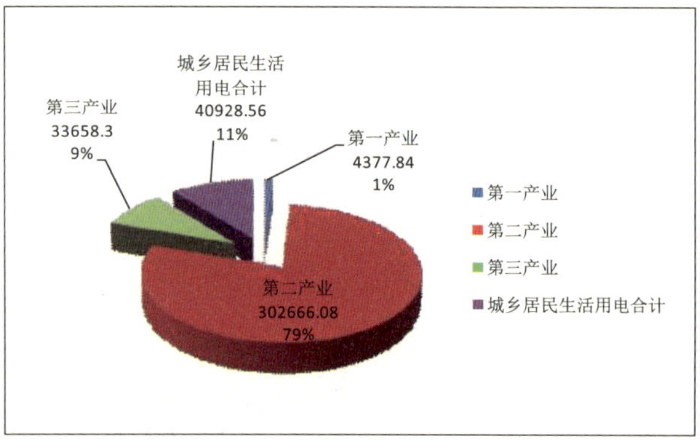

2012年上虞市用电结构饼图(单位:万千瓦时、%)

【电网结构】 上虞市为典型受电区域，除并网小水、火电外，无大电源点，用电主要靠大网输送。至2012年年底，上虞行政区域内共有500千伏变电所1座，主变2台，容量1500兆伏安。220千伏变电所5座，主变11台，容量2160兆伏安。110千伏变电所15座，主变30台，容量1436兆伏安。35千伏局属变电所11座，主变22台，容量330.6兆伏安。35千伏用户变电所11座(不包括电厂，不含捷盛变、盛钢变)。20千伏局属开闭所3座；10千伏局属开闭所67座；地方小火电厂4座，总装机容量117兆瓦。

2012年年底，上虞电网小火、水电总装机容量122.46兆瓦，6000千瓦及以上电厂装机容量117兆瓦，其中：上虞热电厂15.0×2+6.0兆瓦；道墟热电厂7.5×2+3.0兆瓦；杭协热电15×2兆瓦；春晖热电厂15+6+12兆瓦。

35千伏输电线路共38条(不含盛钢3760、盖盛3273)，长度218.281千米。20千伏馈线共17条，长度106.458千米。10千伏馈线共313条，2741.16千米。　　　　(胡智慧　孙益超)

【电网建设与发展】 全市电力系统大力推进坚强智能电网建设，完成220千伏展望、110千伏越爱、南湖等重要输变电项目，投产变电容量68万千伏安。完成配电网投资1.13亿元，新建35千伏变电所一座，改造10(20)千伏线路204.2千米、电缆30.38千米，建设10千伏开闭所3座、改造3座，新增10千伏台区80个，容量1.6万千伏安。深化农村电网升级改造，完成50个村电气化延伸建设，改造低压线路96千米、接户线258千米、惠及农户0.69万户。完成24个村(台区)低电压台区治理，解决低电压用户1522户。

【电网运行安全稳定】 全市电力系统深入开展“安全管理提升”活动，完成安全生产组织体系调整，修订安全管理制度21项，执行重点安全保障措施16项，出台安全管理绩效考核等“三个实施细则”。完善突发事件应急预案体系和快速反应机制，成功应对“海葵”强台风。创新安全管理平台，引进3G移动视频监控系统，建立现场作业关键环节录像点评机制。在全省县级电力系统率先开发“安全生产风险管控系统”，实现作业安全风险的流程化闭环管理。组织电力设施保护、高危及重要客户隐患排查等9个专项行动，开展配网“两清理”、春秋季安全检查等6次安全生产大检查。全年全市电网运行平稳，未发生一起电网及主设备事故。

【绍兴首个“三双”接线模式配网工程投运】 4月9日，10千伏移动开闭所改革工程建成投运，该开闭所采用了双电源、双线路、双接入的“三双”接线典型设计方案，是绍兴市范围内首个“三双”接线模式的配网工程。“双电源”是指两个上级110千伏变电站，“双线路”指连接双电源的两条中压电缆或架空线路，“双接入”指公用配变通过自动投切的开关接入“双线路”。“三双”模式可使客户同时得到两个方向的电源，在主供电源失电的情况下，智能装置将根据信号适时投入备供线路，以保障对用户的正常供电。

【高质高效开展园区用电服务】 围绕新兴产业用电需求，供电局建立协调联动的常态服务机制，实现与园区管委会、招商项目和入驻企业的无缝对接，为集聚区提供全方位的电力保障。加强与园区管委会领导和相关部门沟通，定期召开专题会议，研究分析电力配套建设和供电服务中的问题，落实人员责任，及时改进方法措施。推出客户经理制度，有辖区供电所和园区、施工企业各派一人，形成“1+1+1”三方联动格局，实行一家企业进入，一套方案跟上，一个专人服务，一包到底的“四个一”服务，下派客户经理进驻现场工作，负责做好项目用电信息调查、用电政策咨询、业扩流程跟踪、关键环节疏通，大大缩短了用电业务办理时间，确保项目早用电、早投产、早见效益。

电力局工作人员上门做好项目用电调查

【220千伏展望变建成投产】 3月30日，220千伏展望输变电工程在杭州湾上虞工业园区顺利建成投产，新增变电容量48万千伏安，总投资额16673万元。该站是绍兴“十二五”智能电网规划的重要部分，也是绍兴电网首座220千伏接入20千伏供电模式的变电站，远景设计220千伏架空出线6回（本期2回），110千伏架空出线12回（本期4回），20千伏电缆出线24回。该工程的投运，将显著改善绍兴北部电网结构，提升电网供电能力和供电可靠性，对促进地区经济社会发展有着重要意义。 （张　陈）

燃　气

【概况】 2012年，上虞市天然气有限公司有员工112人，其中在编职工68人，劳务派遣员工44人，大专以上文凭员工有59人，党员29人，团员26人。公司组织机构设置为综合办公室、计划财务部、工程技术部、市场营销部、生产运行部、安全检监察（治安保卫）部、重点办七个部门。2012年，公司坚持加大市场开发及投资力度，以安全生产中的薄弱环节为抓手，努力夯实安全生产基础，推进工程建设质量管理、努力打造客户服务管理一体化模式，通过优化管网布局努力实现城乡一体化，并以此提高管网安全供气水平等重要举措，妥善应对宏观市场低迷影响气量销售、工程建设任务难度增大等复杂形势，获得“上虞市2011年度纳税百家企业”、2011年度上虞市“治安安全单位”、2011年度绍兴市治安安全示范单位等荣誉称号。公司全年完成气量销售5008万立方米，居民累计开通26188户，非居民累计开通267户，管线累计铺设420千米。

【启动凝水缸改造工程】 3月21日，天然气公司顺利完成4只凝水缸的改造工作，标志着公司针对老城区的凝水缸改造工程已正式启动。作为公司本年度的重要工作内容之一，此项工程的顺利启动，对提高供气管网运行的安全性，减少泄漏点，起到促进作用。

【LNG储气罐吊装到位】 3月26日，公司虞北枢纽站LNG应急工程4台100立方米真空粉末储气罐全部成功吊装就位，标志着该工程建设获得实质性的重大进展，公司成为浙江省县级市中首家拥有LNG应急站的天然气企业。

【参加百夹公路管线规划评审会议】 7月19日，上虞百夹公路（人民东路—外严村）天然气中压管线工程规划方案评审会议顺利召开，推进上虞市城东工业园区、东城水岸房产、外严村、里严村等一大片区域的通气进程。

【参加萧甬铁路施工图纸及方案评审会议】 8月14日，上虞市燃气管道穿越萧甬铁路工程现场查看及施工图审查会议在上虞顺利召开，与会人员一致通过了该工程施工图纸及方案，标志着上虞天然气公司穿越萧甬铁路管道工程获得了阶段性进展。

【办公大楼投入使用】 11月26日，天然气公司新办公大楼正式启用，办公大楼将原办公楼的部室和营业厅合二为一，并在一楼设置了客户服务中心，为客户实行一站式服务，进一步优化了办公环境，提高了客户服务水平。

【年度供气量突破4000万方】 10月30日，天然气公司单日供气量达184383立方米，创用气量新高，截至10月31日，年度供气量突破4000万立方米。

【参加城市燃气突发事故应急演练活动】 12月7日，根据上虞市政府应急联动相关要求，由上虞市政府主办，天然气公司及上虞市住建局、经管委承办的城市燃气突发事故应急演练活动举行，整个活动组织到位，注重了实战实效，取得了预期的效果，也加强了公司与相关单位的协同合作。

【开展天然气利用推介活动】 12月20日，召开天然气利用推介会，对天然气特点和应用领域进行介绍和研讨。与会企业代表纷纷表示，通过学习和探讨，进一步了解到天然气不仅在经济上有优势，同时还能够提高产品品质，确保生产环境环保及安全，是理想的工业生产首选能源，将在条件成熟时优先使用天然气作为能源。与会政府部门也表示，根据本次推介会的讨论结果，积极给予审批、用地等政策上的支持，以促进“煤改气”等天然气利用推广工作的深入落实。

12月20日，公司开展天然气利用推介会

（吕 江 摄）

【东海燃气营收1.2486亿元】 2012年，东海燃气公司全年销售液化气1.9万吨，比上年同期1.79万吨增加1100吨，增长6%；全年实现营业收入1.2486亿元，2012年全年完成综合效益300万元左右，完成下达的各项经济指标。2012年公司保持与镇海炼化BP销售公司的友好合作关系，及时调整气源进货的渠道和进货方式，确保市场的占有率；投入30万元，加强安全基础设施，全年开展安全培训200多人次，编制《上虞市瓶装燃气市场安全管理手册》；参加上虞区供销合作总社第二届运动会，象棋、飞镖分别取得团体第一、第二的成绩。

（丁利波 宣 泽）

供 排 水

供 水

【概况】 2012年，全年完成供水量8324万立方米，售水量7553万立方米，分别比上年增加0.2%、0.8%。累计漏损率为8.07%，同比下降0.35个百分点，为历年最低。制水四耗较上年下降明显，其中总累计电耗为138.07千瓦时/立方十米、降幅1.84%，矾耗为14.64千克/立方十米、降幅4.10%，氯耗为1.37千克/立方十米、降幅8.05%，碱耗为6.01千克/立方十米、降幅12.52%。全年新增结算水表用户2.7万户，总结算用户数已达15.1万户；出厂水质合格率100%，管网水综合合格率99.8%，管网压力合格率为99.6%。2012年，完成自来水销售收入1.722亿元，比去年同期增幅3.05%。实现综合效益5902万元，成本综合效益率为30.8%。累计实现供水基础设施建设投入8000余万元，建设DN100及以上管道60千米。

【实施下管供水工程满足虞南山区发展需求】 为了解决丁宅、下管居民饮用水问题，提高当地供水安全性和保证率，促进该区域经济社会的可持续发展，下管供水工程于2012年8月动工，2012年12月建成投用。该项目从百悬线与丁宅乡夏溪路口为起点，沿下管溪敷设供水管道至下管加油站。主要建设提升泵站一座、调节池一座及DN200输水管线8千米。供水水源采用丁宅乡自来水供水系统，输水管线连接丁宅供水总管。项目总投资估算660万元，建设资金由市财政、水务集团共同筹措解决。6月25日，市政府组织召开下管供水工程建设专题会议。会议听取了水务集团关于下管供水工程建设有关问题，并进行了认真研究。8月31日，下管供水工程初步设计审查会在自来水公司召开，会议由上虞市发改局主持，上虞市财政局、规划局、水利局、丁宅乡、下管镇、水务集团等相关部门单位参加会议。

（陈　辉）

排 水

【概况】 2012年共收集输送污水4089万吨。收取污水处理费1.12亿元。同时加快工程建设，圆满完成了市级重点工程1项，新建泵站1座，管道2.6千米，累计投资939万元。

【上虞市排水管理有限公司正式投运】 为进一步统筹全市城乡排水运营管理，加快水务事业一体化建设步伐，推进控制减排进程，创优发展投资环境，上虞市排水管理有限公司于2012年10月正式投运。主要承担全市工业废水和城乡生活污水的收集与输送、截污工程规划与建设、污水处理费收取、进网水质水量监管等职能。

【完成外环南路泵站及进出水管工程】 该工程设计规模为1.5万吨/天泵站一座，新建压力流泵池一座，DN400-500管线2.6千米。主要收集曹娥老区及外环南路周边生活污水。泵站工程于2012年6月15日开工，2012年11月15日竣工；管线工程2012年7月15日开工，2012年12月15日竣工。

（王焯毅）

水 处 理

【概况】 2012年共处理污水4160万吨，比上年3939万吨增长5.6%，处理率100%。尾水COD 88毫克/升，比上年下降5.3%；氨氮6.1毫克/升，比上年下降59.3%，合格率保持100%。全年共削减主要污染物COD1.4万吨，氨氮1246吨，完成了市政府提出的减排目标。全年实现营业收入1.7798亿元，比上年1.6819亿元增长5.8%；实现综合效益5814万元，比上年4578万元增长27%。

【污水处理二期工程通过竣工验收】 为确保二期（第二阶段）生产线按期顺利投运，公司抽调相关技术骨干，时间倒排、任务分解，做好一系列准备工作，于4月25日顺利通过竣工验收，5月中旬正式并网投运，污水处理能力由11.25万吨/日上升到22.5万吨/日。

【外环南路泵站及出水管线工程】 外环南路泵站及出水管线工程从2011年开始前期准备工作。2012年精心准备、科学安排，完成1.5万吨/日泵站一座，建设地埋钢管2626米。

【推进管网监控一体化】 城管数字平台、气象预警平台于4月、8月相继建成投运。城管数字平台与110联网，大大提高城区管网事件快速反应处置能力。再加原泵站自动化平台，三大平台一体化融合，实现管网现代化管理数字化、信息化、自动化。

【排水管理有限公司成立】 随着大水务发展格局的形成，分工细化成为上虞水务事业发展的必然趋势。水务集团领导成立上虞市排水管理有限公司筹备领导小组，精心准备、周密部署，实现排水公司顺利平稳过渡，完成体制机制改革工作。于9月27、28两日完成搬迁工作，并完成后续移交工作。

【省级卫生先进单位创建】 建立健全企业管理长效机制，不断提高企务管理效能，成功创建省级卫生先进单位，企业内务卫生、对外形象得到有效提升。

【市级文化示范点】 积极开展"安康杯"、登龙山、妇女节、劳动技能比武等活动，对照创建要求，重点抓好文化建设、劳动保障调解等工作，企业民主氛围、文化氛围日益浓厚，上虞市总工会授予公司"上虞市文化示范点"称号。

（冯哲翔）

建 筑 业

综 述

【概况】 全市实现建筑业产值1156.09亿元，实现增加值260亿元，利税76亿元，分别比上年增长14.69%、17.65%和16.92%。全年上缴本市地税6.02亿元，比上年增长8.08%，占全市地税总收入的18.86%。全年房屋建筑施工面积10383.51万平方米，比上年增长9.8%；全年房屋建筑竣工面积3876.44万平方米，比上年增长13.9%。建筑业总产值和省外施工产值在全省各县市中均排名第4位，利润居全省第2位，税金居全省第4位。浙江亚厦装饰股份有限公司蝉联中国建筑装饰行业百强企业第2名，被中国建筑装饰行业协会评为“行业旗舰”“中国建筑装饰绿色环保设计50强企业”；被浙江省建筑装饰行业协会评为“领军企业”。浙江亚厦幕墙有限公司被中国建筑装饰协会设计委员会、《中国建筑装饰装修》杂志评为“中国建筑装饰绿色环保设计50强企业”。五洋建设集团股份有限公司、华升建设集团有限公司、浙江舜杰建筑集团股份有限公司分别被《建筑时报》评为“中国承包商60强”第45位、第50位、第60位。五洋建设集团股份有限公司、浙江舜江建设集团有限公司被中国建筑业协会评为“中国建筑业竞争力百强企业”。五洋建设集团股份有限公司、亚厦控股有限公司、华升建设集团有限公司、浙江中富建筑集团股份有限公司、浙江舜江建设集团有限公司、中鑫建设集团有限公司分别位列“2012中国民营企业500强”第269、288、337、466、467、490位。五洋建设集团股份有限公司位列“2012浙江省百强企业”第81位。华升建设集团有限公司被浙江省政府授予“浙江省就业先进企业”。浙江舜杰建筑集团股份有限公司、五洋建设集团股份有限公司、浙江舜江建设集团有限公司、华升建设集团有限公司、浙江海滨建设集团有限公司、浙江中富建筑集团股份有限公司、浙江港海建设集团有限公司、浙江泰舜建设有限公司、浙江中企建设集团有限公司、世安建设集团有限公司、浙江申宏建筑工程有限公司等11家建筑企业被浙江省人民政府驻上海办事处评为“2012年度浙江省进沪施工先进单位”。浙江中富建筑集团股份有限公司、浙江双堰建筑工程有限公司、浙江鸿富建设有限公司、浙江舜江建设集团有限公司等5家企业被浙江省住房和城乡建设厅评为“2012年度进赣施工创优先进企业”。五洋建设集团股份有限公司被浙江省住房和城乡建设厅评为“2012年度浙江省建设工程质量安全管理先进企业”。华升建设集团有限公司和五洋建设集团股份有限公司被浙江省建筑业行业协会评为“2012年度浙江省先进建筑业企业”。五洋建设集团股份有限公司董事长陈志樟被浙江日报报业集团、浙江省企业家协会评为“2012年度浙江省建筑企业功勋人物”；总经理王永敏荣获北京茅以升科技教育基金会、中国建筑业协会颁发的“2012年度茅以升科学技术奖——建造师奖”，同时被浙江省建筑企业家协会授予“2012年度浙江建筑业十大杰出企业家”荣誉称号。浙江亚厦装饰股份有限公司董事长丁欣欣被中国建筑装饰协会授予“全国建筑装饰行业杰出成就企业家”荣誉称号，被浙江省建筑装饰行业协会评为“特殊功勋人物”；总经理丁海富、副总王文广被中国建筑装饰行业协会授予“全国建筑装饰行业资深优秀企业家”荣誉称号。浙江亚厦装饰股份有限公司、五洋建设集团股份有限公司、华升建设集团有限公司、浙江舜江建设集团有限公司、浙江舜杰建筑集团股份有限公司等5家企业被绍兴市政府授予"绍兴市建筑业龙头骨干企业20强"称号。

（曾小军）

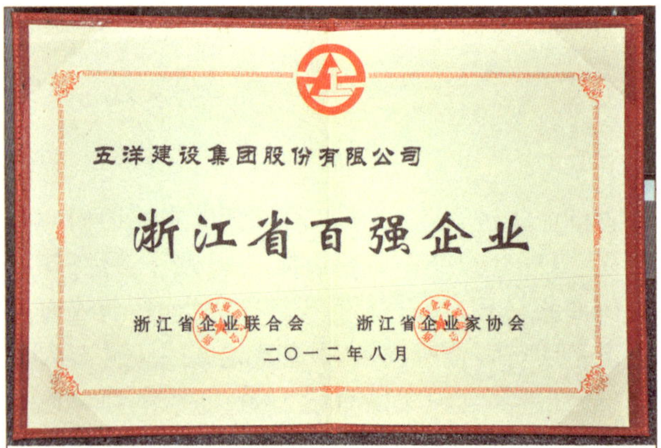

2012浙江省百强企业证书

表1　　2012年各项专利

序	专利名称	专利号及专利类型	申请日期	公告日期	专利权人	发明人
1	一种防泛溢隔气地漏	ZL.201220273912.29（实用新型）	20120612	20130116	浙江亚厦装饰股份有限公司	宋奋求、蒋鹏旭、何静姿、宋博恒
2	一种室内弧状造型龙骨	ZL.201220273913.7（实用新型）	20120612	20130116	浙江亚厦装饰股份有限公司	蒋鹏旭、何静姿、宋奋求、徐法胜
3	一种PE管材热溶对接用支撑滚轮	ZL.201220335910.1（实用新型）	20120712	20130116	浙江亚厦装饰股份有限公司	叶卫军、王彩云、沈新宇、米丽萍、石国永、叶丽娜
4	一种降板式同城排水的建筑结构	ZL.201220335907.1（实用新型）	20120712	20130227	浙江亚厦装饰股份有限公司	沈新宇、王彩云、叶卫军、叶丽娜、石国永、米丽萍
5	石材的弧形磨边装置	ZL.201220292619.0（实用新型）	20120621	20130123	浙江亚厦装饰股份有限公司	金小飞、魏培法
6	一种木制品的搬运装置	ZL.201220292595.9（实用新型）	20120621	20130123	浙江亚厦装饰股份有限公司	王文广、金小飞、陶桂忠
7	一种全玻璃幕墙的支承装置	ZL.201220335896.5（实用新型）	20120712	20130109	浙江亚厦幕墙有限公司	李小乐、孙连弟、杨欢军、董俊德、欧阳本文、竺陈冬
8	一种单元式玻璃幕墙	ZL.201220484282.3（实用新型）	20120921	20130320	浙江亚厦幕墙有限公司	孙连弟、黄崇哨、董俊德、杜东新
9	明框玻璃幕墙铝合金外装饰扣盖的型材	ZL.201230453884.8（外观设计）	20120921	20130914	浙江亚厦幕墙有限公司	竺陈冬、孙连弟

续表1

序	专利名称	专利号及专利类型	申请日期	公告日期	专利权人	发明人
10	玻璃幕墙铝合金转角立柱的型材	ZL.201220454507.6（外观设计）	20120821	20130828	浙江亚厦幕墙有限公司	竺陈冬、孙连弟
11	铝合金栏杆扶手型材（二）	ZL.201230454172.8（外观设计）	20120912	20130828	浙江亚厦幕墙有限公司	孙连弟、沈利飞
12	平开窗压线	ZL.201230190233.4（外观设计）	20120523	20130306	浙江亚厦幕墙有限公司	孙连弟、沈利飞
13	玻璃幕墙铝合金外装饰扣盖	ZL.201230190230.0（外观设计）	20120523	20130605	浙江亚厦幕墙有限公司	竺陈冬、孙连弟
14	铝合金门窗窗框型材	ZL.201230453792.X（外观设计）	20120921	20130306	浙江亚厦幕墙有限公司	孙连弟、沈利飞
15	格栅型材	ZL.201230454430.2（外观设计）	20120621	20130306	浙江亚厦幕墙有限公司	黄崇哨、孙连弟

建筑行业管理

【概况】 2012年年末，全市建筑企业205家，按施工企业资质分类：特级企业7家，一级企业33家，二级企业52家，三级企业79家，劳务企业34家。7家特级企业资质就位圆满成功。全年新升一级企业2家，二级企业2家，另有多项增项和三级、劳务资质获批。

【建筑综合实力20强】 浙江亚厦装饰股份有限公司、华升建设集团有限公司、五洋建设集团股份有限公司、浙江舜江建设集团有限公司、浙江舜杰建筑集团股份有限公司、浙江中富建筑集团股份有限公司、中鑫建设集团有限公司、浙江万峰建设工程有限公司、浙江泰舜建设有限公司、浙江海滨建设集团有限公司、浙江双堰建筑工程有限公司、浙江港海建设集团有限公司、世安建设集团有限公司、江河建设集团有限公司、浙江宏丰建筑工程有限公司、浙江丰惠建设集团有限公司、浙江中企建设集团有限公司、浙江鸿富建设有限公司、浙江凤山建设工程有限公司、浙江梁湖建设有限公司被上虞市委、市政府授予2012年度“建筑综合实力20强企业”称号。

【7家特级企业资质就位圆满成功】 3月29日，住房和城乡建设部《关于核准建设工程企业资质名单的公告》，核准施工总承包企业特级资质228家，其中浙江省有38家，上虞有7家（华升建设集团有限公司、五洋建设集团股份有限公司、浙江海滨建设集团有限公司、浙江舜江建设集团有限公司、浙江中富建筑集团股份有限公司、中鑫建设集团有限公司、浙江舜杰建筑集团有限公司）。为提升建筑施工企业竞争能力和创新能力，自2007年3月住房和城乡建设部颁布《施工总承包企业特级资质标准》起，经过近5年时间的艰苦努力，7家特级企业资质就位圆满成功。

【创科技示范工程奖66项】 全年创中国建筑装饰协会公布的“科技示范工程奖”66项，其中浙江亚厦装饰股份有限公司55项，浙江亚厦幕墙有限公司11项。

【创科技创新奖35项】 浙江亚厦装饰股份有限公司创中国建筑装饰协会公布的“科技创新成果奖”35项。

【浙江省级工法5项】 全年获得浙江省级工法5项，其中五洋建设集团股份有限公司3项（超长超高差单跨式索道站房基础石方切割开挖施工工法、深厚软土地区长短组合钻孔围护桩施工工法、超高防辐射墙体抗裂乳化沥青改性混凝土施工工法)，浙江舜江建设集团有限公司1项(塔吊单边外伸桁架附着施工工法)，浙江亚厦装饰股份有限公司1项(搪瓷钢板饰面施工工法)。

【国家专利15项】 全年获国家专利15项，其中外观设计7项、实用新型8项。浙江亚厦装饰股份有限公司实用新型专利6项，浙江亚厦幕墙有限公司实用新型专利2项、外观设计专利7项。

【市场开拓展现新格局】 新老市场共同发展，形成23个5亿元以上的区域市场，比去年增加2个。其中300亿元市场1个(浙江315亿元)，200亿元市场1个(上海291.9亿元)，100亿元市场1个(江苏126.77亿元)，50亿元市场2个(安徽、江西)，5亿元市场18个，市场遍及23个省、直辖市、自治区。全年各建筑企业承接造价1亿元以上的工程达190余项，比去年增加30项，其中造价5亿元以上工程6项，造价最高的工程为11.32亿元。

【调结构、转经营】 浙江亚厦装饰股份有限公司积极实施工业化生产模式，投资5亿元，征地37464平方米，建造厂房35948平方米，其中设备投资14053万元，建成门、柜产业园区。在经营业务上，从商品住宅项目为主转变向公建项目、保障房为主，大幅降低房地产项目的业务比重，防范经营风险。浙江中富建筑集团股份有限公司在2012年承接的业务中，工业厂房、场馆、市政道路等业务量占总业务量的45%以上。在施工模式上，积极探索由施工总承包向工程总承包转变。五洋建设集团股份有限公司先后成立建材公司和建筑设计院并开拓项目咨询、融资、设计、采购、施工、管理运营等一揽子工程领域，实现由施工总承包向工程总承包商和总集成商的转变。在产业结构上，积极探索向多元化发展，利用企业资本，试水金融领域。江河建设集团有限公司注册资本3亿元，成立小额贷款银行;中鑫建设集团有限公司和浙江丰惠建设集团有限公司分别成立小额贷款公司;浙江汇鑫建设有限公司分别在宁波、绍兴建立2家典当行。

【转变管理模式】 华升建设集团有限公司、浙江中富建筑集团股份有限公司、浙江舜江建设集团有限公司、中鑫建设集团有限公司积极探索由单一的承包方式向承包和直管的“双轨制”方式转变。五洋建设集团股份有限公司实行由部门制向中心制的改革，在组织构架上实行从分公司向大区域公司的改革。浙江舜江建设集团有限公司实行定人定岗定责管理，建立内部审计制度。

【组织培训28期】 全年共组织各层次培训28期，培训从业人员5313人。邀请资深律师举办2期建筑业合同管理相关法律知识讲座，对50多家企业150多人进行培训，增强法律法规意识，提高风险防范能力。

(曾小军)

工程质量管理

【概况】 全年市内新受监项目181项，单位工程700余只，建筑面积206万平方米，其中住宅工程面积40.8万平方米;监督竣工验收单位工程653只，建筑面积286.4万平方米，工程竣工验收合格率100%。

【严把开工条件审查关】 在每个工程开工前，召集建设、施工、监理三方联席会议，做好重点部位、重点环节的安全技术交底。对法律法规、安全技术意识淡薄、违规建设、管理薄弱的对象，坚决不准予开工。

【严把原材料质量关】 坚持把钢筋、线管等原材料质量作为日常检查必查项目，组织力量每季1次对商砼生产企业进行专项检查。全年共抽检种类规格的钢筋原材料260批次，线管70批次，排水管10批，黄沙27批次，确保原材料质量符合规范要求。

【工程质量管理获多个奖项】 全市建筑施工企业十分重视工程建设质量管理，把质量管理基础工作落实到每个班组和每道工序，结合工程施工实际，攻坚克难，总结经验，发表QC成果。华升建设集团有限公司、浙江汇鑫建设有限公司分别获“海洋王”杯全国QC小组成果发表赛一等奖各1项，五洋建设集团股份有限公司、华升建设集团有限公司分别获上海市工程建设优秀质量管理小组成果一等奖3项、2项和二等奖各1项，华升建设集团有限公司获浙江省优秀质量管理小组成果发表会二等奖1项。

【夺杯创优成果丰硕】 全年共创省市级以上优质工程301项。其中全国性奖项23项，省市级奖项278项。全国性奖项中。“鲁班奖”1项（参建）、“詹天佑奖”优秀住宅小区金奖1项，国家优质工程银奖1项（参建），国家“优秀园林工程奖”金奖1项，中国钢结构金奖1项，全国用户满意工程3项，全国建筑工程装饰奖15项。

（曾小军）

安全生产管理

【概况】 全市建筑企业紧绷安全生产大网，逐级落实安全生产责任制。建管局与市内97家施工企业签订安全生产责任书，并与每只工程项目签订安全文明施工目标管理责书，督促企业层层签订安全文明施工责任状，做到任务明确，责任到位。同时出台《上虞市建筑施工企业安全生产主体责任落实工作实施方案》，提出8项内容7条工作举措，全年实现零死亡事故。

【日常监督常态化】 全年共巡查企业300余家，建设工程450项，建筑面积近900万平方米，开具质量安全隐患整改单430份，其中责令停工工程25只。

【专项检查制度化】 开展局班子每季1次，安质站每月1次的质量安全监督专项检查。全年开展各类专项检查12次，共检查153项在建工程，检查面积563.6万平方米，涉及施工企业90家、监理企业40家，提出整改隐患、意见300多条。

【“打非治违”经常化】 扎实开展建筑领域“打非治违”活动，严格整治“未批先建、未验先用、无证上岗、使用不合格建筑材料、整改不力”等5种行为，全年共有21项工程、21家次企业和3人被行政处罚。

【制度建设长效化】 严格贯彻落实住宅、保障性安居工程质量终身制度，对竣工工程一律按要求设置永久性责任牌，落实各方责任主体的质量责任。全年市内竣工工程验收合格率100%，住宅工程分户验收率100%，新建民用建筑实施节能设计标准率100%。

【安全生产争先创优活动成果丰硕】 全年发放平安工地牌匾143块，创“浙江省建筑安全文明标准化工地”6项，创“绍兴市建筑安全文明标准化工地”6项。

（曾小军）

勘察设计管理

【概况】 2012年年底，有设计资质的企业3家。浙江华升建筑设计有限公司于2004年取得甲级资质，年末在职人员270名，其中注册设计师12名，高级技术职称人员8名，中级技术职称人员30名。上虞市工业与民用建筑设计所具备丙级设计资质，年末在职人员16名，其中一级建筑师1名，一级结构师1名，二级建筑师3人，高级工程师3名，中级工程师3名。浙江华亿工程设计有限公司具备化工石化医药行业乙级资质，年末在职人员78名，其中高级技术职称人员及注册工程师28名，中级技术职称人员26人。

【施工图审】 全年共受理施工图审查项目116个，建筑面积119.08万平方米；节能项目36个，建筑面积43.33万平方米，在审查中发现违反强制性条文的35个项目共67条均按规定进行整改，确保设计图纸符合国家强制性标准及其他规范要求。

（曾小军）

表 2

2012年度优质工程统计表

企业名称	鲁班奖	国优工程银奖	詹天佑奖	全国用户满意工程	全国工程装饰奖	中国钢结构金奖	浙江钱江杯	上海白玉兰奖	河南中州杯奖	江苏扬子杯奖	重庆巴渝杯奖	广东优质工程奖	浙江优秀安装奖	浙江优秀装饰奖	辽宁优秀装饰奖	重庆优秀装饰奖	湖北优秀装饰奖	浙江优秀园林金奖	长三角金石奖	上海市金钢奖	合计
浙江亚厦装饰股份有限公司	1				12		4						2	44	2	2	2		5		74
华升建设集团有限公司				2			1		1										5		9
五洋建设集团股份有限公司					1	1	1	5		1	1			1					15		26
浙江舜江建设集团有限公司			1					3													4
浙江舜杰建筑集团股份有限公司								3											10	1	14
浙江中富建筑集团股份有限公司		1		1			1	1													4
中鑫建设集团有限公司												1									1
浙江中博智能技术有限公司														2							2
浙江泰舜建设有限公司								2													2
浙江港海建设集团有限公司								3													3
浙江亚厦幕墙有限公司					2									15					3		20
华升建设集团浙江消防工程有限公司													1								1
江河建设集团有限公司																			1		1
浙江良康园林绿化工程有限公司																		1			1
合　计	1	1	1	3	15	1	7	17	1	1	1	1	3	62	2	2	2	1	39	1	162

房地产业

综　述

【概况】 2012年，全市加强对房地产市场的监控，密切关注房地产宏观调控政策的新动向，并及时跟踪调研，提出应对措施，促进房地产业健康稳定发展。市住房和城乡建设局(以下简称市建设局)对14个楼盘的48万平方米商品房预售申请进行核准，其中住宅面积36万平方米，商铺面积4万平方米，写字楼面积8万平方米；核定房地产企业开发资质申请43家，其中暂定资质22家，四级资质15家，三级资质3家，二级资质3家。全年全市商品住宅成交均价为8937元/平方米，同比下降6%。竣工保障性住房、城市旧住宅区(危旧房、城中村)改造住房共790套(大厂村拆迁安置二期项目)；新增城市廉租住房保障50户。　(钱一梅)

开发经营

【概况】 2012年，全市房地产开发企业完成房地产投资60.3亿元，比2011年增长8.3%。商品房施工面积353.21万平方米，同比增长2.8%，其中新开工面积71.72万平方米。商品房竣工面积60.23万平方米。商品房销售面积44.86万平方米，同比增长8.9%；商品房销售额38.1亿元，同比增长4.5%。　(钱一梅)

【6个楼盘开盘预售】 2012年，全市共有6个楼盘开盘预售商品房，预售面积24.94万平方米，其中，城区楼盘5个，预售面积22.63万平方米，乡镇楼盘1个，预售面积2.31万平方米。　(钱一梅)

保障性住房

【概况】 以加快完善多层次住房保障体系建设为抓手，全面完成投资5.02亿元、12万平方米的农民集中居住区建设，严格落实“三级审核，两级公示”制度。推进6.8亿元、12万平方米人才公寓建设，完成总工程量的80%。按照“政府职责、企业主体、市场运作”的原则，全面完成一期1030套、8万平方米公租房建设。同时，加大力度，全力推进，调动和鼓励社会力量参与公共租赁房建设，着手落实2013年保障性住房建设任务。对全市城镇居民低保标准3倍以下低收入家庭、因病致贫户及人均居住面积15平方米以下的家庭实行“因保尽保”。通过“农村困难群众住房救助、农村私人建房、宅基地置换、城中村改造”等形式，切实解决4200户农民的住房问题。完成农村困难住房救助228户，稳健推进住房公积金扩面，完成公积金扩面4383人。　(倪银雅)

【农房改造】 2012年，市建设局完成全市21个乡镇(街道)共计228户农村困难群众住房救助任务，完成年度目标任务的114%。共投入资金391万元。建设农房示范村项目1个，为崧厦镇祝温村。　(钱一梅)

【调整廉租住房制度标准】 市建设局与财政、发改对接，对货币补助金额标准进行了调整。召集市民政局、各乡镇（街道）代表召开全市廉租住房保障业务座谈会，对2012年全市廉租住房保障工作进行宣传动员。对所有已配租家庭进行了复审和年检工作，对符合条件的家庭做好了2012年度廉租住房货币配租家庭的租金发放和实物配租家庭的租金收缴。完成2012年度新增50户受益家庭的目标任务。全年新增廉租住房保障家庭11户，其中货币配租11户，发放廉租住房补贴资金394995.00元。截至12月底，在保家庭210户，其中实物配租70户，货币配租140户。（董　芳）

物业管理

【概况】 对全市物管企业进行上岗培训、会议交流探讨、实地踏勘走访等，规范物管企业的行业服务，完善办事制度、投诉处理机制。组织相关人员前往物业发源地深圳学习取经，探求物业行业管理方式方法。2012年，新缴存物业两金项目29个，其中物业专项维修资金2183万元，保修金768万元，支取物业专项维修资金84万元，涉及维修项目15个。（董　芳）

【完成白蚁灭治903户】 全年承接白蚁防治项目148个，面积206.4万平方米，完成白蚁预防项目235个，面积187.9万平方米，对903户住房进行白蚁灭治，计14.89万平方米。被评为全省白蚁行业先进集体。（董　芳）

住房公积金管理

【概况】 2012年，全市新增单位96家，新增职工人数8079人，净增加4005人，比2011年增加38.22%。建立住房公积金制度单位1232家，总缴存人数43853人，其中企业职工27616人。全年住房公积金归集和住房补贴归集总额4.90亿元，其中住房公积金归集4.79亿元，住房补贴归集1134万元，全年归集总额5.19亿元，同比增长11.73%。全年批准提取住房公积金共计3.21亿元，同比增长23.08%；其中购房提取9587万元，还贷提取1.66亿元。历年累计住房公积金归集总额31.4亿元，累计已提取17.29亿元，归集余额达到14.11亿元。全年办理住房公积金贷款546户，同比下降10%，发放贷款1.75亿元。累计办理公积金贷款9515户，计19.61亿元。贷款余额10.32亿元。贷款无逾期。完成业务收入5768万元，业务支出3201万元，增值收益2567万元。

【住房公积金扩面工作】 全年始终把扩面工作作为工作重点，牢牢抓住不放，组织全市各乡镇（街道）负责扩面工作的联络员进行业务联谊培训，并修改和完善了现有的《上虞市住房公积金制度扩面工作考核办法》《上虞市住房公积金制度扩面竞赛活动考核办法》，建立健全住房公积金制度扩面工作的监督机制，加强对扩面工作的督查，全年新增公积金扩面单位96家，惠及职工11728人。

【住房公积金政策调整】 提高住房公积金贷款额度，由原来的单职工30万元增加到40万元，双职工40万元增加到60万元。同时对住房公积金贷款利率进行调整。个人住房公积金贷款5年以下为4.20，调整后为4.00；5年以上为4.70，调整后为4.50。

【住房公积金安全运营】 市住房公积金管理分中心加强宣传，维护职工权益，确保住房公积金管理工作的规范有序，资金运作的安全、增值、高效，保障扩面建制后公积金缴存户的合法权益，做好审计自查，开展内审稽核，完善相关业务手续，加强新系统的应用及人员的业务学习培训。至年底，全市共有634家企事业单位参与系统升级培训和签约。同时，分中心和建设银行确定在东关、新区等地方开设12个专柜方便客户办理，并上门、电话指导客户网上业务系统的安装和使用，确保住房公积金规范高效安全运营。（贺虞杰）

商 贸 业

综 述

2012年上虞深入实施“服务业兴市”战略，第三产业增加值占GDP比重达到37.2%，比上年提高1.7个百分点。随着“四季仙果之旅”“沪杭甬都市会客厅”“上虞文化旅游景区”等品牌的日益打响，上虞市消费品市场保持繁荣稳定，全区全年实现社会消费品零售总额180.34亿元，增长16.5%，实现总量和增幅分别居绍兴五县市第二和第三的良好发展态势。按城乡市场分，城镇消费品零售额146.55亿元，增长17.0%；乡村消费品零售额33.79亿元，增长14.4%。从批发、零售、住宿、餐饮四大行业销售情况来看，批发业销售平稳较快增长，全市限额以上批发零售业实现销售额180.08亿元，增长20.4%，增幅比全年最低点提高14.3个百分点。住宿餐饮业持续高位运行，全市限额以上住宿餐饮业实现营业额11.07亿元，增长45.0%，增幅比上年提高12个百分点。完成限额以上服务业投资125亿元，同比增长16.0%，其中服务业产业投资28.3亿元，增长145.2%。实现服务业地税收入12.40亿元，同比下降5.3个百分点，对地方财政贡献率为43.6%。

【服务业投资超百亿】 2012年，按照“项目推进年”和“企业服务年”工作要求，全力抓好20只市级服务业重点项目和59只投资1000万元以上服务业项目。1—12月，20只市级服务业重点项目完成投资21.76亿元，占年度计划100.75%；59只1000万元以上服务业项目完成投资43.60亿元，占年度计划的109.95%。（符凌云）

商贸流通

【概况】 2012年，浙江上百盖北购物中心、百安商贸城、天玥开元名都大酒店、宝马4S店、崧厦农贸市场改造等项目顺利建设、完工。中国伞城商业广场三期和杭州湾商贸综合体两只项目列为省级服务业重点项目，其中，中国伞城商业广场被列为省级现代服务业集聚示范区。

【杭州湾商贸综合体项目启动】 2012年，总投资超50亿元的杭州湾商贸综合体项目启动建设，项目重点开发其创意农业、休闲度假、商贸商务、会议会展、文化养生、生态人居等功能于一体的现代农业和现代服务业集聚区，着力打造成为中国首家农商旅文复合型综合体和长三角休闲旅行新地标，为上虞商贸旅游业发展增添新的生机，为滨海新城建设注入新的动力，对加快提升城市能级具有十分重大的意义。

【商品市场交易活跃】 2012年，上虞积极拓展市场，进一步推动产品转型提升，市场交易继续保持活跃繁荣的良好局面。全市共有商品交易市场56个，实现成交额131.12亿元，其中消费品市场成交额72.87亿元，生产资料市场成交额58.25亿元。大型商品交易市场活力彰显，成交额超亿元市场6个，实现成交额76.24亿元，占全区商品交易市场成交额比重高达75.8%。其中浙江石狮国际商贸城和绍兴大通集团公司农副产品批发交易市场年成交额超10亿元。

【加快物流项目建设】 2012年，上虞出台《关于加快现代服务业跨越式发展的若干意见》，加快物流业项目建设，促成杭州湾上虞工业园区同新加坡普洛斯签订开发框架协议，拟建设世界一流的物流仓储设备平台。促成上虞英特医药物流项目正式签订具体合作协议，启动建设杭甬运河曹娥作业区项目，加强物流企业规范化建设，提升物流业专业化、社会化服务水平。2012年，全市13家重点物流企业营业额5.79亿元，同比增长12.7%。其中增长最快的上虞市振能运输有限公司营业额4869万元，同比增长70.2%。上虞市华佳业物流有限公司增幅47.4%。新增AAA级物流企业2家，AA级3家。全市AA级以上物流企业总数达到7家。

【完善城乡商贸流通网络】 2012年，深入实施“万村千乡市场工程”，开展生活资料连锁网、生产资料配送网、再生资源回收网和乡镇商贸核心区“三网一区”建设，现拥有农村、社区、学校便利店744家，农资放心店325家，再生资源回收店102家，集镇商贸核心区5个，中心村综合服务功能区28个，便利店覆盖率达到100%。

积极推进农贸市场改造提升工程，累计投入10多亿元，先后新建、改建、扩建大通农副产品批发市场、浙东农贸城、粮油批发交易市场、小越山羊交易市场以及百官农贸市场、崧厦农贸市场等12只农副产品流通市场。总投资超过2.5亿元的城北中欣市场、开发区农贸市场正在有序建设之中。

【家电下乡销售额3亿】 2012年，建成上虞市商务预报网站并投入使用，推进市场监测信息化建设。做好家电下乡备案登记工作。2012年，全市各家电下乡销售网站共销售家电9.56万台(件)，实现销售金额3亿元，累计补贴3226.46万元。

（符凌云）

粮油购销

【概况】 2012年，市政府出台文件《关于抓好2012年粮食生产的通知》，继续实行最低收购价政策和订单粮食奖励政策。早稻收购市场价每50公斤为128元，订单奖励30元；晚粳谷市场价为每50公斤147元，订单奖励15元。允许优质晚籼稻(甬优系列)顶抵订单，订单价在市场价144元基础上奖励15元；粳糯谷市场价158元。继续实行订单签约工作。粮食订单规模为3.6万吨，其中，早籼谷2.5万吨(1.3万吨为省订单)；晚粳谷1.1万吨。4月份，完成了与5亩以上种粮大户的粮食订单签约工作。及时发放粮食预购定金242万元，为74户种粮大户解决了春耕生产资金不足的困难。严格执行粮食收购政策，不断深化优质服务内容，政策、服务承诺上墙公示。出资30余万元，新配备粮食输送机6台、灌包机4台、地磅1台，粮食烘干首次按成本价收取费用。国有粮食收储企业全年共收购粮食3.73万吨，其中订单3.48万吨(早稻2.52万吨，晚粳谷0.96万吨)，实际订单履约率96.7%。骨干民营企业收购粮食5.9万吨。

2012年，上虞市政府被评为绍兴市粮食安全工作良好单位。市粮食局连续第六次被省粮食局评为“全省粮食收购先进单位”，被绍兴市发改委评为“储备粮管理先进单位”。

【鼓励企业开展粮食产销对接】 全市全年粮食产量29.41万吨，粮食需求43.74万吨，其中口粮消费21.13万吨，饲料用粮14.11万吨，工业用粮6.87万吨，种子用粮0.63万吨，粮食产需缺口13.33万吨。针对上虞市产销缺口增大的实际，采取积极措施，加强产销合作，并从100万元粮食安全保障资金中切出部分资金，作为鼓励企业与东北、安徽、江苏等地开展粮食产销合作的补助与奖励。全年累计外购粮食22.1万吨，其中从省外采购粮食19.5万吨。依托粮油批发市场交易平台，吸纳主产区粮食，引入粮油名品、名牌，累计成交粮油近13万吨，成交额4.17亿元，有效地保证了粮食供应，搞活了市场流通。按照市现代农业发展要求，对具有粮食收购资格的企业进行政策扶持，扶持资金由上年的15万元增加到30万元。确定8家市重点粮食收购企业为立项单位，制订项目管理细则，落实跟踪管理。

同时，做好军粮管理工作，保证日常供应。

【抓好粮食储备管理工作】 上虞市现有的储备粮

主要有市级储备粮和省级代储粮。落实安全储粮措施，统一新的囤头卡、标识牌。做好粮食集并，按时完成储备粮的补库及定点定仓工作。组织开展储粮安全大普查和“一符四无”粮仓鉴定，合格率为100%。收储公司储备中心通过了省“三星级”粮库复评。及时报批储备粮轮换计划，并通过宁波等粮网拍卖轮换早谷1.15万吨、晚粳谷0.31万吨，储备菜油0.025万吨。成立6个检查组对市粮食收储有限公司粮食库存情况进行了全面清查，并对9家非重点国有粮食经营企业库存情况进行了调查。检查结果显示上虞市市级储备粮规模足额到位，地方储备粮和商品粮库存真实，质量良好，账账、账表、账卡、账实一致，仓储管理规范。

【7家民营企业承担粮食加工业务】 全市粮食加工均由民营企业承担，天丰粮食有限公司等7家骨干企业组织收购本地和外地粮食，并开展加工经营业务。全年共加工稻谷3.5万吨，小麦4.3万吨，其中小麦加工由天丰粮食有限公司一家企业单独完成。

【仓储设施建设】 投入仓库维修资金106万元，提高粮食安全储存能力。7月份，投入31万元，购置熏蒸杀虫用呼吸器33台和充气泵4台，熏蒸杀虫防护能力得到了提升。投入1万多元购置扒粮机1台，首次在谢塘粮站试行散粮出库作业。

【抓好粮食安全责任制落实】 上半年，根据绍兴市粮食安全协调小组办公室的有关要求，结合上虞实际，以市府办名义下发了《上虞市粮食安全责任制考核办法》，进一步明确了乡镇和部门的责任。市政府与各乡镇(街道)签订了粮食安全责任书，将粮食应急能力和生产能力等考核内容分解落实到相关部门和乡镇，形成齐抓共管良好格局。建立了协调通报机制，定期召开粮食安全协调小组成员单位会议，及时进行沟通，协调解决工作中的问题。按照考核办法，对各乡镇(街道)开展考核，6个乡镇被评为优秀，10位种售粮大户获得市委、市政府表彰。 (阮沁怡　吴硕林)

供销合作商业

【第六次代表大会召开】 2012年1月11日上午，上虞市供销合作总社第六次代表大会在国际大酒店隆重召开，省供销总社纪委书记、监事会主任施祖法，绍兴市供销总社主任张勇，上虞市委副书记、代市长王慧琳，市人大常委会主任徐尧峰，市政协主席卢一勤，市委常委、副市长吕军，市纪委副书记、监察局局长王林生，市委组织部副部长黄梅龙等领导出席了会议。来自系统基层社、直属企业、专业合作社、综合服务社、行业协会和市社机关共173名代表参加大会。会议通过《上虞市供销合作总社章程》，选举产生了新一届理事会、监事会。大会选举产生了上虞市供销合作总社第六届理事会、监事会成员，选举姚一松为第六届理事会主任，俞铭灿、俞建军、夏承峰三位为第六届理事会副主任；选举钟百富为第六届监事会主任，宋洪浩、丁华明、罗忠良等三人为第六届监事会副主任。根据省供销社《关于推进各级供销社完善基本制度实行“三会”领导管理体制的意见》(浙合事〔2011〕3号)及《开展恢复“三会”制度试点单位的通知》精神，上虞市供销社被确定为全省恢复“三会”制度的十个试点单位之一。该次会议的成功召开，是继富阳、临海之后，上虞市供销合作总社成为全省第三个恢复“三会”制度的县级供销社。 (宋洪浩)

1月11日，上虞市供销合作总社第六次代表大会在国际大酒店召开 (宋洪浩　摄)

【姚一松获全国供销系统先进工作者】 在2012年7月9日召开的全国供销合作社系统先进集体、劳动模范和先进工作者表彰大会上，市供销总社党委书记、理事会主任姚一松参加会议，被授予“全国供销合作社系统先进工作者”荣誉称号，并作为获奖代表上台授奖。全国供销合作总社联合人力资源和社会保障部每五年开展一次先进集体、劳动模范和先进工作者的评选活动。此次评选全国共有299个先进集体、67名劳动模范、32名先进工作者获得表彰，姚一松是浙江省唯一获此殊荣的县级社主任，也是上台授奖的唯一浙江代表。

【开发章镇商住项目】 2012年11月，上虞市供销合作总社章镇新区项目(J2号地块)规划方案评审会举行，由浙江大学规划设计研究所、中国联合工程公司第三建筑设计院等单位组成的评审专家小组，市府办、发改局、国土局、规划局、建设局、交通局、消防大队等相关单位领导参加了评审会，一致认为方案符合出让要求，经评审通过该方案。章镇新区项目(J2号地块)位于章镇新区，东邻和谐大道，南依丰章公路，西接望江路，由大通市场发展有限公司开发建设。该地块为居住商业综合用地，总用地面积19130平方米，其中，商业建筑面积7527平方米，定位章镇新区品牌购物的综合性商业中心；住宅建筑面积19941平方米，布局舒适的生活居住空间。项目的启动建设为进一步加快章镇新区的人口、商业集聚，加快推动章镇镇省级中心镇建设进程具有重要意义。

【与农村合作银行签订惠农富农协议】 2012年12月27日下午，上虞市供销合作总社与上虞农村合作银行签订惠农富农合作框架协议。根据合作协议，双方将以惠农富农、诚实守信、互惠互利的原则开展合作。农村合作银行将按照国家信贷政策和信贷管理制度的要求，优先安排上虞市供销合作总社及其所属单位提出的融资要求，明确融资额度，贷款利率按存贷比例确定利率浮动水平，但上浮幅度不超过30%，重点支持供销总社及系统内企业的为农服务、业务经营、新网工程建设等，同时提供POS安装等金融衍生服务。上虞市供销合作总社将充分发挥其在为农服务、经营网络及农村流通等方面的优势，积极协助农村合作银行拓宽金融服务领域，做好系统内企业贷款项目的准入条件把关、监督和管理等工作。合作协议的签订，标志着供销社与农村合作银行开启了联合发展、银企合作的新篇章，是双方深入拓展农村市场、创新为农服务的一项重要举措，为解决中小微企业和涉农经济实体贷款难，有效促进新农村现代流通网络建设的快速发展具有重要意义。

（宋洪浩）

烟草专卖

【概况】 2012年，全市有卷烟零售客户5140家，全年累计销售卷烟3.49万箱，实现批发销售额11.77亿元，增长6.52%；全年实现税利2.84亿元，利润2.31亿元；严格落实《存量资金管理办法》，定期存款向五大国有银行集中，利息收益672.14万元。深入开展扶贫帮困、志愿服务等公益活动，全年共出资15万元用于社会慈善捐赠工作，树立了良好的社会形象。

【查获涉烟案件216起】 共查获涉烟案件216起，查获卷烟5894.5条，其中假冒烟758.2条，查获追刑案件4起，刑拘7人，取保候审2人，判刑7人；成功破获“6·26”国标网络案；卷烟市场净化率达到98.5%。对真品卷烟非正常流动实行“零容忍”，查获案值5万元或10件以上真烟案件4起，全年真烟外流数量为全绍兴最少。

【依法行政】 新办许可证341本，注销346本，许可证数量基本稳定。全面推行“说理性行政处罚文书”，全年未发生一起行政复议和行政诉讼案件。质检小组全年共受理各类卷烟委托鉴定636批次，3588.8条，委托期内未出现鉴别检验报告错误和检验事故。

【18个项目实行公开招标】 全面贯彻落实“三重一大”决策制度和“两项议事规则”，确保决策的科学化、民主化和规范化。落实“应招尽招”工作要

求，全年共有18个项目实行公开招标，涉及金额190.26万元，公开招标率达56.44%；认真做好办事公开民主管理工作，全年共公开各类信息80条，其中“三项工作”公开率达100%。

【重点费用的预算执行率达99.69%】 以开展“管理创一流”活动为契机，建立了企业、部门、岗位三级目标指标体系。全年三项费用率4.12%，重点费用的预算执行率达99.69%，其中业务招待费下降5.05%。严格落实《存量资金管理办法》，定期存款向五大国有银行集中，利息收益672.14万元。开展安全教育10次，670人次接受培训，安全设施设备投入40余万元，获浙江省烟草系统安保先进单位称号。专卖人员持证比例达73.17%，营销人员持证比例达82.14%，1名员工获浙江省烟草营销竞赛第四名，1名员工获绍兴市卷烟配送双能竞赛送货员第一名，1名员工获浙江省烟草系统安保双能竞赛团体二等奖。（何燕闻）

休闲服务业

【概况】 2012年，全市先后举办“5·1”购物休闲体验周系列活动、第四届浙东新商都（上虞）购物节等16项节会，国庆长假，外地到上虞消费者人数比往年大幅度增加，占比达19.8%。据统计，9月20日至10月10日，参与购物消费兑奖活动的25家商家累计销售额4.28亿元，同比增长17.8%。

【“五一”购物休闲体验周活动】 5月，围绕“四季仙果之旅——2012年上虞生态休闲旅游节”，举办“5·1”购物休闲体验周系列活动。以休闲购物、体验消费主题，倡导一站式购物向全城式消费转型，累计吸引外来消费者103万人次，拉动当地消费15.38亿元。

【第四届浙东新商都（上虞）购物节】 在第四届浙东新商都（上虞）购物节当中，参与大型城市消费兑奖活动的39家企业实现销售3.5亿元，同比增长42.7%。其中，浙江上百贸易、绍兴大通集团两家企业所属的4家百货商场共实现销售额1.53亿元，同比增长24.8%；浙江石狮商贸场、时代潮城、大润发超市分别实现销售额8876万元、1145万元和1046.5万元，同比分别增长71.6%、225.3%和20.6%。节日期间，国际大酒店、雷迪森万锦大酒店、上虞宾馆等三家五星级大酒店天天爆满，客房入住率都超过95%以上，营业收入比增长均在30%左右，舜杰、湟中湟、舜泉等特色餐饮企业收入同比增长在30%左右。“十一”黄金周期间，国大、雷迪森，上虞宾馆等10家重点监测住宿餐饮企业实现营业额2697.9万元，同比增长46.4%。

【成立上虞市餐饮行业协会名厨委员会】 5月30日，上虞市餐饮行业协会名厨专业委员会成立。10月6日，在时代广场举办“舌尖上虞”虞舜文化美食节，旨在提高上虞餐饮文化内涵，发展推广上虞特色菜和名菜，培养饭店名厨，发掘民间厨艺高手，提高上虞餐饮形象档次。全市各大酒店积极参与，受到广大客户的一致好评，《上虞日报》、上虞电视台等媒体到现场进行报道。10月7日，全市评选十佳乡村大厨活动在市职业中专举行，活动邀请绍兴市两位高级技师、高级考评员进行评选，活动评出2012年十佳乡村大厨，5名金勺奖，4名厨星奖。并在上虞电视台和绍兴电视台播出。

【首届浙东（上虞）汽车文化博览会】 2012年，全市共有汽车4S店13家，二级经销商3家，主要分布在小越镇、经济开发区和东关街道。全市已入驻上海大众、通用雪佛兰、通用别克、长安福特、上海大众斯柯达、比亚迪、宝马、广汽丰田、广汽本田、一汽丰田、东风日产和一汽大众汽车品牌。4月29日至5月1日，在石狮商贸城举办第十四届汽车交易会，现场销售汽车459辆，实现销售额3948万元。

【开展商贸流通专项整治】 2012年，牵头组织生猪定点屠宰肉品质量安全整治百日活动，严厉打击私屠滥宰行为，开展生猪定点屠宰场（点）资格审核清理工作，1—12月份共开展执法检查1871人次，取缔私屠点4处，生猪定点屠宰量累计达18.8万头，同比增10%，定点屠宰率达98%以上。

【旅游、住宿、餐饮业优质发展】 2012年，上虞市以“打造长三角地区著名休闲旅游目的地”为总体目标，积极创建“全国休闲农业与乡村旅游示范县”，入选“长三角100个最佳旅游休闲名城”，同时被列入全省旅游标准化试点单位，以及绍兴唯一一家全省旅游专项改革试点单位，曹娥江旅游度假区正式获批省级度假区，“四季仙果之旅”成功申报“浙江省旅游发展创新奖”，在统一野藤葡萄、二都杨梅品牌的基础上，又统一了覆卮山樱桃、舜阳猕猴桃品牌。创新品牌推荐手段，拍摄微电影《剪爱》。启动“沪杭甬都市会客厅”品牌培育。全市旅游总接待游客570万人次，国内旅游收入44.18亿元，分别增长25.6%和27.2%；接待入境游客5.9万人次，旅游外汇收入2161.86万美元，分别增长22.9%和24.8%。年末共有涉外饭店、宾馆10家，2012年，住宿餐饮业持续高位运行，全市限额以上住宿餐饮业实现营业额11.07亿元，增长45%，增幅比上年提高12个百分点。

【各项服务，关注民生】 2012年开始，居家养老服务从原先的三个街道延展至各乡镇行政村，全年受理居家养老服务1359件，收取服务卷3万元。

96345中心坚持“关注民生、服务百姓”的宗旨，进一步优化服务资源，建立了一支高素质的服务队伍，确立了一批固定的服务对象，形成了一个常态化的服务项目。2012年，已有13个便民服务小项目150名志愿者，开展各项便民服务达18次，其中20人次以上的15次，服务总人数达351人。

2012年，96345中心接到各类求助电话104950件，日均288只，其中生活服务类38832件，占37%，咨询类62970件，占60%，事务类3128件，占3%，其中直接来访求助127件，分中心电话10083件，办结率达100%，求助回访率100%，满意率保持在99.9%。96345中心被评为绍兴市“三八”红旗集体，绍兴服务名牌，绍兴市优秀志愿服务项目。（符凌云）

大中型商场

【概况】 2012年，绍兴大通集团公司荣膺全国供销系统二十强企业，销售突破33亿元；浙江上百贸易有限公司、绍兴大通商场股份有限公司被评为中国商业名牌企业，2012年销售额均突破15亿元，位列全省百货零售业单店销售前十强。拥有省五星级文明规范市场称号的浙江石狮商贸城，2012年市场成交额超80亿元。绍兴大通超市公司、浙江上百超市公司分别被评为国家级和省级“万村千乡市场工程”龙头配送企业。

【浙江上百再次入围省服务业百强企业】 由省企业联合会、省企业家协会、省工业经济联合会举办的“2012浙江省企业领袖峰会暨企业家活动日”会议在杭州举行，会上公布了2012年浙江省服务业百强企业名单，浙江上百贸易有限公司再次入围，位列第80位，这是该公司连续第七次进入百强企业榜单。

浙江上百公司近年来通过加大投入，开拓经营，创新管理，加强员工队伍建设，优化商业服务质量，不断提高和创新企业竞争能力，企业经营规模和综合素质得到全面提高。

【浙江省首家绿色五叶酒店落户上百·万和城】 12月25日，浙江省首家按照绿色五叶酒店标准的精品商务酒店——中南海滨酒店落户上百·万和城，酒店以安全、健康、环保的领先创意，按照新兴的绿色饭店最高等级五叶级标准打造，休闲而具备办公，端正而不失时尚，为尊贵的顾客提供雅住、美食、会务、娱乐和商旅之应有尽有的热忱服务，是卓越非凡的高端商务酒店。中南海滨酒店全部采用新型环保高新材料装饰，严格噪音、能源、垃圾管理指标控制，特别是每个房间，针对新时代商务客人的需求，围绕健康、环保特点增加了娱乐、时尚休闲要素。

【浙江上百开展节前安全生产大检查】 浙江上百公司进行了春节前的安全生产大检查，检查工作由公司领导带头，公司保安科、动力科、电工班、保安队和一百商店、上百·万和城两大商场等管理人员组成检查小组，重点对一百商店、上百·万和城进行了全面检查，检查项目涉及消防设备、电梯运营状况、配电房、消防泵、各门店的仓库等。由于平时基础工作扎实有效，安检结果令人满意，充分反映出公司上下对安全工作的重视，而对其中存在的一些问题，检查小组通过下发“安全隐患通知”，责成相关部门实施限期整改，整改工作由保安队、电工班负责复查。此次安全生产检查，为春节期间公司经营活动高效有序开展提供了保障。

【上百购物中心获杭州湾上虞工业园区先进企业】 浙江上百公司预计投资1.5亿元建设一个集购物、餐饮、休闲、娱乐于一体的购物中心，方便园区广大员工及家属的消费需求，丰富他们的业余文化生活。该购物中心已于2011年10月份正式动工建设，目前土建正在紧张施工中，预计购物中心部分项目有望年底前投入营业。在近期召开的杭州湾上虞工业园区经济工作会议上，浙江上百工业园区购物中心项目凭借投入力度大、建设进度快、推动作用强等指标被园区管委会表彰为“商贸服务业优秀企业”称号。

【大通“两店”探索营销新路】 大通“两店”，作为上虞商圈重量级的商贸“巨舰”，经过近几年的成长和发展，已成为整个上虞地区商贸服务业的重要经济地标。近两年来，始终以“假日经济”“双休经济”“季节经济”“单品经济”为切入口，以目标顾客群为营销导向，围绕主力商品群。2012年上半年，先后推出了“新年盛情献礼”元旦促销、“新春时尚盛宴”春季促销、“折动芳心”“三八”节促销、“春·享悦”春季系列促销、“五一时尚汇”“五一”促销、“温情母爱，真情献礼”母亲节促销、“夏之恋”夏季系列促销、“黄铂金珠宝节”单品类促销、“年终庆典”年终促销等活动。

【大通两日销彩电2000台】 大通携创维品牌商品开展创维彩电“年终福利盛典”活动，10月27、28日售出近2000台彩电，销售额突破370万元，创下了2012年彩电单品活动销售最高，为低迷的家电市场注入了一针强心剂，成为一个营销亮点。

【连锁超市销售12亿元】 2012年，全市有绍兴大通超市有限公司、大润发超市、一百超市、大通商城超市、沃尔玛超市、宁波三江超市等6家重点连锁超市。累计实现销售额12.89亿元。同比增长6.5%。其中一百超市销售额4.10亿元，同比增长22%，大润发超市4.19亿元、同比增长7%。

（符凌云）

盐务管理

【概况】 2012年，市盐业有限公司累计购进各类盐3.14万吨，比2011年减少2518.45万元，销售各类盐3.96万吨。其中食盐1.9万吨，工业用盐2.06万吨。实现销售额3715.15万元，实现利润总额60.7万元。基本完成省盐业集团有限公司年度经营目标。

【供应腌制用盐1.59万吨】 虞北海涂等地芥菜、榨菜种植面积较上年减少，又由于气候原因，导致榨菜减产。市盐业有限公司共调拨腌制用盐1.59万吨，比2011年同期减少1.81万吨，同比减少54.35%。

【检查用盐企业和个体工商户9700余家次】 市盐业有限公司把供应合格食用碘盐放在工作首位，盐政管理人员加强与公安、工商、卫生等职能部门协作，深入开展执法活动，突击检查用盐企业十余家。全年公司共出动盐政人员790余人次，检查用盐企业和个体工商户9700余家次，查获盐业违法案件一起，无行政复议和诉讼案件，保障盐业市场有序流通。全年未发生食盐安全事故。

【及时平息抢购食盐风潮】 自9月19日开始，受周边县市影响，上虞出现集中抢购食盐现象。市盐业有限公司及时向市政府汇报，并立即召开紧急会议，启动食盐应急预案，组织车辆配送食盐。由于配送及时，至21日，食盐抢购风潮得以平息。

（胡德方）

中介服务业

法律服务

【概况】 2012年,全市共有律师事务所13家,其中合伙律师事务所7家、个人律师事务所6家,执业律师82名,实习律师24名,律师助理17名。基层法律服务所8家,基层法律服务工作者46名。浙江舜杰律师事务所被评为浙江省服务中小企业优秀律师事务所,浙江沪鑫律师事务所被评为浙江省律师行业党建工作模范所,浙江舜杰律师事务所被评为绍兴市优秀律师事务所,上虞市虞城法律服务所被评为绍兴市优秀基层法律服务所。浙江舜杰律师事务所金尧坤获"浙江省律师行业创先争优活动党员标兵"称号,浙江振才律师事务所王建才获"浙江省服务中小企业优秀律师"称号,浙江国良律师事务所沈伟良获"绍兴市优秀律师"称号,上虞市东关法律服务所陈海根获"绍兴市优秀基层法律服务工作者"称号。 (章丽丹)

【律师代理案件1910件】 全年,全市律师共代理案件1910件,其中刑事案件248件,民事诉讼代理1028件,经济诉讼代理557件,行政诉讼代理10件,非诉讼法律事务66件。解答法律咨询4570人次,担任法律顾问516家,业务收费3117万元。基层法律共代理案件788件,其中诉讼事务782件,非诉事务6件,解答法律咨询、调解纠纷2320人次,担任法律顾问272家,业务收费286万元。

(章丽丹)

【完成年检注册工作】 对13家律师事务所、78名执业律师,8家法律服务所、45名法律服务工作者开展2012年度年检、注册工作,完成对各律师事务所和基层法律服务所2011年度财务审计工作。组织全体律师和法律服务工作者参加上级组织的继续教育培训。 (章丽丹)

【做好法律顾问】 组织动员律师、基层法律服务工作者围绕全市中心任务,发挥法律服务专业优势,为各级党委、政府及职能部门担任法律顾问,当好政府法律参谋和助手。6名资深律师受聘为上虞市政府法律顾问,17个市级部门、10个乡镇(街道)政府聘请律师担任法律顾问。开展律师服务中小企业专项活动,组织律师深入企业生产一线,主动走访中小企业,为中小企业开展"法律体检""助推中小企业发展"法律宣讲等,为中小企业发展排忧解难。深化法律服务"一村一社区一顾问"制度,指派律师、基层法律服务工作者为农村、社区提供法律服务,落实相关工作机制,覆盖面达90%。 (章丽丹)

【规范考核监管机制】 组织开展律师事务所、基层法律服务所内部管理和业务质量评查活动,对法律服务机构和人员的执业行为、投诉情况、服务质量进行调查处理,完善服务管理、诚信执业、重大事项报告等制度。通过抽查案卷等形式对律师、基层法律服务工作者办案情况进行专项检查,对发现的问题责令整改,并诚勉谈话。高度重视投诉案件处理。建立对投诉案件办理的备案和审查程序,加大对当事人投诉法律服务案件的查处力度,稳妥办理投诉案件,进一步加强对律师和法律工作者的监管,促进法律服务行业健康发展。

(章丽丹)

【开展法律服务“六进”活动】 积极组织律师、基层法律服务工作者开展法律服务“六进”(进机关、进乡村、进社区、进学校、进企业、进单位)活动,组织律师、基层法律服务工作者参与“三·五”志愿服务、“5·29”计生协会宣传日、“质量月”“12·4”法制宣传日、“文化、科技、卫生”三下乡等公益法律宣传活动,提升法律服务执业人员的社会形象。引导律师事务所、基层法律服务所参与爱心结对、扶贫帮困等社会公益事业,全年,法律服务机构共捐款5万元支持陈溪乡太平山村的后进整转工作。

(章丽丹)

【受理援助案件426件】 抓好法律援助“绿色通道”建设,为残疾人、老年人、外来务工人员和军人军属等群体开辟法律援助“绿色通道”, 对符合法律援助条件的当事人,落实“四个当场”(当场受理、当场审查、当场审批、当场指派)工作制度。4月,市司法局与市检察院联合出台《关于加强刑事被害人法律援助工作的意见》文件,有效推动当地刑事被害人法律援助工作的规范开展。全年,法律援助中心共受理援助案件426件,其中刑事288件,民事138件,为来电、来访群众提供1790次法律咨询,为群众挽回经济损失或取得利益800余万元。

(孟立标)

公证服务

【概况】 2012年,市公证处共办理各类公证事项25656件。其中办理赋予强制执行效力的债权文书公证21760件,涉及金额278.5亿元,出具执行证书106件,法院受理104件,执行债务金额达1.873亿元。办理抵押物登记11414件。为嘉绍大桥、绍诸高速、杭甬运河、浙东饮水工程、曹娥江标准塘建设、上虞滨海乡村生态观光园项目等多个重大项目办理招投标公证以及建设工程合同公证。配合相关部门参与百官街道丰二居委周边和53号区块、百官街道星四村、百官街道前一村等多处征迁改造工作以及宅基地转换、经济适用房、廉租房分配等政府重大民生工作。2012年,上虞市公证处先后被授予全省公证行业东西部对口支援工作先进集体、绍兴市优秀公证处、工会工作先进集体、信息工作先进集体、“五好”基层党组织等荣誉称号。

【推出创新服务】 切实响应市委、市政府提出的“企业服务年”要求,为金融机构及当事人搭建全方位、高质量、高效率的便民公证法律服务平台。2012年4月16日,市公证处派遣工作人员定期为中国银行上虞支行提供上门受理业务工作开始试运行。截至10月底,市公证处已同浦发银行、绍兴银行等多家金融机构达成相关服务协议。

【监管一家信誉缺损房企】 2012年,市公证处与某信誉缺损房企以平等民事主体的方式接受其委托,通过保管其所有印章监管其对剩余资产的处置、对其债权债务处置行为,进行法律指导、把关,以公证机构的公信力协助其资、债处置,提高其剩余资产的处置价值、对其处置资产后的资金以提存方式进行监管等方式,监督其按法定程序进行债务清偿。在公证处的监管之下,该企业的多笔违法合同、协商、文件的签署都得到了避免。

【对两起听证进行全程公证】 市公证处对一起信访听证和一起规划听证进行了全程公证,使听证制度中很多环节的透明度得到了保障,对听证的结果也以公证的法定程序证明了其效力。这是在继2011年对一批公开选拔副科级领导干部的选拔过程进行公证之后的又一次探索性服务。

(冯蕴兰)

会计服务

【概况】 2012年,全市共有持证会计从业人员14117人,其中,会计员835人,占5.9%;助理会计师1466人,占10.4%;会计师785人,占5.6%;高级会计师100人,占0.7%。有会计师事务所2家,会计代理记账机构3家。全年共组织3881名考生参加浙江省会计从业资格考试,其中全科2973人,单科908人;共有894名取得了会计电算化证书。963人参加珠算等级鉴定考试,402人取得珠算等级证书。

【培养会计人才】 全年举办各种形式的培训班，鼓励会计人员参加各类考试。按照人才战略要求，对7名高级会计管理人才进行了走访，帮助解决实际问题，积极组织企业高级会计管理人才参加省企业类领军人才的选拔活动，推荐1名会计人员（亚厦股份公司刘红岩）参加全国会计领军（后备）人才（企业类）的选拔考试。加强会计人员管理，对会计学会会员进行重新登记，5个会计分会成为团体会员，455人成为个人会员。2012年，全市分别有200人、22人和10人，通过初级、中级和高级会计资格考试，8人参加、7人通过高级会计师任职资格评审。组织大中专学校学生参加全省第32届财经类大、中、职珠算技术比赛，职业中专获中学组团体一等奖2个和个人一等奖1个、二等奖2个、三等奖3个，职教中心获团体三等奖1个和个人三等奖3个。全年共有9807人参加上虞市组织的初级会计人员继续教育培训。

【组织开展会计理论研究】 做好论文、调研课题的布置及推荐工作，组织各会计分会开展“浙江会计文化”征文活动，共上报论文12篇；组织部分高级会计人员参加市职业中专举办的“百名技师进校园”的活动，发挥专长帮助学生增强学习技能；开展会计有奖征文及调研课题活动，共收到有奖征文57篇、调研文章11篇，评选出优秀文章28篇，8篇文章被绍兴市《财税与会计》刊物选中刊登。

【加强会计监管工作】 做好会计执业评审工作，开展会计从业人员不良执业行为记分考核和会计人员执业告诫，对14名会计人员实施记分管理，对19名会计人员进行执业告诫。配合省财政厅做好2012年度会计信息质量和会计师事务所执业质量检查。

【9192人参加会计制度培训】 做好新实施的会计政策法规的宣传、落实工作，通过多种渠道对会计人员开展培训，共有9192人参加了小企业会计制度的培训。贯彻落实上市公司《企业内部控制规范体系》及其配套指引内容，在网上开设专家名师课堂，帮助广大会计人员学习掌握新政策法规。

（葛虹燕）

中介服务

【协助企业重组】 制定出台《关于加快重点区域“退二进三”工作实施意见》和《关于进一步完善企业重组政策的若干意见的补充意见》，加大低、小、散企业兼并重组，2012年帮助4家企业实施重组，涉及资金2000多万元。

【开展“模拟审批制”事项】 根据上虞市政府第11号令《上虞市政府投资项目管理办法》及相关文件精神，市发改局在2012年牵头组织便民中心相关业务审批窗口负责人开展业务探讨和外出参观学习，创新行政审批工作。7月，编制《关于政府投资项目和重大产业项目实施“模拟审批制”的若干意见》，简化审批事项，优化投资环境。

【推进“社会诚信体系建设”工作】 根据市委办〔2012〕39号文件精神《关于开展“社会管理创新落实年”活动的实施意见》，开展“诚信上虞”体系建设。

全面推进政务信息公开工作，2012年上半年，全市73个部门和单位累计主动公开政务信息18746条，新增2512条，政府信息公开网站点击人数达42万人次。

依托活动载体，开展企业信用体系建设指导。通过“进村入企”活动，指导企业积极参与“知名商号”“守合同重信用”“信用示范管理企业”等认定评选活动，赋予企业信用资产。2012年新申报AAA级企业5家，AA级14家，A级33家；成功申报“浙江省知名商号”14家。

【加快金融诚信体系建设】 为切实改善中小企业和农村地区金融服务，优化配置金融资源，加大金融对中小企业和“三农”建设扶持力度，部署全市银行业机构开展中小企业和农村信用体系建设。到2012年上半年，全市共收集中小企业信用档案2500户，收集166911户农村企业和农户信息，评定信用户31971户，信用村188个，信用乡镇2个。

（叶　舟）

企业担保

【概况】 2012年,全市有担保公司1家,绍兴市上虞申发担保有限公司。(2005年5月28日成立)注册资本0.3亿元。

【银行授信5.3亿元】 2012年,银行授信申发担保有限公司,授信金额5.3亿元(其中,绍兴银行1.5亿元、杭州银行8000万元、农村合作银行1.5亿元、建设银行1.5亿元)。

【全年公司为企业担保金额2.5亿元】 2012年,申发担保有限公司共为101家企业融资担保,担保金额2.5亿元。

【申发担保开展贷款担保专项活动】 2012年5月,绍兴市上虞申发担保有限公司联合杭州银行绍兴分行开展经营性贷款担保专项活动。杭州银行绍兴分行授信8000万元,支持上虞中小企业和商流经营户,扶持实体经济发展。解决中小企业"融资难、担保难"。申发担保自成立至今,已担保企业500多家,担保贷款金额8亿多元。

(葛淑芬)

广告管理

【概述】 全区共有广告经营企业138家,实现广告经营额1.2亿元。全区累计中国广告经营企业一级资质1家、二级资质1家、三级资质2家。

【广告监管】 在2012第十九届中国国际广告节"国酒茅台"中国公益广告黄河奖评选中,市工商局选送的浙江雅图传媒环艺有限公司设计作品《大话西游》获优秀奖。这是上虞广告业首次获得全国性大奖,省级广告比赛已累计奖项8项。新推出广告从业人员执业资质要求,已组织7家广告企业的15名广告从业人员报名参加省广协和省人事厅联合举办的广告师和助理广告师资格培训和考试。该局在市区的滚动灯箱、公交车候车点等醒目位置,设计、制作了12块工商文化公益宣传广告,内容涵盖工商基本职能,增强工商文化在社会上的影响力。

(胡晓东)

商标监管与服务

【建立品牌建设多级联动机制】 发挥当地乡镇和企业的积极作用,在全市21各乡镇(街道)建立品牌工作指导站。同时在相关企业推行争创省级品牌管理示范企业活动,形成部门、乡镇、企业多级品牌建设联动机制。全年新增国内注册商标869件,新增商标国际注册42件。

【建设驰著名商标培育库】 以建设上虞市驰著名商标培育库为抓手,结合"四季仙果之旅"的发展实际,针对上虞企业发展现状、块状特色等,通过摸底调查,筛选具有一定发展潜力的企业进入驰著名商标培育库,着力做好品牌培育,增强企业发展后劲。

【2只商标认定为中国驰名商标】 2012年,"古越""皇马"2只商标被国家商标局认定为中国驰名商标,有1只地理标志证明商标和2只集体商标国家商标局已受理,还有2只集体商标正在报国家商标局。市工商局政策引导、考核保障、硬件落实、软件创新、标准管理、特色指导的品牌工作指导服务站建设,得到了前来调研的国家局、省局领导和绍兴市局的充分肯定。

(胡晓东)

市　场

商品市场

【概况】 2012年，全市共有各类商品交易市场57个，市场总成交额98.7亿元。办理市场名称新办1家，变更登记10家。举办合同培训班9期，受训人员350人次。

【大力推进农贸市场改造提升】 市委、市政府高度重视农贸市场改造提升工作，将其列入民生实事十大工程项目之一，并写入了政府工作报告。市工商局将农贸市场改造提升工作列入重要议事日程，全力抓好农贸市场改造提升工作。市改造提升办公室组织有关人员，多次实地走访了老汽车站综合市场、永和农贸市场、赵家农贸市场、恒利农贸市场，并同汽运公司、永和镇政府、百官街道分管领导进行座谈，督促改造项目早启动，探讨改造方案。3月中旬，市改造提升办公室组织市场提升改造办公室成员和2012年有改造任务的市场赴绍兴县学习取经并参观绍兴城区及绍兴县改造完成的市场，重点了解有关配套政策和审批流程，实地参观改造提升后的市场，听取改造情况和学习管理提升经验。2012年实施完成崧厦、东关、丰惠、老汽车站、赵家和陈溪等6家农贸市场的改造提升工作。

【开展“安全生产月”活动】 市工商局以“预防为主、加强监管、落实责任”为重点，扎实开展安全生产宣传教育活动，在该次“安全生产月”期间市局悬挂电子标语（横幅）2条，下属工商所、分局各市场悬挂横幅8条，各市场出黑板报8期，开展安全咨询1次，张贴宣传画50张，出动宣传车5次，制作参观图片12幅，展览5次，观看人员达1000多人次，发放宣传资料100多份，组织执法安全检查2次，参加检查人员20多人次。发现事故隐患1处，整改1处，并利用市场的广播每天宣传。通过近一个月的宣传活动大大提高了市场经营者和全局干部职工的安全素养，强化了各项安全措施，落实了各市场、企业等经营主体安全生产的主体责任，有效防范和坚决遏制事故的发生，进一步提升安全生产的保障。共排查安全隐患6处，整改了6处，各市场增加灭火器18只，总投入资金80.8万元用于消防安全，对各市场的用水、用火、用电，市场的硬件设施都进行了维修和整改，确保了各市场的安全工作。一年来市场未发生一起安全事故。

【加强节日期间食品检测】 市工商局结合节日市场的特点，制订了节日期间的快速定性抽检计划，加强流动检测车、检测箱的节日值班，合理安排好节日期间的抽检任务，确保节日期间检测点的检测工作正常有序进行。对在检测过程中发现的重大食品安全问题和查处的大要案做到及时上报，及时处理确保节日的安全。全年开展快速定性检测30882批次，其中市场检测点21944批次，检测车2611批次，检测箱6327批次，发现不合格商品255批次，督促销毁不合格商品816.5公斤，立案查处5件，罚没款0.5万元。

【做好市场名称登记工作】 市工商局严格按照《浙江省商品交易市场名称登记管理办法》和《浙江省网上商品交易市场管理暂行办法》的要求做

好市场名称登记工作。对每个市场档案都做到规范管理、及时归档，在绍兴市局开展市场名称登记质量检查工作中，市工商局获得第三名的好成绩。

【开展农资专项整治工作】 根据绍兴市局统一部署，上虞市工商局认真开展“越剑二号”农资专项整治行动，行动中市局以企业、个体年检验换照为契机，进一步建立健全完善农资经营店“两账两票，一卡一书”、索证索票、进销货台账登记等管理制度。以种子、农药、肥料等农资商品为重点，对辖区内农资批发市场、农资经营门市、农资经营户进行拉网式检查，切实维护了农资市场经营秩序，保护了农民的合法权益。

【联合部门做好相关市场监管工作】 对于政府其他部门的市场监管工作，积极做好配合和协调工作。上半年来，配合农林渔牧局开展农产品检测2次，配合服务业发展局开展生猪产品整治4次，配合技术监督局开展市场内经营户秤具年检工作1次。

【开展“访市场、入商户、送服务”活动】 市工商局结合上虞市实际，扎实有效地开展了“进市场门、听商户言、知市场情、解市场忧、连市场心”的大走访活动。根据活动安排，市局走访了上虞市丰惠农贸市场、上虞市陈溪农贸市场、上虞市东关农贸市场、上虞市百官街道恒利农贸市场、上虞市九天龙实业总公司赵家农贸市场等6家农贸市场和浙江石狮商贸城、上虞浙东商城网上交易市场2家专业市场。听取市场主体对工商部门服务经济、监管执法等方面的意见和建议，在此基础上，与市场举办者和市场管理者共同理清发展思路，帮助市场建立健全管理制度，解决市场实际运营和管理中遇到的难题，分析发展方向，找准发展之路。

【认定AAA级企业5家】 通过下发文件、召开会议、媒体公告等多种形式广泛宣传发动，积极引导更多的高质量企业加入“守重”单位行列。最后经局长办公会议通过后上报绍兴市局拟认定2012年度AAA级5家，AA级14家，拟续展AAA级11家，AA级23家。

【做好拍卖业监管】 针对上虞市日益活跃的拍卖交易活动，加大监管力度，着重从事前、事中、事后对拍卖行为进行监管。全年，共备案拍卖活动82场次，委托合同101份，委托金额2.1742亿元，成交确认数69份，拍卖成交额1.0856亿元。全年共办理质押登记6件，质押股权960万元，帮助企业获贷款700万元。受理房地产抵押登记511件，抵押物价值61.6亿元，担保主债权金额85.5亿元。共受理企业动产抵押151件，为企业解决融资19.02亿元。

【开展各类格式合同条款备案工作】 市工商局在平时对格式合同备案重要性和必要性进行大力宣传，增强经营者依法申请报备的积极性和主动性，提高消费者的维权意识。2012年主要开展房地产、公共垄断性行业合同格式条款备案工作，收到备案合同9份。同时加大对格式合同条款的执法力度，印发了《上虞市工商局整治利用合同格式条款侵害消费者合法权益专项行动实施方案》，对利用合同格式条款侵害消费者权益的行为，坚决制止和纠正，拒不改正的依法予以查处。同时，积极配合市消保委和民个协做好《预付式消费》示范文本的指导和制定工作。　（胡　奔）

人才市场

【概况】 根据上虞市人才强市战略，加快人才集聚步伐。2012年主要采取自主组团形式，组织企业参加各类招聘会。根据全市人才工作总体安排，上半年和下半年，由市领导带队，市级有关部门、乡镇和企业负责人组团两次参加武汉、南京、长春等地的“引智强企”系列活动和吉林省2013年高校毕业生就业洽谈会。贯彻落实市委、市政府一系列人才政策，重点做好已核定的2011年度45名人才购房货币化补助对象的企业配套资金的征缴工作及对前三批已缴费人员的兑现。不断加强高校毕业生的就业指导和服务，主要做好毕业生的就业协议签订登记、档案的接收与报到派遣，对离校未就业高校毕业生的动态跟踪服务。全市共接收普通院校毕业生3600人，其中硕士以上

109人，本科1922人，平均签约率达85%以上；为方便人才有序流动，开辟了人才服务绿色通道，全年共接转人事关系350余件，转递人事档案4000余份。（阮彩琴）

【引进各类人才8877名】 据年初对全市200多家企事业单位2012年人才需求调查，共上报人才需求信息2247条。据此，制订了2012年度人才引进计划，采取组团形式，进市场入高校多渠道开展人才招聘活动。累计引进各类人才8877名，其中硕士以上高层次人才255名。组织参加各类招聘会18次，其中大型招聘会5次，参会企事业单位700余家次，共推出岗位数8540余个，达成意向8713名，其中博士生8人，硕士及副高以上职称354人，普通高校毕业生7551人。同时在人才服务中心网站推出网上招聘岗位2800余个。（阮彩琴）

7月14日举办大中专毕业生招聘会暨夏季人才交流会（阮彩琴 摄）

【多次开展"引智强企"活动】 组织5家企业先后参加了"第十届博士绍兴行"活动和"中国杭州国际人才交流大会"，与30余位海外博士开展了项目合作洽谈。2012年6月，由市领导带队，市级有关部门、乡镇及浙江美诺华药物化学有限公司等12家企业负责人，组团参加了武汉、南京的"引智强企"系列活动。与华中科技大学、南京大学开展了科技合作对接活动；与中国武汉人才市场、南京人才市场进行了人才智力合作座谈会；并在两大市场组织开展了紧缺型人才招聘活动。下半年，组织10家企业、3家医疗单位赴长春参加吉林省2013年高校毕业生就业洽谈会，并与吉林省人才交流开发中心签订人才服务合作协议；还在吉林大学、哈尔滨理工大学、哈尔滨医科大学举办上虞专场招聘会，卧龙控股、金盾集团当场与13名硕士以上人才签订引进协议。当年还推荐申报了省级引进国外智力项目，有卧龙集团公司"BROOKW系列电动机转移项目"等。（阮彩琴）

【选聘大学生村干部20名】 2012年上虞市共选聘大学生村干部20名，其中择优选聘6人，公开选聘14人。报名人数为653人，创出了历年来村干部招考报名人数之最。全市现有在岗大学生村干部239名。为帮助大学生村干部有序流动，上半年组织市供销总社面向在岗大学生村干部公开招考，录用10人到其下属各社及集体企业工作；下半年又在市商贸国资总公司、上虞港、市粮食储运公司、上虞农村合作银行、市水务集团五个国企中推出面向村干部公开招考岗位12个。为加强管理，由专人负责村干部工作，定期与村干部进行思想交流，切实解决他们遇到的困难和问题。及时收集材料，实施定期考核。（徐柏年）

人力资源市场

【概况】 位于曹娥街道越秀中路273号的浙江东舜电器集团的厂房作为上虞市人力资源市场，经扩建后市场面积为2628平方米，其中二楼为公共职业介绍中心场地1750平方米，每周二、五上午由人力社保局就业服务中心所属人力资源市场举办招聘集市；一楼为民办职业介绍机构场地，面积878平方米，常年有20多家民办职业介绍所进驻该场地，天天为求职者提供有偿服务。另外在东关、小越、道墟、梁湖、驿亭、盖北、杭州湾上虞工业园区建立了人力资源分市场，常年为用人单位办理招工事务。（徐柏年）

【举办招聘集市98场】 2012年人力资源市场共举办招聘集市98场次，其中大型招聘会11场次。设摊单位1365家，提供岗位57392个，达成意向30158人。同时充分发挥乡镇人力资源分市场功能，2012年10月20日在崧厦镇（中国伞城）举办绍兴市就业大篷车下乡招聘活动，招聘企业39家，提供岗位1258个，达成意向397人；外省市劳务协作进一步加强，两次外出去贵州开阳、江西南昌、萍乡莲花等地开展劳务协作，引进外来员工500余人。已与全国12个省25个县市达成劳务协作基地29个。（龚浒尧）

人力社保局领导带队赴贵州开阳开展劳务对接活动（龚浒尧　摄）

【举办市首届校企合作技能人才交流会】 2012年5月11日，召开了"上虞市首届校企合作技能人才交流会"，会议邀请了各省市86所职业院校和上虞市126家企业单位，采取政府搭台，校企唱戏，"看菜下单""点菜订单"模式，与技术院校达成技术培训协作关系，解决技术工人的输送和培养问题。据统计，交流会现场初步达成了2500余名技能人才培养输送意向。（金　旦）

5月11日，举办"上虞市首届校企合作技能人才交流会"（金　旦　摄）

房地产市场

【概况】 加强房地产市场动态监测，健全完善房地产市场信息系统和统计月报制度，及时发现市场运行中的新情况、新问题，提出解决的新举措、新思路。规范商品房预售资金监管工作，市建设局、建管局、人行上虞支行、银监办，共同转发了《〈浙江省商品房预售资金监管暂行办法〉〈浙江省商品房预售资金监管协议书（示范文本）〉的通知》（浙建房〔2010〕72号），要求市内房地产企业在办理商品房预售证前，必须与工程监理单位、监管银行签订预售资金三方监管协议。通过深入房地产企业调研，向市政府作了《关于要求解决当前全市房地产企业运行中有关问题的情况汇报》，加大房地产企业解困力度。召开全市有关房地产企业负责人参加的"房地产形势分析座谈会"，同时邀请市政府分管领导及各相关职能部门领导，共同分析当前上虞市房地产市场面临的严峻形势，进一步形成共识，落实责任，政企联动，共渡难关，确保全市房地产健康、持续发展。

【规范商品房预售资金监管工作】 5月底，市建设局、建管局、人行上虞支行、银监办，共同转发了《〈浙江省商品房预售资金监管暂行办法〉〈浙江省商品房预售资金监管协议书（示范文本）〉的通知》（浙建房〔2010〕72号），要求市内房地产企业在办理商品房预售证前，必须与工程监理单位、监管银行签订预售资金三方监管协议，确保商品房预售资金用于相关工程建设，防止商品房交易风险，保障预售商品房当事人的合法权益，维护房地产市场正常秩序。

【召开专题座谈会】 5月份，由房地产协会牵头，召开全市房地产形势分析座谈会，邀请市政府分管领导及各相关职能部门领导参加，共同分析当前面临的形势，形成共识。11月初，会同统计部门召集市内11只重点楼盘房产负责人，召开"加快推进房地产有效投资"专题座谈会，统一思想、增强共识、明确目标、分解任务，推动全市房地产健康、持续发展。

【加大房地产企业解困力度】 市建设局通过深入房地产企业调研，共梳理70个问题，并专题向市政府作了《关于要求解决当前全市房地产企业运行中有关问题的情况汇报》。经市政府常务会议明确，原则同意相关建议与措施。主要内容是提前退还全市商住楼盘的履约保证金，统一延长项目建设期限(一年)和加快楼盘周边基础配套设施的建设。

【加强房地产市场动态监测】 健全完善房地产市场信息系统和统计月报制度，及时发现市场运行中的新情况、新问题，提出解决的新举措、新思路，通过每月一期的房产信息及时上报市领导。对"重点企业、重要楼盘"实时跟踪服务。针对"交房、办证、退房、改户、降价"等可能诱发的信访群访问题，加强预警防控，建立应急预案，上下联动，左右互动，及早介入，做好准备。 (钱一梅)

文化市场

【概况】 2012年，市文化市场行政执法大队以创建平安文化市场、促进社会和谐稳定为目标，强化执法监管，净化社会环境，促进了文化市场的健康发展。全年共出动检查343次，出动检查人员801人次，检查经营场所1445家，立案查处案件37起，共计罚没款161987元。取缔非法大棚演出10起，取缔无证电子游戏室14家，共收缴非法音像制品 8010张，非法书刊893册。

【开展各类文化市场专项整治行动16次】 6月6日，文化、消防大队在市时代广场举办文化经营单位消防安全演练，副市长方静出席现场活动。9月13日，文化、公安、工商等部门对城区出版物市场开展专项整治，上虞日报跟踪报道，在步行街查处一起销售非法音像制品案，立案调查处理。国庆前文化、消防部门联合开展文化市场"打非治违·消除火患"专项行动，责令整改安全隐患场所3家。

6月6日，时代广场，文化、消防联合举办文化市场消防安全演练 (朱妙琴 摄)

【命名为省级"青少年维权岗"】 2月，市文化市场行政执法大队被浙江省未成年人保护委员会命名为第五批省级"青少年维权岗"。大队一如既往地开展保护未成年人健康成长行动，积极发挥行业优势，拓展维权职能，维护青少年合法权益，打击文化市场各类违法违规行为。

【文物行政案件获奖】 11月，市文物监察大队承办的《上虞市卧龙天香华庭置业有限公司未经文物行政部门同意擅自在上虞市市级文物保护单位——晾网山青瓷窑址的建设控制地带内进行建设工程案》，荣获2012年度全国文物行政处罚案卷评查十佳案卷第一名。 (朱妙琴)

旅 游 业

综 述

【概况】 2012年，围绕市委、市政府“四个上虞”的总体部署，以“打造长三角地区著名休闲旅游目的地”为总体目标，大力推进项目建设，提升旅游发展水平，提高对外知名度，加强旅游接待能力。全年全市接待国内外游客达570万人次，实现旅游总收入45.54亿元，分别比上年同期增长25.5%和27.0%，且全年无旅游安全事故。继续深化“四季仙果之旅”，启动培育“沪杭甬都市会客厅”，精心组织旅游节会，做好基础工作，开展创建“全国休闲农业与乡村旅游示范县”活动，成功设立曹娥江省级旅游度假区，“四季仙果之旅”荣获“浙江省旅游发展创新奖”，上虞市被列为省旅游标准化试点单位，并入选“长三角100个最佳旅游休闲名城”。

（周　琳）

旅游资源开发与建设

【概况】 2012年，编制完成《浙江上虞祝家庄美丽乡村总体策划》，启动编制《上虞市虞南休闲旅游发展规划》和《上虞市覆卮山景区旅游专项规划》，《曹娥江旅游度假区可行性研究报告》通过省级联席审查，设立上虞曹娥江省级旅游度假区并启动编制《曹娥江旅游度假区总体策划修改完善》《上虞市虞南生态旅游资源保护与利用规划》，起草《上虞市生态旅游资源保护与开发管理办法》，组织征求有关乡镇、部门意见。曹娥景区、天玥开元名都大酒店、世邦万祥城、岭南覆卮山旅游度假村、杭州湾旅游商贸综合体等重点旅游项目顺利推进，累计投资近12亿元。曹娥景区、东山景区、祝家庄景区门票价格核定，凤鸣山景区、桃花源生态旅游区门票价格上调。二都杨梅生态园、盖北野藤葡萄园成功创建国家AAA级旅游景区。东山湖休闲旅游区被命名为“省级森林公园”。新增1个省旅游强镇（乡、街道），3个省特色旅游村，15个省旅游特色经营户（点）。

【设立曹娥江省级旅游度假区】 12月10日，浙江省人民政府批复设立曹娥江省级旅游度假区（浙政函〔2012〕215号）。曹娥江旅游度假区位于上虞东部，主要涉及梁湖镇、驿亭镇、丰惠镇、小越镇等四个乡镇。项目范围北至G329与堰头村交叉处山岭的山脊线，南至玉水河，东至五婆岭山脊线，西北至曹娥江风景名胜区边界线，西南至兰芎山山脊线，总占地面积59.9平方千米，囊括皂李湖、小越湖、东西泊、杨梅山、祝家庄等特色旅游资源，具有鲜明的交通区位优势和优厚的资源、市场基础。

【新增2个国家AAA级旅游景区】 9月11日，二都杨梅生态园、盖北野藤葡萄园获浙江省旅游区（点）质量等级评定委员会批复（浙旅质评〔2012〕3号），成为国家AAA级旅游景区，是上虞首批依托“四季仙果之旅”品牌培育三年行动计划转型升级的水果基地。二都杨梅生态园主要有世外梅源休闲观光生态园、真山杨梅生态示范园、状元岙满山红杨梅基地组成，是一个以弘扬和传播二都杨梅文化、展示杨梅产业生产特色、体现梅林生态休闲和森林山地风光的休闲旅游景区。盖北野藤葡萄园主要有丰富基地、绿翠基地、镇东基地组成,配套了游客服务中心、葡萄文化展示中心、葡萄旅游观光长廊、农家乐餐饮等一系列设施,集葡萄采摘、休闲观光、户外健身、修身养性等功能于一体。

【旅游“百千万”工程成果丰硕】 12月24日,浙江省旅游局发布《关于命名2012年度浙江省旅游强镇(乡、街道)、特色旅游村、旅游特色经营户(点)的通知》(浙旅局〔2012〕336号)。丁宅乡被命名为浙江省旅游强镇(乡、街道)。岭南乡东澄村、章镇镇新叶村、陈溪乡陈溪村被命名为浙江省特色旅游村。永绿果蔬专业合作社、玉宇果蔬专业合作社、长塘镇桃源山庄酒家、神农果业专业合作社、岭南乡柏其饭店、章镇菁岑农庄、龙兴水果专业合作社、十姐妹果蔬专业合作社、四明山陈溪漂流有限公司、岳山富硒杨梅专业合作社、驿亭渔乐人家酒店、四纪冰川农业有限公司、员外山庄酒府、绿露果业专业合作社、舜露果桑专业合作等15家单位被命名为浙江省旅游特色经营户(点)。同时,根据《浙江省旅游局关于公布2012年浙江省旅游强镇(乡、街道)和特色旅游村复核结果的通知》(浙旅政法〔2012〕337号),长塘镇桃园村通过浙江省特色旅游村复核,结果为“优秀”。

【规划编制全面推进】 编制完成《曹娥江旅游度假区总体策划》和《浙江上虞祝家庄美丽乡村总体策划》。委托浙江旅游科学研究院启动编制《上虞市虞南休闲旅游发展规划》和《上虞市覆卮山景区旅游专项规划》。

【重点旅游项目完成累计投资约12亿元】 曹娥景区累计投资约2.4亿元,般若寺油漆工程及内部陈设基本完工,景观绿化工程形象凸显,主入口工程完成招投标并进场施工,古运河整治列入“清水工程”正抓紧实施,曹娥老区遗留户拆迁问题基本解决。天玥开元名都大酒店累计投资3亿元,完成主体结顶。世邦万祥城累计投资3.02亿元,主体竣工验收。岭南覆卮山旅游度假村累计投资4000万元,5.619千米上山道路全线贯通。杭州湾旅游商贸综合体累计投资约3.16亿元,完成项目总规及休闲旅游区块修规编制,于10月18日举行奠基仪式。

【虞舜文化旅游品牌初步形成】 理顺景区经营管理体制,做大做强虞舜公司,完成东山景区资产移交,首批景区专职讲解员招聘,以及曹娥、东山、祝家庄、凤鸣山、桃花源等五大景区门票定价、印制。策划多项特色活动:“五一”黄金周期间,在曹娥景区举行大舜庙游园会,为景区增添节日气氛;“十一”“中秋”长假期间,在曹娥景区、祝家庄景区推出“虞舜文化·古越风情”国庆(中秋)休闲旅游系列活动,吸引了市内外游客踊跃参与,场面热烈,气氛空前;农历九月廿七(11月10日),会同市虞舜文化研究会和文化部门在曹娥景区举办社会各界祭祀舜帝活动,邀请了省、市各级领导和各地舜文化研究会代表参加,虞舜文化旅游市场逐步升温。 (王雅琼)

市场营销

【概况】 2012年,“四季仙果之旅”品牌培育三年行动计划取得阶段性成效。制定《“四季仙果之旅”采摘基地质量等级评定标准》,并申报为市级标准。盖北葡萄,驿亭杨梅,岭南、下管、陈溪樱桃,章镇猕猴桃,丁宅草莓、桑果等6种重点水果基地建设形象凸显。市区至基地的指示系统初步建立。野藤葡萄园、二都杨梅生态园成功创建为国家AAA级景区。成立虞南樱桃研究所。统一“覆卮山樱桃”“舜阳猕猴桃”品牌和“二都杨梅”商标标签。与樱桃、桑果、杨梅、葡萄、猕猴桃等基地农户签订诚信公约。浙江品质旅游联盟成为首个“四季仙果之旅”杭州专营商。启动创建全国休闲农业与乡村旅游示范县和绍兴市国家级旅游标准化试点县(市);拍摄上虞首部旅游微电影《剪爱》;成功举办2012年上虞生态休闲旅游节,推出“四季仙果”快乐采摘游、“虞舜文化”精华体验游、“新商都”欢乐购物游等三大系列共21项活动。其中,“四季仙果”采摘节、大型广场啤酒音乐节、覆卮山攀浪节、浙江卫视中国蓝“四季仙果”(上虞)歌会、浙江品质旅游联盟700人团采摘游等活动广受好评;推介活动高潮迭起。赴上海同济大学举行2012上虞旅游上海高校推广活动。由王慧琳市长带队,赴上海举行“近揽山水,醉忆上虞”——2012上虞休闲体验之旅(上海)启动仪式。

【上虞旅游上海高校推广活动】 3月16日—18日借“老绍兴·最江南”绍兴(上海)旅游宣传周之机,赴上海同济大学举行2012上虞旅游上海高校推广活动。通过本次活动,高校大学生群体认识了上虞、了解了上虞,对上虞“四季仙果之旅”和“沪杭甬都市会客厅”充满了期待。许多同学纷纷表示,会在周末或节假日到上虞去走走看看。

【上虞休闲体验之旅(上海)启动仪式】 4月18日,由王慧琳市长带队,赴上海举行“近揽山水,醉忆上虞”——2012上虞休闲体验之旅(上海)启动仪式。上海市旅游局副局长沈山州、浙江省旅游局副局长方敬华、绍兴市旅游委员会主任宣传中及上虞市主要领导等出席。启动仪式由上虞市委常委吕军主持,上海市旅游局、浙江省旅游局、上海市旅游行业协会等相关负责人及58家上海旅游企业代表、28位虞商代表和全国近20家主流媒体参加。

【举办生态休闲旅游节暨“五一”购物休闲体验周活动】 4月28日上午,“四季仙果之旅”2012上虞生态休闲旅游节暨“五一”购物休闲体验周活动开幕式在时代广场举行,2012年上虞生态休闲旅游节全面启动。

【上虞醉美乡村在杭州展示】 4月21日,赴杭州吴山广场参加“2012欢乐健康游”——杭州都市圈醉美乡村体验游暨杭州都市圈醉美乡村展示活动。

【精心制作分发上虞旅游宣传品】 4月,精心制作旅游宣传品。重新制作了《上虞旅游》等宣传册。并制作上虞市交通旅游图,结合“四季仙果”和都市会客厅两大旅游产品,联合省测绘院,设计制作10000张上虞市交通旅游图,在全市星级饭店、旅行社发放,并在新华书店出售。

【做好“商都购物游”系列活动】 4月29日—5月1日,联合做好“商都购物游”系列活动。“五一”期间,联合服务业发展局将休闲游与购物游两者结合起来,立足丰富城区商都活动,分别举办大型广场啤酒音乐节、“江南新食府”美食大荟萃、现代服务业“十佳服务明星”评选活动、特色主题购物活动等全民休闲盛会。

【开展“四季鲜果”采摘活动】 4月,组织2012上虞覆卮山樱桃开摘仪式,下管、岭南、陈溪举行了2012樱桃采摘系列活动。5月,丁宅乡开展了2012桑果采摘系列活动。6月,驿亭镇开展杨梅采摘系列活动,通过举办二都杨梅节开摘仪式、《流动大舞台》走进中国杨梅之乡等活动,到上虞采摘游客络绎不绝。7月26日,2012中国·上虞野藤葡萄文化旅游节开幕仪式在盖北镇野藤葡萄游客服务中心隆重举行,中国网、中国旅游报、文汇报、新民晚报、浙江日报等多家媒体云集盖北,共同聚焦这一盛事。7月27日,由旅游局和浙江品质旅游联盟发起的“上虞野藤葡萄采摘一日游”活动顺利举行,共吸引了杭城大小25家旅行社,650人的旅游观光团队。8月30日,举行了2012中国上虞舜阳红心猕猴桃开摘仪式,浙江省上虞市章镇镇正在打造中国东部最大的猕猴桃生产基地。

【'2012全民覆卮山攀浪节举行】 5月19日,策划组织'2012全民覆卮山攀浪节,通过城市接力对抗赛的形式,邀请了浙东地区各城市代表队参与比赛,宣传了覆卮山及上虞旅游。

【制定了《“四季仙果之旅”采摘基地质量等级评定标准》】 6月,加大标准化建设力度。制定了《“四季仙果之旅”采摘基地质量等级评定标准》,并申报成为浙江省采摘标准。

【野藤葡萄公园、二都杨梅生态园成功创国家AAA级景区】 6月25日—26日,野藤葡萄园、二都杨梅生态园创国家AAA级景区接受浙江省旅游区(点)质量等级评定委员会验收。9月11日,获正式批复(浙旅质评〔2012〕3号)。

【举行了浙江卫视中国蓝“四季仙果”(上虞)歌会】 6月29日,举行了浙江卫视中国蓝“四季仙果”(上虞)歌会,通过歌曲、VCR、主持人串词等多种形式生动展现上虞市“四季仙果之旅”的城市金名片。

【拍摄完成首部旅游微电影《剪爱》】 9月5日，拍摄完成首部旅游微电影《剪爱》，用新兴载体宣传上虞旅游。

【开展国庆（中秋）休闲旅游系列活动】 10月1日—5日，在曹娥景区和祝家庄景区组织开展了“虞舜文化·古越风情”国庆（中秋）休闲旅游系列活动。内容丰富，有“庆国庆·庆中秋”灯谜竞猜、“百筝争鸣·百鸟朝凤”百台古筝庆国庆大合奏、“我要做明星”“游祝府·听越剧·尝月饼”等活动，还有杂技、太极拳、拉丁舞、琴棋书画以及舞龙舞狮表演。

【星级基地及村获省荣誉】 12月24日，丁宅乡，岭南乡东澄村、章镇镇新叶村、陈溪乡陈溪村，以及永绿果蔬专业合作社、玉宇果蔬专业合作社、长塘镇桃源山庄酒家、神农果业专业合作社、岭南乡柏其饭店、章镇菁岑农庄、龙兴水果专业合作社、十姐妹果蔬专业合作社、四明山陈溪漂流有限公司、岳山富硒杨梅专业合作社、驿亭渔乐人家酒店、四纪冰川农业有限公司、员外山庄酒府、绿露果业专业合作社、舜露果桑专业合作社，成功命名为2012年度浙江省旅游强镇（乡、街道）、特色旅游村、旅游特色经营户（点）（浙旅局〔2012〕336号）。长塘镇桃园村通过浙江省特色旅游村复核（浙旅政法〔2012〕337号）。 （郭小华）

行业管理

【概况】 2012年，上虞中青国际旅行社有限公司创建为四星级旅行社、上虞市悠游旅游有限公司创建为三星级旅行社，上虞市向阳国际旅行社有限公司创四星级旅行社稳步推进。上虞国际大酒店创建成“绍兴市特色文化主题酒店”。会同省旅游职业学院举办发展乡村旅游研讨班。选送3位导游员参加绍兴市第三届“讴歌杯”导游大赛。举办导游（讲解员）素质提升培训班、导游（讲解员）比赛。开展各类培训活动，组织参加绍兴市旅委、省旅游局组织的各类培训，免费培训旅游从业人员500余人。

【举办发展乡村旅游研讨班一期】 3月26日—30日，市旅游局会同省旅游职业学院举办乡村旅游研讨班一期，局行政管理人员、休闲旅游工作领导小组有关成员单位及乡镇旅游分管领导约40人参加培训。

【举办“四季仙果”基地导摘员培训班】 5月17日—18日，市旅游局会同下管、岭南、丁宅、驿亭、盖北等乡镇于舜杰大酒店举办为期2天的“四季仙果”基地导摘员培训班，共42位导摘员参加了培训，邀请了浙江旅职院邓德智、卢爱英老师授课，重点就服务理念、服务技能等进行了专题培训。同时，联合市红十字会就急救知识与技能进行了培训，每位学员均取得了红十字救护员证。

【举办全市星级饭店管理人员培训班一期】 5月24日，在舜杰大酒店举办全市星级饭店管理人员培训班一期，邀请浙江旅游职业学院何立萍、罗峰两位老师授课，分别就围绕都市会客厅品牌打造、提升星级酒店的高端会议服务水平、星级标准解读与星级复评进行了专题辅导，来自全市各星级酒店共52位管理人员参加了培训。

【参加绍兴市第三届“讴歌杯”导游大赛】 6月12日，3位导游员参加绍兴市第三届“讴歌杯”导游大赛，上虞选手俞鑫获个人三等奖。

【举办导游素质提升培训班】 11月1日—2日，举办2012上虞市导游（讲解员）素质提升培训班。来自全市各旅行社、景区的51位导游（讲解员）接受了严格的理论基础知识培训和实战化训练，邀请了绍兴市旅游专家和上虞市经济、文化界资深学者授课。培训内容涵盖宏观经济和上虞经济分析、导游礼仪及技巧、上虞历史文化大观、上虞主要景区文化内涵解读等方面。此次培训还组织导游前往祝家庄景区、春晖名人园、十八里景观带、城北商业圈开展实地讲解。

【举办第六届导游（讲解员）比赛】 12月15日，在上百·万和城举办第六届全市导游（讲解员）比赛，以赛代训，进一步提升导游（讲解员）队伍综合素质。比赛共有59位选手报名参加，经过初赛、决赛，评出专业组一等奖1人，二等奖2人，三等奖3人；业余组一等奖1人，二等奖2人，三等奖3人。

（夏锡娜）

旅游接待

【概况】 2012年，全年新设旅行社门市部4家，至年底全市旅行社总数达16家，分公司1家，旅行社门市部12家；五星级酒店2家，四星级酒店1家，三星级酒店4家。

【悠游旅游公司被评定为三星级旅行社】 11月5日，上虞市悠游旅游有限公司被评定为三星级等级品质旅行社。2012年年初，公司成立创星工作领导小组，按照浙江省《旅行社品质等级划分与评定》（DB33/T719—2008）的要求，从星级划分条件、基础指标、管理品质、服务品质、产品品质等方面进行了打分评定，通过绍兴市旅游委员会严格评定。

【上虞中青旅评定为四星级旅行社】 11月22日，上虞中青国际旅行社有限公司被评定为四星级等级品质旅行社。2012年开春公司成立创星工作领导小组，按照浙江省《旅行社品质等级划分与评定》（DB33/T719—2008）的要求，对星级划分条件、基础指标、管理品质、服务品质、产品品质等各项目资料进行整理整合，先后通过了市级、省级旅游局的严格评定。

【上虞国际大酒店被评定为“绍兴市特色文化主题酒店”】 12月14日，上虞国际大酒店被评定为“绍兴市特色文化主题酒店”。上虞国际大酒店在萃取顶级服务优秀元素的同时，营造了自己特有的内涵，酒店多年来致力于文化收藏与传承，酒店《天宝阁》已典藏了数千年藏品，古代瓷器、名人字画、紫砂壶、古家具等藏品，吸引了大批国内知名专家、学者多次莅临指导交流。（夏锡娜）

金融业

综述

【概况】 2012年，实现金融业增加值35.16亿元，占全市生产总值6.09%。年末全市金融机构本外币存款余额801.45亿元，比年初增加21.98亿元，增长2.6%；本外币贷款余额683.84亿元，比年初增加70.37亿元，增长11.5%。杭甬绍三地47家市外银行对上虞市447家企业的信贷投放余额为300.89亿元（不包括政府性投融资），其中，贷款余额为211.87亿元，其他业务余额89.01亿元。

（金自亮　娄丹华）

【全市直接融资累计223亿元】 全年全市新增上市公司1家，境内A股上市公司累计达9家，其中主板5家，中小板3家，创业板1家，浙江股权交易中心挂牌企业2家，实现创业板上市和区域性股权交易市场挂牌零的突破。至年底，全市资本市场累计直接融资223亿元，其中上市公司直接融资184亿元，占比82.5%。

【创新发行全国首批中小企业私募债券】 浙江中欣化工股份有限公司于6月11日、6月15日分别发行2000万元和3000万元的中小企业私募债券，票面利率为10%和9.99%，债券年限均为2年，成为全国首批16家中小企业私募债券发行企业之一，也是绍兴市第一家发行中小企业私募债券的企业。（金自亮　娄丹华）

【小贷公司注册资本共12亿元】 2012年7月，上虞市春阳小额贷款股份有限公司正式成立，上虞市小额贷款公司累计达4家，注册资本12亿元。截至年底，全市4家小额贷款公司贷款余额15.83亿元，当年累计放贷96.89亿元，上缴税收6575.5万元。

【城北金融集聚区共有机构39家】 城北金融集聚区机构（网点）规划落地39处，其中银行业金融机构（网点）26处，非银机构13处；银行、保险、证券、期货、小额贷款公司等一级机构达19处。城北金融集聚区在“数量、业态、密度、进度”上明显提增，城北新区市民大道及德盛路、王充路局部已初显金融街雏形。（金自亮　娄丹华）

【举办直接融资论坛暨投融资洽谈会】 8月17日上午，上海市股权投资机构实地考察杭州湾上虞工业园区。下午，上虞市政府举办非上市企业直接融资论坛暨上虞市融资服务中心授牌仪式，授牌后，上海盛万投资、上海络优租赁、浙商资本、中融昌盛租赁、财通证券及万向租赁等6家机构与市融资服务中心签订入驻中心及开展战略合作协议书。随后举行“’2012上海·上虞投融资洽谈会”，来自23家上海股权投资协会会员单位的资深投资专家们与全市拟上市后备企业负责人展开深度对接，探求企业共赢发展路径。

【股权投资机构17家】 全年新组建股权投资企业2家，注册资本总额2亿元，股权投资企业总数达17家，累计注册资本达到20.09亿元。

（陶铄能　娄丹华）

’2012上海·上虞投融资洽谈会现场

中国人民银行上虞支行

【概况】 2012年，支行紧紧围绕上级行的工作部署，按照“主动作为、务实有为”的总体思路，认真贯彻稳健货币政策，全力维护区域金融稳定，全面提升金融管理和服务水平，以绩效提升基层央行在地方经济金融工作中的影响力。至年末，全市金融机构本外币存款达801.45亿元，比年初增加21.98亿元，增长2.6%；各项贷款余额683.84亿元，比年初增加70.37亿元，增长11.5%。

【上市企业筹集资金45.18亿元】 2012年，全市上市企业通过上市、增发和债务融资工具筹集资金45.18亿元，列绍兴市第一位。其中一家创业板上市融资10.35亿元，一家增发9.83亿元，一家发行公司债10亿元，两家发行短期融资券15亿元。

【一企业发行5000万元私募债券】 各银行间加强系统内外合作，通过联合贷款、租赁、信托吸引外部资金参与企业融资，开拓融资渠道。6月，上虞一企业成功发行5000万元中小企业私募债券，成为全国首批16家中小企业私募债发债企业之一。

【杭州湾上虞工业园区经济总量年均增幅超过30%】 组织金融机构开展杭州湾上虞工业园区重点工业项目信贷调查，联合市经信局召开重点项目推介暨银企对接会，达成银企信贷意向5亿元，解决12家重点工业投资项目建设资金需求。杭州湾上虞工业园区已引进国内外上市企业15家，世界500强企业4家，经济总量年均增幅超过30%。

【中小微企业融资成本比年初下降3个百分点】 加大窗口指导力度，通过会议传达、工作布置、调研督查、约见谈话等方式，引导金融机构扩大中小微企业信贷总量，联合银监部门落实减轻中小微企业融资负担各项措施，确保“两提升、两高于”目标实现。经统计，至年末，全市中小微企业融资占比达83%，融资成本比年初下降3个百分点。

【1012家进出口企业享受便利】 全面实施货物贸易外汇管理改革举措，进出口企业的合规贸易外汇收支直接到银行办理，加快企业资金周转速度，辖区内1012家进出口企业享受到新政策带来的便利。支行办理出口收入存放境外开户数、发生额在绍兴市系统中列第一。

【全市企业境外实际投资3197万美元】 指导金融机构综合运用境外放款、内保外贷、融资性对外担保等政策，解决“走出去”企业后续融资难的问题。2012年，全市企业境外投资外汇登记额为4724万美元，实际汇出3197万美元。继卧龙集团境外收购对外担保业务取得外汇政策突破后，龙盛、闰土、阳光3家上市企业对外担保业务再度获省外管分局批复，2012年业务总量达1.02亿美元，列绍兴市各县(市、区)第一。

【支持跨境融资发展】 支持企业合理使用境外资金降低财务成本。2012年办理企业外债签约登记1.04亿美元，列绍兴市县之首，年末外债余额1.26亿美元。支持企业开展跨境人民币结算，全市企业人民币跨境贸易融资净流入14.07亿元人民币。经统计，为全市企业节约财务成本2亿元人民币。

【农村金融服务延伸到“最后一千米”】 以创建刷卡无障碍示范市为契机，提升民生金融工作水平，组织开展4个中心镇、7条省级刷卡无障碍示范街区创建工作，普及大型商场、医院、交通运输刷卡设施，在市民中心建成绍兴地区首家全国级刷卡无障碍示范区，率先成为省级刷卡无障碍示范市。稳步推进助农取款服务点建设工作，在21个乡镇（街道）、149个行政村建成200个助农取款服务点，农村金融服务延伸到“最后一千米”。

【乡镇金融网点和ATM机具全覆盖】 强化最基层支付结算渠道建设，在绍兴市内首家实施全市同城票据交换，覆盖辖区全部银行对公网点，初步建成城乡一体化结算网络。督导金融机构优化网点布局，在岭南、陈溪等偏远山区、经济落后乡镇布放ATM机具，在绍兴市内率先实现全市乡镇金融网点和ATM机具全覆盖，消除农村金融网点最后空白区。

【协助国税机关追缴企业欠税566.24万元】 开展国库全面履职试点工作，配合财政部门开展国库集中支付改革。全市所有71家一级预算单位、188家二级预算单位均列入集中支付改革，覆盖面达100%。与税务部门沟通协作，大力推广TIPS联网扣税和银行卡刷卡缴费业务，对税款征缴入库流程进行创新和改造，力促税款安全快速缴库，满足了“营改增”后多层次的纳税服务需求。与国税部门密切配合，充分运用大额支付系统、TIPS等实时业务系统，协助国税机关追缴企业欠税566.24万元，确保国家税款正确及时入库，有效提升基层央行的公信力。

【全年评定农村信用户3.2万户】 深入推进农村信用体系建设，指导农村合作银行开展“信用户、信用村、信用镇”评定活动，2012年共评定信用户3.2万户，建立16.7万户农户信用档案。（严科杰）

国有商业银行

【中国工商银行上虞支行】 各项存款在上年初大幅回落后逐季回升，当年支行各项人民币存款（不含同业）余额69.6亿元，较年初下降7亿元。四行余额占比21.96%，比年初微增。其中四季度日均各项存款加理财比同期多增11.48亿元，再创新高。年末支行各项贷款余额69.85亿元，较年初增加3.44亿元。公司类贷款消化1.38亿元房开贷款、0.95亿元政府平台贷款和4.07亿元项目贷款收回的下降因素，其中小企业贷款较年初增加2.8亿元、贸易融资贷款较年初增加1.33亿元，均超额完成全年任务，实现小企业贷款和贸易融资占比双提升，贷款结构进一步优化。

不良资产处置有力，有效控制不良率。年末支行不良贷款余额为5517万元，不良贷款率0.79%，虽然较年初增加了0.22个百分点，但当年有力处置了两笔公司存量不良合计2368万元、一笔公司类当年不良1155万元，合计3523万元，不良率控制在上级行制定的范围内。

盈利能力和中间业务稳定增长。年末，实现拨备前利润3.11亿元，较上年同期微增265万元。实现中间业务收入12397万元，比上年同期增加1854万元，同比增幅17.5%。

支行在员工队伍建设、服务质量提升、行风建设、内控案防、基层党建等加强内部管理基础工作，营造良好发展氛围，保障业务拓展顺利进行，取得较好成果。在团队建设上结合实际，创新培训方式，外引内拓，开展了一系列的“全行青年员工打字王比赛”“个人客户经理技术练兵竞赛”“公司客户经理大比武”“柜员专业技能抽考”“网点竞争力提升项目”技能竞赛和服务培训，从根本上提高员工的岗位技能和服务本领。在绍兴市分行第十四届技术比武中，支行组建的队伍取得了新世纪以来最好成绩，各个项目全面开花，取得团体第二名的好成绩。同时支行在全行范围内倾力实施了民主评议行风活动、争创省级星级网点活动、第二轮网点销售氛围大推进、网点竞争力提升等一系列接力式内部管理提升项目，服务质量和行风行貌大为改善。2012年客户满意度达99.54%，位居绍兴市工行系统第二，支行营业部被授予省级巾帼文明示范岗。（张海红）

【中国农业银行上虞支行】 至2012年年末，全行本外币各项存款余额123.68亿元，比年初增加3.33亿元，是四大国有商业银行中唯一增长的行，余额四行占比37.86%，比年初大幅提升4.15个百分点；本外币各项贷款余额93.90亿元，比年初增加9.37亿元，余额四行占比31.56%，比年初提升1.33个百分点。全年实现拨备前利润3.86亿元，拨备后利润3.19亿元，实现中间业务收入1.03亿元。全年实现国际结算量11.83亿元，同比增加1.83亿美元。全年现金收回不良贷款4805万元。

支行结合实际，有针对性地提出了“做什么，由谁做，那里做，怎么做，做成事”的“五个做”工作方法，引导各经营单位落实目标、责任，准确客户定位，采取有效营销方法，有力保障了各项业务顺利开展。做强理财业务产品，多渠道及时发布产品信息，重点宣传本金留存型产品；强化对公理财客户的名单制管理，全年累计销售个人类理财产品106.81亿元、对公理财产品39.14亿元，有效稳定了基础性存款；做大国际业务产品，首次办理国内信用证项下福费廷产品，既满足了客户的融资需求，又为产品运用与探究拓展了空间，全年实现国际贸易融资收入622万元，比上年增长175万元，办理内保外贷业务8008万美元，跨境远期结汇1690万美元，均列绍兴市农行系统第一；做深投行业务产品，成功为卧龙控股办理1亿元股票收益权转让信托产品、为阳光照明上市增发资金2亿元；做多分期付款业务，积极引导企事业单位中高层管理人员使用分期产品，全年实现分期付款额11173.39万元。

提升信贷经营质量，年末贷款有效抵质押率81.2%，比上年提高2.5个百分点。做到监督检查精细化，实现多层面、多手段、有重点的精细检查，全年对网点检查面达到100%，在上级行考核中，全行17家经营单位均通过验收。辖内虞中支行、崧厦支行获评省分行级文明单位，舜山支行、小越支行获评省分行级精神文明建设工作先进单位，公司业务部、沥海支行、汤浦支行获评绍兴市巾帼文明岗。 （金荻荻）

【中国银行上虞支行】 全年，支行人民币存款余额57.61亿元，四大行市场份额18.17%，人民币贷款余额57.96亿元，实现考核利润15590万元。支行个人金融业务经营管理绩效考核位居绍兴市第一名，取得了历史性突破。网点转型力度持续提升，服务形象明显改善，涌现出了营业部陈雅等市现代服务业“十佳服务明星”先进代表。

支行始终秉承创新产品营销模式，抓住产品窗口机遇期，发挥特色业务优势，支持上虞企业发展，成功创新叙做首笔海外直贷跨境担保业务1900万美元。继续加大海外行联动，2012年海外行融资批准金额超过3.3亿元，叙做海外直贷业务新增定期存款15000多万元，推动跨境人民币业务量5亿元以上。

不断深化服务理念，营造和谐企业文化。加强作风建设，建立全行员工QQ群，拓宽上下级交流渠道，听取员工意见建议；贯彻服务创造价值理念，通过现场观摩、强化检查、加强激励，全行规范化服务有了明显提高，“举手招迎”得到了全面落实；组织员工岗位强化练兵、组织开展了业务技能大比武、网点晨会演示、“五四青年节”羽毛球比赛、登山、钓鱼等活动，增强全行和谐氛围，提升中行社会形象。 （丁张月）

【中国建设银行上虞支行】 2012年年底，支行全口径存款余额88.69亿元，比上年新增5.55亿元；各项贷款余额74.20亿元，比上年新增5.05亿元，四行新增占比30.2%，贷款新增额均居四行第二位；实现账面利润27488万元，同比增长2842万元，增幅11.5%；实现中间业务收入8276万元，完成了上级行下达的计划目标；年底五级分类不良贷款余额7413万元，不良率1%，控制在上级行下达计划内。支行营业部被命名为总行五星级网点。支行新办公营业大楼装修进入议事日程。

支行坚持“三大一高”战略，拓展重大项目，推动政府融资平台的信贷支持。向上虞杭州湾工业园区投资发展有限公司新增贷款2.3亿元，为园区加快基础设施项目建设进度提供了资金支持；向春晖集团发放纯新增贷款5000万元，用于满足企业流动资金周转所需；向上虞市恒业房地产有限公司新增房开专项贷款1亿元，用于保障该企业项目的正常推进。至2012年年末，支行政府融资平台贷款余额4.16亿元，较年初新增2.5亿元。

支行加大对优质小企业支持力度，从机制及流程上支持小微企业发展，并在考核上加强激励引导。2012年年末，小企业贷款余额达到169567万元，比年初增加11429万元，小企业信贷客户数达到190户，重点支持了一批科技含量高、发展潜力大的科技型中小企业。特别是新增凯信光电和金垒汽车轴承两家企业共6000万元小企业固定资产贷款，有效地支持了企业的技改和经营场所的建设，为企业快速发展保驾护航。

支行加快金融创新，为地方经济注入活力。与上虞市科技局联手支持科技型企业发展，推出专利贷、信用贷、订单贷、担保贷、联保贷、授信贷等六款产品，并实行优惠利率，对各级科技型企业的贷款利率分别较普通客户优惠5~15个百分点，切实降低企业融资成本。搭建"工商事务金融服务通"平台，为企业带来快捷验资和减免费用的便利。12月24日在全省首笔办理"验资通"业务，实现了业务创新。配合公积金中心推广网上支付业务，举办有上千家单位和企业参加的业务培训，吸引一大批单位和企业来建行办理网上公积金业务。推进投行业务，为杭州湾综合农业发展有限公司解决票据贴现规模9000万元、为浙江古越蓄电池有限公司办理资产收益权类理财产品4900万元、为亚厦控股办理股权收益类理财产品2亿元。推进汽车分期、家装分期业务，年末余额2085万元，比年初增加1559万元。与石狮商城11家建材商合作推出龙卡家装分期业务，推进业务创新。

化解不良贷款，通过让利核销7667多万元，平移不良贷款指标4091万元，减轻了地方经济运行负担，获得上虞市委、市政府领导多次表扬肯定。（赵金丹）

【交通银行股份有限公司绍兴上虞支行】 至年底，支行人民币存贷规模达90.76亿元，其中存款余额51.92亿元，贷款余额达到38.84亿元。不良资产继续实现为零目标，当年利息回收率保持100%。支行获得"交通银行浙江省分行安全运行奖""绍兴分行安全运行奖"等荣誉，被评为"绍兴分行服务优胜集体"。

支行以市场为导向拓展新客户：通过加强对公基本客户群体的培育与发展和建立个人中高端客户一对一的营销关系，发展客户数量、提升客户质量；建立目标客户群，落实营销责任，提高客户营销的针对性和有效性；形成营销合力，上下联动，使客户基础得以夯实稳固。支行秉承"争市场、抢份额、促发展"的理念，在做好传统揽存工作的同时开展新型存款营销，成功营销了2家企业11亿元的债券资金，2家企业1.5亿元的IPO资金和全国首批中小企业私募债发债企业私募债发债资金，存款营销成果卓越。同时，支行加强内控制度建设，健全案防体系，通过开展"合规文化建设年"活动，"规范经营行为""案件风险防控专项行动"等各类案件防控的专项活动，将合规文化外化于形，内化于心，固化于制，使员工的合规意识，风险意识得到进一步增强，支行的内控制度建设和业务操作水平得到了提高，金融风险得到了较好控制。

支行投身公益事业，向上虞市慈善总会捐款，发动员工捐款36200元，并将获得总行先进基层党组织的20000元奖励，全额捐给了青山村的贫困学生。组织党员、团员为岭南青山村5名结对学生送去温暖。（徐晨菲）

地方金融机构

【上虞农村合作银行】 2012年年末，各项存款余额222.69亿元，增幅11.23%，在上虞银行业系统市场份额再次大幅攀升，比年初上升3.09个百分点。各项贷款余额165.01亿元，增幅11.48%。全年实现各项收入17.15亿元，增幅25.90%，各项监管指标均达到"好银行"标准。

立足本地农村市场，大力扶持"三农"发展，2012年上虞农村合作银行支持农户17080户，比年初增加4347户，贷款余额4.97亿元；支持小微企业户数2551户，比年初增加518户，贷款余额98.32亿元。以金融服务站进驻村级便民服务中心的形式不断深化农村金融渠道的建设，进行优质服务标准化网点建设，全年共布放便农自助终端和助农取款POS机22台，布放ATM机89台，安装POS机443台，发展特惠商户28家，有效改善农村地区的用卡环境。

深入开展农户走访授信活动，进行辖内农户征信体系建设，推进农村信用工程，共走访农户和企业2.3万户（家），全市农户信用户参评覆盖率达到90%以上，并获全市居民社会保障卡发行资格，总发卡量达到52万张，占全市居民的66%；通过加强银政合作，推出“养老保险费”补缴贷款产品，解决了农户养老缴费问题；深化推进“一行一品”工作，组织开展重点金融创新产品推广活动和“村村都有好青年”项目，推出首个“丰收·信福”理财产品、续贷通产品和进口代付、出口商票融资等产品，进行特色标杆支行试点，创新小微企业担保与还款方式，下放审批权限，降低农户及小微企业贷款利率，年末丰收小额贷款卡客户11456户，比年初增加3617户。

通过专题作风建设、“服务实体经济”“整治银行业金融机构不规范经营”“民主评议行风”等活动，提升金融服务质量，履行社会责任，大力扶贫帮困，获得社会各界广泛赞誉，青年创业信用卡入选“上虞市撤县设市十大民生工程”，大学生村干部创业贷款获得“全省农信系统产品与服务创新奖”。（冷新波）

政策性银行

【中国农业发展银行上虞市支行】 至2012年年末，支行各项存款余额34354万元，比年初增加16491万元；各项存款日均余额29874万元，比年初增加13483万元；各项贷款余额124203万元，比年初增加29928万元，其中政府性项目贷款余额80000万元，商业性项目贷款余额3500万元，商业性流动资金贷款余额28870万元，政策性贷款余额11833万元，全年无不良贷款发生。各项贷款应计利息7265.12万元，贷款利息收回率99.97%；收回表内利息6941.66万元，表外利息323.44万元；期末欠息4.34万元，为表内欠息1.8万元，表外政策性粮食财政挂账欠息2.54万元。各项财务收入7375.62万元，比上年同期增加1723.17万元；各项财务支出4140.24万元，比上年同期增加725.5万元；实现账面利润3235.38万元，比上年同期增加997.67万元。

支行积极做好传统政策性业务工作，根据计划收购粮食2479万公斤，2012年向上级行申报收购资金计划3328万元。加强政府性项目贷款特别是水利建设、土地整治、农民集中住房等提高农业综合生产能力，改善农村生产生活条件的农业农村基础设施建设项目贷款营销。2012年新营销产业化龙头企业客户1个，新增贷款500万元。同时，支行采用多种方式综合营销，加大存款组织力度，按照“突破定式，揽存增效”的经营理念，在巩固既有的存款阵地基础上，突破原来的思维和运作定式，进一步强化“存款增效”意识，明确存款营销的职责分工，完善存款营销激励政策，把中间业务任务落实分解到每位信贷人员，实行专项奖励。至年底，支行各项存款余额34354万元，完成上级行下达任务的168.24%；实现中间业务收入111.29万元，完成上级行下达任务的100.26%。

（王　晨）

股份制银行

【中信银行上虞支行】 2012年12月末，支行存款余额39.13亿元，比上年增加3.04亿元，增长8.42%，高于当地同业平均5.6个百分点，市场占比提升0.25个百分点。其中对公存款29.46亿元，个人存款9.68亿元；存款日均余额37.45亿元，比上年增加4.26亿元，增长12.84%，其中对公日均存款27.72亿元，个人日均存款9.72亿元。贷款余额29.90亿元，比上年增加4.11亿元，增长15.9%，其中对公贷款26.08亿元，零售贷款3.82亿元，小企业贷款余额13.33亿元。实际进出口收付汇量2.85亿美元，资金产品交割量0.8亿美元。中间业务净收入1420万元。全年实现账面利润1.58亿元，比上年增加2683万元，增长20.4%。

全年支行紧紧围绕发展目标，通过金融服务创新、产品灵活运用，支持上虞实体企业的发展。一是主要开发运用国内保理他行代付、国内证代付、进口代付、出口他行代偿、存欧贷美外币套利、中信保押汇、国内证间接买断等业务。截至年末，累计办理的新产品如国内他行代付8.55亿元、国内信用证1.92亿元、存欧贷美业务1186万美元、进口代付1061万美元。二是大力推进票据业务，支行设立票据贴现专岗，实现营销人员与操作人员分成管理，累计办理票据贴现业务11.71亿元，实现FTP利润243.72万元，并在上虞市银行业内逐步形成了品牌优势。2012年3月，被人民银行上虞支行评为上虞市银行业金融机构综合评价A级。

支行加强内部管理，组织实施人事体制改革，整合员工岗位设置，完善考核管理，不断提升支行网点的服务水平，2012年1月被杭州分行授予保持营业工作"优秀单位"称号，2012年3月被上虞市财贸工会评为元旦春节期间优质服务竞赛活动十佳示范窗口，2012年8月支行被杭州分行列为新支点零售业务销售化样板支行。 （周建文）

【邮储银行上虞支行】 全年支行存款17.81亿元，比2011年新增2.08亿元，增长13.22%。各项贷款达13.11亿元，同比增长1.84亿元，增长16.32%。

支行以"管理年"活动为抓手，规范经营行为，提升企业形象。推进网点建设，完成了新建路支行的迁址改造，并建成了全省第一个自助银行——绍兴文理学院上虞分院自助银行。提升服务管理，开展服务礼仪培训，组织员工参加服务提升专题演讲比赛和柜员服务技能操作比赛等。支行荣获省级2012年度银行业文明规范示范单位，绍兴市级文明单位。

支行改善和创新金融服务，支持上虞经济社会协调发展。一是积极向上级行争取贷款规模，持续把信贷资金投放到实体经济中。支行各类贷款净增1.8404亿元，其中小企业贷款净增8141.03万元，消费贷款净增1.0263亿元，共为115户中小企业提供了贷款支持，笔均71万元，其中小企业贷款综合成本最高不超过基准利率上浮20%。在2011年的基础上再一步降低了中小企业的融资成本，为上虞银行业最低之一，真正让利于中小企业，得到了广大中小企业的一致好评。二是支行利用票据贴现业务不占行内信贷规模这一优势，大力发展票据贴现业务，为一批中小企业开辟了另一融资通道，全年共实现票据贴现22.59亿元，较去年增长82%。三是推出农机购置补贴贷款。支行与农技中心等部门进行联系和沟通，并对上虞9家农机公司和部分农户进行了调研。针对大多数农户都没有足够资金购买农机的情况，支行向总行申请开办了农机购置补贴贷款，解决了购机农户的融资问题，且降低了农户的融资成本。 （陈芬芳）

【绍兴银行上虞支行】 至年底，支行各项存款余额达41.5亿元，比年初增加1.5亿元；各项贷款余额达32.29亿元，比年初增加1.56亿元，年存贷规模达73.79亿元；小企业贷款6.19亿元，占比18.3%；实现外汇业务2762万美元。9月18日，支行本部迁至市民大道588号。支行发挥自身优势，坚持"服务中小企业，支持地方经济"的市场定位，通过完善中小企业金融产品，改进服务创新措施，突出支持重点，全年共发放中小企业专项信用贷款3.05亿元。贷款重点向块状经济发达的区域倾斜。崧厦支行成立两年来，拓展业务，支持虞北地区经济发展。至12月底，崧厦支行存款达4.5亿元，放贷53户，总授信达2.8亿元，支持当地产业的发展。支行通过绍兴市级"治安安全单位验收"。获上虞市纳税百强荣誉称号。在绍兴银行总行年度考评中，获得安全保卫工作"先进单位"称号。 （唐筱烨）

【华夏银行股份有限公司绍兴上虞支行】 支行一般性存款余额12.24亿元，比年初增加1.66亿元，增长16%。其中对公存款8.61亿元，比年初增加1.29亿元，增长18%；储蓄存款3.64亿元，比年初增加0.37亿元，增长11%。各项贷款13.71亿元，比年初增加5.82亿元，增长74%。其中小企业贷款5.60亿元，比年初增加3.23亿元，增长136%。

全年围绕"小企业特色支行"建设开展工作。一是在监管部门的帮助支持下，积极推进小微企业年审制贷款业务的试点工作，突破"先还后贷"的传统转贷模式，实现还贷和续借的无缝对接，有效降低企业的资金成本，真正达到为小微企业"省心、省时、省力、省钱"的效果，全年对27户、0.88亿元的小微企业贷款客户实行年审制；二是成功推出"出口双保通"产品，以已投保出口信用保险的合格应收账款的赔款权、索偿权转让为前提，由担保公司提供担保，办理用于出口融资的短期流动资金贷款，帮助外贸企业解决“有单不敢接”“有单无力接”的困境；三是进行大企业信贷资产转让，以保证小企业贷款的投放额度，全年累计转让信贷资产1.35亿元，从而在一定程度上为小企业贷款的投放腾出了空间；四是成功发放闰土股份下游企业的网络自助贷贷款，通过资金支付管理系统服务核心客户上下游企业取得初步成绩；五是协助省银监举办“浙江省小微企业金融还款与担保方式创新现场推进会”，并推介该行的小企业贷款年审制贷款，进一步打响“中小企业金融服务商”服务品牌。

支行获上虞市“十佳服务窗口”“青年文明号”“文明单位”等称号。在总行年度考核中，获“2012年贵宾客户倍增项目优胜单位”“2012年度龙赢理财卓越营销支行”等称号。（赵汉军）

【浦发银行上虞支行】 截至2012年12月底，支行本外币存款余额43.6148亿元、比年初增加3.8965亿元，其中储蓄存款余额14.0902亿元、比年初增加2.1512亿元，本外币贷款余额达38.9091亿元、比年初增加4.1037亿元，其中中小企业贷款余额达23.2116亿元、增加3.2627亿元，个人贷款余额达8.5184亿元、增加6724万元。总表外资产达29.6463亿元，其中银行承兑汇票额13.7952亿元，敞口余额达3.2728亿元，国内信用证业务余额达11.0432亿元，敞口余额达7.06亿元、跨境人民币海外代付达7785万元。支行投入资金58981万元，有力支持了当地经济建设。

支行充分利用银行表外业务，为企业发行了2亿元的信托理财产品，一方面为企业降低了财务成本（银行基准利率下浮5%），另一方面为支行置换了2亿元的信贷规模用于支持中小企业。

在信贷规模相对趋紧、风险资产管控较严的情况下，支行灵活运用各类票据敞口业务，解决了企业合理的资金需求，同时积极与上级行沟通，降低票据转贴现利率，确保企业降低融资成本，四年来，全行累计办理商票保贴57272万元、银票241609万元，国内证敞口182148万元，累计解决企业资金需求381010万元。

支行利用上级行将有限的信贷规模向个人贷款以及中小企业倾斜的契机，将微型企业贷款转向个人经营性贷款，截至2012年12月底，全行个人贷款余额85184万元，占全行贷款总额的22%。

支行为企业直接融资提供资金渠道与平台。2012年8月17日，支行参与承办了“2012非上市企业直接融资论坛暨上海·上虞投融资洽谈会”，来自北京、上海、江苏、山东、浙江的25家股权投资机构到会，全市21家拟上市后备企业及120余家中小优势企业法人代表出席论坛。会后支行为一家企业运作8亿元的短期融资券、一家企业10亿元的中期票据及一家政府平台3亿元的信托资金计划。

支行根据上虞“中国建筑之乡”的地域经济特色，向总行申报建筑工程项目经理个人贷款特色业务产品，并获批试点开展该项业务。至年底，上虞支行累计发放建筑工程项目经理贷款超过2.3亿元。（陈　梁）

【浙商银行上虞支行】 2012年年末，支行年末各项存款余额20.49亿元，比年初增加2.8亿元；各项贷款余额17.99亿元，比年初增加3亿元。经营扎实推进，业绩稳步增长。经过近两年的经营运作，支行经营管理迈入正轨，内控建设进一步规范化。在“改善运行模式、优化客户结构、提高盈利能力、提升队伍管理、增强小企业经营单位的资金平衡能力”等五大原则，在严控风险的前提下，推进小企业业务向小企业银行的转变。（陈俞文）

【中国民生银行上虞支行】 全年支行围绕“夯实力、树信誉、扬口碑”的工作方针，重点扶持中小企业发展。至年末，各项存款余额21.5亿元，比年初新增5.5亿元，各项贷款余额25.8亿元，比年初增加2.8亿元。中小、小微客户信贷投放占比89%。坚持业务多元化发展，积极开拓新业务模式。成功获批崧厦伞业等4个中小企业批量开发项目，授信金额9.5亿元，对8家优质中小企业发放信用贷款2400万元，2家化工企业排污权质押贷款458万元，1家股权质押贷款500万元。建立周学习制度，每周组织一次文件制度的集中学习，把学习、强化培训和考核相结合。大力弘扬合规文化，强化风险控制，严把制度落实关，业务发展与风险控制两手抓。2012年获市委、市政府颁发的“金融创

新支持经济发展优胜单位”，总行“平安支行”，绍兴分行先进集体等荣誉。（张建晖）

保 险

【中国人民财产保险股份有限公司绍兴市上虞支公司】 2012年，中国人民财产保险股份有限公司上虞支公司抢抓发展机遇，夯实管理基础，提升盈利能力，经营业绩实现“六连贯”。全年实现保费收入1.81亿元，同比增长22.3%，支付各类赔款1.028亿元，收支均创历史新纪录。荣获总公司“2012年度标杆县区支公司”、省公司“全省系统先进单位”，获评省公司“全险种发展优秀公司”“金牌服务县区标兵奖”，支公司业绩位列省公司“2012年度县区支公司经营业绩30强”第3位。

支公司因地制宜制订经济责任制考核办法，建立“四位一体”工作机制，深化银保合作渠道，推进农网体系建设，业务发展呈现“超市场份额、超市场增速”的局面。圆满完成三农保险基层服务体系建设任务，收取涉农保费规模居全省前列，体现了政府惠农富农意愿。作为抢占发展先机，服务当地经济，加快业务发展的一项战略举措，绍兴市分公司于12月底将原沥海营业部升格为绍兴市江滨营业部，聘任张立芳为主要负责人。实施销售费用差异化配置，加强业务成本和风险控制，持续提升业务盈利能力。未雨绸缪，深入辖区承保企业开展防灾防损检查，做好日常防灾防损与汛期、台风时节的防灾防损工作。强化服务能力建设，全面推行“服务零距离，爱车爱升级”七大理赔服务承诺，提高服务品质，提升客户关怀价值。邀请亚美信培训机构开展标准化服务项目培训督导，全面推行客户服务标准化，提高竞争软实力。重点抓好承保理赔“提速”工作，对出单分中心实行量化考核，每月评比服务明星，提高出单效率。落实“提升员工幸福感工程计划”，开展“职工之家”创建活动，添置文娱设施，开展“庆国庆、迎中秋”联欢晚会，丰富员工业余文化生活。组织钓鱼、登山比赛、“三八”女工游、职工休闲游、员工健康体检等多项活动，增强员工的归属感，提高队伍的向心力和凝聚力。（田剑铭　梁玉萍）

11月11日，上虞支公司标准化服务督导项目启动（田剑铭　摄）

【中国人寿保险股份有限公司上虞支公司】 全年支公司共实现保费收入1.39亿元，同比增长2.8%。其中，标保1193.29万元，新单保费3613.91万元，短险保费796.85万元。全年共支付满期金2306.86万元，处理赔案1650件，其中短险赔款366.04万元，短险简单赔付率45.93%。至年末，支公司在册人力150人，新增人力50人，全年月均主险举绩人力36人。

全年支公司个险渠道业务平稳发展，共完成标保1138.28万元，新单期交保费2621.59万元，其中，10年期以上1147.70万元，10年期以下1112.34万元，短险保费361.55万元；团险渠道作了险种结构的调整，全年共实现短险保费435.25万元，其中意外险245.17万元；银保渠道完成趸交保费1009.84万元，期交保费344.03万元。（董建芳）

【中国太平洋财产保险股份有限公司上虞支公司】 全年，完成实收保费3213万元，同比增长32.57%，完成年度计划的50.21%。综合成本率为64.91%，综合赔付率为41.02%，其中车险赔付率为69.45%，非车险赔付率为9%。支公司年初增设了银保部、电销部、车商渠道部三个渠道业务管理职能部门，银保服务团队荣获总公司“太平洋之星”渠道拓展提名奖。实施重大客户培育计划，重视对规模险种、效益险种和有重大影响业务的及时跟踪、攻关和获取。推进支公司服务门店标准化建设，2012年度被浙江分公司评为“十佳服务门店”。推进“3G快速理赔系统”的运行，提高车险定损理赔质量和效率。支公司党支部荣获集团公司党委“2010—2012年创先争优先进基层党组织”称号。（徐昕璎）

证券期货

【财通证券上虞营业部】 全年新开账户1302户，新增日均交易型资产6677万元，销售金融产品2483.4万元。探索创新业务，在中小企业私募债发行、IPO项目储备、浙江OTC市场开拓、银证企投融资中介服务、投顾业务推广等项目上进行尝试，特别是在中小企业私募债方面，营业部投入较大精力，和上虞不少企业进行前期接触，储备了一定的项目资源。

不定期开展客户、员工的联谊活动，如羽毛球比赛、登龙山比赛、九龙山游玩等。邀请公司总部策略分析师、行业分析师开办投资者策略报告会，拉近与客户的距离。客服的常规活动主要为每周举行的股民学校、客户沙龙等，为客户提供专业的证券知识培训，加强与客户之间的沟通。（卢　娇）

【海通证券上虞营业部】 2012年营业部业务平稳发展。全年完成股票基金交易578.72亿元，新开资金账户2880户，客户资产净流入4.2亿元，完成内、外部产品销售2635万元；年末指定与托管资产66.75亿元，全年实现收入5101.43万元。

为适应低迷的市场行情，营业部谋划转型发展。一是推进创新业务，2012年创新业务收入占比超过30%，同比提高约20%，营业部收入结构得到明显优化。二是加强投资顾问服务工作，深化客户服务的方式、手段，提高客户服务实效与水平，主要应用于融资融券与IB业务核心客户。三是提高中前台人员的产品营销能力，建立以客户分类为基础，以产品为导向的营销服务体系，增加产品销售激励力度，以产品促销售，以产品销售提升营业部市场占有率。（俞关林）

【中国银河证券上虞营业部】 中国银河证券上虞王充路营业部于2011年8月16日正式开业。至2012年年底，营业部开户数2584户。营业部与市政府、金融办保持定期沟通交流，并为政府出谋划策提供融资解决方案。持续跟踪浙江投行考察的拟上市企业与上市企业，了解企业的各种需求，加大与企业的业务联系。营业部于隔周三晚上在营业部大厅举办“股市沙龙”，维护客户权益。（胡景泓　厉　云）

【中信证券上虞营业部】 2012年，中信金通证券股份有限公司改名为中信证券(浙江)有限责任公司，上虞营业部配合整改，顺利完成该项重大事件。2012年，上虞营业部开户1529户，引进资产20多亿元。推进企业融资项目，营业部向多个上市公司和企业介绍IPO、债券发行、股权质押、股权激励等项目，为相关企业提供融资渠道。（王薇薇）

【大越期货上虞营业部】 大越期货上虞营业部成立于2010年9月，作为上虞唯一一家期货公司，自成立以来，秉承公司“诚信、高效、务实、创新”的经营理念，稳步发展。2012年实现成交金额955.43亿元，成交手数83万手，手续费收入达391.5万元。营业部业务品种主要以有色金属为主，根据上虞地方特色针对大型企业集团定制套利、套保方案，充分运用期货保值工具为投资者规避风险，实现利润最大化。

2012年，营业部加强会议、投教工作，全年举办两场大型投资报告会，邀请了期货交易高手丁洪波、胡俞越，为投资者分析宏观经济形势，讲解上市公司市值管理创新与资产风险管理等内容，不定期举办小型沙龙，每周进行客户期货培训，以各种形式落实投资者教育工作，帮助投资者树立正确的投资理念。

营业部重视合规经营，诚信建设工作，组织员工认真学习中国证监会、中国期货业协会发布的关于诚信文化建设的相关文件，积极落实协会制定的有关措施。11月，参加了协会在绍兴广场举办的诚信建设年广场宣传活动，履行了营业部的社会使命，提高了员工的综合素质。（芦　英）

5月举办投资报告会，邀请专家讲课

11月参加绍兴广场诚信建设年宣传活动

资本市场

【概况】 2012年，全市新增首发上市企业1家（晶盛机电），实现创业板上市零突破；上市报会企业累计达3家（金盾股份、浙江金科、自立股份）；浙江股权交易中心挂牌企业2家（康隆达、春晖智控），实现区域性股权交易市场挂牌零突破。全年新增拟上市后备企业7家，全市拟上市后备企业动态保持30家。至年底，上虞境内A股上市公司累计达9家，分布在机械装备、精细化工、照明电气、建筑装饰、汽配零件、房地产等六大行业。大力推动直接融资，全年全市完成直接融资58亿元，同比增长57.8%。

【晶盛机电首发上市】 经中国证券监督管理委员会证监许可〔2012〕382号文核准，并经深圳证券交易所同意，浙江晶盛机电股份有限公司向社会公众公开发行人民币普通股（A股）股票3335万股，发行价格33元/股，发行市盈率34.74倍，募集资金11亿元。5月11日，公司在深圳证券交易所挂牌上市，股票简称：晶盛机电，证券代码：300316，成为上虞市第一家创业板上市公司。

【首批2家企业在浙江股权交易中心挂牌】 10月17日，春晖智控和康隆达等两家企业在浙江股权交易中心挂牌，实现上虞企业区域性股权交易市场挂牌零的突破。浙江股权交易中心于2012年9月3日注册成立，是浙江省人民政府依据国家有关监管部门的相关规定，结合浙江经济金融特色而设立的区域性股权交易市场，旨在为省内企业特别是中小企业提供股权、债权的转让和融资服务，积极对接、培育企业进入沪深证券交易所市场。

【浙江龙盛并购德国德司达】 12月26日，浙江龙盛全资子公司盛达国际受让桦盛有限所持有德司达控股2200万欧元可转债，并一次性全部实施转股，间接持有德司达控股62.43%股权，完成对全球染料巨头德司达的收购。

【全年实现直接融资58亿元】 全年，全市完成直接融资58亿元，同比增长57.8%。其中3月23日阳光照明成功完成定向增发，融资9.17亿元；7月17日亚厦股份完成公司债发行，筹集资金10亿元，利率5.2%；浙江龙盛于4月25日和9月14日发行短期融资券各5亿元，利率分别为5.15%和4.94%。　（金自亮　陶铄能　娄丹华）

表3　　2012年全市境内上市公司经营情况表(9家)

财务指标 / 公司简称	证券代码	总资产(亿元)	总营收(亿元)	总营收增长率(%)	净利润(亿元)	净利润增长率(%)	净资产收益率(%)
上风高科	000967	18.53	25.76	21.41	0.47	-47.39	7.02
阳光照明	600261	40.91	25.93	10.13	2.10	-6.62	10.24
卧龙电气	600580	72.97	52.37	-20.31	2.34	5.85	4.68
浙江龙盛	600352	171.53	76.49	-7.05	8.30	2.39	11.56
卧龙地产	600173	33.69	7.67	-22.82	0.74	-47.36	5.25
亚厦股份	002375	98.89	95.77	32.04	6.34	41.32	20.11
闰土股份	002440	52.52	35.47	15.68	3.04	-35.30	7.63
世纪华通	002602	18.95	9.29	-6.99	0.93	-33.97	5.99
晶盛机电	300316	18.49	5.03	-38.98	1.74	-46.83	13.38

财政税务

综　述

【概况】 2012年，全年实现财政总收入72.93亿元，完成预算的101.9%，增长12.0%；实现公共财政预算收入39.19亿元，完成预算的100.3%，增长10.3%；其中税收收入36.98亿元，占公共财政预算收入比重达94.4%；公共财政预算收入占财政总收入比重达53.7%。地税部门组织收入52.24亿元，增长13.4%；国税部门组织收入35.7亿元，增长11.1%。征收非税收入21.32亿元。全年完成公共财政预算支出39.92亿元，完成调整预算的92.7%，增长11.6%；其中民生领域共计支出29.69亿元，占全年公共财政预算支出的74.4%，增长11.9%。当年实现净结余0.80亿元。财政运行呈现以下特点：

【财政收入增幅稳步回升】 2012年年底，公共财政预算收入累计增幅为10.3%，同比下降11.5个百分点，财政总收入累计增幅12%，同比下降8.3个百分点。公共财政预算中税收收入占比增长8.8%，占比较上年同期下降1.2个百分点，而非税收入增幅达41.6%，国有企业亏损补贴减少46.2%。

【行业税收增减不一】 制造业实现税收39.05亿元，增长13.9%。医药化工行业、机械装备业及照明电器行业，分别实现税收收入14.96亿元、5.7亿元和0.27亿元，增幅分别为15.3%、9.9%和13.7%。轻工纺织业、光伏及绿色能源行业税收分别下降6%和23.4%。房地产业实现税收收入4.4亿元，同比减收2.4亿元，减收幅度超过3成，对公共财政预算收入的贡献度同比下降7.9个百分点。金融业、租赁和商务服务业及住宿和餐饮业等服务业分别实现税收4.27亿元、1.92亿元和0.62亿元，同比增长46.6%、92.1%和17.6%。

【区域税收增长稳健】 杭州湾上虞工业园区和经济开发区（曹娥街道）累计入库税收22.93亿元，同比增长9.1%。其中杭州湾上虞工业园区实现税收14.32亿元，同比增长17.4%。全市各工业功能区，除东关、汤浦工业功能区出现负增长外，其余12个工业功能区税收均实现了正增长，其中小越、梁湖、章镇、上浦、驿亭、道墟、曹娥、谢塘、永和等工业功能区全年均实现了2位数以上增长。

【民生支出比重上升】 公共安全、教育、科学技术、文化体育与传媒、社会保障和就业、医疗卫生、节能环保、城乡社区事务、农林水事务等民生领域支出29.69亿元，比上年同期增加3.16亿元，增长11.9%，民生支出财政支出的比重为74.4%，比上年同期提高0.2个百分点，公共财政预算支出的增量超过3/4用于民生领域。 （倪　娜）

财　政

【概况】 全年实现财政总收入72.93亿元，完成预算的101.9%，增长12.0%；实现公共财政预算收入39.19亿元，完成预算的100.3%，增长10.3%；其中税收收入36.98亿元，占公共财政预算收入比重达94.4%；公共财政预算收入占财政总收入比重达53.7%。

【实行国库集中支付】 推进公共财政管理改革，调整机构设置，初步搭建起预算、执行、监督“三位一体”管理运行模式。推进国库集中支付改革，全市259家预算单位全部实行国库集中支付和公务卡改革，撤销财政专项资金账户13个。强化财政绩效监管力度，实施项目单位自评、中介机构参与、财政部门抽评相结合的多层次绩效评价机制；深化公务用车问题专项治理，加快政府采购信息化建设，完善政府采购日常管理；实施会计执业评审，对33名会计人员进行告诫或记分处理；推进国有企业法人治理结构建设，加强市属国有企业经营业绩考核；开展行政事业单位对外投资创办经济实体专项清理，规范投资活动和收益收缴。

2月17日，全市财政地税国资工作会议召开

（许华平　摄）

【多措并举促经济转型升级】 2012年，累计兑现各类市级政策资金32293万元，受惠企业（个人）300余家（人）次。拨付各类上级专项资金，累计拨付26168万元，涉及企业12家次。帮助企业向上争取政策资金，累计申报项目20余只，涉及企业200余家次。围绕新兴产业培育和传统产业提升主线，完善政策条款内容，明确政策资金安排，加大对循环经济、科技创新服务平台、引才汇智等领域的支持力度。落实结构性减税和清费减负措施，落实高新技术企业、促进就业、技术研发费等税收减免政策，落实农村金融机构小额贷款收入营业税降率优惠，对外贸企业出口收入减半征收水利建设资金，对全市工业企业集中减征养老保险费2个月，落实困难企业失业保险金优惠措施，共减轻企业负担22.10亿元。开展支持浙商创业创新促进浙江发展专项行动，共走访浙（虞）商重点企业64家，定点联系企业42家，上门宣传辅导149次，解决实际问题28个。落实结构性减税政策，涉及企业409户，优惠金额13.70亿元、企业所得税减免1.45亿元。抓好回归经济税源培育工作，参与制定完善总部经济、回归经济、工业转型升级等系列政策，全年累计实现税收2.45亿元。推进个转企与规范企业升级工作，办理个转企102户。巩固和深化企业分离发展服务业，全年累计分离企业92家，增加地方税费7251万元。

3月13日，上虞经济开发区（曹娥街道）卫生院易地新建，市委书记孙云耀等领导到工地现场视察工程建设情况

（张　波　摄）

【政府投资项目财务支出36.43亿元】 全年政府投资项目财务支出36.43亿元，其中财政保障13.00亿元。积极筹措项目资金，调度财政性间歇资金7.66亿元，扩大BT、BOT等建设模式实施应用，成功发行交投10.00亿元二期债券，到位信托资金12.35亿元，融资租赁0.50亿元，新增政策性银行贷款7.33亿元。实行政府性债务常态化、制度化管理，建立政府投融资平台和财政资金现金流量月度分析制度。完善乡镇（街道）财政管理体制，启动乡镇财政公共服务平台建设试点工作；加大中心镇培育力度，落实中心镇基本建设项目“以奖代补”政策，支持乡镇工业功能区基础设施建设，到位补助资金4158万元。安排资金1.40亿元

重点支持乡村建设、农村美化、农民安居等项目建设，推进农村宅基地置换、中心村培育、标准江堤建设和清水河道整治，实施村级公益事业“一事一议”财政奖补，切实保障经济薄弱村机构运转，促进农村经济社会稳步发展。

【保障社会民生支出】 加大社保养老投入力度，扩大社会保障覆盖面，新增参保人数35600人，筹集社保资金16.85亿元；落实城乡居民社会养老保险和被征地农民转保一次性补贴2.57亿元，低保救助实现“应保尽保”。加大教育文化投入力度，强化义务教育保障机制，提高生均公用经费标准，支持学前教育三年行动计划，实施职业高中新兴产业专业免费入学，推进中小学校舍安全工程，全年教育投入占公共财政支出比重达25.0%；增加“文化强市”专项资金，支持多种形式的文化“下乡”活动，加快推进农家书屋工程建设。加大医疗卫生投入力度，安排资金1.10亿元，推进医药卫生体制改革，支持市级公立医院实施综合改革，整合新农合和城镇居民医保资源，全面实施村卫生室基本药物零差率制度。加大就业住房投入力度，重点支持虞籍高校毕业生回乡创业，拨付335万元用于大学生租房、大学生创业园建设，落实下岗再就业人员、残疾人、优抚对象等特殊对象就业援助政策，拨付4050人员社保补贴1260万元；支持农民集中居住区、经济适用房等保障性住房建设，解决城乡居民住房困难。（倪　娜）

国　税

【概况】 2012年，市国家税务局（以下简称市国税局）组织税收收入38.32亿元，同比增长10.56%。增值税入库27.9亿元，同比增长13%，占税收收入总量的72.8%；企业所得税入库8.33亿元，同比增长7.2%，占税收收入总量的23.63%。

【落实税收优惠政策】 全年各类税收优惠减免退税25.39亿元。一是落实各项结构性减税政策。重点落实好增值税起征点调整、增值税转型改革相关政策、高新技术企业、研发费用加计扣除、支持节约能源资源和保护生态环境、支持开放型经济发展等方面的税收优惠政策。高新技术企业减免退税1.1亿元，资源综合利用退税698万元，增值税税控系统专用设备和技术维护费抵减额355万元。二是落实出口退税政策。加快出口退税审核审批速度，开展“外贸服务月”活动。全年共办理出口退免税22.1亿元，同比增长4.34%。

【推进“营改增”试点工作】 市国税局认真推进“营改增”试点工作，以信息管税，提高征管的精细化和专业化水平。成立“营改增”试点工作领导小组，制定下发《上虞市国家税务局营业税改征增值税试点工作实施方案》。成功开出首张试点发票，分期分批组织“营改增”政策、办税流程和网上申报开票、防伪税控等形式多样的业务培训47场累计3000户次以上。

【推进税源专业化管理】 市国税局强化税源调查分析，统筹免抵调库资源，完善征管信息共享，不断实践税源专业化管理体系，制定出台《上虞市国家税务局关于进一步深化税源专业化管理工作意见》《小规模纳税人征收管理办法》《行业管理办法》《重点税源企业管理办法》《欠税监控办法》等一系列配套制度。加强一般纳税人资格认定管理，推广车购税电子档案管理系统；加强清算企业、企业重组、资产损失税前扣除申报及备案类减免税管理，做好企业所得税汇算清缴及后续审核工作，对44户企业开展所得税后续审核，补交税款2754万元；加强跨境税源管理和非居民企业股权转让税收管理，组织首笔境外股权交易所得税入库，全年共组织非居民企业所得税3097万元，同比增加13.2%；完成涉外税务审计任务，合计入库税款及滞纳金467万元，查补金额在100万以上企业2户；加强出口货物退（免）税预警监控，严密防范出口骗税行为，多举措支持“走出去”企业发展；完善纳税评估和反避税调查工作，采取专业评估与行业评估相结合的方式，评估入库税款913万元。

【加强税收执法监督】 市国税局完善执法自我监督机制，组织开展风险防控系统的安装及运行情况的检查，完善风险系统相关工作制度，深化执法风险系统的应用。全年税收执法管理信息系统中执法过错比上年同期减少了5人次，减少50%，全年共对5人次执法过错行为进行追究。规范重大税务案件审理工作，严格按照省局《重大税务案件审理工作规程》，全年共审理重大税务案件3件，涉及税款444万元，罚款及滞纳金287万元。依法查处违法案件，全年对五家涉嫌利用发票违法犯罪企业会同公安、地税进行了立案查处，查补税款367万元，6人被公安机关刑事处理。

【优化纳税服务】 推进办税服务厅标准化规范化建设，制定办税服务厅管理制度，加强考核管理，推进办税服务自主建设。推进国税信息化建设，实现官网向业务网的转变，打造"网上办税厅"，加快实现网上税款申报征收一体化处理。推行新版网络发票管理信息系统，应用发票信息加强税源监控和所得税税基管理。开展税法宣传辅导工作，全年共邮寄《国税指南》《税收优惠政策汇编》等各类税法宣传手册2.5万余册，举办非居民企业、"走出去"企业等纳税人税企例会、辅导会42场次，参加人员达3300多人次。 （阮新华）

国税工作人员面对面对企业人员进行辅导

地 税

【概况】 2012年，全市地税部门组织各项税费收入52.24亿元，增长13.4%。其中，税收收入31.92亿元，增长5.2%；社保基金16.83亿元，增长37.6%；政府性基金3.49亿元，下降0.5%。地税收入呈现以下三大特点：一是税收规模继续扩大。税收总量同比增加1.59亿元，其中构成地方财政收入的税收收入24.79亿元，同比增加8836万元。二是全年税收增幅呈V形走势。上半年，受经济增速回落、楼市持续低迷、个人所得税法新政减收以及上年高基数等因素影响，税收累计增幅呈逐月回落态势。下半年，随着上年高基数因素的消失、部分楼盘降价促销成交量回升带动税收恢复性增长，全年税收增幅较上半年度回升9.6个百分点。三是主要税源行业发展态势差异明显。房地产业入库税收3.91亿元，下降36.7%；建筑业入库税收5.87亿元，增长5.3%，其中建筑业营业税2.51亿元，下降13.0%；制造业入库税收9.72亿元，增长23.6%；金融业入库税收2.88亿元，增长60.1%。

【税收宣传】 实施启动"六五"普法规划，将乡镇财政普法纳入该规划，加强对乡镇财政部门的法制宣传指导。开展第21个全国税收宣传月活动，安排"进企业、进乡村、进校园、进社区"等十大活动载体，重点宣传税收促进"加快经济发展方式转变、帮扶中小企业解困、不断推进民生改善"政策举措和职能作用，与市国税局联合举办税收宣传月文艺会演，并利用网站、电视、报纸等多种媒体广泛宣传税收政策。

【征收管理】 强化重点税源监控。2012年纳入重点税源监控企业469户，监控税收占税收收入的比重达71.4%，其中省级以上重点企业92户，占比达36.5%。依托《税友龙版》创建国地税定额比对报表、"以耗控税"税源监控分析报表等个性化查询、分析和监控报表。开展国地税定额比对，实现国税评估及稽查数据共享。继续开展国税门征开票代征工作，加强小税种管理，开展出租房产专题调研，加强纳税评估工作，组织开展文化体育业、娱乐业、教育行业的纳税专项评估，全年通过纳税评估补交税费1618.62万元，压缩欠税费1250万元，起征点以上网络发票推广应用率达78.36%。抓好高收入者个所税自行申报工作，3158名高收入者履行申报义务，累计缴纳个所税1.53亿元。加强国地税协作，征管稽查协作，追缴清欠税款，查补入库7729万元。

【《税友龙版》上线运行】 《税友龙版》于2012年3月23日顺利上线运行，做好《税友龙版》及外围软件运维工作，建立《税友龙版》外围软件服务中心。全面应用存量房交易评税系统，将全市456个小区、5122幢住宅、85000套存量房纳入《税友龙版》系统管理。

【试点实施"一窗式"全职能服务】 实施"提速增效"各项工作举措，落实服务外包、同城通办、免填单和导税、预约、延时、限时办结等特色性服务，试点实施"一窗式"全职能服务。开展"进村入企""财税政策村村行"等活动，开设纳税人课堂，组织志愿者服务活动，开展纳税人满意度需求调查。

【稽查查补总额3200万元】 共检查户数221户，查补总额3200万元，其中重点检查税款入库466万元，检查案件罚款245万元；重点检查查结户数63户，查结率100%；曝光案件1件；查处发票违法企业户数22户。

【实施"营改增"试点改革】 制定印发《"营改增"试点工作实施方案》和《试点倒排期重点工作计划》，确定工作目标，细分工作任务，明确时间节点，落实工作责任，推进改革稳妥实施，12月份对交通运输业和现代服务业平稳实施了"营改增"试点改革，完成3292户营改增纳税人移交国税部门。

（倪　娜）

11月27日，浙江省地税局副局长劳晓峰带队调研指导直属分局工作　（许华平　摄）

对外及港澳台经济贸易

综 述

【概况】 2012年,全市完成合同外资3.51亿美元,实到外资2.54亿美元,同比增长69.3%,利用外资居绍兴市第一,浙江省14位;实现自营出口27.47亿美元,同比增长0.25%,增幅居绍兴市第三,完成市委、市政府下达的目标任务;实现对外经济合作营业额1.0471亿美元,境外中方投资额5516.52万美元;获绍兴市开放型经济工作银奖。

全市利用外资增资比重提高、发达国家投资增多,获浙江省利用外资专项考评三等奖。组织企业开展广交会伞业专业推介、消防器材巴西抱团推介、港澳照明电器专业推介等,成效明显。三大类产品出口一升两降,其中化工产品出口同比增长8.92%,机电产品出口同比下降0.78%,纺织服装产品出口同比下降12.18%。从对各洲出口情况看,对亚洲、北美洲和大洋洲出口保持增长,分别增长1.71%、7.79%和2.23%;对欧洲、非洲和拉丁美洲出口减少,降幅分别为3.87%、7.25%和0.98%。主要出口国家中,对美国、印度出口分别增长7.17%和14.74%;对日本、韩国出口分别下降2.63%和0.84%。 (厉 婷)

对外贸易

【概况】 2012年,全市对外贸易略微下挫,进出口总额32.3亿美元,比2011年减少3.6%。其中出口总额27.5亿美元,同比增长0.4%,进口总额4.8亿美元,同比减少21.3%。

【培育出口品牌】 浙江腾鑫伞业有限公司被评为绍兴市出口名牌。

【经贸展览】 加大组展拓市场力度,把参展与企业的提质转型相结合,帮助企业抢抓市场订单。共组织312家次企业参加境内外展会57个。境内展主要包括广交会及伞业抱团、华交会、消博会、中国(杭州)国际花园户外家具及休闲用品展览会、中国国际汽车零部件博览会及义博会、香港灯饰展;境外展主要包括台北汽配展、巴西圣保罗安防展、中国工业产品尼日利亚展、静冈中国名品展等。

【安排专项资金推进外贸发展】 全年市财政安排专项资金1887.59万元,分别对展位费、自营出口二十强、新增出口额、高新技术出口、加工贸易奖励、海关及检验检疫方面、出口信用保险、自主品牌出口、产品国际认证、境外商标注册、进口贴息、公平贸易等进行奖励和补贴。

【推广出口信用保险】 推广更适合企业投保的中小企业简易模式,可有效降低投保成本,且风险覆盖更全面。由市政府出资对全市小微企业(2012年1—4月自营出口100万美元以下企业)进行出口信用保险抱团投保,全市215家小微企业享受市政府联保政策。全年全市共有259家企业投保,中国信保为全市出口企业共批复国外买家限额375件,批复限额金额1.20亿美元,接受企业报损金额146.5万美金,案件数同比增长23.5%,完成国内外资信调查410余份。

【发布行业预警信息】 发挥"上虞照明电器预警示范点"的作用,全年发布预警信息两百余条,编写照明电器预警快讯12期,编写全市照明电器行业出口统计信息4期,对欧盟、巴西、俄罗斯等重点市场的出口动态监测分析共3篇,原创综合性预警分析报告共6篇以及发布WTO—TBT通报和出口产品受阻信息等,为企业提供行业预警信息及分析报告。发挥"上虞伞业预警示范点"的作用,发布预警信息200余条,编写伞业预警快讯6期,编写我区伞具业出口统计信息4期,对欧盟、美国等重点市场的出口动态监测分析共4篇,原创综合性预警分析报告共6篇以及发布WTO—TBT通报和出口产品受阻信息等,为企业提供行业预警信息及分析报告。 (陆雪晶)

利用外资及港澳台资金

【概况】 2012年,全市继续实施招商选资"一号工程",共新批外商投资企业40家,新批增资项目25只,新增投资总额5.13亿美元,注册资本3.39亿美元,实现合同外资3.5055亿美元,完成目标任务的116.85%;实到外资2.535亿美元(其中资本金和股东外债各1.8541亿美元和6809万美元),完成目标任务的110.22%。合同外资和实到外资均列绍兴市第一位,其中,实到外资列全省第14位。

【外资增幅较大】 全年,全市完成合同外资和实到外资分别为3.51亿美元和2.54亿美元,同比增长8.7%和68.8%,增幅明显。

【外资企业增资扩股比重提高】 全年,全市新批增资项目25只,增加合同外资6418万美元,同比增长21.99%,占全市新批项目合同外资总额的22.72%,占比较2011年提高6.41个百分点,成为利用外资的重要渠道。且增资项目实到外资5388万美元,当年到位率达83.95%。

【利用外资集聚两区】 全年,两区实到外资18829万美元,占全市总额的74.28%,其中,杭州湾上虞工业园区完成合同外资和实到外资分别为2.1671亿美元和1.6217亿美元,集聚度达61.82%和63.98%。

【发达国家投资增多】 全年新批的40家外资企业中,来自发达国家的有8家,其中美国1家,加拿大3家,日本2家,意大利、西班牙共同投资1家,占总数的20%,比2011年增加3家。

【结构趋于优化】 从行业投向来看,第二产业仍是外资引进的主体,第一、三产业利用外资有新成果。工业项目新批25家,合同外资1.1496亿美元,占新批合同外资的51.47%,主要涉及机电、新材料、设备制造等行业;三产以贸易咨询领域为主,新批13家,合同外资1.0799亿美元;农业项目2只,合同外资119万美元。

【港资新批项目29只】 从投资来源看,港商投资继续保持增长势头,新批项目达29只,合同外资和实到外资分别为1.933亿美元和3709.92万美元,分别占全市新批总额的55.14%和14.63%。

【获得省利用外资专项考评三等奖】 7月12日,省商务厅发布浙商务资发〔2012〕247号《关于公布2011年度外资专项考评获奖单位的通知》,上虞市被评为全省2011年度利用外资专项考评三等奖。

【北京投资推介会举行】 9月20日,"水韵上虞 魅动京城"2012浙江上虞投资环境推介会在北京举行,中化蓝天、宏鑫染化等6个项目在会上签约。

【乡镇(街道)外资引进情况较好】 全市20个乡镇(街道)中,18个乡镇(街道)有合同外资,其中道墟、小越、东关、百官、谢塘等14个乡镇(街道)完成合同外资目标任务,全部乡镇(街道)都有实到外资,完成较好的是汤浦、丁宅、谢塘、陈溪、东关、小越、梁湖,其中汤浦、丁宅、谢塘等19个都完成实到外资目标任务。

【474家外资企业参加联合年检】 根据商务部等七部委及省厅有关外商投资企业联合年检工作精神,经网上申报参检企业数为474家,初审合格473家,初审合格率99.79%。在参检企业中,合资企业314家,独资企业158家,股份制企业2

家。其中已投产企业359家，筹建企业97家，停业18家。（张芳芳）

外商服务

【概况】 2012年，全市深入实施招商选资“一号工程”，大力推进“三个年”活动，“走出去”，领导带队宣传推介，组织企业抱团参展，“请进来”，邀请客商参观考察，吸引项目洽谈签约。多次组织考察团赴省外、国外经贸考察及项目洽谈，组织企业参加浙洽会、厦洽会、广交会、华交会等境内外展会，接待客商数十批次，举办投资推介会、深圳虞商联谊会成立大会，引进启德航空产业基地等一大批优质项目。全年实现合同外资3.51亿美元，实到外资2.54亿美元，引进内资57.74亿元人民币。全市新批总投资在千万美元以上项目16只，其中总投资在5000万美元以上项目2只。

【组织招商推介活动】 参加第十四届浙江投资贸易洽谈会、第十一届中国国际消费品博览会、第112届中国进出口商品交易会（广交会），举行“透过香港，走向国际”专业服务研讨会，举办上虞（上海）投资环境说明会、上虞（北京）投资环境推介会、深圳虞商联谊会成立大会。

【发放外来投资者“绿卡”】 实施《上虞市外来投资者“绿卡”服务制度实施办法》，向外来投资者发放“绿卡”，在上虞市经济发展中做出贡献的常驻外来投资者，可享受市政府在子女就学、健康检查等18个方面的优惠政策。全年新发放绿卡10张，重新审核后发放绿卡9张，帮助外来投资者子女就学13人次（其中小学6人、幼儿园2人、初中1人、高中4人）。累计发放绿卡124张。

【做好招商宣传工作】 全年通过商务局（招商局）网站共更新各类信息600余条。修订2012年上虞商务活动大事记，向外商发送300册。制作中、英、日、韩《上虞投资指南》1500册。

【做好翻译服务工作】 翻译服务中心设有英、韩、日等语种翻译，主要为上虞企业提供中外文笔译、口译等服务工作。2012年翻译中心为外商投资企业办理审批手续提供翻译80余件。（顾方颖）

对港澳台贸易

【概况】 2012年，全市对香港出口额为2122万美元，同比增长-45.2%，出口产品以棉、丝、化纤等布为主；进口额为149万美元，同比增长36.7%，进口产品以棉、丝、化纤等布为主。2012年，上虞对澳门出口额为118万美元，同比增长-27.9%，出口产品以医药及医药中间体为主。2012年，上虞对台湾销售额为5954万美元，同比增长6.6%，出口产品以染料为主；进口额为1292万美元，同比增长-52.0%，进口产品以棉、丝、化纤等布为主。

【经贸展览及活动】 10月27日和29日，上虞市人民政府择机香港万商云集的国际秋季灯饰展期间，在香港、澳门两地举行照明产业推介暨新产品说明会，推介了上虞照明产业、上虞投资环境、上虞经济发展潜力与前景。阳光集团、晨辉照明和舜和照明三家龙头及骨干企业进行了新产品说明。（陆雪晶）

对外经济技术合作

【概况】 2012年，全市新批境外投资企业8家，总投资额5516.52万美元，其中中方投资额5516.52万美元，完成境外工程营业额3408万美元。

【出口带动效应明显】 全年所有境外投资项目，除了两个增资（并购）项目外，其余6个项目均为贸易公司。全年境外企业总营业额29272.19万美元，同比增长97.7%。带动出口22365.19万美元，同比增长99.18%。

【投资领域和投资方式呈多元化】 全市境外投资领域有新的拓展，涉及服装印染、建筑建材、家用电器、轻工机械、工艺饰品等，投资方式有营销网络窗口、生产经营、增资扩股、跨国并购等。浙江龙盛集团股份有限公司向盛达国际资本有限公司增资3000万美元。

【境外承包工程稳中有进】 全市共有外经权企业11家，对外承包工程业务不断拓展，完成对外承包工程及劳务合作营业额10471万美元，同比增长2.74%。（任世权）

海　关

【概况】 2012年，绍兴海关驻上虞办事处共受理进出口报关单5523票，同比下降12.93%；征收税款3.7564亿元，同比增长6.66%；备案加工贸易合同401份，同比增长1.01%，备案金额1.9441亿美元，同比增长11.17%；注册进出口企业200家，同比增长10.5%；新增海关A类企业28家，同比增长12%。办事处被评为省级青年文明号，办事处报关厅被绍兴市人民政府纠正行业不正之风办公室评为2011年度"行风建设示范窗口"。

【履行把关监管职责】 开展"攻坚克难、综合治税"百日会战活动，建立重点税源企业跟踪联络机制，走访辖区主要进出口企业，深入了解企业生产经营情况，宣传海关政策和便捷措施，挖掘属地纳税税源。加强进出口货物审价、归类、原产地认定和加工贸易货物内销补税工作，妥善处置2起因企业破产导致的税收入库问题，确保海关税款及时入库。召开辖区报关单规范申报学习研讨会，开展辖区常见商品规范申报专题培训，讲解属地报关操作实务，以互动交流的形式答疑解惑，提高报关企业的规范申报意识和能力，强化通关质量控制。

【服务辖区外贸发展】 加强联系沟通，推动地方党委政府出台AA类企业和属地报关鼓励政策。定期编撰《海关要情专报》，对辖区行业现状、块状经济等进行分析预警，发挥服务地方开放型经济发展的参谋辅助作用，4次得到副市长吴志育的批示肯定。联合市商务局、绍兴出入境检验检疫局上虞办事处、人民银行上虞支行、中国出口信用保险公司等部门开展"外贸风险防范月"和"外贸企业服务月"活动，赴沥海镇、杭州湾上虞工业园区、东关街道，曹娥街道，梁湖镇、百官街道、丰惠镇、小越镇和驿亭镇开展政策宣讲，帮助企业了解最新促进外贸发展的政策，认清和防范外贸风险，解答企业外贸发展中遇到的问题。与市商务局签订紧密合作备忘录，在开展政策宣讲、培育诚信企业、落实便利措施、打造出口基地、信息资源共享、专题调研活动、结对共建工作及交流沟通机制等8方面工作开展合作。贯彻落实《杭州海关全力支持浙江省外贸出口增速保持10%以上的八项措施》和《绍兴海关全力支持绍兴市外贸出口增速保持12%以上的工作方案》精神，制定支持上虞外贸出口6项措施，召开"保增长、促发展"海关与企业座谈会，组织外贸出口服务小分队走访辖区重点进出口企业，了解企业的外贸出口现状，宣讲海关支持地方外贸增长的各项措施，解答企业在出口通关、加工贸易以及企业管理等方面的各类问题。联合浙江电子口岸举办加工贸易企业联网监管及电子化手册培训会，就加工贸易管理及加贸通系统应用等进行培训。（凌　锋）

检验检疫

【概况】 2012年，绍兴出入境检验检疫局上虞办事处（以下简称上虞办事处）共检验（查验）出口商品34938批，货值13.17亿美元，批次同比增长3.35%，金额同比下降0.98%；包装检验3238份，同比增长3.52%；签发各类原产地证书13896份，签证金额58305.96万美元，同比增长0.67%和1.77%；签发检验检疫证书和出口监装证书326份，同比增长45.54%；新增报检备案企业150家，产地证签证备案企业79家。办事处被评为绍兴市卫生单位，报检大厅被评为省级青年文明号、绍兴市级巾帼文明岗。

【实施免费政策】 2012年9月18日，财政部和国家发展改革委发布《关于取消和免收进出口环节有关行政事业性收费的通知（财综〔2012〕71

号)》,根据通知规定,对在2012年10月1日起至2012年12月31日期间报检的所有出入境货物、运输工具、集装箱及其他法定检验检疫物免收出入境检验检疫费。上虞办事处严格执行规定,累计免收检验检疫费304.3079万元,涉及出口货物8546批次,惠及321家出口企业。其中出口货物检验检疫费288.6136万元、原产地签证费14.146万元、其他检验检疫费1.5483万元。 (潘小花)

【开展出口敏感轻纺消费品风险排查整治】 对辖区内的电光源、小家电、食品接触产品、玩具、输欧美童装、输欧盟鞋类从产品、企业、工作三个环节入手,开展全面风险排查整治,并结合省局《关于加强出口童鞋检验监管的警示通报》和《关于出口美国童鞋铅含量超标的警示通报》文件,对出口童鞋按高风险产品进行监管,对童鞋小附件、输美童鞋铅含量进行检验和检测。按照总局、省局的《关于输欧纺织服装禁用偶氮染料超标的警示通报》文件要求,在日常监管中加强对纺织制品辅料的检验监管,于2012年7—8月,在辖区内开展了出口服装pH值回头看普查活动,共对辖区23家企业33个服装报检批进行了抽样普查。

【开展业务培训】 在市商务局牵头下,党员志愿者到出口重点乡镇,为相关企业进行外贸风险防范、国际贸易动态、检验检疫法律法规、国外通报案例、产品质量体系建设及产品质量安全隐患等内容的培训。召开行业会议,发放应对技术壁垒指南。4月,配合绍兴局召开了绍兴地区出口灯具检验监管工作会议,140多位灯具企业的质量和技术负责人参加了培训,并向企业发放《浙江省主要出口产品应对国外技术壁垒指南——灯具》100余册。

(钱爱芬)

生态环境

综　述

【概况】 2012年,全市环保工作按照"围绕一条主线,抓好两项重点,深化三类整治,推进四大行动,强化五个提升"的总体目标,扎实开展生态环保各项建设。出台"十二五"污染减排实施方案和2012年度工作计划,实施重污染项目强制性淘汰改造新三年行动,各类减排工程有序推进;实施蓝天行动,推进清水工程,加快固废规范化处置进程;严格规范环保管理,强化环境准入制度,严把项目落户审批关;加快环境科技监管能力建设,创新环境安全工作机制,强化环保公安执法联动和公众参与;全面实施"811"生态文明建设推进行动,启动"四边三化"专项整治,积极开展国家有机食品生产基地创建,强化农业面源污染控制,加大生态绿色系列创建。

全市环境空气优良天数比例为95.1%;22个县控及以上地表水监测断面中,Ⅲ类及以上断面达到63.6%,汤浦水库集中式饮用水源地水质达标率100%;城区环境噪声总体达到国家规定的标准要求;辐射环境处于安全状态。全年新增国家级生态乡镇2个、省级生态街道1个、省级绿色学校3所、绍兴市级生态村19个,未发生重大环境污染事故和重大环境群体性事件,境内生态环境安全总体良好。市环境保护局在绍兴市下属各县(市)环保局年度考核中位列第一名,还被评为"五好"党组织、省环境统计工作先进集体、省环保政务信息工作先进集体、绍兴市档案工作先进集体、市"回归经济"工作优胜单位、污染减排先进集体、社会综治先进集体、应急联动先进单位、生态旅游工作先进单位、淘汰落后产能先进部门。 (蒋建钢)

环境质量与监测

【概况】 2012年,市环境保护局(以下简称市环保局)共出具各类监测报告3281份,其中监督性监测报告2600份;获得各类监测数据14.2万个,其中自动监测数据6.9万个,日常监管监测2.2万个;完成建设项目竣工环保验收及其他验收监测143家次,环评本底及现状监测项目50家次,污染源在线比对200家次,国控省控重点污染源监督性监测184家次,其他各类委托监测220家次。

【全年空气优良率达95.1%(以API计)】 2012年,全市空气质量优良天数为348天。大气中主要污染物二氧化硫、二氧化氮、可吸入颗粒物年均值分别为0.037毫克/立方米、0.034毫克/立方米、0.087毫克/立方米,城市大气环境质量达到国家二级标准。酸雨发生率为95.9%,酸雨量占总雨量的85.8%,降水pH平均值为4.81。与2011年相比,酸雨发生率有所上升,降水pH值略有上升(2011年酸雨发生率为91.5%,酸雨量占总雨量的91.9%,降水pH平均值为4.64)。

【地表水监测断面水质达标】 全年,全市22个县控及以上地表水监测断面中,8个断面水质符合Ⅱ类水标准,6个断面水质为Ⅲ类,8个断面水质为Ⅳ类及以下。汤浦水库5个断面、曹娥江汤曹汇合口断面、下管溪河浮村断面和隐潭溪泰山桥断面水质良好,属Ⅱ类水体;曹娥江上虞段(章镇上游、章镇下游、百官上游、百官下游)断面、四十里河丰章公路桥断面及小越湖断面为Ⅲ类水体;萧曹运河上虞段(东关水泥厂、新沙桥、三角站桥)、总干渠及其分流(百官二号桥、百沥河朱邵桥、崧厦大江桥、百丰公路桥)断面及东进河一号桥断面水质为Ⅳ类及以下。县级交接断面出境水质考核良好。汤浦水库集中式饮用水源地水质达标率100%。

【城区环境噪声平均等效声级符合国家规定】 全年,城区环境噪声平均等效声级为53.0dB(A),低于国家规定的声环境质量标准中2类标准限值;交通干线噪声路长加权平均等效声级为68.6dB(A),低于国家规定的声环境质量标准中4a类标准限制,比2011年上升0.4dB(A)。 (许晓冬)

污染治理

【概况】 2012年,全市严格依照国家建设项目环保审批各项原则和省、绍兴市环保审批制度要求,加强建设项目环保管理工作,强化空间准入、总量准入、项目准入"三位一体"和专家评价、公众评价"两评结合"的环境准入制度,严把项目落户审批关。全年全市共审批项目260只,其中工业项目127只、其他类项目133只,项目总投资160.4亿元,环保总投资3.2亿元,出具上级审批项目预审意见61只,依法否决不符合环保审批要求的项目8个。

【强化建设项目环保"三同时"制度】 市环保局督促建设项目实施单位严格按照项目主体工程与环保设施同时设计、同时施工、同时投入运行的环保"三同时"要求,配套建设各类治污设施,提高建设项目环保"三同时"执行率和验收率。全年共完成环保"三同时"竣工验收项目195个,实现环保资金1.6亿元,清理不再实施的项目178个。

(虞灿标)

【建立排污许可证制度】 市环保局持续推进排污权有偿使用工作,进一步优化操作规程和管理办法,实施排污许可证制度。全年共收取排污权有偿使用金2792.63万元,核发临时排污许可证221本、正式排污许可证98本。 (叶静静)

【开展电镀行业专项整治】 组织开展电镀行业专项整治,严格按照省里"七个一律"的要求和56条整治标准,对2家电镀企业实施淘汰搬迁,其余7家电镀企业全部完成原地整治。

【规范工业固废处置】 完成原友联固废填埋场封场和新固废填埋场投运工作,督促龙盛集团、闰土集团加快污泥减量化工程建设,完成危废产生和经营单位"双达标"创建企业20家,固废处置进一步规范。 (叶静静)

污染减排

【概况】 2012年,全市实行主要污染物减排计划,出台《上虞市"十二五"主要污染物总量减排实施方案》和《上虞市"十二五"主要污染物总量减排工作考核办法(试行)》,明确减排项目,分解落实减排任务至各乡镇(街道)、市级有关部门和减排重点企业。加强部门联络协调,挖掘减排潜力,编制核查资料,指导各减排单位落实各项工作措施,强化现场管理,做好相关台账,提高减排认可率。根据绍兴市《关于2012年主要污染物总量减排任务完成情况的通报》数据显示,全年全市化学需氧量削减率8.92%,氨氮削减率9.34%,二氧化硫削减率3.75%,氮氧化物削减率8.96%。

【开展清洁空气行动】 编制《上虞市蓝天行动实施方案(2012—2016)》、2012年度工作计划和《上虞市蓝天行动工作考核办法(试行)》,方案及计划经市政府常务会议审查通过并组织实施。市政府组织召开了由市四套班子领导、市直有关部门单位以及各乡镇(街道)主要领导和全市135家污染较重企业法人代表参加的蓝天行动推进暨环境安全工作会议,部署落实蓝天行动各项工作,全面启动蓝天行动。同时,制定下发《关于建立蓝天行动工作月报制度的通知》,要求蓝天行动有关责任单位以及各乡镇、街道、两区定期上报当月蓝天行动工作进展情况,存在问题以及下月工作计划,督促蓝天行动工作开展。

【强制淘汰改造重污染行业】 按照《上虞市重污染行业强制性改造提升考核管理办法(试行)》的有关规定,在收集整理各相关部门单位数据,并征询考评企业意见的基础上,对全市10个重污染行业142家企业实施了考核评价,并编写完成2011年度和2012年上半年度重污染行业强制性改造提升考核评分结果说明以及各重污染行业考核评分排名靠后企业存在的环境问题一览表。

(叶静静)

生态建设

【概况】 制定实施《2012年度上虞生态文明建设工作计划》,分解落实生态保护工作任务,加强对全市生态文明建设工作的监督和考核,督促有关部门、乡镇(街道)按时完成各项工作任务。加大生态环境宣传力度,在第二个"浙江生态日"来临之际,成立上虞市环保志愿者服务总队,开展一系列环保志愿者活动。组织开展"绿色家庭"评选和"蓝天、清水、我的家"绿色短信征集活动。为切实加强对生态文明建设、环境保护知识的宣传教育,促进全市有机食品基地建设,7月在《上虞日报》刊出了有机食品基地建设专栏。

【60个行政村完成生活污水处理】 依托乡镇截污管网建设,加快沿线农村生活污水进管,60个行政村完成生活污水处理,有效提高农村污水收集处理率。推进规模化养殖场排泄物治理,制定完善《上虞市规模化畜禽养殖场污染治理实施方案》,统筹控制规模化畜禽养殖场养殖规模和污染治理。全市规模化畜禽养殖场粪污收集处理率为98.0%。完成年度水土流失治理面积11.61平方千米。大力推广测土配方施肥技术,累计700000.5亩,推广病虫害绿色防治技术307000.5亩。

【对35个生态保护项目实施奖励】 进一步完善上虞生态环保奖励办法,扩大奖励范围和奖励额度。2012年,持续加大对生态绿色系创建工作的支持力度,共对35个生态保护项目实施奖励,奖励金额为223万元。其中,岭南乡和丁宅乡被环保部认定为国家级生态乡镇、百官街道办事处被省环保厅评为省级生态街道、绍兴市大自然农业发展有限公司被环保部认定为国家级有机食品基地、百官街道高丰社区被省宣教中心评为省级生态文明教育基地、陈溪乡太平山村等19个乡村被认定为绍兴市级生态村、百官街道九浸畈社区被评为绍兴市级绿色社区、上虞外国语学校等3所学校被评为省级绿色学校、上虞市妇幼保健院被评为绍兴市级绿色医院,隐潭溪黄毛岭等5处饮用水源地被评为合格饮用水源保护区。

【重视集中式饮用水源保护】 组织开展对汤浦水库、城区总干渠、下管镇李家岙水库、下管镇跃进水库、陈溪乡达溪、岭南乡隐潭溪黄毛岭、岭南乡奈何畈水库和长塘镇靠溪岙水库等8个集中式饮用水源地进行水质监测,加强水源地日常环境巡查,及时查处和清理饮用水源保护区内畜禽养殖等污染水源的违法行为,保障群众饮水安全。年末,组织水利、卫生、财政等部门开展对全市集中式饮用水源环境保护和管理工作年度考核,确保各水源地水质符合国家规定的饮用水源地水质标准。

(叶　敏)

城乡建设与管理

城市规划

【概况】 2012年，全市开展了总体规划、控制性详细规划、专项规划、村庄规划等各个层面的规划编制工作。市规划局启动城市总体规划实施评估，组织编制《上虞市百丰公路（城区至皂李湖段）改造及控制性规划研究》；汤浦、上浦、永和、陈溪、丰惠、丁宅等乡镇，分别编制了总体规划、控制性详细规划、概念性规划，如《上虞市汤浦镇总体规划》《上虞市丰惠镇城西片控制性详细规划》等。

【"一江两岸"整体城市设计】 市规划局组织开展"一江两岸"整体形象研究，初步形成整体城市设计成果。"一江两岸"整体城市设计通过对一江两岸（包括曹娥江水面）建筑的空间形态、功能布局、园林绿化、亮化、色彩等进行统一整体研究，使"一江两岸"成为展示上虞规划建设水平的核心景观带，成为浙东乃至全省的亮点。

【青瓷文化产业园选址研究】 为进一步提升"青瓷之源"品牌影响力，市规划局通过考察调研、资料收集、分析整理，并结合相关专家意见、建议，初步选定原中鑫集团地块为青瓷文化产业园选址地块，总用地面积约150亩。青瓷文化产业园以上虞越窑青瓷文化为核心，将极力打造上虞集文化展示、创意设计、学习交流、非物质文化遗产传承、收藏鉴赏等功能于一体的文化创意产业发展平台。

【城市慢行系统规划研究】 市规划局通过问卷调查、深入调研，项目设计招标，规划大纲、工作方案确定等程序，完成项目设计研究并通过评审。城市慢行系统规划研究从关注市民步行生活需求入手，对上虞城市慢行系统现状进行调研分析，合理划定重点步行通廊和单元，建构便捷通畅的步行网络和非机动车网络，有力促进非机动车交通系统与机动车交通系统的良好分离、与公共交通系统的有序衔接。该规划还得到了陈加元副省长的批示："请谈月明同志阅，上虞的做法值得提倡。"

【城市排水管网规划修编】 市规划局根据当前城市排涝问题，启动了城市排水管网规划修编研究，通过城市重点受涝区域资料调查、受涝原因分析，完成了城区13个易受涝地点的排涝整治方案。旨在进一步提升排水管网的配套标准，对城市易受涝区域提出整治方案。

【数字上虞地理空间框架试点项目建设】 市规划局通过前期资料收集、问卷调查、实地走访座谈及电话咨询等方式，开展需求调研，明确项目建设内容，并与相关部门单位、乡镇签订了共建共享合作协议，年底前完成中心机房建设。数字上虞地理

2012年"一江两岸"鸟瞰效果图

空间框架试点项目建设，旨在全面建成较为完善的城市地理信息共建共享体系，推动地理信息成果社会化应用，避免重复投入重复建设，提高政府公共服务能力和水平。（沈　铭）

重点工程建设

【概况】 2012年，以"山亲、水清、城靓、路畅、人和"为工作目标，以"精致上虞"建设为目标，以"城市提质年"活动为抓手，全力抓好城市建设和管理工作。全年承接政府投资项目26只，总投资25.6亿元，年度投资8.45亿元。截至年底，完成投资9.23亿元，完成年度投资计划的110%，"门户靓化、城市绿化、住房保障、路网建设、高铁新城、龙山改造"等重点项目全面推进。（李晓珊）

【高铁新城加快建设】 高铁新城规划总面积2.5平方千米，计划总投资逾30亿元，对高铁新城2.34平方千米进行综合开发，重点建设项目为"客专站前广场""一河二带五桥十五路"等。至2012年年底，站前广场及地下空间工程完成全部基坑围护及工程桩施工。西侧临时公交停车场已竣工交付。称山北路、康居路已进场施工。（李晓珊）

【龙山改造焕然一新】 龙山改造3年多来累计投资9660万元，先后实施"龙山公园改造、大龙山生态一期、大龙山生态二期"3只项目。坚持"高起点规划、高品质建设"原则，2012年重点实施"大龙山生态公园二期"，工程总投资2957万元，年度计划投资2157万元，包括雕塑工程、绿化景观工程、弱电管线预埋工程、龙王堂区域文化宣传工作等。截至年底，已全部完成建设并投用。真正实现了"山、水、城、人"一体的改造方式。（李晓珊）

【门户靓化正式启动】 为深化拓展"精致上虞"建设内涵，通过五年时间(2012年—2016年)对上虞"七大门户"实施靓化改造建设，计划总投资9.86亿元。2012年，城市门户靓化工作正式启动。市建设局通过专题调研谋划、出台实施意见、组建工作班子等工作，加快推进项目。其中，舜耕大道至舜帝岭段靓化工程、329国道迎宾大道段于国庆期间顺利进场施工。舜耕大道至舜帝岭段已完成园路浇筑、管理房基础开挖及部分乔木种植；329国道迎宾大道段一期已完成乔木种植；峰山路已完成初步设计评审。（李晓珊）

市政建设

【概况】 2012年，围绕市政府"十二五"发展规划，以"城市提质年"活动为抓手，以城市提质和民生保障为主线，投入资金近1.1亿元，落实7只政府投资项目和30只民生工程建设，共浇筑和改造沥青路面约2.36万平方米，改造人行道约13300平方米，砼路面约3600平方米，埋设各类管道约11800米，增设标志标杆383套，标线约5221平方米，新增停车泊位约306只，更换人民大桥斜拉索112根。（杨　勇）

【城北3条路网建设BT工程启动】 年度政府投资项目"称山北路、观山路、规划支路"3条道路工程建设是配合"高铁新城"大开发、完善城北路网的工程，与此配套的二甲、四甲拆迁安置工程顺利交房。为拓宽融资渠道，破解资金瓶颈，推行建设——移交(BT)模式投资的项目建设。工程总概算投资6600多万元，建设内容包括道路、桥梁、排水、绿化、照明及交通安全设施等。工程于9月进场施工，年终按照年度计划完成工程量的70%。（杨　勇）

【人民中路与凤山路交叉口交通渠化】 人民中路与凤山路交叉口位于老城区，道路狭小、商铺集中，交通复杂，是城区最为拥堵的路口之一。为破解这一路段交通瓶颈，市政工程管理中心于6月21日启动交叉口渠化改造工程，将位于凤山路段交叉口部分道路由原双向4车道改为5车道，凤山路东侧现状人行道空间内辟建非机动车道，实现凤山路东侧机非分离，人民中路段交叉口设置专用右转车道，并设置硬质导流岛和机非隔离栏，利用导流岛设置行人过街滞步区，该工程总投资357万元，于8月中旬竣工并投入使用。（杨　勇）

【爱弥儿幼儿园南侧临时停车场】 该工程位于百官街道剧院路，爱弥儿幼儿园南面，周边是步行街商业区、幼儿园、居民住宅区，停车难、行车难问题突出。为缓解这一区域停车难题，市政工程管理中心于7月实施爱弥儿幼儿园南侧临时停车场改造工程，停车场内通道采用沥青路面，机动车停车位采用混凝土路面砖铺设，并设置人行道、绿化带等设施。工程投资48万元，改造总面积约1900平方米，增加停车泊位20多只。工程在9月竣工投用，改善了该区块的生活环境，缓解爱弥儿幼儿园周边停车行车难题。（杨　勇）

【人民大桥更换斜拉索】　人民大桥是上虞城区重要交通枢纽，是城市形象的重要标志性建筑。该桥为独塔双索面斜拉桥，于1996年建成通车，已历时16年。根据同济大学桥梁系专家安全检测结果和拉索磨损程度，为保障桥梁安全运行，于10月8日启动人民大桥112根斜拉索全面更换工程，更换的斜拉索采用高强度平行钢丝拉索，具有一定可靠性和使用寿命。该工程投入资金1660多万元，于12月底完工。（杨　勇）

【加强市政工程质量监督】　2012年共受理上虞辖区内市政、园林绿化工程项目质量监督申请注册登记76只，受理市建设局所属各单位30万元以下市政、园林绿化工程建设项目监督管理申请47只，涉及工程建设资金额6.19亿元。（黄　燕）

【城乡垃圾日产日清】　全年全市共清运城乡垃圾28.72万吨，其中城区垃圾16.19万吨，农村垃圾12.53万吨，同比分别下降3.55%、10.53%和增长7.27%左右。其中有19.84万吨运往春晖垃圾焚烧厂焚烧，8.88万吨运往蟠龙岙垃圾填埋场填埋，同比分别增长6.03%和下降19.76%，做到城乡生活垃圾日产日清和无害化处理。（石勇生）

【蟠龙岙垃圾填埋场改扩建工程投入使用】　8月16日，蟠龙岙垃圾填埋场改扩建工程全部完工并投入使用。该项目工程概算5300万元，库容115万平方米，从2011年年初开始施工，至2012年8月完工，从而缓解了全市生活和建筑垃圾填埋的难题。（石勇生）

【对沿街店面装潢垃圾统一清运处置】　2012年，根据市政府《关于加强城区沿街店面（单位）装潢垃圾处置管理的通告》，市环卫中心从6月开始负责主城区范围沿街的店面（单位）装潢垃圾的统一清运处置，通过加强日常巡查，上门宣传并签订装潢垃圾清运协议，并及时组织车辆进行清运，提高了城区街道的市容环境和卫生面貌。（石勇生）

【实施环卫作业数字化管理】　从2012年1月1日起，市环卫中心在城区13座垃圾中转站、蟠龙岙垃圾填埋场和环卫新大楼内安装15组监控摄像头，同时在60辆环卫车辆上安装了车载GPS监控系统，并在环卫中心办公大楼内设置了监控中心。（石勇生）

市政公共设施

【概况】　2012年，市政公共设施管养本着“市政让城市更和谐”的服务宗旨，围绕“路平、道畅、管通、灯明”工作目标，在基础设施养护管理工作中，千方百计惠民生，科学管养市政公共设施，扎实推进精细化管理和网格化管理工作，确保市政道路畅通、设施完好。全年共投入养护专项资金695多万元，维修沥青路面约1.5万平方米，维修砼路面约8000平方米，维修桥梁栏杆约400米，疏通下水道约4.9万米，修葺大理石人行道4468平方米，更换侧石320米，更换窨井盖约885只。为实现人居环境优美和谐、建设“精致上虞”提供保障。（杨　勇）

人民中路与凤山路交叉口交通渠化工程

（杨　勇　摄）

【道路桥梁维修】 对凤山路、外环南路、江东路、渡江路等主干道破损路面实施修补，对市民大道、凤山路、江东路、江扬路、便民中心、文化艺术中心等区域的人行道破损花岗石和树池侧石进行修复，对人民大桥、南环曹娥江大桥、华维桥、保驾山桥等桥梁破损栏杆进行修复，破损隔离墩实施更换。结合市政110联动巡查和日常养护巡查机制，对城区主干道和背街小巷进行全覆盖巡查，全年网格化巡查共计476件，数字城管共计659件，自行车道路巡查小分队共查处整改问题294件。（杨 勇）

城市绿化

【概况】 2012年，全市实施四环北路生态绿地工程等2只续建工程和1只新建三环东路绿化工程、3只门户靓化建设工程，以及26只民生工程。至12月底，北三环北侧绿色走廊建设竣工验收，四环北路生态绿地建设完成50%总工程量，三环东路绿化完成70%总工程量，门户靓化——外环南路及大桥路道路绿化景观建设、迎宾大道道路绿化工程一期建设、峰山路道路绿化建设按任务指标，分别完成20%、30%和10%总工程量，完成民生工程——春节环境布置、“两会”草花布置、人民医院西北侧绿化工程、国大公园曲桥安全改造工程、文化艺术中心西侧绿化工程等全部建设。年度计划投资额5973万元（其中民生工程949万元），完成投资额10072万元，完成年度投资比例168.6%。（阮先羽）

【北三环北侧绿色走廊建设通过验收】 北三环北侧绿色长廊工程作为市级重点园林建设项目之一，东起蒋丰路，西至称山路，全长2千米，总占地7.7万平方米，包括盛丰新村、浅水湾、城北实验中学、城北实验小学、民丰新村、新上海花园区域南侧地块，总投资2667万元，分2个标段，工期为2年，主要建设绿化种植、市政景观铺、园林小品、亮化排水等。2011年9月进场开工，至当年末完成Ⅰ标段全部工程量，以及Ⅱ标段除浅水湾、锦都花园地块因房产开发滞后未完成外，其余全部完工，完成70%总工程量。2012年完成Ⅱ标段遗留部分工程量，加强两个标段绿化养护管理工作，并通过验收。（阮先羽）

【三环东路绿化建设完成70%总工程量】 三环东路绿化建设总投资额1350万元，东起百横路，西至百丰路，全长约3千米，绿化面积约2440平方米，山体护坡绿化7050平方米。年末完成前期审批手续、进场施工，完成包括绿化种植、景观铺装、园林小品70%总工程量的任务指标。（阮先羽）

【三项“门户靓化”建设工程启动】 一是外环南路及大桥路道路绿化景观建设：位于百丰公路及外环南路段，总投资额5000万元，绿化面积约7.3万平方米，绿化景观带长约4600米。因毗邻曹娥江景区多个历史人文景点，整条道路建设定位新式古典风格，以展现上虞山水的典雅之美，银杏、石榴、紫荆为主景树。10月开工，投资1500万元，完成前期审批手续，给排水、平整填土、绿化种植等项目完成50%总工程量。二是迎宾大道道路绿化一期建设：西南起于上虞汽车东站，东北至杭甬高速入口，全长3150米，规划面积为4.8万平方米，绿化面积3.9万平方米，总投资1600万元。在栽植树种中主要种植垂丝海棠、紫薇，突出“花海迎宾”的整体植物景观。10月开工，至年末，完成项目前期审批手续、进场施工等70%总工程量。三是峰山路道路绿化建设：位于峰山北路（江广路—四环路段），总长约1874米，绿化面积5.96万平方米，总投资1938万元。完成立项、初步设计、设计招投标等前期工作，完成10%总工程量。（阮先羽）

【扶正、加固树木3000多株】 8月，台风“海葵”来袭，城市园林管理部门采用防抢结合、快速反应，把险情及时处理在第一时间，钢管支撑加固树木、电视台滚动播出温馨提示、设立安全标志。台风期间，及时处理绿化险情求助电话50多只，在市民大道、三环大道、江东路、藕舫路、市民中心、各社区公共绿地等主要地段，扶正、加固、清理树木3000多株。（阮先羽）

【网格化数字化整改率100%】 通过网格化“定岗、定人、定责”的要求，按时巡查，全年城区公共绿地共有290多项缺绿补种、绿化保洁、杂草清理、设施维修等薄弱环节和不足，并有140件数字化绿化类问题，及时发现、及时整改、及时结案，结案率达到100%。（阮先羽）

城市管理

【概况】 2012年,城市管理行政执法局以步行街全段,解放路一百,人民路大通,市民大道上百·万和城、大通购物中心周边路段为重点,对人行道车辆乱停放、违章占道经营、户外广告乱设置、基础设施破损等行为,开展商业路段专项整治67次,纠正各类违法违章行为为977个;全年共查处违法建筑118处,建筑面积14255平方米,其中拆除违法建筑面积7637平方米,此外还查处了企业违建2.8万平方米。 (王　超)

【牵头开展违法建筑"一月一整治"】 城市管理行政执法局全年共牵头开展违法建筑"一月一整治"行动95次,拆除违法建筑460处,拆除违法建筑面积达3.13万平方米。对各乡镇(街道)和相关部门违法建筑管理情况实行"一月一督查",并以《违法建设管理信息》形式进行"一月一通报"。

(陈　波　倪杨熠　王　超)

【推广"数字城管"应用】 进一步整合了公安部门第三期370多个视频监控探头,对"数字城管"系统和软件进行了安全评估、检测,对城区建筑废土运输车辆实行GPS定位监控。全年,数字城管指挥中心共受理问题信息4.8万多件,有效案卷4.7万件,结案4.6万件。

【加强城区建筑废土(泥浆)管理】 城北62号地块建筑废土(泥浆)临时周转场工程已基本完工待验收,共消纳建筑废土20.46万立方米、建筑泥浆7.9万立方米。建立完善了一整套审批制度和流程规定,对废土运输车辆安装GPS定位系统,查处建筑废土乱倾倒及运输途中"滴撒抛漏"行为6起。

【整治违章占道经营】 全年开展马路市场整治99次,清理取缔文化广场等处马路市场124处,取缔马路市场摊点、流动摊贩5742摊次;集中开展早点摊整治74次,取缔乱设置早点摊161摊;集中开展夜排档整治59次,取缔乱设置夜排档148处;开展店外占道整治142次,纠正店外占道经营户2.09万户次,暂扣经营工具208件次,收缴灯箱广告324块。

【开展人行道机动车乱停放整治】 新印制1.5万份"温馨提示单",向违停驾驶员发放,并告知城区停车场位置和城区主次道路两侧可以临时停车的泊位。全年共对2975辆次长时间停放在人行道上的机动车依法实施拍照、贴单和处罚。并在不影响市容、不影响交通的人行道上新增150只人行道停车位,进一步缓解停车难问题。

【加强城区户外广告管理】 对城区48块大型公益广告画面进行更新,逐路清理城区擅自设置、陈旧破损、影响市容的户外广告牌,改善市容观瞻效果,实行广告企业"一企一档"管理,落实户外广告安全责任机制,与广告企业签订安全生产责任书。

(王　超)

村镇建设

【"美丽乡村"全面启动】 投入240万元,精心编制美丽乡村建设总体规划和长塘线、盖北线、驿亭线三条精品线路专项规划。确定"浓情上虞、甜美乡村"为上虞市美丽乡村建设主题口号。全市共有53个村列入2012年度建设计划,其中东关街道担山村、崧厦镇祝温村、丁宅乡丁宅村、陈溪乡陈溪村申报创建绍兴市级精品示范村。全市28个中心村共105只项目列入本年度培育建设计划。加大开展农村公厕建设改造力度,全市共新建或改建公厕831只。同时进一步加强历史文化村落保护,丰惠镇通明村被列为全省第一批历史文化村落保护利用重点村。

【实施农家乐提档升级工程】 调研起草《关于推进农家乐提档升级的实施意见》(虞政办发〔2012〕75号),从2012年起每年安排150万元专项资金,用于创建绍兴市级以上农家乐特色村(点)称号的奖励、星级农家乐经营户达标奖励、提档升级项目奖励、对外宣传推介及相关从业人员的培训费用等。实施市级提档升级项目8只,成功创建省四星级农家乐1个,绍兴市级农家乐特色村(点)2个、精品工程项目2个、主题农家项目2个,考核评定二星级农家乐经营户(点)38家。 (章妙芬)

水 利

综 述

2012年，全市水利在防汛防台、项目推进、清水工程、管理执法等各方面取得新的进展和成效。在防汛防台上，做到汛前准备到位，汛期调度到位，应急救援到位。按上级要求完成以监测预警系统、监测预警平台、群测群防体系、完善防御预案等为内容的小流域山洪灾害防治非工程措施建设。先后成功抵御了梅汛期强降雨和第9号台风“苏拉”、第11号强台风“海葵”的侵袭，全市无一例人员伤亡事故发生，把灾害损失降到最低程度。在项目推进上，全年列入政府投资项目的水利工程共15项，其中续建6项，新建4项，前期项目5项，总投资2.79亿元。全面完成新东进闸排涝抢险工程、虞北闸废闸建桥工程等市直管项目和山塘水库除险加固、机电排涝站改造、河道整治及小流域治理、农民饮用水工程、危桥除险改造等面上水利的年度项目。相继实施老百沥河疏浚一期工程、九四丘临江一线海塘加固工程、汇联闸及伟明等5座涵闸加固工程等。抓紧开展梁湖砂塘加固工程、世纪丘北堤（新东进河）二线闸建设工程、虞北排涝河工程等项目的前期工作。在清水工程实施上，重抓浙东古运河上虞段环境治理、城北新区水环境治理、杭州湾上虞工业园区水环境治理和曹娥江水体浊度控制等专项整治工程。先后实施浙东古运河上虞段清淤工程、水置换工程，新北塘闸、联围闸改造工程等。曹娥江采砂整治力度进一步加大，通过严厉打击非法采砂行为、严格执行禁采政策、关停到期砂涂、拆解挖砂船等举措，使得曹娥江水体浊度有明显下降。在水利管理上，严格水行政审批程序，把好涉水事项审批关。加大水行政执法力度，将水事违章违法典型案件列入市“一月一拆违”平台，会同有关部门强力执法。进一步加强水资源统一管理，积极开展水资源实时监控系统二期工程建设。全面落实水利工程分级管理责任制，健全深化“管养分离”机制，强化水土保持监督管理。基本完成第一次水利普查工作，由于上虞水普工作进度和质量在省内领先，做法和经验在全省推广。 （金建良）

防汛抗旱

【概况】 2012年，市域内降水时空分布极为不均，梅雨典型集中，局地强降雨多发，热带气旋影响频繁，洪涝灾害严重。汛期4—9月全市平均降雨量1218.6毫米[代表站（下同）]，比常年平均偏多26%。2012年1—9月降雨量1707.4毫米，其中6月、8月降雨量明显偏多，6月降雨量超2012年平均51%，梅汛影响明显，特别是入梅首轮强降雨强度大、突发性强、局地性突出，造成严重的内涝损失。8月降雨量是多年平均的186%，其余除4、9月份外大部分降雨量均偏多，降雨分布极不均匀。7月底起，第9号热带气旋“苏拉”、第11号“海葵”、14号“天秤”、15号“布拉万”等连续影响上虞。特别是今年第11号热带气旋“海葵”发展成强台风并正面袭击上虞，造成严重灾害损失。

【灾害损失】 受6月入梅首轮强降雨影响，全市18个乡镇（街道）不同程度受灾，受灾人口15.6万人，倒塌房屋5间，房屋受淹2933户，农作物受灾

187800亩，其中成灾57600亩，绝收1350亩，企业受灾约134家，15家企业停产，公路中断6条，损坏堤防10处，约8000米，发生地质灾害8起。其中，紧急转移安置人口419人，无人员伤亡报告。全市直接经济损失达1.7466亿元。台汛期第11号“海葵”强台风给上虞造成较严重的灾害损失。经核实，全市21个乡镇(街道)受到不同程度的台灾影响，共计受灾人口7.57万人，紧急转移人口52266人，房屋倒塌148间，无一例人员因灾伤亡。农作物受灾面积105495亩，其中成灾面积25395亩，绝收面积4800亩，水产养殖损失面积1645.95亩。公路中断19条次，供电中断49条次，通信中断9条次，损坏堤防60处(重点为海涂临江海塘)，长17.8千米，损坏护岸129处，山塘1座，塘坝9座，灌溉设施174处，泵站7座。全市因灾造成的直接经济损失达27545万元，其中，农业损失14092万元，水利设施损失6827万元。

【落实防汛责任】 严格实行各级人民政府行政首长负责制、分级分部门的岗位责任制和责任追究制。市防指完善以分管副市长为总指挥，人武部部长、市府办分管副主任、水利局局长、围垦局局长为副指挥，相关部门为成员的防汛防旱指挥机构；各乡镇(街道)组建以行政首长为指挥长的防汛指挥组织，各行政村组建相应的防汛工作组；及时调整市级部门防汛地段责任分解，全市21个乡镇(街道)都成立了以乡镇长、街道主任和村支书(村委主任)为组长的两级防汛组织，其中21个乡镇级、389个村级防汛组织，组建了1万人的防汛抢险突击队。市防指着重落实标准江堤及海塘管护责任制、水库(山塘)驻库巡查责任制、预案管理审批制、防汛物资管理责任制等，把全市重点防汛地段进行责任分解，落实到各级各部门，对全市水库大坝、农村水电站及镇村级防汛责任人在《上虞日报》上公布，接受全社会监督，实现防汛分工明确、责任到人。

【加强管理预案】 修改完善《上虞市防台风应急预案》。乡镇(街道)针对人员、岗位变动较多的实际，均对预案进行调整完善，并全部上报市防指办备案。各类专项预案操作性不断增强，种类不断扩展，包括《小流域山洪灾害防御预案》《水库抢险预案》《上虞市防汛一、二线海塘人员转移预案》等。6月15日，市防指在丁宅乡双桥村成功举行山洪灾害防御演练，较好地检验了预案的可操作性，指挥人员的指挥能力，人员转移的组织能力，防汛抢险突击队的战斗力。同时，增强了全市各级的防汛防台意识，提高防汛防台的实战经验。

【防汛物资储备】 全市共储备防汛草包7.74万只，麻袋4.53万只，化纤袋22.45万只，还有砂石料、木桩、油布、土工布、移动发电机、电缆、救生衣、铁锹、应急灯等防汛物资和抢险车辆。市本级按防汛物资储备定额要求，储备草麻袋4万只，冲锋舟4艘，机动橡皮艇3艘，卫星电话5部(今年新增2部)及应急灯、救生衣、绳索等防汛抢险物资，并落实代省储备草(麻)袋20万只。

【山洪灾害防治】 实施以监测预警系统、监测预警平台、群测群防体系、完善防御预案等内容的小流域山洪灾害防治非工程措施建设，范围覆盖全市11个乡镇(街道)、57个行政村。5月底，项目基本完建并通过专项验收，7月13日通过绍兴市初步验收，主汛期前投入试运行，在2012年第9、11、14、15号台风防御中发挥了较好的效益，实现了最大限度地减少山洪灾害造成的人员伤亡和财产损失。

【防台人员转移】 8月6日上午，市防指启动防台Ⅲ级响应后，立即通知围垦、工业园区、港务等部门，要求当天17时前完成防汛一线海塘外人员安全转移。7日13时，防台响应升至Ⅰ级，市防指发出人员转移、水库预泄、城市防洪排涝三条命令，特别是人员转移命令要求各地必须在16时前安全转移山洪灾害危险区域、地质灾害隐患点、病险水库下游的相关人员，一线海塘外的相关施工、养殖、作业人员，居住在危房、工棚、临时设施、低标准房屋等的人员及其他需要转移的人员。“海葵”强台风防御期间，全市共按梯度转移各类人员52266人，其中海塘外转移人数858人，非标准海塘内转移人数3816，危房转移人数5038人，船只回港人数242人，地质灾害易发区转移人数1385

人，其他转移人数40912人。进港避风船只121艘，工业园区共停产企业111家，转移人员24778人。

【水利工程调度】 当天气出现大的降水系统，分析上虞可能出现较大降水时，及时调度各排涝水闸，进行预泄预排，提高河网的调蓄能力。汛前，受早春汛影响，共调度新东进闸、二号闸、一号闸开闸运行共93次，排水15690万立方米；进入汛期，上述三闸共开闸运行127次，合计排水量39700万立方米，其中新东进闸开闸运行329.5小时，累计排水29580万立方米，二号闸开闸运行127.6小时，累计排水4585万立方米，一号闸开闸运行120.5小时，累计排水5535万立方米。为满足全市的用水需求，市防指办调度引水工程上浦闸适时引水，1—10月共调度引水工程上浦闸引水4626万立方米。有效地发挥了引水工程的作用，基本实现灾害损失降到最低的调度目标。 （卢建强）

水利工程建设

【概况】 2012年，列入政府投资的10项续建、新建水利项目全年计划完成投资2.7954亿元，其中续建项目1.2554亿元，新建项目1.54亿元，全年计划财务数3.2015亿元，其中续建项目1.1515亿元，新建项目1.46亿元，另外前期项目0.59亿元。全年续建、新建项目共计完成投资2.5163亿元，占年度计划投资数的90%，其中续建项目完成投资1.2044亿元，占年度计划投资数的95.9%，新建项目完成投资1.2969亿元，占年度计划投资数的84.21%。

【完成虞北闸废闸建桥工程】 虞北排涝闸废闸建桥工程为百沥公路交通道路安全隐患排除项目。工程建设主要内容：1.老闸桥彻底拆除；2.新建3×13先张法预应力钢筋混凝土简支梁公路桥梁一座，桥梁总长44米、面宽9米；3.桥头二边接坡改造长度71米，路基宽9米，沥青混凝土路面接线长度113米，路面宽8米；4.桥下河道钢筋混凝土框架护坡；5.DN250自来水管道移位河底顶管施工。该工程概算总投资351.25万元。工程于2012年6月动工，至2012年11月完工。

【陈溪乡杜家畈水库除险加固工程完工】 杜家畈水库位于陈溪乡干溪村庙下自然村，集雨面积0.5平方千米，正常库容6.55万立方米，总库容10.86万立方米，坝顶长92.10米，最大坝高8.8米，灌溉农田450亩，是一座以灌溉为主的小(2)型水库。工程概算总投资494.6万元，工程于2011年11月15日开工，至2012年11月16日完工。

【曹娥街道南湖水库除险加固工程完工】 南湖水库位于曹娥街道朱山头村，集雨面积0.42平方千米，正常库容9.62万立方米，总库容12.93万立方米，坝顶长度205米，最大坝高6.6米，是一座以灌溉为主的小(2)型水库。工程概算总投资279.81万元，工程于2011年12月8日开工，至2012年10月5日完工。

【驿亭镇张夹岙水库除险加固工程完工】 张夹岙水库位于驿亭镇二都村，集雨面积0.9平方千米，正常库容17.51万立方米，总库容24.06万立方米，坝顶长度94米，最大坝高14米，是一座以灌溉供水为主的小(2)型水库。工程概算总投资519万元，工程于2011年12月5日开工，至2012年10月28日完工。

【上浦镇石井水库除险加固工程完工】 石井水库位于上浦镇冯浦村，集雨面积6.23平方千米，正常库容156.6万立方米，总库容302.8万立方米，坝顶长度257米，最大坝高12米，是一座以灌溉为主兼滞洪的小(1)型水库。工程概算总投资849.2万元，工程于2011年11月28日开工，至2012年8月30日完工。

【山塘整治】 2012年共完成丁宅乡双桥村烂田山塘、丁宅乡下宅村牛塘岙山塘、丁宅乡新任溪村暗湾山塘、长塘镇会篁村青岙山塘、驿亭镇小家岙山塘、驿亭镇西湾山塘、驿亭镇朱家岙山塘、岭南乡泰岳村岭路畈山塘、岭南乡丰树坪村油车浪山塘、章镇镇龙江村龚岙山塘、下管下燕村凤洞岩山塘、下管联新桥村西湾山塘、百官街道路东村兰芎山山塘、陈溪乡小陈村石米岙山塘、陈溪乡夏家岙桃苏岗山塘、章镇镇清潭村石舍岭山塘、章镇镇新南村高山山塘、章镇镇巴弄村金竹岙山塘、章镇镇陈埠村方岙山塘、上浦镇冯浦村青坑山塘、下管洙凤村里岙山塘、丰惠镇丰南村田狗洞山塘、丰惠镇丰南村范家岭山塘共23座山塘整治，完成投资约1000万元。（杨江勇）

水资源管理

【概况】 上虞市严格按照规范共同行政行为的法律、法规和涉水法律、法规的规定及水资源管理规划、用水用途、用水用量、计量安装等要求审核取用水许可案件。新建许可项目实现节水设施与主体工程同时设计、同时施工、同时投产使用的“三同时”管理。对年取用水在50万立方米以上的用水申请，实行水资源论证程序，利益相关方听证程序等，根据水资源方案和听证结果，作出是否许可的行政决定。对照省水利厅《取用水计划管理规定》的要求，对取用水许可案件在政府网站信息公开，接受社会监督。严格实行“制度化”“规范化”“精细化”的监督管理，确保最严格水资源管理制度关于控制用水总量过快增长、着力提高用水效率、严格控制入河湖排污总量“三条红线”的核心内容落实到位。

【办理许可事项109件】 2012年共办理许可事项109件，累计规费112万元。其中，办理河道采砂许可事项12件，办理水保许可事项32件，办理取水许可事项24件，办理涉河涉堤建设项目许可事项26件，办理水工程管理范围内建房许可事项13件，办理水资源论证审批1件，办理大坝管理和保护范围内修建建筑物许可事项1件。

【曹娥江采砂管理】 2012年在实行24小时巡查制度的基础上，高压严打，严密监控，对曹娥江采砂进行了有效的整治，形成了正常有序的采砂管理局面，杜绝无证采砂的行为发生。全年立案查处超范围采砂案1起和吸砂泵采砂案2起，查获超范围采砂案件1起，吸砂泵采砂案件2起，没收非法采砂工具41件（套），查封、销毁吸砂泵采砂船18只。

【内河执法】 2012年，全年立案查处的38起涉水违法案件，有35起发生在内河，根据调查结果，分别依法给予水行政处罚。水利局联合执法局、公安局、国土局和相关街道（乡镇）在市“一月一整治”办的牵头下对百官街道联星村、崧厦镇严巷头村、汤浦镇小舜江村等违法建筑共1600余平方米依法予以强制拆除。

【水资源监控】 全年完成水资源费征收478万元。水资源管理实时监控系统1期工程正常投入使用，并接入省水资源管理中心信息平台；水资源管理实时监控系统2期工程建设通过市招投标中心，于12月27日对外公开招标。

【建设项目监管】 2012年积极做好水行政许可建设项目的监督检查，重点为水利局许可案件、嘉绍大桥建设、杭甬高铁建设、嘉绍连接线工程等。按照涉水建设许可项目的许可内容，对100余个项目进行了全程监管。按照省水利厅《水行政许可项目监督检查回头看督办通知》的精神，多次到工程现场实地检查，及时向市局及省厅报告省重点工程涉水建设许可监管情况。（金建良）

驿亭镇张夹岙水库

经济管理与监督

发展计划管理

【概况】 抓好“十二五”规划的实施，认真做好五年规划与年度重点工作计划衔接，及时开展监测、评估并编制完成《上虞市新能源汽车产业基地发展规划》。围绕全市经济社会发展的重点、热点和难点问题，开展了要素制约下上虞经济发展模式、培育发展小城市、回归经济发展、重点区域工业企业“退二进三”、海洋经济发展、高新技术产业培育等重大课题研究。制订出台《关于加快推进重点区域“退二进三”工作实施意见》等政策意见。

推进全市平台及项目建设。规划启动总面积2100亩的杭州湾上虞工业园区虞商回归创业园和总面积600亩的上虞经济开发区总部经济虞商回归园两大平台，重点引进培育具备一定规模和档次的战略性新兴产业项目。强化项目引进和服务，到2012年年底，70只回归项目到位资金34.4亿元，完成年度计划的118%。做好对外合作交流工作。组织2家企业参加第十六届“西洽会”、3家企业参加第十二届“西博会”。开展与衢州衢江区山海协作工作。

完善中心镇培育政策。结合形势发展，在认真调研的基础上，完善出台《关于加快中心镇发展和推进小城市培育试点工作实施意见》，提出中心镇发展五年工作目标和任务，进一步加大培育力度。

【2012年国民经济和社会发展计划执行情况】 2012年，全市围绕市十六届人大一次会议通过的国民经济和社会发展计划，紧扣建设“四个上虞”的总要求，坚持“稳中求进、克难奋进、和谐共进”工作基调，深入实施招商选资“一号工程”和“三个年”活动，扎实推进十方面民生实事，全市经济社会实现平稳较快发展，较好地完成了年初确定的目标任务。

2012年，全市实现地区生产总值574亿元，增长10%，增速比上半年提高1.1个百分点。一、二产业增长稳健，三产对经济增长的贡献不断提高。实现财政总收入72.93亿元，其中地方财政收入39.19亿元，分别增长12%、10.3%。规模以上工业企业主营业务收入、利税实现同步增长。完成限额以上固定资产投资296.54亿元，增长23%，其中工业生产性投资170.05亿元，增长28.8%。实现社会消费品零售总额180.34亿元，增长16.5%。自营出口27.47亿美元，增长0.25%。

表4　　2012年上虞市国民经济和社会发展主要目标完成情况

指标分类	序号	指标名称	计划		实绩	
			总量	增长(%)	总量	增长(%)
经济发展指标	1	地区生产总值(亿元)		10以上	574	10
	2	限额以上固定资产投资(亿元)		12	296.54	23
		工业生产性投资(亿元)		15	170.05	28.8

续表4

指标分类	序号	指标名称		计划		实绩	
				总量	增长(%)	总量	增长(%)
经济发展指标	3	社会消费品零售总额(亿元)			15	180.34	16.5
	4	自营出口(亿美元)			12	27.47	0.25
	5	财政总收入(亿元)			10	72.93	12
		地方财政收入(亿元)			10	39.19	10.3
	6	城镇居民人均可支配收入(元)			10	37854	11.3
	7	农民人均纯收入(元)			11	17701	11.8
	8	第三产业比重(%)		提高1个百分点以上		预计提高1个百分点	
社会发展指标	9	城市化水平(%)		61.5		62	
	10	新型农村合作医疗参保率(%)		95以上		96	
	11	人口自然增长率(‰)		0.57以内		-0.56	
	12	新增人才总量(个)		8000		8877	
	13	城镇登记失业率(%)		3.5以内		2.89	
	14	城镇新增就业岗位(个)		10000		16560	
资源环境指标	15	万元生产总值综合能耗下降(%)			3.54	预计基本完成	
	16	主要污染物排放	氨氮排放总量削减率(%)		7.4		
			氮氧化物排放总量削减率(%)		5.8		
			化学需氧量排放总量削减率(%)		5.2		
			二氧化硫排放总量削减率(%)		6.4		

【下达政府投资项目计划】 2012年1月,政府投资项目投资计划通过市政府常务会议、市委常委会和市人大常委会第三十九次会议的审议并下达计划。全年共安排政府投资项目157项,总投资176.730亿元,当年投资额61.796亿元,财务数50.309亿元;其中续建项目77项,总投资117.507亿元;新建项目80项,总投资59.223亿元;另安排前期项目29项,总投资54.996亿元。

9月,根据全市当年政府投资项目实施情况的新变化和经济社会发展的新要求,经市政府常务会议、市委常委会审查同意,并经上虞市第十六届人大常委会第五次会议审议通过,对2012年政府投资项目进行了调整。此次调整新增加项目24项,计划总投资、年度投资增加项目13项;减少项目15项,计划总投资、年度投资减少项目18项;前期项目增加11项,减少3项。新增和取消相抵,净增加项目9项,包括投资调整项目,净减少计划总投资13.4418亿元,年度计划投资额净减少17.1739亿元,年度财务数净减少14.4475亿元。

2012年政府投资项目增加计划表

表5

单位：万元

序号	项目名称		项目前期工作情况			建设性质	建设内容	计划总投资
			建议书批文号	可研(或立项)批文号	初步设计(或实施方案)批文号			
增加项目合计							24项	67341
一、建设局							4项	13663
1	104国道门户靓化	外环南路道路改造工程				新建	道路改造5.6万平方米、交叉口渠化、大桥设施改造、地磅、大桥亮化等	3000
		外环南路及大桥路道路绿化景观工程					绿化景观面积7.3万平方米、弱电管线入地、立面改造、文化策划及配套工程	5000
2	迎宾大道门户靓化	迎宾大道道路绿化工程一期				新建	绿化景观改造3.5万平方米	1600
3	峰山路门户靓化	峰山路道路绿化工程				新建	绿化景观改造4.8万平方米	1938
4	站前区临时配套工程					新建	康居路临时道路、广场西侧临时公交停车场及广场东侧临时社会停车场	2125
二、交通局							1项	900
1	曹娥江大桥(赵家大桥)加固维修				浙公路〔2011〕3号	新建	全长709米，共涉及12孔空心梁板更换，加固下步结构，更换全桥支座，重做桥面系	900
三、教体局							5项	1620
1	小越镇中改造工程					改造	男女生宿舍楼、综合楼改造	220
2	上浦镇幼儿园新建工程					新建	建筑面积3000平方米	900
3	南湖小学改造工程					改造	围墙及校园场地改造	130
4	丰惠镇中学改造工程					改造	运动场改造	220
5	肖金小学改造工程					改造	运动场改造	150
四、卫生局							1项	300
1	市婚姻登记优生服务中心		虞发改投〔2012〕50号			拆建	三层框架结构，占地面积约353平方米，总建筑面积1060平方米	300
五、城市改造管理局							1项	300
1	31号地块河道整治及周边停车位改造工程					新建	河道清淤护砌、景观绿化及停车位建设	300

续表5

序号	项目名称	项目前期工作情况			建设性质	建设内容	计划总投资
		建议书批文号	可研(或立项)批文号	初步设计(或实施方案)批文号			
六、围垦局						1项	2496
1	"海葵"损毁的一线海塘紧急抢修工程				新建	对损毁的一线海塘进行紧急抢修	2496
七、城管执法局						1项	272
1	建筑泥浆处置设备安装建设工程				新建	包括场地建设,泥浆处置设备采购安装,用电设施的落火	272
八、建管局						1项	1700
1	市建筑工程质量检测中心业务用房购买及装修工程				新建	按市场评估价购买上虞市中洲工贸有限公司厂房一幢,建筑面积4991平方米,并对其整体装修	1700
九、经济开发区						5项	37690
1	江滨路(三环线—舜江西路)建设工程	虞发改投二〔2012〕2号			新建	包括三环线—舜江西路间道路、桥梁、排水、绿化、交通安全设施及其他附属设施建设等	4500
2	开发区建筑废土(垃圾)临时堆放场地建设工程			虞发改设计二〔2012〕1号	新建	包括七块区域临时道路、围墙、泥浆池、管理用房、路灯等建设	322.65
3	嘉和路(北二路—江滨路)建设工程				新建	300米×20米道路、排水、绿化、交通安全及其他附属设施建设	800
4	专用风机厂拆迁收储项目				新建	31.7亩土地约14545平方米厂房拆迁收储	6585
5	晨辉照明拆迁收储项目				新建	84.3亩土地约69286平方米厂房拆迁收储	25482
十、杭州湾工业园区、滨海新城						4项	8400
1	东二区汽摩配件区道路配套工程				新建	道路全长1060米,宽16米,其中行车道12米,人行道2米	1000
2	临时码头道路工程(二期)				新建	3千米道路路面铺设细粒式沥青,700米道路找平以及接坡工程,道路宽9米	400
3	园区中心河供水工程				新建	供水管道工程全长约11千米,管径为DN1000	6000
4	建成区2012年污水管道工程				新建	管道全长2.5千米,管径采用DN400泉市,DN600,DN1200	1000

表6　　2012年政府投资项目减少计划表

单位：万元

序号	项目名称	项目前期工作情况			建设性质	建设内容	原计划总投资
		建议书批文号	可研(或立项)批文号	初步设计(或实施方案)批文号			
减少项目合计						15项	150384
一、建设局						1项	40000
1	2012年保障性住房建设工程				新建	在原中鑫地块建设住房1030套及相应面积物业用房、配套用房等，包括区内道路、绿化、水电、电讯、给排水等配套基础设施建设	40000
二、水利局						3项	7347
1	路东工业安置区外围河道整治工程			虞发改设计〔2009〕44号	续建	河道整治3.7千米，新(改)建桥梁3座，新(扩)建铁路涵洞2座等	2247
2	上浦闸灌区2012年度节水续建配套项目				新建	河渠整治10千米(百崧河渠：杭甬高速至浙东引水工程段3.6千米，盖南河渠：杭甬高铁至浙东引水工程段6.4千米)，农桥、沿河渠部分农田灌排设施改建等	3500
3	滨江河(江华路—四环路)建设工程(河道部分)			虞发改设计〔2012〕13号	新建	城北江华路—四环路1.229千米河道开挖、护岸等	1600
三、城市改造管理局						1项	7000
1	城东工业区东拓工程				新建	土地征用、市政配套道路等	7000
四、水务集团						2项	16737
1	中心大道DN1200管延伸工程	虞发改投〔2011〕64号			新建	建设至滨海大道DN1200-800管线7千米	2937
2	上虞市应急备用水源工程(一期)	虞发改投〔2011〕99号			新建	取水工程、提升泵站、调节水库、输水管线(含隧洞)，备用取水规模4.5万吨/日，应急供水工程规模15万吨/日	13800
五、经济开发区						1项	18000
1	东舜电器周边企业拆迁收储改造工程				新建	东舜电器周边6家企业拆迁收储	18000

续表6

序号	项目名称	项目前期工作情况			建设性质	建设内容	原计划总投资
		建议书批文号	可研(或立项)批文号	初步设计(或实施方案)批文号			
六、杭州湾工业园区、滨海新城						7项	61300
1	东一区至东二区河道贯通工程				新建	河道开挖,河岸砌砍	200
2	千亩人工湖水体处理及湖体开挖工程				新建	人工湖湖面面积约1219.5亩,具体内容为湖体开挖、护岸砌筑、水体处理、水厂及检测系统等	22000
3	经八路建设工程				新建	经八路长度3000米,其中410米路宽为20米,2590米路宽为40米,含桥梁二座	18000
4	经十二路建设工程				新建	经十二路长度1802米,道路宽度50米	6600
5	经七路建设工程				新建	经七路全长1910米,其中400米道路宽度36米,1510米道路路宽24米,含桥梁一座	4200
6	九六三丘输土工程(新港农场)				新建	从杭州湾外海输土316万方到上虞新港农场九六三丘	6300
7	滨海大道及两侧绿化建设工程(新城段)				新建	道路全长4.75千米,道路两侧绿化带各20米,绿化面积约20万平方米	4000

表7

2012年政府投资项目总投资或年度投资计划减少表

单位：万元

序号	项目名称	建设内容	调整后计划总投资	原计划总投资	原2012年计划					调整后2012年计划				
					投资额	财务数	资金安排		到年底止工程计划形象进度	投资额	财务数	资金安排		到年底止工程计划形象进度
							财政	部门或乡镇				财政	部门或乡镇	
	合计	18项	377466	440865	209133	163822	10121	153701		67246	35846	4590	31256	
	一、建设局	6项	96315	96315	45687	33771	5140	28631		25880	8750	1860	6890	
1	2011保障性住房建设工程	在大三角建设住房1030套及相应面积的物业用房、配套用房等，包括区内道路、绿化、水电、电讯、给排水等配套基础设施建设	42528	42528	15000	11200	3360	7840	完成总工程量的65%	10000	1000	1000	0	完成总工程量的52%
2	杭州湾上虞工业园区垃圾填埋场一期	1800米塘路围垦、集污池、污水泵，管网建设、管理用房、粪便处理厂等配套设施	4600	4600	2400	2360	1180	1180	完成总工程量的80%	1600	1000	500	500	完成总工程量的55%
3	康居路(江东路——四环路)	道路全长1.93千米，路宽36米，建设内容包括道路、桥梁、排水、绿化、照明及交通安全设施等	8970	8970	3615	3070	0	3070	完成总工程量的50%	2200	1820	0	1820	完成总工程量的30%
4	称山北路(曙兴路——四环路)及康亭路箱涵	道路全长1.76千米、路宽40米，建设内容包括道路、箱涵、排水、绿化、照明及交通安全设施等(含康亭路箱涵)	25245	25245	13580	9856	0	9856	完成总工程量的50%	5780	1510	0	1510	完成总工程量的30%

续表7

序号	项目名称	建设内容	调整后计划总投资	原计划总投资	原2012年计划					调整后2012年计划				
					投资额	财务数	资金安排		到年底止工程计划形象进度	投资额	财务数	资金安排		到年底止工程计划形象进度
							财政	部门或乡镇				财政	部门或乡镇	
5	客运专线站前广场	广场面积14570平方米、地下室面积12064平方米，建设内容包括地上和地下建筑的建筑、结构、给排水、暖通、强电、钢结构、幕墙及广场景观工程	12472	12472	8592	5285	0	5285	完工	4500	2220	0	2220	完成总工程量的60%
6	人民大桥维护	按规范要求，设防撞墩及维护	2500	2500	2500	2000	600	1400	竣工	1800	1200	360	840	完成总工程量的70%
	二、水利局	1项	11217	11616	10146	8421	4211	4210		4236	3415	1740	1675	
1	浙东古运河上虞段环境治理工程	包括水置换、河道清淤、文物修复、农村生活污水治理等、工业企业污水和集镇生活污水截污纳管、农业面源污染治理、畜禽养殖场整治、沿河绿化等工程(详见明细表)	11217	11616	10146	8421	4211	4210	完工	4236	3415	1740	1675	文物修复工程完成70%，其余工程基本完成
	三、教体局	1项	8500	8500	4000	3400	770	2630		2000	1800	990	810	
1	崧厦镇小新建工程	新建：规模48班，2160名学生	8500	8500	4000	3400	770	2630	主体结构完成	2000	1800	990	810	桩基完成
	四、卫生局	1项	600	600	600	400	0	400		400	220	0	220	
1	市中医院部分改造工程	改造绿化景观及停车场5600平方米，改建发热门诊600平方米，改造装修门诊四楼、血透室、住院部二楼产科约3000平方米	600	600	600	400	0	400	完工	400	220	0	220	完成70%的工程量

续表7

序号	项目名称	建设内容	调整后计划总投资	原计划总投资	原2012年计划					调整后2012年计划				
					投资额	财务数	资金安排		到年底止工程计划形象进度	投资额	财务数	资金安排		到年底止工程计划形象进度
							财政	部门或乡镇				财政	部门或乡镇	
五、海涂围垦局		1项	115292	115292	15000	10000	0	10000		10000	7000	0	7000	
1	世纪新丘治江围涂工程	围涂面积2.57万亩，堤线总长14325米，其中百年一遇一线临江海堤11098米，下游规划港区段3227米，临时促淤坝3268米	115292	115292	15000	10000	0	10000	完成一期标准海堤建安工程量的40%～50%.	10000	7000	0	7000	完成一期标准海堤建安工程量的20%—30%.
六、工商局		2项	5100	5100	4900	3800	0	3800		2600	1800	0	1800	
1	工商食品检测中心(续建)	检测中心4000平方米	1100	1100	900	600	0	600	完工	100	100	0	100	开工
2	东关等6只农贸市场改造项目(新建)	东关等6只农贸市场改造	4000	4000	4000	3200	0	3200	完工	2500	1700	0	1700	除了恒利市场，其余5只市场照旧
七、经济开发区		1项	60000	60000	60000	60000	0	60000		10000	5000	0	5000	
1	卧龙大三角区域企业拆迁收储项目	卧龙大三角区域约250亩地块98421平方米房屋拆迁、收储	60000	60000	60000	60000	0	60000	完成拆迁收储工作	10000	5000	0	5000	完成与企业拆迁收储协议签订
八、杭州湾工业园区、滨海新城		5项	80442	143442	68800	44030	0	44030		12130	7861	0	7861	
1	滨海大道(新城段)工程	从嘉绍高速互通至经六路，包括道路、排水、绿化、标线等，全长4757米，含四桥	28167	28167	10200	7140	0	7140	全幅道路完工	7000	4450	0	4450	完成总工程量80%

续表7

序号	项目名称	建设内容	调整后计划总投资	原计划总投资	原2012年计划					调整后2012年计划				
					投资额	财务数	资金安排		到年底止工程计划形象进度	投资额	财务数	资金安排		到年底止工程计划形象进度
							财政	部门或乡镇				财政	部门或乡镇	
2	东西中心大道(新城段)工程	从经十二路至经六路,包括道路、排水、绿化、标线等,全长5035米,含四桥	21975	21975	12800	8960	0	8960	东西中心大道路基及桥梁工程全面完工、其中1标段完成路面基层及粗粒式沥青砼	2500	1750	0	1750	完成东西中心大道1标段路基工程量的90%及2标段的前期
3	杭州湾滨海新城综合服务中心	建筑面积3万平方米	13000	13000	4500	3150	0	3150	完成总工程量30%	800	480	0	480	完成总工程量10%
4	东西中心大道(新城1标段)污水管道建设工程	管线全长2.5千米,含污水泵站二座	2300	2300	2300	1380	0	1380	100%	830	581	0	581	100%
5	滨海新城职工居住区一期工程	居住区内公共建筑由管委会投资(原计划为用地面积约100亩,建筑面积约19.3万平方米,小区绿化及配套设施)	15000	78000	39000	23400	0	23400	完成总工程量50%	1000	600	0	600	完成总工程量20%

【加快推进政府投资项目建设】 截至2012年年底，全市共有166只项目实际投资42.47亿元，完成年度计划95.17%；30只政府重点工程项目26只开工建设，实际投资27.41亿元，完成投资99.11%。为推进项目进程，加强项目督查，全年开展项目集中解难召开政府投资项目双月例会3次，梳理30只重点项目涉及审批、规划、土地、征迁等方面难题27个。

【向上争取要素保障】 2012年向省发改委、绍兴市发改委争取各级重点项目，新增滨海新城城市快速路、世纪新丘治江围涂等4只省级重点项目，共计列入省级重点项目11只，争取土地指标近1167亩。6只项目列入浙江省重大产业项目。17只项目列为绍兴市重点项目。66只项目列入绍兴市重大项目“新三年建设计划”，44只当年实施，当年计划投资57.1亿元，前三季度完成投资47.95亿元，位列绍兴市第三。研究提出全市“三个一批”项目三年建设计划，共摸排项目360只，计划总投资1016.4亿元。

争取上级项目资金补助。切实做好国家战略性新兴产业、重点产业振兴和结构调整、资源节约和环境保护、基础设施及公共建设等专项及省级项目争取工作，2012年有20多只项目争取到中央、省级资金共计4262.24万元。企业债券发行取得突破。2012年成功发行上虞市交投二期10亿元债券，成为全国首家发行三个债券的县(市)，缓解了政府投资项目融资压力，改善了交通债务结构。

【加快发展中心镇建设】 2012年实行中心镇动态考核机制，突出拆迁改造、现代服务业等指标，实施中心镇“拆迁改造三年行动计划”和“基础设施三年计划”，制订出台《2012年上虞市中心镇经济社会发展动态综合评价办法》，明确中心镇全年20万平方米拆迁改造和其他目标任务。兑现2011年中心镇“以奖代补”项目25只，补助资金2750万元；确定2012年“以奖代补”项目21只，计划投资9034万元。已兑现上半年度“以奖代补”资金737万元。

【组织参加第十三届“西博会”】 第十三届中国西部国际博览会于9月25日至30日在成都市举行，上虞组团参加，其中上虞市锦涛电子有限公司、上虞宏佳电子科技有限公司、上虞贝尔电子有限公司等3家企业在会上参展。

【春晖生物质发电项目获省发改委核准】 2012年，浙江省发改委发文核准上虞市浙江春晖环保能源有限公司生物质发电工程。该项目总投资12498万元，利用上虞市及周边地区的竹林加工废弃物、农业秸秆和果树枝等生物质资源，采用次高温交高压生物直燃锅炉和背压汽轮发电机组发电、供热，符合国家开发新能源、发展循环经济和建设节约型社会的要求，有较好的经济效益和社会效益。 （叶　舟）

工商行政管理

【概况】 2012年，市工商局以“正作风、提效率、护民生、促发展”为目标，以“联百企、走百村”“五进”“孝义、诚信、责任”“企业服务年”主题活动为载体，倾力服务上虞经济发展，走访企业1236家，收集意见建议199条，帮助解决困难问题167件，出台《上虞市工商局食品案件行政处罚自由裁量指导标准》。 （孙云帆）

【着眼“四季仙果之旅”品牌建设】 工商部门深化“孝义、诚信、责任”主题教育，进一步完善消费诚信体系建设。樱桃采摘期间，章镇工商所联合辖区乡镇，在樱桃等鲜果销售旺季，制作2000余张《鲜果销售质量信誉卡》，要求所售的每篮鲜果中放置该卡，信誉卡内注明农户姓名、摊号、鲜果种类、联系电话、工商及乡镇的投诉监督电话等，此举规范鲜果经营户的经营行为，也便于消费者维权。杨梅采摘旺季，小越工商所对驿亭镇的18家杨梅专业合作社开展“诚信、责任”培训，对辖区出产的“二都”杨梅开展农残专项检测活动，面向杨梅产区的6家农家乐餐饮店进行专项执法检查。

杭州湾新区消保分会赶在盖北葡萄节开摘前，组织消费维权义工开展了一次消费体验和实地履行监督活动。新区工商所张贴“12315”维权温馨提示牌，制作并发放《鲜果销售质量信誉卡》，通过宣传教育和调解纠纷，传播诚信意识。

【开展性保健品店专项整治】 5月16日，市工商局与公安部门联合开展全市性保健品店专项突击整治行动，出动警力280余人次，药监工作人员50余人次，对全市城区及乡镇(街道)的保健品商店展开突击检查。共查处涉嫌销售假药的店铺24家，查获各类假药2500余盒，抓获涉嫌销售假药嫌疑人26人。充分发挥公安和药监优势互补形成的强大合力，严厉打击了性保健品店销售假劣产品的违法犯罪行为。6月11日，市工商局再次与公安部门联合开展性保健品店，出动警力35人次，药监工作人员40余人次，查处涉嫌销售假药的店铺3家，查获各类假药12批次，抓获涉嫌销售假药嫌疑人3人。

【建立品牌建设多级联动机制】 发挥当地乡镇和企业的积极作用，在全市21各乡镇(街道)建立品牌工作指导站。同时在相关企业推行争创省级品牌管理示范企业活动，形成部门、乡镇、企业多级品牌建设联动机制。当年新增国内注册商标869件，新增商标国际注册42件。

【以品牌建设为抓手，助推企业转型升级】 以建设上虞市驰著名商标培育库为抓手，结合上虞“四季仙果之旅”的发展实际，针对全市企业发展现状、块状特色等，通过摸底调查，筛选具有一定发展潜力的企业进入驰著名商标培育库，着力做好品牌培育，增强企业发展后劲。

【畅通社会监督渠道】 以走出去、请进来的开放思路，结合全市开展机关干部“两问一送”转作风、蹲点调研活动和工商局长期以来坚持的“联百村，走百企”活动，充分发挥派驻纪监察员、行风监督员的作用，坚持和完善“工商开放日”、中层岗位“述职述廉”等工作机制，紧密与社会的联系，听取意见建议，接受服务对象评议监督，促进工商部门政风行风建设。

【实施简政放权提效工程】 深入推进行政审批制度改革标准化建设，对所有行政审批项目进行重新梳理，保留非行政许可项目11项，行政许可项目14项，其中22项进入市便民服务中心工商窗口，直接办理率达88%，居全市审批职能部门第一。简化审批流程，出台“试行部分行业筹建登记”“一照多址”“一址多照”等创新举措，进一步优化行政服务，提高企业“诞生”速度。

【实施优化服务护企工程】 坚持走群众路线，着力深化“四季仙果之旅”品牌诚信体系建设、打造满意工商；实行领导班子成员定点企业联系，综合运用工商职能，指导育牌创牌精品工程；组建“首席服务官”积极推进“个转企”工作；不断放大行政指导功能，针对上虞市经济社会发展中的难点问题，深化、新设行政指导项目14个，内容涉及建立“个转企”指导员制度、农旅品牌建设、网上交易平台、农专社信用提升等多个领域，促进行政指导项目精品化，助推地方经济发展。 (胡晓东)

价格管理

【概况】 2012年开展价格部门领导下访活动，到章镇镇等虞南乡镇、企业宣传价格政策、接受群众咨询、开展收费调查，现场接受群众咨询投诉并予以现场答复和处理。加强重要商品价格监测，建立完善价格预警机制，及时编制价格监测月报，并在上虞政务信息网上公布，提高价格透明度。开展城乡客运班车、出租车、污水处理等成本监审工作。开展价格认证服务，办理涉案物品价格认证等412件，车评案件302件。1—12月共计受理各类价格认证1180件，涉案金额6700万元。其中承接公安、检察院委托的刑事案件涉案物品价格鉴证500件，涉案金额680万元；为法院出具资产抵债民事案件价格认证报告26件，涉案金额4382万元；为国土资源局处理非法开采矿产资源案件提供价格认证4件；对交通事故中造成的车辆、公路路产、电力通信设施、房屋建筑、车载物品以及当事人随身物品等财产损失进行价格认证，共计完成车评案件650件，评估标的金额800万元。

【受理价格举报投诉89件】 2012年组织开展涉企、涉农、节日市场等专项检查，完善“12358”价格投诉举报平台建设，维护市场物价和消费者权益。受理价格举报投诉89件，办结率100%。处理价格违法案件6件，实行经济制裁总额96万元。

【加强价格调控】 规范完善政府项目定价机制，妥善制订政府调价年度计划。适时调整了农村客运班车运价和房屋重置价格。拟定全市公立医院价格改革方案，于7月开始实施。继续做好清费减负工作，取消收费项目3个，免征收费项目14个。开展收费年审工作，年审收费单位95家、收费项目61个、收费额3.11亿元。规范机动车停放服务收费行为，制定机动车停放服务收费管理办法。

【印发《上虞市市场价格异常上涨事件应急预案》】 为加强市场价格异常上涨应对机制，有效预防、及时控制和消除突发公共事件引起的市场价格异常上涨，保持市场价格的基本稳定，市发展和改革局根据需要重新修订《上虞市市场价格异常上涨事件应急预案》。

【调整部分景点门票价格】 2012年应相关单位申请，根据《浙江省定价目录》、国家发展改革委等八部委《关于整顿和规范游览参观点门票价格的通知》（发改价格〔2008〕905号）和《浙江省物价局关于加强游览参观点票价管理的通知》（浙价服〔2009〕254号）等有关规定，经成本监审，并经局审价委员会审定，决定核定曹娥景区、东山景区、祝家庄景区、桃花源生态旅游区、凤鸣山景区门票价格：曹娥景区门票价格80元/人次（二期建成前50元/人次），东山景区50元/人次（具备收费条件后实施），祝家庄景区50元/人次，桃花源生态旅游区门票价格调整至30元/人次，凤鸣山景区门票价格调整至20元/人次。

【2012年全年粮价平稳】 2012年，全年上虞市粮食价格平稳，主要品种晚籼米、粳米、面粉价格平稳，无波动，全年晚籼米价格2.00元/500克，粳米（标一）2.10元/500克，粳米（特一）2.40元/500克，面粉2.00元/500克，以上品种价格从年初至年末价格无波动。主要品种中仅早籼米价格在3月下旬有过一次小幅调整，价格从1.90元/500克涨至2.00元/500克，之后至年底价格也一直平稳。

【公布实施医药价格调整方案】 经市政府研究决定，并报经省物价局批准同意，2012年改革调整市级公立医院医药价格。调整内容包括：

一、所有药品（中药饮片除外）实行零差率销售。

二、调整部分医疗服务价格：

1. 诊查费：门诊诊查费调整为10元/次（包括普通挂号费、诊查费、药事服务费）；住院诊查费调整为三级医院14元/日、二级医院12元/日（含药事服务费）；

2. 护理费：等级护理费调整为三级医院16元/日、二级医院15元/日；特级护理费调整为5元/小时；其他护理费统一在现行基础上上调100%；

3. 治疗费：在现行基础上上调15%，其中注射、抢救等上调20%；

4. 手术费：在现行基础上上调25%，其中牙科上调15%；

5. 床位费：普通病房床位费不作调整，仅对留观床、中心监护病床等特殊床位费作适当调整；

6. 检查费、检验费、监测费、大型仪器治疗费（2402—2407类）等医疗服务价格不作调整。（其他具体内容详见虞发改价〔2012〕25号文件）

（叶　舟）

表8　　上虞市公立医院改革医疗服务价格调整表(综合医疗服务类)

财务分类	编　码	项目名称	项目内涵	除外内容	计价单位	调整价格	备注
	11	(一)一般医疗服务					
	1102	1. 诊查费(含普通挂号、药事服务)	含门诊、急诊及其为患者提供候诊就诊设施条件、门诊清单、医护人员提供(技术劳务)的诊疗服务	计算机预约挂号服务、就诊卡、病历手册			备注:门诊注射、换药、针灸、理疗、推拿、气功、血透、放射治疗疗程中不再收取诊查费
		普通门诊诊查费					
C	11020000101	门诊诊查费(三级医院)			次	10	
C	11020000102	门诊诊查费(二级医院)			次	10	
		专家门诊诊查费					每次问诊时间不得少于10分钟
		专家门诊诊查费(副高)			次	16	
		专家门诊诊查费(正高)			次	20	
C	11020000201	国家级名老中医诊查费			次	60	
C	11020000202	省级名老中医诊查费			次	30	
		门急诊留观诊查费					法定节假日、双休日按此标准
C	11020000401	门急诊留观诊查费(三级医院)			日	11	急诊诊查费11元/次
C	11020000402	门急诊留观诊查费(二级医院)			日	11	急诊诊查费11元/次
		住院诊查费					当日住院当日出院的病人,按一天计收住院诊查费和护理费;产科新生儿不得收此费
C	11020000501	住院诊查费(三级医院)			日	14	
C	11020000502	住院诊查费(二级医院)			日	12	

续表8

财务分类	编　码	项目名称	项目内涵	除外内容	计价单位	调整价格	备注
	1104	2. 院前急救费					
E	11040000100	院前急救费	指入院前的120急救或现场急救,含诊查、治疗、监护、护理、氧气、材料费等	心肺复苏抢救、大出血抢救	人次	180	限于危重病人的现场抢救(包括脏器功能衰竭、外伤、烧伤、中毒、窒息休克等),除救护车费外,不得收取其他任何费用
E	11040000101	院前急救费(一般急救病人)	指入院前的120急救或现场急救,含诊查、治疗、监护、护理、氧气、材料费等	心肺复苏抢救、大出血抢救	人次	60	除救护车费外,不得收取其他任何费用
	1105	3. 体检费					
D	11050000100	体检费	含内、外(含皮肤)、妇(含宫颈刮片)、五官等科的常规检查,总检报告	影像、化验及特定检查	次	10	不另收挂号费及诊查费
	1106	4. 救护车费					
I	11060000100	救护车费(3千米以上)	含来回里程;不含120急救费	过路过桥费	千米	3	
I	11060000101	救护车起步价(3千米内)	含来回里程;不含120急救费	过路过桥费	次	10	
	1107	空调费					
I	11070000100	病房空调费	含各类空调、降温、取暖		日	不调整	按市级价格主管部门规定执行:手术室、治疗室、输液室等空调不得收费;每日空调开放时间不少于10小时;
I	11070000101	急诊留观空调费	含各类空调、降温、取暖		日	不调整	按市级价格主管部门规定执行:手术室、治疗室、输液室等空调不得收费;每日空调开放时间不少于10小时;留观病房空调费与病房空调费不能同日收取

续表8

财务分类	编　码	项目名称	项目内涵	除外内容	计价单位	调整价格	备注
	1109	5. 床位费	含病床、床头柜、座椅（或木凳）、床垫、棉褥、棉被（或毯）、枕头、床单、病人服装、热水瓶、废品袋（或篓），含住院费用明细清单。层流洁净病房、中心监护病房、特殊防护病房、急诊观察床床位费中含空调费				当日住院当日出院的病人，按一天计收床位费；各类床位费不能同日加收
B	11090000100	普通病房床位费			日	不调整	按市级价格主管部门规定执行
B	11090000101	走廊加床			日	10	
B	11090000102	婴儿床			日	10	
B	11090000103	气垫床加收			日	10	
B	11090000104	传染病房加收			天	10	
B	11090000105	陪客躺椅费			日	2	
B	11090000106	层流床罩加收（洁净级别达到100级及以上）			日	20	
B	11090000200	层流洁净病房床位费	指有层流装置，风淋通道的层流洁净间，采用全封闭管理，有严格消毒隔离措施及对外通话系统		日	50	
B	11090000201	层流洁净病房床位费（洁净级别达到100级及以上的）			日	150	
B	11090000300	中心监护病房床位费	指配有中心监护台、心电监护仪及其他监护抢救设施，符合ICU、CCU标准的单人或多人监护病房，相对封闭管理		日	50	
B	11090000400	特殊防护病房床位费	指核素内照射治疗专用病房、法定甲类传染病隔离病房、烧伤隔离病房		日	55	
B	11090000500	急诊观察床位费			日	20	

续表8

财务分类	编　码	项目名称	项目内涵	除外内容	计价单位	调整价格	备注
B	11090000501	留观床			日	20	
	1111	6. 中心监护病房治疗	含各类监测（护）、“一般检查治疗”及其材料（大类编码12），不含等级护理费、氧气吸入费	气切套管、气管插管、鼻胃管、动脉测压导管、深静脉穿刺导管、压力传感器、漂浮导管			病区内的抢救室、重症室不得按此收费
E	11110090100	ICU单元治疗			日	320	
E	11110090200	CCU单元治疗			日	160	
	12	（二）一般检查治疗					
	1201	1. 护理费					按日收取的各项护理费不能同时收取，按次收取的护理费实行每日次数限制。门（急）诊输液病人、门诊人流、内窥镜检查治疗病人不得收取等级护理费
F	12010000200	特级护理	专人护理或ICU护理。严密观察病情变化、随时记录病人的重要生理、心理反应；准确执行医嘱；进行日常生活能力（ADL）评定，防止护理并发症		小时	5	适用于脏器功能衰竭（心、脑、肾、肝、呼吸衰竭），各种复杂的或新开展的大手术；各种严重的创伤、烧伤，多脏器功能操作。病人完全依赖、完全需要帮助，需要协助被动活动，指导部分主动活动
F	12010000300	等级护理	指原Ⅰ级护理、Ⅱ级护理、Ⅲ级护理的总称		日	三级医院16元，二级医院15元	
F	12010000600	特殊疾病护理加收	指法定甲类传染病及气性坏疽、破伤风、艾滋病等按甲类传染病管理的疾病的护理；含严格消毒隔离和一级及以上护理内容		日	20	

续表8

财务分类	编码	项目名称	项目内涵	除外内容	计价单位	调整价格	备注
F	12010000700	新生儿护理	含新生儿洗浴、脐部残端处理、口腔、眼部、皮肤及会阴护理、肛管排气、呼吸道清理		日	20	
F	12010000701	疾患新生儿护理			日	50	指无成人陪护的新生儿
F	12010000900	精神病护理			日	30	
F	12010001000	气管切开护理	含吸痰护理、药物滴入、定时消毒、更换套管及其材料	人工鼻、一次性气切套管	日	90	
F	12010001001	气管插管护理	含吸痰护理、药物滴入及其材料	人工鼻	日	90	
F	12010001100	吸痰护理	含叩背、吸痰；不含雾化吸入	一次性吸痰管	日	25	
F	12010001300	动静脉置管护理	含冲洗	敷贴、肝素帽	人次	10	
F	12010001400	一般专项护理	含造瘘(口)护理、口腔护理、褥疮护理、会阴冲洗、阴道冲洗、会阴消毒	造口袋、注射器	次	4	每人次最多按3次计价
	1202	2. 抢救费					一日内多次抢救按一次计价；手术、麻醉过程中不得收此费用
E	12020000100	心肺复苏抢救			人次	120	
E	12020000200	大出血抢救	含抢救材料、仪器	特殊止血材料	人次	60	
E	12020000201	危重病人抢救	指因严重外伤、烧伤、中毒、窒息、休克、脏器衰竭等原因而引起呼吸或循环不稳定病人的抢救		人次	60	
	1203	3. 氧气吸入	含氧气、湿化用水	一次性鼻导管、鼻塞、面罩、头罩			
E	12030000100	鼻导管吸氧			小时	5	
E	12030000101	面罩吸氧			小时	5	
E	12030000102	氧帐吸氧			小时	7	
E	12030000103	头罩吸氧			小时	7	
E	12030090100	高频吸氧	指呼吸机给氧		小时	11	
E	12030090200	静脉输氧	含注射、输液、材料、氧气，限于低氧血症患者		人次	36	

续表8

财务分类	编　码	项目名称	项目内涵	除外内容	计价单位	调整价格	备注
	1204	4. 注射	含用药指导与观察、药物的配置、接瓶；含棉球、棉签、消毒以及洗必泰、复合碘消毒棉签等费用及医护人员自身的消毒费用；含胶布、敷贴等固定处理	各类一次性输液器、输血器、过滤器、注射器、真空采血器、胰岛素专用注射器(或注射针头)、三通管、延长管、留置针、留置导管、肝素帽、化疗泵、穿刺针、密闭(正压)输液接头			无论是否本院配方，注射时不另收挂号费、诊查费；一次输液中接瓶、换瓶属同一次，不得加收接瓶费或换瓶费
E	12040000100	肌肉注射			次	1.5	
E	12040000101	皮下注射			次	1.5	
E	12040000102	皮内注射			次	1.5	
E	12040000103	体表瘤注射			次	1.5	
E	12040000104	皮试	含皮试液		次	2.5	
E	12040000200	静脉注射			次	2.8	
E	12040000201	静脉采血			次	2.8	
E	12040000300	心内注射			次	6	
E	12040000400	动脉采血			次	6	
E	12040000401	动脉加压注射			次	6	
E	12040000500	皮下输液			次	2.8	
E	12040000501	皮下氧注射			次	2.8	
E	12040000600	静脉输液(门诊)	指从核对、化药、穿刺、滴注、中途接瓶(袋)至拔针(留置针分离)结束的服务全过程，含输液器、注射器等化药材料以及观察、操作等劳务		次	7	使用微量泵或输液泵每次加收3元。门诊留置针输液，第二次起每次6元。对静脉输液病人不得收取“动静脉置管护理”
E	12040000601	静脉输液(住院)	指从核对、化药、穿刺、滴注、中途接瓶(袋)至拔针(留置针分离)结束的服务全过程，含输液器、注射器等化药材料以及观察、操作等劳务		床日	11	使用微量泵或输液泵每次加收3元。对静脉输液病人不得收取“动静脉置管护理”
E	12040000602	留置针输液(门诊)	指第二次起		次	6	
E	12040000603	微量泵或输液泵加收			次	3	

续表8

财务分类	编码	项目名称	项目内涵	除外内容	计价单位	调整价格	备注
E	12040000604	输血(门诊)	指从核对、穿刺、滴注至拔针(留置针分离)结束的服务全过程,含输血器以及观察、操作等劳务		次	7	
E	12040000605	输血(住院)	指从核对、穿刺、滴注至拔针(留置针分离)结束的服务全过程,含输血器以及观察、操作等劳务		床日	11	
E	12040000700	小儿静脉输液(门诊)	指从核对、化药、穿刺、滴注、中途接瓶(袋)至拔针(留置针分离)结束的服务全过程,含输液器、注射器等化药材料以及观察、操作等劳务		次	8	限6周岁以下儿童输液,使用微量泵或输液泵每次加收3元。门诊留置针输液,第二次起每次6元。对静脉输液病人不得收取“动静脉置管护理”
E	12040000701	小儿静脉输液(住院)	指从核对、化药、穿刺、滴注、中途接瓶(袋)至拔针(留置针分离)结束的服务全过程,含输液器、注射器等化药材料以及观察、操作等劳务		床日	12	限6周岁以下儿童输液,使用微量泵或输液泵每次加收3元。对静脉输液病人不得收取“动静脉置管护理”
E	12040000800	静脉高营养治疗	指通过静脉途径,供给包括蛋白质、脂肪、碳水化合物等营养元素在内的复合营养液进行的营养治疗,含营养液配置		天	33	
E	12040000801	胃肠高营养治疗	指经胃肠置管、腹部造瘘置管,供给包括蛋白质、脂肪、碳水化合物等营养元素在内的复合营养液进行的营养治疗,含营养液配置	胃肠营养输注管路	天	33	
E	12040000900	静脉切开置管术			次	33	
E	12040001000	静脉穿刺置管术			次	12	

续表8

财务分类	编　码	项目名称	项目内涵	除外内容	计价单位	调整价格	备注
E	12040001100	中心静脉穿刺置管术	含麻醉及首次静脉测压		次	60	
E	12040001101	深静脉穿刺置管术	含麻醉及首次静脉测压		次	60	
E	12040001200	动脉穿刺置管术			次	48	
E	12040001300	抗肿瘤化学药物配置			次	12	
E	12040001301	抗肿瘤化学药物配置(≥2种)	指在专用配置间配置		次	24	
	1205	5. 清创(缝合)	含材料	麻醉			限外伤病人。术后清创、换药不得按此收费
E	12050000100	大清创(缝合)	7针及以上,或创面大于50平方厘米		次	115	
E	12050000101	大清创(不缝合)	创面大于50平方厘米		次	80	
E	12050000200	中清创(缝合)	3-6针,或创面在30-50平方厘米		次	58	
E	12050000201	中清创(不缝合)	创面在30-50平方厘米		次	40	
E	12050000300	小清创(缝合)	2针及以下,或创面小于30平方厘米		次	35	
E	12050000301	小清创(不缝合)	创面小于30平方厘米		次	23	
	1206	6. 换药(包括拆线、术后清创换药)	含药物、引流片、碘酒、碘伏、纱布、棉垫、头套、弹力头套、酒精、双氧水、外用生理盐水、换药器械等	绷带、敷贴、烧伤换药			拆线7针以上按大换药收,3-6针按中换药收,2针以下按小换药收;空腔状或腔隙内创口换药按46元/次计价。拆线和换药不能同时计收
E	12060090100	换药(空腔状或腔隙内创口)			次	46	
E	12060000200	大换药	创面大于50平方厘米		次	30	
E	12060000300	中换药	创面在30-50平方厘米		次	17	
E	12060000400	小换药	创面小于30平方厘米		次	8	
E	12060000500	拆线(大)	含换药,指7针及以上		次	30	
E	12060000600	拆线(中)	含换药,指3-6针		次	17	
E	12060000700	拆线(小)	含换药,指2针及以下		次	8	
	1207	7. 雾化吸入					
E	12070000100	雾化吸入	含注射器、导管、咬嘴、氧气等	一次性面罩	次	6	
E	12070000101	超声雾化吸入	含注射器、导管、咬嘴等	一次性面罩	次	6	

续表8

财务分类	编　码	项目名称	项目内涵	除外内容	计价单位	调整价格	备注
E	12070000102	高压泵雾化吸入	含注射器、导管、咬嘴等	一次性面罩	次	6	
E	12070000103	氧气雾化吸入	含注射器、导管、咬嘴、氧气等	一次性面罩	次	9	
E	12070000104	蒸气雾化吸入	含注射器、导管、咬嘴等	一次性面罩	次	6	
	1208	8. 鼻饲管置管					
E	12080000100	鼻饲管置管	含抽胃液及注射器	一次性鼻饲管	次	12	
E	12080000101	胃管置管	含抽胃液及注射器	一次性胃管	次	12	
E	12080000102	置管后注食	含注射器		日	3.5	
E	12080000103	置管后注药	含注射器		日	3.5	
E	12080000104	置管后十二指肠灌注	含注射器		日	3.5	
	1209	9. 胃肠减压					
E	12090000100	胃肠置管减压	含插胃管、抽胃液、注射器	一次性胃管、一次性减压装置	次	17	
E	12090000101	胃肠置管减压(置管次日起)	含注射器、一次性减压装置		日	2.5	
E	12090000102	更换胃肠减压装置	含注射器、一次性减压装置		次	4.5	
	1210	10. 洗胃					
E	12100000100	洗胃	含插胃管、抽胃液、冲洗及注射器	一次性胃管	人次	70	
	1211	11. 物理降温					
E	12110000100	一般物理降温	含酒精擦浴、冰袋、冰帽等方法。含冰费及降温材料等		次	4.5	
E	12110000200	特殊物理降温	指使用降温仪、电子冰毯等专用降温设备。含材料		小时	3.5	
	1212	12. 坐浴	含材料				
E	12120000100	坐浴			次	2.5	
	1213	13. 冷热湿敷	含材料				
E	12130000100	冷热湿敷			次	3.5	
	1214	14. 引流管冲洗					
E	12140000100	引流管冲洗	含注射器	引流装置、造瘘管	次	7	
E	12140000101	直肠冲洗	含注射器	引流装置	次	7	
E	12140000102	窦道瘘管冲洗	含注射器	引流装置、造瘘管	次	7	

续表8

财务分类	编　码	项目名称	项目内涵	除外内容	计价单位	调整价格	备注
E	12140000103	断指再植肝素冲洗	含注射器		次	7	
E	12140000104	更换造瘘管	含注射器	造瘘管	次	7	
E	12140000105	更换引流装置(引流管)	含注射器	引流装置	次	2.5	每天最多按2次计价
E	12140000106	术后引流	含注射器	引流装置、造瘘管	次	7	
E	12140000107	腔管注药	含注射器		次	7	
E	12140000108	腔管抽胸(腹)水	含注射器		次	7	
	1215	15. 灌肠		氧气			
E	12150000100	一般灌肠	含一次性灌肠器具		次	12	
E	12150000101	保留灌肠	含一次性灌肠器具		次	12	
E	12150000102	三通氧气灌肠	含一次性灌肠器具		次	12	
E	12150000200	清洁灌肠	指经肛门清洁灌肠。含一次性灌肠器具		人次	30	经口全消化道清洁洗肠不得收费
	1216	16. 导尿					
E	12160000100	导尿	指一次性导尿,含石蜡油、注射器、尿管、引流袋等材料;含会阴消毒	气囊导尿管	次	12	
E	12160000101	留置导尿	含会阴消毒		天	2.5	
E	12160000102	更换引流袋	指注射器、引流袋等材料;含会阴消毒		次	2.5	
	1217	17. 肛管排气					
E	12170000100	肛管排气	含肛管、石蜡油等		人次	6	
E	12170000101	局部扩肛	含石蜡油等		人次	6	
E	12170000102	粪嵌顿手法排除	含石蜡油等		人次	6	
	1403	临床医学鉴定					
I	14030090100	临床医学鉴定	指受委托方要求出具的工伤、残疾、退养等医学鉴定		次	35	

注:

1. 本类包括一般医疗服务、一般检查治疗、社区卫生及预防保健项目和其他医疗服务项目。

2. 多科室共同使用的医疗服务项目列入本类之中,如护理、抢救、注射、换药等。

3. 床位费、诊查费、护理费、空调费按“计入不计出”原则计收,即入院当天计收一次,出院当天不收(“一般专项护理”除外)。

审　计

【概况】 全年共完成财政审计、经济责任审计、专项审计及审计调查项目44个，查处管理不规范金额8444.20万元；完成政府投资审计项目752项，审计金额27.48亿元，核减投资额0.66亿元。市审计局被评为全省审计机关考核优胜单位、全省审计信息工作先进单位、绍兴市审计机关考核先进单位。

【加强财政审计】 市审计局组织实施2011年度财政预算执行审计与全部政府性资金专项审计调查、乡镇财政决算审计与乡镇负债专项审计调查，重点调查预算编制和专项资金使用情况，及时发现财政运行中苗头性、倾向性问题，并提出审计预警。2011年度市本级财政预算执行和其他收支情况审计报告较为全面地反映了政府性资金的运行情况和存在的问题，得到了市人大的肯定。

【加强政府投资审计】 市审计局加大重大政府投资项目跟踪审计力度，对绍诸高速上虞连接线、二甲和四甲安置房、人才公寓、农村宅基地置换城市吸纳型集中居住区等17只项目实施跟踪审计；注重提升投资审计质量，实施主审负责制和重大项目会审制，打造政府投资"阳光审计"；加强中介机构执业质量的管理，对2011年中介机构备案的1120只项目进行了抽审，平均误差率为0.41%，并调研撰写《近三年上虞市政府投资领域工程咨询中介机构执业质量调查报告》。

【加强经济责任审计】 市审计局共对19个单位26名领导干部开展了经济责任审计，并会同市纪委、市委组织部对永和镇、经信局等2个单位党政主要领导干部任期的勤政廉政、干部选拔任用和经济责任履行情况进行了联审。重点关注财政资金扶持方向、扶持政策绩效、重大决策执行情况等，联审工作成效较好。按照新办法新规程的要求，市审计局调研出台了《联席会议制度》《经济责任告知办法》《经济责任年度报告办法》等文件，推动市经济责任审计工作运转有序。

【加强民生审计监督】 市审计局组织开展了社会保障资金审计、保障性住房跟踪审计、新农村合作医疗资金财务收支审计、农业综合开发项目审计、文化经费投入专项审计调查和慈善资金专项审计等，进一步提升资金安全绩效。社会保障资金审计中，审计组利用数据式审计平台开展疑点查找和审计分析，得到审计署社保办的肯定，该项目被评为全省社保审计优秀项目，据此撰写的审计论文获全省社保审计论文三等奖。此外，市审计局主动跟进市紫清集团的资产、负债审计工作，参与康辉铜业的资产评估等，为市委、市政府决策提供了依据。

【提升审计成果】 市审计局重视调研课题和审计信息的撰写，《基层审计机关数字化审计工作模式探索研究》被评为"国家审计信息化与国家治理"优秀论文三等奖，并入选省三创三评"一篇被刊登的调查报告"；《全面提升审计机关审计价值的探索与实践》入选省厅重点课题；出台《信息宣传工作考核办法》促进信息宣传工作。数字化建设加快推进，修订完善投资审计管理系统的统计、考核模块，优化审计参阅系统，自主开发的审计数据辅助采集系统投入应用。 （夏桑桑）

统　计

【概况】 2012年，全年及时、准确的完成各专业统计调查任务、做好统计数据监测和评估，做好全市经济形势分析。发布《上虞市国民经济和社会发展统计公报》，编辑发行《今日上虞》《上虞统计年鉴》《上虞统计研究》《浙江省61县市区主要指标排序》等大型资料，编印统计资料卡片、统计月度信息和企业网络信息，做好统计数据的解读、发布、证明。

【实施"企业一套表"制度】 按照国家企业一套表制度改革要求，抓好"企业一套表"制度的具体落实，集中力量、集中时间分片分专业进行"企业一套表"的业务培训和指导，共计组织15期培训班，完成18个乡镇及工业园区520家企业的业务培训工作，全市“三上”企业全面试行“企业一套表”联网直报。

【开展城乡住户调查一体化改革】 城乡住户调查一体化改革方案经国务院批准，并在全国范围内实施。市统计局汇同上虞调查队按照国家统计局的总体部署，做好改革前的前期摸底、调查、培训等各项工作。8月底，在市政府的全力推动下，顺利迈出改革步伐，在全市21个乡镇(街道)42个村(社区)全面铺开一体化改革工作，设立40个调查网点，共计600户住户调查户。

【加强统计法制建设】 加强统计执法检查，市统计局统计执法稽查队以巡查的形式，对全市10个乡镇(街道)25家单位开展统计稽查，稽查重点是对工业品价格、贸易单位、规下工业企业、工业生产者价格、采购经理、部分服务业及建筑企业等，对有统计违法行为企业视情节轻重予以立案。

【召开全市统计工作会议】 3月22日，全市统计工作会议在上虞宾馆召开。全市五个中心镇和两区的主要领导及乡镇(街道)、两区的统计分管领导参加会议，市委常委、常务副市长余云才出席会议并作重要讲话。

8月30日，上虞市城乡一体化住户调查改革工作会议在上虞宾馆召开，全市20个乡镇(街道)农业分管领导、乡镇统计人员、40个抽中村(社区)的负责人、辅助调查员共计130余人参加了此次会议，城乡一体化住户调查改革工作正式启动

【召开统计学会一届二次常务理事会议】 3月22日，上虞市统计学会一届二次常务理事会议在上虞宾馆召开，会议全面总结回顾2011年统计学会的工作，共同探讨2012年统计学会的主要工作思路。 (严燕萍)

安全生产管理

【概况】 2012年，全市共发生各类上报事故190起，同比净减1起；死亡84人，同比净减3人；直接经济损失293.0万元，同比净减2.2万元。其中，工矿商贸企业事故7起，同比净增3起；死亡8人，同比净增3人；直接经济损失195.0万元，同比净增5万元。道路交通事故170起，同比净减4起；死亡76人，同比净减6人；直接经济损失23.0万元，同比净减13.9万元。火灾事故13起，同比持平；无人员伤亡；直接经济损失75.0万元，同比净增6.6万元。未发生水上交通和渔业捕捞作业上报事故。事故三项指标实现“零增长”，全市安全生产形势保持稳定并趋于好转。

【开展企业主体责任试点工作】 在生产经营单位中全面开展落实安全生产主体责任的试点工作，市安委办制定《上虞市企业安全生产主体责任落实试点工作实施方案》，以上浦镇和浙江双阳风机有限公司、上虞绍风化工有限公司为试点乡镇和试点企业，对一些好经验和好做法进行了认真的归纳总结，并编制成书面资料。

【开展安全隐患大排查大整治】 共排查企业10883家(次)，累计查出隐患12052处，整改11400处，整改率94.6%。

【探索“一企一档”安全管理】 为加强全市企业安全管理，出台《关于开展生产经营单位“一企一档”安全管理活动的实施意见》，在全市范围内实施身份证式的生产经营单位“一企一档”安全管理活动，增强安全监管的针对性、合理性、绩效性，提升安全监管能力和水平。

【建立实施企业安全总监制度】 市安委办出台《关于建立企业安全总监的实施意见》，设定2012年在全市百强企业和危险化学品、建筑施工、矿山、交通运输、烟花爆竹批发等高危行业企业试点，年底工业百强企业、商贸业十强企业和高危行业企业全部设立，2013年所有规上企业设立，2014年覆盖全市生产经营单位的工作目标。通过配备安全总监，逐步提升企业安全管理水平，建立企业自我管理、自我约束、持续改进的安全生产长效管理机制。

【启动安全生产诚信管理工作】 市政府下发《上虞市生产经营单位安全生产诚信管理暂行办法》，确定实事求是、系统评估、综合确定、客观公开、分级负责、动态管理的原则和“先重点、后一般”的要求，实行四级评定分级管理，细化和量化各行业的评估细则，严格评估程序，建立健全相关工作机制，充分发挥对企业安全生产失信惩戒作用。

【开展化工企业事故联锁自控试点工作】 4月，市安委办出台《关于开展化工事故联锁自控试点工作和通知》，确定杭州湾上虞工业园区和道墟镇为试点单位，杭州湾上虞工业园区安装企业70家，完成率达100%；道墟镇应安装10家，完成安装7家，其余3家在实施中。

【推进基层安监机构规范化建设】 市安监局从人员配备、办公用房、装备设施、执法培训四方面对基层安监机构进行规范，明确各乡镇（街道）安监机构按照2至5人标准配置专职人员，主要负责人享受中层正职待遇，人员调整变动须征求市级安监部门同意；按照20平方米、40平方米、60平方米标准保障办公住房；同时，每个机构按照1套公用设备设施和专职人数配备个体防护用品，市财政对购置费用予以“以奖代补”。

【实施安全生产标准化建设】 市政府出台《上虞市安全生产标准化达标创建工作“以奖代补”暂行办法》，鼓励企业开展安全生产标准化达标创建，明确以2011年为奖励基准年份，对年度创建成功一级（国家级）、二级（省级）、三级（绍兴市级）安全生产标准化达标企业（要求强制创建的除外）分别奖励8万元、5万元、2万元。

【开展从业人员安全培训教育】 采取送教上门等形式，严格实施企业主要负责人、安全管理人员、特种作业人员安全资格培训；同时，组织发生生产安全责任事故的有关生产经营单位主要负责人参加安全生产法律、法规知识及企业安全管理方面的专题培训。全年共计开办各类安全生产培训班109期，培训7761人次。

【签订责任书30325份】 市政府与各乡镇（街道）、市直有关部门和单位签约安全生产责任书，各乡镇（街道）、市直有关部门和单位与下属单位签订安全生产责任书4232份，并督促企业与车间签订责任书6984份、车间与班（组）签订责任书12071份、班组与重要岗位（个人）层层签订责任书30325份。

【开展“安全生产月”活动】 6月，市安监局深入开展第十一个全国“安全生产月”活动，通过在《上虞日报》刊发《致全市人民的一封公开信》，在城区交通主干道两侧竖立大型安全生产公益广告牌，突发事件应急预案演练以及在市区中心大型广告屏滚动播出安全生产宣传标语等活动，代表绍兴市参加全省安全生产宣传图版展评活动。6月10日，在杭州湾上虞工业园区举办大型咨询日活动，将宣传阵地搬到企业家门口。16家部门（单位）选派精干力量参加，展出宣传板66块，发放宣传资料万余份；园区12家公司200多位员工参加咨询活动。市安监局在省安监局开展的安全生产摄影比赛中荣获一个二等奖和两个三等奖。（厉　莉）

质量技术监督管理

【概况】 2012年，市质量技术监督局按照抓质量要上新水平、保安全要有新力度、促发展要有新作为、强质检要树新形象的“四个新”要求，坚持“务实创新、凝心聚力、奋勇争先”的工作基调，加强队伍建设，发挥职能作用，主动有为，质量技术监督工作亮点纷呈。全年全市产品质量抽查合格率为96%，共查处质量违法案件35起，淘汰老旧特种设备224台。新增省名牌8只、绍兴名牌18只。

【浙江卫视专题报道上虞质量强市建设成效】 质量强市建设写入政府工作报告，纳入乡镇（街道）、部门岗位目标责任制考核，量化、细化考核指标，有效调动了部门、乡镇、企业的积极性。联合建管、环保、服务业等其他三个牵头部门组织质量培训29期，5个乡镇设立乡镇质量奖，20家企业设立总经理质量奖，质量强市建设深入推进。浙江卫视专题报道了上虞市质量强市建设成效。

【上虞首个省级服务标准化文件发布】 发布《上虞市“四季仙果之旅”采摘基地质量等级划分与评定标准》，填补了浙江省乡村旅游没有采摘基地质量等级划分与评定标准的空白。四季鲜果旅游服务标准化试点项目列入2012年省级旅游服务标准化重点项目，成为上虞首个省级服务标准化项目。上虞获批绍兴市唯一一个旅游标准化试点县（市），13家单位批准为绍兴市旅游标准化试点企业。新增全国气瓶标技委车用高压燃料气瓶分会与浙江省染料标准化技术委员会等2个标技委。上虞企业参与制订国家标准8个，行业标准11个，新增省标准创新型企业7家。

【首批试点设立首席质量官企业29家】 开展质量管理培训活动，累计培训11965人次，49家企业导入卓越绩效模式，53家企业实施精细化管理。新能源及节能电光源产业和风机特色产业创建质量强市示范行业，在产品、服务、工程、环境四大领域分类创建10个先进质量管理孵化基地，首批34家企业接受孵化，2家企业列入绍兴市级孵化基地创建。明确全市首批试点设立首席质量官企业29家。15只QC成果参加绍兴市QC成果奖励。5家企业被评绍兴市企业质量管理五星企业（累计16家），5家企业被评为四星企业（累计14家），浙江皇马化工集团获2012年省质量管理创新项目三等奖，3家企业获上虞市市长质量奖，照明电器行业被列入省第三批能源计量数据应用行业推进项目。

【省照明电器质量检测中心大楼落成】 6997平方米的省照明电器质量检测大楼正式落成，省照明电器质检中心、照明电器标准信息平台正式投入使用。食品检测实验室完成提升改造工作，新增检验检测项目达380项，计量检定项目2项。完成电线电缆检测、风机电机能效检测设备安装工作。绍兴市照明电器科技创新平台获启动资金30万元。伞件检测中心600平方米工作用房完成土建。累计完成质量检验3995批次，计量检定52131台（件），业务收入达660万元，创历年之最。“面向中小企业质量管理创新公共服务平台”项目获省科技厅资金补助65万元。“基于计算机模拟的通风机能效及通风性能检测系统”项目列入省质监局自筹资金科研项目，同时在市科技局立项，获科研资金10万元。

【特种设备安全监察工作得到毛光烈副省长批示肯定】 对全市高危特种设备使用企业实行100%检查，累计排查特种设备企业368家次，对特种设备使用企业发出监察指令书109份，并对企业实行跟踪检查、闭环整治。开展全市载人电梯安全使用状况的调研，并向市政府作了专题报告。全市连续6年保持特种设备零事故，经验做法得到毛光烈副省长批示肯定，并在全省特种设备安全监管现场会上作典型经验交流。

（金家芳）

食品药品监督管理

【概况】 食品药品监管局牢固树立“服务大局、创新争优、有为有位”的工作理念，扎实推进餐饮安全监管，着力规范保化生产经营秩序，深入整治药械领域突出问题，全面加强干部队伍能力作风建设，不断净化食品药品消费环境，进一步构筑监管打防体系，建立健全工作机制，圆满完成了全年各项目标任务，成功创建省级药品安全示范县（市）。至年底，全市有药、械监管对象565家，有持证餐饮单位1472家，有食品从业人员8960人。乡村厨师84人，家宴服务中心17个。全市有工商登记的保健食品经营企业298家（其中药店70多

家)。化妆品生产企业3家,经营企业455家(不含美容店)。　　(孙云帆)

【市食安办监管网络健全】 农林渔牧局单独列编设立农产品质量安全监管科、农产品质量安全检测中心,首批10个乡镇建设农产品质量安全检测室,统一购置、配备检测设施设备,提升一线农产品质量安全检测检验服务能力,初步构建起上下联动的监管和检测工作网络;市质监局新设立食品生产监督管理科,调整配备工作人员3名,完善综合监督、联合执法工作机制,调整和完善基层食品生产安全监管网络,实施"站所+网格"的食品生产监管模式。

【上虞市食品安全委员会领导机构升格】 上虞市食品安全委员会升格,由市委副书记、市长任主任,5位分管常委、副市长任副主任,成员由卫生、农林、工商、质监、服务业发展等26个职能部门(单位)组成;食安委下设办公室,由分管卫生工作的副市长担任主任,负责日常食品安全牵头协调工作。各乡镇(街道)相应成立由"一把手"任组长的食品安全领导小组。市政府与各乡镇(街道)、市级有关部门签订食品安全监管责任书,各乡镇(街道)与村(社区)、站所、涉食企事业单位签订食品安全工作责任书。

【食品生产企业质量安全风险等级A类16家】 制定《上虞市食品生产企业质量安全诚信考评办法(试行)》,经省、市、县三级综合评价,全市食品生产企业质量安全风险等级A类16家,B类74家,无C、D类(其他14家因新办、停产未监督抽检而未评价)。

【开展流通环节食品安全大整治百日行动】 2012年7月15日至10月25日开展流通环节食品安全大整治百日行动。市工商局召开食品安全工作会议,部署落实全市流通环节食品安全大整治百日行动,建立起一把手亲自抓,分管领导具体抓的领导格局,下设行动组、指导组、督查组和宣传组,切实制定"辣椒粉及其制品""网络食品销售""商场、超市和食品交易市场内的现场制售食品""食品批发市场和农贸市场""校园及周边食杂店"等五项专项整治行动方案,层层分解任务和细化责任,明确工作目标,精心组织实施,确保此次百日行动顺利开展。

【开展上虞市网络食品销售专项整治行动】 2012年8月至12月,根据市政府食品安全大整治百日行动及风险隐患处置交办的统一安排,制定全市网络食品销售专项整治实施方案。重点整治从事食品销售的交易平台网站(以下简称交易平台网站)、团购网站和企业自建的食品销售网站。重点查处网上销售过期变质、有毒有害、假冒伪劣食品以及发布违法食品广告等行为。

【药品监管概况】 2012年,全市有药品、医疗器械监管对象542家,其中药品生产企业9家(中药饮片生产企业1家),药品批发企业2家,诊断试剂专营企业2家,药品零售连锁总部1家,药品零售单体店及连锁门店154家;医疗器械生产企业21家,药包材生产企业1家,医疗器械经营企业44家;医疗卫生机构308家,其中市级医院4家,社区卫生服务中心(乡镇卫生院)20家,社区卫生服务站106家,村卫生室124家,机关企事业单位医务室18家,个体诊所36家;乙类非处方药柜23只。

【创建省级药品安全示范市】 申报并做好药品安全创建工作和第二批药品安全示范乡镇(街道)创建的达标工作,全市药品安全示范创建验收达标单位达到12个乡镇(街道),占全市总乡镇(街道)的60%,10月26日顺利通过省级药品安全示范市创建验收。

【实施中药饮片质量提升工程】 开展中药材、中药饮片质量专项整治,对全市使用中药饮片的18家医疗机构(实际有中药饮片使用的为15家)和经营中药饮片的38家药品零售企业进行了中药饮片质量管理自查互评活动。抽查中药饮片530批次,发现不符合质量标准中药饮片38批次。其中伪品中药饮片11批次,炮制不符合要求的中药饮片17批次,泛油中药饮片3批次,虫蛀霉变中药饮片3批次,掺杂中药饮片2批次,疑似染色中药饮片2批次，共回收销毁不合格中药饮片约25公斤。

【开展百日安全大检查和隐患大排查活动】 部署全市药品医疗器械生产流通领域集中整治行动，对6家药品生产企业和30家药品零售企业进行了重点检查。

【开展问题胶囊和有关药品的紧急核查、处置】 共出动执法人员276人次，检查胶囊剂药品生产企业1家，药品批发企业2家，药品零售企业160家，医疗机构283家，暂停销售使用272个批次、数量24069瓶胶囊剂药品，暂停销售经营企业经营的药用空心胶囊1385瓶（每瓶100粒），对检查中发现的7批药用空心胶囊和3批胶囊剂药品（人参蜂王浆胶囊）进行了抽样送检，经绍兴市食品药检验所检验，铬限量指标均符合规定要求。

【开展贴膏类医疗器械产品专项整治】 共检查医疗器械批发企业2家次，其他医疗器械经营企业154家次，发现有经营贴膏类医疗器械产品的经营企业72家次，共计经营品种有242批次，查处经营无注册证医疗器械案件1起，罚没款合计24256.00元。

【开展百家药品、医疗器械社会公开承诺活动】 共100家药品医疗器械生产经营企业和餐饮服务企业代表参加，并当场宣读和签订了《药品医疗器械生产企业质量责任承诺书》《药品医疗器械经营企业质量责任承诺书》和《“业无信不兴、药无诚不正”质量诚信承诺倡议书》。

【开展规范商场超市食品现场制售活动工作】 2012年7月19日上午，市工商局邀请市人大代表、政协委员、食安委、行风监督员、媒体记者，组织城区大型商超、消费义工在大润发超市召开全市“规范商场超市食品现场制售活动”推进会，进一步深化规范商超现场食品制售活动。与会人员观摩大润发超市食品现场制售情况，查看了临保食品专柜、蔬菜农残监测点、食品添加剂存放、过期食品报废点、废油处理点等食品处理点。市工商局食品科对商场超市的现场制售从业人员的操作要求、清洁消毒、添加剂使用、食品标签、原材料规范、食品加工制作记录台账、食品过期变质销毁等八方面工作进行了部署和规范。要求各大商超对照规范要求，整改提升现场制售活动，进一步提升食品消费安全。

（蒋　立　何国祥　孟伟涛）

国土资源管理

综　述

【概况】　2012年，省政府下达上虞市（含绍兴滨海新城）新增建设用地指标4825.5亩，其中耕地3435.45亩，除省、市专项用于绍兴滨海新城建设外，实际可用耕地指标为2673.45亩。针对土地指标供需矛盾突出的现状，通过农村土地综合整治项目，产出城乡建设用地增减挂钩指标805.05亩。严格执行新一轮土地利用总体规划，坚持“以图管地”“按图用地”，加强土地预审，严格用途管制。市、乡二级规划在批准实施后，根据产业经济发展的需要和各部门、乡镇实际用地的需求，进行了规划的修改和落实，并报浙江省人民政府和绍兴市人民政府批准，同时按照有关规定进行数据库的修改和报备手续，始终做到了规划编制和管理工作中图、数、实地一致，真正实现了以图管地的现代化、信息化土地管理技术手段的实现和更新。继续把转而未供土地作为建设用地供应的主要对象，规范组织出让，全年完成各类用途土地供应7695亩。出台《上虞市人民政府关于推进低效利用建设用地二次开发的实施意见》和《关于鼓励杭州湾上虞工业园区低效化工企业退出和加快二次改造的试行意见》，开展4家企业的建设用地二次开发工作。深入实施“即违即拆”行动，达到了“拆除一处、震慑一片、教育一片、遏制一片”的目的。因地制宜，扎实开展废弃矿山治理和绿色矿山创建工作。大力推进第二次土地调查工作，做好各种地类实际变化的调查与核实，做到土地变更调查记录表、实地、图、数据相一致，实现国土资源“以图管地”的精确调查与有效监管。通过地籍规范化建设，促进了上虞市的地籍管理工作进一步向规范化、程序化推进。结合新农村建设，下山扶贫、宅基地整治等工作，实施整体搬迁治理，并积极向省厅争取安置土地指标96亩，确保搬迁成功。市国土资源局（以下简称市国土局）被绍兴市人民政府评为2012年度信访工作先进集体、被绍兴市国土资源局评为国土资源管理优秀单位，丰惠国土资源所被浙江省国土厅评为群众满意国土资源所，小越国土所、经济开发区国土所、杭州湾新区国土所、下管国土所被浙江省国土厅评为浙江省规范化国土资源所。　（周伟俊）

土地管理

【规划数据库执行更新】　上虞市土地利用总体规划于2010年12月经浙江省人民政府批准实施后，规划数据按照《浙江省县（市）级土地利用规划数据库标准》的要求进行建库并提交省国土资源厅，市级及22个乡级规划的数据库全部通过依据有关标准进行的文本、附表、图件等一致性检查并备案。规划数据库更新的基础是新一轮土地利用总体规划成果数据库，完善更新后形成2011年规划数据库和更新过程数据库。上虞市2011年数据库执行和更新工作包括以下三方面内容：一是2006年1月1日—2011年12月31日期间规划执行情况（以下简称“数据库年度执行”）。二是2011年度土地利用总体规划修改更新情况，包含有条件建设区土地规划用途调整和预留指标落实等情形。三是进一步完善规划与“二调”“基本农田划区定界”和“农村土地综合整治”衔接工作。其中，本次数据库更新涉及上虞市规划指标预留落实项目共2个，为绍兴市审批规划落实方案，分别是世纪大道配套工程(世纪大道东段建设工程拆迁安置用地)项目和滨海大道项目(绍政函〔2011〕14号)，使用预留新增建设用地指标面积分别为20.4亩和212.25亩；该次数据库规划修改更新涉及省级审批落实方案1个，涉及有条件建设区1316.2005亩；该次规划数据库修改更新涉及市级审批修改方案11个，共置换有条件建设区5398.2495亩。

(张惠英)

【出台改进垦造耕地工作文件】 市人民政府出台了《上虞市人民政府办公室关于进一步加强和改进垦造耕地工作的通知》(虞政办发〔2012〕38号)。文件明确规定禁止将坡度25度以上的园地、林地垦造为耕地，坚决杜绝以土地开发为名，擅自毁林开垦。同时，加大补助标准，地势平坦地块提高到按每亩2.5万元予以补助，低丘缓坡的提高到每亩4万元予以补助。 (郑　勇)

【12个土地开发整理项目通过验收】 2012年，上虞市土地开发整理共有12个项目通过绍兴市验收，立项面积6066亩，实际新增面积3223.95亩，全面完成明确的土地开发整理任务。 (郑　勇)

【建成高标准农田93780亩】 2012年，共完成5个高标准农田建设项目，建设规模达127215亩，建成高标准基本农田面积93780亩，全面完成年度任务。 (郑　勇)

【落实5584位失土农民社会保险】 2012年2月，上虞市人民政府重新公布上虞市征地区片综合地价。实施阳光征地，保障农民权益。严格执行批前告知、确认，批后“两公告”等征收程序。全力维护被征地农民合法权益，全年共依法征收集体土地2671.35亩，配合做好5584位失土农民的参保工作。 (厉　佶)

【出让面积870464平方米】 全年累计出让经营性用地28宗，出让面积870464平方米，收取土地出让金20.09亿元。 (冯文杰)

【闲置土地处置率100%】 出台新的《闲置土地处置办法》，一方面及时组织好乡镇(街道)和国土所人员的学习，另一方面继续落实好建设用地批后监管各项措施，完善开工提醒制、约谈制等机制，督促用地单位及时开工、按约用地。全市现状闲置土地处置率为100%。 (冯文杰)

【地籍发证9978本】 全年全市共颁发土地证书9978本，其中“国有土地使用证”9630本，“集体土地使用证”60本，他项权利证书288本；办理土地使用权变更登记7011宗，面积约670亩；协助法院办理土地使用权查封登记257宗，解封登记61宗；办理遗失登记25宗。为企业办理土地使用权抵押登记325宗，面积21167.56亩，为企业融资金额3034.05亿元；为企业办理土地使用权注销登记65宗，面积40726.34亩。便民中心窗口共受理登记5050件。 (章　樱)

【土地变更调查通过省部级验收】 年初，结合日常土地变更调查和年度遥感监测成果，实地核实遥感监测图斑情况，调查2012年度各类土地利用变化情况，在县级土地调查数据库中对经调查已经发生变化的地类、范围、属性等进行逐地块变更，生成土地变更调查增量数据，以及年度县级更新调查数据库，完成2012年度土地变更调查数据的上报工作。12月，通过省国土资源厅和国土资源部的验收。变更调查结果显示，全市实有耕地面积648398.4亩，基本农田面积507356.7亩。

(林　鑫)

【报批农村土地综合整治项目10个】 2012年，根据省、市各级关于农村土地综合整治的政策要求和上虞的实际，大力开展农村土地综合整治，逐村摸排可复垦地块，深入挖潜，合理确定建新区块，共报批农村土地综合整治项目10个(含绍兴滨海新城)，申请城乡建设用地增减挂钩指标893.85亩，其中上虞市本级项目9个，申请城乡建设用地增减挂钩指标805.05亩，有效缓解了新增建设用地计划指标的不足，推进了新农村建设。 (俞园松)

矿产管理

【概况】 市国土资源局以无风险矿种采矿权方案实施为契机，加强矿产资源开发利用，调整矿山布局，促进资源和集约开采，做好方案中的采矿权出让工作，有效保障全市经济社会发展对石料的需求。以创建绿色为抓手，全面推进矿山综合整治，按计划完成“四边三化”确定的废弃矿山治理和绿色矿山创建工作。以落实地质灾害防治规划为重点，抓好台风期间的地质灾害预防和应急工作，落实建设项目地质灾害危险性评估，从源头上控制人为活动诱发新的地质灾害，加快地质灾害隐患点的工程治理力度，消除危险隐患。（王益坪）

【依法行政做好矿山年检工作】 市国土资源局对全区采矿权开展年度检查工作。采取书面检查、实地检查、督促整改等方式进行。一是书面检查。按照规定对采矿权人提交的年度报告书、台账等书面材料进行严格审查，重点检查矿产资源开发利用方案等内容，全面掌握采矿权人矿产资源开发利用情况。二是实地检查。为核实采矿权人提交资料真实性和准确性，组织实地检查。三是督促整改。针对年检发现问题，及时向有关采矿权人下发整改通知书，分别提出具体的整改意见，要求其限期进行整改，并不定期进行督促检查，确保整改工作落实到位，有效提高了采矿权人依法办矿、科学办矿的意识。进一步完善矿业权审批、项目核准、生产许可、安全许可、环保审查等各项矿产资源开发。（王益坪）

【做好无风险矿种采矿权方案编制工作】 根据部、省工作部署，上虞市无风险矿种采矿权方案委托绍兴有色地质勘查局进行编制，并会同安监、公安、农林渔牧、水利、环保等有关部门对拟设采矿权进行了实地踏看，完成了方案编制和评审，上报绍兴市局和省厅，待批复后抓紧实施出让工作。

（王益坪）

【治理废弃矿山26座】 全年按照治理和创建工作计划，稳步推进，累计治理废弃矿山26座，废弃矿山治理率达95%以上。上虞叶蜡石矿业有限公司率先启动省级绿色矿山的治理，完成方案编制，创建各项工作按要求有序进行。

（王益坪）

【地质灾害防治工作】 在汛期来临前以市政府名义发布了上虞市地质灾害防治年度方案，拟定出台了《上虞市贯彻落实国务院加强地质灾害防治工作决定的重点工作分工方案》。汛期和台风期间做好地质灾害防范工作，全年共组织36组，218人次的巡查，发送预警短信12次，组织人员撤离300余人。在摸排基础上，2012年确定了22个地质灾害点列入治理计划，有18个点实施。并针对治理难度大、自然条件适宜居住的地质灾害隐患点，选择章镇2处，下管1处隐患点，结合新农村建设，下山扶贫、宅基地整治等工作，实施整体搬迁治理，并积极向省厅争取安置土地指标96亩，确保搬迁成功。（王益坪）

【创建“十有县”和“五到位”国土所】 上虞市积极争创地质灾害防治“十有县”和“五到位”国土所。“十有县”和“五到位”创建是地质灾害防治工作体系的重要组成部分，对照创建要求，扎实开展各项工作，已全部完成7个应创国土所的创建工作，同时地质灾害防治“十有县”也通过了省厅验收。

（王益坪）

【抓好排查巡查建立地灾快速应急机制】 市国土局配合乡镇政府，对靠山靠崖的农民房屋、居住点进行全面排查，对地质灾害隐患点，逐一登记造册，确定监测人，发放明白卡，落实责任人，随时监测变化情况，把群测群防工作真正落到实处。抓好地灾防治值班工作机制的建立和落实，在系统内坚持24小时值班和监测巡查制度，加强地灾预测预报，确保上下信息畅通。建立快速反应保障机制，确保出现异常气候，能迅速启动应急预案，积极投入抢险救灾，尽量减少地灾损失。

（王益坪）

【做好矿山储量动态监管工作】 市国土局对全市矿山企业的储量消耗委托有资质的单位定期进行

动态监测，对测量的基准数据、图纸等成果提出更高的要求，全面掌握上虞市矿山地质条件、储量动态变化。 （王益坪）

地质灾害点实地踏勘 （钟 雯 摄）

土地督察

【概况】 2012年，市国土局对上一年度土地卫星遥感图片执法工作，从接受检查转变为主动整改，结合详查变更调查成果，开展外业调查和内业核查工作，对卫片中发现的违法用地坚决实施拆除复垦。根据上一年度土地卫片执法检查工作，上虞市土地卫片执法检查下发的疑似图斑365块，宗地231宗，面积14724亩，耕地4381.5亩；下发问题图斑1块，面积4.8亩，耕地2.7亩。经核实，具体为：1.合法用地212宗，面积14397.75亩，耕地4166.1亩。2.违法用地20宗，面积331.2亩，耕地218.55亩（包括未供即用8.55亩）。其中拆除复垦2宗，耕地10.2亩；处罚计入违法比例面积18宗（为主是基础设施和村级物业用地），耕地199.8亩；扣减复垦面积后，违法用地占用耕地数占新增建设用地占用耕地数比例3.39%。矿产卫片执法检查涉及监测图斑共6宗，其中2宗为伪变化图斑（包括1宗实际未开采过，1宗出现滑坡现象）。4宗为非法开采后形成违法图斑，其中3宗已由政府组织实施整治（封宕），1宗为废弃矿山综合整治。上虞市的土地矿产卫片执法工作中的做法和取得的成绩得到了国土资源部的肯定。 （章志峰）

【30宗土地违法案件得到查处】 立案查处土地违法案件30宗，面积为402.75亩，收缴罚没款511.5382万元。拆除建筑物160293.6平方米，没收建筑物63478.7平方米，申请法院强制执行案件36件。 （章志峰）

【905件涉土信访全部办结】 全年，市国土局共受理及承办各类涉土信访件905件，其中来信（包括市长热线）548件，来访159批次291人次，电话举报、网上咨询、投诉198件，信访总量较上年有较大程度回落。905件信访均已办结，按时报结率达到100%。

【开展领导干部大接访活动】 市国土局紧紧围绕领导干部大接访活动目标要求，局“一把手”亲自参与每月15日信访局市领导接待日，同时规定每月逢十为局领导信访接待日，由局领导班子成员和相关科室接待来访群众。特别是全国“两会”、省第十三次党代会和中共十八大等重要会议期间，每天都有局领导在局信访接待日接访。同时，局领导还带队走访重点镇、重点村和重点信访户。全年共接待来访群众81批167人次，走访了百官、东关、汤浦、梁湖等4个乡镇（街道），进村入户面对面听取了信访户的诉求，并在深入现场、了解实情的前提下，对政策许可的诉求要求相关科室、所尽快予以解决。

【信访总量下降18%】 市国土局针对重复信访率居高不下的现状，认真组织开展国土资源初信初访专项治理活动，专门邀请省国土厅领导到上虞举办信访及执法监察工作培训班，提高初信初访调处能力，要求各基层国土所有的放矢地开展调查研究，按信访报结程序及时处置，规范答复。同时进一步落实好“首问责任制”，做到来访有记录，有信有答复，处理有反馈。通过努力，2012年的信访总量比上年下降18%。

【行政强拆5051.26平方米】 市国土局全年共组织开展违法占地建筑物拆除专项行动17次，会同行政执法局、公安局、乡镇（街道）和纪检部门对38

处非法占用耕地的违法占地建筑实施了强制拆除，建筑占地面积共计5051.26平方米。（章志峰）

【加强对重点敏感时段的信访维稳排查工作】 十八大期间，局下属各国土所在“双月攻坚行动”矛盾纠纷排查的基础上，集中时间、集中精力开展了一次矛盾纠纷大排查活动，按照“发现得早、化解得了、控制得住、处理得好”的要求，进行全覆盖、无疏漏的大排查，确保不留死角。重点对土地征用、违章建筑、矿山偷盗等方面的突出问题和私人建房、邻里纠纷等热点民生问题进行了深入细致地排查。各国土所共计排查出重点信访46个，对排查出的苗头性、倾向性问题由各所配合当地乡镇（街道）逐一落实相应的就地稳控方案，力争将稳控对象留在当地。全国“两会”、省第十三次党代会和中共十八大期间等重要敏感时间点，上虞市未出现因涉土信访问题而引发的赴京集体上访、非正常上访和重大恶性上访事件。

【开展集中整治盗挖矿产资源专项行动】 市国土局在加强日常接处警的基础上，会同乡镇及其他相关部门开展联合执法集中整治盗挖矿山资源专项行动，实施联合执法行动15次，先后查扣挖掘机等盗挖工具13台，传唤询问相关人员35人，临时滞留和批评教育当事人43人，立案查处14起，收缴罚没款30.93万元。（章志峰）

交通运输

综 述

【概况】 2012年，全市交通基础设施项目投资7.98亿元。嘉绍跨江大桥和杭甬客运专线两大部省级重点工程建设顺利开展，实施政府投资项目共11个，计划投资1.65亿元，实际完成投资1.85亿元，完成年度计划112%。其中，绍诸高速上虞互通至九六丘连接线（长海线）完成总工程量81%。新329国道绍兴孙端至道墟至四环段（329北移）前期报批进展顺利；城北客运中心已完成立项批复。上虞市水上指挥中心、治超专用停车场等项目完成建设；赵家大桥等桥梁完成加固维修，上浦东山大桥开工建设。农村联网公路建设完成新建里程11.7千米，至年末累计联网公路建设217.7千米。全市通车里程1511千米。实现城区公交全面公营化运营改革，7月1日起推行"上车一元、一票到底"惠民政策，城区共有公交线路18条、车辆116辆，日运行班次已达到1390班次。

（叶拥军 糜何芬）

交通基础设施建设

【概况】 2012年，嘉绍大桥上虞段工程已完成总工程量的93%。杭甬客运专线上虞段及上虞北站工程至年底已全部完成建设任务并通过验收。赵家大桥运营23年来首次进行大规模维修。329国道上虞东关至三角站段路面专项整治工程完成沥青修复6200平方米，水泥板块修复600平方米，329国道及西上线水泥板块沥青灌缝8.9千米，329国道东关段沥青路面网裂乳化沥青处理58000平方米。上虞新329国道绍兴孙端至道墟至四环段（329北移）前期报批进展顺利。上虞城北客运中心12月31日已完成立项批复。上虞市治超专用停车场等项目完成建设。

5月16日，《交通运输"十二五"发展规划》通过专家评审。9月成功发行交投二期债券10亿元。积极推进交通投融资体制改革，启动筹建交通投资集团的工作。

【嘉绍大桥上虞段工程顺利推进】 嘉绍大桥上虞段指挥部重点开展了"化工企业转型安置、清账理财、临时用地复耕"等积累性问题的梳理、协调，及时处置施工过程中新出现的节点问题，保障嘉绍大桥上虞段工程建设按计划推进。至年底已完成总工程量的93%，累计已完成投资约20.2亿元（占总概算投资的85%）。

【杭甬客运专线上虞北站工程完工通过验收】 杭甬客运专线上虞北站工程至年底竣工并通过验收。杭甬客运专线上虞北站是沪杭甬客运专线规

杭甬客专轨道及上虞北站雄姿

（交通运输局 供稿）

划建设的一个车站,位于上虞市四环线与百崧线交叉处,是杭甬客专全线唯一上进下出的站场。站场面积达9000平方米,主站房面积8900平方米,地下空间面积6600平方米,设2站4线,投资约1.3亿元。

【绍诸高速上虞互通至九六丘连接线工程全线贯通】 8月25日,绍诸高速上虞互通至九六丘连接线控制性工程——上跨杭甬高速公路立交成功合龙。12月30日上午,绍诸高速上虞互通至九六丘连接线控制性工程——五甲渡大桥顺利合龙,标志全线已实现贯通。

【上虞境内国道路况顺利通过交通部检测】 11月12日,交通部对上虞市境内的329国道和104国道的公路平整度、破损率、车辙等指标进行路况检测,各项指标均达标,顺利通过检测。

【329国道曹娥江大桥完成23年以来首次大修】 9月16日零时,整修一新的329国道曹娥江大桥(赵家大桥)恢复通车。大桥自2月26日全封闭施工,至8月30日完成工程建设,比计划工期提前半个月通过竣(交)工验收。此次维修加固是大桥自1989年建成23年以来首次大规模维修。为提高桥梁整体美观和安全保障性能,这次维修中增设了护栏更换等建设内容,包括:混凝土栏杆更换为钢质护栏、人行道内侧设置波形护栏、修复两侧桥头3000多平方米破损板块、两侧新设防撞护栏及诱导标志、路灯由单头灯改为双头灯等。

9月16日凌晨,赵家大桥开通放行

(交通运输局 供稿)

【春晖互通独柱式加固工程完工】 6月14日,春晖互通独柱式加固工程通过交(竣)工验收。该工程投资约390万元,主要内容包括独柱墩隔墩加固、箱梁纠偏,更换部分匝道桥和支座以及混凝土表面缺陷修复及裂缝处理,增设限位装置等。

(糜何芬)

农村公路建设

【概况】 2012年,农村联网公路建设完成新建里程11.7千米,累计联网公路建设217.7千米。至年底,上虞农村公路达1331.95千米。2012年,全市农村公路县道大中修工程,包括百官至悬岩中修,下管至钱库岭大修,五车堰至五夫,百官至夹塘。完成上年农村公路大中修遗留工程水泥板修复计8223平方米。

建立完善了公路应急抢险机制,在应对"持续降雨、雨雪冰冻"等突发情况时,做到了整体联动、快速反应,连续作战、抢险有力。

【加强桥梁标准化管理】 2012年完成国道、县道所有桥梁"一桥一牌"设置以及33座桥梁的定期检查工作。建立健全桥梁技术档案,分类制定养护措施及时更新桥梁技术数据,提高桥梁养护效果,确保桥涵安全使用,为公路安全通行提供有力保障。

【新舍桥应急排险抢修工程完工】 4月16日新三公路新舍桥应急排险抢修工程正式动工。4月底完成拆除老桥拱及上部构造,修建简支板桥,抢修改造后桥梁宽度仍为6米,桥面净宽5米,桥下净高2.8米,设计通航孔净宽18米。抢修工程于7月底完工。

4月16日，新三公路新舍桥应急排险抢修工程正式动工。（交通运输局　供稿）

6月18日，余梁线左侧发生约3000立方塌方。上虞公路段养护工人连续奋战15小时清理塌方，抢通公路。（交通运输局　供稿）

【推进危桥改造项目】 2012年完成计划内农村公路危险桥梁加固改造，11月底完成泾哨线团结桥，边沥线七号桥、八号桥、十号桥，余梁线一号桥，五五线西吴桥，崧谢线三眼桥，谢黄线新民二桥，黄家桥；12月底前完成边沥线五号桥、崧谢线郭家桥、百五线马谢桥。完成计划外桥梁抢修项目有：百红线四埠桥、梁章线官厅桥、边沥线三号桥、井枫线朱村桥、百夹线牌楼桥、329国道炼塘桥和关西桥。

【绿化养护实行招投标】 3月初，通过招投标择优选择园林公司参与上虞公路绿地养护，4月初开始上虞四环线、边沥线、104线（泾口——三角站段，蒿坝——三界镇县界段）、南二环线、百悬线、余梁线的中间绿化带、机非隔离带以及路肩上的绿地，养护里程共计62.842千米，面积210000平方米，由专业园林绿化公司负责保洁养护。

【快速抢通暴雨后受阻路段】 6月17日至18日，上虞市出现特大暴雨，全市平均降雨量达192毫米，内河水位猛涨，多条公路被冲毁，上虞城区周围5处下穿道全部进水，县道余梁线K3+750左侧发生3000多立方米塌方，329国道等数条公路交通一度中断，公路设施严重损坏。经上虞公路段昼夜抢通，恢复交通畅通。（糜何芬）

【上浦东山大桥动工建设】 6月28日上午，曹娥江东山大桥开工建设。工程概算总投资8000多万元，大桥位于上浦镇小舜江出口处上游，起自104国道新线，向东跨曹娥江，连接梁章公路，路线全长1.36千米，主桥设计为现浇连续箱梁，双向两车道，桥长456米，桥宽13.2米。

【快速抢通台风后受阻路段】 8月7日，遇11号台风“海葵”正面袭击，上虞市有四条县级公路中断：县道井枫线K4+100（许闸桥漫水桥）因桥面过水交通中断；县道迳芦线因多处塌方，路基坍塌，全线封道，交通中断；县道梁章线因浦口桥段公路因积水交通中断；县道玩昆线K6+200因曹娥江水位上涨，路面过水交通中断。截至8月10日中午经上虞公路段全力抢通，恢复交通畅通。

【农村公路标志标线完善工程】 2012年上虞落实农村公路标志标线完善工程，共新增禁令标志10块，指路标志1块，指示标志16块，其他标志215块；更新警告标志3块，禁令标志26块，指路标志7块，指示标志8块，施划标线1600平方米。

（糜何芬）

公路运输

【概况】 2012年，全市新增上虞市级物流龙头企业3家。全年共有4家物流企业通过国家物流和采购联合会的A级验收，4家企业通过ISO国际质量体系认证，均领先于绍兴地区其他县市。2012年机动车维修行业新增一类企业1家（4S店），三类汽车专项维修12家。新增天然气加气站1个，加气车2辆，新增新型大型专用环保运输车辆36辆，新增甩挂运输专线1条，华佳业物流有限公司总投资3000万元新建2万平方米标准仓储投入使用。坚持"公交优先发展"，开启了公交运营体制改革的"破冰之旅"，圆满完成城区公交公营化改革。上虞市交通运输局"城乡公交一体化建设"和"构筑浙东交通枢纽"两个项目被评为"上虞撤县建市20周年民心工程"（上虞全市共评出16个项目）；上虞市运输公司出租车驾驶员王银淼当选为上虞十大信义人物；上虞市机动车驾驶员培训学校荣获省级文明行业先进单位；1名教练员被评为省级明星教练员；104国道上虞收费所征费二班被绍兴市总工会授予"工人先锋号"荣誉称号。

2012年，全市完成公路货运量1085万吨，周转量112061万吨千米，运量比2011年增加1.05%，周转量增加1.02%；完成公路客运量2465万人，同比减少1%，周转量69024万人千米，同比增加0.01%。

【春运安全畅通】 为期40天的2012年春运工作于2月27日结束，春运期间，全市道路客运行业发送旅客304.89万人次，客运周转量1180.17万人千米；全市渡运量1.2万人次。

【建成绍兴地区首个加气站】 6月13日，上虞汽车东站加气站正式开工建设，上虞市汽运总公司与浙江浙能新能源公司合作共建的加气站至9月中旬完工并投入使用。该加气站加气标准为CNG，日加气量1.5万立方米，总投资100亿元，站内设双枪加气机4台。上虞市成为绍兴地区首个建造天然气加气站的县级市，双燃料动力出租车、公交车首开"喝气"先河。

【国庆中秋黄金周旅客运输安全有序】 黄金周全市长短途、农村班线发送旅客达到33.97万人次，完成客运周转量892.43万人千米，城市公交发送旅客55.85万人次，完成客运周转量122.70万人千米，节假日期间共投放客运车辆（含城市公交）821辆14460座位、累计开行12343班次，全市无发生道路客运交通事故，安全有序。

【国庆中秋黄金周免费通行1.5万辆小客车】 国庆中秋双节期间国家实施7座及以下小型载客车辆免费通行，104国道上虞收费站共计免费放行小客车1.5万辆次，免收通行费15.4万元，收费站通行状况保持安全、畅通、有序。

【严厉打击非法营运行为】 上虞交通运管部门严厉打击非法无证从事客运经营、出租车违法行为、非法无证从事危险品运输及非法无证从事维修驾培经营等开展了专项整治，全年共计检查各类营运车8731辆次，查处"黑车"23辆，其他违法行为255起。

【节能减排运输项目获奖励】 上虞市振能运输公司作为绍兴市首家使用天然气动力运输的物流企业获得交通运输部运输节能减排项目奖励资金30万元，是浙江省唯一获得天然气动力重型半挂牵引应用专项补助资金的物流企业；上虞市顺通运输公司购置大马力牵引车获省交通厅节能减排技改补助专项资金11万元；上虞市诚信物流中心积极推进甩挂运输获省奖励资金10万元。

【机动车排气检测正式启用】 9月10日起上虞市机动车全面实行排气检测，凡依法取得上虞市牌照的在用机动车辆，同时也含外地委托公安车辆管理部门年检车辆，在年检的同时，都需要进行机动车排气检测。受环保部门委托，上虞市机动车检测中心负责设施建设和检测实施工作，通过6个月试运行，并经过上级质监、环保部门验收，排气检测系统符合运行要求正式启用。（糜何芬）

机动车检测中心排气检测系统符合运行要求正式启用　　（交通运输局　供稿）

水路运输

【概况】 2012年，杭甬运河塘角船闸3月1日起试运行收费；5月底上虞市水上指挥中心建设工程动工建设；撤渡建桥，水上康庄工程有序推进。9月，绍兴首家沿海码头上虞杭州湾作业区卧龙码头建成投用；10月，杭甬运河上虞港曹娥作业区项目开工建设。

全市全年完成水路货运量237.7万吨，周转量101330万吨千米，运量比2011年减少9.5%，周转量减少24%；其中内河完成货运量158.3万吨，同比增加2.7%，周转量22332万吨千米，同比增加3%；沿海货运量79.4万吨，同比减少26%，周转量78998万吨千米，同比下降29.3%。完成港口吞吐量77.7万吨，其中进口28.7万吨，出口48.7万吨。

全年共进行船舶营运检验210艘，15420总吨。春运港航部门共出动检查车辆（艇）累计20余天次，投入检查人员60余人天。全年安全渡运旅客8万人次左右。

【杭甬运河塘角船闸完成年度保养任务】 2月5日，上虞市杭甬运河船闸运营有限公司下辖塘角船闸圆满完成首次年度大保养工作，比原计划提前1天恢复通航，船闸恢复通航后运行良好。为了让船闸发挥最大社会效益，塘角船闸2012年度保养工作特别安排在春节相对水运淡季期间。在封航前增加放闸次数，提高船只通行量以增加绍兴滨海热电厂电煤储备。

【水上康庄工程有序推进】 3月完成了占上虞市渡运量半数的沥海双盆殿渡的撤渡工；7月，上浦渡正式批准撤渡，9月渡船已拆解，狄祁渡埠实施改造。至年底上虞仅存上浦镇的王家汇渡、青山渡和梁湖镇的狄祁渡，总运力为渡船3艘75客位。

【优化水运运力结构】 上虞积极发展大吨位运输船舶，全市2012年新增船舶18艘，57366载重吨，内河船舶平均载重吨从2011年的155吨增加到195.4载重吨，船舶吨位平均增长率26.06%。

【杭甬运河塘角船闸3月1日起试运行收费】 3月1日起杭甬运河塘角船闸开始试运行收费，放闸时间为上午8:30～11:30，下午12:00～15:30，这是杭甬运河上虞段上第一座实行试运行收费的船闸，同时也是杭甬运河上第二座实行试运行收费的船闸。

【水上指挥中心建设工程动工建设】 5月28日上午9时，上虞市水上交通指挥中心工程成功打下第一根试桩，标志该工程正式施工建设。该项目位于东关街道红星村、杭甬运河经济开发区锚泊服务区内，总建筑面积3611.7平方米。该项目完成后，可实现对航道视频监控，船舶GPS等信息系统的综合利用，可进一步加强水上交通安全管理，提高水上突发事件的应急反应速度，全面提升海事安全监督和安全保障水平。

【绍兴首家沿海码头建成】 2012年9月29日，绍兴首家沿海码头——上虞杭州湾作业区卧龙码头工程完成交工质量鉴定及验收，投入试运行。该码头位于杭州湾南岸上虞新港区，由上虞卧龙集团投资建造，总投资额7980万元，码头泊位等级2000吨级，水工结构按3000吨级设计，单件起吊能力为500吨，主要用于高压成套变电等特大单件设备装卸。船舶靠离泊及装卸根据钱塘江口的特殊条件，依托钱塘江一天两潮的规律，采用“三乘三避”(乘潮进、乘潮出、乘潮泄,避涌潮、避快水、避枯水)的作业方式进行,确保航运安全。该码头的投入试运行,切实解决了滨海新城及杭州湾上虞工业园区相关企业的特大单件设备运输难题,提升了绍兴物流配套服务能力,也标志绍兴港口已由内河向沿海发展。

【杭甬高速公路曹娥江大桥防撞墩投入使用】 10月,杭甬高速公路曹娥江大桥防撞墩投入使用。为保障绍兴滨海电厂电煤的水上运输,港航部门将航段航道从6级改造升至4级,可通行500吨级船舶。由于受到曹娥江大桥跨度限制,实行双孔单向通航方式,同时为避免大桥桥墩被过往船舶碰撞,共投资260余万元,在桥墩两侧安装了6座防撞墩,确保大桥及船舶航行安全。

【杭甬运河上虞港曹娥作业区项目开工建设】 10月18日上午,杭甬运河上虞港曹娥作业区项目正式开工。杭甬运河上虞港曹娥作业区位于杭甬运河上虞市道墟镇济生桥西侧,项目由上虞港通源物流有限公司投资建设,总投资3.58亿元,是省重点建设物流项目。曹娥作业区占地面积138785平方米,包括钢铁物流区、化工物流区、集装箱物流区、综合物流区和商业配套区,共需建设500吨级泊位8个,500吨级锚泊位3个,仓库用房16000平方米,是集物流、仓储、配送、商贸为一体的现代化综合物流基地,建成后年吞吐量可达131万吨。 (糜何芬)

城市公共交通

【概况】 2012年完成了城区公交公营化改革和城乡客运公交化改造。5月8日启动至27日完成城区10条公交线路50辆承包车辆的回收工作、实现了“城区公交全公营”;至年底前完成剩余30条农村客运线路96辆车的公交化改造,实现城乡线路100%公交化。城区18条线路122辆公交车辆中,投放“大容量”公交81辆、天然气公交30辆,分别占到66%和25%,城区公交运载能力、运行密度和服务能力得到了较快提升。改革后,上虞市城区122辆公交车,日均发送旅客5万余人次,公交出行分担率达22%左右。

【虞南片客运班线停运事件平稳处置】 2011年12月30日至31日,虞南片(下管、岭南等)班线车辆出现集体停运情况,上虞交通运输局迅速采取应对措施,有效控制事态,调配机动车辆保运输,停运事件得到平稳处置。2012年1月1日虞南片班线运营恢复正常。

【上虞至诸暨快客班车改经绍诸高速】 随着绍诸高速的建成通车,为缩短旅客的在途时间,3月1日起,上虞至诸暨快客班车改走绍诸高速,西站原发车时间不变,全程票价为31元。改道后,旅客的乘车时间将从原来的2小时缩短到1小时20分钟,缩短近40分钟。

【30%出租车投入高考免费接送行动】 高考期间,上虞共有93辆出租车加入免费接送高考生队伍,占全市出租车总量的30%,其中15辆为省级文明出租车队。93辆出租车将全部张贴“高考免费接送车”标志,考生可凭准考证免费乘坐至考场。如有特殊原因的考生,可拨打汽运出租热线预约叫车。

上虞汽运总公司还特地选派6~7辆高级客车并配备技术过硬、服务优质的驾驶员为近300名上虞市职教中心高考生提供接送服务。

【城区公交站台全球眼监控系统启用】 6月18日上虞城区公交站台全球眼监控系统正式启用,共有20处客流量较大、人员出行较为密集的公交站点安装了全球眼,纳入上虞市汽运总公司视频监控平台。全球眼系统的安装,能使公司实时、动态掌握公交站台客流情况,为高峰时段车辆调度提供第一手资料,同时,也能动态监控车辆运营情况,与车载可视监控系统配合,监督驾驶员安全行车行为。

【7月1日起实行城区公交“一元制”】 7月1日起推行城区公交“一元制”低票价,10月1日又完成了线路调整和站点(牌)的调整设置,上虞继70周岁老年人免费乘车的基础上,又实施了60至69周岁老年人半价乘车优惠政策。

年底前全市农村线路全部完成城乡公交一体化改造
（交通运输局　供稿）

【推广新能源绿色交通】 2012年6月，96辆出租车更新为天然气和汽油“双燃料”车型出租车。10月1日起上虞城区投放30辆天然气公交车。

城区公交车辆投入30辆“天然气”绿色能源车辆
（交通运输局　供稿）

【104国道上虞收费站成绍兴市范围内唯一的普通公路收费站】 11月1日起，根据浙江省交通运输厅、省发改委等8部门发出的《关于我省收费公路专项清理近期整改意见的通知》，撤销省内6个收费公路项目，其中绍兴市5个。104国道上虞收费站已成为绍兴市范围内唯一的普通公路收费站。

（糜何芬）

交通安全

【概况】 2012年，全市共发生各类交通事故25946起，其中上报事故170起，死亡76人，受伤135人，直接经济损失229910元。四项指数同比分别下降2.3%、7.3%、0.74%和37.7%。全市共发生重大交通肇事逃逸案件7起，侦破7起。交通肇事刑事立案37起，逮捕12人，取保候审24人，刑拘1人，起诉42人。因交通肇事吊销机动车驾驶证68本。全市机动车保有量为168313辆，其中汽车84933辆，摩托车83380辆；机动车驾驶人179008名，其中汽车驾驶人123368名，摩托车驾驶人55640名。汽车和汽车驾驶人同比分别增加19.18%和20.45%。全年共查处各类交通违法行为255560起，其中酒后驾驶1931起（醉酒89起），机动车超速50%以上2964起，客车超员445起（20%以上35起），无证驾驶339起，货车超载30%以上1461起，准驾不符77起，行政拘留197人。

（叶拥军）

2012年由交通部门负责实施的道路交通事故黑点共有26处，公路治超工作形成了“政府主导、部门协同、依法严管、标本兼治、全程监控、联防联治”的长效管理机制，打击恶意超载车辆初显成效。辖区水上交通安全形势继续保持稳定态势，未发生指标事故；渡口继续保持安全无事故。

（糜何芬）

【成立联合治超执法大队】 11月，成立联合治超执法大队，主要查处辖区道路货车超限超载违法行为，保护公路、桥梁和人民群众生命财产安全，预防道路交通事故。（叶拥军）

【圆满完成各项交通警卫工作】 切实加强路面管控，严查超员、超速、酒后驾驶等严重交通违法行为，深入重点客货运输企业加强源头安全监管，有效预防较大交通事故的发生，实现交通的安全、畅通，圆满完成各项大型活动安全保卫工作。先后圆满完成十八大、“市第十四次党代会”“市‘两会’”“市樱桃节”“上海市奉贤区领导到上虞”“OPCW组织到上虞”“市杨梅节”“浙江卫视中国蓝‘四季仙果’（上虞）歌会”“葡萄节及信义文化节”“全省深化落实十八大稳定工作暨‘三色’预警机制现场会”“第21届金鸡百花电影节”等交通警卫保卫任务。（叶拥军）

【开展各类专项整治行动】 继续贯彻执行五条常态严管措施，深入推进“三超一疲劳”专项行动成果，进一步深化“禁酒驾”和“三项违法处罚率”工作，结合“道路客运安全年”、创建文明交通示范公路和深化“牵手平安行”活动，坚持常态化严格管理，采取有效措施，始终把预防和减少事故作为“控大”的主要措施和手段。先后开展酒驾、营运客车、校车、企业接送车、学生接送车、商品混凝土车辆、货车、5次以上非现场违法未处理车辆、涉牌涉证违法行为等专项整治行动，有力地打击各类严重交通违法行为，震慑了一大批心存侥幸、交通法制意识和安全意识淡薄的驾驶人，取得了明显成效。同时注意方式方法，将查处和提醒相结合，加大宣传力度，增强全民意识，从源头上减少交通违法行为的产生。 （叶拥军）

【借助媒体搭建警民沟通平台】 继续办好“上虞交警”官方微博、《交通直播室》及《虞视说说看》栏目。通过发布交通信息、听取意见建议、解读交通法规等开展警民即时互动，进一步增进警民关系，树立交警形象，促进交管工作。并在“浙江公安”门户网站“全省交通实时路况信息”栏目，每天向广大出行驾驶人发布3条以上实时路况信息进行提醒。 （叶拥军）

【完善科技设备】 完成14个公路智能卡口改造升级，落实一号路口渠化后路口信号灯、电子警改造，城区道路标志标线的完善，四环线与百崧线路口电子警察改造、信号灯移位，道墟信用社路口信号灯电子警移位等。主动参与一号路口、百悬线与南环线路口渠化设计，提出一号路延伸路口改造方案；多部门协调完善道路标志标线；5月正式启用移动警务终端，进一步加大科技信息应用，提高路面执法水平，结束了手工开具凭证的时代。 （叶拥军）

【做好城区停车秩序管理】 以规范城区道路及居民社区停车秩序为突破口和切入点，采取加强城区道路和居民社区停车秩序管理、开展显见性交通违法行为专项整治、根据城区交通实际情况及时调整交通管理方案、建立并实施“一校一策”疏堵方案、利用多部门道路交通管理联席会议制度，有效消除安全隐患等多项措施，化解城区行车难、停车难现象，力保城区交通安全畅通。 （叶拥军）

【推出多项便民措施】 共推出多项便民措施，确保老百姓能方便快捷办理各项交管业务：一是加强与市人民医院、市中医院以及邮政快递公司沟通交流，达成合作协议，进一步完善“网上车管所”。老百姓足不出户就能办理驾驶证补证换证、网上提交体检证明、信息变更备案、补换行驶证号牌、异地委托检验、机动车上牌选号以及小型汽车号牌竞拍等各项车驾管业务。二是充分利用网络资源，由全市各驾校统一受理报名信息录入，简化驾驶人报名程序。三是做好与考试服务中心的衔接工作，推出汽车科目二、三考试预约及成绩录入业务，专门开设窗口负责大量驾驶证发证工作，充分利用网络资源，由全市各驾校统一受理报名信息录入，方便广大驾驶人报名程序。12月新推出汽车科目二、三预约业务受理，使驾驶人汽车考试业务均可在上虞完成。 （叶拥军）

【省市公路部门检查公路安全】 5月29日下午，浙江省公路局、绍兴市公路处一行，对上虞的公路安全暨“三防”工作进行了检查。检查组一行先后去了上浦公路站、维修加固中的329国道曹娥江大桥和上虞市公路段段部。对上虞公路“三防”预案的完善落实情况；公路抢险抢通人员、资金、物资、机械等准备情况；公路桥梁、隧道、高挡墙、高路堤等公路设施养护管理情况以及2011年水毁修复和2012年省级挂牌督办危桥项目治理进展等情况进行了实地踏勘和检查。 （糜何芬）

【上虞联合治超成效明显】 2012年度上虞交通联合公安交警等部门开展全市治超大行动1次，联合治超行动36次。共查处超限车辆568辆，处罚款351.19万元，卸载550辆，卸载货物22629.7吨，卸载率100%，干线公路平均超限率下降到4.15%以下。按照《上虞市进一步加强车辆超限超载治理工作意见》精神，由路政、交警、运管三家执法单位联合组建的上虞市联合治超执法大队于11月正式完成组建，并开始投入到执法第一线开展工作。 （糜何芬）

【维护路产路权保障公路畅通】 2012年交通路政执法共拆除非公路标牌2742块，清理公路堆积物4974平方米，整治马路市场50个。联合乡镇、派出所、交警、工商等部门，对329国道、边沥线、百沥线等路段的马路市场，流动杨梅、草莓和其他摊点进行了大力整治。联合乡镇、派出所、土管所、执法局等开展了5次联合执法，共拆除非法建筑1064.54平方米。 （糜何芬）

【整治道路交通事故黑点】 2012年由交通负责实施的道路交通事故黑点共有26处，其中，绍兴市级事故黑点3处，上虞市级事故黑点23处，到12月底前，除5处高杆灯因未落实相应政策暂停实施而未完成外，其余黑点整治工作已全部完成，达到消除事故隐患的目的。 （糜何芬）

【路政联合治超遇暴力抗法司机】 5月11日晚至12日凌晨，上虞路政联合交警开展联合治超行动。在104国道东关段，329国道小越段等主要路段设卡，重点查处打击车货总重超过55吨及超限率在100%以上的集团式过境超限车辆。

5月12日凌晨3时左右，329国道小越新宅村段卡点路政联合治超执法人员遭遇货车司机暴力抗法，货车司机最终在交警的协助下被制服并送到派出所，因暴力抗法被处7天治安拘留。此次联合行动共查获13辆超限超载货车，其中暴力抗法司机驾驶的车牌为浙B7A332的运煤车车货总重为135吨，超限80吨，是此次治超行动查获的“超限王”。 （糜何芬）

【辖区水上交通安全形势继续保持稳定】 2012年，上虞交通港航部门总计出艇（车）巡航210艘次，参加人员962人次，巡逻艇里程达2083海里，辖区水上交通安全形势继续保持稳定态势，未发生指标事故；渡口继续保持安全无事故。

（糜何芬）

高 铁 新 城

综　述

【概况】 高铁新城位于杭甬高速以南、市区四环线以北、曹娥江以东的区域范围，控制性规划面积5.76平方千米，一期规划面积2.3平方千米，与上虞主城区无缝衔接，是上虞"十二五"始鼎力打造的城市发展新门户、区域交通新枢纽、智力经济增长极、运动休闲新平台。高铁新城的开发建设，围绕"客运枢纽、城市门户"的总体定位，规划"一核(交通枢纽核)、二带(滨江河景观带、曹娥江沿江景观带)、六区片、多中心"的空间结构。交通枢纽区位于新城东北角，占地915亩，规划建设高铁北站、客运中心、城市轻轨站；主题公园区位于滨江河沿岸，占地480亩，规划建设滨江河景观带、森林公园等；体育会展区位于新城西北角，占地315亩，规划建设体育场、体育馆、游泳馆、体育会展馆等；商务集聚区位于高铁站前及称山路两侧，占地405亩，规划建设大型购物中心、商务办公、商务酒店、特色风情街等；生态居住区位于四环线北侧，占地675亩，规划建设高档住宅区；滨江休闲区位于曹娥江东岸，占地300亩，列入"一江两岸"总体规划，规划建设文化艺术、休闲娱乐、旅游度假等商业设施。2012年，高铁新城主要实施站前区配套工程、客运专线站前广场等2只政府投资项目。

【高铁北站】 是杭甬高铁沿线唯一上进下出车站，由站房、站台雨棚、进站天桥、站前广场、地下工程等组成。其中站房建筑面积0.0155平方千米，站台雨棚面积0.0109平方千米，站前广场面积0.0146平方千米，广场地下室面积0.012平方千米，站台线路设2站台4线，主站房候车大厅最多能容纳10000人候车。（杜郑杰）

建　设

【站前区配套工程】 包括广场西侧临时公交停车场、广场东侧临时社会停车场及相关配套工程。分三个标实施，分别为临时配套一标(站前广场西侧公交停车场工程)、临时配套二标(站前广场东侧社会停车场工程、康居路临时道路工程)。工程占地0.015平方千米，概算投资2125万元，2012年9月1日开始建设，截至12月底，完成西侧停车场场地路基工程。

【客运专线站前广场】 项目占地0.015平方千米，包含站前广场及地下空间两部分，概算总投资12472万元，分三个大标段和三个设备安装工程实施。三个大标段分别为站前广场及地下空间工程Ⅰ标(基坑围护及工程桩)、站前广场及地下空间施工BT项目(箱体及地上配套)、钢结构及幕墙工程；三个设备安装工程分别为自动扶梯安装工程、空调安装工程、弱电安装工程。2012年4月23日正式开工，截至2012年12月底，完成地下室桩基土方开挖、基础底板。

（杜郑杰）

邮政通信

邮 政

【概况】 2012年，上虞市邮政局（以下简称上虞邮政）累计完成业务收入5616万元，完成年计划的100.02%，比上年同期增长13.66%。完成收支差额-13万元，完成绍兴市局下达的业务收入和收支差任务。各专业收入和结构比重：全年累计完成代理金融业务收入2401.79万元，计划完成率94.41%，比去年同期增加213.05万元，增幅9.73%，占业务总收入的42.76%；函件业务收入1285万元，完成年计划的105%，增长23.68%，占业务总收入的22.88%；集邮业务收入770万元，完成年计划的103.6%，增长17.20%，占业务总收入的13.71%；代理信息业务收入119万元，其中短信收入82万元，较去年同期增长60.73%，占业务总收入的2.12%；累计完成分销业务销售额472万元，创造业务收入221.75万元，同比增长48.15%，占业务总收入的3.95%；共处理国际小包57332件，创造业务收入260万元，占业务总收入的4.63%。2012年上虞邮政各项业务发展均取得了正增长，从各专业占比和增长情况分析，代理金融、函件、集邮业务是拉动业务总收入增长的主要动力。

【村邮站、信报箱建设】 4月9日，上虞邮政召开村邮站、信报箱建设工作推进会，会议传达了上虞市邮政普遍服务村邮站和信报箱建设工作实施意见等相关会议精神，对村邮站、信报箱下一阶段工作进行了具体部署。5月16日，上虞市首个村邮站开业仪式在东关街道大西庄村隆重举行，东关街道17个行政村领导，上虞局傅世春副局长和市场部相关人员出席了启动仪式。2012年上虞邮政共建设完成村邮站339个，已基本实现"农村村村建站、城镇户户建箱"，其中，建设三类站43个，开办代缴电费、水费、电话费，手机话费充值等业务。安装信报箱27108个，即每个城镇居民楼、住宅区住房有1个信报箱，城乡邮件妥投到户。基本形成覆盖城乡、惠及全民、水平适度、可持续发展的邮政普遍公共服务体系。

【全面完成空白乡镇补建】 截至9月底，共完成梁湖、盖北、陈溪、岭南、长塘、丁宅六处空白乡镇建设工作。2012年8月28日，丁宅、长塘乡镇网点开业。2012年8月29日，盖北乡镇网点开业。11月1日，梁湖邮政营业所正式开业，标志着上虞邮政已全面完成空白乡镇的补建工作，真正实现了上虞辖区内各个乡镇（街道）均有邮政营业网点。

【代理保险业务】 11月22日，根据省公司《关于设立中邮保险局的通知》（浙邮〔2012〕451号）精神，上虞邮政设立中邮保险局，通过开展"龙腾虎跃、春雷行动、喜跃盛夏、喜跃金秋"等一系列保险竞赛活动，推动保险业务快速发展，全年实现累计保费11304万元，折后保费11619万元，比去年同期增长135%；其中中邮人寿1875万元，占比16.59%。

（杨剑盈）

电 信

【概况】 2012年，中国电信股份有限公司上虞分公司(以下简称上虞电信)拥有母局5个，模块局52个，接入点49个，媒体网关(AG)35个，交换设备总容量34万门；CDMA基站220只，网络覆盖全市21个乡镇(街道)；宽带接入点617个，IP城域网接入点102个、交换机125个，WLAN热点172个，AP点1090个，实现村村通宽带，出口带宽40G。

【启动宽带中国光网建设】 上虞电信快速推进FTTH改造工程，光进铜退，增加光纤放号能力。至年底，安排EPON及主干光缆项目30只，重点对主干电缆老化、市政改迁、电缆被盗地段实施退铜。狠抓平迁、升迁工作，重点安排FTTH工程项目60只，投入项目资金2000万元，完成19个小区、农村25个村的FTTH(光纤到户)光网平移改造，新增光纤放号能力57200线。FTTH接入能力达85000线，为全市发展FTTH光纤高带宽业务及传统交换退网提供了保证。

【助推数字信息化】 上虞电信持续助推农村信息化建设，以信息化应用带动农村、农业工作发展和自主创新能力提升。至年底，全市共创建信息化示范村43个、信息化达标村60个、信息化示范镇5个。创建省级信息化示范镇4个，省级信息化示范村13个。同时积极推进企业数字信息化，8月份，上虞电信协同上虞市经济和信息化局开展"智慧中小企业"巡展活动，上虞市自来水公司、浙江国祥空调设备有限公司、浙江龙盛控股有限公司在内的25家中小企业嘉宾参与活动。活动通过单页宣传、平台演示、专家交流的方式，结合翼机通、定位服务和移动办公等电信智慧信息化智能应用，介绍推广绍兴市中小企业服务平台及新型云管理服务模式。至年底，上虞电信成功创建"六个一"数字示范企业4家，发展数字信息化达标企业110家。同时，完成市政府电视电话会议室改造、计生局网络接入改造、教体局机房的千兆接入及114所学校的提速、司法局22个点的省网络改造接入、上虞水利会商系统共23个点的高清改造。

【固定电话改造升级】 "平安联防"作为社会治安综合治理的有力手段，保护千万家庭的人身和财产安全。上虞电信持续推进对原有固定电话系统进行改造升级。至年底，新增平安联防用户2.29万户，全市平安联防用户数累计达6.15万户。

【承建视频监控系统】 上虞电信投入资金承建"上虞市治安动态视频监控系统(第五期)"，至5月9日，项目完成新建监控点250个。公安治安视频监控累计点位1018个，摄像头1279个。上虞市治安动态视频监控系统(第六期)300个点位和公安禁毒在线监控27个点位尚在承建中。完成上虞市环境保护局环保在线监控项目扩容，在企业原监控的车间新增全球眼监控点，截至9月，共62家企业通过验收。全年累计发展全球眼点用户679路，其中村级及行业全球眼项目全年累计竣工565路。

【重大通信保障】 配合市公安局完成省公安系统的应急演练及日系车辆4S店的安全保障；通过开通市民中心附近站点1X双载波，以及CE扩容，做好上虞四季鲜果晚会通信保障。台风"海葵"登陆和过境后，第一时间部署排涝抢修，快速排障，恢复通信。 (黄燕君)

上虞市治安动态视频监控系统会议

移　动

【概况】 2012年，公司累计实现运营收入3.8亿余元，同比增长2.56%，纳税1500余万元，同比增长7%。GSM基站建设累计完成680个，TD建设站址累计落实240个(2012年建设59个)，家庭宽带使用用户新增9000余户。解决山区移动信号畅通问题，信号覆盖率达到99.8%。开展“树行业新风，创文明安全窗口”创建主题活动，2012年中国移动上虞分公司成功创建绍兴市级文明单位。

【做好“两会”等大型社会服务工作】 积极做好“两会”、大型活动、防雷防汛和用电紧张季节的专项维护活动。在“浙东新商都”系列活动之前二个月，公司积极做好大型聚会的通信车现场服务，在商场、会场等人口聚集地进行紧急扩容，确保通信的畅通。公司参与各类社会活动，与恒利社区、东关街道结对，与绿城社区开展共建活动，积极联系杭浦村，为杭浦村的发展出谋划策。

【开展“便捷服务 满意100”活动】 开展“便捷服务 满意100”行动，落实六项便捷服务举措，执行“五条禁令”要求，保护客户隐私，治理垃圾信息和不良信息；强化客户沟通，推进明白消费和满意消费工程，为客户营造值得信赖的通信消费环境，持续提升客户满意度。每月采取不定期不通知的形式组织业务、服务等方面的大检查，积极落实整改工作，自觉规范经营行为，公开承诺、接受监督。

【农村与新居民服务】 在实现全市移动通信网络“村村通”的基础上，推出如农村十户联防、视频监控、农民信箱工程、农讯通等信息平台，助力农村信息化建设，以信息技术装备现代农业，实施护林员智能管理系统、农民信箱、动物溯源、移动卫士、平安乡村、新农村彩铃等多项农村信息化系统，推动城乡统筹发展。推出蓝领联系人制度，随时解答新居民对移动业务的疑问和提供生活上的帮助。组队深入到新居民聚集的小区、单位，开展现场服务活动，全年共开展350余次活动，为初到上虞的新居民提供信息、咨询服务。公司量身定制，主动收集信息，制作平台，全力推出12580“手机里面找工作”活动，激发新居民“爱我上虞、创业上虞”的热情。

【牵头开展“共建共享”】 5月24日下午，移动、电信、联通三家运营商在移动公司召开“共建共享”会议。三家运营商在工程建设、维护方面相互交流经验、互利互惠，在新楼协调信息、施工设计方案、光缆布放时大家及时交流，减少重复建设。

5月24日，移动公司牵头召开上虞地区共建共享会议

联　通

【异业联盟促发展】 2012年，联通公司上虞分公司根据市场发展趋向与农民工客户需求，在深入调研基础上，提出与区新居民服务管理局联合开展“新居民联通卡”发放工作，通过在基层新居民服务大厅(窗口)、人力资源市场等地设摊发放卡号，推进了客户渠道的发展工作。

【强化渠道建设】 联通上虞分公司强化渠道管控规范，形成销服经理日常行为规范，并重点强化过程管控。对原有渠道进行了认真梳理，清理了一大批无效渠道，对存留渠道通过分层分级清单制管理落实到人，在阶段性标准卡提卡、沃易购终端下货等工作中，完成率及渠道活跃率均有较大提升。与此同时，通过落实渠道专建工作，组建渠道建设专项队伍，对分公司渠道进行了整体规划，重点考虑薄弱区域补强、重点区域聚焦，并按进度予以落实，提前完成年度计划指标。

(陈晓敏)

机　构

上虞市主要机构及负责人
（2012.01—2012.12）

一、上虞市党组织

中共上虞市委员会

书　　记　　孙云耀（2011.11—）
副 书 记　　王慧琳（女，2011.1—）
　　　　　　孙哲君（兼，2010.2—）
　　　　　　陈　坚（2011.12—）
常委委员　　孙云耀（2011.11—）
　　　　　　王慧琳（女，2011.4—）
　　　　　　孙哲君（兼，2010.2—）
　　　　　　陈　坚（2008.12—）
　　　　　　余云才（2008.9—）
　　　　　　郑建庆（2009.6—）
　　　　　　吕　军（2012.1—）
　　　　　　王永明（2011.12—）
　　　　　　王富灿（2012.11—）
　　　　　　朱敏龙（2011.12—）
　　　　　　胡文炜（2012.1—）
　　　　　　成明权（挂职，2012.7—）
　　　　　　周卫星（2012.9—）

上虞市纪律检查委员会（监察局）

书　　记　　王永明（2011.11—　）
副 书 记　　王林生（2003.2—2012.3）
　　　　　　阮永祥（2012.3—　）
　　　　　　李坚锋（2007.6—　）
监察局局长　王林生（2007.5—2012.3）
　　　　　　阮永祥（2012.3—　）

上虞市委工作机构及直属部门

上虞市委办公室（信访局、政策研究室、党史研究室）

市委办公室主任　蒲伟明（2009.8—2012.3）
　　　　　　　　袁　建（2012.3—　）
市信访局局长　　郑伟强（2000.12—2012.3）
　　　　　　　　赵尧灿（2012.3—　）
市政策研究室主任　宋建明（2010.1—　）
市党史研究室主任　王志胜（2007.5—　）

上虞市委台湾工作办公室（市政府台湾事务办公室）

主　　任　　蒲伟明（2009.8—2012.3）
　　　　　　袁　建（2012.3—　）

上虞市委组织部（老干部局、新经济与新社会组织工作委员会）

部　　长　　朱敏龙（2011.11—　）
老干部局局长　杨闰世（2010.1—　）
新经济与新社会组织工作委员会书记
　　　　　　陈学军（2011.6—2012.3）

崔苗军(2012.3—)

上虞市委宣传部

部　　长　郑建庆(2009.8—)

上虞市委统战部(市民族宗教事务局、市政府侨务办公室)

部　　长　阮妙娟(女,2002.12—2012.3)
蒲伟明(2012.3—)
民族宗教事务局局长　夏明尧(2008.6—)
侨务办公室主任　阮妙娟(女,兼,2005.10—2012.3)
蒲伟明(兼,2012.3—)

上虞市委政法委员会(社会治安综合治理委员会办公室、新居民事务局、维护稳定工作领导小组办公室)

书　　记　陈　坚(2011.12—)
社会治安综合治理委员会办公室主任
阮建明(2008.2—)
新居民事务局局长　阮建明(2009.3—)
维护稳定工作领导小组办公室主任
王建锋(2012.9—)

上虞市机构编制委员会办公室

主　　任　车列铮(女,2003.1—2012.3)
王林生(2012.3—)

上虞市农业和农村工作办公室

主　　任　吴焕九(2009.8—)

上虞市直(属)机关工作委员会

书　　记　朱敏龙(兼,2011.11—)

上虞市委党校

校　　长　朱敏龙(兼,2011.12—)
党委书记　黄智光(2007.3—)

二、上虞市政权组织

上虞市人大常务委员会

主　　任　徐尧峰(2007.2—)
副 主 任　蒋国良(2006.1—)
马韩儿(2007.2—2012.3)
金国松(2007.2—)
阮妙娟(女,2012.2—)
程学法(2012.2—)
朱森鑫(2007.2—)
徐光华(2007.2—)

委　　员(以姓氏笔画为序)
王文龙(2012.2—)
王忠良(2012.2—)
冯顺昌(2012.2—)
任水雨(2012.2—)
阮华耿(2012.2—)
严永良(2012.2—)
李培明(2012.2—)
杨长根(2012.2—)
吴伟森(2012.2—)
宋世红(女)(2012.2—)
陈水贤(2012.2—)
陈志樟(2012.2—)
陈建成(2012.2—)
郑伟强(2012.2—)
郑庆善(2012.2—)
赵建龙(2012.2—)
俞河林(2012.2—)
徐海南(2012.2—)
高彦伟(2012.2—)
黄梅龙(2012.2—)
党组书记　徐尧峰(2007.3—)
副 书 记　马韩儿(2001.12—2012.3)
蒋国良(2012.3—)
成　　员　蒋国良(2007.3—2012.3)
金国松(2007.3—)
阮妙娟(女,2012.3—)
程学法(2012.3—)
朱森鑫(2007.3—)
吴伟森(2005.3—2012.3)
王忠良(2012.3—)

上虞市人大常委会工作机构和办事机构

法制工作委员会

主　　任　严永良(2012.4—)

财政经济工作委员会
主　　任　　杨长根(2012.4—　)

教育科学文化卫生工作委员会
主　　任　　赵建龙(2012.4—　)

代表工作委员会
主　　任　　吴伟森(2012.4—　)

城建环保工作委员会
主　　任　　任水雨(2012.4—　)

农村经济工作委员会
主　　任　　陈水贤(2012.4—　)

办公室
主　　任　　王忠良(2012.4—　)

研究室
主　　任　　张军宇(2012.4—　)

上虞市人民政府
市　　长　　王慧琳(女,2012.2—　)
副 市 长　　陈　坚(2002.12—2012.1)
　　　　　　吕　军(2003.12—2012.2)
　　　　　　余云才(2012.2—　)
　　　　　　方　静(女,2007.2—　)
　　　　　　程学法(2007.5—2012.3)
　　　　　　吴志育(2009.8—　)
　　　　　　赵如浪(2009.8—2012.11)
　　　　　　许　允(挂职,2009.12—2012.1)
　　　　　　盛夏锋(2010.2—　)
　　　　　　解　砚(挂职,2010.07—2012.07)
　　　　　　徐　耘(2012.12—　)
　　　　　　杨雪峰(挂职,2012.4—　)
　　　　　　成明权(挂职,2012.6—　)
　　　　　　袁　建(2012.10—　)
党组书记　　王慧琳(女,2012.3—　)
副 书 记　　余云才(2012.3—　)
党组成员　　陈　坚(2002.12 —2012.1)
　　　　　　吕　军(2004.2—2012.2)
　　　　　　吴志育(2009.8—　)
　　　　　　赵如浪(2009.8—2012.11)
　　　　　　盛夏锋(2012.3—　)
　　　　　　徐　耘(2008.11—　)
　　　　　　郑　华(2012.3—　)
　　　　　　袁　建(2012.11—　)

上虞市人民政府工作机构及直属企事业单位

上虞市人民政府办公室、市人民政府法制办公室(外事办公室、突发公共事件应急管理办公室)
主　　任　　徐　耘(2008.11—2012.3)
　　　　　　郑　华(2012.3—　)

上虞市人民政府金融工作办公室
主　　任　　朱鑫海(2008.5—　)

上虞市服务业发展局
党组书记、局长　　金伟兔(2009.1—2012.3)
　　　　　　　　　章建华(2012.3—　)

上虞市发展和改革局(物价局)
党组书记、局长　　袁　建(2009.8—2012.3)
　　　　　　　　　金山中(2012.3—　)

上虞市经济和信息化局
党委书记、局长　　骆左坚(2011.1—2012.3)
　　　　　　　　　金伟兔(2012.3—　)

上虞市教育体育局
党委书记、局长　　章兆钧(2009.8—　)

上虞市科学技术局
党组书记、局长　　陈荣荣(2007.3—　)

上虞市民政局
党组书记、局长　　钱宏伟(女,2009.2—2012.3)
　　　　　　　　　陈学军(2012.3—　)

上虞市财政局(地方税务局)
党委书记、局长　　茅国清(2009.8—　)

上虞市人力资源和社会保障局
党委书记、局长　　陈忠庆(2011.1—　)

上虞市国土资源局
党委书记、局长　　龚开洋(2010.9—　)

上虞市环境保护局
党组书记、局长　　阮永祥(2008.5—2012.3)
　　　　　　　　　刘汉荣(2012.3—　)

上虞市住房和城乡建设局
党委书记、局长　　方建平(2011.1—　)

上虞市规划局(人民防空办公室、测绘和地理信息局)
党组书记、局长、主任　王培勇(2007.3—　)

上虞市交通运输局
党委书记、局长　　徐克铭(2011.1—　)

上虞市水利局
党委书记、局长　　葛苗钦(2008.2—　)

上虞市农林渔牧局
党委书记、局长　　陈国仁(2010.9—　)

上虞市商务局(招商局)
党组书记、局长　　陈坚民(2011.1—　)

上虞市文化广电新闻出版局
党委书记、局长　　宣霞金(2009.8—　)

上虞市广播电视总台
党委书记、台长　　闾建森(2007.3—　)

上虞市卫生局
党委书记、局长　　刘汉荣(2008.2—2012.3)
　　　　　　　　　钱宏伟(女,2012.3—　)

上虞市人口和计划生育局
党组书记、局长　　孟士军(2008.2—2012.9)
　　　　　　　　　蔡建红(女,2012.9—　)

上虞市审计局
党组书记、局长　　吴光裕(2003.1—2012.3)
　　　　　　　　　郑楚坤(2012.3—　)

上虞市安全生产监督管理局
党组书记、局长　　罗国来(2005.10—　)

上虞市统计局
党组书记、局长　　黄新根(2003.1—2012.3)
　　　　　　　　　孙东红(2012.3—　)

国家统计局上虞调查队
党组书记、队长　　黄新根(2003.1—2012.3)
　　　　　　　　　孙东红(2012.3—　)

上虞市食品药品监督管理局
党组书记、局长　　阮华耿(2001.11—2012.3)
　　　　　　　　　虞彩琴(女,2012.3—　)

上虞市城市管理行政执法局
党委书记、局长　　黄建华(2007.3—　)

上虞市(级)机关事务管理局
党组书记、局长　　徐　彪(2008.5—　)

上虞市便民服务中心(招标投标监督办公室)
党委书记、主任　　徐沛生(2008.2—　)

上虞市公共资源交易中心
党组书记、主任　　郑岳标(2010.9—　)

上虞经济开发区(曹娥街道)
党工委书记　　　　张爱良(2010.1—　)
管委会(街道办事处)主任　张爱良(2010.1—2012.9)
　　　　　　　　　　　　许江军(2012.9—　)

浙江杭州湾上虞工业园区(上虞新区)
党工委书记、管委会主任　胡文炜(2012.1—　)

上虞市海涂围垦管理局

党委书记、局长　　徐道灿(2009.8—　)

上虞市建筑业管理局

党委书记、局长　　郑楚坤(2001.11—2012.3)
　　　　　　　　　黄新根(2012.3—　)

上虞市粮食局

党委书记、局长　　章建华(2007.3—2012.3)
　　　　　　　　　冯建军(2012.3—　)

上虞市港务管理局

党组书记　　吕　军(2003.1—2012.3)
　　　　　　胡文炜(2012.3—　)
局　　长　　刘涌江(2007.3—　)

上虞市档案馆(市档案局)

馆长(局长)　朱金根(2002.9—　)

上虞市人民政府驻杭州联络处

主　　任　　杨　柳(2007.5—　)

上虞市风景旅游管理局

党组书记、局长　　夏明尧(2010.9—　)

上虞市城市改造管理局

党组书记、局长　　陈拥军(2010.1—　)

上虞市供销合作总社

党委书记、主任　　姚一松(2008.7—　)

上虞市商贸国资总公司

党委书记、总经理　　赵晓云(2008.8—　)

上虞市水务集团有限公司

党委书记、董事长　　潘岳来(2008.5—　)
总经理　　　　　　　潘岳来(2008.5—　)

上虞日报社

党组书记、总编辑　　赵南兴(2010.9—　)

三、上虞市群众团体

上虞市工商业联合会(总商会)

党组书记、主席、会长　王锦林(2003.1—　)

上虞市总工会

党组书记、主席　　任一芳(女,2008.3—2012.3)
　　　　　　　　　骆左坚(2012.3—　)

共青团上虞市委员会

党组书记、书记　　阮建东(2010.7—　)

上虞市妇女联合会

党组书记、主席　　章幼娟(女,2007.3—2012.3)
　　　　　　　　　许君意(女,2012.3—　)

上虞市科学技术协会

主　　席　　徐光华(2007.3—　)
党组书记　　吕云祥(2004.9—　)

上虞市文学艺术界联合会

主　　席　　陈荣力(2003.1—　)

上虞市残疾人联合会

党组书记、理事长　　胡富春(2001.11—2012.9)
　　　　　　　　　　王培坚(2012.9—　)

上虞市红十字会

执委会主任　　朱国华(2008.3—　)

四、上虞市政协组织

政协上虞市委员会

主　　席　　卢一勤(女,2007.2—　)
副 主 席　　赵　畅(2007.2—　)
　　　　　　阮妙娟(女,2003.3—2012.2)
　　　　　　徐光仁(2003.3—　)
　　　　　　吴建平(2007.2—　)
　　　　　　傅亚文(2007.2—　)
　　　　　　章颖芳(女,2007.2—　)
　　　　　　蒲伟明(2012.2—　)

秘书长　桑幼凤(女,2009.2—2012.2)
任一芳(女,2012.2—)

常务委员(以姓氏笔画为序)

丁　奕(女,2007.2—)
王国友(2012.2—)
王建生(2007.2—)
王菊瑾(女,2003.3—)
王锦林(2003.3—)
甘彩英(女,2012.2—)
冯柏长(2007.2—)
朱卫娣(女,2003.3—)
朱秀兰(女,2003.3—)
刘荣杰(2012.2—)
刘涌江(2003.3—)
许　鑫(2007.2—)
阮水龙(1993.4—)
孙伟琴(女,2007.2—)
李子鹏(2007.2—)
杨广宇(2012.2—)
邱　跃(2012.2—)
何军民(2012.2—)
余肖辉(2012.2—)
陈尧明(2007.2—)
陈伟明(2012.2—)
陈秀春(女,2012.2—)
陈学军(2012.2—)
陈建义(2003.3—)
陈柳玉(女,2007.2—)
邵苗根(2003.3—)
邵国栋(2012.2—)
林　阳(1998.4—)
林水德(2012.2—)
金永坚(2012.2—)
金深洋(2012.2—)
胡立祥(2012.2—)
胡富春(2012.2—)
钱兰萍(女,2012.2—)
徐伟军(2012.2—)
徐建中(1987.4—)
徐胜军(2007.2—)
章云斐(2012.2—)
章幼娟(女,2012.2—)
蒋　云(2003.3—)
韩　坚(2007.2—)
鲁坚敏(2003.3—)
谢亚平(女,2012.2—)
谢国英(女,2007.2—)

党组书记　卢一勤(女,2007.3—)
党组副书记　赵　畅(2007.3—)
成　员　阮妙娟(女,2003.3—2012.3)
徐光仁(2003.3—)
吴建平(2007.3—)
傅亚文(2007.3—)
蒲伟明(2012.3—)
桑幼凤(女,2009.1—2012.3)
任一芳(女,2012.3—)

政协上虞市委员会工作机构和办事机构

副秘书长　冯柏长(2010.2—)
钱兰萍(女,2010.2—)

办公室

主　任　冯柏长(2004.9—)

提案和社会法制委员会

主　任　林水德(2012.5—)

财政经济和科学技术委员会

主　任　冯柏长(2007.5—)

城建交通和环境资源委员会

主　任　谢亚平(女,2012.5—)

教育体育和文化文史委员会

主　任　章幼娟(女,2012.5—)

民族宗教和港澳台侨委员会

副主任　王建生(主持工作)(2007.5—)

社情民意信息工作委员会

主　任　金永坚(2012.5—)

研究室

主　　任　　钱兰萍（2010.2—　）

五、上虞市乡镇、街道

百官街道

党委书记　　胡文炜（2008.2—2012.3）
　　　　　　范国海（2012.3—　）
办事处主任　范国海（2008.3—2012.3）
　　　　　　夏万土（2012.3—　）

东关街道

党委书记　　孙东红（2006.12—2012.3）
　　　　　　卢梁勇（2012.3—　）
办事处主任　崔煜忠（2010.1—　）

道墟镇

党委书记　　　　　　徐文华（2010.1—　）
人民政府镇长　　　　曹红心（2008.3—2012.3）
人民政府镇长人选　　魏国剑（2012.3—2012.5）
人民政府镇长　　　　魏国剑（2012.5—　）

长塘镇

党委书记　　　　卢梁勇（2006.12—2012.3）
　　　　　　　　曹红心（2012.3—　）
人民政府镇长　　杨永苗（2009.8—　）

上浦镇

党委书记　　　　胡宝荣（2008.8—2012.3）
　　　　　　　　陈曙焕（2012.3—　）
人民政府镇长　　杨一国（2010.12—　）

汤浦镇

党委书记　　　　王培坚（2004.1—2012.9）
　　　　　　　　祝子龙（2012.9—　）
人民政府镇长　　周先章（2010.1—　）

章镇镇

党委书记　　　　　　王永表（2008.2—　）
人民政府镇长　　　　金　郁（2009.2—2012.3）
人民政府镇长人选　　董光辉（2012.3—2012.5）
人民政府镇长　　　　董光辉（2012.5—　）

岭南乡

党委书记　　　　　　赵尧灿（2009.8—2012.3）
　　　　　　　　　　王文松（2012.3—　）
人民政府乡长人选　　谢文权（2011.9—2012.1）
人民政府乡长　　　　谢文权（2012.1—　）

陈溪乡

党委书记　　　　任中华（2007.5—2012.3）
　　　　　　　　金　郁（2012.3—　）
人民政府乡长　　戴建明（2008.3—　）

下管镇

党委书记　　　　　　杨科钦（2008.5—　）
人民政府镇长　　　　王文松（2009.2—2012.3）
人民政府镇长人选　　章国琪（2012.3—2012.5）
人民政府镇长　　　　章国琪（2012.5—　）

丁宅乡

党委书记　　　　蔡建红（女，2009.8—2012.9）
　　　　　　　　赵海江（2012.9—　）
人民政府乡长　　石洪元（2010.9—　）

丰惠镇

党委书记　　　　郑　华（2008.5—2012.3）
　　　　　　　　胡宝荣（2012.3—　）
人民政府镇长　　祝子龙（2008.3—2012.9）
　　　　　　　　裘建勇（2012.9—　）

永和镇

党委书记　　　　　　陈曙焕（2007.5—2012.3）
　　　　　　　　　　姚启盛（2012.3—　）
人民政府镇长　　　　姚启盛（2008.3—2012.3）
人民政府镇长人选　　朱春兰（女，2012.3—2012.5）
人民政府镇长　　　　朱春兰（女，2012.5—　）

梁湖镇

党委书记　　　　冯建军（2006.12—2012.3）
　　　　　　　　闻桂珍（女，2012.3—　）

人民政府镇长人选　王银苗(2011.9—2012.1)
人民政府镇长　王银苗(2012.1—　)

驿亭镇

党委书记　闻桂珍(女,2006.12—2012.3)
　任中华(2012.3—　)
人民政府镇长　陈银浩(2010.9—　)

小越镇

党委书记　章立锋(2010.1—　)
人民政府镇长　王迪军(2009.2—　)

谢塘镇

党委书记　朱藕根(女,2004.1—2012.3)
　赵明刚(2012.3—　)
人民政府镇长　赵明刚(2008.3—2012.3)
人民政府镇长人选　陈鑫森(2012.3—2012.5)
人民政府镇长　陈鑫森(2012.5—　)

盖北镇

党委书记　华　珺(女,2010.9—2012.3)
　祝荣法(2012.3—　)
人民政府镇长　祝荣法(2010.9—2012.3)
人民政府镇长人选　赵伟平(2012.3—2012.5)
人民政府镇长　赵伟平(2012.5—　)

崧厦镇

党委书记　金山中(2007.3—2012.3)
　吴光裕(2012.3—　)
人民政府镇长　章　瀚(2008.3—　)

沥海镇

党委书记　罗成刚(2011.9—　)
人民政府镇长　蒋伟达(2012.1—　)

六、上虞市政法机关

上虞市公安局

党委书记、局长　丁松勇(2006.12—2012.11)
　王富灿(2012.11—　)

上虞市司法局

党组书记、局长　虞彩琴(女,2007.3—2012.3)
　胡富春(2012.3—　)

上虞市人民法院

院　　长　胡　坚(2010.1—　)
副 院 长　施振华(2007.5—　)
　高淑英(女,2007.5—　)
　周高军(2007.5—　)
　沈　波(2012.11—　)
党委书记　胡　坚(2007.5—　)
党委副书记　徐孟勇(2007.5—　)

上虞市人民检察院

检 察 长　周慧娟(女,2010.1—　)
副检察长　徐阿华(2001.11—2012.5)
　蒋尧清(2007.5—　)
　章颖芳(女,2005.6—　)
　章天天(2012.5—　)
　薛荣辉(2012.5—　)
党组书记　周慧娟(女,2009.6)
党组副书记　徐阿华(2000.8—　)

(阮佳波)

中共上虞市委员会

综　述

【概况】 2012年，中共上虞市委员会贯彻中央和省委、绍兴市委各项决策部署，以科学发展观为指导，牢牢把握“稳中求进、克难奋进、和谐共进”的工作基调，扎实推进招商选资“一号工程”，大力开展“项目推进年”“城市提质年”“企业服务年”等“三个年”活动，全力以赴稳增长、调结构、惠民生、保稳定，有力促进了经济社会健康平稳协调发展，实现了“四个上虞”建设的良好开局。

【产业结构不断优化】 及时出台扩大有效投入、促进外贸出口、推进企业解困和减负等一系列有效措施，实体经济基础有效夯实，全市经济呈现“稳中趋升、难中向好”的良好态势。完成工业强市规划编制，列入全省工业强市试点县（市）。启动“三个一批项目三年建设计划”，实施5亿元以上重点产业类项目28只，完成工业生产性投资170.05亿元，增长28.8%，增速居绍兴市第一。深入推进“1331”新兴产业培育计划，成功引进一批重大项目，新兴产业投资和产值分别占全市规上工业的40%和29%。大力发展回归经济，分地域组建7个虞商联谊会，虞商回归到位资金34.4亿元。扎实开展“211”企业培育工程，积极鼓励企业兼并重组，新增上市企业1家，完成资本市场直接融资45.17亿元，总量居绍兴市第一；加强科技创新和品牌创建，新认定国家重点扶持高新企业16家，新列入国家、省级新产品数量均居全省第二，新增中国驰名商标2只，省级著名商标、名牌13只，引进各类人才8877人；淘汰改造低效化工企业8家，全面完成节能减排任务。全力打造“两区”、乡镇工业功能区开发平台，加快南北中心大道、标准海塘等重大工程建设，临时码头基本完工，新围海涂1570亩，成功发行10亿元交投债券。大力实施“服务业兴市”战略，曹娥江旅游度假区被省政府批准为省级旅游度假区，十大服务业集聚区、杭州湾商旅综合体等重大项目加快建设，“浙东新商都”“四季仙果之旅”品牌进一步打响，全年服务业增加值达到210亿元，占GDP比重提高1个百分点。建成5个省级主导产业示范区和特色农业精品园，粮食生产保持稳定，农业现代化步伐加快。积极推进建筑业提质创强，实现建安产值1151亿元。

【城乡面貌明显改善】 开展城市总体规划修编，完成曹娥江“一江两岸”整体城市设计规划并出台加快开发建设政策意见；高铁新城站前广场区域、滨江新城基础配套设施、滨海新城滨海大道等进展顺利，一大批功能性项目加快推进。完成拆迁签约68万平方米，启动实施城市门户靓化工程，扎实推进城市排涝改造等市政民生工程，城市管理十大行动富有成效。中心镇培育力度加大，完成基础设施投资4.67亿元，增长34.1%，在工业产值、财政收入等方面对全市贡献度明显提升，一般乡镇产业培育、集镇建设、基础完善等方面取得积极进展。编制完成“美丽乡村”建设总体规划，村级集体经济增收五年计划扎实实施，新增年经营性收入20万元以上村27个，村级集体资产股份制改革、宅基地置换、农房用地保障等试点工作顺利推进，违法用地和违法建设“三制式”管理、“清洁家园”行动卓有成效，城乡道路、公交运行、污水管网等一体化工程进程加快。

【社会事业全面进步】 牢固树立“民生优先”理念，扎实做好十方面民生实事工程，预算内民生支出达29.7亿元，占公共财政支出的74.4%。加大职业培训、就业援助力度，新增就业岗位1.66万个，成功创建省级创业型城市。城镇居民人均可支配收入37854元，增长11.3%，农民人均纯收入17701元，增长11.8%。全面实施市级公立医院综合改革，实现城乡医保一体化，医疗服务、医疗保障、公共卫生三大体系更趋完善，通过省级卫生城市复验。加快社会保障扩面提标，新增“五大保险”7.41万人次；人才公寓、保障房加快建设，住房救助等工作扎实开展，城乡低保、医疗救助、慈善捐赠等社会救助制度更为健全。推行义务教育零择校，基本完成“校安工程”，通过全国县域义务教育均衡发展督导评估，全民健身活动更加活跃。充分发挥舆论宣传引导作用，深入实施“魅力文化十大行动”，扎实开展“孝义、诚信、责任”主题教育活动，总结提炼“崇孝守信，务实创新”新时期上虞精神，成功举办中国(上虞)信义文化节，被命名为中国信义城市。开展“811”生态文明建设推进行动，启动实施“清水工程”“蓝天行动”五年计划，扎实推进“四边三化”专项整治，新创国家级生态乡镇2个。

【民主法治切实加强】 人民代表大会制度、中国共产党领导的多党合作和政治协商制度不断完善，人武、统战工作得到加强，工青妇等群团组织作用进一步发挥。全面完成社区换届，党务政务村务公开不断深化，基层民主政治建设扎实推进。深入实施“六五”普法，推进依法行政，保障司法公正。深化行政审批制度改革，创新实施模拟审批、联合图审和网上审批，行政审批提速提效。积极推行规范行政处罚裁量权工作，加大项目投资、经济责任审计监督，“三公”治理等工作取得实效。平安创建深入推进，打黑除恶力度加大，防控体系日趋健全，新居民服务管理切实加强，信访维稳、安全生产和公共安全管理态势良好，扎实开展食品药品“双百”行动，成功创建省级药品安全示范县(市)，社会稳定“三色预警”经验全省推广，社会总体保持和谐稳定。 (罗灿良)

重要会议

【市委全体会议】 2012年1月8日，市委十四届第一次全体会议召开。会议选举了十四届市委常委、书记、副书记，通过了市纪委一次全会选举结果，通过了《市委工作规则》《市委关于加强自身建设的决定》。

2012年1月29日，市委第十四届二次全体(扩大)会议召开。会议回顾总结2011年工作，研究部署2012年任务，进一步明确2012年全市发展的战略方向和路径选择，动员全市各级党组织和党员干部，振奋精神，奋发有为，抢抓新机遇，增创新优势，实现新发展，努力确保全年目标任务完成，为新一轮发展奠定坚实基础。

2012年7月25日，市委十四届三次全体(扩大)会议召开。会议认真贯彻省委“两创”总战略和“两富”总目标，回顾总结2012年上半年工作，研究部署下半年任务，重点研究新形势下加快经济转型升级工作，动员全市各级党组织和党员干部，认清形势、抢抓机遇、攻坚克难、开拓进取，加快推进“创新上虞”建设，打造更具有竞争力的现代产业体系。

【市委常委会议】 2012年1月17日，听取市委宣传部关于进一步推进文化强市建设若干意见的汇报；听取市政协关于市第九届政协一次会议议程、日程及列席人员名单等情况的汇报；听取市人大办关于市第十六次人代会议程、日程安排情况的汇报；听取市委组织部关于市“两会”各套组织机构和建议名单的汇报；听取市纪委关于2011年度全市行风评议情况的汇报；听取市考核办关于2011年度乡镇(街道)和部门单位工作目标责任制考核结果、各类先进评比结果及奖金发放建议等情况的汇报；听取市委办关于全市经济工作会议方案的汇报；听取市委办关于市委十四届二次全体(扩大)会议工作报告起草情况的汇报；听取市委办关于市委常委分工建议方案的汇报。

2012年2月8日，听取市人大办关于市第十六次人代会工作报告的汇报；听取市政协关于市第九届政协一次会议上的报告的汇报；听取市人民法院关于市人民法院工作报告的汇报；听取市人民检察院关于市人民检察院工作报告的汇报；听取市商务局关于惠普项目有关情况的汇报；听取市府办关于市政府工作报告的汇报；听取市发展改革局关于上虞市2011年国民经济和社会发展计划执行情况、2012年国民经济和社会发展计划草案的报告的汇报；听取市财政局关于2011年财政收支执行及2012年财政收支安排情况的汇报；听取市委政法委关于全国、全省政法工作会议精神传达及2011年度全市政法综治工作情况和2012年度工作思路的汇报；听取市委宣传部关于市委理论学习中心组2012年学习计划及虞舜论坛报告会方案的汇报；听取市委组织部关于绍兴市人代会代表候选人初步人选建议名单的汇报。

2012年2月23日，听取市委办关于在全市开展“进村入企”大走访活动的意见的汇报；听取市委办关于全市“进村入企”大走访暨“一号工程”“三个年”活动动员大会方案的汇报；听取市经信局关于开展“企业服务年”活动的实施意见的汇报；听取市商务局关于招商选资“一号工程”实施意见的汇报；听取市发改局关于“项目推进年”活动实施方案的汇报；听取市住建局2012年度城市提质年活动方案的情况汇报；听取市妇联关于上虞市“十二五”妇女儿童发展两个规划编制工作的汇报；听取市卫生局关于在全市村卫生室开展基本药物制度和加强村一体化管理实施工作情况的汇报；听取市民政局关于上虞市社会工作人才队伍建设配套政策的汇报；关于中央、省、绍兴市纪委全会精神的汇报。

2012年3月30日，听取市财政局关于加快发展总部经济的若干政策意见的汇报；听取市府办关于“回归经济”相关情况的汇报；听取市住房和城乡建设局关于城市门户靓化有关情况的汇报；听取市发展和改革局关于加快推进重点区域“退二进三”工作的实施意见的汇报；听取市商务局关于外资外经外贸和服务外包政策意见的汇报；听取市服务业发展局关于加快现代服务业跨越式发展的若干意见的汇报；听取市农林渔牧局关于农业产业化政策意见情况的汇报；听取市城市改造局关于切实做好2012年度房屋征迁改造工作的汇报；听取市委组织部关于进一步强化海外高层次人才创业扶持的若干政策意见的汇报；听取市委组织部关于进一步加快高层次人才引进培养的若干意见的汇报；听取市纪委关于2012年度党风廉政建设责任制考核办法的汇报；听取市纪委关于2012年反腐倡廉建设组织领导与责任分工的汇报；听取市纪委关于上虞市2012年行风效能建设实施意见的汇报；听取市委政研室关于2012年度市直部门和单位工作目标责任制考核办法的汇报；听取市委办关于2012年度乡镇（街道）和“两区”工作目标责任制考核办法的汇报；听取市委办关于2012年度先进评比项目精简整合的建议方案的汇报；听取市委办关于进一步建立健全工作推进机制加快市委市政府重点工作落实的实施意见的汇报；听取市编办关于调整市编制委员会办公室机构设置的情况汇报；听取市人大常委会关于市人大常委会工作机构增设市人大研究室的情况汇报；听取市人大办关于2012年市人大常委会工作要点的汇报；听取市政协办关于2012年市政协工作要点的汇报；听取市委办关于2012年度全市经济社会发展重点工作任务分解情况的汇报；讨论市委组织部有关人事问题。

2012年5月9日，听取市府办关于进一步做好重点工业企业风险化解工作的实施意见的汇报；听取市经信局关于全面推广企业综合排序优化配置社会资源的实施意见的汇报；听取市经信局关于有关工业经济政策修改完善情况的汇报；听取市科技局关于科技创新相关政策的汇报；听取市风景旅游局关于促进会务经济发展若干意见的汇报；听取市财政局关于发展回归经济税源情况和发展虞商回归税源经济的工作意见的汇报；听取市国土局关于上虞市融资权证办理的有关情况汇报；听取市农办关于村级集体经济增收五年计划的实施意见的汇报；听取崧厦镇关于崧厦镇雀嘴村部分群众集体上访和雀嘴村新农村建设情况的汇报；听取市民政局关于上虞市涉军信访和维稳工作情况的汇报；听取市商务局关于惠普项目签约协议的汇报；听取市委办关于落实省委第五巡视组反馈意见的整改方案的汇报；听取市委政法委关于综治委更名、维稳办常设、新居民事务局报批及法学会筹建等有关情况的汇报；听取市府办、市编办关于市政府新设派出机构的情况汇报；听取市委组织部关于全国、省创先争优先进基层党组织和优秀共产党员推荐对象建议名单的汇报；听取市委组织部干部线议题。

2012年6月6日，传达省第十三次党代会精神；听取市卫生局关于市级公立医院综合改革工作方案的汇报；听取市文广新局关于市电影发行放映公司解困方案的汇报；听取市风景旅游局关于"四季仙果之旅"——2012年上虞二都杨梅、野藤葡萄系列活动的汇报；听取经济开发区关于上虞经济开发区(曹娥街道)行政村托管事项的情况汇报；听取市委组织部关于有关单位机构分设情况的汇报；听取市委办关于成立市委财经工作领导小组有关情况的汇报；听取市府办关于调整市城乡规划委员会组成人员及有关情况的汇报；听取市财政局关于全市上半年财政收入情况及土地使用税调整方案的汇报。

2012年7月21日，听取市委办关于市委十四届三次全体(扩大)会议方案及报告起草情况的汇报；听取市委政法委关于2012年上半年全市社会稳定工作情况的汇报；听取市委宣传部关于新时期上虞精神和上虞城市公益形象语征集提炼工作的汇报；听取市文广新局关于上虞市越剧团改制实施方案的汇报；听取市教体局关于推进义务教育阶段"阳光招生"工作情况的汇报；听取杭州湾上虞工业园区管委会关于上海剑桥科技有限公司光通信宽带终端产业基地项目有关政策情况汇报；听取市发改局关于上虞市支持浙(虞)商创业创新促进上虞发展目标责任制考核办法的汇报；听取市发改局关于政府投资项目和重大产业项目实施"模拟审批制"的若干意见(试行)的情况汇报；听取崧厦镇关于崧厦镇小城市培育工作情况的汇报。

2012年8月11日，听取市经信局关于讨论审议《上虞市工业强市建设实施方案》及相关政策措施的汇报；听取市发改局关于2012年政府投资项目投资调整计划(建议)的情况汇报；听取市人力资源和社会保障局关于改进和完善上虞市机关事业单位职工养老保险制度有关情况的汇报；听取市服务业发展局关于2012年浙东新商都(上虞)购物节活动总体方案的汇报；听取丰惠镇关于丰惠中心镇建设发展有关问题的汇报。

2012年8月31日，讨论市委组织部有关人事问题。

2012年9月28日，听取市安监局关于当前急需解决的安全生产有关保障事宜的情况汇报；听取市金融办关于加快发展融资性担保机构若干意见的情况汇报；听取市工商联关于上虞市企业互助基金操作管理方法的情况汇报；听取市委组织部关于认真做好2012年社区换届选举工作意见的汇报；听取市建设局关于高铁新城开发建设有关情况的汇报；听取章镇镇关于章镇中心镇建设发展有关问题的汇报；关于讨论市委组织部有关人事问题。

2012年11月13日，听取市发改局关于进一步完善企业重组政策的若干意见的补充意见的情况汇报；听取市国土局关于推进低效利用建设用地二次开发的实施意见的汇报；听取市应急办关于上虞市应急联动规范化建设工作实施意见的情况汇报；听取市委宣传部关于上虞撤县设市20周年民心工程评选结果情况的汇报；听取市委宣传部关于成立上虞市互联网信息中心(搭建全市互联网舆情监测系统平台)的情况汇报；听取市编办关于有关机构设置情况的汇报；听取小越镇关于小越中心镇建设发展有关问题的汇报；听取市委组织部关于讨论有关人事问题。

2012年12月4日，听取市委宣传部关于在全市认真学习宣传贯彻党的十八大精神的汇报；听取市卫生局关于创建省卫生强市有关工作的情况汇报；听取市教体局关于进一步加强体育工作的情况汇报；听取市国土局、市审计局关于洪山湖地块历史遗留问题处置方案及审计情况的汇报；听取市国土局关于确认全市城区经营性用地实际交地情况的汇报；听取上虞经济开发区关于上虞经济开发区(曹娥街道)有关工作情况的汇报；听取杭州湾上虞工业园区关于杭州湾上虞工业园区有关工作情况的汇报；听取市委统战部关于省政协委员推荐提名工作的情况汇报。

2012年12月31日，听取市规划局关于"一江两岸"整体城市设计方案的情况汇报；听取市府办关于建立完善"一江两岸"及高铁新城开发建设体制机制意见建议的汇报；听取市经信局关于讨论审议工业强市建设政策意见的情况汇报；听取市委办关于全市领导干部会议暨新时期上虞精神主题教育活动动员大会报告起草情况的汇报；听取市纪委关于严格执行“六个严禁”切实加强廉洁自律有关情况的汇报；听取市委宣传部关于大力开展“崇孝守信，务实创新”主题教育活动的实施意见的汇报；听取市人大办关于市十六届人大二次会议有关事项的汇报；听取市政协办关于政协九届二次会议有关事项的汇报；听取市委组织部关于市十六届二次人代会有关组织机构名单的汇报；听取市发改局关于2013年政府投资项目投资计划（建议）安排情况的汇报；听取市财政局关于2012年公共财政预算执行和2013年预算安排情况的汇报；听取市委办关于加快曹娥江旅游度假区开发建设政策意见的情况汇报；听取市旅游局关于加快上虞旅游业发展的若干政策意见的情况汇报；听取市旅游局关于深化提升“四季仙果之旅”品牌实施意见的情况汇报。（罗灿良）

政策调研和督查、信息工作

【政策研究】 政研室在百官二村、曹娥民丰、东关高田头三个村开展农村集体资产股份合作制改革试点，起草试点政策，制定工作程序，解决推进中出现的具体问题。完善加快发展总部经济、“一江两岸”总部楼宇政策，参与制定农村宅基地置换政策，确保相关工作有序推进。

【考核工作】 紧紧围绕“创新上虞、精致上虞、人文上虞、幸福上虞”建设，紧跟市委、市政府的年度中心工作和重点工作，突出招商选资“一号工程”，项目推进年、城市提质年、企业服务年“三个年”活动等重大工作，细化考核办法，完善考核权重，确保各部门围绕考核指挥棒，步调一致向前冲。

《关于促进民间非政府机构健康发展的思考》在上虞市情探索上发表。（陈吉茂）

【上报经验类信息600余条（篇）】 共向绍兴市委办、省委办公厅上报各类经验类信息600余条（篇），被省委办公厅录用42条，被绍兴市委办录用168条。其中，《上虞市探索建立农村党员管理服务“十制七流程”》的做法在省委办公厅《浙江信息（工作情况交流）》刊发，《上虞市加强社会应急联动工作》《上虞市实施村级集体经济增收五年计划》《上虞市确保大学生村干部期满流转“零失业”》等做法在《浙江信息（每日汇报）》刊发；《上虞市积极培育民间爱心公益基金引领社会主义核心价值观》等做法在绍兴市委办《绍兴信息（工作情况交流）》刊发。特别是村级便民服务中心的做法等得到绍兴市领导批示。（张兆慧）

组织工作

【概况】 2012年，上虞市委组织部坚持围绕中心、服务大局，按照新一届市委“四个上虞”建设的总体部署要求，扎实做好选干部、聚人才、强基础各项工作，乡镇部门领导班子进一步选优配强，人才引育取得新成效，引进入选国家、省“千人计划”人才各1名、绍兴“330”海外人才2名，农村、社区、两新组织党的建设切实加强。（倪水乔）

【选优配强乡镇部门领导班子】 突出重品行、重干劲、重实绩和重视基层的用人导向，充分运用去年乡镇部门换届考察成果，选优配强乡镇部门领导班子。新提任正科级领导干部19名，副科级领导干部45名。加大年轻干部、女干部、党外干部使用力度，在新提任的干部中，35岁以下年轻干部15名，女干部15名，党外干部2名。有序推进干部交流，平职交流干部86名，其中部门单位之间交流43名，乡镇（街道）之间交流22名，乡镇（街道）与市级部门之间交流21名。适应“两区”、中心镇建设需要，提任“两区”和中心镇副职7名，内部转岗7名，平职交流13名。选派61名年轻干部到乡镇基层、经济建设一线、综合部门实践锻炼，41名机关干部驻企帮扶，更好服务发展大局。（王晓江）

【探索开展“1+2”履职联审工作】 探索实施乡镇（街道）和市直部门（单位）党政主要领导干部履职联审制度，在进行经济责任审计的同时，联动实施制度执行审查和干部选任监督，实现对领导干部事权、人权、财权等用权行为监督的全覆盖，先后在盖北镇、丰惠镇、汤浦镇、卫生局、永和镇、经信局等四镇二部门开展了工作，通过抓整改，初步形成“责任审计+制度执行+用权监督”三合一监督新模式。制定下发“一把手”履行经济责任情况报告暂行办法、中层干部选拔任用监督规程、权力运行“10+X”制度、领导干部工作事项交接办法等制度性规定，该做法被绍兴市委组织部评为创新项目。（徐元德）

【加强干部教育培训】 围绕提高推动科学发展、促进社会和谐能力重点，组织实施科学发展主题培训“7+5”行动计划，牵头举办主体计划班次21期，累计培训干部1900余人次，乡镇、部门牵头举办各类培训540期，培训人员53000人次。围绕加快经济发展方式转变，举办区域经济与可持续发展战略、文化强市建设、社会管理与NGO模式等主题研修班，提高领导干部研究破解区域经济社会发展突出问题的能力；围绕换届后干部队伍建设要求，扎实推进领导干部履职能力培训，举办新提任领导干部党性党风教育、青年领导干部执政能力提升、新兴产业培育、城市管理与村镇建设等培训班次，提高各级干部综合素养和履职能力。

【推进人才工作】 修订完善海外高层次人才创业扶持和高层次人才引进培养政策意见2只，修改完善《人才专项经费管理办法》，兑现落实各项人才政策；实施“531”海外引才计划，新引进入选国家、省“千人计划”人才各1名、绍兴“330”海外人才2名；开展“引智强企”活动12次，累计引进人才8877人，其中硕士和副高以上高层次人才255人；做好全市事业单位高层次人才招聘工作，累计为教体、卫生等系统引进人才435人。实施“娥江英才”计划、优秀宣传文化人才培育工程、高素质教育人才培养工程、“十百千”医疗卫生人才培养计划、高技能人才“振兴工程”、新农村建设人才保障工程、社会工作人才倍增计划，全年累计培养各类人才超过1万人次，新招聘大学生村干部18名，流转期满大学生村干部23名。制定人才工作目标责任制考核办法，将全市20个人才工作责任部门纳入考核范围，考核结果与市委、市政府年度岗位目标责任制挂钩；市人才公寓建设按计划推进，完成总工程量的60%；开展“企业服务年”活动，部署开展企业人才工作指导服务月等11项主要活动；人才工作的亮点、特色工作在光明日报、工人日报、浙江日报进行报道。（傅飞军）

【加强农村基层组织建设】 制定下发《上虞市村级组织规范化管理实施细则》《上虞市村干部辞职承诺制度（试行）》，规范村级组织运行。部署开展村级组织换届“回头看”活动，对30个后进村党组织，通过市领导领衔破解、乡镇领导联系帮干、机关部门结对帮扶、派驻工作组等方式，集中攻坚实现整转。启动第二轮“三个一百”村干部培养计划，择优确定村干部培养对象357名。配合做好村级集体经济五年增收计划实施工作，全力提升基层组织运行保障。

【深化两新组织党建“娥江扬帆”行动】 扎实推进两新党建覆盖，全市5870家非公企业党建覆盖率达94.7%，新社会组织党建覆盖率达67.6%，两新党建“孵化器”工作法获全国“和丰杯”两新组织党建工作创意大赛优胜奖；实施非公企业党组织星级分类管理，评定“五星级”企业党组织8家、“四星级”64家、“三星级”137家。积极探索新居民党建工作，依托乡镇新居民服务管理机构和村级新居民和谐促进会，实施新居民党员本地化管理，建立新居民党总支6个、党支部34个、孵化器党支部9个，充分发挥新居民党员作用。开通上虞两新党建网、两新党建微博，两新党建工作信息化步伐进一步加快。（张　橹）

宣传工作

【概况】 围绕中共十七届六中全会、十八大精神等主题，组织市委理论学习中心组集中学习12次，加强指导乡镇（街道）、部门（单位）党委（党组）中心组学习，每季度通报党委（党组）中心组学习情况，开展党委（党组）中心组成员理论文章课题规划申报和评选活动，评选产生优秀理论文章18篇。举办《财政体制改革的创新或热点问题》等4场“虞舜论坛”报告会，《提高文化服务均等化》等4

场“市民讲坛”报告会。组织开展“形势 任务”宣讲120场，“形势、任务”宣讲团被省委宣传部和省委讲师团评为“浙江省优秀宣讲团”。驿亭镇、章镇镇、市职业中专、天外天伞业有限公司四家基层党校创建成绍兴市第六批示范基层党校，市档案馆、金近纪念馆被评为第七批绍兴市级爱国主义教育基地。

以宣传思想项目化管理为抓手，打响了一批在全省、全国产生较大影响的宣传思想工作品牌和亮点，上虞宣传思想工作项目化管理入选省委宣传部组织的“首届省宣传思想文化工作创新奖”20个候选项目。推荐申报省级优秀民间文艺人才，确定王浩泉等17人为第二批浙江省“优秀民间文艺人才”推荐人选并上报。

【开展民间基金专项行动】 在2011年成立十大民间爱心基金基础上，按照“有新意、贴实际、求实效”的要求，进一步创新基金活动载体、优化基金项目运作、规范健全基金管理。新成立了华升文体互助基金和舜江信义活动基金，同时引导各乡镇成立了多个民间基金，覆盖社会各个领域，形成了富有上虞特色的“基金现象”。（章　鑫）

【央视《远方的家——沿海行》栏目宣传推介上虞】 2012年2月6日，中央电视台中文国际频道(CCTV-4)《远方的家——沿海行》栏目播出第26期，本期时间45分钟，以绍兴上虞有关内容为主。播出的上虞部分包括探访英台故里、世界青瓷发源地、越窑青瓷有“传人”三个部分。《远方的家——沿海行》节目作为央视最具影响力的栏目之一，在中文国际频道播放，并通过卫星网络以亚洲版、欧洲版、美洲版形式向全球华人播出，让更多的海内外观众了解上虞悠久的历史、深厚的文化和现代城市建设发展成就。

【上虞“四季仙果之旅”暨沪杭甬“都市会客厅”新闻发布会在上海举行】 2012年4月18日，上虞市委、市政府组织有关乡镇、部门和旅游企业在上海举行“近揽山水，醉忆上虞”——’2012上虞休闲体验之旅(上海)启动仪式和上虞“四季仙果之旅”暨沪杭甬“都市会客厅”上海新闻发布会，新华社、中国旅游报、解放日报、文汇报、新民晚报、上海东方卫视、上海第一财经频道、新闻晚报、青年报、旅游时报、上海画报、长三角杂志、行家、新民网、东方网等近20家新闻单位记者，以及50余家上海旅游企业代表出席了新闻发布会。

【中央级、省级重要媒体聚焦首届《儿童文学》金近奖】 2012年5月28日—30日，上虞市政府和《儿童文学》杂志社联合在浙江上虞举行中国首届《儿童文学》金近奖颁奖大会。《儿童文学》金近奖是以新中国儿童文学奠基人、被文学界誉为“中国安徒生”的上虞乡贤金近命名，每两年举行一次。人民日报、新华社、光明日报、中国教育电视台、中国新闻出版报、浙江日报等20余家中央级和省级重要媒体记者参与报道，集中刊发《首届〈儿童文学〉金近奖颁发》等报道近20篇(条)，并被人民网、网易、新民网等数十家知名网站转载。

【浙江电视台《流动大舞台》四进上虞】 2012年9月23日，浙江电视台公共新农村频道《流动大舞台》栏目摄制组走进首批浙江省级中心镇、浙江省级生态镇章镇镇，录制了一台以“舜阳红心猕猴桃、绿色生态章镇镇”为主题的综艺节目，市委宣传部、市广电总台、市文广新局和章镇镇共同参与组织了整台节目的创作与编演。《流动大舞台》是省委宣传部和省广电集团“千镇万村种文化”活动的重点栏目之一。浙江电视台《流动大舞台》栏目摄制组先后走进丁宅乡、驿亭镇、盖北镇，录播上虞各地四季鲜果特色、推介新农村建设成果，同时展示当代农民才艺风采，深受上虞广大市民群众的喜爱。

【浙东新商都(上虞)购物节受到多家媒体关注报道】 2012年9月28日，主题为“浙东新商都、幸福上虞城”的’2012浙东新商都(上虞)购物节在百官举行，新华社、经济日报、消费日报、人民网、凤凰网等40余家新闻媒体记者汇集曹娥江畔，参加了新闻发布会，聚焦上虞盛大购物节会，推介上虞购物节和现代服务业发展情况。该次购物节宣传工作通过新闻发布和现场感受、专题宣传和深度报道、本地媒体和市外媒体联动“三结合”形式，多层面、多角度报道了上虞打造浙东新商都的盛事盛景。

【央视七套播出章镇“舜阳”红心猕猴桃专题】 2012年10月21日，央视七套《绿色时空》栏目播出了一期章镇舜阳红心猕猴桃节目《远嫁的猕猴桃身价更高》，摄制组通过采访小草湾果业合作社、香猕红果业合作社、和谐果业合作社、叶氏兄弟果业等种植基地、种植大户、水果超市，重点推介上虞市加大红心猕猴桃品牌培育、加强农超对接致富一方百姓、创新推出“四季仙果之旅”等经验做法。

【央视重要频道集中播出上虞专题节目】 12月10日、17日中央电视台二套财经频道《消费主张》栏目先后播出上虞地方特色系列节目《蟹味这边独好》（上）、《青瓷留韵，黄酒伴香》（下）；12月19日、20日，中央电视台一套《身边的感动》栏目先后播出《救火阿三》专题（上）、（下）；12月21日，中央电视台二套财经频道《生财有道》栏目播出《顾宝军追梦十五年，情系两头乌猪》。（陈肖平）

【“农民之声”广播自办节目】 在全市234个行政村开办“农民之声”广播自办节目，反映农民生活新风尚新气象，分乡镇（街道）、村两级广播，每次播出时间为60分钟。乡镇（街道）广播由《今日乡村》《百事讲坛》《娱乐天地》三个栏目组成，时间为35分钟；村级广播由《村里村外》《百事讲坛》《娱乐天地》三个栏目组成，时间为25分钟。

【上虞撤县设市20周年民心工程评选活动】 为纪念上虞撤县设市20周年，总结弘扬上虞自1992年撤县设市以来的民心工程典型，2012年，全市开展上虞撤县设市20周年十大民心工程评选活动。经过广泛征集、整合提炼、市民投票等环节，最后由市委市政府研究确定，上虞市便民服务中心全国首创、曹娥江江堤和城防（景观）工程等16项工程被评为上虞撤县设市20周年民心工程。

【开办《面对面》电视访谈节目】 根据“孝义、诚信、责任”主题教育活动要求，2012年《面对面》共播出“崇尚孝义、倡导文明，提升市民素质、共建和谐社会”等6期节目，按照“认真听取意见，平等交流思想，现场解答问题，共商建设良策”的节目宗旨，组织有关市直部门和乡镇（街道）的主要领导和各界代表，走进电视演播室，进行面对面的交流对话。

【在新闻战线开展“走转改”主题活动】 根据全市“进村入企大走访”活动要求，重点在新闻战线开展“走转改”活动，通过开设专栏、新闻评审、优秀评比、总结经验等，有效改善新闻工作者作风，提升新闻报道质量。（李　芳）

【2012“四季仙果之旅”新闻大赛】 市委宣传部、市风景旅游局联合举办2012“四季仙果之旅”新闻大赛，以“开栏语”“记者点评”“深度报道”“记者解读”等多种形式强化报道效果，最终评选出20件优秀作品，通过新闻大赛，“四季仙果”系列采摘游宣传深入人心。（李　芳）

【新时期上虞精神提炼宣传】 通过公开征集、专家市民论证、市委常委会议审定，最终确定新时期上虞精神表述语为：“崇孝守信　务实创新”，并开展“新时期上虞精神大家谈”17场采访报道活动以及主题征文、主题宣讲和主题演讲等活动，宣传弘扬新时期上虞精神。（赵少铭）

【成立上虞市社会科学界联合会】 2012年11月，成立上虞市社会科学界联合会，并选举产生第一届理事会理事25名，社科联主席1名、副主席1名、秘书长1名，24家社团为市社科归口社团，并建立社科之家联系平台。（赵少铭）

【举办全市文化产业发展研修班】 6月25日至7月9日，市委宣传部联合市委组织部、市委党校举办全市文化产业发展研修班，各乡镇（街道）宣传委员，市直有关部门和单位分管领导，有关文化经营和管理人才共48人参加本次培训班。（田　斌）

【继续开展魅力文化十大行动】 2012年是“魅力文化十大行动”实施的第三年，具体活动主要包括：实施“综合文化站提升行动”，建成绍兴市文明示范乡镇(街道)1个,建成市级优秀文化示范点2个;实施“优秀文化示范点建设行动”,建成省文化示范村(社区)2个,市优秀示范点20个;实施“企业文化示范点建设行动”,建成金科控股集团有限公司等20个企业文化示范点;实施“名人故居”(重点文化遗产)整修行动,胡愈之故居完成布展行动;实施“文化队伍建设行动”,新增加市文化指导员10人,新组建乡镇(街道)级文化指导员队伍7支,有文化管理员和群众性文体团队的村(社区)新增91个;实施“双百文化结对行动”,市级文明单位和相对落后行政村结对20个;实施“文化品牌建设行动”,崧厦民俗文化活动等9个文化品牌为市文化品牌;实施“地方文化书籍编撰行动”,东关街道等6个乡镇(街道)完成地方文化图书编撰;实施“一村一品特色文化展示行动”,在全市新建20个“一村一品特色文化”展示厅(室);实施“文化示范户建设行动”,在全市范围内评选出文化示范户30户。

【开展“谢晋文化奖”评选活动】 表彰娥江天使网等10个文化贡献奖(集体)、杨根苗等10个文化贡献奖(个人)、《上虞文化史》等10件文化精品奖、文学评论《悲悯情怀里的乡村叙事》等59篇优秀文化作品奖、系列报道《好书记捧伤牵动2000村民心》等8件优秀新闻作品奖、经叔平生平事迹陈列馆等7个文化基地奖、中国首届《儿童文学》金近奖颁奖典礼等14项文化活动奖等“谢晋文化奖”获得者。 (王浙炜)

【举办第三届网络文化节】 5月15日,启动第三届网络文化节,共设置十大主题活动,包括:上虞网络文化节主题口号与LOGO征集评选,“白马湖”杯“孝义、诚信、责任”短信“红段子”征集评选,“网眼里的市树市花”博文、摄影大赛,“增强网站责任意识、建设诚信互联网络”全市交互式网站业主及安全员培训班,上虞“四季仙果之旅”新闻网采风活动,“行走在虞山舜水”系列之网络“驴友”骑行感悟上虞乡土文化活动,“孝义在我心”网络爱心大联盟活动,“点亮一盏灯”系列之“寻找网络爱心使者”活动,以及“点亮一盏灯”网络爱心晚会。 (邵海囡)

5月15日第三届网络文化节启动仪式

纪检监察

【概况】 2012年,市纪律检查委员会(以下简称市纪委)按照“保障发展、效能为主;保护干事、预防为主;基层基础、规范为主”的要求,强化职能,依法履职,坚持相关问题妥善处理,好的做法深化完善,有效措施抓好落实,努力营造执纪为民、科学发展的良好氛围。

【“三查行动”深入推进】 紧紧围绕招商选资“一号工程”和项目推进年、城市提质年、企业服务年等“三个年”活动要求,扎实开展以“重大决策查执行、服务发展查效能、干部队伍查作风”为主题的“三查行动”,取得明显成效,多次得到上级批示肯定。查执行,决策落实更加到位。以保障市委、市政府的重大决策和重要制度执行为重点,对重大工程联系、解难帮扶协调、中心镇发展等制度落实情况进行专项督查,有效提升制度执行力。加强项目审批服务督查,在政府投资项目方面,先后对2007年以来的11只和今年以来的57只未开工项目,按照“土地、征迁、审批、资金、规划”进行分类督查,有针对性地提出“一项目一措施”的思路。在产业投资项目方面,听取企业关于部门服务中存在的问题,督促12只计划应开工而未开工项目,采取措施,加快开工。在项目督查上,做到联系项目抓协调专项督查、跟踪项目有措施全程督查、解剖项目找原因定向督查。积极参与农村集体资产股份合作制改革，在百官街道二村居委等3个试点中作出了较好的努力。查效能，服务发展更有作为。指导、督促市便民服务中心深化联合图审、专业代办、多证联办等工作措施，完善中介配套，在规范审批中提高效率，在改进服务中保障发展。按照“动态核对、进退有序”要求，加强对居民家庭经济状况核对工作的监督，全年核减低保资金373万元。开展粮油扶持政策执行情况的专项检查，共抽查15个乡镇和2个重点部门，对发现的3起案件进行严肃查处，共责令退还补贴款63831元。组织开展8次效能明察暗访，对15个单位发出整改通知书，对9个单位“一把手”开展效能约谈，对25名机关工作人员实行效能问责。查作风，干部工作更为务实。认真做好“进村入企”大走访活动的日常工作，积极参与相关督查，代表绍兴市顺利通过省委检查组的检查并得到充分肯定。注重行风评议成果运用，走访2011年度行风评议相对靠后的部门，对22个单位发出不满意事例整改通知书，并督查落实。完善评议办法，开展部门、中层岗位服务对象专评。对城管执法局实行单独评议，督促对城区10条主要道路占道经营进行整治，499个占道经营摊点逐一整改，出台加强店外占道经营管理的若干意见，不断巩固专项整治成果。

【收缴资金】 与乡镇(街道)、部门“一把手”开展“一对一”谈心交心，分析廉政风险，强化“一岗双责”。针对倾向性、苗头性问题，对7个乡镇(街道)、部门的“一把手”开展警示谈话，预防为主，招呼在先。对76名新提任领导干部开展任前廉政教育，组织667名干部参加警示教育。与绍兴市中级人民法院合作完成预防职务犯罪课题调研，从源头上加强预防。履职联审有成效。以持续改进的理念，坚持把落实整改作为体现成效的重要抓手，对卫生局、丰惠镇、汤浦镇发现的问题进行逐项整改，并取得阶段性成效。和市委组织部、市审计局一起督促整改问题46个，收缴资金1923528元，诫勉谈话11人次，规范制度10项。特别是对卫生局的财务管理、丰惠镇的城西工业区建设和汤浦镇的信访积案化解问题进行重点督查。同时顺利完成对永和镇、经信局的履职联审。“三公”管理在规范。在公车管理上，通过报废拍卖、上交等方式，对148辆违规车辆进行处置；在假期和双休日对公车管理使用情况开展检查，通报9家单位违规情况并督促整改，对相关责任人进行教育谈话、扣减奖金和调整岗位。在因公出国(境)管理上，对2007年至2011年全市领导干部因公出国(境)情况进行全面分析，向市委作出专题报告。在公务接待管理上，对公务接待和会议费支出情况进行专项检查，并选择4家单位深入核查，对公务接待费虚增虚减、乡镇公务接待开支偏大等5方面问题，督促整改。

【核减村级工程造价1849万元】 农村“三资”监管有规矩。规范村级工程变更监督，对12只投资20万元以下的工程进行重点抽查，并对6个乡镇(街道)工程变更不规范、虚假招投标、“套取”上级资金以及中介审计把关不严等问题，进行督查整改。制定出台加强村级工程监督的意见，对上级无补助、社会无赞助、村级无实力的“三无”村级工程，一律不得实施；对变更率超过20%的村级工程，取消该项目获得上级补助的资格。全年审计核减村级工程造价1849万元，核减率达5.53%。重点督查非生产性开支前十位的行政村，全市村级非生产性支出同比下降16.21%。村监会建设树典型。出台推进村务监督委员会建设的实施意见，全面落实村务监督委员会成员报酬待遇。指导乡镇(街道)制订出台村务监督委员会工作考评意见，丰惠镇西湖村、谢塘镇新戴家村被确定为省级村务监督委员会工作联系点，以点带面，切实提高村监会成员的履职能力。村级服务中心重整合。开展对村级便民服务中心作用发挥的专项检查。目前，各村均开展民政、人力社保、国土资源、规划与城乡建设、农业、卫生、人口计生等7大类服务，在此基础上，围绕村民生活需求，加强农技、农资、农产品销售等信息服务，主动延伸金融、医疗、邮政和新居民事务等专项服务。设置调解窗口，推广“老娘舅五诊法”，有效化解矛盾纠纷。

【实名举报报结率100%】 全年共受理信访举报和效能投诉360件，实名举报报结率100%。着力督办重点信访。在新屯南信访案件处置过程中，按照“先易后难分类推进、先经济问题后纪律处分”的思路，严格落实“一周一报”督查制度，对1999年至2007年多发奖金、虚列开支、少缴集体土地补偿金、欠缴承包款和非法占用土地等八大类问题进行处理，在公安局、检察院的大力支持下，上缴违规资金1580071元，并对5名违纪违规人员作出相应处理。分类处置疑难信访。对近年来的疑难信访进行集中排查，按照村级财务、涉土违纪等分类进行调处。一方面根据村级财务审计报告反映的突出问题，督促乡镇（街道）分类整改、建章立制，从源头上减少信访；另一方面针对涉土违纪信访占总量31.9%的实际，摸排出5个典型信访件，按照“情况要摸清、约谈要动真、责任要倒查”的思路，实行纪委常委督办制，督促化解相关问题。严肃查办违纪案件。坚持有案必查，违纪必究。全年各级纪检监察组织共查办违纪违法案件95件96人。在具体工作中，特别注重办案端正风气，通过查办陈炯江索贿案，狠刹收受礼卡风，进一步强化“收卡就是收钱”的观念；注重办案强化责任，通过查办国土档案遗失案，查清2001年汤浦、上浦两镇19个村169户农村私人建房审批档案遗失的事实，进一步强化工作责任，教育广大干部依法办事、服务为民。注重办案化解信访，通过查办章镇灵运村案件，妥善处理原村党支部书记谢某的10个问题和村委原主任任某的8个问题，有效化解信访积案。深化案件质量集中联审，认真开展执纪检查，处分决定全部执行到位。坚持惩教联动，对20名受处分的党员干部开展回访教育，督促相关单位建章立制，加强监管。

【队伍建设稳步推进】 不断加强能力建设。邀请文化、经济界专家授课，编发综合性材料，推荐经典书籍，拓宽保障发展、保护干事的知识面。分批召开乡镇（街道）和“两区”纪委书记座谈会，积极开展“我怎样当好乡镇纪委书记”的讨论活动，扎实推进“一乡一品”纪检监察特色工作创建。积极开展“合理化建议”征集活动，队伍的凝聚力进一步增强。着力优化内部管理。坚持重大事项集体讨论、民主决策。重心下移，深入基层，委局领导分片听取社情民意，帮助解决难点热点问题。扎实抓好政治纪律教育和保密知识学习。深入开展“学法律、强业务、树形象”主题活动，通过干部讲解、常委点评、开卷测试、知识竞赛等方式，认真学习《廉政准则》等法律法规（党纪条规），不断增强纪检监察干部的业务能力。精心搭建工作平台。按照“党委政府关心的、百姓群众关注的、纪委可以作为的”要求，找准定位，把好角色，编好《廉情参阅》，全年共编发26期，多期得到上级领导批示。着力完善信息上报机制，上报信息被中纪委、省纪委录用。在推进重点工作上，以监督检查为抓手，实行项目化管理，实施有效的倒逼机制，不断增强纪检监察干部抓检查、强监督的本领。（傅金刚）

统战工作

【概况】 2012年，上虞市统一战线工作根据全国、省、市统战工作会议部署和要求，牢牢把握“大团结、大联合”主题，充分发挥统一战线的独特优势，锐意创新，积极进取，努力开创了统战工作新局面，被评为2012年度全省统战工作创新奖和绍兴市统战工作先进单位。

【提升基层统战工作水平】 出台《关于加强新形势下统一战线工作的实施意见》，从加强新形势下统战工作的重要意义和工作要求出发，对重点领域的统战工作、加强党外代表人士队伍建设、加强和改善对统战工作的领导等方面进行了具体部署，为当前及今后一个时期统一战线工作的顺利开展提出了明确的目标任务和工作要求。完善《2012年度统战工作目标责任制考核办法》，对20个乡镇（街道）、杭州湾上虞工业园区、上虞经济开发区和67个部门（单位）实施考核激励，加大日常工作考核力度。刊发4期《上虞统战信息》，对各单位工作开展情况进行及时通报，分类建立考核工作台账，客观公正开展考评，使考核工作真正起到抓人促事的效果，确保基层统战各项任务落到实处。

【助推多党合作事业建设】 顺利完成政协换届相关工作，开展调查摸底、座谈走访和对上届委员履职评议工作，会同上虞市委组织部、市政协党组共同拟定《关于做好第九届市政协人事安排工作的意见》，并报市委发文。抓好党外政协常委、委员和非公经济人士代表的推荐工作，圆满完成政协换届人事安排各项工作。起草以市委、市政府名义出台的《关于建立完善部分市委常委、政府部门与民主党派、工商联、无党派人士对口联系制度的通知》文件，明确由市委书记、市长全面协调各部门与民主党派、工商联、无党派人士的关系，由5名市委常委分别联系各民主党派、工商联、知联会，分别落实5至6家政府部门对口联系，并就切实抓好联系制度提出工作要求。11月—12月，由各市委常委带队，率相关政府部门主要领导分组到各民主党派、工商联和知联会开展调研和对接工作，全面了解情况，解决有关问题。加强各党派规范化管理，通过组织开展专题教育培训、集中调研走访、建立月度重点工作交流制度、开展“民主党派月”活动等措施，支持民主党派不断推进自身建设。2012年度，民盟上虞总支被民盟中央授予“民盟思想宣传工作先进集体”，民进、民盟分别升格为基层委员会。

【有效服务上虞回归经济发展】 巩固虞商联谊平台，以上虞市虞商联谊总会为依托，健全完善在外虞商信息库。开展团拜联谊、恳亲恳谈、虞商座谈会、项目推介会、创新创业报告会和走访慰问等活动。刊发《虞商联谊报》5期共2300份，向各地虞商联谊会和在外人士通报上虞经济社会发展情况，传达市委、市政府的重大决策与政策措施，并在节日期间慰问重点虞商的在家父母，发送短信，传递祝福，切实增强虞商会员对家乡的深厚感情，全面营造回乡回归回流的良好氛围。快节奏推进各地分会建设，按照“突出重点、分片布点、有序推进”的原则，结合各地工作实际，组织人员分赴北京、上海、深圳、成都、杭州、宁波等地开展虞商联谊分会的筹建工作。至2012年年底，江苏、宁波、成都、北京、上海、杭州、深圳虞商联谊会相继成立并实现正常运转。虞商回归发展成效明显，全年全市共引进回归项目64只，协议资金160.27亿元，实际到位资金达到31亿元，虞商联谊总会及各地分会已成为促进上虞“回归经济”和“总部经济”发展的有效平台。

【举办“2012年社会各界人士中秋联谊会”】 9月27日，由上虞市政协、上虞市委统战部主办的“2012年社会各界人士中秋联谊会”在国际大酒店举行。各民主党派和工商联负责人、无党派代表人士、非公经济代表人士、各地虞商联谊会代表、台商台属、侨眷侨属、民族宗教界人士代表、省市政协委员代表、政协各界别、政协各联络组负责人、各乡镇(街道)分管统战工作的领导等250余名社会各界人士欢聚一堂，畅叙友情，共迎佳节，同话发展。

【各地虞商联谊分会相继成立】 6月22日，宁波市虞商联谊会、宁波市同乡联谊会在甬成立；9月14日，成都虞商联谊会暨四川上虞同乡联谊会在成都举行成立大会；9月21日，北京虞商联谊会成立大会在京举行；10月20日，上海虞商联谊会在沪成立；10月29日，杭州市上虞商会和杭州虞商联谊会在杭州举行成立庆典；12月22日，深圳虞商联谊会在深圳举行成立大会。（毛利湧）

机构编制工作

【编办单设】 4月，市编办从与人力社保局合署办公中独立出来，正式单列。根据重新修订的“三定”方案，市编办内设综合科、机构编制科、监督检查科等3个职能科室和下属上虞市事业单位登记管理局、上虞市机构编制信息中心2个事业单位。机构单设后，市委及时配备了一正两副编办领导班子。结合全市中层干部跨乡镇、部门竞职上岗，公开选调一名综合科副科长1名，招考新录用公务员1名，划转原人力社保局从事机构编制的机关干部职工5名，编办共有正式人员10名(其中工勤人员1名)，临聘人员1名。7月，新成立编办第一届机关党支部、工会等组织。建立机构编制办公室工作规则、学习制度等十个内部规定制度，明确领导班子成员职责分工。同时，做好机构独立运作后办公室划分、办公设备添置等工作，保证了机关工作的正常开展。

【建设机构编制实名制管理系统】 市编办根据上

级要求及编办单设后的工作实际，在全市开展机关事业单位实名制信息采集工作，全面梳理市级机关事业单位的机构编制、领导职数及实有人员情况。8月底完成信息采集，9月下旬在绍兴市编办8月初系统安装调试的基础上，将550余家市级机关事业单位的15000余名人员信息导入实名制信息系统，并对系统进行不定期调试，及时发现操作问题并汇总上报，为系统的铺开应用打下良好基础。

【加强事业单位法人资格管理】 市编办结合2011年事业单位年检，加强事业单位法人资格管理，切实做好政府机构改革后事业单位调整变动的后续工作，全年办理年检362家，设立登记6家，变更登记83家。同时，按照《中华人民共和国档案法》和《事业单位登记管理档案管理暂行办法》的规定和要求，对全市事业单位档案进行全面整理，确保每一家事业单位从设立登记到变更登记、年度报告书等各项资料完整无缺。

【开展中文域名注册工作】 市编办在全市部署开展行政机关事业单位中文域名注册管理工作。4月，召开工作部署会，邀请上级业务专家到会指导，将中文域名注册工作意义、要求进行传达贯彻。会后，对已申请的部门(单位)及时关注并跟进服务，做好域名注册、开通等工作，及时帮助部门(单位)解决申请或使用过程中出现的各类问题，确保域名注册工作的规范和高效。共申报域名227个。

【推进事业单位分类改革工作】 市编办根据省、绍兴市的统一部署，在2007年事业单位模拟分类基础上进一步撤销整合空壳类、职能弱化类事业单位，对现有事业单位进行全面清理规范。对全市435家事业单位进行了分类，其中承担行政职能28家、公益一类291家、公益二类86家、生产经营类12家、暂缓分类13家、不纳入分类5家。

【规范机构编制管理】 市编办修订完善《关于切实加强机构编制管理的实施意见》《上虞市机构编制委员会议事规则》，制定出台《机关事业单位编制使用审核管理办法》，严格执行编制使用审核制度，强化出入编管理。结合实名制信息系统建设，力求达到对机构和人员编制信息的高效化、动态化、全程化的监督管理。全面摸清全市机关、事业单位机构编制和实有人员底数，开展核查工作，形成核查报告，迎接上级执法检查。通过核查，对加强上虞市机构编制的各方面管理，对政府各部门各项工作的开展，起到了重大的指导作用和促进作用，推动了上虞经济社会各方面的发展。根据省编办要求，及时部署机构编制统计工作，组织各部门和单位统计工作人员如实填写统计好当年度机构编制统计表，并对各单位上报来的机构编制统计数据的真实性、准确性进行核对，对是否存在虚报、瞒报等违纪违规行为进行核查。同时，根据上级统一部署，按时开展有关机构编制统计分析工作，7月，由市编办、市人力社保局、市财政局三家单位联合开展了全市机关事业单位吃“空饷”情况专项调查。 (殷毅刚)

老干部工作

【概况】 2012年年底，全市有离休干部138人：属党政机关45人，事业单位34人，企业单位59人；享受地(专)级待遇1人，享受县(处)级待遇70人，享受科级待遇67人，其中抗战时期参加革命工作的26人。推进老干部思想政治和党支部建设，关心老干部需求，落实老干部政治、生活待遇，提高老干部住院床位费报销标准等生活待遇，深化高龄老干部服务管理，落实“四送六必访”亲情服务制度，走访慰问老干部260多人次，探望生病、住院老干部80多人次，帮助部分离休干部配偶补办、新办医保手续。根据要求，精心组织安排“走基层、看变化、促发展”活动，组织开展有益健康、形式多样的文体娱乐活动，联合市有关单位举办“喜迎党的十八大召开、庆祝撤县设市二十周年”老年书画作品展，举办第二十三届老干部运动会。

【开展老干部工作培训】 老干部局联合市委组织部、市人社局、市委党校，举办为期三天的全市老干部工作培训班，全市200多名乡镇(街道)、市直部门(单位)老干部工作分管领导和专(兼)职干部参加培训。

【老年大学加强规范化办学】 强化政治建校工作,成功举办"喜迎党的十八大"书画展评,开展"清明·网上祭奠英烈"活动;深化教学管理创先工作,完善制定《老年大学招生报名管理办法》《老年大学教师管理考核办法》等系列教学管理制度,探索实践"课堂教学与社会活动相结合、传统讲授和多媒体教学相结合"的教学模式。

【表彰"创先争优"先进典型】 4月—5月,市委老干部局联合市委组织部、市人力社保局,推荐市人大机关离退休干部党支部为省级"五好"离退休干部党支部,徐达庆、杨根苗等两位老干部为省级优秀离退休干部党员。 (王娜妲)

来信来访

【概况】 2012年,市信访局共受理群众来信来访4828件(人次),受理信访事项复查69件,受理绍兴市长公开电话投诉2038件,受理市政府门户网站网上信访3632件。完成省信访工作目标管理责任制考核任务,连续第九年进入到全省信访工作优秀县市行列。

【化解信访积案】 对8件信访积案(省级1件、绍兴市级3件、本市级4件)开展化解活动。至年底,省、绍兴市级积案全部化解,本市级积案化解2件。

【实行市四套班子领导接待日制度】 上虞市实行每月15日的市领导接待日制度,四套班子领导轮流在市信访局接访,共接待来访群众1247批2511人次。建立市领导定点下访约访制度,市四套班子领导按月到联系乡镇(街道),采取重点接访、定期约访、带案下访、信访督查等方式拓展领导接访模式,实现每个市领导每月接访不少于1次。

【做好信访稳定工作】 在全国"两会"、省党代会、中共十八大三个重要时段,组织市、乡镇(街道)、村(社区)三级干部联合大接访活动,全市各级干部参与接访12992人次,劝阻上访人员20人,劝返上访人员11人,没有发生非正常上访和群体性事件。 (何新伦)

机关党建

【概况】 2012年,市机关党工委主要开展以下几方面工作:一是推进学习型机关党组织建设,做好整体规划,传播社会主义核心价值观,以机关党员服务中心助推学习型机关建设。二是开展"孝义、诚信、责任"主题教育活动,组织"孝义、诚信、责任"主题征文活动,举办"做一个有信义上虞人"演讲比赛等。机关党工委被评为市"孝义、诚信、责任"主题教育活动先进集体。三是加强机关基层组织建设,抓好机关党建工作责任考核和创先争优,落实基层组织建设年各项工作,继续开展"星期六党员志愿服务日"活动,强化基层基础。四是不断提升和谐机关建设水平,加强对机关党员的廉洁从政教育,成功举办第二届机关才艺节,精心组织丰富多彩的体育活动。

【举行市直机关单位"2012迎春游园"活动】 1月20日中午,在市行政中心五号楼三楼举行了市直机关单位"2012迎春游园"活动,市直机关600多名干部职工参加。参加项目有四类:体质测试类(1分钟跳绳);投掷类(飞镖、地滚球、沙包投准);技巧类(比眼力);运气类(套圈)。

【配合开展"孝义、诚信、责任"主题征文活动】 会同市委宣传部下发《关于在全市开展"孝义、诚信、责任"主题征文活动的通知》,共收到来自社会各界的征文稿件150篇。在征文稿件中,广大作者联系生活实际和工作实践,运用诗歌、散文、记叙文等多种文学体裁,从不同角度阐述了各自对"孝义、诚信、责任"主题的感悟和体会,广泛展示了普通群众鲜为人知的感人事迹。通过有关领导和专家对征文稿件进行初评、复评，22名同志撰写的征文获得本次征文比赛一、二、三等奖。

【举办“做一个有信义上虞人”演讲比赛】 会同市委宣传部于7月20日进行了预赛，共决出了16名选手进入决赛，决赛地点在广电总台演播厅，比赛实况录像在上虞广播电视台文化影视频道进行播出，取得了较好的社会效果。

【牵头举行上虞市第二届机关才艺节】 由市委组织部、市委宣传部、市直机关党工委、市文联联合举办的上虞市第二届机关才艺节，从6月27日下发文件，到9月26日晚的表演艺术类决赛暨迎“国庆”63周年文艺晚会，历时3个月。全市共有31个市直部门（单位）、18个乡镇（街道）在精心准备基础上报名参加，节目和作品富有思想性、艺术性和行业性的完美结合，内容积极、健康、向上，大力弘扬了“孝义、诚信、责任”主题。同时举行了视觉艺术类获奖作品集中展示。

牵头举行上虞市第二届机关才艺节

【举办PPT（幻灯片）制作培训班】 4月19日晚上，在市职教中心信息楼三楼举办PPT（幻灯片）制作培训班，市直各部门（单位）的76名机关干部参加。通过对精彩PPT的分析和学员自己的动手操练，使学员掌握了演示文稿的方法。

（王素凤）

党史编研

【概况】 2012年，市委党史研究室围绕新四军浙东区党委成立七十周年这一重大节点，组织和开展多项纪念活动，充分发挥党史工作“资政、存史、育人”的作用。开发和保护党史资源，充分利用自身资源优势，宣传上虞党史文化。

【组织新四军浙东区党委成立七十周年活动】 5月11日至12日，浙江省新四军历史研究会到上虞革命老区进行慰问演出。上虞革命老区有着光荣的革命传统，成为抗战后期浙东的政治、军事中心，地处虞南的陈溪成为抗战后期浙东游击纵队后勤保障基地。浙江省新四军历史研究会合唱艺术团歌颂革命先辈为新中国的建立抛头颅洒热血前赴后继的献身精神，为老区人民献上精彩的节目。

【省委党史研究室拍摄有关革命遗址外景】 6月13日，省委党史研究室《历史的永恒——浙江革命遗址集锦》电视文献片摄制组一行走进上虞进行拍摄。摄制组先后到叶天底故居、王一飞故居、许岙战斗纪念馆、上虞革命史迹陈列馆暨新四军北撤会议旧址，聚焦老照片、革命书籍、留存实物和内外环境等，用镜头展现上虞地方组织的光辉历程及重大党史事件、重要党史人物活动。

（屠月玲）

党校工作

【概况】 2012年，市委党校在干部教育培训方面，共举办各类班次61期，同比增长27%，合计培训学员6131人次，其中，主体和计划班次共27期，培训各级各类干部2262人次。科研工作方面，实现上级课题立项6个、校级课题立项17个，完成2个省级课题结项，入选省级各类研讨会文章9篇次，共52篇次文章在县（市）级以上报刊发表或获奖。学历教育方面，全年在校函授学历班10个，共计学员305名。其中，毕业4个班次，学员62名；新招生96名(大专58名，本科38名)。社会宣讲方面，围绕“科学发展主题培训”、党的十八大精神、浙江省第十三次党代会精神和市里有关重大会议精神，全年共外出宣讲70多场，受众7000多人次。两篇办学经验文章在《学习时报》上刊登推介；荣获2012年度绍兴市党校系统“教研工作优秀奖”；荣获绍兴市党校系统2010—2012年教学质量“优秀单位”称号。

【荣获绍兴市党校系统教学质量“优秀单位”】 12月26日上午，由绍兴市委组织部、绍兴市人力社保局、绍兴市委党校(行政学院)等单位人员组成的教学质量考评组一行10人在绍兴市委党校副校长徐志伟的带领下，就2010—2012年教学质量进行考评检查。评估包括班次设置、教学设计、教学效果、师资队伍、教学研究、教学制度、学员管理和特色创新等八大方面23个测评点，最终市委党校以16A7B的成绩荣获绍兴市党校系统教学质量“优秀单位”称号。市委常委、组织部长朱敏龙对市委党校干部教育培训工作作出肯定性批示。

【开展科学发展主题培训】 市委党校围绕科学发展主题，分多个层次开展针对性的主题培训。举办了领导干部科学发展主题轮训班、村(社区)党组织书记科学发展轮训班、全市非公企业党组织书记科学发展示范班、大学生村干部科学发展观轮训班等8个班次，使学员对科学发展的认识和实践有更深理解。

【两篇教育培训文章在《学习时报》刊登推介】 市委党校深化教学改革，实施差别化行动学习形式，优化教学布局。培训前，做好培训班组织需求、单位需求、学员需求的调研；培训中，根据不同培训对象的特点和需求，除安排集中辅导外，还在不同班次中运用多种教学方式方法，重点突出教师与学员之间，学员与学员之间的互动；培训后再征求学员意见、动态调整教学计划，进一步有效实现了教学方与学员的互动与交流。市委党校两篇关于教育培训的经验做法文章《实施差别化行动学习新形式》《走开放办学之路拓教育培训职能》在中共中央党校主办的《学习时报》党校教育专刊刊登推介。

【重点举办区域经济与可持续发展研修班】 5月11日至5月30日，市委组织部和市委党校联合举办区域经济与可持续发展战略研修班。研修班集中培训8天，分别在同济大学、中国浦东干部学院进行，全市各乡镇(街道)、市直有关部门“一把手”，共计45名学员参加此次培训。培训期间，市委书记孙云耀，市委常委、组织部部长、党校校长朱敏龙赴浦东干部学院慰问并出席班级研讨交流会，重点听取学员们关于促进区域经济可持续发展的意见建议。此次培训，除安排集中辅导外，组织了2次现场参观，3次小组交流研讨和1次集体交流研讨活动，还编著3期简报，推动研修出成果、出成效。

【开展交流合作】 全年组织学员分别赴清华大学、中国浦东干部学院、复旦大学、浙江大学等知名学府开展异地培训13期，占计划和主体班次的50%左右，帮助干部在培训中拓宽视野、转变理念、提升水平。同时加强学员之间的交流，在区域经济与可持续发展战略研修班、青年领导干部执政能力提升研修班、年轻干部综合素质提升班等班次中，多次安排小组讨论、分组调研、交流研讨和请市领导参加点评等活动，进一步加大了学员间的思维碰撞与交流合作。

【社会培训大幅增加】 市委党校利用上虞商贸服务业、农业、旅游业等行业发展特色，引进计划外培训班次。全年共举办或接待“村主职干部财政支农政策培训班”“湖北天门市集群经济培训班”“新疆阿瓦提县优秀大学毕业生班”等计划外培训班次34期，培训各类学员3869人次。与2011年相比培训期数和人数有大幅增加，分别增长142.8%和60.1%。

【调整校刊栏目】 市委党校创办的校刊《上虞市情探索》继续秉承为党委政府决策服务的办刊宗旨，围绕中心工作进行栏目调整，开设“创新上虞”“精致上虞”“幸福上虞”“人文上虞”专栏；结合全市主题教育活动，开设“孝义、诚信、责任大家谈”栏目；同时还新增“法治视野”等栏目；在封面上、文章组稿上更加注重形式与内容的统一。全年出版校刊4期，收录文章79篇。

【创办《领导参阅》】 市委党校新创办并推出两期《领导参阅》，把专家论点、学员观点以及本校教师的科研成果整理摘编，供市领导参阅。其中《聚焦社会组织》一期得到市委副书记陈坚的肯定性批示。

【开展建校60周年活动】 为庆祝建校60周年，开展以“重温校史 牢记使命”为主题的“建校60周年”系列活动。活动包括校史知识竞赛、“我与党校同成长、我与党校共奋进”主题征文、“我为党校发展献一计”金点子征集、“假如我是一名学员”大讨论、第五届教工趣味运动会、“建校60周年”网上图片展等。

【编写党校校史】 编写《中共上虞市委党校校史》（1952—2010年），作为建校60周年系列活动之一。7月19日上午，邀请党校历届领导、有关部门领导参加《校史》编审会。会后，根据意见建议，继续修改完善校史。（张兴校）

区域经济与可持续发展战略研修班在中国浦东干部学院合影

上虞市人大常委会

综　述

【概况】 2012年，市十六届人民代表大会及其常委会认真贯彻落实党的十七届六中全会和十八大精神，按照市第十四次党代会的总体部署，围绕“创新上虞、精致上虞、人文上虞、幸福上虞”的奋斗目标，紧扣“稳中求进、克难奋进、和谐共进”的工作基调，依法履行宪法和法律赋予的各项职责。依法召开市十六届人民代表大会第一次会议，召开常委会会议8次，主任会议10次，听取和审议“一府两院”工作报告16项，组织执法检查、视察7次，完成各项审议议题的调研报告26个，作出有关批准财政决算、调整财政支出预算、调整投资项目等方面的决定3个，提出审议意见、视察意见12个，依法任免“一府两院”国家机关工作人员86人次。邀请市人大代表参加常委会会议、专题视察、执法检查和专题调研活动50多人次，组织开展代表约见活动2次。修订《上虞市人大常委会讨论决定重大事项的规定》等五项工作制度和常委会机关七项内部管理制度。加强和改进人大信访工作，做好信访件的交办、督办工作，全年共受理人民群众来信52件次，来访46批次。

（傅丽红）

重要会议

【十六届人大一次会议】 2月21日至25日，上虞市第十六届人民代表大会第一次会议在百官召开。会议听取和审查上虞市人民政府工作报告；审查和批准上虞市2011年国民经济和社会发展计划执行情况的报告及2012年国民经济和社会发展计划；审查上虞市2011年财政预算执行情况的报告和2012年财政预算草案，批准上虞市2011年财政预算执行情况的报告和2012年财政预算；听取和审查市人大常务委员会工作报告；听取和审查市人民法院工作报告；听取和审查市人民检察院工作报告；作出相关决议六个。

会议依法选举产生上虞市第十六届人民代表大会常务委员会组成人员。徐尧峰为人大常委会主任，蒋国良、金国松、阮妙娟、程学法、朱森鑫、徐光华等六人为人大常委会副主任，王文龙、王忠良、冯顺昌、任水雨、阮华耿、严永良、李培明、杨长根、吴伟森、宋世红、陈水贤、陈志樟、陈建成、郑伟强、郑庆善、赵建龙、俞河林、徐海南、高彦伟、黄梅龙等20人为人大常委会委员。

会议依法选举王慧琳为上虞市人民政府市长，余云才、方静、吴志育、赵如浪、盛夏锋、徐耘等6位为上虞市人民政府副市长。会议依法选举胡坚为上虞市人民法院院长。会议依法选举周慧娟为上虞市人民检察院检察长，须报经绍兴市人民检察院检察长提请绍兴市人大常委会批准。

会议依法选出上虞市出席绍兴市第七届人民代表大会代表70名，依法报请绍兴市人民代表大会常务委员会审查确认其代表资格。

【市人大常委会会议】 2012年，市人大常委会共举行8次常委会会议：

1月18日，市十五届人大常委会举行第三十九次会议。会议审议通过关于召开市十六届人大一次会议的决定，关于市十六届人大一次会议筹备情况的报告；初审市人民政府工作报告、市人大常委会工作报告；听取和审议市政府关于上虞市2011年政府投资项目实施情况和2012年政府投资项目投资计划安排（草案）的报告；表决通过有关人事任免事项。根据陈坚的请求，决定接受陈坚辞去上虞市人民政府副市长职务的请求。根据许允的请求，决定接受许允辞去上虞市人民政府副市长职务的请求。任命：糜大雄为上虞市百官街道人大工委副主任；王海灿为上虞市百官街道人大工委副主任；朱培荣为上虞市曹娥街道人大工委副主任；童浩虎为上虞市东关街道人大工委副主任；刘铃荣为上虞市东关街道人大工委副主任；李磊为上虞市人民检察院检察员；李雪明为上虞市人民检察院检察员；平萍为上虞市人民检察院检察员；徐程草为上虞市人民检察院检察员；应芳芳为上虞市人民检察院检察员；章天恩为上虞市人民检察院检察员。免去：沈月娥的上虞市人民检察院检察员职务。

4月9日，市十六届人大常委会举行第一次会议。会议审议通过市人大常委会2012年工作要点；修订《代表约见地方国家机关负责人暂行办法》；表决通过市人大常委会机构设置议案和有关人事任免事项。决定任命：解砚为上虞市人民政府副市长；杨雪峰为上虞市人民政府副市长。决定任命：郑华为上虞市人民政府办公室主任；金山中为上虞市发展和改革局局长；金伟兔为上虞市经济和信息化局局长；章兆钧为上虞市教育体育局局长；陈荣荣为上虞市科学技术局局长；丁松勇为上虞市公安局局长；阮永祥为上虞市监察局局长；陈学军为上虞市民政局局长；胡富春为上虞市司法局局长；茅国清为上虞市财政局局长；陈忠庆为上虞市人力资源和社会保障局局长；刘汉荣为上虞市环境保护局局长；方建平为上虞市住房和城乡建设局局长；王培勇为上虞市规划局局长；徐克铭为上虞市交通运输局局长；葛苗钦为上虞市水利局局长；陈国仁为上虞市农林渔牧局局长；陈坚民为上虞市商务局局长；宣霞金为上虞市文化广电新闻出版局局长；钱宏伟为上虞市卫生局局长；孟士军为上虞市人口和计划生育局局长；郑楚坤为上虞市审计局局长；罗国来为上虞市安全生产监督管理局局长；孙东红为上虞市统计局局长；虞彩琴为上虞市食品药品监督管理局局长；黄建华为上虞市城市管理行政执法局局长。任命：王忠良为上虞市人大常委会办公室主任；严永良为上虞市人大常委会法制工作委员会主任；阮明铨为上虞市人大常委会法制工作委员会副主任；杨长根为上虞市人大常委会财经工作委员会主任；冯顺昌为上虞市人大常委会财经工作委员会副主任；赵建龙为上虞市人大常委会教科文卫工作委员会主任；倪荣标为上虞市人大常委会教科文卫工作委员会副主任；吴伟森为上虞市人大常委会代表人事工作委员会主任；郑伟强为上虞市人大常委会代表人事工作委员会副主任；任水雨为上虞市人大常委会城建环保工作委员会主任；阮华耿为上虞市人大常委会城建环保工作委员会副主任；陈水贤为上虞市人大常委会农经工作委员会主任；郑庆善为上虞市人大常委会农经工作委员会副主任；张军宇为上虞市人大常委会研究室主任。

5月30日，市十六届人大常委会举行第二次会议。会议听取和审议市政府关于全市农村集体“三资”管理工作情况的报告，表决通过有关人事任免事项。任命：章利洋为上虞市人大常委会办公室副主任；傅丽红为上虞市人大常委会研究室副主任；章天天为上虞市人民检察院检察员、检察委员会委员、副检察长；薛荣辉为上虞市人民检察院检察委员会委员、副检察长。免去：徐阿华的上虞市人民检察院副检察长职务；许建国的上虞市人民检察院检察委员会委员、检察员职务。

7月11日，市十六届人大常委会举行第三次会议。会议听取了市公安局《关于建议对陈德康采取刑事强制措施的请示》（虞公经〔2012〕115号），许可对陈德康采取刑事强制措施。

7月30日，市十六届人大常委会举行第四次会议。会议听取和审议市政府关于上虞市2012年上半年国民经济和社会发展计划执行情况的报告；听取和审议市政府关于2011年度财政决算和2012年上半年财政预算执行情况的报告；听取和审议市政府关于2011年度上虞市本级财政预算执行和其他财政收支的审计工作报告；审议表决《上虞市人大常委会规范性文件备案审查实施办法（草案）》；审议表决关于设立上虞市第十六届人大常委会代表资格审查委员会的决定（草案）；表决通过有关人事任免事项。根据解砚的请求，决定接受解砚辞去上虞市人民政府副市长职务的请求。决定任命：成明权为上虞市人民政府副市长。任命：沈波为上虞市人民法院审判委员会委员；吴益清为上虞市人民法院审判委员会委员；石亚男为上虞市人民法院民事审判第二庭副庭长；李孝祥为上虞市人民法院人民陪审员。免去：蒋校军的上虞市人民法院执行庭庭长职务；赵立军的上虞市人民法院执行裁决庭庭长职务；王技江的上虞市人民法院民事审判第二庭副庭长职务；陈卫星的上虞市人民法院崧厦人民法庭副庭长职务；吕大兔的上虞市人民法院审判员职务；王林灿的上虞市人民法院审判员职务。决定接受陈德康辞去上虞市第十六届人民代表大会代表职务。

9月19日，市十六届人大常委会举行第五次会议。会议听取和审议市政府关于市十六届人大一次会议代表建议办理情况的报告；听取和审议市政府关于全市工业转型升级工作情况的报告；听取和审议市政府关于2012年政府投资项目投资计划调整情况的报告；审议有关市人大代表辞职事项。决定接受王立刚辞去上虞市第十六届人民代表大会代表职务。

11月15日，市十六届人大常委会举行第六次会议。会议听取和审议市政府关于上虞市农业"两区"建设情况的报告；听取和审议市政府关于要求调整2012年度财政支出预算的报告；听取和审议市人大常委会工作制度修订稿；表决通过有关人事任免事项。根据赵如浪的请求，决定接受赵如浪辞去上虞市人民政府副市长职务的请求。决定任命：袁建为上虞市人民政府副市长。决定任命：王富灿为上虞市公安局局长；蔡建红为上虞市人口和计划生育局局长。决定免去：丁松勇的上虞市公安局局长职务；孟士军的上虞市人口和计划生育局局长职务。任命：沈波为上虞市人民法院副院长；朱智炜为上虞市人民法院审判委员会委员；张剑波为上虞市人民法院审判员。免去：朱智炜的上虞市人民法院崧厦人民法庭庭长职务。

12月12日，市十六届人大常委会举行第七次会议。会议听取关于召开市十六届人大二次会议的决定草案，并作出决定。

【人大常委会主任会议】 2012年，市十六届人大常委会共举行10次主任会议：

5月15日，市十六届人大常委会举行第3次主任会议，会议听取市政府关于全市工业用地节约集约利用情况的报告，并进行审议。

6月21日，市十六届人大常委会举行第5次主任会议，会议听取市政府关于政府行政审批工作情况的报告，并进行审议。

8月29日，市十六届人大常委会举行第7次主任会议，会议听取市政府关于上虞市贯彻实施食品安全"一法两规"情况的报告，并进行审议。

10月29日，市十六届人大常委会举行第9次主任会议，会议听取市政府关于《中华人民共和国律师法》贯彻实施情况的报告，并进行审议。会议讨论决定了市十六届人大常委会第六次会议的有关事宜。

另有讨论决定常委会会议有关事宜的会议6次。

【全市乡镇（街道）人大工作会议】 5月15日，2012年全市乡镇（街道）人大工作会议召开，会议回顾总结全市乡镇（街道）人大过去一年工作，提出2012年乡镇（街道）人大工作的指导意见。市人大常委会副主任朱淼鑫作工作报告，百官街道、丰惠镇、小越镇人大负责人分别作交流发言，市人大常委会主任徐尧峰作重要讲话。

【代表建议交办会】 4月6日，全市召开市十六届人大一次会议代表建议、市政协九届一次会议委员提案交办会议。市委副书记、市长王慧琳，市人大常委会主任徐尧峰，市政协主席卢一勤，市委常委、常务副市长余云才，市人大常委会副主任朱淼鑫，市政协副主席徐光仁等出席会议。市十五届人大的五年间，全市共办理人大代表建议819件，代表对办理工作的总满意率达93.1%。市十五届人大第五次会议期间，市人大代表提出建议118件，经各承办单位努力，都按规定期限办理完毕。问题已经解决和部分解决的有99件，占83.9%。代表对办理工作表示满意和基本满意的116件，占98.3%。王慧琳市长在充分肯定办理工作的同时，对做好今年承办工作提出要求。朱淼鑫副主任代表市人大常委会讲话。（傅丽红）

主要活动

【市人大常委会视察活动】 2012年，市人大常委会共组织6次视察活动：

5月8日，市人大常委会视察"四季仙果之旅"品牌建设情况。实地踏看了驿亭杨梅基地、岭南乡东澄樱桃基地，听取有关情况报告，进行审议，提出《关于"四季仙果之旅"品牌建设情况的视察意见》。

7月2日，市人大常委会视察服务业及重点项目建设情况。实地踏看了崧厦(中国)伞城商业广场，天玥开元名都大酒店建设工地，听取有关情况报告，进行审议，提出《关于全市服务业发展及重点项目建设情况的视察意见》。

8月24日，市人大常委会视察公共安全"天网工程"建设情况。实地踏看了公安局指挥中心，听取有关情况报告，进行审议，提出《关于公共安全"天网工程"建设情况的视察意见》。

10月17日，市人大常委会视察"清水工程"实施情况。实地踏看了清淤后老百沥河现场、浙东古运河东关段清淤现场和上浦闸口，听取有关情况报告，进行审议，提出《关于"清水工程"实施情况的视察意见》。

11月30日，市人大常委会视察城市"门户靓化"工程建设情况。实地踏看了"329国道杭甬高速道口小越段""舜帝岭至岭光区域段"门户靓化改造情况，听取有关情况报告，进行审议，提出《关于我市城市"门户靓化"工程建设情况的视察意见》。

12月27日，市人大常委会视察"两区"项目平台建设工程情况。实地踏看了世邦万祥城、恒安纸业等现场，听取有关情况报告，进行审议，提出《关于经济开发区和杭州湾上虞工业园区平台建设情况的视察意见》。

【代表约见活动】 6月29日，市人大常委会组织人大代表集体约见市政府及相关部门的领导，就岭光隧道与三环线、长海公路与城区连接等方面问题，双向探讨解决办法。市住建局领导介绍工作职责及岭光隧道与三环线、长海公路与城区连接方面所做的工作。5位市人大代表围绕会前确定的议题先后发言，就岭光隧道与三环线、长海公路与城区连接等提出问题和建议。市住建局及相关部门当场逐一予以解答。市政府分管副市长和市人大常委会领导提出具体要求。

7月13日，市人大常委会组织人大代表集体约见市政府及相关部门的领导，就社会化管理中的养老服务体系建设等方面问题，双向探讨解决办法。市民政局领导介绍工作职责及社会化管理中的养老服务体系建设方面所做的工作。7位市人大代表围绕会前确定的议题先后发言，养老服务体系建设等提出问题和建议。市民政局及相关部门当场逐一予以解答。市政府分管副市长和市人大常委会领导提出具体要求。

（傅丽红）

上虞市人民政府

综　述

【概况】　全年全市实现地区生产总值571.05亿元，增长10.0%。财政总收入72.93亿元，增长12%，其中公共财政收入39.19亿元，增长10.3%；限额以上固定资产投资296.54亿元，增长23%；实现进出口总额32.29亿美元，同比下降20.7%，其中进口总额4.83亿美元，下降增长20.7%，出口总额27.47亿美元，同比增长0.3%；城镇居民人均可支配收入37854元，增长11.3%，农民人均纯收入17701元，增长11.8%；城镇登记失业率控制在2.89%。

【农业】　全年全市实现农林牧渔业总产值62.64亿元，增长3.2%。全年粮食播种面积745100亩，增长0.9%，蔬菜播种面积268500亩，下降5.1%；棉花26505亩，下降14.0%；水果86295亩，增长3.3%；水产品总产量3.88万吨，增长0.6%；全年生猪出栏41.76万头，下降12.8%，家禽出栏555.67万只，下降0.8%，肉类总产量4.08万吨，下降8.6%。

至年末共拥有农业龙头企业82家，其中年销售收入超亿元企业9家，省级骨干龙头企业9家。全年新增农民专业合作社25家，累计达365家，覆盖农业各个产业，其中省级示范性专业合作社12家。农业品牌建设取得新突破，至年末全市共有浙江名牌产品13只，浙江著名商标10只，绍兴名牌产品56只，绍兴著名商标21只。积极推进农产品认证，全市全年新认证无公害农产品18只、绿色食品2只，无公害农产品基地面积15000亩。

【工业和建筑业】　实现规模以上工业总产值1298.81亿元，增长11.03%，从两大平台看，上虞经济开发区和杭州湾上虞工业园区继续引领上虞工业的发展，全年上虞经济开发区实现规模以上产值405.24亿元，增长13.5%，杭州湾上虞工业园区实现规模以上产值550.44亿元，增长21.2%，两区实现规上产值占全市比重达73.6%，比上年提高4.2个百分点。全市规模以上工业全年实现主营业务收入1220.03亿元，利税122.56亿元，利润85.20亿元，分别增长9.1%、4.6%和4.1%，增幅分别比全年最低点回升3.1、13.2和20.3个百分点。至年末全市共有主营业务收入2000万元以上企业522家，其中年主营业务收入10亿元以上企业22家，5～10亿元企业18家，1～5亿元企业139家。全市主营业务收入亿元以上企业实现产值1129.49亿元，增长13.7%；实现主营业务收入1066.03亿元，增长12.2%；实现利税115.03亿元，增长6.2%；实现利润82.00亿元，增长5.8%；占规模以上工业企业的比重分别达87.0%、87.4%、93.9%和96.2%。

全市全年实现建筑业总产值1151.04亿元，其中在外省实现835.86亿元；实现利税69.44亿元，利润总额35.08亿元，分别增长14.2%、15.7%、10.3%、12.0%。完成房屋建筑施工面积10383.51万平方米、房屋建筑竣工面积3876.44万平方米，分别增长9.8%和13.9%。评级创优大力推进，2012年上虞建筑企业新升一级企业2家、二级企业6家。

【城市建设】　2012年上虞市以“城市提质年”活动为契机，以“精致上虞”为目标，积极推进“三城一区域”建设。高铁新城建设顺利推进，西侧临时公交停车场已基本完工。积极推进七大城市门户靓化改造工程，杭甬高速小越道口、舜帝岭至岭光区域等入城口启动改造，104国道、329国道东关段、人民西路道墟至开发区段等入城口改造规划项目有序推进。龙山开发深化拓展，人民大桥完成换索，在春节前全面投用。新建城区公共停车泊位420个，实施“五大类”市政民生工程71只，完成年度投资3500万元。按照“城乡统筹、普惠共享”为目标，加快多层次住房保障体系建设。推进人才公寓建设，完成一期3万平方米、500套经适房销售，新开工建设公租房30套，新增廉租房受益家庭50户，完成城市吸纳型农民集中居住区建设总工程量的86%，完成农房改造2959户。

【国内贸易与对外经济】 全年实现社会消费品零售总额180.34亿元，增长16.5%，实现总量和增幅分别居绍兴五县市第二和第三位的良好发展态势。年末全市共有商品交易市场56个，实现成交额131.12亿元，大型商品交易市场活力彰显，年末成交额超亿元市场6个，实现成交额76.24亿元，占全市商品交易市场成交额的比重高达75.8%。其中浙江石狮国际商贸城和绍兴大通集团公司农副产品批发交易市场年成交额超10亿元。

全市全年新增进出口备案登记企业158家，累计达1517家，有进出口实绩的企业832家；实现进出口总额32.29亿美元，下降3.6%，其中进口总额4.83亿美元，下降20.7%，出口总额27.47亿美元，增长0.3%；新兴市场开拓成效明显，全市有贸易往来国家（地区）176个，出口超1000万美元的国家（地区）50个，比上年增加2个，出口总量居前五位的国家（地区）依次为美国、印度、日本、韩国、巴西；出口超1000万美元的企业61家，比上年增加1家。从出口产品结构看，机电产品出口8.18亿美元，下降0.8%，占出口总额的29.8%；化工产品出口7.87亿美元，增长8.9%，占出口总额的28.6%；纺织产品出口5.24亿美元，下降12.2%，占出口总额的19.1%。

【交通和旅游】 2012年上虞市积极推进交通重点工程建设，全年交通基础设施项目投资7.98亿元，其中政府投资项目2.12亿元。嘉绍跨江大桥和杭甬客运专线两大部省级重点工程建设顺利开展，政府投资项目建设工程按计划有序推进，完成赵家大桥等8座桥梁加固维修，上浦东山大桥开工建设。加快实施农村联网公路建设，新建里程11.7千米，至年末累计联网公路建设217.7千米。实现城区公交全面公营化运营改革，7月1日起推行“上车一元、一票到底”惠民政策，城区共有公交线路18条车辆116辆，日运行班次已达到1390班次。积极推进交通投融资体制改革，发行交投二期债券10亿元。

全市旅游总接待游客570万人次，增长25.5%，旅游总收入45.54亿元，增长27.0%。其中接待国内游客564.1万人次，国内旅游收入44.18亿元，分别增长25.6%和27.2%；接待入境游客5.9万人次，旅游外汇收入2161.86万美元，分别增长22.9%和24.8%。年末共有涉外饭店、宾馆10家，其中五星级2家，四星级1家，三星级4家。全市共有旅行社16家，其中四星级1家，三星级3家。（陶永清）

重要会议

【2012年政府全体会议】 2012年3月2日，上虞市人民政府召开十六届市政府第一次全体会议，贯彻落实市“两会”和全市经济工作会议精神，并就《政府工作报告》提出的175项具体目标任务和34项民生实事进行分解落实。会议由副市长方静主持，市委常委、常务副市长余云才部署落实2012年政府工作目标任务，会上财政局、国土局、住建局、服务业发展局、中国银行上虞支行、崧厦镇、梁湖镇等七家单位作表态发言，市长王慧琳作总结讲话。

【市政府常务会议】 2012年，全年市政府召开12次常务会议，通过多项政策意见。

1月18日，十五届市政府召开第45次常务会议。会议审议并原则通过2011年财政收支执行及2012年财政收支安排情况；关于加快推进热电企业炉外脱硫工作的实施意见；关于提高清水河道、农业“两区”水利设施建设、机电排灌站管理维护等乡镇水利工程资金投入和补助标准的意见。听取曹娥江至慈溪引水工程施工二标局部河段调整方案相关情况的汇报。

2月17日，十五届市政府召开第46次常务会议。会议审议并原则通过关于村卫生室一体化管理和实施基本药物制度的实施意见；关于鼓励社会工作人才开发培养的若干政策意见；关于鼓励社会工作人才开发培养若干政策意见；关于招商选资“一号工程”实施意见；关于“项目推进年”活动实施方案；关于“企业服务年”活动实施方案；关于“城市提质年”活动实施方案；关于进一步加强农村私人建房管理实施意见。听取关于上虞市“十二五”妇女儿童发展规划编制情况的汇报；关于加快推进婚姻登记优生服务中心办公场所建设情况的汇报；关于市政府全体会议及政府督查工作方案。

3月1日，十六届市政府召开第1次常务会议。会议审议并原则通过关于明确工业用地出让起始价的意见。

3月27日，十六届市政府召开第2次常务会议。会议审议并原则通过关于进一步强化海外高层次人才创业扶持和进一步加快高层次人才引进培养的若干政策意见；关于外资外经外贸和服务外包政策意见；关于大力发展回归经济实施意见；关于加快现代服务业跨越式发展的若干意见；关于加快发展总部经济若干政策意见；关于加快重点区域“退二进三”工作实施方案；关于新型农村合作医疗制度管理职能移交工作实施方案；关于上虞市邮政普遍服务村邮站和信报箱建设工作实施方案；关于农业产业化政策意见；关于城市门户靓化工作方案；2012年度房屋征迁改造工作任务分解方案。听取关于调整上虞市房屋重置价格情况的汇报；关于解决房地产企业运行有关问题的情况汇报；关于美丽乡村规划编制情况的汇报；关于隐潭水库、虞北排涝河、滨海闸、梁湖沙塘工程建设有关前期工作情况的汇报。

5月2日，十六届市政府召开第3次常务会议。会议审议并原则通过关于发展虞商回归税源经济的工作意见；关于公交公营化改革实施意见和城区公交运营体制改革实施方案；关于直管公房（原棉纺厂职工宿舍）资产处置的方案；关于招商选资信息整合实施意见；关于促进会务经济发展若干意见；关于进一步做好重点工业企业风险化解工作实施意见（试行）；关于进一步加强建设融资服务中心建议方案；关于企业综合排序优化配置社会资源实施意见；关于进一步提升乡镇工业功能区建设水平的若干意见、工业循环经济（节能降耗）财政专项资金使用管理暂行办法和加快推进传统产业提升发展、新兴产业培育壮大政策等意见；关于进一步明确工业用地招拍挂起始价的补充意见；关于进一步加强房屋征迁改造工作的若干意见和城区房屋征迁改造补偿安置实施细则；鼓励企业开展自主创新奖励办法、公共科技创新服务平台建设奖励办法、科技创业服务专项资金管理暂行办法；关于“蓝天行动”实施方案；关于村级集体经济增收五年计划实施意见；关于雀嘴村新农村建设方案。听取关于食品药品安全工作的情况汇报；关于学生上下学接送情况的汇报；关于化解当前融资难问题的情况汇报；关于惠普项目相关情况的汇报。

5月29日，十六届市政府召开第4次常务会议。会议审议并原则通过关于进一步加大自营出口扶持力度补充意见；关于公立医院综合改革实施方案；关于农民建房用地保障工程试点工作方案。听取关于曹娥景区建设工程相关情况的汇报；关于电影发行放映公司解困工作的情况汇报；关于烧结砖企业整合提升工作的情况汇报。

7月11日，十六届市政府召开第5次常务会议。会议审议并原则通过关于政府投资项目和重大产业项目实施“模拟审批制”的若干意见；关于进一步规范义务教育阶段择校收费和做好阳光招生工作的指导意见；关于2012年度建设用地保障方案；关于进一步加强殡葬工作的意见和殡葬基本服务项目免费办法。听取关于建立工业强市建设联席会议制度的情况汇报；关于规上企业综合排序优化配置社会资源工作的情况汇报；关于中石化大通油气站发展优惠政策的情况汇报；关于调整残疾人就业保障金收缴标准的情况汇报；关于上海剑桥科技有限公司通信宽带终端产业基地项目有关政策的情况汇报；关于上虞市大三角水厂二期工程出厂管工程发包问题的情况汇报；关于环境保护行政执法联席会议制度的情况汇报。

8月6日，十六届市政府召开第6次常务会议。会议审议并原则通过关于2012浙东新商都（上虞）购物节活动总体方案；关于培育扶持汤浦童装城相关政策意见；关于防汛一线、二线海塘定线方案。听取关于2012年政府投资项目计划调整的情况汇报；关于加快社会保障卡建设情况的汇报；关于改进和完善机关事业单位职工养老保险制度情况的汇报；关于将曹娥景区段运河河岸砌石工程纳入清水工程的情况汇报；关于实施幼儿园园舍安全工程建设的情况汇报；关于上虞市市场开发服务中心继续享受税收优惠政策的情况汇报；关于中百保江塘、王公砂塘等一线海塘进行防洪能力安全评估的情况汇报；关于工业强市建设规划编制情况的汇报。

9月24日，十六届市政府召开第7次常务会议。会议审议并原则通过上虞市城乡居民医疗保险实施细则（试行）；关于进一步加强公路治超工作方案；关于基层安监机构规范化建设、安全生产标准化达标创建“以奖代补”以及信息化建设的有关意见；关于加快发展融资性担保机构的若干意见；上虞市企业互助基金操作管理办法；上虞市“十二五”主要污染物总量减排实施方案。听取关于企业退休人员重阳节、春节补贴慰问金发放情况的汇报。

10月31日，十六届市政府召开第8次常务会议。会议审议并原则通过上虞市政府投资项目管理办法；关于推进低效利用建设用地二次开发的实施意见（试行）；关于2012年度房屋征迁改造工作优胜评比办法；关于应急联动规范化建设工作实施意见；关于进一步完善企业重组政策的补充意见。听取关于第四期债券发行工作的情况汇报；关于部分经营性土地实际交地时间方案；关于完善动物卫生监督体系的情况汇报；关于实施60至69周岁老年人乘坐城市公交车减半优待工作的情况汇报；关于“海葵”台风损毁一线海塘紧急抢修工程、世纪新丘应急保滩工程相关情况的汇报；关于章镇人民法庭审判办公综合楼工程相关情况的汇报。

12月3日，十六届市政府召开第9次常务会议。会议审议并原则通过关于进一步加强体育工作的意见。听取关于开展上虞新港一期可行性研究的情况汇报；关于创建浙江省卫生强市工作的情况汇报；关于乡镇（街道）污水处理工程实行统一运行管理的情况汇报。

12月31日，十六届市政府召开第10次常务会议。会议审议并原则通过2013年政府投资项目投资计划（建议）；2012年财政收支执行和2013年财政收支安排情况；关于加快旅游业发展的若干意见；关于深化提升“四季仙果之旅”品牌的若干意见；关于进一步加快工业强市建设的政策意见；关于“一江两岸”整体城市设计方案。听取关于加快曹娥江旅游度假区开发建设的情况汇报；关于建立完善“一江两岸”及高铁新城开发建设体制机制的情况汇报；关于《政府工作报告》起草情况的汇报。

【市长办公会议】 全市每月定期召开市长办公会议，着重研究7个方面的议题：1.激发经济活力，力保平稳增长：发挥投资拉动作用，挖掘市场消费潜力，优化外经外贸结构，维护金融生态环境；2.强化创新提升，推进工业转型：实施招商选资“一号工程”，发展战略性新兴产业，培育壮大优势企业，提升自主创新能力；3.提升城市品质，繁荣城市经济：精益化完善城市规划，精品化推进城市建设，精细化实施城市管理，高端化培育城市经济；4.加快统筹协调，增强基层实力：发展现代农业，培育活力城镇，建设美丽乡村；5.推进节约集约，优化生态环境：提高资源利用效率，改善大气和水环境质量，巩固生态创建成果；6.创新社会管理，维护公平正义：切实保障公共安全，加强民主法治，维护安定秩序；7.注重人文关怀，提高幸福指数：努力保障群众基本生活，满足群众教育需求，增强群众健康体质，丰富群众文化生活。

【推进应急联动规范化建设】 成立市应急联动处置领导小组及市应急联动指挥中心，制定出台《应急联动规范化建设工作的实施意见》，确定三级联动单位82家，完善处置受理范围、处置方法及程序，确保应急联动工作长效管理、规范运作。完善预案体系，1个市总体应急预案和65个市级专项应急预案重新修订发文。举行全市应急联动处置演练，调集应急救援队员400余人，演练深得亲临现场观摩的省委副书记、政法委书记李强高度评价和肯定。

【征集调研文章36篇】 市政府办公室深入开展发展回归经济、建立虞商分片联系制、国土收储、社会组织建设等多个专题调研。创办《政务调研》刊物，共刊发2期。共征集绍兴市(上虞市)政府系统优秀调研文章36篇，其中5篇送绍兴市评选，评出《把握五个方向 实施五大战略 全面提升工业化与城市化融合发展水平》等上虞市级优秀调研文章16篇。

【编发《政务督查》47期】 按照打造“创新上虞、精致上虞、人文上虞、幸福上虞”的总体目标，紧紧围绕市委、市政府确定的重大决策部署，以《政府工作报告》为主线，突出招商选资“一号工程”和“项目推进年”“城市提质年”“企业服务年”等重点，坚持“重在协助、重在推动”的工作理念，进一步创新思路，着力从改善机制、强化网络、转变工作方式和作风入手，不断提高政府工作的执行力，全力推进市政府各项目标任务的全面落实，全年共编发《政务督查》47期。

【编发《上虞政务》162期】 2012年，市政府办公室围绕政府重点工作、重大活动、重要决策，精心整理富于开创性和推广意义的工作经验，通过“全员办信息”活动，政务信息工作保持前列。全年分别被省政府、绍兴市政府录用信息52条(篇)和140条(篇)，其中6篇信息获得省领导批示，1篇在全省进行交流推广，在省、绍兴市政务信息考核中均被评为先进单位。2012年，信息科全新改版本级刊物，每周一期的《工作动态》改版为每天一期的《今日政务》，加大乡镇部门信息的刊发量，有效激发动力、夯实基础，全年共编发《上虞政务》各类刊物162期。

【规范行政工作】 2012年共组织起草人代会、经济工作会议、市政府全体会议等重要会议报告，拟定各类文稿。共收上级来文1923件、本级来文766件；核发政府文件531只、专题会议纪要133只。 (陶永清)

【办理人大建议188件】 市政府共承办市十六届人大一次会议建议188件，经过市级有关部门和乡镇(街道)的办理，按时办结。其中代表满意的171件，占90.96%，基本满意的12件，占6.38%，表示理解的5件，占2.66%，总满意率达97.4%，其中17个单位的承办满意率达100%。办理结果为A类的53件，占28.19%，B类的96件，占51.06%，C类的39件，占20.74%。 (王爱琴)

【办理政协提案215件】 市政府共承办市政协九届一次会议委员提案215件，经过市级有关部门和乡镇(街道)的办理，按时办结。其中满意的195件，占90.7%，基本满意的14件，占6.5%，表示理解的6件，占2.8%，总满意率达97.2%，其中26个单位的承办满意率达100%。办理结果为A类的121件，占56.3%，B类的79件，占36.7%，C类的15件，占7%。 (王爱琴)

法治工作

【概况】 2012年，制定出台《关于进一步加强依法行政工作的意见》等文件，对政府公共权力运行中的重大事项决策、政策文件制定、依法行政等方面作出具体规定，形成比较完善的政府工作规则体系。健全科学民主决策机制，完善公众参与、专家论证和政府决定相结合的依法行政决策机制。

【修订完善《上虞区行政执法责任制工作考核办法》】 对行政执法的组织领导、执法主体、执法行为、制度建设、考核方法等方面内容作了进一步明确，并将行政执法责任制考核结果纳入部门(单位)工作目标责任制考核范围，使考核机制更具科学性、规范化和可操作性。对全区重点执法单位开展案卷评查。

【加强对规范性文件的审查】 对2012年24件行政规范性文件、所有政府文件及会议纪要等政府出台的文件全部进行清理。

【建立健全预防化解行政争议工作机制】 根据省、绍兴市政府相关文件要求，结合上虞市实际，法院、信访、法制三家联合制定出台了《预防化解行政争议工作联席会议制度》《关于建立行政争议实质性化解工作机制的若干意见》,为及时有效化解社会矛盾、解决行政争议提供了有力的制度保障。完善行政争议调解制度,建立了校园、医疗、家庭、劳动用工、交通事故等专业调解委员会,及时有效化解社会矛盾,为解决行政争议提供了有力的制度保障。

【加强对行政处罚案件检查】 加强对重大行政处罚案件备案审查重点执法部门的行政处罚案件进行不定期抽查;对诉讼、复议中涉及的行政处罚案件进行调取处罚卷宗检查。2012年共对40多个部门的156件行政处罚、行政许可案卷进行了抽评,并逐卷作出了优秀、良好、合格和不合格的评价,有效地促进了行政处罚案件质量的提高。

【依法审理行政复议案件】 加大行政复议中的协调力度,努力把行政争议化解在基层、化解在初发阶段、化解在行政程序中,努力做到在不护短的前提下,切实解决企业、群众的实际问题。积极探索办理行政复议案件的新方式、新举措,努力提高办案质量。2012年,共收到75件行政复议申请,其中,受理35件,审结后维持原行政行为35件。

(陶永清)

外事活动

【概况】 2012年,开展对外友好合作交流,与美国加利福尼亚州拉克斯波市、奥地利施泰尔马克州莫塔尔地区、澳大利亚云顿市进行友好互访。全年共办理市政府请示组团13批计58人次,省内外"双跨"(线上组团)组团15批计16人次,纯企业单位人员因公出国(境)组团11批计17人次;共审核邀请外国人员来华访问的请示及报批事宜83批计96人次,代办受理审核因公出国(境)人员的护照(通行证)、签证(签注)41批计106人次。

【上虞市与奥地利莫塔尔地区签署友好交流备忘录】 2012年7月9日至11日,市委书记孙云耀率团访问奥地利施泰尔马克州莫塔尔地区。访问期间,孙云耀与奥地利议会经济部负责人、莫塔尔地区区长、斯皮尔伯格市市长等相关官员进行了友好会晤,并代表上虞市与莫塔尔地区签订了友好交流备忘录,推动双方在经济、文化、教育等方面的合作与交流。

莫塔尔地区是奥地利第二大邦,也是被誉为奥地利"绿色心脏"施泰尔马克州下属的一个地区,紧靠阿尔卑斯山脉东南麓,地域面积1675平方千米,人口7.4万人,工业以机电为主。2011年7月,上虞卧龙控股集团成功收购了奥地利ATB驱动技术股份有限公司。卧龙ATB集团下属的摩特维克电机工厂,是莫塔尔地区最大的工厂。

【上虞市与美国拉克斯波市缔结友好城市】 2012年3月26日—27日,美国拉克斯波市副市长丹尼尔到上虞访问,上虞市委常委、常务副市长余云才,副市长方静等陪同。双方举行亲切会谈,并签订了缔结友好城市备忘录。

2012年3月26日,美国拉克斯波市副市长丹尼尔来虞访问,双方举行亲切会谈,并签订了缔结友好城市备忘录

丹尼尔副市长在虞访问期间,参观考察了上虞城北新区、青瓷博物馆、杭州湾上虞工业园区、上虞中学、市人民医院等。上虞悠久的文化历史、大气的城市建设、广阔的发展空间、开放的市场环境,以及互惠互利相互尊重的合作精神,给丹尼尔一行留下了深刻印象。双方均表示将进一步密切往来,增进友谊,开展多方位、多领域的交流和合作。

拉克斯波市隶属美国加利福尼亚州马林县，位于加利福尼亚州旧金山市以北约30千米，交通便捷，人口27万，居民收入位居美国人均前列，教育、科技、医疗卫生非常发达，自然景观资源丰富。（陶永清）

侨务和港澳台事务

【概况】 2012年，上虞市创新侨务工作思路，通过开展资源调查、强化政策引导、加强宣传调研等措施，广泛联系和团结港澳同胞、台湾同胞、海外侨胞和归侨侨眷，不断把港澳台侨海外统战工作引向深入。出台《关于加强新时期侨联工作的意见》，为侨联事业的创新发展提供了保障；开展"进村入企"大走访活动，赴全市重点台侨资企业开展调研，听取意见建议，及时帮助解决他们在生产生活中遇到的困难和问题；开展台资企业系列宣传报道活动，在《上虞日报》和上虞电视台分四期先后刊播浙江拓进五金工具有限公司等知名台企特辑，并刊发《台资企业转型升级给我们的启示》等综合性报道，扩大了台资企业的知名度；全面加强侨务宣传，印制《涉侨政策法规选编》广泛发至乡镇（街道）、部门、社区、学校和有关企业，为做好侨务工作营造良好的氛围。

【召开上虞市侨联二届三次全委会暨优化为侨服务座谈会】 12月18日，上虞市侨联二届三次全委会暨优化为侨服务座谈会召开。会议通过了侨联班子调整，蒲伟明当选为上虞市侨联主席，徐淡芳、阮妙娟被聘为名誉主席。会上，崧厦镇寺前村、上虞市公证处、上虞市公安局出入境管理大队、驿亭镇等作了为侨服务典型发言，副市长盛夏锋出席会议并讲话。（毛利湧）

【对台交流交往】 11月组织5家企业赴台参加"海峡两岸汽车零部件展"。2012年，市内企业赴台开展商务合作交流20批次，38人次。加强与台北上虞同乡会的联络联系，指导市台胞台属联谊会开展工作，协助做好台湾亲属探亲、寻根活动的接待工作。

【对台经贸合作】 6月28日，指导协助台资企业浙江拓进五金工具有限公司承办全国性行业标准修订会议，该公司共修订了套筒工具等6个全国五金工具标准。浙江晶盛机电股份有限公司单晶炉等产品不断占领台湾市场，对台经济交流合作渠道有效拓展。

【涉台宣传教育】 扎实开展台资企业系列宣传报道活动，在《上虞日报》和上虞电视台分四期先后刊播浙江拓进五金工具有限公司等知名台企特辑，并刊发《台资企业转型升级给我们的启示》等综合性报道，扩大了台资企业的知名度。（毛利湧）

人事与编制

【概况】 按照公开、公平、公正的要求，2012年度全市考试录用公务员131人。组织事业单位公开招考活动6次。累计招聘435名；在组织实施公共卫生与基层医疗卫生事业单位绩效工资的基础上，其他事业单位推行绩效工资改革，全面实施了事业单位岗位设置管理。做好军转安置维稳工作。按照全市经济转型升级的需要，着力打造人才集聚城市。采取多种形式，开展经常性"引智强企"活动，加强高层次人才的选拔培养，推荐上报12名对象为上虞市2012年度"151人才工程"培养对象选拔人选。举办首届校企合作技能人才交流大会，邀请国内86所技工院校负责人与上虞市126家企业现场对接洽谈。兑现人才政策，将全年人才专项经费分成人才办专项经费、人才职能部门人才经费和人才政策经费三大块，累计兑现拨付科创平台奖励、高层次人才奖励、海外人才引进资助、优秀人才奖励、高技能人才培训补助各项经费1063.69万元。（许彩华）

【"阳光考录"公务员】 2012年度，全市共29家单位推出134名招考计划，经过网上资格初审、笔试、入围面试人员现场资格复审、面试、体检、考核及公示，共录用公务员131名，为历年之最。其中，网上报名资格初审通过人数为4782名，资格复审合格并参加面试人数为341名，按招考计划1:1

的比例，131名考生进行了体检、考核和公示，公示无异议办理录用手续，其中市级机关110名，乡镇机关21名。 （钱玲娣）

【高层次人才招录58名】 卫生系统下属市人民医院、市中医院、市疾控中心，教育系统下属春晖中学、上虞高级中学等学校，市旅游咨询服务中心、市环境监测站、水利工管所等事业单位面向全省（个别职位面向全国）公开招聘硕士研究生以上高层次人才或紧缺专业人才共58名，其中硕士研究生48名、紧缺型人才10名。 （钱玲娣）

【事业单位参照管理】 审核12家符合条件的拟参公事业单位报省公务员局审批；市散装水泥办、市墙改办、市能源监察大队等3家单位经省公务员局批准为参照公务员管理事业单位。已批准为参照公务员制度管理的市人才市场管理办和市水土保持监督站中9名符合条件人员经省公务员局批准登记。截至年底，全市政府系统共有34家事业单位参照公务员制度管理、457名事业人员参公登记。 （钱玲娣）

【安置军转干部12名】 全市共接收营及以下军队转业干部12名，其中，正营3名、副营3名、连职2名、技术干部4名。采取考试考核择优竞岗的安置办法，按笔试分占40%、考核分占60%的比例计入总成绩。择优安置到机关单位6名、参公事业单位5名、其他事业单位1名。 （钱玲娣）

【实施其他事业单位绩效工资】 根据省有关文件精神，2012年1月11日《上虞市其他事业单位绩效工资实施办法》经绍兴市人力资源和社会保障局、绍兴市财政局批复同意正式实施。9月6日召开全市其他事业单位工作会议，部署实施绩效工资工作；至年底基本完成全市其他事业单位基础性绩效工资的审批核定，下拨各事业单位绩效工资总量。事业单位绩效工资实施后，进一步完成工资项目归并、名称更改、工资软件的升级及相关文档的修改工作。 （徐柏年）

【全面实行事业单位岗位设置管理制度】 根据《浙江省事业单位岗位设置管理实施办法（试行）》精神，上虞市于2011年3月出台《上虞市事业单位岗位设置管理实施意见》（市委办〔2011〕50号），并于同年3月30日召开全市事业单位岗位设置管理工作会议，对这项工作作出全面部署。至2012年年底，全区纳入岗位设置管理范围的共367家事业单位，全部制定并核准了岗位设置方案，基本完成岗位聘用工作。全区367家事业单位核准岗位总量为13369个，其中，管理岗位1000个，占岗位总量的7.5%，专业技术岗位11898个，占岗位总量的89.0%，工勤技能岗位471个，占岗位总量的3.5%。 （徐明浪）

【选拔培养高层次人才】 组织开展2012年度享受国务院政府特贴专家的推荐选拔工作，经单位推荐，各级各部门审核，国家批准，浙江金盾控股集团有限公司马夏康入选2012年度享受国务院政府特殊津贴专家，成为上虞市第4位获得该荣誉的专家。还组织开展了2012年度浙江省“151人才工程”第一、二层次培养对象的推荐选拔工作，经单位和有关部门推荐，浙江省“151人才工程”联席会议批准，浙江正元集团有限公司王刚强、浙江龙盛集团有限公司何旭斌、浙江晶盛机电股份有限公司曹建伟等3人入选为第二层次培养对象，至此，上虞市共有11位人才入选该工程第二层次培养对象，成为全省入选培养对象最多的县（市）。 （徐明浪）

【年度取得专业技术资格5123人】 2012年，通过评审、考试和认定，共有5123人取得高、中、初级各类专业技术资格。其中，取得正高级专业技术资格11人，副高级专业技术资格291人，中级专业技术资格1063人，初级专业技术资格3758人。与以往相比，取得中、高级资格人数比例继续增加，专业技术队伍高、中、初结构进一步改善。

（徐明浪）

行政审批与便民服务

【概况】 2012年，受理各类行政审批、服务事项2089343件，办结2087598件，按期办结率100%，群众现场评议满意率99.8%。实施公共资源交易项目监督608项，总成交额48.82亿元，增收3.03亿元，节支2.92亿元。其中：50万元以上建设工程招标项目240项，预算金额27.07亿元，中标金额24.28亿元，比预算金额减少2.79亿元，平均下浮10.3%；50万元以下备案的建设工程招标项目154项，预算金额0.44亿元。公开出让经营性用地28宗，出让面积1307.25亩，起始价17.61亿元，成交总额20.10亿元，溢价2.49亿元，溢价率为14.15%；公开出让工业性用地45宗，出让面积2019.45亩，起始价4.12亿元，成交额4.15亿元，溢价0.03亿元，溢价率为1.15%；国有产权交易55宗，起始价1156.68万元，成交金额1477.68万元，溢价321万元，溢价率27.75%；政府采购货物与服务项目进中心交易91次，采购预算1.44亿元，成交金额1.29亿元，节支0.15亿元，节约率10.41%。

【推进“联审联批”机制】 发挥联合图审优势。完成全市121只图审项目，审查工程面积313.31万平方米。便民服务中心施行的牵头负责制、联合图审制、项目代办制、“多证联办”制、网上审批制、中介配套制、巡查回访制等七项联审机制，在3月份出版的省政府办公厅第230期《专报信息》上刊登，特别是联合图审相关做法得到省委领导任泽民、葛慧君和绍兴市主要领导的批示肯定，并在全省深化行政审批制度改革座谈会上介绍推广。正式出台政府投资建设项目及重大产业项目“模拟审批制”，并相继对交通局实施的长海公路与百崧公路连接线工程、园林中心的外环南线及大桥道路绿化工程和市汽运总公司的曹娥老站的改造工程等3只项目进行“模拟审批”试运行。

【推行主动上门服务】 转变传统服务观念，将“坐堂门诊”变为“上门出诊”。先后组织经贸、规划、国土、建设、环保、商务、人力社保、工商、公安分中心等部门，深入到上虞宏达、浙江钛山、绍兴日兴、浙江阳光等17家企业开展“审批服务下乡”活动，开展上门服务，通过集中座谈、“全程保姆式跟踪”等措施，帮助10家企业办理确认规划手续，完成10家企业消防设计备案、5家企业消防验收、3家企业房产证、土地证办理。

【加强窗口服务管理】 出台《窗口考核细则》和《窗口工作人员岗位奖考核办法》，实行个人年度考核与月度考核相挂钩、窗口整体年度考核与个人年度考核相挂钩的考核办法，全年共评选出红旗窗口106个次，先进个人150人次。重视社会监督力量，通过领导检查、邀请市纪委的行风监督员暗访、电话回访等途径，全年开展明察暗访工作5次，并对存在问题的窗口与当事人进行了书面通报。妥善处理企业、群众来电来访，成功处理1起市效能办整改件、4件绍兴市长热线投诉件、19起群众来电来访投诉。

【完善招投标监督工作】 针对新出台的《招标投标法实施条例》，结合上虞实际，修改完善招标投标监督制度，改进产权交易程序，出台收取资料费、禁止透支卡刷卡、有效时间内竞价人达到大家的报价就成交等一系列遏制串通竞标行为的措施。首次尝试将商务报价列入竞争，成功实施财政绩效评价项目服务谈判采购，优惠幅度达50%以上。强化招投标“事后监督”，处理经济开发区大厂拆迁安置房二期场外配套工程招标中涉嫌使用假公章、长海公路连接线监理项目中出现人员监理不当等违规问题7件。答复处理市卫生局信息系统、水利管理所土地出租等12个信访件。

（池如芳）

公共资源交易管理

【概况】 2012年，全市公共资源交易平台共完成交易585项（笔、宗），成交金额55.623亿元。分别是建设项目27.53亿元，比底价下浮10.23%；政府采购1.36亿元，比预算降低13.33%；产权交易16.77亿元，比底价增长23.66%；土地交易25.21亿元，比底价增长11.25%；司法拍卖1.35亿元，比底价增长13.09%。五项累计增效节资6.08亿元，平均节（增）率10.82%。被评为绍兴市公共资源交易平台建设服务质量先进单位。

【优化政府采购“监管办”体系流程】 市便民中心(以下简称中心)细化政府采购监督、管理体系,通过优化采购程序:

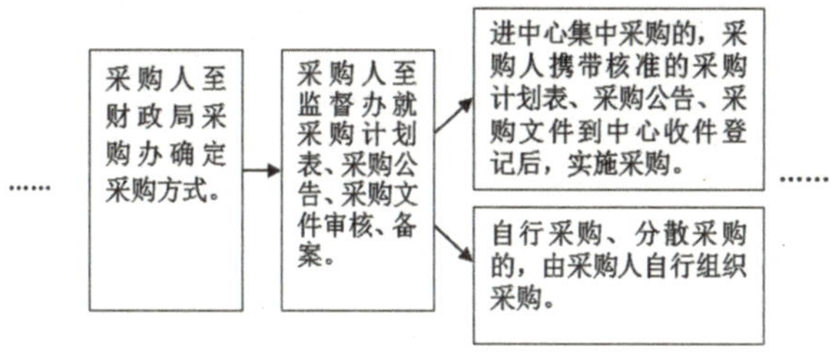

规范采购人采购行为,提高工作效率。

【推出政府采购相关服务举措】 中心制定了政府采购(公开招标、竞争性谈判、询价)三个示范文本,刊发在中心网站供采购人无偿下载使用。中心网站采取网上报名后实行资格后审制度:对公开招标和竞争性谈判政府采购项目,中心在收件登记三个工作日内审核办理完成,进入相关采购程序;对于协议供货项目,收件登记后,采购人提供协议供货确认书,中心当场办理成交确认书;对于询价项目,根据采购规模效应,中心在收件登记后实行月度固定时间询价,每月5日、20日为固定询价公告日期。从而把采购承诺办理时间进行压缩,为服务对象提供便捷高效的服务,缓解政府采购“时间长、价格高、质量差”的难题。

【法院司法拍卖入场交易】 中心针对司法拍卖业务特点,主动对接,精心组织,与市人民法院和各拍卖公司做好沟通衔接,制定明确信息发布流程、拍卖程序。首场公开拍卖会于3月9日举行。截至年底,组织司法拍卖46宗,成交价13455.19万元,累计增加1557.79万元,平均增加率13.09%。

【完善建设工程电子招标系统】 中心对“远程在线招投标操作管理系统”进行升级,主要针对评标系统、网上银行系统模块的建设,增加电子监察系统,充分发挥中心网站的服务作用。系统的利用信息化建设促使招投标市场从“有形”向“无形”转变,全面实施“一网实现、全程服务、实时监控”。

(池如芳)

档案管理

【概况】 2012年,上虞市档案局(馆)接收档案12830卷、57476件,征集档案11306卷,本级馆藏档案总量208587卷、251089件。提供查阅利用23461人次,查阅档案29909卷、12122件。全年共接待参观人次130批28107人次,被评为绍兴市社科普及基地,并通过绍兴市爱国主义教育基地验收。

【罗怀涛向档案馆捐赠弘一法师珍贵照片】 3月21日,美籍华侨、世界汉文化联合会执行董事、美中文化交流中心主任罗怀涛到上虞,将珍藏半个多世纪的一组弘一法师生前照片捐赠给市档案馆。罗怀涛共捐赠5幅照片,分别为弘一法师在1899年公子时代照片、1902年在沪扮演褚彪剧照、1906年扮演《茶花女》剧照以及1918年和1919年出家时期的照片,每张照片背面都附有手写的文字说明。

【夏丏尊、叶圣陶后裔捐赠《夏丏尊珍贵遗像画》】 4月8日,夏丏尊孙女夏弘琰和叶圣陶后裔一行六人,在副市长方静、市政协副主席赵畅陪同下,将《夏丏尊珍贵遗像画》捐赠给市档案馆,同时向市档案馆提供了叶圣陶先生所作的《夏丏尊去世日记》电子稿和两幅《夏丏尊珍贵遗像画》的电子稿。此幅《夏丏尊珍贵遗像画》是夏丏尊去世后的第二天在殡仪馆由钱辛稻所作。

【档案登记备份中心系统集成项目通过验收】 5月17日,包含档案馆综合管理系统存储扩容升级、电子业务数据登记备份存储系统、电子业务数据登记备份双机容灾服务器、企业登记备份双机容灾服务器、电子业务数据登记备份前置服务器等设备在内的档案登记备份中心系统集成项目通过专家组验收,并投入使用,为全市档案基础业务建设和信息化工作的开展带来持续动力。

【丁敬涵捐赠国学大师马一浮珍贵档案资料】 5月30日,经乡贤研究会会长陈秋强的牵线搭桥,国学大师马一浮的弥甥女丁敬涵将珍藏多年的马一浮资料共计132件捐赠给市档案馆。此次捐赠的档案资料有：马一浮珍贵照片59帧，珍贵书法作品14件，珍贵诗文稿17件，马一浮亲笔撰写的日记2本，撰并书之碑文、诗歌拓片8件，抄本3册，记事信封2件，临帖5件，档案资料22件。

【《上虞地方文化丛书》获一等奖】 6月20日，在浙江省档案局下发《浙江省档案局关于公布全省档案部门第十一次优秀编研成果的通报》中，市档案局组织编撰的《上虞地方文化丛书》荣获全省优秀编研成果一等奖，这是市档案局时隔十三年再次荣获全省档案部门优秀编研成果一等奖。

【"上虞记忆"工程获评创新破难十佳案例之一】 8月20日，浙江省档案局印发《关于表彰全省档案系统开展"比作风、树形象、强效能、创一流"主题实践活动创新破难十佳案例和优秀案例的通报》，"上虞记忆：党委政府来推进——上虞市档案局记忆文化融入文化强市建设"被评为全省档案系统开展"比作风、树形象、强效能、创一流"主题实践活动创新破难十佳案例之一。

【通过"平安浙江"档案安全监管工作考核】 12月4日，由省档案局副局长王茂法带队的"平安浙江"档案安全监管工作考核组对上虞市进行考核。档案局、平安办等有关单位参加考核。考核组听取了上虞市近几年来对档案安全监管工作的情况汇报，并对依据性材料进行了仔细评审，实地察看了档案与电子文件登记备份中心，对在线业务数据、脱机备份数据等运行情况进行了现场测试。考核组充分肯定了上虞市档案安全监管工作，认为开展这项工作力度大，工作实，效果好，有创新，在服务民生、促进民生、保障民生中发挥了重要作用。

【档案文化助推文化强市】 市档案局立足"上虞记忆"工程，开展档案文化建设。《名校篇——百年鹤琴 薪火传承》《盘点2011上虞》《盘点2012聚焦上虞发展》《艺苑撷英——崧厦中学部分校友书画集》《人文上虞书画集》等五部编研作品印刷出版，《上虞地方文化丛书》实现网上在线阅览。档案文化展厅全年共接待包括省纪委老干部考察团、金近文学奖获奖作家代表团、"中国十大信义人物"等多个重要团队130批次2.8万余人次。与市委宣传部联合举办"回眸2011上虞"图片展，与市收藏家协会等联合举办"人文上虞书画展"，与崧厦中学联合举办"艺苑撷英——崧厦中学校庆60周年部分校友书画作品展"。

【规范项目档案管理】 市档案局对全市计划新建的157只政府投资项目实施了项目档案跟踪指导，对其中97只政府投资项目实施了档案管理登记，对2008—2011年113只项目档案进行了专项督查，82只项目通过档案专项验收，并对39只已完工的乡镇（街道）政府投资项目实施了档案专项验收管理，完成了4家企业6只技改项目的管理登记。 （蒋 明）

由省档案局副局长王茂法带队的"平安浙江"档案安全监管工作考核组对上虞市2012年度建设"平安浙江"档案安全监管工作进行了考核，图为考核组在上虞档案馆考核 （蒋 明 摄）

机关事务管理

【开展平安机关创建】 市级机关事务管理局开展平安机关创建工作：落实人员车辆"两证"出入管理，有效控制随意进出、车辆乱停乱放等现象；邀请消防、气象等部门专家对两个中心的消防、避雷设施开展一次安全隐患大排查，落实措施及时整改，杜绝隐患；做好上访人员、群体性事件的接待化解，规范对非正常上访群众的劝导，切实维护好行政中心正常的工作秩序和安全。加强硬件维护；完成“两个中心”各种设施设备维修1560余次；投入30万元，对市民中心各单体建筑前后的自行车棚，进行加固和油漆，顶棚统一更换经久耐用的波纹瓦；对行政中心的70只机动车棚进行翻新加固。确保安全，美化环境。

【推进公共机构节能】 建立健全上虞市公共机构花名册，摸清全市有财政拨款关系的19个乡镇（街道）、61个市级部门和单位、8家团体组织、209家事业单位的基本情况，夯实工作基础。印发《关于2012年全市公共机构节能宣传周活动安排的通知》，精心部署，认真落实，开展好节能宣传周活动。在上虞机关后勤网站设置“科技助力公共机构节能”专栏，定期发布公共机构节能的有关文件、信息和节能知识。修订完善2012年度公共机构节能考核办法，对公共机构节能考核优胜单位，给予该单位一般行政经费5%的奖励，用于节能建设。统计年报显示，2012年机关人均能耗为94.98千克标准煤/人，比2011年下降3.45%；单位建筑面积综合能耗为4.21千克标准煤/平方米，比2011年下降3.66%，完成2012年人均综合能耗和单位建筑面积能耗分别下降3.2%、3.5%的节能目标。市级机关事务管理局被绍兴市机关事务管理局、经信委、财政局评为绍兴市节约型公共机构示范单位。（绍市机管〔2013〕37号），并推荐申报2013年国家级节约型公共机构示范单位。

【加强房产公车管理】 明确机关办公房产管理范围，制定相应的管理细则，力求房产配置最优化。市级机关事务管理局牵头对两个中心各单位办公用房需求进行详细调查，并对全市机关闲置、出租的国有房产开展一次调研摸底，向市政府提出两个中心办公用房现状情况及调配方案的建议，为市领导决策提供依据。加强公务车辆定点维修、定点加油、定点停放“三定”管理。对管理范围内的公务车辆继续推行单车能耗统计制度。布置落实党政机关公务用车问题专项治理工作，摸清局管理的各类公务用车底数，健全基础资料，及时处置违规车辆。

【提升后勤服务质量】 注重细处入手，加强过程管理，杜绝各类差错。全年有效提供各类会议服务230场次，接待与会人员2.65万人次。加强对两个中心机关食堂的日常监督考核。推行两个食堂厨师长轮流开菜单制度，取长补短，推陈出新，统一编排每周菜色品种。每季度开展菜品意见征询活动。因时推出新菜，节假日加菜等举措，两个中心食堂菜品测评满意度稳步提升。

（罗关华）

地方志修编

【概况】 自2010年启动《上虞市志》编修工作以来，上虞市志办立足上虞现状，邀请省级、市级专家对《上虞市志》纲目进行多次论证、调整，反复推敲、不断锤炼，力求在保持篇目规范的基础上进一步创新，体现上虞个性。采取多方式加强与乡镇（街道）、部门的互动交流，培训各单位修志人员千余人。

【阶段性总结乡镇修志进度】 4月27日，市志办召开乡镇（街道）修志工作会议，21个乡镇（街道）修志业务负责人或编纂主笔参加。市志办主任王志胜对阶段性修志工作开展情况作了全面的回顾总结，介绍了今年的工作思路，对修志工作作了具体的部署，提出了明确的工作目标和任务，要求广大修志工作人员既要作好市志承编资料几上几下，不断修改完善的准备，也要按计划有序推进乡镇志、街道志的编纂工作，严格遵循志书的编纂要求，加大对乡镇、街道志资料的搜集力度，加快编修步伐，做到既夯实基础，又保质保量。

【举行《上虞年鉴(2012)》稿件审读研讨会】 12月14日，市志办举行《上虞年鉴(2012)》稿件审读研讨会，绍兴市史志办年鉴处处长张显辉及绍兴县、新昌县市志办有关人员应邀参加。会上，上级及兄弟县市的专家在认真审读《上虞年鉴(2012)》相关样稿的基础上，从年鉴行文的规范、条目标题的提炼、主题的把握、内容要素的齐全等方面作具体的指导，提出中肯的意见建议。市志办各位编辑纷纷提出年鉴编纂过程中碰到的疑难问题，双方展开热烈的讨论和交流。

【举办10余次业务培训和研讨会】 市志办继续分阶段落实培训措施，采取小范围座谈，针对性指导等方式，有序抓好乡镇(街道)和部门的修志工作。先后举行5次乡镇(街道)、部门的研讨会，召开《上虞市志》编审培训会，市志办全体工作人员、部分乡镇(街道)及部门单位修志人员代表共30余人参加培训，为修志工作中碰到的实际问题答疑解惑，就如何借鉴其他地方志书的长处，如何规避一些不必要的问题作了详细讲解。

【省地方志专家到上虞指导工作】 市志办邀请省地方志专家组专家鲁孟河、绍兴史志办编研二处处长李能成参与论证《上虞市志》纲目，副市长方静出席论证会。与会专家围绕《上虞市志》纲目进行了全面深入的探讨，鲁孟河希望市志办人员集思广益、认真务实，在充分了解上虞地情前提下，认真听取专家们的意见建议，进一步修改完善《上虞市志》纲目，从而确保《上虞市志》编修工作又好又快地开展。

【绍兴市史志办领导调研上虞地方志工作】 6月13日，绍兴市史志办主任何云伟、编研二处处长李能成对《上虞市志》编修工作进行调研指导。市志编辑部有关同志就《上虞市志》编修业务的进展作了汇报。绍兴市史志办领导在肯定《上虞市志》编修工作取得的阶段性成绩的同时，要求在科学发展观指导下，精益求精，在现阶段进一步做好资料的补充、考证和志稿的审读工作，体现志书鲜明的时代特色、地方特色，争取编出精品佳志。

（屠月玲）

政协上虞市委员会

综　述

【概况】 2012年，政协第九届上虞市委员会（以下简称市政协）坚持以科学发展观为统领，牢牢把握团结和民主两大主题，紧紧围绕“稳中求进、克难奋进、和谐共进”的工作基调和“稳增长、快转型，重投入、兴实体，抓改革、优环境，惠民生、促和谐”的工作重点，倾力服务大局、真情服务群众，认真履行职能，合力推动“四个上虞”建设。

围绕中心协商议政。围绕党政重视、群众关注、事关全局的重点问题，利用全委会议、常委会议、主席会议和专题会议等形式，组织开展各项协商议政活动。在政协第九届上虞市委员会第一次会议期间，对《政府工作报告》等报告进行了认真深入的讨论，并围绕“创新上虞、精致上虞、人文上虞、幸福上虞”建设召开四个专题议政会，邀请市委、市政府主要领导及相关领导参加，听取委员意见建议，面对面进行协商。共召开常委会议4次。组织政协常委就加快推进小城市培育试点、培育发展新能源产业等有关议题进行专题协商。组织召开13次主席会议，对繁荣发展文化事业、拓宽中小企业融资渠道、推进体育强市创建等课题开展视察调研，进行座谈协商，建言献策。

聚焦发展调查研究。坚持“把准着眼点精选课题、把握着力点提升质量、把好着重点增强实效”的原则，通过自身尽力与善借外力相结合的方式，由政协分管主席任组长，依托各专委会、依靠部门和专家，开展“进一步加快创建省体育强市”“探索直接债务融资模式，拓宽中小企业融资渠道”“充分发挥统战优势，助推‘回归经济’发展”“抓住契机，及早行动，加快推进小城市培育试点”“培育发展新能源产业，合力打造‘创新上虞’”等课题调研，提出针对性措施建议，为市委、市政府科学民主决策提供参考。

抓好提案工作。把加强提案工作作为听民意、办实事的重要途径，进一步加强提案的征集、督办工作。共收到以提案形式提交的意见建议259件，经审查立案215件，其中重要提案8件，一类提案16件。215件提案均如期办毕，委员对提案办理结果表示满意的达90.7%。

反映社情民意。把反映社情民意作为替群众代言、向党政献策的重要方式，作为履行政治协商、民主监督、参政议政职能的重要基础。全年共编发社情民意85期，其中被绍兴市政协采用42条、省政协采用5条、全国政协采用4条，“创新反映社情民意工作机制”的做法被省政协评为首批十大创新典型案例之一。

开展为民服务。开展主题为“进村入企访民情，真心实意办实事”的“界别活动周”活动，组织委员深入乡镇、部门、社区、企业和学校，通过听取情况介绍、召开座谈会、实地考察、走访了解等形式，深入了解民情，及时反映民意，积极为群众办实事、做好事、解难事。

推进文化文史工作。出版发行《上虞文史资料选粹（二）》，开展《上虞名人信札》编纂工作。举办庆祝市政协成立30周年座谈会，并出版《上虞市政协志》。

（杜建萍）

重要会议

【政协第九届上虞市委员会第一次会议】 2月20日至23日，政协第九届上虞市委员会第一次会议在百官举行。会议听取并审议通过了市政协主席卢一勤所作的第八届市政协常委会工作报告、市政协副主席徐光仁所作的市政协八届一次以来提案工作情况的报告和市政协副主席吴建平所作的市政协反映社情民意工作情况的报告。大会期间举行“创新上虞”“精致上虞”“人文上虞”“幸福上虞”等四个专题议政会，市委、市政府主要领导及相关领导参加会议，听取委员推进“四个上虞”建设的意见建议；会议对2011年度在提案工作、反映和办理社情民意工作、文史、宣传工作方面取得突出成绩的53个先进集体和先进个人进行了表彰。与会人员列席了上虞市第十六届人民代表大会第一次会议，听取并讨论了代市长王慧琳所作的《政府工作报告》和其他报告，并围绕经济平稳较快发展和社会和谐稳定的目标，积极协商议政。会议听取市政协副主席徐光仁受提案委员会委托所作的关于政协第九届上虞市委员会第一次会议提案审查情况的报告，审议通过了大会决议。

【市政协常委会议】 全年市政协共召开4次常务委员会会议。

1月16日，市政协召开八届常委会第二十一次会议。听取代市长王慧琳关于全市经济社会发展情况的通报和市政府办公室主任徐耘关于政府系统提案办理情况的汇报，讨论通过关于召开市政协九届一次会议的决定，市政协九届一次会议议程(草案)、日程及其他事项，讨论通过市政协常委会工作报告(草案)、提案工作情况报告(草案)、反映社情民意工作情况报告(草案)及报告人，讨论决定有关人事事项。

5月24日，市政协召开九届常委会第一次会议，市委书记孙云耀到会并作重要讲话，代表市委对新一届政协班子做好新形势下政协工作提出了三点要求和希望，会议审议通过了《政协上虞市第九届委员会常务委员会关于加强自身建设的决定》《中国人民政治协商会议上虞市委员会提案工作实施办法》《关于进一步加强反映社情民意信息工作的实施意见》，审议通过政协联络组调整的决定，审议通过相关人事安排。

7月19日，市政协召开九届常委会第二次会议，围绕“抓住契机，及早行动，加快推进小城市培育试点”课题进行专题协商讨论，市委常委、常务副市长余云才和市人大常委会副主任阮妙娟应邀参加会议。

10月16日，市政协召开九届常委会第三次会议，围绕“培育发展新能源产业，全力打造‘创新上虞’”课题进行专题协商讨论，市委常委、常务副市长余云才和市人大常委会副主任程学法应邀参加会议。

【市政协主席会议】 全年市政协共召开13次主席会议。

1月6日，市政协召开八届五十二次主席会议，研究决定换届有关事宜。

1月13日，市政协召开八届五十三次主席会议，研究提交市政协八届常委会第二十一次会议审议的有关市政协九届一次会议安排等事项。

3月9日，市政协召开九届一次主席会议，讨论政协上虞市委员会2012年工作要点，审议《中国人民政治协商会议上虞市委员会提案工作实施办法》(草案)，确定重点提案、一类提案及联系人，审议政协各委、组成员等人事事项。

4月20日，市政协召开九届二次主席会议，实地视察中鑫建筑艺术博物馆、小越镇陈春澜故居同兴里，围绕“加快多元投入，繁荣文化事业”课题进行专题协商，商议2012年“界别活动周”活动方案，副市长方静应邀参加会议。

5月21日，市政协召开九届三次主席会议，围绕“探索直接债务融资模式，拓宽中小企业融资渠道”进行专题协商讨论，商议市政协九届一次常委会议有关事项和建立市政协社情民意联系点事宜，副市长吴志育应邀参加。

7月9日，市政协召开九届四次主席会议，围绕“以加快小城市培育为契机，全面推进中心镇建设”课题进行专题协商，研究决定召开区政协九届二次常委会议有关事项。

8月10日，市政协召开九届五次主席会议，实地视察市健身中心、曹娥德济苑社区，围绕“加快体育设施建设，推进体育强市创建”课题进行专题协商，副市长方静应邀参加。

8月27日，市政协召开九届六次主席会议，实地视察百官街道人力资源和社会保障平台建设情况和市便民服务中心社保窗口，围绕“提升社会保障水平，推进幸福上虞建设”课题进行专题协商，市委常委、常务副市长余云才应邀参加会议。

9月27日，市政协召开九届七次主席会议，围绕“培育发展新能源产业，全力打造‘创新上虞’”课题进行协商讨论。

11月2日，市政协召开九届八次主席会议，听取市国土资源局关于洪山湖地块处置有关情况的汇报，并进行专题协商建言，市委常委、常务副市长余云才应邀参加会议。

11月30日，市政协召开九届九次主席会议，视察春晖环保能源有限公司和浙江金科过氧化物股份有限公司，听取杭州湾上虞工业园区管委会常务副主任杜永刚关于园区环境整治情况的汇报，并围绕“强化园区环境整治，提升园区环境质量”课题进行专题协商，市委常委、杭州湾上虞工业园区管委会主任胡文炜应邀参加会议。

12月14日，市政协召开九届十次主席会议，围绕“充分发挥统战优势，助推‘回归经济’发展”课题进行专题协商，市委副书记陈坚应邀参加会议。

12月31日，市政协召开九届十一次主席会议，审议召开市政协九届二次会议相关事宜和2013年市政协工作安排。（杜建萍）

主要活动

1月5日，市政协主席卢一勤赴三雄、运发、春晖集团等企业及小仙坛窑址调研。

1月16日，市政协举行各民主党派、工商联负责人提案征集工作座谈会，市政协副主席徐光仁参加。

2月3日，市政协召开市政协九届一次会议大会筹备会议，启动大会筹备工作，市政协副主席赵畅参加。

2月27日，市政协召开《上虞政协志》编纂情况汇报会，听取工作进展情况汇报，并部署下阶段工作，市政协副主席赵畅参加。

3月23日，绍兴市政协副主席陈伯怀等赴市围垦局、梁湖镇大库村调研，市政协主席卢一勤陪同。

3月28日，绍兴市政协副主席赵传涛一行赴丰惠镇康隆达特种防护科技股份有限公司、杭州湾上虞工业园区浙江金港汽车投资有限公司调研，市政协主席卢一勤陪同。

3月31日，市政协召开政协社情民意工作委员会会议，研究社情民意信息工作，市政协副主席吴建平参加。

4月5日，市政协召开反映社情民意信息工作会议，回顾总结2011年工作，布置2012年任务，表彰先进，市政协主席卢一勤、副主席吴建平出席并讲话。

4月6日，上虞市召开市“两会”建议提案交办会议，对“两会”建议提案进行集中交办，市政协主席卢一勤、副主席徐光仁出席会议。

4月14日，辽宁省抚顺市政协考察团到上虞考察社情民意信息工作，市政协副主席吴建平接待。

4月19日，市政协副主席傅亚文率有关人员赴海宁市就中小企业集合票据发行情况进行学习取经，赴杭州市西湖区就中小企业集合信托发行情况进行学习取经。

5月1日，江山市政协主席王水亮一行到上虞考察政协工作，市政协主席卢一勤接待。

5月2日，市政协召开《上虞政协志》编纂工作协调会，对编纂后期工作进行协调安排，市政协副主席赵畅主持。

5月8日，市政协召开座谈会，征求机关老领导、老同志对《上虞政协志（初稿）》的意见，市政协副主席赵畅主持。

5月14日，诸暨市政协副主席陈国燕一行到上虞考察现代服务业，市政协副主席傅亚文接待。

5月17日，绍兴市茶文化研究会会长沈云姑一行考察绍兴市天香茶叶有限公司，市政协副主席徐光仁陪同。

5月18日，市政协召开党组会议，市政协主席卢一勤和副主席赵畅、徐光仁、吴建平、傅亚文、蒲伟明及秘书长任一芳出席会议。

5月22日，省政协主席乔传秀一行到上虞考察，市政协主席卢一勤参与接待。

5月24日，市政协举行《上虞文史选粹(二)》出版发行座谈会，市政协副主席赵畅出席。

5月25日，市政协举行反映社情民意信息工作联系点座谈会，听取联系点领导、信息员的意见建议，市政协主席卢一勤、副主席吴建平出席。

5月27日，安徽省凤台县政协主席乔云林一行到上虞考察，市政协主席卢一勤接待。

5月29日—6月1日，市政协主席卢一勤、副主席吴建平赴东莞、番禺考察小城市(中心镇)建设。

6月4日，市政协召开《上虞政协志》编撰修改协调会，市政协副主席赵畅参加。

6月6日，宁波市江东区政协主席陈勤俭一行到上虞考察交流政协联络组工作，市政协主席卢一勤接待。

同日，新昌县政协副主席何小伟到上虞考察现代服务业发展情况，市政协副主席傅亚文接待。

6月7日，绍兴县政协副主席吴汉华一行到上虞交流政协社情民意信息工作，市政协副主席傅亚文接待。

6月13日，绍兴市政协主席陈长兴到上虞考察，市政协主席卢一勤和副主席赵畅、徐光仁、傅亚文、蒲伟明接待。

6月15日，绍兴市政协副主席黄文泽到上虞开展推进工业强市建设调研，市政协主席卢一勤、副主席傅亚文接待。

6月29日，省政协副主席黄旭明一行到上虞考察旅游经济发展工作并参加“四季仙果、幸福上虞”大型文艺晚会，市政协主席卢一勤、副主席傅亚文参加接待。

7月12日，绍兴市政协副主席陈伯怀一行到上虞民主督查《关于加快文化强市建设的决定》落实情况，市政协副主席赵畅陪同。

7月23日，绍兴市政协副主席解晓波一行到上虞开展加强流动人口管理课题调研，市政协主席卢一勤、副主席徐光仁陪同。

8月20日，嘉善县政协副主席阎清华一行到上虞考察政协社情民意信息工作，市政协副主席蒲伟明接待。

8月21日—23日，市政协主席卢一勤、副主席傅亚文赴江苏省南京市、泰州市海陵区和金坛市考察新能源产业发展情况。

8月24日，省政协副秘书长、研究室主任李火林到上虞调研政协反映社情民意信息工作，市政协主席卢一勤、副主席吴建平陪同调研。

8月30日，市政协主席卢一勤、副主席蒲伟明赴市人民医院重症监护室，看望小越镇徐陈村患重症肺肌无力靠呼吸机维持生命的25岁姑娘赵金凤，送上在虞绍兴市政协委员3.45万元爱心款；蒲伟明赴崧厦镇政府把在虞绍兴市政协委员的6万元捐款捐给身患白血病的金立峰。

10月9日，市政协召开庆祝市政协成立30周年会务筹备会，市政协副主席赵畅主持。

10月10日，仙居县政协到上虞考察森林城市创建工作，市政协副主席吴建平接待。

10月15日，绍兴市政协离退休老干部到上虞考察文化产业，市政协主席卢一勤接待。

同日，市政协召开九届一次会议重点提案、一类提案办理情况汇报会，听取承办单位承办情况的汇报，市政协主席卢一勤、副主席徐光仁出席。

10月23日，河南省林州市政协建筑业发展考察团到上虞考察，市政协主席卢一勤、副主席傅亚文接待。

10月24日，市政协举行庆祝上虞市政协成立30周年座谈会，邀请历届政协主席、副主席、秘书长、委员代表共话上虞政协发展历史，市委书记孙云耀到会祝贺，并对政协提出五点希望和要求。

11月16日，海宁市政协考察团来上虞市考察政协反映社情民意信息工作，市政协副主席吴建平接待。

11月22日，温岭市政协考察团到上虞考察反映社情民意信息工作，市政协副主席吴建平接待。

12月17日，市政协举行市级民主党派、工商联负责人提案工作座谈会，征集市政协九届二次会议提案线索，市政协副主席徐光仁出席。

12月26日，市政协召开社情民意反映办理落实情况汇报会，听取有关承办单位社情民意反映办理落实情况的汇报，市政协主席卢一勤、副主席吴建平出席。

（杜建萍）

民主党派·工商联

中国民主同盟上虞市基层委员会

【概况】 2012年1月，民盟上虞市总支部正式升格为民盟上虞市基层委员会（以下简称民盟上虞市委员会）〔盟绍字（2012）1号〕，新发展盟员1人。至年底，共有盟员61人，其中在职盟员48人，退休盟员13人。盟员中拥有中高级职称占95%。设有教育、科技、文卫、老龄4个支部及爱心艺术团、妇女工作委员会、社会服务工作委员会、宣传调研工作委员会。

民盟上虞市委员会被民盟中央授予思想宣传工作先进集体，作为浙江省民盟先进基层代表参加民盟中央思想宣传工作会议并在民盟省委思想宣传工作会议上作典型介绍。吴江宏、徐海南盟员的先进事迹材料被绍兴市委统战部编写的《榜样的力量——绍兴市民主党派和无党派人士践行社会主义核心价值体系风采录》一书收录。

积极参与胡愈之故居布展工作，邀请民盟中央主席蒋树声为“胡愈之故居”题名，邀请民盟中央李重庵副主席亲临故居，为故居布展提出宝贵意见。

【提交各级提案建议58件】 2012年上虞市政协九届一次会议上，民盟上虞市委员会提交提案、建议49件。其中集体提案《关于加快我市战略性新兴产业发展的建议》被列为上虞市政协重点提案，集体提案《关于加强企业发展软环境的建议》《关于加快提升我市照明电器产业竞争力的建议》、盟员陈淑燕《关于强化农村环境整治，促进美丽乡村建设的建议》、何军民《关于要求卫技人员编制按省颁标准逐步到位，化解“住院难”的建议》被列为一类提案。在上虞市十六届人大一次会议上徐海南等提交建议3件。经录五等在绍兴市政协七届一次会议上，提交提案5件，建议1件。社情民意信息录用17条。

【开设盟员智慧讲堂】 2012年起，开设了以“提升盟员智慧，提高参政思路”为主题的“盟员智慧讲堂”，全年推出“繁荣文化事业发展文化产业”“上虞曲艺发展”“上虞卫生事业发展”“新兴产业的发展”讲堂活动4次。

【继续打造爱心品牌】 1月，民盟上虞市委员会专程赴汤浦镇蒋村开展以送健康、送文化、送温暖为主题的“烛光行动”，向蒋村村委会捐赠了图书166册，走访困难户。6月，文艺下乡到西溪湖村，11月爱心艺术团“烛光行动”走进百官中学。

【盟员风采】 吴宝炎继续推进“虞舜文化进校园、进高校、进社区”活动；3月份世界孝德文化协会成立，张关卣任执行会长；12月份中华孝德文化联谊会成立，张关卣再任副会长，并在北京大学百年讲堂举行个人书画展；徐海南的天外天伞业公司被评为省文明单位；杨广宇的春晖智控公司成为上虞市首家进入浙江省股权交易中心的挂牌企业；俞辉的运发文化发展公司被省科技厅批准成立省运发越窑青瓷研究院；盟员陆俊蔚被选拔提任为乡镇副局级领导干部；郑国民被全国中语会评为2012年度文学社优秀指导教师；毛建英主编的《礼行春外》被浙江省教育厅教研室评为省100门德育精品课程；朱芳昉策划并录制了盟员魏百范、吴宝炎、吴一笑、周金弟等多档个人访谈节目，多方面、多角度宣传报道了我们盟员的风采；王雪飞带领的上虞百灵鸟合唱团获浙江省校外教育优秀项目；吴一笑创作的莲花落《耳朵官司》获全国曲艺大赛表演入围奖，10月成功举办从艺30年个人曲艺演唱会。（桑江珍）

中国民主促进会上虞市基层委员会

【概况】 2012年8月9日起，民进上虞市总支部委员会更名为“民进上虞市基层委员会”。8月，民进绍兴文理学院上虞分院支部从民进上虞市基层委员会转出，共转出会员10名。截至12月民进上虞市基层委新发展会员5名，至年底，共有会员57人，在职会员35人，退休会员22人，会员平均年龄55岁。基层委设有春晖、医卫、教育、综合4个支部。

【提交提案19件】 在上虞市政协九届一次会议上，民进上虞市总支部委员会提交提案19件，其中集体提案4件。集体提案《关于加强城北新区水环境整治的建议》被列为重点提案，《关于规范我市农村文化阵地建设管理的建议》被列为一类提案。在上虞市十六届人大一次会议上，高彦伟等提交建议案3件。在政协绍兴市七届一次会议上姚爱芝提交提案3件，其中《建议有关部门进一步加大力度，合力整治中小学校园食品安全问题》被绍兴市政协推荐为“2012年度绍兴市优秀提案”。杨国华参加绍兴市七届人大一次会议，并上交建议案2件，梁伟红当选为浙江省人大代表。

【四篇社情民意被录用并获奖】 11月18日，姚爱芝、陈尧明、马亚振参加上虞市社情民意工作会议，被聘为社情民意特约信息员，任期两年。姚爱芝撰写的《建议尽快出台配套细则严防“三公”经费向下转移》《“一药多名”问题严重，建议国家药品监管部门清理、整治、规范》，陈尧明撰写的《建议调整我省普通高中课改部分学科的学业水平考试时间》《应加强拆迁农民的社会管理》等社情民意被绍兴市政协及市政协录用，分别获得民进绍兴市委会2012年度社情民意信息优秀成果二、三等奖。7月，马亚振、陈尧明获绍兴市反映社情民意信息工作先进个人称号。

【开展多项社会服务活动】 5月，马亚振参加了民进中央联络委员会组织的“民进同心·彩虹行动——公仆型参政党成员流动型实践基地”活动。师范支部组织会员为师范生开设教学技能训练课；春晖支部开展送教下乡、“帮困扶贫”“献爱心助学习”——慰问民工爱心子弟学校部分困难学生等活动。3月，医卫支部赴上虞市银山麻风村进行“学雷锋献爱心”活动；6月，医卫支部配合上虞市禁毒委开展禁毒宣传活动；9月，在上虞市百官街道高丰社区开展迎国庆为民义诊活动等。

9月23日，民进上虞市总支赴百官街道高丰社区开展为民义诊活动

【双岗建功】 杨国华获浙江省“群星奖”选拔赛创作一等奖、表演二等奖，并入围全国群星奖。钮震江书法论文入选浙江省书法理论研讨会。陈秀春《留住传统，喜看今朝——我们的节日》读后感获省文化厅二等奖，《关于上虞市新生代农民工文化生活现状的调查》等获省三等奖。高彦伟课题《麻风病受累者心理健康状况及病例对照研究》纳入中国——荷兰麻风病防治合作项目卫生系统研究项目，论著《浙江麻风防治60年（上虞篇）》2012年1月在浙江科技出版社出版，《我国麻风病歧视消除策略的思考》等6篇学术论文分别在《中国公共卫生管理》等国家级和省级医学杂志上发表。徐光炎课题《1.5TMR磁敏感成像在脑血管性病变诊

断中的临床价值》被评为2012年浙江省医药卫生科技三等奖，论文《MRI动态增强联合DWI对乳腺良恶性病变的鉴别》在《中国中西医结合外科杂志》发表并在浙江省2012年放射学年会上大会交流。陈钟钱参加上虞市“学考标、研考题”高考、会考命题竞赛比武，获市一等奖，辅导的学生参加第十七届全国青少年信息学奥林匹克竞赛，获全国二等奖3人、三等奖3人，参加编写、修订2012版《浙江省普通高中会考导引·信息技术》和《技术总复习导引》；发表论文《学会欣赏‘指挥棒’舞出的精彩》和《基于专题复习教学的实践与思考》两篇。高彦伟、徐光炎两会员双双荣获“上虞市优秀专业技术人才”。陈尧明被评为民进浙江省2007—2011年度优秀会员。（刘燕敏）

九三学社上虞市基层委员会

【概况】 九三学社在上虞建立组织始于1987年1月，最初是九三学社绍兴市委直属小组，同年10月建立支社，2003年6月成立第一届基层委员会，下设3个支社，2009年11月换届时增设1个支社，现任基层委主委徐光华。至2012年年底，发展新社员1名，4个支社共有社员76名，其中高级职称42名，退休社员29名，成员主要为科技界、医卫界和经济界。

基层委认真履行参政党各项职能，被九三学社绍兴市委评为2012年度先进基层委；二支社被九三学社浙江省委评为“学习践行社会主义核心价值体系先进集体”。

【参政议政取得好成绩】 2012年是人大、政协换届之年，换届后基层委有绍兴市人大代表1人，上虞市人大代表2人，绍兴市政协委员3人，上虞市政协委员14人，上海虹口区政协委员1人。徐光华当选为上虞市第十六届人大常委会副主任；邵苗根、孙伟琴、徐胜军、邱跃、金深洋、章云斐6位社员当选政协第九届上虞市委员会常务委员。

基层委高度重视发挥主渠道作用，在“两会”前广泛动员，精心选题，深入调研，向市政协提交集体提案6件，向各级“两会”提交个人提案、建议27件，其中基层委的《进一步加强基层医疗机构服务能力建设的建议》《保障食品安全，建设幸福上虞》及贾萍娟的《关于加快实现公共交通城乡一体化的建议》3件提案被市政协立为重点提案，基层委的《加强虞南生态环境保护与建设》被立为一类提案。

邱跃、邵苗根、章云斐等分别参加“创新上虞”“精致上虞”“幸福上虞”专题议政会，并积极发言。

基层委提交的《推进我市工业转型升级的几点建议》《全力打造虞舜旅游节　大力发展我市旅游业》及社员陆梅华、贾萍娟提交的《全面提升我市医疗综合实力的几点建议》3件提案被市政协评为“2011年度优秀提案”，占总数的3/10，在市政协九届一次会议上受到表彰。

【四篇社情民意受到重视】 发动社员撰写“一人一议”和社情民意，共收到30多篇，其中阮翼军的《乡村医生管理急需加强》、张小丽的《尽快实施全省医保“一卡通”的建议》、徐忠灿的《加快推进小微企业发展的几点建议》等被社省委和绍兴市政协录用。章云斐撰写的《关于梁湖镇“沙湖畈”雨季排水问题的情况反映》，得到副市长徐耘的批示。

【余舟平获“上海市青年五四奖章”称号】 2012年4月，社员余舟平被共青团上海市委员会、上海市

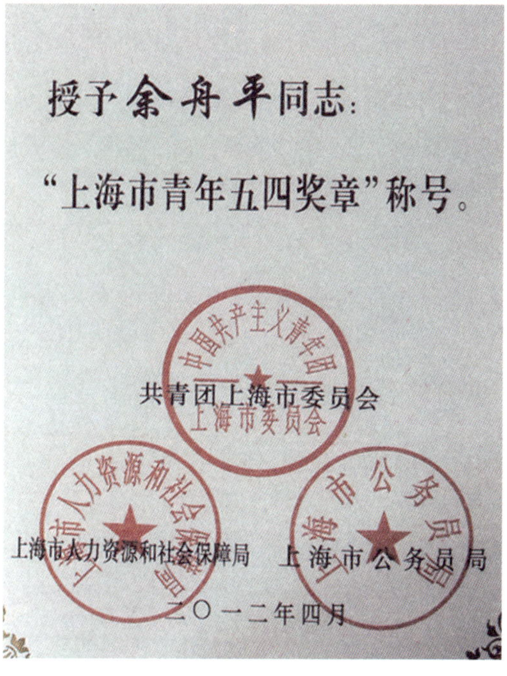

人力资源和社会保障局、上海市公务员局授予“上海市青年五四奖章”称号。

余舟平出生于1978年，现任上海百荣房地产开发有限公司总经理，百荣建筑工程有限公司董事长，高级工程师，2006年6月加入九三学社，2011年11月当选政协上海市虹口区第十三届委员。今年3月，余舟平被评为“上海市青年创业先锋”；他热心公益，常为光彩事业等捐款；积极参政议政，被上海市虹口区人民法院、区工商行政管理局、区住房保障和房屋管理局等聘为特邀监督员。

【徐光华、赵国生参加九三学社浙江省第七次代表大会】 5月24日上午，九三学社浙江省第七次代表大会在杭州隆重开幕。徐光华、赵国生参加九三学社浙江省第七次代表大会。

图为徐光华、赵国生出席九三学社浙江省第七次代表大会

【对口联系制度得到落实】 中共上虞市委《关于建立完善部分市委常委、政府部门与民主党派、工商联、无党派人士对口联系制度的通知》(即市委〔2012〕45号文件)，明确了各民主党派联系常委和对口联系政府部门及具体工作任务。11月30日，市委牵头召开了上虞九三学社对口联系座谈会，联系常委吕军及联系部门科技局、农林渔牧局、水利局、卫生局、经信局、服务业发展局的领导参加会议。

【开展送医送药送温暖活动】 11月18日，响应第24届中国“国际科学与和平周”的倡议，基层委在丁宅乡新任溪村开展送医送药送温暖活动。期间为140多人次做了医疗义诊，免费赠送价值近2000元药品；赠送袜子500多双，圆珠笔200多支；发送各类科技资料350多份；慰问该村2户困难群众，送去近2000元物品，活动受到了当地干部群众的一致好评。（陈　瑾）

在丁宅乡新任溪村开展下乡活动

上虞市工商联

【综述】 5月8日，召开工商联七届四次执委(扩大)会议，贯彻落实省工商联九届六次执委会和市经济工作会议精神，会后邀请浙江大学教授、博士生导师、金融研究所所长王维安作《当前宏观经济金融形势分析》的报告。2012年6月26日，市政府组织召开调整政府应急专项资金管理体制专题会议，会议同意自2012年7月1日起，调整政府应急专项资金管理体制，将原有市财政局履行的政府应急专项资金管理职能移交给市工商联。2012年10月15日，上虞市人民政府办公室下发《关于印发〈上虞市企业互助基金操作管理办法(试行)〉的通知》(虞政办发〔2012〕273号)，基金总规模暂定为1.5亿元，11月起正式启用，至12月底为7家企业转贷14笔，转贷金额1.63亿元。12月，召开工商联七届五次常委会，学习中共十八大会议精神。

2012年被省工商联授予宣传工作创新奖。

【开展培训】 2月19日，市工商联举办《高效的物料控制与仓储管理》的培训；6月20日，举办《新经济形势下的企业财务、税务成本管理与风险控制》的培训。

【界别活动】 5月22日，政协工商联界别全体委员前往丁宅开展帮扶活动，集资30万元用于建设结对村深湾村的物业楼，帮助深湾村增强村级集体经济实力，开展好高山移民和新农村建设。

【基层商会建设】 2月，成立上虞市虞商江苏商会，选举产生首届理事会，吴信表任首届理事会会长。10月，成立杭州市上虞商会，选举产生首届理事会，陈志樟任首届理事会会长。（陈　晓）

社会团体

总工会

【概况】 2012年,全市有产业工会2个(财贸工会、教育工会),市级机关成立工会联合会,14个系统(局)建立工会工作委员会,金融部门成立工会协作小组,21个乡镇(街道)全部建立工会组织,其中16个乡镇(街道)成立总工会,5个成立工会工作委员会。市总工会紧紧围绕市委建设“四个上虞”工作主题,坚持服务发展、服务企业、服务基层、服务职工,努力增强工会对中心工作的推动力和服务对象的凝聚力,市总工会被省总工会评为农民工文化家园建设先进县(市)总工会、绍兴市工会年度重点工作考核特等奖、绍兴市工会组建工作先进集体。

【开展“心系职工情、温暖进万家”活动】 2012年元旦春节期间,市总工会开展以“心系职工情,温暖进万家”为主题的送温暖活动。在前期对困难职工情况逐一进行了解,做到“家庭收入清、困难原因清、思想状况清、家庭成员清”的基础上,这次送温暖活动先在市总工会职工维权帮扶中心集中举行,再由市总工会领导分头前往慰问,在寒冷的冬天,把党和政府的温暖和工会组织的关怀送到需要帮扶的困难职工家中。此次2012年元旦春节送温暖活动,市总工会组织全市企业工会共慰问困难职工1377户,合计发放帮扶慰问金110.16万元(其中市总工会本级慰问困难职工516户,合计发放帮扶资金42.89万元)。

【召开十五届四次全委(扩大)会议】 3月9日,市总工会召开十五届四次全委(扩大)会议,凝聚职工力量,创新社会管理,团结动员广大职工为“四个上虞”建设建功立业。市委副书记陈坚、副市长解砚出席会议,市总工会主席任一芳作工作报告。会上对2011年度工会系统各类先进集体和个人进行表彰,对开展“服务企业促发展,服务职工促和谐”专项行动进行专题部署。

【欢送劳模先进赴杭参加表彰】 4月27日,获得2012年全国“五一劳动奖章”的浙江上百贸易有限公司职工朱立新,获得全国工人先锋号的上虞新和成生物化工有限公司520车间和获得省“五一劳动奖状”的新天龙集团有限公司的代表,赴杭参加表彰。市委常委、宣传部长郑建庆,副市长吴志育专程到市总工会为劳模们送行,市总工会主席骆左坚带领市总机关工作人员一同参加欢送。朱立新是一百超市的柜组长,他过硬的业务素质,勤勤恳恳的工作态度,在公司中有“老黄牛”的称号,被评为2012年全国“五一劳动奖章”获得者。新和成生物化工有限公司520车间,135名职工通过

欢送先进赴杭参加表彰

几年不懈努力攻克多项技术难题，消除了质量瓶颈，使车间生产能力提升37.68%，2011年生产总成本下降达889万元，获得全国工人先锋号荣誉称号。新天龙集团有限公司，企业经济效益得到长足发展，职工权益进一步得到保障，获得了浙江省“五一劳动奖状”。

【开展“第四届十大杰出职工”评选宣传活动】 市委宣传部、市总工会组织开展上虞市“第四届十大杰出职工”评选宣传活动，推荐评选作出重大贡献的一线职工（包括外来工）。上虞日报、上虞市总工会网站等媒体宣传报道候选人先进事迹，上虞日报刊登纸质选票，上虞市总工会网站开设网络投票。组委会根据公众投票和组织评审，最终确定10名上虞市“第四届十大杰出职工”和10名上虞市“第四届优秀职工”。

【119家企业接受劳动关系和谐企业考评】 市第三轮劳动关系和谐企业创建活动自2010年3月正式启动，119家申报创建第三轮劳动关系和谐企业是在乡镇（街道）和工业园区级创成的基础上申报创建市级劳动关系和谐企业。市创建劳动关系和谐企业活动领导小组办公室组织市总工会、市人力资源和社会保障局、市工商联等成员单位组成考评组，分别对全市119家申报企业进行了审核、考评。

【“金秋助学”活动惠及91名寒门学子】 8月27日，91位困难职工子女领到了市总工会的“金秋助学”金。91位学生中，有大学本、专科学生30人，高中、中专学生35人，中、小学生26人。市总工会资助大学本、专科学生每人1800元，高中、中专学生每人1200元，中、小学生每人600元，合计发放助学金额11.16万元。

【市财贸系统举行金融职工反假币技能比赛】 9月26日，由上虞市财贸工会、人民银行上虞支行联合举办，上虞农村合作银行协办的全市财贸系统金融职工人民币反假业务知识、业务技能比赛在农村合作银行隆重举行。来自全市12家银行的36名选手参加了本次比赛。本次比赛分为人民币反假业务知识（应知）和假币鉴别技能操作（应会）两个项目，是一次全能型的大额度真币实战技能比赛。交通银行上虞支行3位参赛选手理论知识考试成绩均取得了90分以上的好成绩。经过紧张、激烈的角逐，中信银行绍兴上虞支行、建设银行上虞支行、交通银行上虞支行分别获得团体前三名。

市财贸系统举行金融职工反假币技能比赛

【开展“企业示范点”建设】 企业文化示范点创建活动是上虞市“魅力文化十大行动”之一，市总工会做好项目的规划申报，对列入规划的企业，市总工会制订考核细则，同时丰富活动载体，营造创建氛围。在全市职工中开展以“读一本好书，撰写一篇读书心得、解决一个问题”为核心内容的职工书屋建设活动，引导职工养成“爱读书、读好书”的良好习惯。上虞市新天龙集团等20家单位被评为绍兴市优秀“职工书屋”。9月24日，举办上虞市企业文化示范点创建单位“趣味运动会”，共有全市25家企业270名运动员，参加了8个项目的比赛。评选出上虞市级企业文化示范点20家，新建省级企业文化示范点5家，绍兴市级示范点5家。

【组织参加省职工科技周】 11月24日，以“智慧奉献、创业创新”为主题的浙江省暨宁波市第三届职工科技周在宁波国际会展中心隆重举行，市总工会组织有关企业参加此次省职工科技盛会。上虞新和成生物化工有限公司以“引领精细化工技术，创新人才培养工程”为课题，参加了浙江省科技周的“就业、创业、创新、成才”职工创新工作论坛。“越窑青瓷技艺”参加了“大师绝技绝活表演”，并荣膺本届科技周组委会颁发的“百位工艺大师绝技展金奖”。上虞的浙江和谐光催化科技有限公司为保护环境而研发的一组产品——“光催化空气净化产品”在科技周创新产品展厅上亮相，尤其是被广泛应用于防电脑辐射的苹果形状电子产品，深受现场职工的青睐，吸引了大批观众参观。

组织参加省职工科技周

【荣获绍兴市工会组建工作先进集体】 市总工会按照全总提出的“组织起来，切实维权”和“广普查、深组建、全覆盖”的工会工作方针和绍兴市总工会下达的三年组建工会和发展会员的目标任务，重点推进乡镇(街道)总工会建设，全面完成了16个乡镇(街道)总工会的组建任务。开展工会组建行动，以工会组建宣传活动月为载体，集中时间、集中精力，并主动与新居民事务局、工商行政管理局取得联系，有力地促进了外来务工人员的入会工作。注重集团公司工会联合会和行业工会的组建工作。成立了龙盛集团、浙江闰土股份有限公司和浙江阮氏塑业有限公司工会联合会、天外天工业园工会联合会和汤浦镇童装行业工会。2011年度，全市新成立工会126家，覆盖企业1819家，发展会员超额完成绍兴市总工会下达的目标任务，在2012年年初召开的绍兴市工会组建工作会议上，市总工会荣获“2011年度绍兴市工会组建工作先进集体”。（周建桥）

共青团

【概况】 截至2012年年底，全市共有14至35周岁青年20.9万人，其中团员48222名。全市基层团组织1480个，其中团市委直属团组织93个，联系重点非公企业团组织15个。团市委获浙江省“共青团服务农村青年就业创业先进县(市、区)”、浙江省“2012年度志愿服务优秀集体(站)”荣誉称号。（宋凯波）

【中国少年先锋队上虞市第九次代表大会】 3月9日至10日，中国少年先锋队上虞市第九次代表大会在市文化艺术中心剧场召开。大会期间，全体代表认真听取了市委和绍兴市少工委领导讲话，审议并通过了市第八届少工委题为《高举“星星火炬”，争当“四好少年”，教育和引导全市少年儿童为加快打造“四个上虞”做好准备》的工作报告，选举产生了市第九届少先队工作委员会。会议期间，举行了新一届红领巾理事会选举、少先队工作报告会，开展了“快乐少先队”联欢活动、辅导员风采展。（连榴英）

3月9日，市文化艺术中心剧场召开中国少年先锋队上虞市第九次代表大会开幕式

【举行首届“青年歌手大奖赛”暨迎“五四”青年歌赛】 5月2日，“浦发银行杯”上虞市首届“青年歌手大奖赛”暨迎“五四”青年歌赛决赛在文化广场举行。比赛由市委宣传部主办，团市委、市文广新局承办，分美声民族组和通俗组，共166人报名参赛，18人通过初赛、复赛晋级决赛，最终决出冠军

一名，亚军两名，季军三名，优秀奖四名。通过比赛发现了一批上虞市优秀声乐人才，为他们提供展示音乐才艺和青春风采的平台。

4月，上虞市首届"青年歌手大奖赛"暨迎"五四"青年歌赛预赛现场

【建团90周年暨五四运动93周年纪念大会】 5月3日，上虞市纪念中国共青团成立90周年暨五四运动93周年大会在市文化艺术中心剧场举行。市四套班子领导出席会议，市直属团组织分管领导及负责人、各界青年代表等500 多人参加会议。大会分回顾青春历程、表彰基层先进、重温入团誓词三个篇章，表彰了上虞市级五四红旗团组织、优秀基层团组织(项目)、青年文明号、青年岗位能手等先进集体和个人，向基层团组织代表赠送了"团建工具包"，发布了"我的青春标签"，市委副书记陈坚代表市委、市政府在会上对全市广大团员青年提出了希望要求。

5月3日，在市文化艺术中心剧场举行上虞市纪念中国共青团成立90周年暨五四运动93周年大会

【团省委书记周艳一行到上虞调研共青团工作】 5月16日，团省委书记周艳，团省委常委、办公室主任陈江，团省委常委、组织部部长斯力，团省委常委、青工部部长盛乐等一行到上虞调研共青团工作。团绍兴市委书记杨建根、副书记赵浪平，上虞市委副书记陈坚，团市委书记阮建东等陪同调研。周艳一行先后调研了上虞市时代广场商圈和上虞市伞业商会的团建工作，召开非层级化团组织建设工作座谈会。周艳认真听取了相关工作介绍，详细询问了团工委在活动发布、青年联系、经费筹措等方面的情况，对两个基层团工委表现出的活力，以及上虞市共青团组织格局创新和基层活力建设给予充分肯定，并对如何进一步做好团工作提出了要求。 （桑文钧）

5月16日，团省委书记周艳一行到上虞调研共青团工作，走访时代广场商圈

妇 联

【概况】 2012年，市妇女联合会(以下简称市妇联)召开市妇联十三届九次执委(扩大)会议，选举许君意为新任市妇联主席。11月召开市妇联第十四次妇女代表大会，完成市妇联换届，选举许君意为妇联主席，崔妙娟、阮虹娟为市妇联副主席。全面完成21个乡镇(街道)妇联组织换届选举工作开展妇联基层组织建设示范创建活动，巩固完善"巾帼示范村"创建工作。谢塘镇被命名为"全国妇联基层组织建设示范镇"，成为绍兴市唯一获此

殊荣的乡镇(街道);东关街道担山村等3个村被命名为全国级示范村。

【市妇联被评为省“双学双比”先进集体】 组织开展“进村入企访妇情,服务妇女办实事”大走访活动,走访调研天元针织、蓝海环保、金盾风机等十家企业,实地踏看关山果业等“妇字号”农业龙头企业、专业合作社,帮助解决生产、生活上的实际问题。发展妇女来料加工业,举办技能培训比武活动,帮助闲散妇女实现家门口就业。帮助农村女能手向省妇联成功申请创业扶持资金,有效缓解资金紧缺难题。深化“巾帼文明岗”创建工作,申报上虞市岗30个、绍兴市岗24个、省岗15个、全国岗5个,举办“巾帼文明岗”创建工作培训班,组织部分参训人员到省级“巾帼文明岗”——舟山市岱山县行政审批服务中心工商窗口参观考察。市妇联被评为浙江省“双学双比”活动先进集体。

【保障妇女儿童合法权益】 两次牵头召开全市妇女儿童工作会议,贯彻实施“十二五”妇女儿童发展规划,落实119项主要工作措施,推进20项妇女儿童重点实事项目,努力创造妇女儿童生存发展的良好环境。建立上虞市预防和制止家庭暴力委员会,开展“三八”维权周活动,向城区18个社区分发法律法规、卫生保健、防艾禁毒等各类资料1万多份。高度重视重点人群及流动妇女、贫困妇女的来信来访,全年接待妇女群众来信来访182件364人次。开展爱心活动,组织女企业家、政协妇联界别女委员看望山区儿童,全市各级妇联组织共捐赠助学金57.18万元。深化关爱留守流动儿童工作,援建10个“留守流动儿童之家图书室”,赠送爱心书款3万元。关心弱势群体,发放市妇女发展基金补助金16.31万元,为285名贫困妇女儿童提供帮助。

【开展“和谐文明家庭”建设活动】 开展“读书·生活·品质”家庭读书节活动,实施“每天学习一小时”行动计划,倡导孝德文化、科学文化、法律法规、妇儿规划、节能环保等“五项知识进家庭”。开展孝亲敬老月活动,评选表彰“十佳孝心好儿女”“十佳家政工”,大力弘扬社会公德、职业道德、家庭美德。开展示范家长学校创评工作,新增上虞市级10所,复评成功绍兴市级15所。开展“千万父母进家长学校——家庭教育提升行动”,在全市14所中小学、幼儿园开设大型家庭教育公益讲座14次,累计6000多名家长参加讲座。会同市委宣传部举办第四届“社区邻里月”活动,以“孝义、诚信、责任”为主题,组织百官、曹娥两个街道的25个社区自主开展341个活动。

【系列活动提升妇女素质】 举办庆“三八”表彰暨“激情·靓丽·绽放”排舞展示活动,300多名妇女姐妹参加展示活动,充分展现出新时期上虞市广大妇女的青春朝气和女性魅力;在《上虞日报》上开设“巾帼建功展风采”专栏,对来自教体、卫生、建设、司法系统及企业新居民员工中的一线优秀女性进行宣传报道。广泛开展学习培训活动,联合市人社局做好农村富余女劳动力培训转移工作,组织广大妇女参加樱桃采摘管理、花卉种殖、伞件加工、粮油检验、健康养生、岗位练兵、摄影采风、宏观经济形势、法律维权等多方面的培训讲座,共3500余人参加。开展“我们的价值观”大讨论活动,总结提炼出“发扬四自精神,彰显女性风采;围绕大局中心,服务妇女儿童;凝聚妇女力量,建设四个上虞”作为市妇联系统核心价值观表达形式。举办“起舞中秋,情浓婵娟”女企业家迎中秋、庆国庆联谊晚会,组织农村妇女科普协会、女企业家协会会员开展学习考察活动。 (朱黎丽)

4月23日,召开市妇联十三届九次执委(扩大)会议选举许君意为新任市妇联主席

文 联

【概况】 2012年,市文学艺术界联合会(以下简称市文联)组织13个协会,团结带领广大文艺工作者,配合"四个上虞"建设和全市"孝义、诚信、责任"主题教育活动,开展各类文艺活动。

市作家协会举办"绍兴诗人赋诗丁宅桑园"活动,邀请绍兴各县市诗人30余位和上虞几位诗人,走进丁宅采风,用诗描写丁宅风光、历史文化、桑园风情,以文学为媒宣传上虞,推介四季鲜果。市书法家协会、市美术家协会举办"虞籍书画家孝德书画作品展",邀请在外地的上虞籍书画家及本市书画家创作"孝德"题材书画作品90余幅,在市图书馆展出;举办陈阳中国画展《长路漫漫》,分别在浙江画院和上虞图书馆展出,并出版《长路漫漫》陈阳中国画作品集;举办赵畅、葛渭良、陈荣力"三五成群"书画联展,展出作品90多幅。市摄影家协会举办虞嵊两市摄影研讨会,进行摄影作品交流;赴虞南山区、虞北海涂采风,推介上虞旅游风光资源。市戏曲协会与市交警大队举办文艺联欢晚会。市乡贤研究会开展"华盛行"走近虞籍乡贤活动,采访东海舰队胡尧兴、浙江武警部队杭华根、江苏军区周国建、院士徐如人、书法家曹伯铭等乡贤;举办"悼念陈梦家乡贤"活动,举行陈梦家之墓落成仪式。市民间文艺家协会举办"上虞市传统技艺传承基地"命名和推广活动,先后为生产传统豆制品、百味苋、稣鱼建立传承基地,举行了命名和发牌仪式。市孝德文化研究会承办浙江省部分县市(区)孝德教育经验交流会,编写《上虞历史孝贤人物》。市影视家协会协同浙江电视台公共新农村频道《流动大舞台》栏目组,走进丁宅乡、驿亭镇、盖北镇、章镇镇,免费拍摄四季鲜果和旅游专题片,在省台播出。

【获省级以上奖的作品19件】 各协会会员共出版各类文艺专著3部,绍兴市级以上发表、入展、获奖作品250余件,其中获全国、省级奖的作品达19件:赵畅的散文《台北故宫随想》在"2012年度中国散文年会"评选中获"十佳散文奖";高志林的散文《乌篷船》在中国散文学会主办的2012年度评选中获"当代最佳散文创作奖";李坚锋的杂文《生命的宽度》获第二届中国(浙江)"鲁迅故里杯"廉政杂文大奖赛二等奖;何武玉的新故事《伞中风雨情》获《故事林》杂志全国第六届"海峡两岸采风"新故事大奖赛三等奖;厉嘉威的小说《将军》获"第六届浙江省少年文学之星征文比赛"高中组一等奖,小说《血裔》《寻找不用眼睛》获"作家杯"第十四届全国新概念作文大赛二等奖;蔡汀、郭森龙的美术作品分别获浙江省"画时代·颂党恩"美术、书法、摄影展优秀奖;吴德的摄影作品《驿站》在2012上海国际摄影节上海第十一届国际摄影艺术展览艺术类中获入选奖;戴信华的摄影作品《伴》获浙江省金昌杯"品质生活、美好家园"大赛三等奖;朱胜均的摄影作品《牧鸭图》获浙江省"美丽乡村、和谐家园"大赛二等奖;徐伟军的摄影作品《希望的田野》获浙江省"美丽乡村、和谐家园"大赛三等奖;黄建根的笛子演奏获第三届"金芦笙"中国民族器乐大赛吹管类A组优秀奖;夏国建创作的歌曲《珍爱生命》获"放歌中华"全国大型音乐展评活动铜奖;陈荣力的歌词作品《挺起中华建筑脊梁》在"2012音乐·中国杯第三届全国大型音乐展演赛"上获作词金奖;杨国华演唱的绍兴莲花落《老板密室》获浙江省"第六届曲艺新作大赛"暨群星奖选拔赛表演二等奖;吴一笑演唱的绍兴莲花落《耳朵官司》在第七届中国曲艺牡丹奖全国曲艺大赛(东莞·中堂赛区)中获表演入围奖;袁伟文创作的绍兴莲花落《耳朵官司》在第七届中国曲艺牡丹奖全国曲艺大赛(东莞·中堂赛区)比赛中获文学入围奖。

【出版《上虞文化史》】 为弘扬上虞优秀历史文化,在市委宣传部领导下,市文联委托浙江大学历史系教师编写《上虞文化史》。市文联参加全书体例的讨论确定、资料收集,并对全书提出修改意见。本书于2012年10月出版,共36.6万字。《上虞文化史》涉及的时间跨度达7000年之久,涉及的内容有考古、民俗、宗教、哲学、文学、文物等各个方面。全书分四个部分。第一部分"文明初露"(上古先秦时期);第二部分"中原文化与地方土著文化的融合创新"(秦汉魏晋南北朝时期);第三部分"精英文化与民间文化的合奏共鸣"(隋唐五代宋元明清时期);第四部分"转型与发展:上虞近代文化的变迁"(晚清民国时期)。

【创作出版《唱响上虞——上虞市乡镇(街道)·村之歌》】 为建设美丽乡村,丰富农村文化生活,市文联组织作者深入生活,创作《唱响上虞——上虞市乡镇(街道)·村之歌》。该书收入创作的40首歌曲,20个乡镇(街道)各有一首乡镇(街道)歌和一首村歌,并录制光盘便于传唱。（何武玉）

科 协

【概况】 2012年,市科学技术协会(以下简称市科协)开展学术交流,普及科学知识,推广先进技术,服务科技人才。贯彻实施《全民科学素质行动计划纲要》,围绕五大重点人群(未成年人、农民、城镇劳动者、社区居民、领导干部和公务员)开展不同层面,多种形式的科普活动。推进"院士专家工作站"建设,加速科技成果转化,促进企业转型升级,助推上虞经济发展。共有5家企业"院士专家工作站",其中1家为省级"院士专家工作站",7位院士、专家在为企业科技服务。整合科技资源,开展"厂会协作""金桥工程"工作,完成市本级"金桥工程"项目25项。举办各种学术交流活动10余次,撰写、发表学术论文100余篇;开展评选自然科学优秀论文活动,市地理学会被评为全省唯一的县市级先进学会。农函大上虞市分校被评为省农函大先进分校、绍兴市农函大先进分校。

【开展青少年科技活动】 市科协与市教体局、科技局、青少年宫等联合开展青少年科技活动,组织参加第十一届绍兴市青少年科技节;举行上虞市中小学第八届科普节暨青少年科技创新大赛;第六届未成年人读书节活动。有200余人获得各级各类科技竞赛奖项。在"科技活动周""全国科普日"活动其间,开展"珍惜生命之源,人人节水护水"和"孝义、诚信、责任"为主题的科普宣传活动。与市教体局、青少年宫联合举行第三届中小学生头脑运动会,青少年航模比赛和"水火箭"制作比赛等活动。联合绍兴市科技馆开展科普大篷车进下管镇中小学活动。邀请同济大学副教授、硕士生导师、大跨度桥梁专家贾丽君到家乡上虞驿亭,为母校师生讲授"桥的世界"科普知识课。让更多青少年从小学习科学,了解上虞,热爱家乡。

【全国科普日宣传活动】 上虞市2012年全国科普日活动历时一周,9月16日市科协与百官街道绿城社区联合开展全国科普日宣传活动,近600人参与。共向市民赠送科普读物500余册,科普宣传资料1000余份,以及科普咨询为民服务。其间,在上百·万和城广场举办以"食品安全与公众健康"为主题的2012年全国科普日暨迎国庆文艺晚会。赠送全市领导干部《全民科学生活方式》科普读本1000本。开展以"珍惜生命之源,人人节水护水"为主题的节水宣传活动,举办科普下乡、科普画廊(宣传栏)联展、"农民之声"涉农广播宣传等活动。激发公民学科学、爱科学、用科学热情,为全区科普活动的可持续发展提供不竭源泉和动力。

全国科普日宣传活动

【推进"院士专家工作站"建设】 指导帮助浙江国邦药业有限公司、浙江东轻高新焊丝有限公司两家企业,分别与上海医药工业研究院周后元、中南大学钟掘两位院士签约进站。在卧龙集团、新天龙集团等企业开展以"企业转型升级"为目标的系列学术研究活动,在建站企业成立企业科协,推进院士专家工作站成果产业化基地建设。

【开展科技交流活动】 组织动员会员、科技工作者开展科技服务,在企业科协中深化"讲比"活动,卧龙集团科协被评为省"讲比"活动先进集体。10月26日至28日全国集对分析学术年会在丽都大酒店召开,来自北京、上海、河南、河北、安徽、江苏、浙江的高校师生和部分上虞市企业家和上虞市水利学会专家,绍兴市自然辩证法研究会理事会成员等共110余人参加会议。发挥科协网络优势,促进高等院校、科研院所、学会协会的科技力量参与"厂会协作""金桥工程"的实施,开展科技工作者“建言献策”活动，共征集100余条意见建议。有1名优秀科技工作者荣获绍兴市第二届青年科技奖。

【实施科普惠农兴村行动】 开展省级科普惠农项目申报，章镇猕猴桃基地被省科协、省财政厅授予科普惠农先进单位称号。开展新一轮绍兴市优秀农村专业技术协会、农村科普示范基地和农村科技示范户的推荐工作，上虞市梁宅果蔬专业合作社、上虞市红慧农机专业合作社被评为绍兴市优秀农村专业技术协会；浙东大白鹅示范基地、上虞市满山红杨梅基地被评为农村科普示范基地，有20个种养殖专业户被评为绍兴市农村科技示范户。开展农职称中级申报工作，有20名农函大优秀学员参加评审并获得农民中级技术证书。会同市农林渔牧局组织相关专家开展“进村入户”对口帮扶活动，重点普及“四季鲜果”发展培育农技知识，助推农业特色经济发展。

【农函大教育培训】 农函大上虞市分校联合全区20个乡镇（街道）农函大辅导站结合“三农”实际，开展一年制实用技术培训108班4671人次，短期适用性培训519期46057人次。开展中央电大农函大会计专业中专学历班招生办学3班80人，其中丰惠镇西湖村农函大教学点1班25人，长塘镇广陵村农函大教学点1班25人，曹娥街道农函大教学点1班30人。（吴夏根）

残疾人联合会

【开展持证残疾人基础信息核查工作】 2012年，市残联通过近10个月的时间，对全市13000名持证残疾人逐户上门调查登记，并全部录入电脑数据库，比较准确地掌握了残疾人的基本生活状况与需求，为针对性制定政策提供了基础信息。

【实施重度残疾人基本生活保障工程】 全市共有2968名贫困重度残疾人全额享受低保金或低保补助金；3000名不能享受低保的二级残疾人、精残和智残的三级、四级残疾人享受生活补助；除了上面两项政策不能享受的贫困残疾人，生活确实贫困的，推出全区1000户贫困残疾人千户定额补助。为1062名一级重度残疾人办理了重度托（安）养手续，集中托养每年享受12000元、居家照料享受4800元托（安）养补助；并为进入阳光庇护中心的92名残疾人提供照料服务。

【实施危房改造工程】 市残联对20户残疾人无房、危房户实施了新建或修缮，各级投入补助资金70万元，对残疾人无房、危房户做到了发现一户，解决一户，保证了残疾人有房住且有安全的住房住。

【实施残疾人免费乘坐公交车政策】 市残联为有出行需求的持证残疾人全部免费办理公交IC卡，为残疾人的出行提供了极大的方便。

【增加特教和培训投入】 特教学校新投入800万元，进行了改造升级，教学设施、教学水平全省领先；特教学生在校就读享受特别补助每学年12000元；全年对191名贫困残疾人实施助学补助58万元；全市残疾适龄少年儿童入学率达到99%；全年共对467名残疾人开展免费职业技能培训，为残疾人掌握一技之长，提高就业能力打好基础。

【残疾人康复医疗服务得到保障】 市残联在城乡建立了康复训练站26个、130个行政村（社区）建立了康复活动室，建立了600人组成的康复服务员队伍，建成了“一刻钟康复服务圈”，能初步满足残疾人基本的康复服务需求；超额完成残疾人假肢、助听器、助视器适配和白内障复明等重点康复任务；全市有12407名残疾人参加城乡医疗保险，参保率达99.3%。

【组织残疾人参加文艺活动】 市残联组织26名智障残疾人参加“特奥日”活动，组织20名残疾人参加绍兴市残联的“兰亭杯”书画大赛，有10幅作品参加绍兴市“自强杯”残疾人书画作品展，有2名残疾人被推荐参加省、绍兴市书画培训，有76名残疾人参加本市残疾人书画才艺培训，组织30名残疾人免费参加杭州宋城旅游，有300名运动员参加了上虞市“长城杯”第二届残疾人运动会，组织5名运动员参加绍兴市羽毛球比赛并包揽前三名。肢残人陈伟强选送了70幅作品，应邀参加伦敦奥运会开幕式及书画展。组织残疾人文艺演出4场。

（钱丹萍）

红十字会

【概况】 2012年，市红十字会秉承人道主义宗旨，大力弘扬“人道、博爱、奉献”精神，扎实开展备灾救灾、扶贫帮困、急救知识普及、无偿献血（造血干细胞捐献）及遗体器官捐献等生命关爱工程。志愿者队伍不断扩大活动不断拓展，乡镇、社区、学校等基层红十字组织不断完善。市红十字会指导选送的上虞市代表荣获绍兴市红十字会、绍兴市政府应急办组织的现场救护技能竞赛一等奖。荣获由中国红十字会总会组织的全国红十字防灾减灾知识竞赛最佳组织奖。上虞市档案工作目标管理上虞市一级，上虞市平安机关。

【利用各类媒体广泛宣传】 坚持以宣传教育为导向，充分利用节日，通过网络、上虞日报、上虞电视台、绍兴晚报等开展宣传活动，宣传红十字会的性质、任务、宗旨和原则，传播红十字运动基本知识以及各类爱心典型事迹弘扬爱心、激发善心。颈部已下失去知觉的史军死后愿意捐献遗体角膜的信息报道由中国文明网、绍兴广电第一热线报道。

【生命关爱工程】 新增捐献志愿者血样82份，超额完成省红十字会下达78名志愿者血样入库的工作任务。心肌萎缩症去世后在父母的同意下捐献角膜的志愿者郑裕川由中央电视台新闻周刊、浙江小强热线、绍兴广电第一热线和多家报刊、网站等进行了多次的深度报道。施坚群老师去世后，家属按她生前遗愿捐献遗体给浙江大学医学院。13人办理了遗体捐献登记，3人办理了角膜捐献登记。

【接收爱心捐赠款300万元】 全年共接收爱心捐赠款300.74万元，支出救助款323.87万元，通过各乡镇为100户困难家庭送去价值10万元的物资及现金。君安博爱基金、国祥红丝带爱心基金、教育红十字博爱基金、母婴平安基金等四个相关基金共支出救助款18.43万元，惠及80多人次。搭建平台，接收定向捐赠支持社会公益事业，为上浦幼儿园、小越镇等接收捐赠款220万元。

帮助和办理白血病少年申请中国红十字会的小天使爱心基金。与残联等部门相结合，开展为肢残人员家属进行护理知识培训等关爱工作。

【开展急救知识“四进”活动】 全年培训2327名现场急救合格员，通过志愿者活动到社区、到乡镇、到车站广场人口流动的地方去普及急救知识，通过和团市委下属青少年宫组织的流动少年宫进乡镇的形式到学校，以及零星的急救知识讲座形式的普及急救知识，6000人次获得急救知识的普及。新增三位急救培训师，新添置4具人体模型。

【红十字志愿者活动】 在曹娥街道大三角社区尝试性的开展“关爱空巢老人”服务项目，通过志愿者与空巢老人结对的方式服务老人。借鉴国内外红十字志愿者开展的活动，为普通市民测量血压，宣传相关红十字知识；开展急救知识进社区、进广场、到车站。发放现场紧急避险知识读本宣传手册1万余本，相关知识宣传单2000余份。

【16所学校获得示范学校称号】 全市所有学校均成立了红十字会组织，组织开展各类红十字活动，参加中国红十字会的防灾减灾知识竞赛，参与“日行一善”的演讲比赛。16所学校获得绍兴市级以上示范（达标）学校称号。所有学校在教师层面与学生层面开展急救知识的培训普及。

【乡镇（街道）红十字会工作】 2011年所有乡镇（街道）成立红十字会组织以来，尽管没有专职红十字工作人员，但在扶贫帮困、普及急救知识、组织志愿者活动等方面积极开展活动。年初，全市开展“博爱送万家”项目，乡镇红十字会积极响应，使贫病人群得到援助。崧厦镇一位身患白血病的男青年由乡镇红十字会及民间爱心团体向社会求助，得到27万元的爱心救助，帮助这位男子接受骨髓的移植，使他树立起生活的信心。在第四届邻里月中，曹娥街道大三角社区成立红十字组织，开展扶贫帮困、设立红十字志愿者活动基地等相关工作。

（杨冬娥）

法 治

综 述

【概况】 2012年，上虞市委政法委以平安上虞创建“五连冠”为目标，以社会管理综合治理委员会更名为契机，以“进村入企”大走访活动和“两排查一促进”专项活动为载体，着力强化管理创新、大力夯实综治基础、全力维护大局稳定。如期办结中央政法委交办的第二批涉法涉诉信访积案4件、省委政法委交办的信访积案2件，完成率100%。对93件案件评查任务进行具体分解，如期保质完成评查任务。全年实施司法救助案件28件，使用司法救助资金69万元。

【成功创建平安上虞“四连冠”】 平安上虞创建顺利通过省考核，得分为916.58分，位列全省第74位，成功创建平安上虞“四连冠”。深入开展18个系列的平安创建工作，年底对各个系统创建进行验收，并评选出100个先进和示范创建单位予以表彰。制订下发了《2012年度平安综治宣传工作实施意见》和《关于开展平安综治百日宣传活动的通知》，通过多形式、多平台、多载体、立体化推进宣传活动，切实提升平安“四率”。全区21个乡镇（街道），顺利通过绍兴市考核，全部成功创建为“平安乡镇（街道）”，实现满堂红。

【深化社会稳定“三色”预警机制】 5月，绍兴市委、市政府在上虞市召开绍兴市“三色”预警机制建设现场会，8月份省委在上虞市召开全省深化落实十八大稳定工作暨“三色”预警机制建设现场会，进一步肯定和推广社会稳定“三色”预警工作。将“三色”预警机制由市、乡镇（街道）延伸到乡镇（街道）、村居（社区）一级，14个乡镇（街道）建立“三色”预警延伸机制；严格落实“三色”预警约谈制度，7月份专门召开约谈会，由市委“一把手”书记对7个乡镇（街道）的“一把手”进行集体约谈。

【推进社会管理创新项目】 召开由市四套班子主要领导参加的深化平安建设暨社会管理创新工作动员大会，下发《关于开展“社会管理创新落实年”活动的实施意见》，把5大工程细化为20个子项目，并由牵头单位会同责任单位制定各子项目的具体实施方案，统一汇编成册。按照总方案和各个项目方案的要求，全力推进四大项目、五大机制、六大平台建设。7月中旬由市四套班子领导带队，对全市社会管理创新工作进行专项督查；9月3日专门召开社会管理创新项目进展情况汇报会，进行再动员、再部署、再推进，市委主要领导亲自听取13个牵头部门关于项目推进情况的汇报，并对下步工作提出明确要求，进一步推进创新项目的实施。

【做好综治组织更名工作】 按照上级要求，上虞市社会治安综合治理委员会更名为上虞市社会管理综合治理委员会，更名后，成员单位从原来的41个扩大到63个，设立10个专项领导小组，并完善了一系列工作制度。同时进一步规范了全市基层综治组织的机构设置，市综治办统一制作了585套村居（社区、企业）服务管理站的牌子和制度，发放至全市406个村居（社区）和200人以上的规模企业。并以综治组织更名为契机，开展“10个”乡镇（街道）社会服务管理示范中心，“100个”村居

(社区)及企业服务管理示范站的“110”示范创建活动。

【开展“网格化管理,组团式服务”工作】 下发《关于深入推进“网格化管理、组团式服务”工作的实施意见》,及时开展网格化管理工作试点,于6月5日专题召开全市社会管理综合治理委员会第一次全体(扩大)会议暨“网格化管理、组团式服务”工作推进会,全面部署推广,全市共划分网格1345个。同时,启动基层社会管理综合信息系统建设,开通账户469个,实现市领导、相关部门、乡镇(街道)、村级信息系统的全覆盖。

【市法学会成立】 5月31日召开上虞市法学会成立大会,150余名会员参加了成立大会,成为绍兴地区首个县市级法学会,同时设立法律专家库,聘请省、绍兴和上虞专家30名。 (许丽娟)

公安

【概况】 2012年,上虞市行政区域面积1403平方千米,户籍人口77.85万人,登记流动人口26.53万人。

市公安局设有内设机构和派出机构共35个,其中综合部门、直属大队21个,派出所13个,另有一级警务室1个。共有民警668人(大学以上学历475人,专科学历175人),协警993人。

2012年度,市公安局被评为全省队伍正规化建设优秀单位、执法质量优秀单位、打防控工作优胜单位(该局作为大情报体系建设省级试点单位,经评估直接确定为全省打防控工作优胜单位)、上虞市“五好党委”。全年,共有1个集体荣立二等功,4个集体、16名个人荣立三等功。11个集体和165名个人受到嘉奖。禁毒大队大队长孙建宇荣获全国特级优秀人民警察、全国政法系统优秀共产党员和全省“十大警界先锋”称号,百官派出所民警姚阳潮被评为全省特级优秀人民警察。

全年,110有效接警总量为6.99万起,同比下降1.89%;交通事故26049起,同比上升11.2%;火警657起,同比下降15.88%;现发命案10起,同比下降16.7%,五类案件5起,同比下降44.4%,四类侵财性案件11234起,同比下降22.7%,盗窃10206起,同比下降24.23%,“两抢”302起,同比下降2.62%;共立刑事案件6148起,破获刑事案件4164起;移送起诉犯罪嫌疑人1805人,劳动教养17人,抓获逃犯197人;查处治安案件8651起,治安处罚3385人;破获涉网案件100起;上报情报信息776篇,其中重大信息专报277篇,国保要情信息43篇,网络舆情专报7篇。

【部署开展基础信息大采集、大排查活动】 共完成虚拟建房214369间,坐标标注151317处,采集常住人口492819人,暂住人口30186人,上传照片754845张,为全局民警提供综合查询5.3万余人次;已建成前端监控点968人,视频监控探头1678个,治安卡口20个,四向监控20个,公路智能卡口30个,三位一体电子警察16个,镇、村两级自行筹集资金安装动态视频监控探头687个。

【依法处置各类矛盾纠纷】 共排查化解矛盾纠纷5020起,带离现场69名,刑事拘留2人,行政处罚44名。共依法打击处理非访人员28人,开展法制谈话42人,没有发生涉警信访对象进京非正常上访事件。

【严厉打击各类严重犯罪行为】 全年共打掉公安部认定的黑恶势力团伙25个129人,破获涉黑涉恶八类关联性案件132起;共抓获侵财犯罪嫌疑人1054人,移送起诉825人,治安处罚296人;共抓获黄财犯罪嫌疑人227人,治安处罚2109人;破获省厅毒品目标案件3起,抓获涉毒犯罪嫌疑人77名;破获涉网案件100起,抓获犯罪嫌疑人208人。

【破获各类经济案件234起】 全年共立案查处经济案件234起,抓获犯罪嫌疑人201人,排查经济领域不安定因素15条,查获传销窝点14个,抓获犯罪嫌疑人80人,追回赃款8000余万元。

【组织实施全市应急联动处置演练】 8月23日,市公安局牵头组织实施全市应急联动处置演练,省委副书记、政法委书记李强，省委常委、公安厅厅长刘力伟，省委政法委副书记宋光宝，省公安厅党委副书记、副厅长张景华，绍兴市委副书记、市长钱建民，绍兴市委副书记王文序，绍兴市委常委、公安局局长刘国富，上虞市委书记孙云耀等领导以及来自省级有关部门、各地市政法、公安部门领导观摩演练。该局精心组织，周密实施，高标准、高质量、高要求地完成了此次演练，得到在场领导的高度肯定和赞扬。绍兴市局给予该局通令嘉奖，上虞市政府给予该局记集体三等功一次。

【开展“大情报”体系建设省级试点】 7月25日，市公安局被省厅确定为学习“温州鹿城经验”开展“大情报”体系建设省级试点单位，成立由局主要领导担任组长的“大情报”体系建设领导小组和五个专门工作组，全面推进“大情报”体系建设试点工作。报请市编委批准，单独设立情报中心，配齐配强工作人员。构建由市局情报中心、机关各科室及业务部门情报信息专管员、各派出所(警务室)情报信息综合室组成的三级架构情报工作体系。制订《信息研判与情报会商工作实施细则》《情报信息采集录入工作规范》等一系列规范性文件。12月24日，“大情报”体系试点工作顺利通过省厅评估。

【建成地下实弹射击训练靶场】 投资150万元，在局大楼地下室建设实弹射击训练靶场，并于8月正式投入使用。该靶场的投用，极大地改善了民警的教育训练条件，同时也提高了安全性。

【禁毒大队大队长孙建宇获多项荣誉】 上虞市局禁毒大队大队长孙建宇，1992年8月参加公安工作，先后荣立一等功、三等功各1次。2007—2009年连续3年被评为全省优秀人民警察，还先后被评为2005—2007年浙江省禁毒人民战争先进个人、全省公安机关“三基”工程建设先进个人、全省政法系统“学枫桥、保平安、促发展”先进个人、“2010—2012年全省公安禁毒系统禁毒工作成绩突出个人”、全省优秀共产党员。5月，被人力资源和社会保障部、公安部授予“全国特级优秀人民警察”荣誉称号，这是该局民警个人获得的最高荣誉。是年，孙建宇还被评为全国政法系统优秀共产党员和全省“十大警界先锋”称号。

【姚阳潮获评全省特级优秀人民警察】 10月19日，省人力资源和社会保障厅、省公安厅下发《关于表彰全省特级优秀人民警察的决定》(浙人社发〔2012〕299号)，百官派出所民警姚阳潮荣获“全省特级优秀人民警察”称号。

【景春良获评全省优秀人民警察】 1月4日，省委常委、公安厅厅长刘力伟签署命令，表彰50个2011年度全省优秀公安基层单位和100名2011年度全省优秀人民警察，百官派出所副所长景春良被评为全省优秀人民警察。

【成功破获陈东晓黑社会性质组织案】 2009年下半年开始，上虞市公安局陆续接到群众举报陈东晓黑社会犯罪线索。由于陈东晓是上虞建筑行业前20强企业老总，社会影响力较大，该局先期开展秘密侦查，经过7个多月的艰苦侦查，获取了陈东晓团伙的大致结构及部分犯罪证据，于2010年5月成立专案组，8月开展收网行动，一举抓获以陈东晓为首的14名犯罪嫌疑人，并辗转江苏、山东等地开展取证工作，最终于2011年1月侦查终结，查清了该组织开设赌场、寻衅滋事、非法拘禁等各类案件，收缴各类枪支5支，刀、弓、弩等工具若干，并以“组织、领导、参加黑社会性质组织罪”等9个罪名移送起诉涉案人员15名，成功铲除了一个危害社会的毒瘤，为维护社会治安稳定发挥了积极作用，2012年7月，专案组被省厅记集体二等功一次。

【破获特大滥伐林木案】 1月4日，上虞市局森林警察大队接报，丰惠镇祝家庄鸡笼山上大片树木被砍伐。经查，2011年11月—12月，犯罪嫌疑人陈某在未取得采伐许可证的情况下，滥伐林木169.5立方米，数量巨大。4月，陈某被依法刑事拘留。

【圆满完成“四季仙果”(上虞)歌会安保工作】 6月29日晚，浙江卫视中国蓝“四季仙果”(上虞)歌会在市区城北体育场隆重举行。市局各单位紧密配合，多警种协同作战，全警动员，全力以赴，圆满出色地完成歌会安保工作。全体参战民警、武警和协辅警坚守岗位，纪律严明，警容严整，执勤规范，言行文明，充分展现了公安机关和人民警察的优良形象。

【全省公安机关核心价值观教育实践活动推进会在虞召开】 7月2日下午，全省公安机关人民警察核心价值观教育实践活动推进会在上虞召开。省公安厅党委委员、副厅长、政治部主任华乃强出席会议。各地市公安局交流汇报人民警察核心价值观教育实践活动开展情况。市公安局政委陈建华在会上作经验介绍。省厅政治部副主任胡明法、朱思恩、张申才、闫敬辉，政治部警务处处长吴高峻、教育训练处处长夏文星等领导出席会议。各地市公安局政治部分管领导参加会议。（叶拥军）

检　察

【概况】 2012年，市人民检察院坚持以执法办案为中心，以推动社会管理创新为着力点，以改革创新检察工作为动力，开展“忠诚、为民、公正、廉洁”为主要内容的政法干警核心价值观主题教育活动，组织“虞检精神大讨论”“虞检形象大展示”“检察能力大提升”“服务基层大走访”等活动，深化“一科一品、一人一优”创建活动，提炼出“崇法、守正、拓新、致精”的虞检精神。市检察院被评为全国检察宣传先进单位，侦查监督科荣立集体二等功。公诉科科长叶源源被评为省委政法委“百佳办案能手”，预防科副科长谢伟东被评为全省预防岗位练兵优秀能手。

【打击刑事犯罪】 全年共受理提请审查批捕案件704件1189人，受理移送审查起诉案件1065件1987人，经审查，批准或决定逮捕640件1049人，提起公诉936件1740人，移送绍兴市检察院审查起诉23件56人。在注重打击的同时，严守案件质量底线，依法排除非法证据，因事实不清证据不足不捕19件41人，绝对不起诉4件6人。

【惩防职务犯罪】 全年共立案侦查贪污贿赂犯罪案件18件18人，渎职侵权犯罪6件6人，其中受贿13件13人，贪污1件1人，行贿4件4人，玩忽职守4件4人，滥用职权2件2人，涉及副科级以上领导干部9人。扎实开展职务犯罪预防工作，探索建立“检察约谈”制度，开展各类约谈9次，发出检察建议6份，建立廉政档案9份，立案侦查1件1人，建议纪检、组织部门给予党纪政纪处分2人；开展工程、行业预防，共走访重点工程14只，参与招投标16次，受理行贿犯罪档案查询283批次；开展预防宣传及警示教育15次，受教育人数1400余人。

【加强诉讼监督】 加强刑事侦查、审判监督，共监督侦查机关立案22件42人，撤案7件7人，纠正漏补20人，纠正漏诉4人，增加漏罪8件，发出纠正违法通知书8份，提起（请）抗诉5件，获改判6件。加强民事行政监督，共受理各类民事申诉案件90件，经审查后提请抗诉或建议提请抗诉15件，发出再审检察建议3份，经再审获改判13件，办理支持起诉案件8件，执行监督9件。加强刑罚执行监督，依法查办一起协警帮助犯罪分子逃避处罚案件，督促纠正换押、延长羁押期限不及时280余人次，向被监管单位发出检察建议6份、纠正违法通知书6份，纠正漏管罪犯7人，对1名长期脱管的缓刑犯经建议被收监执行，纠正8名不符合减刑条件罪犯的减刑建议。

【化解社会矛盾】 贯彻宽严相济刑事政策，做到该严则严，当宽则宽，全年共有罪不捕31件60人，对29名犯罪情节轻微的犯罪嫌疑人以及19名未成年犯罪嫌疑人作出相对不起诉决定。提前介入一起母亲杀害儿子案件，引导侦查，最终确定嫌疑人为无刑事责任能力、不构成犯罪。做好信访接待工作，共受理初信、初访118件次，坚持检察长定期接访、领导包案、下访巡访等制度，加强不稳定信息的动态收集、分析研判，确保涉检信访苗头早发现，早稳控，早解决。开展检调对接工作，成功调解29件轻微刑事案件，努力修复受损的社会关系。开展司法救助，为12名确有困难的刑事被害人提供救助金72795元。

【参与社会综治】 撰写《刑事诉讼案件综合分析报告》《职务犯罪预防年度报告》,供党委、政府参考。主动向党委、人大汇报工作,举行"检察开放日",倾听群众呼声,征求意见建议。开展"进村入企""两排查一促进"活动,院班子成员分组先后走访10多个村(居)、15家企业,深入基层、深入群众,深入企业,了解需求,开展咨询,汇总问题并督促相关部门办理,帮助企业解决困难3个。延伸检察职能,注重检力下沉,滨海检察室参与监督滨海新城招投标161次,向投标人发放温馨告知卡800余份,协同新城纪委、监察局对政府主要投资项目全面监督;崧厦检察室制定《检察室对接乡镇联调联动工作的规定》,与乡镇及相关基层站所建立矛盾纠纷的联调联动中心,参与化解镇、村信访案件3件,成功促成17起轻微刑事案件达成和解,对15名犯罪嫌疑人相对不起诉决定。

【创新工作机制】 出台《关于建立预防职务犯罪检察约谈制度的暂行规定》,推动职务犯罪预防工作科学化、刚性化,相关做法获最高检和省检察院的肯定和推广。会同市人民法院、公安局、司法局、卫生局联合出台《关于加强和规范人民法院决定暂予监外执行工作的暂行规定》,建立健全病残鉴定机制,同步法律监督人民法院决定暂予监外执行工作。联合司法局出台《关于加强刑事被害人法律援助工作的意见》,实现审查起诉阶段对刑事被害人开展法律援助。推行被害人权利义务告知制度,向被害人送达权利义务告知书,保障被害人的合法权益。（平　萍）

法　院

【概况】 2012年,市人民法院全年新收各类案件10234件,审结10206件,当年未结案987件,诉讼执行总标的18.12亿元。当年,市人民法院司法警察大队被评为全省法院"模范司法警察队",市人民法院信息工作荣获"全省法院信息工作三等奖"。

【刑事审判】 全年共受理各类刑事案件1027件,审结1004件。其中,审结"两抢一盗"、故意伤害等严重危害人民群众生命和财产安全的犯罪案件544件984人,审结"黄、赌、毒"犯罪案件125件291人,审结贪污、贿赂、渎职犯罪案件22件22人。贯彻宽严相济刑事政策,对142名社会危害大、情节严重的罪犯判处五年以上有期徒刑,依法对504名主观恶性较小、社会危害不大的被告人适用非监禁刑或免于刑事处罚。继续推进刑事案件被告人指定辩护工作,保障当事人行使辩护权利,共为262名被告人指定辩护人,指定辩护率达14.76%。

【民事审判】 全年共受理各类民事案件3296件,审结3287件,案件调解率为55.51%。其中审理婚姻家庭类案件811件、劳动合同和劳动争议案件208件、建设工程合同纠纷案件122件、农村合同纠纷、建房纠纷等涉农案件40件。

【商事审判】 全年共受理商事案件2485件,审结2481件。积极向上级法院申请知识产权、涉外案件管辖权,并经最高人民法院批复同意。同时,经市编委批准,设立民事审判第三庭专门负责此类案件的审判,为保障上虞市经济转型升级创造有利条件。

【行政审判】 全年共受理行政诉讼案件33件,审结32件。在化解行政争议中,积极探索"诉前沟通、诉中协调,诉外疏导"的争议解决新模式,共有14件案件通过协调得到妥善化解,协调撤诉率达43.75%。组织召开府院联席会议,发布行政审判白皮书、开展行政执法培训讲座,促进行政机关依法行政。加强非诉行政执行工作,维护正常的社会管理秩序,共审查非诉行政案件163件,执结163件,结案率为100%。开展拆除类非诉行政案件集中执行活动,进一步规范土地合法利用,共执结案件27件,拆除违法面积1754.43平方米。

【执行工作】 全年共受理各类执行案件3170件,执结3163件,同期执结率为99.81%,实际执行率60.92%。完成执行局"一庭三科"机构设置,深化分段执行改革,进一步提高执行成效。着力构建点对点执行协作模式，出台建立《执行制裁强制措施量化考核规定（试行）》考评机制，在上虞日报设立曝光台，挤压“老赖”的生存空间。开展对被执行人长期外出规避执行案件、涉民工工资及工程款拖欠案件、被限制高消费的被执行人所涉执行案件进行重点清理执行，共拘留被执行人91人，办结执行案件1075件，执行到位标的2.87亿元，当年执行工作取得较好效果。

【社会管理】 大力开展“四百四进”活动，走访调研，找准企业和农村法律帮扶切入点，力求取得实效。做好司法建议工作，当年共发出司法建议23条，受到相关单位重视，并积极反馈落实。积极参与综合治理，做好拟判处缓刑的虞籍被告人的审前社区调查和已判处缓刑罪犯的判后调查，将调查中发现的问题及时反馈给当地司法所，有力促进了社区矫正工作。相继在驿亭镇、岭南乡、东关街道、长塘镇设立法官工作室，不断完善多元化纠纷解决机制。切实落实为民举措，严格按照最高人民法院《司法公开示范法院标准》，继续推进立案大厅建设，深化立案信访窗口建设。加大巡回办案力度，共巡回办案45次，审理案件51件。进一步扩大简易程序适用范围，简易程序适用率达80.05%。进一步加大司法救助力度，共为35名经济确有困难的当事人缓交诉讼费23.74万元，为14名困难群众发放司法救助金48.45万元。

【廉洁司法】 深化主题教育活动，开展学习讨论中共十八大精神、“发扬传统、坚定信念、执法为民”等主题教育实践活动，加强全院政法干警核心价值观教育。开展“服务质量提升年”活动，努力提升综合部门在服务和保障审判执行工作中的能力和水平。建成全市法院系统首家院史陈列室，组织全院干警大力开展革命传统教育，提升干警文化素养。狠抓党风廉政建设，全面落实“一岗双责”党风廉政建设责任制。实施廉政风险节点管理和岗位廉政风险预警机制，实现了“排查、评估、防控”三位一体的廉政风险防范体系。加强日常巡查，严肃审判纪律，确保干警依法履行职责，提高工作质效。 （王菁菁）

司法行政

【概况】 2012年，上虞市司法局围绕“四个上虞”建设总体要求，把握“稳中求进、克难奋进、和谐共进”的工作基调，推进社会矛盾化解、社会管理创新、公正廉洁执法三项重点工作。全年，全市共受理各类矛盾纠纷3510件，调处成功3454件，成功率为98.4%。丰惠、小越两个司法所成功创建为省三星级规范化司法所。崧厦镇祝温村成功创建为国家级民主法治村，百官街道高丰社区等3个村（社区）创建为绍兴市级民主法治村（社区）。浙江阿克希龙舜华铝塑业有限公司等3家企业创建为绍兴市诚信守法示范企业。程蕾被评为全省法律援助为民服务创先争优先进个人。

【社会矛盾纠纷化解】 全年，医调会共受理万元以上标的额的医疗纠纷39件，成功调解39件，涉及赔补资金228.5万元。交调会共受理交通事故纠纷817件，调解结案517起，调解成功506起，赔偿金额达606.40万元。人民法院调解工作室共调处各类案件324件，成功324件，赔付金额6465.34万元，作出调解协议司法确认决定书5例。完善公调对接机制，规范百官、曹娥、崧厦110联动工作，共受理联动调解案件1063件，全部达成书面协议。深化检调对接机制，共受理各类案件55件，成功55件。大力推广“老娘舅”“和事佬”工作室的调解新模式，全市共建立“老娘舅”“和事佬”工作室203家，有效扩大了人民调解工作的社会参与度，极大延伸了人民调解工作的基层触角。

【社区矫正监管】 组织开展《社区矫正实施办法》学习，制定出台《关于开展“社区矫正基层组织队伍建设年”活动的实施意见》，规范推进社区矫正工作机构、队伍和网络三项建设。组织开展半年度、年度和重大节会期间对各乡镇（街道）社区矫正对象的集中点验及社区矫正联合执法专项检查活动，严格把社区服刑人员脱管率控制在1.5%以内，再犯罪率控制在0.5%以内，严重刑事犯罪案件控制在万分之一以内。健全社区矫正基层法律监督配合机制，出台《乡镇检察室和司法所在社区矫正工作中监督配合规定》，确保社区矫正工作依法开展，提高社区矫正监管质量。全年共开展审前社会调查346件。

【普法宣传教育】 全面启动“六五”普法，把普法宣传和创新社会管理工作结合起来，全年共组织各类法律讲座10余次，累计培训9000余人次。广泛开展“法治浙江宣传月”等活动，围绕“十二五”规划、宪法颁布30周年以及人民群众关心关注的社会热点问题，开展针对性宣传活动，全年累计发放宣传资料8500余份，张贴各类宣传挂图4600余份。编印“六五”普法读本《以案说法100例》，首批印制5000册，分发至各乡镇（街道）、部门、单位。4月，市司法局代表绍兴市参加全省“法律六进”工作推进会，并在会上作了题为《以法律进社区为载体，扎实开展社区法治建设》的典型发言。

【提供优质法律服务】 全年，全市律师共代理案件2586件，担任法律顾问522家。基层法律服务工作者共代理案件1002件，担任法律顾问283家。当好政府法律参谋和助手，6名资深律师受聘为上虞市政府法律顾问，17个市级部门、10个乡镇（街道）政府聘请律师担任法律顾问。开展律师服务中小企业专项活动，组织律师深入企业生产一线，主动走访中小企业，为中小企业开展“法律体检”“助推中小企业发展”法律宣讲等，努力为中小企业发展排忧解难。开展“法律援助春苗工程”“法律援助巾帼维权工程”“法律援助情暖农民工工程”三大工程维护特殊人群的合法权益，全年共受理援助案件426件，其中刑事案件288件，民事案件138件，为来电、来访群众提供1790次法律咨询，为群众挽回经济损失或取得利益800万元。

（汪　洋）

军 事

综 述

【概况】 2012年，上虞市人武部学习贯彻十七届三中全会精神，抓好党委中心组理论学习，及时学习贯彻中共十八大精神，同时利用报刊、政工网、板报橱窗等平台，不断深化学习；从深化当代军人核心价值观出发，组织开展“讲政治、顾大全、守纪律”“赞颂科学发展成就，忠实履行历史使命”“始终不忘战斗队、立足岗位有作为”等活动；与谢塘镇新戴家村的“军民共建文化示范村”活动有序推进；对民兵参与和创新社会管理模式进行探索，主动参与“平安上虞”活动；认真组织民兵调整改革方案论证，对全市民兵“缩编”后重新布局，重新编配研究探讨，得到军分区肯定。

【后备力量建设】 上虞市人武部采取分片集中和分点组织相结合的方法，完成基干民兵的组织调整工作，各项指标均达到上级规定要求。走访市委统战部、公安局、工商局、文广新局等单位，对上虞市国防动员和国防潜力情况进行调查，掌握翔实支前潜力。按照“节俭使用、配套管用、规范实用”的思路，因地制宜，分类明确标准，抓好硬件建设。重点推进百官街道、曹娥街道、道墟镇、盖北镇4个基层武装部和卧龙集团、市行政执法局2个企业、局武装部的新一轮达标先行，基层规范化建设有序推进。

【战备训练】 组织军事理论、战术标图、军事地形学、军用文书写作和体能等科目训练，共落实44天、309个训练课时，平均参训率98%，及格率100%。先后组织全市37名专武干部集训，进行应知应会、轻武器射击、识图用图和“四会”教学等基础科目训练，其中21名专武干部还参加分区组织的集中训练，取得较好成绩；组织民兵应急连、水上抢修分队共178人次强化训练，增强民兵分队“双应”意识，提高“双应”能力。

【思想政治建设】 把思想政治建设放在首位，开展学习实践科学发展观活动，组织本级党委中心组带机关的理论学习，开展“讲政治、顾大局、守纪律”专题教育整顿、“赞颂科学发展成就，有效履行历史使命”主题教育和“始终不忘战斗队，立足岗位有作为”教育大讨论活动，剖析破解发展难题，凝聚发展共识。开辟教育专栏，编写“格言警局”，撰写心得体会。围绕“迎接党的十八大召开、学习贯彻十八大精神”，开展军地交流互学活动，培养军人核心价值观，并组织专武干部备课示教，将活动向民兵队伍延伸，增强民兵的“军魂”意识。

【注重“三个经常化”促进党员干部党性修养】 坚持先进性教育经常化，结合主题教育、党委中心组学习、落实组织生活制度，持续开展学习贯彻党章活动，编印党纪条规组织党员干部学习对照，着力强化党员意识、表率意识；坚持民主集中制教育经常化，针对班子调整面大的实际，认真组织学习党的三代领导核心和胡锦涛主席关于民主集中制的论述，3次专题研究落实“十六字”方针问题，修订完善《党委议事规则》，强化集体领导意识；坚持激励警示教育经常化，深入开展向汪锡广、贾丹兵、戚智学等先进典型学习活动，组织观看《忠诚与背叛》影片，汇编今年来军地反面典型忏悔录，扎实开展警示教育，增强拒腐防变的意识能力。

党管武装

【概况】 2012年，市人武部贯彻落实绍兴市《关于加强和改进新形势下党管武装工作若干意见》，坚持落实党管武装各项制度。组织召开了全市武装工作会议；坚持落实地方党政领导定期过“军事日”制度；进行专武干部队伍调整；年底开展党管武装工作考评，强化了党政领导党管武装的意识，营造了党管武装工作良好氛围。

【市党管武装会议】 6月11日，市人武部组织召开上虞市武装工作会议。全市21个乡镇（街道）党委书记、专武干部等出席会议。市委书记、市人武部党委第一书记孙云耀作重要讲话并提出了要求，市委常委、人武部部长周卫星作了“聚焦主题主线，深化军民融合，高标准推进人武部和后备力量建设科学发展”的工作报告。会议指出，要提升思想认识，着力增强党管武装工作的责任感和紧迫感；要扭住关键环节，切实加强党管武装工作的有效性和针对性；要加强组织领导，全面提高党管武装工作的质量和水平。

【完善专武干部队伍结构】 坚持与市委组织部联合考核专武干部制度，地方党委、政府把专武干部纳入统一管理、统一教育、统一考察，及时对超龄人员转岗、对空缺人员补齐、对表现优秀的提升使用。1名优秀专武部长调任其他重要岗位使用、1名副部长提升使用、5名公务员转入专武干部队伍，优化了队伍结构，增强了内在活力，专武干部队伍综合素质整体提高。

【党委班子和干部队伍建设】 结合党委中心组理论学习，组织学习《党章》《党委议事规则》和省军区《关于加强团以上党委班子作风建设规定》等法规，坚持民主集中制，强化班子集体领导意识。加强各级党组织建设，建立部党委成员与基层武装部挂钩制度，明确责任区分，健全党小组、党支部记录本。开展“讲政治、顾大局、守纪律”教育整顿，打牢党员干部思想政治基础，坚定听党话、跟党走的理想信念。每月对照《上虞市人武部干部职工考评实施细则》考评干部，激发党员干部爱岗敬业、遵规守纪、奋发进取的事业心责任感。

【廉政风险防控机制建设】 按照“更加注重治本，更加注重预防，更加注重制度建设”的要求，市人武部开展廉政风险防控机制建设，采取正面学法规、反面搞警示、全面建机制的方法，在干部职工中广泛开展“学廉政法规、析沉痛教训、强廉洁意识”学习教育活动，充分发挥纪检监察工作的职能作用，查纠解决突出问题，健全完善监督机制，促进党员领导干部廉洁从政，把廉政风险防控工作步入常态化、制度化轨道。

国防后备力量建设

【概况】 2012年，上虞市人武部完成全市国防动员和国防潜力情况调查，掌握支前潜力，加大转业干部服预备役的教育管理；开展民兵工作调研，对专武干部、民兵连长、应急队伍等进行了全面训练，提高了专武干部和民兵队伍的遂行作战任务能力和应急反应能力。

【开展民兵整组】 上虞市人武部贯彻浙江省军区《关于明确民兵组织整顿几个问题的通知》精神，围绕“平时能应急，战时能应战”总体要求，采取分片集中和分点组织相结合的方法，以“三个现地”形式，从1月底至4月中旬，完成了基干民兵的组织调整工作，各项指标均达到上级规定要求。11月份，组织民兵调整改革方案论证，对全市民兵“缩编”后重新布局、重新编配研究探讨，得到军分区充分肯定。

【推进基层武装部建设】 对全市21个乡镇（街道）武装部、7个企业武装部、46个民兵连部的建设现状进行分析归类，与市委办、市府办等单位开展国防后备力量建设现状调研，在全市领导干部“读书班”上交流调研材料。按照“节俭使用、配套管用、规范实用”的思路，因地制宜，分类明确标准，抓好硬件建设。重点推进百官街道、曹娥街道、道墟镇、盖北镇4个基层武装部和卧龙集团、市行政执法局2个企业、局武装部的新一轮达标先行，基层规范化建设有序推进。

【专武干部和新任民兵排长集训】 4月16日—20日，市人武部在训练基地组织了为期一周的全市专武干部集训，此次集训对象为新任民兵排长和专武干部，共计85人。集训内容主要为国防知识、军兵种知识、军事高技术知识、军事地形学；民兵业务工作有关知识学习（民兵战备、训练、民兵营连部规范化建设和民兵整组等相关方面法律法规）；征兵工作知识学习及经验交流；民兵反恐维稳行动、民兵抢险救灾知识辅导；轻武器常识、射击常识、实弹射击等。同时集训期间坚持按照连队化管理要求，认真落实一日生活制度，加强专武干部的作风养成，培养他们的服从和服务意识。

【民兵专业分队训练】 5月18日—27日，市人武部采取"分业设点、统一调控、集中组训、分类受训、综合保障"的方法，在训练基地等组织应急、重要目标警戒、心理战、防化、工程装备维修、防化装备维修、担架护理、工兵、公路运输、医疗救护等11个专业37个课目共840名专业分队骨干训练，进一步打牢民兵专业分队业务、技能基础，提高重点任务分队遂行多样化任务的能力。

民兵专业分队训练

【开展森林火灾扑救组织指挥知识培训】 市人武部结合民兵工作调整改革任务部署会，组织全市基层武装部长开展了森林火灾扑救组织指挥业务知识培训会。培训采取理论讲解、观看视频录像和案例分析等方式进行。重点从上虞森林资源的概况和面临的森林防火形势、森林防火基本知识、森林火灾扑救的方法和扑救战术等方面进行了讲解，进一步提高了全市基层武装部部长组织指挥森林火灾扑救的科学处置能力，为切实保护好全市森林资源和人民群众生命财产安全提供了扎实的保障。

森林火灾灭火培训

年度征兵工作

【概况】 2012年，上虞市人武部圆满完成上级赋予上虞市新兵征集任务。结合元旦和春节时机做好兵役登记工作，组织开展征兵工作调研；9月份召开征兵工作领导小组会议、征兵形势分析和征兵业务培训会议，与各乡镇（街道）及相关单位签订《征兵工作目标责任书》；通过短信提醒、电视播报、悬挂宣传横幅、制作宣传板等方式，宣传征兵工作，激发适龄青年参军热情。

【新兵回访和兵役登记】 1月，市人武部组织人员到各部队看望上虞籍新兵，了解和掌握他们的思想、生活和工作状况，及时做好相关思想工作，确保无责任退兵。第一季度，利用学生和外出务工适龄青年返乡的有利时机，组织《中华人民共和国兵役法》《中华人民共和国国防法》知识宣传，部署征兵登记任务，有效落实适龄青年的兵役登记工作，上虞市共有5378名适龄青年参加登记，自登率达98%，经验做法在《中国国防报》上进行了刊登，为2012冬征兵工作打下坚实基础。

兵役登记

【陈加元、周国建到上虞检查征兵工作】 11月1日，副省长陈加元和省军区副司令员周国建到上虞市检查指导征兵工作。陈加元和周国建听取上虞市开展征兵工作情况汇报和察看体检现场后，对上虞前阶段征兵工作给予肯定。指出要严把体检、政审和学历关，并强调要进一步加大宣传力度，营造"好男儿，去参军"的氛围；要切实加强领导，创新开展工作，确保年度征兵工作任务圆满完成。绍兴市副市长徐光明、绍兴军分区司令员王干银、政委余祥明陪同检查。

【抓好征兵宣传】 针对参检人员减少，应征青年参军热情不高，高学历兵员征集工作难度增大等新情况，市征兵办成立以市人武部和市委宣传部主要领导为组长，宣传媒体人员和各乡镇（街道）宣传员参与的征兵宣传工作小组，召开专题征兵宣传会议，下发《做好2012年征兵宣传工作的意见》，编写《征兵工作简报》，利用电视台、报纸、电台、商场电子屏幕、宣传车等工具对典型人物和政策进行宣传，营造当兵有为和"积极送子参军"的氛围，激发广大适龄青年的参军热情。

全民国防教育

【概况】 2012年，上虞市人武部结合《全民国防教育法》颁布十一周年、学习新修订的《浙江省国防教育条例》、开展"第十二个全民国防教育日暨第一个全省国防教育周活动"的契机，组织开展国防教育"进机关、进学校、进社区、进企业、进乡村"等活动，通过国防教育授课、主题演讲会、过"军事日"、国防形势报告会等活动，巩固深化领导干部国防教育，增强党政领导主动关心国防建设的意识，提高全市国防教育的普及率。

【深化领导干部国防教育】 利用民兵整组、过"军事日"和集合、重大节假日时机，组织广大党政领导干部认真学习胡锦涛主席关于国防和军队的一系列重要论述，紧密联系上虞市经济社会发展取得的成果，依托"人文上虞""孝文化"价值观教育，开展国防教育宣传报告会，组织领导干部过"军事日"活动，召开党政军座谈会，引导广大干部认清形势牢记使命，增强广大党政领导干部的忧患意识和国防观念，提高履行国防职责的意识、素质和能力。

【普及中小学生国防教育】 上虞市依法把国防教育纳入义务教育、教学计划，组织专武干部给中小学生上国防教育课，推动国防教育进课堂、进课表、进教案、进班会，把课堂教育与课外活动结合，开展军训和爱国主义教育基地体验活动，组织学生参与全市"十大孝子"评选活动，加强中小学生的思想道德教育，增强爱国热情和献身国防的观念。

【人武部开展党员辅导授课活动】 市人武部政委王渭忠带领部分干部职工走进"军民共建文化示范村"新戴家村，与该村民兵党员交流互动，围绕"学党史、强党性"这一主题开展党员辅导授课活动，帮助大家认清党完成和推进的"三件大事"、取得的"三大成就"，结合国家特别是驻地经济社会发展的巨大改变，引导大家学习党史，强化责任意识、使命意识。针对民兵关注的物价上涨、分配不公、就业难等社会热点问题，结合学习《从怎么看到怎么办》《历史的转变：中国共产党为什么能？》等理论阐释文章，为民兵党员解疑释惑，引导大家把学习成果转化为干好本职工作的内动力。进一步密切军政军民关系，持续巩固“军民共建文化示范村”建设成果。

双拥共建

【概况】 2012年，市委、市政府及各乡镇（街道）和有关部门广泛开展“双拥”活动；组织开展“军民共建文化示范村”；充分发挥广大民兵预备役人员在参与“平安上虞”“浙东新商都”建设和完成急难险重任务中“宣传队”“工作队”“生力军”作用，为上虞经济社会发展作出积极贡献。

【召开双拥工作领导小组全体（扩大）会议】 7月18日，上虞市双拥工作领导小组在上虞宾馆召开全体成员（扩大）会议。全市33个双拥工作领导小组成员单位负责人参加会议，19个乡镇（街道）双拥工作领导小组组长列席会议。副市长、市双拥工作领导小组副组长徐耘主持会议并作专题部署，市委副书记、市双拥工作领导小组组长陈坚参加会议并讲话，市人武部政委、市双拥工作领导小组副组长王渭忠代表驻上虞部队发言。会议指出，要进一步强化政治意识，激发广大官兵拥政爱民热情；要进一步强化责任意识，努力为驻地经济发展和构建和谐社会作出新的更大贡献；要进一步强化服务意识，确保中共十八大召开期间等敏感节点不出现重大社会稳定问题。

【参建支建活动】 市人武部组织与贫困学生结对扶贫助学，积极参与地方平安社区创建活动；协调“军民共建文化示范村”活动，确定谢塘镇新戴家村为共建对象，并按照帮建内容，定期检查共建工作推进情况；参与上虞市文明卫生城市创建和“百部率百连帮百村”帮建活动；6月底，组织250名民兵完成上虞市“四季仙果”演唱会安保任务，组织130名民兵参加全市防汛抗台；积极参与文明卫生城市创建活动，民兵参建支建作用明显。

【慰问部队官兵和烈军属】 市委、市政府及乡镇（街道）、部门广泛开展拥军优属活动。春节、“八一”期间市委、市政府和乡镇（街道）、部门主要领导带队到驻虞部队和烈军属家庭走访慰问。民政部门每年都到烈军属家庭和重点优抚对象家庭走访慰问。

【市人武部举办“孝德文化”讲座】 市人武部举办的“孝德文化”讲座走进“军民共建文化示范村”新戴家村，与村民群众共过党日。讲座围绕上虞孝德文化，以生动的事例讲述从古至今上虞讲孝义、重孝德的典型人物事迹，普及孝文化起源、青少年思想道德教育等有关知识，并对《新“24孝”行动标准》作了详细阐述。讲座由市军志办高志林老师授课，全体干部职工和新戴家村村民听讲。

（卢颖颖）

科学技术

综 述

【概况】 2012年，上虞市紧扣发展主题，大力推进科技进步与技术创新，以加快创新平台建设为依托，以提高自主创新能力为核心，着力加快科技成果转化，不断深化科技创新合作，切实推进知识产权战略，科技工作取得明显成效，被省委、省政府评为“市县党政领导科技进步目标责任制考核优秀单位”。全年高新技术产业产值达到513.5亿元，增幅13.2%，占规模以上工业产值比重达到39.5%。实现新产品产值372.03亿元，新产品产值率达28.6%，比上年提高2.5个百分点。

【“浙大网新·上虞科技园”项目正式启动】 上虞市探索“政府引导、市场运作”的建设模式，与浙大网新集团合作，启动建设上虞科技园，致力打造集企业总部基地、企业孵化基地、成果转化基地、就业创业基地、科创服务基地等为一体的现代科技创新综合体。4月，召开“浙大网新·上虞科技园”项目洽谈会；6月，对三套概念设计方案进行论证，确定了科技园展示中心选址意向；7月，市委主要领导对浙大网新集团进行实地考察，对概念设计方案进行论证；10月，市领导再次与浙大网新集团进行磋商，确定设计方案。（张晓蓉）

【投入产业创新平台建设资金640万元】 按照“一个优势产业建成一个公共服务平台”的目标，将公共科技基础平台和专业（行业）科技服务平台作为建设重点，着力构建具有较强区域竞争力的现代创新平台体系。制定出台《上虞市公共科技创新服务平台建设奖励办法》和相应实施意见，市财政每年安排2500万元以上专项资金，重点支持公共科技创新服务平台建设。共有绿色精细化工、照明电器、汽车及零部件和绿色化学制药四个平台列入上虞市级平台建设计划，第一批财政补助资金640万元全部发放到位。（胡伟泉）

【当年财政科技投入达到2.01亿元】 修订完善《上虞市鼓励企业开展自主创新奖励办法》《上虞市科技创业服务中心建设专项资金管理暂行办法》《上虞市公共科技创新服务平台建设奖励办法》等科技政策，对科技型企业培育、企业研发机构建设、知识产权保护等自主创新活动和公共科技基础平台、专业（行业）科技创新服务平台建设实行奖励，当年财政科技投入达到2.01亿元，一般预算内科技支出占财政总支出的比重达到5%。制订了乡镇（街道）、两区科技进步目标责任考核办法，更加注重科技对接交流和自主创新工作的考核，加大了新产品产值和企业研发投入的考核比重。（毛建江）

科技管理

【概况】 按照“因企而异、分类指导、整体推进”的原则，切实加强创新主体培育和高新产业发展。重点扶持新能源新材料、医药及生物技术、节能环保、信息软件等领域的战略新兴产业和初创科技型企业成长。依托市照明电器、机械装备、精细化工、节能环保设备和光伏、轻工纺织产业等优势产业，充分挖掘项目资源，鼓励企业申报国家级、省级科技计划项目。加强国家产业基地建设，加快资源整合，扩大产业集群规模。上虞国家照明电器高新技术特色产业基地通过复核。（张晓蓉）

【大力培育科技型企业】 新认定国家重点扶持高新企业16家，累计达到80家；新认定省级创新型示范企业1家，省科技型企业27家，分别累计达7家、198家；新认定绍兴市高新技术企业25家，绍兴市级创新型企业23家，分别累计达181家、60家。

【41个项目列入国家级科技计划项目】 共有41个项目列入国家级科技计划项目，其中国家火炬计划项目18项、国家星火计划15项、国家创新基金项目8项。列入省重大科技专项5项。列入国家重点新产品12项，累计达88项，居全省第二位，占总数比例达14.11%。新认定省级新产品试制计划241项，居绍兴各县市区第一位，全省第二位。组织实施市级重大科技攻关专项、重点科研引导专项、一般科研扶持项目以及农业、社会发展项目128项。（胡伟泉）

【推动民生科技发展】 围绕“科技服务三农”目标，深入开展农业先进适用技术引进和农业成果推广工作。全年新实施省级农业成果转化项目1项，省级农业重大科技专项1项，国家级星火计划15项。新认定省农业科技企业4家，累计20家；省农业企业科技研发中心1家，累计11家。实施上虞市级农业项目31项，社会发展科技项目14项。（田永波）

【新增企业研发中心数量居绍兴市第一位】 大力扶持企业研发中心建设，引导初创型科技企业申报上虞市级科技研发中心建设，绍兴市级高新技术企业申报绍兴市级研发中心，国家重点扶持高新技术企业申报省级研发中心。全年新认定省级企业研究院3家，省级高新技术企业研发中心9家，绍兴市级工程技术研究开发中心24家，累计分别达到6家、47家和112家，数量居绍兴各县市区第一位。卧龙电机及控制技术、龙盛精细化工、闰土化工、阳光照明电器、皇马表面活性剂和国邦药物等6家企业建立的省级企业研究院，数量占绍兴市总数的30%，与新昌县并列位居绍兴各县市区第一位。（胡伟泉）

【绿色精细化工科技创新服务平台通过省厅验收】 9月，浙江省科技厅组织专家对省重大公共科技创新服务平台建设专项——“上虞绿色精细化工科技创新服务平台”建设项目进行专项验收。上虞绿色精细化工科技创新服务平台成立于2008年5月，由中科白云精细化工研发中心等5家单位共建，为市第一家公共科技创新服务平台。建成后已累计投资8459万元，建成服务场地23320平方米，整合各类仪器设备总值1.6亿元，发展企业会员230余家；成立了4个研发中心、4个中试基地和3个服务中心。4年来共提供科技信息、咨询服务1330家（次），开展各类培训、讲座、学习1950人次，检测分析1982批次，技术转移、推广应用工艺27项，工艺绿化改造21项。完成了国家和省部级项目18项，承担重大共性关键技术攻关项目24项，获国家、省部级科技成果8项，授权国家发明专利91项，参与制定国家标准7项，行业标准14项，社会经济效益显著。（张晓蓉）

9月25日上虞绿色精细化工科技创新服务平台通过验收

科技成果

【概况】 按照有利于促进科技创新的目标，形成规划、计划、政策协调互动机制，为成果转化的有序开展提供支持。全年完成成果鉴定125只，涉及精细化工、医药、机器电子以及新材料新工艺等各个领域，其中新材料新工艺占15%，呈明显上升趋势。共获得省科技奖11项，其中1项荣获省科技进步一等奖；获得绍兴市科技奖12项，评选上虞市级科技奖25项。共引进成果转化项目30个，实施省级以上科技合作项目3个。（张晓蓉）

【"地铁隧道智能通风系统"获省科技进步一等奖】 上虞市浙江金盾风机风冷设备有限公司的"地铁隧道智能通风系统"项目荣获2011年度省科学技术进步一等奖。该项目通过吸收国际先进航空领域的旋涡理论，开发出可正反逆转(等效)的地铁隧道轴流风机及配套系统，成功开创了地下长隧道横向排烟的创新模式，技术达到了国际先进水平，极大提高了地下长隧道内的逃生、疏散以及救援条件。该项目拥有22项专利技术，其中取得发明专利6项。已承接北京、上海、新加坡等13个城市28条地铁线，国内市场占有率达38%，新增销售27882万元，新增利润2565万元，新增税收2424万元，年节电5065万千瓦时。

（毛建江）

知识产权

【概况】 以创建省知识产权示范市为载体，进一步完善工作机制，强化宣传培训，促进科技创新自主知识产权的形成，提升企业核心竞争力。市财政设立每年300万元的专利产业化专项资金，深入实施知识产权"提质扩量"工程，大幅提高专利申请量。

【通过省知识产权示范市创建验收】 以"4·26世界知识产权日"为载体，集中开展了知识产权宣传月活动。在上浦、崧厦、曹娥等乡镇(街道)广泛开展知识产权科普活动，分发宣传资料500余份。引进杭州裕阳、杭州天勤等知识产权服务机构，为企业提供专利申报、政策咨询等中介服务。4月9日，上虞市迎接省知识产权局督查调研；7月初，参加了省知识产权创建县市的答辩，并通过了创建验收。（张晓蓉）

【推进专利示范企业建设】 全年共申请专利3489件，授权专利2353件，其中发明专利授权数达132件，发明专利授权数仅次于越城区，居绍兴各县市区第二位。着力推进龙盛、闰土、阳光、卧龙等国家级知识产权试点企业工作，全年共实施专利产业化项目30项，新认定省级专利示范企业4家，绍兴市级专利示范企业13家，上虞市级专利示范企业15家。（唐卫东）

【首次获得国外发明专利授权】 浙江上光照明有限公司研发的"一种LED直型灯管"陆续收到澳大利亚和韩国的发明专利证书，成为市第一家获得国外发明专利授权的企业，也是上虞市首次通过PCT途径成功申请获得的国外发明专利授权。该灯管不但具有LED灯节能、牢固、长寿等特点，其外观还与普通的荧光灯管相同，美观实用。产品上市以来广受顾客好评，远销日本、韩国、澳大利亚、美国、欧盟等发达国家，主要应用于机场、宾馆等高档场所的照明。（董智勇）

气象服务

【概况】 2012年年度平均气温与常年持平。降水时空分布极不均匀：雨量总体较常年偏多；雨日较常年偏多；强降水天气多，降水时间集中。2012年6月17日入梅，6月29日出梅，入梅时间较常年略微推迟，出梅时间比常年偏早，但却出现了极其典型的、较强的梅雨降水集中期。主要气象灾害有梅汛期暴雨、强对流(强雷暴、冰雹、短时暴雨等)、大雾、高温、连阴雨、寒潮、雨雪冰冻、灰霾等。全年共发布天气周报53期，信息内参18期，重要天气报告21期，各类气象专题48期，发布各类气象预警信号31次，发布预警信息31.2万人次。

【农业气象服务】 制订并修改《气象为农服务周年方案》，开展春茶、春播、夏收夏种、秋收冬种、草莓、樱桃、杨梅、葡萄等农业气象服务。发布为农气象服务专题气象服务17期，并适应农时和四季仙果旅游季节，提供气象滚动预报服务和旅游天气预报。

【防雷检测】 防雷定期检测单体数量为1676，其中一次检测未通过数量为687，需整改单体所占比率为41.0%。定期检测建筑物，按使用功能不同分为化工类、加油站、学校和其他类型，以化工类为最多，为1133，占67.6%；其次为学校，为443，占26.4%。定期检测化工类建筑主要分布在杭州湾上虞工业园区和道墟镇，其中杭州湾上虞工业园区数量为982，占86.7%。

【雷电监测】 开展雷电监测，全市共发生地闪6336次（比2011年多973次，增加18.14%），全年全市雷暴日为54天（比2011年多6天）。从月分布来看，今年主要集中在7、8、9三个月，三个月地闪占全年总地闪个数的98.17%；从时间分布来看，主要集中在14时到20时之间，该时间段内地闪个数占总地闪个数的94.93%；从空间分布来看，崧厦镇相对较多为695次。全市地闪平均密度4.54次/平方千米。 （李　飞）

科技合作

【概况】 从最初的"星期天工程师"起步，20年来，上虞市的科技合作之路不断走向深入。市政府与清华大学科研院、上海交通大学等8所高校建立了全面合作关系，先后聘请徐光宪教授等16位专家为科技顾问，全市400余家骨干企业与250多家高校院所有产学研联系。2007年以来，共引进大院名校共建科技创新载体30家、其中省级创新载体4家。近年来，随着科技创业服务中心的设立，科技中介服务体系进一步健全，科技金融结合进一步深入，政产学研合作途径不断拓宽。

（张晓蓉）

【科技交流活动频繁互动】 6月，组织12家企业赴武汉、南京等地开展"引智强企"活动，走访高校2所，促进高层次人才加快集聚。11月，组织20余家企业赴中科院宁波材料所和大连理工大学开展科技对接交流活动，就环保、精细化工、电子信息与电气工程等方面的新技术、新成果作了交流探讨。市科创中心定期组织已入驻高校技术转移中心和科技中介服务机构与企业开展各类科技对接交流活动。共开展对接活动4场，接洽企业326家，接洽项目130余项，签约科技成果转让7项、科技合作开发项目23项，合同金额490万元。 （胡耀忠）

【金融支持科技成效显著】 中新力合科技金融服务有限责任公司上虞分公司共接洽企业79家、达成金融服务意向31项，为5家企业解决融资1250万元。对接商业银行，推行"建行助推科技创新"行动，为全市各类科技型企业在专利、信用、订单、担保、联保、授信等方面量身定制6款融资产品。全年建行放贷企业达到16家，贷款金额达2.62亿元。

【构建科技中介服务体系】 新引进上海复旦大学等高校技术转移中心3家，全市高校技术转移中心增至8家。制定了《高校、科研院所技术转移中心暂行考核办法》和《科技中介机构暂行考核办法》，规范中心考核管理。全年科创中心共服务企业200余家，代理专利762件，开展科技培训（讲座）6次；帮助企业申报各类高企认定、新产品鉴定等20余项，有效提升了中小企业的科技发展水平。

（金国江）

表9　　全市新增省级以上高新企业名录

国家火炬计划重点高新技术企业(2家)			
企业名称	所属乡镇、街道	企业名称	所属乡镇、街道
浙江自立股份有限公司	百官街道	浙江金科过氧化物股份有限公司	曹娥街道
国家重点扶持高新技术企业(16家)			
企业名称	所属乡镇、街道	企业名称	所属乡镇、街道
浙江国祥空调设备有限公司	曹娥街道	浙江凯信光电科技有限公司	小越镇
浙江杭特容器有限公司	曹娥街道	浙江上光照明有限公司	东关街道
浙江春晖汽车空调压缩机有限公司	曹娥街道	浙江嘉成化工有限公司	道墟镇
上虞盛晖化工有限公司	谢塘镇	上虞华盛电机有限公司	驿亭镇
上虞帝瑞云涛化工有限公司	杭州湾上虞工业园区	上虞市思纳克热流道有限公司	东关街道
浙江阮氏塑业有限公司	道墟镇	上虞京新药业有限公司	杭州湾上虞工业园区
浙江正邦汽车模具有限公司	小越镇	浙江秦燕化工有限公司	杭州湾上虞工业园区
绍兴春晖自动化仪表有限公司	曹娥街道	浙江鸿盛化工有限公司	道墟镇

地震监测服务

【概况】 2012年,全市广泛开展防震减灾宣传活动,通过摆设宣传展报、发放宣传资料、开展现场咨询等方式,提高社会公众的防灾减灾意识和应对突发事件的能力。编制了《上虞区地震应急预案》和《上虞市地震应急预案操作手册》。组织乡镇(街道)防震减灾工作助理员参加培训会,提高各级震情信息员的业务素质,学习地震应急工作要点,了解并掌握地震应急工作基本业务知识。加强对烈度速报台地震台站的监督管理,派专人重点检查仪器的运行情况,做到发现问题及时纠正,保证仪器的正常使用和运转。　　(胡伟泉)

教 育

综 述

【概况】 2012年，全市共有中小学91所，其中普通高中8所，职业高中3所，初中22所，小学55所，九年一贯制学校3所，在校生9.5万余人；另有教师进修学校、少体校、特殊教育学校各1所，注册幼儿园97所，在园幼儿1.8万余人。围绕创建“省义务教育均衡发展县市”和“省体育强市”两大目标，以“开放办学、民主管理，以德立教、以学定教”为基本思路，努力实现教育事业均衡、特色、优质发展。全市公办初中小学全面实行“零择校”“阳光招生”，教育均衡化、优质化、现代化得到顺利推进。投资近5亿元的校安工程基本完成，园安工程实质性启动，新增省义务教育标准化学校11所，达成率75%。学校食堂集中配送工作得到有效探索，102家学校食堂的卫生量化考核均达B级及以上，其中A级占56%，居全省前列。市教体局获绍兴市教育局科学和谐发展业绩考核一等奖。

【通过全国县域义务教育均衡发展督导评估】 2012年9月，上虞市顺利通过全国县域义务教育均衡发展督导评估，其中县市政府推进均衡21项考核指标19项达标、2项基本达标，达标率居绍兴各县市之首。

【农村完小建设经验登上《中国教育报》头版头条】 2月6日，全国权威教育报刊《中国教育报》头版头条刊出上虞市农村完小发展专题报道《每个乡村儿童都能“上好学”——浙江省上虞市为农村完小“强筋壮骨”纪事》。上虞“加强农村学校布局调整、推进农村学校建设”做法被列入2012年全国“两会”期间教育宣传推荐目录。

【学生接送车改革模式获省部肯定、全国推广】 2月22日，副省长郑继伟一行先后来到丁宅乡校和祝家庄小学调研农村体育特色教育和视察学生接送车情况，并专题批示“上虞市学生接送车专业化运营模式具有较好推广价值，可供各地学习借鉴”。10月，在全国第六届中小学幼儿园安全工作经验交流会上上虞市作典型经验介绍。11月，中央电视台新闻频道专题播出《浙江上虞：多模式探索校车运行》。

【教体局荣获全国第三届地方教育制度创新奖·优秀奖】 12月15日，由21世纪研究院等多家机构联合发起的“全国第三届地方教育制度创新奖”颁奖仪式在北京举行，共有全国62个案例列入初选范围，上虞市“借力乡土文化，强壮农村教育发展”入围，最终荣获“第三届地方教育制度创新奖·优秀奖”。

【举行《孝德教育》教材首发式】 3月21日，上虞市小学地方课程《孝德教育》教材首发式在百官小学举行。该教材由浙江省中小学教材审定委员会审定通过，分上、中、下三册，以中华孝敬美德为主线，涵盖上虞本地孝德故事、各类孝德改编作品、名家名作等。该套教材将作为教育读本在全市各小学中推广学习。

学前教育

【概述】 2012年,全市登记在册幼儿园97所,有专任教师1077人,在园幼儿18584人。全市省等级幼儿园比例达到87.6%,省等级幼儿园在园儿童比例达90%以上,绍兴市标准化幼儿园比例达59.4%;当年事业编制教师增加24个,占专任教师总量的19.5%;大专及以上学历的专任教师791人,达68.5%,争创浙江省三级幼儿园4所、省二级幼儿园2所,绍兴市标准化幼儿园5所,绍兴市优秀早教基地2所,上虞市优秀早教基地7所。沥海镇中心幼儿园争创成为省一级幼儿园。稳步实施学前教育三年建设计划:一是推进园所建设工程。新建道墟、永和、上浦3所中心幼儿园和百官街道路东幼儿园、沥海镇三汇幼儿园等6所中心村幼儿园。二是启动幼儿园园舍安全加固工程。做好排摸签订工作,制订实施方案,全面启动。三是提升教师专业水平。建立健全城乡教育发展共同体的长效机制,加大优质学前教育资源向农村辐射力度,深入实施城乡结对帮扶合作机制,完善百名教师“师徒结对”和城乡园长交流互派制度,实现优质学前教育资源共享。获第一届绍兴市百名幼儿教师基本功比武团体第一名、获第二届绍兴市百名幼儿教师基本功比武团体第二名。成功承办浙江省“纪念陈鹤琴先生诞辰120周年”活动,得到全国各地专家、同行的一致好评。

【推进园舍建设改造】 投资近1000万元新建的道墟镇中心幼儿园顺利竣工使用;投资50多万元的岭南乡中心幼儿园的改造工程基本竣工;分别投资1000多万元和280多万元易地新建上浦镇、永和镇中心幼儿园已经结顶。对乡镇(街道)中心幼儿园进行暑期提升改造,完成14个乡镇(街道)中心幼儿园直属分园和统筹管理的中心村幼儿园提档升级改造工程。推进农村幼儿园标准化建设,曹娥中塘、盖北镇东等5个中心村幼儿园新建改建工程已顺利完成,共合计新建改建班级88个。

【严控学前教育小学化倾向】 拟定《上虞市幼儿园防止小学化教学考核细则》,开展“规范幼儿园保育教育工作,防止和纠正‘小学化’现象”专项督查,接受省市教育部门等级幼儿园评定机制和准入审批工作的检查,办园水平和规范管理经验得到了省检查组领导的高度肯定。

【加快早教基地建设】 依托中心幼儿园采取多种形式对辖区内0~3岁婴幼儿家长及看护人员进行指导服务,提高全市婴幼儿家长接受早期教育指导率,切实提高0~3岁婴幼儿家长和看护人员的科学育儿水平。开展亲子活动有效模式的探索与实践,提高家长参与活动的积极性与有效性,真正发挥亲子活动对家长科学育儿的指导功效,提升早教活动的教育价值。

义务教育

【概况】 2012年,全市义务教育学校共80所,初中班级数为619班,在校学生数23809人;小学班级数为1316班,在校学生数为46036人。初中专任教师1878人,小学专任教师2487人。初中具有中、高级职称人数为1449人,小学具有中、高级职称人数为1897人。有小学毕业生8272人,100%升入初中;初中毕业生8928人,初中升高中段比例99.59%。2012年,全区累计免除课本费及作业本费2048.53万元,受惠学生69845人次。

【班主任大赛全省获奖】 在2012年浙江省中小学班主任基本功大赛中,市实验小学倪汉丽老师的班会课《争“小张良”章,做诚信小达人》在众多竞争者中脱颖而出,获评大赛二等奖。

【石鸿莹获省“道德榜样”称号】 积极参加浙江省第十五届青少年英才奖暨青少年“道德榜样”评选活动,石鸿莹、郑博洋、曹秋芳三位学生列入候选名单,其中驿亭镇中石鸿莹同学喜获“浙江省青少年学生道德榜样”称号。

【城乡教育均衡化座谈会召开】 3月15日上午,2012年上虞市城乡教育互助发展共同体、镇域一体工作座谈会在上虞外国语学校召开,市教体局副局长孙卫国出席会议并讲话。会上，各相关共同体学校、镇域一体学校校长及局相关科室负责人就进一步深化城乡教育均衡、切实提升教育均衡水平作了探讨和交流。

【首届《儿童文学》金近奖颁奖典礼举行】 5月29日，2012年中国首届《儿童文学》金近奖颁奖典礼在虞隆重举行。中国少年儿童新闻出版总社副社长吴翠兰，中国关心下一代委员会副秘书长李启民出席颁奖典礼。团中央《辅导员》杂志原副总编辑、金近夫人颜学琴等来自全国各地的嘉宾、获奖代表及新闻媒体记者数百人参加典礼。

【实验中学参与长三角千校网络结对签约仪式】 12月23日，由浙、皖、沪、苏四省市联合组织"2012长三角千校网络结对签约仪式"在上海举行。实验中学作为绍兴市代表参加会议，并与徐州市第三中学、安徽黄山屯溪五中、华师大张江实验中学共同组建"四方问教"项目组。

普通高中教育

【概况】 2012年，全市有普通高中8所，共307个班级，在校学生15694人；毕业生数5947人。专任教师1088人，教师中具有中、高级职称的867人。获全国高中信息技术、物理、化学竞赛一等奖34人，创历史新高。

【高考文理重点上线人数领先】 2012年，全市参加高考考生5750人，重点上线1004人(不含体艺类，下同)，全省领先。其中，文科类考生1963人，重点上线298人，理科类考生3787人，重点上线706人，重点上线率18.6%，居绍兴市第二；重点上线总人数居绍兴第二，包揽绍兴市文理科状元，3名学生进入全省前10名，7名学生进入全省前100名。510名考生参加职高类高考，451人上线，上线率88.4%。

【中国教育学会中学语文年会在虞举行】 10月15日至16日，中国教育学会中学语文教学专业委员会"校园文学与社团"课题组第十六届年会在春晖中学举行。中国教育学会原常务副会长、中国创新人才教育学会顾问郭永福，全国中语会理事长苏立康，浙江省中国现代文学研究会会长、浙师大知名教授王嘉良，上海市散文学会会长、《新读写》杂志主编钱汉东等知名学者和教育专家出席年会。

【崧厦中学举行60周年校庆】 11月18日，崧厦中学隆重举行60周年庆祝大会。省政协农业和农村工作委员会副主任张苗根，国家督学、浙江外国语学院院长、省教育学会常务副会长鲁林岳，上海电力公司副总经理阮前途，浙江国际科技合作协会会长、省技术经纪人协会会长阮永振等领导、嘉宾、校友代表出席庆典大会。60年来，崧厦中学培养了一批又一批国家的有用之才，已成为全国艺术教育先进学校。

【德国科美纽斯中学到上虞友好访问】 3月22日，德国科美纽斯一级文理中学师生代表团来春晖中学进行为期一周的友好交流活动。

【中学生小说创作获省征文一等奖】 6月，第六届浙江省少年文学之星征文比赛揭晓，省作家协会会员、春晖中学学生厉嘉威创作的小说《将军》获高中组一等奖。

职业技术教育

【概况】 2012年，全市有职业学校3所(公办2所，部门办学1所)，其中职业中专和职教中心系国家级重点职校。职校共有专业课教师176人，在校学生8997人，本年度为企业输送毕业生3026人。建有与上虞支柱产业相适应的机电、建筑、数控、商贸、汽修、化工、餐旅等七大类专业，拥有中央财政支持基地2个、省级实训基地2个、省示范专业7个、绍兴市高标准专业9个，形成以机电、数控、商贸、餐旅、化工为框架的骨干专业群。出台《关于2012学年中职学校有关新兴产业专业免学费政策的实施意见》和《上虞市教育体育局关于加强中等职业学校班主任队伍建设的意见》，凡就读新兴产业专业学生实行免学费政策。加强班主任队伍建设，建立教书育人政策保障。经过省对市县职业教育发展挂钩考核21个指标的考核，上虞市职业教育被省教育厅和财政厅确定为首批考核优秀单位，并获得400万元省财政补助资金。深入行业、企业，挖掘全市企业中的一些优秀技术专家和行业领军人物，10月举行百名技师进校园活动暨"现代学徒制"活动。组建"百名技师团"，通过师徒结对，名师带徒，充分发挥企业技术骨干和行业专家的"传、帮、带"作用和示范引领作用，促进职业学校教师专业成长；组织技师、专家进课堂，担任兼职教师，提高职业学校教学质量。实践"现代学徒制"工程。推进职高学生"现代学徒制"工程，探索"政府、企业、学校"三元合一的学生实习管理体系和"学生——学徒——准员工——员工"的人才培养模式，聘请企业能工巧匠和行业专家担任职高学生的技能导师，提高学生岗位技能，培养适合企业需要的优秀员工。

【"上虞市农民学院"挂牌成立】 联合农转办、人社局等部门，12月18日挂牌成立"上虞市农民学院"。积极扩大安全培训、农民实用技能培训范围，提升市民的文化层次和技能水平。

【职教中心成功申报省级示范学校】 经过紧张和严密的创建准备，12月中旬，上虞职教中心以全省排名第二名的优异成绩，被省教育厅授予浙江省首批职业教育改革与发展示范学校。

素质教育

【概况】 2012年，继续把青少年学生健康成长作为素质教育工作的中心任务，全力推进三大举措：一是继续推进"轻负高质"。坚持开展义务教育阶段学校"减负"专项检查，强化推进素质教育提升工程；组织第八届中小学科普节、第六届未成年人读书节和第八届中小学艺术节、小学生文艺会演活动，开展特色社团展示，繁荣校园文化生活。二是孝德教育项目管理。全面开展十项"孝义、诚信、责任"主题教育活动和六项配合工作，举行《孝德教育》地方教材首发式并获省教育精品课程；组织"写写身边的活雷锋"、科普大篷车进校园等系列活动。三是特色德育不断出彩。全市获省心理健康教育C级及以上资格证书专业教师共计3109名，占全市专任教师50.7%，居绍兴市首位。编写《上虞特色教育专辑》，并在浙江省部分县（市、区）青少年孝德教育经验交流会大会交流。市教体局还荣获浙江省未成年人科学素质提升工程先进集体、浙江省中小学艺术节优秀组织奖、绍兴市关心下一代工作先进集体。

【素质教育成果丰硕】 12月，在省委宣传部、省司法厅、教育厅等多家单位发起的浙江省第二届"法在心中"校园法制歌曲传唱竞赛中，职业中专《交通法规要学好》获特等奖，实验小学《我要做合格小公民》获二等奖的好成绩。在浙江省教育厅举办"精彩育人瞬间"德育精品课教案设计大赛中，百官小学《孝德教育》获一等奖。

成人教育

【概况】 2012年全市成人学校校园占地面积8.35万平方米，校舍建筑面积1.02万平方米，教室56个，仪器设备总价值28万元，计算机108台，图书10561册。有管理人员73人，其中专职教育管理人员36人，志愿者52人。

【职业技能培训48562人次】 乡镇成校根据各自的区域特点和区域优势，开展文化和各项技能培训，年培训量达到48562人次。崧厦镇充分利用"伞城"，开展伞件制作培训，年培训在一万人次以上。盖北、丰惠、东关、曹娥、百官等乡镇（街道），在培训当地务工人员的基础上，针对外来务工人员多的特点，分批开展制造、营销、物流、家政、电子商务等培训。沥海、崧厦等与职校联系，开展建筑技术培训。下管、陈溪、岭南、章镇等虞南山区乡镇，积极开展种植、养殖、农家乐经营等培训，有力地促进了当地经济的发展。

【启动省标准化成校创建工作】 经过严苛的争创准备和向上积极整取，百官街道、章镇镇、丰惠镇、崧厦镇等4个街道(乡镇)成功创建成为省标准化成校。

【988学员获双证制职高学历】 在开展对职业农民培训的基础上，各成校针对部分因经济、家庭原因失去高中阶段教育的社会成年人群体，积极开展“成人双证制”教育培训，988名学员获得成人双证制职业高中毕业学历。

师资管理

【概况】 2012年，全市有中小学教职工6353人，专任教师5830人。全市中小学专任教师的合格学历比例为：小学100%，其中大专以上比例92.92%；初中100%，其中本科以上比例92.39%；普通高中100%；职业学校94.69%。全市具有高级职称的中小学教师共989人。职业学校专业教师中“双师型”教师占专业课和实习指导教师的比例为83.52%。至年底，累计有特级教师16人，获省农村突出贡献奖2人、获省中小学师德楷模称号7人、获省春蚕奖110人、获省绿叶奖24人。

【招考新教师130名】 全年招考新教师130名，其中幼教编制达到30名，比2011增加15名。招考工作继续分三批进行：高层次人才、优秀毕业生、普通大学生。对高层次人才、省优秀毕业生实行提前招考，而对一般的师范类毕业生继续采用省统一笔试试卷，同时对音乐、体育、美术和幼教、职教专业增加专业技能测试，提高了教师招考的科学性和社会公信力。教师招考的每一个环节、每一个政策都在上虞教育信息网和上虞市人民政府网站上及时公布公告。

【校长队伍建设】 从三方面加强校长队伍建设：一是组织学校领导干部的教育培训、锻炼学习，选送32名中小学校(园)长参加北师大管理学院培训中心、中国校长培训学院举办的高级研修活动，选派46名中小学教学分管校长到浙江大学进行为期一周的集中培训，组织4名初中校长至上海挂职锻炼学习。二是加强校级领导的教学业务管理，4月份开展学校领导干部公开课展示周活动，11月份结合第四届课堂教学艺术节开展中小学校长论坛。三是开展学校领导干部述职(述廉)评议工作，对全市30所中小学、幼儿园局管学校领导进行述职评议。全市有2名校长获得省级以上荣誉。

【全面启动教师专业发展培训】 根据《上虞市中小学教师专业发展培训实施细则》，按规定使用网络管理平台进行管理，全面展开“十二五”教师专业发展培训：一是通识培训。暑期初，按高中、初中、小学、幼儿园，邀请北京、上海等地的知名专家到上虞进行教育管理、班主任管理、专业知识等方面的讲座。二是骨干培养。继续与高校合作，选送35名中小学英语教师参加上海外国语大学立泰语言文化学院专修班；继续与北师大协作，择优选送了58名中学高级教师参加高级教师再发展短期研修活动。此外，通过请进来、走出去等多种方式，积极开展中小学总务主任、教务主任、心理健康教育教师以及体育教练和骨干教师等各类主题、专题培训。三是专业发展90学时集中培训。完成的总人数为1591人。全年实施教师培训自主选课制度的比例达到100%，完成教师培训总学时数252472；教师通过管理平台自主选课完成的总学时数151956；教师自主选课后实际参训率为98.77%；“教评学”完成率为90%；“学评教”满意率为96.67%，圆满完成规划要求。

教育教学研究

【概况】 2012年，全市教科研工作以“深化课改显亮点，聚焦课堂促成长，立足课题提质量”为抓手，切实履行“研究、指导、服务”三项职能，创新教研机制，推进质量提升，打造智慧方阵，各个部门资源整合、团结协作，忙而不乱、有条不紊地开展工作，成效显著。

【教育科研成果获得多个奖项】 在“浙江省教科

规划课题优秀成果评比”中，沥东小学的课题成果获一等奖，并在浙江省、绍兴市两级教科研专题培训会上作推介交流；在“绍兴市第四届基础教育教学成果奖评比”中，上虞中学、实验小学的2项成果获一等奖，春晖中学、爱弥儿幼儿园的2项成果获二等奖；在“绍兴市优秀教科规划课题成果评比、优秀学科教改项目成果评比”中，上虞有13项成果获一等奖、11项成果获二等奖、18项成果获三等奖。另外，上虞推荐的4项课题被确立为“浙江省2013年度教研系统规划课题”，32项课题被确立为“绍兴市2013年度教科规划课题”，27所学校（幼儿园）被命名为“绍兴市2012—2014学年教育科研基地”。

【教师比武学生竞赛成绩喜人】 有40人参加绍兴市各学科的优质课比赛，有23人获得绍兴市一等奖，其中小学10人，初中6人，高中7人，位居绍兴市前列。有6人参加省级以上教学展示活动并获得好评；各学科学生学科竞赛中，全国高中信息技术竞赛一等奖3人，二等奖2人；全国数学联赛二等奖16人，全国中学生物理竞赛二等奖6人；浙江省高中化学竞赛一等奖31人。

【推进“资优生”培养工程】 教研室为有力推进“资优生”培养工程，举办上虞市第三届中小学生头脑运动会。该届头脑运动会，自3月1日启动，为期两个半月。经过全市各校运动员、教练员的共同努力，各代表队赛出了风格、赛出了水平，圆满完成了各项赛事，最终评出中小学团体奖36名，团队合作奖36名，中小学个人单项、个人全能奖493名。

【举办第四届课堂教学艺术节】 11月，上虞市第四届课堂教学艺术节拉开帷幕。该届艺术节注重营造氛围，创设良好的活动环境；通过聚焦主体，促进师生的幸福成长；关注观察改进，推动深度的课堂研究；讲求绿色低碳，搭设多维的参与通道；开展多方展示，促进城乡的和美发展。艺术节活动期间，开展了一系列“幸福课堂”展示活动，共有30多所中小学校参与幸福课堂精品博览与特色联展。

教育设施

【概况】 2012年，市政府民生实事工程之一的教育体育块重点工作进展顺利。全年新建工程项目9个，投资额6720万元；续建工程项目9个，投资额6316万元。暑期维修（改造）工程顺利完成及73所（次）中小学、14所（次）幼儿园，维修、改造总额1327万元，其中乡镇中小学981万元、高中211万元、幼儿园135万元。

【推进园安工程】 全面摸排全市幼儿园基本情况，共登记177所各类性质的幼儿园，基本摸清办园性质、教职工、园舍建筑等基本情况，召开分析会、座谈会、意见征询会和市政府办公室牵头召开的“园安工程”会议，制定下发了《上虞市幼儿园“园舍安全工程”实施计划》，提出了园安工程的思路和方法。10月份起，在全市范围开展了园址地质灾害、洪涝灾害、园舍建筑安全、消防、防雷、安全用电等项目的排查、检测、鉴定工作，年底完成各项排查、检测、鉴定任务。同时配合幼教办大力开展幼儿园园舍建设工程，积极实施学前三年行动计划，永和、上浦2个中心幼儿园动工兴建。

【提高教育信息化水平】 大力推进浙江省标准化学校创建，电教类共投入2200万元，其中多媒体、计算机等装备1680万元；实验室、音美室装备320万元；图书经费200万元，使生均年新增图书达3册，为成功创建省标准化学校提供了有力的保障。上虞教育城域网进行扩容升级改造项目，教育城域网互联网总出口由200M扩容到1G，学校带宽由10M扩容到100M，为数字校园建设奠定了基础；上虞中学、实验中学开展了数字校园的试点工作，被评为浙江省数字化校园示范建设学校；百官小学、实验小学、上虞中学精品录播教室建成，进入开放教育试点。

【完善体育设施】 盖北镇小、张杰中学新建运动场，岭南乡小、杜亚泉中学新建风雨操场，总投资额达1560万元。

（盛 杰）

文 化

综 述

【概况】 2012年，上虞市紧紧围绕打造“创新上虞、精致上虞、人文上虞、幸福上虞”总体目标，以“加快文化建设、推动文化繁荣”为努力方向，以“魅力文化十大行动”为抓手，建设文化阵地，培育文化队伍，丰富群众文化，保护文化遗产，规范文化市场，改革文化体制。安排350万元，用于市、镇、村公共文化阵地管理和运作；安排300万元，在全市推行阳光文化惠民行动；兑现文化产业扶持资金75万元。 （杜留阳）

【推进公共文化阵地队伍建设】 实施《上虞市城乡公共文化阵地管理办法》，对市级公共文化阵地、新建镇（村、社区）综合性文化中心及乡镇（街道）、村（社区）文化管理员分别补助120万元、160万元和70万元。完成全市所有乡村“农家书屋”建设，开展“乡镇（街道）综合文化站提升行动”“优秀文化示范点建设行动”，举办专业知识培训，精心搭建平台，培育文艺骨干和文艺团队，并安排30万元用于各级示范性文艺团队补助奖励。

（杜留阳）

【文化市场经营检查343次】 全年市文广新局共出动检查343次，出动检查人员801人次，检查经营场所1445家，立案查处案件37起，共计罚没款161987元。取缔非法大棚演出10起，取缔无证电子游戏室14家，共收缴非法音像制品8010张，非法书刊893册。 （朱妙琴）

【举办具有地方特色的文化艺术活动】 市文广新局以“虞舜文化节”为载体，举办元宵灯会、全市青年歌手大奖赛、第三十一届“娥江之春”暨“诚信上虞”专题文艺晚会、庆祝全国第七个非物质文化遗产日活动、浙江卫视中国蓝上虞“四季仙果”大型歌会、曹娥庙会、中国（上虞）信义文化节开幕式、新居民歌咏大赛、浙东新商都虞舜文化周、’2012社会各级祭祀大舜、第二届排舞大赛等活动。在全市举行“孝义、诚信、责任”巡回文艺演出21场。

（宋星亮）

专业文化

【概况】 2012年，根据上虞市机构编制委员会（虞编〔2012〕47号）文件精神，设立上虞市公共文化服务中心，为隶属市文广新局的公益二类事业单位，定编52名，领导职数3名，经费差额拨款。上虞市越剧艺术有限责任公司企业工商注册登记。市公共文化服务中心（原上虞越剧团）成立于1955年，是市内唯一的国办专业剧团，有《金殿赐鸩》《梁山伯与祝英台》《南风歌——舜的传说》《孝女曹娥》《白兔记》《玉堂春》《五女拜寿》《三看御妹》《哑女告状》等20多台大戏。（徐勇）

【参加省折子戏大赛】 6月5日，市公共文化服务中心携《三伯临终》《行路》《问天》《葬花》《十一郎》《赖婚记》《北地王》《穆柯寨·索粮》等折子戏，参加浙江省文化厅在绍兴艺术中心举办的“新松计划”全省青年戏曲演员折子戏大赛。李燕的折子戏《行路》获得大赛复赛资格，并于6月22日赴杭州

胜利剧院参加省青年戏曲演员大赛复赛(杭州赛区)折子戏选拔赛,获大赛二等奖。(徐 勇)

【参与援疆演出活动】 6月11日—16日,市公共文化服务中心演员郑亚萍、张益受绍兴市文广局邀请赴新疆阿克苏阿瓦提县参加由绍阿双方联合倾情打造的"多浪鉴湖情,绍阿共建颂"大型文艺演出暨绍兴文化援疆演出活动,受到阿克苏地区有关领导和各族群众的热情赞誉,为促进绍阿两地文化交流、增强绍阿双方文化联系和绍阿人民的友谊作出贡献。(徐 勇)

【赴韩比赛】 7月,市公共文化服务中心携合唱节目《阿拉木汗》《梁祝·化蝶》赴韩国进行国际艺术节世界合唱比赛活动,代表团以优异的成绩获得艺术节最高奖项"民歌组冠军"和"评审特别奖"两个大奖。(徐 勇)

【参加市内各种演出47场】 市公共文化服务中心参与"百场戏曲进农村"活动,配合市文广新局组织文化下乡4场,参加市政府以及各乡镇(街道)各类文艺活动38场,参与浙东新商都等演出活动5场。(徐 勇)

群众文化

【概况】 2012年,出台《关于进一步推进"文化强市"建设的若干意见》等文件,积极开展群众文化活动,送演出下基层,组织业务干部下基层辅导指导开展文化活动,创新特色文化品牌。加强文化遗产保护,有9家单位通过上虞第三批非遗传承基地验收,经市人民政府批准,严禄标等18位同志认定为上虞市第三批非物质文化遗产代表性传承人。(章国琛)

【开展文化惠民服务】 2012年,出台《上虞市阳光文化惠民行动实施办法》。组织开展"虞舜文化节"系列活动;以"文化订制"的模式,联合采购200场左右的公共文化产品集合成"阳光文化直通车",根据群众所需开展文化配送;同时推行阳光文化爱心卡,面向低保户、困难户和经济较困难的外来务工人员,按照每户200元的标准,发放"阳光文化爱心卡";全年开展文化辅导及培训下乡60次,讲座展览下乡106次;多次指导各乡镇(街道)开展文化志愿者队伍培训和业余文艺团队培训工作。(章国琛)

【举办第三十一届"娥江之春"晚会】 5月23日晚,第三十一届"娥江之春"暨"孝义、诚信、责任"主题教育专场晚会在城北文化艺术中心剧场举行。"娥江之春"文艺晚会首次与上虞市主题教育相结合,以寓教于乐的方式,向市民传递了崇尚孝义、恪守诚信、勇担责任的精神理念。晚会以"孝义篇""诚信篇""责任篇"3个篇章的形式呈现,融入虞舜孝德故事等上虞地方优秀传统文化,以及以"曹秋芳""点亮一盏灯"等为代表的现代典型孝德文化、爱心活动等元素,向市民群众传递"孝义、诚信、责任"的主题。(喻芝琴)

【承办全国"信义文化节"颁奖晚会】 7月28日,中国(上虞)"信义文化节"开幕式暨中华十大"信义人物"颁奖晚会在上虞剧院举行。晚会对获得最感人的中国十大信义人物奖、提名奖进行了颁奖,上虞市董国光被评选为全国信义人物。颁奖晚会穿插表演了越剧表演唱《信义之歌》、朗诵《弟子规》、独唱《诚信中国》等信义主题的文艺节目。(喻芝琴)

【举办第二届排舞大赛】 12月15日,第二届排舞大赛决赛在城北艺术中心小剧场举行。有8支城区晚晨练点和21支乡镇团队参加决赛,共评出3个金奖,9个银奖,17个铜奖,一个最佳舞姿奖,一个最佳服饰奖及一个组织奖。(喻芝琴)

【办好《娥江群文》《非遗画报》《上虞文艺》】 全年共编印《娥江群文》4期,编印《非遗画报》2期。《上虞文艺》是2012年新办杂志,当年出版一期,内容涵盖上虞人文历史、地理名迹、文坛佳作、乡韵特色、今日文化、当代新作等方面,为上虞市群众文艺的创新和发展搭建了一个交流平台。(喻芝琴)

【开展非遗工作】 开展第五个"非遗服务传承人月"活动。完成国遗项目保护工作自查报告和自查材料汇编，并整理出相关辅助书籍、光盘等近百本（份）。组织申报绍兴市教学性、研究性、综合性、展示性非遗基地共14个。（喻芝琴）

【农村数字电影放映全市覆盖】 市委〔2012〕10号《中共上虞市委上虞市人民政府关于进一步推进"文化强市"建设的若干意见》（2012年1月30日发），农村电影列入"文化活动服务工程"的工作内容，明确了送电影下乡的经费保障，市电影公司完善农村放映网络建设，提高服务质量，全年完成上级下达的5000场农村电影放映任务，普及到全市21个乡镇（街道），实现中心村的全覆盖。（方 红）

【开展影企联姻贴片广告宣传系列活动】 全年，市电影公司开展电影广告宣传共3期。包括：配合中国文联、中国影协"百县千村万场"大型电影惠民系列慰问活动；开展"基层组织建设年"的活动；配合农村电影"三下乡"活动质检公益贴片放映活动。（方 红）

【文企联姻开创"演艺大舞台"】 4月底，上虞剧院与有关演出经营资质的企业联手合作开创"演艺大舞台"，每晚呈现各类综艺节目。成为上虞群众文化活动新亮点。（丁艳飞）

12月15日上虞市排舞决赛　（黄嘉良 摄）

文物保护

【概况】 2012年，上虞市文物保护工作主要包括：开展第三次文物普查"回头看"；制作安装第六批省保、第二批文保点保护标志碑（牌）；编制胡愈之故居陈列布展设计方案，举行经叔平生平事迹陈列馆开馆仪式；曹娥庙二期维修施工图和《萧曹运河申遗点段保护修缮设计方案》通过省文物局审批；并完成上虞市清水闸保护和环境整治、竺可桢故居修缮和布展工程的竣工验收。（陈立娟）

【第六批省保和第二批文保点保护标志碑（牌）制作安装完成】 2012年，开展了第六批省保单位和第二批文保点保护标志碑（牌）的制作安装工作。共制作安装石质保护标志碑21块，木质保护牌6块。其中石质保护标志碑通高135厘米，横匾规格60厘米×90厘米×15厘米，须弥座规格110（上）厘米×120（下）厘米×20厘米。碑正面主体大字用红色，其余皆用黑色，明确注明了文物保护单位的级别、名称、公布时间等信息。工程采取政府招投标方式落实施工单位，由海宁市金隆古建筑有限责任公司中标，前后历时40天，共投入资金8.5万元，所有标志碑（牌）已全部安装到位并通过验收合格。（陈立娟）

【考古发现】 为进一步厘清上虞古窑址的发展脉络，上虞博物馆联袂浙江省考古研究所，对境内窑寺前窑址一带进行系统调查，出土了大量精美瓷片，对于研究秘色瓷产地有着重要的价值和意义。

6月5日，在丰山道场发现清乾隆时期梁国治父母合葬墓墓碑一方。碑高113厘米，宽108厘米，厚21厘米，碑额刻篆文"皇清诰封中宽大夫刑部陕西司主事加三级显考东山府君诰封恭人、显妣陈太君继妣吴太君"。

7月，从丰惠征集南宋淳熙己亥年（1179年）丰惠老城古砖一枚，对于考证南宋上虞县城布局有重要意义。（王 玲）

【宣传交流】 7月14日，配合央视大型纪录片《瓷路》、央视4频道《远方的家》、杂志《走遍中国》就上虞青瓷文化进行专题专刊宣传报道；参加由中国博物馆协会组织策划的为期5年的沿海七省市"海上丝绸之路"联展活动；遴选文物参加浙江省博物馆举办的《惠世天工——中国古代发明创造文物展》。（王　玲）

【竺可桢故居修缮及布展工程竣工】 9月，省文物保护单位竺可桢故居修缮工程通过发改立项（虞发改投〔2011〕208号），总投资估算为115万元，并被列入上虞市"魅力文化十大行动"之名人故居整修计划的重要工程。修缮方案由绍兴华汇工程设计集团有限公司编制，并经浙江省文物局审批同意。2012年6月，工程通过政府招投标程序落实施工单位，由海宁市金隆古建筑有限责任公司中标，工程于2012年7月3日开工，2012年9月3日竣工日顺利竣工。2012年10月26日通过省级验收。

2012年11月，竺可桢生平事迹陈列展览又进行了重新布置。工程通过招投标程序落实设计、施工单位，由浙江雅图传媒环艺有限公司中标，工程于2012年11月14日动工。陈列内容由少年立志、学有所成、奠基气象、"求是"浙大、继往开来等五大部分组成。展览以翔实的史料、清新的风格，图文并茂地全面展现竺可桢先生这位上虞乡贤不平凡的一生。（陈立娟）

【开放接待】 全年引进推出《人文上虞书画展》等临时展览3个，接待了副省长郑继伟、德国巴伐利亚州科美纽斯一级文理中学师生代表团、美国拉克斯波市副市长丹尼尔等观众6.8万余人次。（王　玲）

图　书

【概况】 上虞市图书馆是国家一级图书馆，2012年，采购各类新书33754册；年订阅中文期刊608种、报纸110种；收到赠书439种，648册；至年底总藏书量为36.894万册。2012年，共接待读者355177人次，图书流通533736册次，有效借阅证21938本，解答咨询、代查资料等180人次，网站访问量150000人次。设馆外图书流通站6个，共借书1566册。（王海康）

【开通一卡通读者证】 1月23日，图书馆开通了绍兴市公共图书馆"一卡通读者证"服务。读者办理绍兴市公共图书馆"一卡通读者证"后，即可凭此证在绍兴市范围内各公共图书馆实现图书通借通还，同时还可以享受数字资源服务。广大读者足不出户就能方便地使用公共图书馆的文化资源，实现了公共图书馆的资源共享。（王海康）

【副省长郑继伟到馆视察】 2月23日上午，副省长郑继伟在副市长方静等陪同下视察上虞市图书馆。郑继伟在视察过程中仔细察看了电子阅览室、期刊阅览室、少儿图书室、成人借阅室等场所，并向馆长详细询问了上虞市图书馆的藏书情况和读者活动情况，同时还与图书馆馆长、书记探讨了图书馆的办馆方向，为读者服务的方法，农村图书室建设等问题。要求图书馆把图书资源充分利用好，更好地为广大读者服务。郑继伟还参观了设在上虞市图书馆内的非物质文化遗产展示厅。（王海康）

【举办第五届读书节】 6月20日下午，上虞市第五届"读书节"启动仪式在市图书馆举行。读书节活动内容包括：上虞市第六届未成年人读书节、机关干部读书节、家庭读书节、职工读书节、市民讲坛、网上读书活动、第五届读书节推荐书目、读书节会徽征集、"大家读好书，微博共分享"活动、团干部学习讲坛、金科"明志"图书室创建、"阳光文化爱心卡"发放等。（王海康）

【承办浙江省未成年人"悦读之星"书法大赛】 8月21日，第八届浙江省未成年人读书节系列活动之一：浙江省未成年人"悦读之星"书法大赛在上虞市图书馆举行。比赛以"翰墨飘香，播撒梦想"为主题，分小学、中学两组，来自全省11个地市，经过层层选拔入围的24名选手，分四组进行现场创作，在指定时间内完成指定内容的书写。比赛采用评委现场亮分的方式，对所有作品进行评分，共评出一等奖2名，二等奖4名，三等奖6名和优秀奖若干名。（王海康）

【农家书屋建设工程】 开展"农家书屋"建设工

程,通过招投标采购9.6万册图书,分送全市262个村的农家书屋,并对全市当年新建的71个村的农家书屋进行了辅导和验收。　(王海康)

【金科明志图书室建设】 由“金科明志图书基金”出资30万元,完成了章镇镇文化中心、驿亭镇文化中心、崧厦镇祝温村、百官街道西横河社区、盖北镇小学五个“金科明志图书基金”图书室建设任务。具体建设分工为各有关乡镇(街道)负责“金科明志图书基金”图书室的场地落实,管理人员配备等工作;市图书馆负责书架、阅览桌椅、图书配送、管理辅导等具体工作,五个新建的“金科明志图书基金”图书室共配送图书19516册,并于当年投入开放使用。　(王海康)

【举办讲座10场】 全年举办、承办讲座10场,直接受众1410人次。其中市民讲坛8期:“白马湖文化”“梁祝故事的永恒魅力”“如何填报高考志愿”“新社保政策解读”“弘扬虞舜孝德,共建和谐社会”“食品安全知识”“讲诚信、促和谐”“老年人冬季保健知识”;专题讲座2场:“沈珂摄影讲座”“上虞市内部审计知识专题讲座”。　(王海康)

【承办11个展览】 全年承办“请祖国检阅——新中国14次国庆阅兵”“虞籍书画家‘弘扬孝德’书画联展”“朱仰慈书画作品展”“逸笔织彩——刘淏个人画展”“上虞市喜迎党的十八大召开、庆祝撤县设市二十周年老年书画作品展”“长路漫漫——陈阳中国画展”“艺苑撷英——崧厦中学校庆60周年部分校友书画作品展”“曹伯铭书法展”“上虞市第二届机关才艺节书法美术摄影展览”“三五成群——赵畅、葛渭良、陈荣力书画作品展”“车益祥书画艺术展”等各类展览11期,参观展览观众29400人次。　(王海康)

【上虞家谱数据库建设】 2012年,完成古虞万氏宗谱、虞南糜氏宗谱、余姚四明汪氏家谱、衙西陈氏宗谱、重修陈氏宗谱、古虞王氏宗谱、虞邑横河李氏宗谱、胡溪任氏续修宗谱、黄氏续集宗谱、箭山黄氏宗谱等10种家谱的全文数据入藏。　(王海康)

【通过省地方文献达标验收】 按照《浙江省公共图书馆地方文献资源建设规范(试行)》要求,图书馆主动走访机关、企事业、乡镇(街道)等单位,开展地方文献征集、书目整理等工作。年内通过了浙江省地方文献达标验收,成绩绍兴市名列前茅,被浙江省文化厅评为“优秀组织奖”。　(王海康)

【送万册图书下乡】 全年,开展送万册图书下乡活动和“基层图书室”建设工程,通过招标采购9.6万多册图书,分送全市20个乡镇(街道)的270个村,共送书下乡89708册。还对全市新建农家书屋的71个村进行辅导验收;同时,做好“金科明志图书基金”出资30万元建设章镇镇文化中心、驿亭镇文化中心、崧厦镇祝温村、百官街道西横河社区、盖北镇小学“金科明志图书室”的书架、阅览桌椅、图书等的具体配置工作,配送图书19516册。全年送书下乡共计:109224册。　(王海康)

著述目录

2012年,上虞市图书馆收集地方文献正式出版物65种,65册。

表10

书　名	著(编)者	出版社	内容简介
长路漫漫:陈阳中国画作品集	陈阳	浙江人民美术出版社	陈阳中国画作品
叶圣陶教你学作文	叶圣陶,夏丏尊著	北方妇女儿童出版社	本书是根据《国文百八课》(作文的基础)及一些叶圣陶、夏丏尊两位先生有关写作的文章汇编而成,分为作文的基础、作文的结构安排、作文的美化修饰、阅读是写作的基础、好文鉴赏及学习五个章节

续表10

书　名	著(编)者	出版社	内容简介
水利设施	邵浦建主编	浙江古籍出版社	本书从浙江省新发现的2900多处水利设施遗存中根据价值、类型、年代遴选了203处,按照水利设施类型分堤坝渠堰、池塘井泉、其他水利设施、码头渡口四大类和若干小类,再按年代次序进行编排
人间有味是清欢:李叔同的情诗禅	李棠溪著	同心出版社	本书以李叔同诗词作品为引领,探析了作品背后的故事,讲述了李叔同多彩而曲折的一生
担山村志	徐华仁主编	延边人民出版社	百官街道东关镇担山村志
小鲤鱼跳龙门	金近著	北方妇女儿童出版社	童话
小猫钓鱼	金近著	北方妇女儿童出版社	童话
五光十色说历史	张鸣著	线装书局	
论戴震与章学诚:清代中期学术思想史研究	余英时著	生活·读书·新知三联书店	本书内容包括章实斋与戴东原的初晤、儒家智识主义的兴起——从清初到戴东原、戴震的《经考》与早期学术路向、戴东原与伊藤仁斋等
绍兴	《绍兴》课题组著	当代中国出版社	
从白马湖走来	阮志坤著	中国文联出版公司	人物传记
绍兴与中国电影	尹永杰,丁晓燕主编	中国电影出版社	绍兴电影史
夏丏尊集	夏丏尊著	花城出版社	本书从夏丏尊的作品中精选出小说、散文、杂文上百篇,分成"自叙""序跋与评论""怀人集""教育"等多个专辑
民国有个绍兴帮	孙昌建著	花城出版社	人物传记
上虞市政协志:1982.10-2012.2	赵畅主编	中国文史出版社	
绍兴目连戏	王东惠著	中国文联出版社	本书分为目连戏与绍兴目连戏、流布在绍兴县的目连戏、流布在诸暨的目连戏、流布在上虞的哑目连、流布在嵊州的目连戏、流布在新昌的目连戏、绍兴目连戏的精彩出目、绍兴人心中的目连戏等八章,介绍了目连戏的历史演变、目连戏在各地的发展及精彩曲目等
会走路的大树	金近著	北方妇女儿童出版社	儿童小说
旧时的盛宴:民国腕儿写民国范儿	李叔同等著	华夏出版社	
桥梁	陈云根主编	浙江古籍出版社	本书选录浙江省时代较早、构造有特色、体量相对较大的240座古桥梁,分为矴步桥、石梁桥、石拱桥、廊桥及水泥桥五个大类。书内介绍上虞官塘桥、上虞双邑桥、上虞卧龙桥

续表10

书　　名	著(编)者	出版社	内容简介
上虞文化史	郑建庆,方新德主编	浙江人民出版社	本书介绍了上虞的士族文化、隐逸文化,还有宗教文化、爱情文化、仕宦文化、师爷文化、堕民文化、民俗文化、教育文化,以及国学研究和书画、诗词创作等
风月无边:民国文人侧影	朱少伟著	上海辞书出版社	夏丏尊
古墓葬	胡继根主编	浙江古籍出版社	书内介绍上虞鸡山石室土墩墓、上虞青龙湾古墓群、上虞大旗山周余庆夫妇合葬墓
陈秀云教育文集	陈秀云著	金城出版社	本书收录作者近三十年来发表的有关教育的文章,怀念亲人、同志、朋友的文章,以及作者的人生自述,表达了对近现代以来中国教育思想发展的个人见解,记录了时代变迁的历史痕迹
永远的回忆:我心中的谢晋	熊颖俐,宣霞金主编	中国电影出版社	谢晋传记
大围涂纪实	顾志坤,郑志勋,姜林坤著	作家出版社	谨以此书献给百万勇敢顽强可敬可佩的围涂民工们
爱就是慈悲:弘一法师传	马璐瑶著	北京联合出版公司	人物传记
幼稚生工作簿	陈鹤琴编	海豚出版社	幼儿教育
李叔同智慧集	李叔同著	安徽文艺出版社	本书分为《脱胎换骨篇》《修行入门篇》《指点迷津篇》《弘一解经篇》四部分,附录《李叔同诗词选》及《格言》,是李叔同谈论人生、艺术和修行的力作集萃,字里行间洋溢着大慈悲与大觉悟,堪称启悟世人的智慧经典
凤凰的秘密	金近著	中国少年儿童出版社	童话
穿花裙的狼	金近著	中国少年儿童出版社	童话
李叔同说人	李叔同编订	山东画报出版社	
静心:弘一法师的人生幸福课	李叔同原典	新世界出版社	
上虞市对联集成	宣霞金主编	西泠印社出版社	
罗振玉印谱	李洪啸编著	吉林文史出版社	本书内容包括:罗振玉印、罗叔言、臣玉之印、味青、鄰苏室、王国维印、溥侗之印等
绍兴通史.第五卷	李永鑫主编	浙江人民出版社	
绍兴通史.第一卷	李永鑫主编	浙江人民出版社	
绍兴通史.第三卷	李永鑫主编	浙江人民出版社	
绍兴通史.第四卷	李永鑫主编	浙江人民出版社	
绍兴通史.第二卷	李永鑫主编	浙江人民出版社	

续表10

书　　名	著(编)者	出版社	内容简介
石瀛潮画集	石瀛潮绘	上海人民美术出版社	
馆藏绍兴籍书画家书画作品集	陈华忠主编	浙江人民出版社	
周易参同契	(东汉)魏伯阳著	岳麓书社	本书托易象而论炼丹,参同“大易”“黄老”“炉火”三家之理而会归于一,以乾坤为鼎器,以阴阳为堤防,以水火为化机,以五行为辅助,以玄精为丹基等等,从而阐明炼丹的原理和方法,为道教最早论述炼丹的经籍。在中国道教史与古代科技史上有重要的地位
夏丏尊年谱	葛晓燕,何家炜编著	中国文史出版社	本书按时间顺序罗列目前所能搜集到的谱主生平活动的全部资料。书末附夏丏尊著译纪年等
十一月的词场	罗洪良著	团结出版社	诗集
文史通义	(清)章学诚著	中州古籍出版社	文史研究
上虞革命故事集	上虞市新四军历史研究会编	华夏文化艺术出版社	
中共上虞市委党校校史.(1952-2010)	陶月新主编	中国青年作家出版社	
上虞文学发展史	陈绵武著	中国文史出版社	
丁毅书法集	丁毅书	西泠印社出版社	
吴宝炎曲艺作品选	吴宝炎编著	科学技术文献出版社	
夏丏尊评传	傅红英著	中国社会科学出版社	人物传记
百年鹤琴　薪火传承	周彩芬主编	西泠印社出版社	本书分“百年鹤琴,瞬间回眸”“陈鹤琴与‘活教育’”“传承薪火,彰显特色”“阳光体育,靓丽校园”四个部分,追寻上虞市鹤琴小学百年发展历程的重要历史记忆和陈鹤琴活教育思想的形成及发展过程
复性书院讲录	马一浮著	浙江古籍出版社	
陈鹤琴教育思想读本.儿童心理	陈鹤琴著	南京师范大学出版社	
陈鹤琴教育思想读本.小学教育	陈鹤琴著	南京师范大学出版社	
陈鹤琴教育思想读本.幼稚教育	陈鹤琴著	南京师范大学出版社	
情智和美:理想的幼儿美术教育	赵秀红主编	上海文化出版社	
上善之水:绍兴水文化	邱志荣著	学林出版社	书内介绍了上虞的水利史、水文化
绍兴戏曲文化概论	陈娅玲著	浙江大学出版社	本书第108~115页介绍上虞哑目莲

续表10

书　名	著(编)者	出版社	内容简介
弘一法师赠你的七部人生禅卷	舒砚编著	武汉出版社	
梧桐深深	赵畅著	中国文联出版社	散文集
宋吉生晚年游记	宋吉生著	中国文联出版社	
从拓荒奠基到幼教之父:儿童教育家陈鹤琴	郭亮著	南京师范大学出版社	陈鹤琴传记
乡风:谭寿焕摄影作品集	谭寿焕著	中国民族摄影艺术出版社	
新兴商人群体形成与地方社会转型:以义乌为例	董明著	中国社会科学出版社	本书运用"国家—社会"关系为总分析框架,选择浙江义乌这个新兴商贸城市为个案,以其中极具活力的商人群体形成发展为研究切入点,通过探究其带给地方社会在经济、政治、社会和文化等各层面的客观变化,试图从中揭示我国社会转型的一般路径特质、行动者逻辑及可能的演进趋势等议题。

（王海康）

报　刊

【概况】 上虞日报社是浙江日报报业集团下属单位,由浙江日报报业集团主管。《上虞日报》由上虞日报社主办,2012年出版发行343期,年发行量3.5万份,年经营总额达到3002万元。

【报纸质量稳中有升】 具体反映在浙报集团党委满意、市委满意和读者满意上,体现在美誉度、知名度进一步提高上,落脚在阅读率的稳步攀升和发行量连年飚升上,2012年全年本报发行量首次突破千人四十份的要求。

【报业经营再出新招】 把新闻报道项目化、公益化、专业化,争取财政补助和部门乡镇支持。全年取得财政补助、联办、联谊单位支持和特刊大单近1000万元。特别是10月18日,上虞日报推出了112版的"回眸二十年,喜迎十八大"大型特刊,成为上虞日报复刊来出版数量最多、参与单位最广、社会影响最大的一期报纸。

【两份周刊不断出彩】 《教育周刊》推出话题栏目"我要成为路边鼓掌的人"与浙江省高考作文试题不谋而合,版面内容创新改革,获得教体局的充分认可,也深受师生和家长的喜爱,2012年度成功发行《教育周刊》3.28万份。《新商都周刊》精心策划采编,推出系列深度解读栏目,赢得市领导首肯和读者的青睐,"这厢有礼"栏目组织幸运读者韩国采风活动,两个特刊营收分别接近百万元大关。

【全媒体战略稳步推进】 推出了手机报和《上虞壹周》期刊。8月23日,《上虞壹周》第一期全新亮相,反响良好。8月28日,上虞日报手机报第一期试发,10月起每天分早、晚两期发送,自发订户已达6000余户。

【制度创新不断深入】 上半年,报业有限公司全面推行劳动绩效制,采编线推出了以"五好"评比为主线的全新运行机制,奖优罚劣、奖勤罚懒。

【网络活动夺人眼球】 专版推出"点亮一盏灯"栏目,全新推出"三导网"和电子商务网。"点亮一盏灯"栏目，全年刊发爱心新闻37篇，帮助需要关爱人士200余位，社会反响很大。新闻网时效性和可读性逐步增强，点击率大幅上升。

【调整充实班子队伍】 在集团统一安排下，先后开展一名报社副总编、一名公司总经理助理、一名报社总编辑助理的竞聘上岗工作，进一步充实采编和经营的领导班子。提任时政部、民生部的两位中层副职，分别到时政部、专刊部主持部室工作。把采编经营一线员工调到广告部任副主任。

【新生力量全面增强】 4月，启动招聘事项，在浙报集团和浙报传媒公司领导全过程监督指导下，从出卷、笔试、面试到考核录用，按照"公开、公平、公正"原则，择优录用了13位采编经营人员。10月，采编8名新进员工全部通过见习期测评，进入正式考核期。（杨晓双）

广播电视

【概括】 2012年，市广播电视台转播中央新闻联播，省新闻联播节目，并围绕市委、市政府的中心工作，办好《上虞新闻》《商都直通车》《虞视说说看》《娥江纵横》《金色田野》《民情热线》《希望的田野》《清洁家园》《红色记忆》《上虞历史上的今天》《文化促进商贸》《走读四季仙果之旅》《交通直播室》等栏目节目，推出了《贯彻第十四次党代会精神》《贯彻市委十四届二次全体（扩大）会议精神》《贯彻六中全会精神，推进文化强市建设》《抓实体 兴实体 强实体》等栏目；围绕市委、市政府阶段性工作，推出了《开展进村入企大走访活动》《实施发展村级集体经济五年计划》《坚定清醒有作为、全力实现双过半》《冲刺四季度、确保完成全年任务》《迎接省级卫生城市创建复查验收》《2012浙东新商都（上虞）购物节》《2012冬季征兵》《第四届社区邻里月》《回眸二十年 喜迎十八大》等栏目。同时，还推出了《孝义、诚信、责任主题教育活动》《四季仙果之旅》《魅力文化十大行动》《新时期上虞精神大家谈》等全年性栏目共计30余个。栏目新闻播出量占各类新闻的近三分之一，为市委、市政府各项工作的推进提供了舆论支持。

【《曹娥江畔——上虞故事》在央视播出】 6集电视纪录片《曹娥江畔——上虞故事》，9月21日—24日在中央电视台发现之旅频道《发现中国》栏目中完整播出，创造了上虞市电视纪录片在央视媒体完整播出的历史。

【《蟹味这边独好》等在央视播出】 与央视财经频道合作，摄制专题片——《蟹味这边独好》《青瓷留韵》《黄酒伴香》，分上下集，于12月10日、12月17日两次在央视2套《消费主张——淘乐进行时》栏目播出。该节目全方位展现上虞文化、民俗、美食、旅游等诸多地方人文风情，时长80分钟。

【推出《民情热线》特别节目——对话"一把手"】 为纪念《民情热线》开办十周年，《民情热线》推出特别节目——"对话一把手"，邀请部门、乡镇"一把手"直接走进电台直播室与听众进行对话、交流。5月22日策划组织了"走进梁湖工业园区"的特别活动，邀请八个部门的"一把手"在直播室接受梁湖现场群众的咨询，市委常委、常务副市长余云才和市委常委、纪委书记王永明分别在直播室和活动现场指导工作。

【录制"流动大舞台"节目】 与浙江电视台公共新农村频道合作，录制了"流动大舞台——走进丁宅、走进驿亭、走进盖北、走进章镇、走进梁湖"5场大型乡村文艺演出，并在浙江电视台公共新农村频道播出，配合打造上虞市"四季仙果之旅"品牌。

流动大舞台

【完成有线电视整转停模任务】 开展数字信号源测试,完善各类应急保障措施和业务工作规范、流程,组织整转停模政策等业务培训,举行上百·万和城高清互动数字电视现场演示,加强停模政策的宣传,加强与城管等有关部门的沟通协调,开展现场业务咨询、受理、机顶盒安装、信号维修服务等,完成了全市整转停模工作。 (严月芬)

有线电视

【概况】 2012年,中广有线上虞分公司全面实施有线电视数字化整转停模工程,推进网络升级改造,建设数字电视平台,到年底顺利完成了市政府下达的有线模拟电视关停工作(保留8套模拟节目)。同时,圆满完成了十八大重要安全保障期广播电视的安全播出任务。

【实施全市有线电视整转停模】 中广有线上虞分公司按照市政府关于有线电视数字化整体转换工作要求,有序推进整转停模工作。1月26日,本地高清互动1.0平台安装调试完成并投入运营,在原有华数1.0互动节目的基础上新增天华高清互动节目;4月20日,建成有线电视新平台,有线数字电视增加包括3D节目在内的共43套节目,数字电视节目频道总量增加到173套,其中数字电视基本节目达到65套,有线模拟节目继续传输中央一套、浙江卫视、绍兴一套、上虞新闻综合、上虞经济文化、上虞新商都、中央少儿、停模宣传共8套节目。配合整转停模,完成110个行政村、社区的网络升级改造工程和7个城区小区的EPON+EOC改造,基本完成了村级网络升级改造、整理工作。5月26日起,以小区、行政村为单位,以现场业务咨询、受理、机顶盒安装、信号维修等服务活动为主要方式,全面开展有线电视数字化整转停模工作,率先在城区绿城小区开展整转停模,到9月10日,城区基本完成整转停模工作;到12月25日,全市基本完成整转停模工作。完成项目投资额3020万元,整转用户15500户。

【开展网络建设改造】 中广有线上虞分公司投入网络建设改造资金1920多万元,架设崧厦——谢塘、永和——驿亭新横塘、道墟——长塘、章镇——岭南4条光缆,建成覆盖全市所有乡镇的1550双向自愈环网,完成时代广场等16个小区管线地埋工程建设,开通百花庄园等6个小区EPON网络,完成城东工业园区、路东工业园区广电网络基础设施配套工程建设,启动城区观山路延伸段、兰芎路延伸段、称山路延伸段、规划支路、上虞滨海新城等25条道路管道预埋工程建设,完成百丰公路梁湖工业功能区至丰惠段、三环东路及龙山隧道、上虞滨海新城等30KM管道预埋工程建设。

【参与社会信息化建设】 中广有线上虞分公司与浙大中控公司、绍兴市公司等开展业务合作。1月17日,启动实施滨海新区80个治安监控点项目;4月21日,完成上虞市卫生区域卫生信息VPN专网建设项目。全年新增IP专线175条、MSTP专线28条、光纤租用专线91条。

【完成重要保障期广播电视安全播出任务】 中广有线上虞分公司落实各项安全措施,制订《广播电视网络突发事件应急处置工作规范》等安全制度,建成数字电视应急播出平台,完成中心机房双电源线路改造和播出机房、传输机房、服务器机房的扩容改造,做好光接收机、光放大器、光发射机等重要设备的备份工作,组织开展2次非法插播信号的应急处置演练,严格执行机房24小时双岗值班制。全年无一起重大责任性安全播出事故,圆满完成了十八大等重要安全保障期的安全播出工作。

(陈建平)

医疗卫生

综　述

【概况】　2012年，上虞市共有各级各类公立医疗卫生服务机构314家。其中市级综合医院2家，专科医院3家，疾病预防控制中心、卫生监督所、医学继续教育中心、卫生信息中心各1家。社区卫生服务中心3家，乡镇卫生院16家，社区卫生服务站106家，村卫生室124家。个体诊所45家，厂矿、学校、机关医务室24家。固定资产总额（不含社会医疗机构）11.29亿元，较上年增长3.47%，市财政投入卫生事业经费1.99亿元，较上年增长22.07%。全市各级各类医疗卫生机构拥有住院床位2468张，平均每千人拥有床位3.18张、执业医师1.89人、执业护士1.68人。全市卫生系统在编员工2802人，其中卫生技术人员2548人，副高级以上职称236人。全年录用研究生学历卫生技术人员17人，普通大中专毕业生277人。根据市级医疗机构基本建设五年消债计划，全年实际消债8641.70万元，占五年消债计划的31.34%。

【探索城乡资源整合】　探索医疗卫生资源纵向整合，市妇保院成为上海红房子医院合作医院和宁波卫生职业技术学院教学医院，市人民医院成为浙江医学高等专科学校教学医院及吴阶平基金会上海肿瘤综合治疗中心临床协作基地，加强与上海瑞金医院、上海第六人民医院、北京安贞医院的对接。探索市人民医院整合丰惠中心卫生院工作，继续推进“市级医院牵手社区”活动，落实市级医院医生晋升高级职称前到乡镇卫生院短期工作的政策。

【鼓励社会资本创办医疗机构】　上虞仁济医院创办各项前期工作顺利推进，仁民护理院开办进入装潢阶段。

【区域卫生信息化建设全面实施】　投入1756.44万元，完成区域卫生信息平台、区域HIS、区域EMR和医生工作站、居民电子健康档案系统等软件和卫生信息中心机房硬件等建设，实现与绍兴市级平台互联运行，在绍兴各县市中率先全面开通社区医生工作站诊间慢病随访和慢病建档提醒功能，率先实现住院电子病历全覆盖。省卫生厅厅长杨敬视察时，对上虞市信息化建设工作予以肯定。

【医疗用房条件进一步改善】　市人民医院城北新院址二期工程竣工投入使用。市妇幼保健院新门诊综合大楼启用。永和卫生院易地新建、长塘卫生院改造装修；曹娥街道卫生院易地新建工程进入装修扫尾；市婚姻登记优生服务中心工程完成项目审批、三通四平并开工建设；市皮肤病防治院银山养老服务中心项目将进入招投标程序。

（孙法元）

疾病预防

【概况】　全市报告法定甲乙类传染病14种1508例，报告发病率为203.68/10万，报告发病率较上年下降11.39%，死亡1例（艾滋病1例）；报告丙类传染病6种5623例，发病率为759.51/10万，与上年上升34.71%，上升原因主要以流行性腮腺炎、手足口病报告发病率上升为主。全市发病前五位的甲乙类传染病为梅毒、病毒性肝炎、肺结核、淋病、痢疾。2012年度基本公共卫生服务项目考核名列全省第一。

【"八苗"接种率95%以上】 全年全市"八苗"(卡介苗、脊灰疫苗、百白破三联疫苗、麻疹疫苗、乙肝疫苗、乙脑疫苗、流脑疫苗、甲肝疫苗)全程接种率95%以上。单苗接种率常住儿童/流动儿童分别为:卡介苗100%/97.79%、脊灰疫苗100%/95.63%、百白破三联疫苗99.5%/99.45%、麻疹疫苗100%/98.91%、乙肝疫苗均为100%、乙脑疫苗99%/97.81%、流脑疫苗99%/96.18%、甲肝疫苗99.5%/99.44%。开展预防接种异常反应监测:1—12月份报告预防接种异常反应(AEF1)病例25例,均作调查处置并网络报告。

【重点人群强化免疫工作】 开展第二轮脊灰、麻疹疫苗集中式查漏补种活动,全市应补种儿童594名,实际补种566名,补种率95.27%。9月下旬,全市开展麻疹疫苗集中式查漏补种活动,补种麻疹疫苗402人次;开展脊灰疫苗集中式查漏补种活动,补种脊灰疫苗966人次。10月—11月全市各乡镇开展初三学生麻疹疫苗加强免疫,共接种7536人次。12月5—6日对0～3周岁儿童开展2012—2013年度脊灰疫苗强化免疫活动,第一轮强化免疫接种脊灰疫苗16282人。2012年全市共报告麻疹疑似病例14例,其中实验室确诊病例1例,对所有疑似麻疹病例进行个案调查及血清学检测,应急接种麻腮风三联疫苗1219人次。开展规范化接种门诊。共有10家预防接种门诊通过省规范化预防接种门诊的评审,其中2家通过了"三星"级规范化预防接种门诊的评审,其余10家通过了市卫生局的初评,全市预防接种门诊均调整至按日或按周接种。积极推广使用二类疫苗,全年共接种各类二类疫苗(不含狂犬疫苗)29336针次。

【继续开展霍乱防控、检测】 全市自5月1日起按规定开设了15家肠道门诊,对腹泻病人做到"有泻必采、有样必检、及时送检",未设立肠道门诊的其他医疗机构做到"逢疑必采、有样必检",定期开展督查。同时做好了腹泻病人的专册登记和专人送检工作,当日腹泻病人标本送检及时率达到100%。5月—10月共检测腹泻病例标本1332份,无霍乱弧菌检出。对全市霍乱外环境水源监测点及海水产品监测数量进行了适当调整,目前水源监测点调整至28个,水产品涂抹标本调整至60份,全标本20份,5月—10月采集外环境水样标本228份,农贸市场海水产品标本480份,霍乱弧菌检测结果均为阴性。

【开展手足口病专题分析】 抓好手足口病聚集性病例的调查处置工作,全年调查处置手足口病聚集性病例93例,采检病例咽拭子(疱疹液)标本93份,检测结果EV71病毒16例,CoxA16病毒12例,其他肠道病毒22例,其余43例为阴性。对全市22家托幼机构37个班级采取停课处理,发放停课意见书30份。

【结核病防治工作规范系统开展】 全面实施现代结核病控制策略,落实结核病的归口管理,强化肺结核的发现、诊断、治疗、管理等各项工作,病人系统管理率达100%。全年定点医院结核病门诊可疑者就诊620人,查痰606例,查痰率97.74%,发现活动性肺结核420例,检出涂阳病人161例,其中新发涂阳病人159例。各医疗机构肺结核转诊可疑病人199例,转诊总体到位率96.17%。应追踪病人103例,追踪到位98例,追踪到位率95.15%。阳性病人家属筛查率98.76%,化疗二月末痰菌阴转率为96.51%,新发涂阳病人治愈率为94.51%。认真落实全省统一的免费诊疗政策,共计免费查痰2400次、肝功能2416次、胸片499张、乙肝三系228次。

【艾滋病咨询监测工作】 全年共对12659人次的重点人群开展了艾滋病咨询监测工作,其中暗娼1694人次、监管场所羁押人员1202人次、外来务工人员7989人次、外来婚嫁女450人次、外出返乡人员257人次、男男同性恋人群145人次、性病门诊男性就诊者922人次,检出艾滋病病毒抗体阳性者11例。对孕产妇等其他各类人群检测58045

人次，检出阳性12例，其中孕产妇检测13659人，检出阳性1例；婚前检测8362人，未检出感染者；术前检查者及其他就诊者检测27439人，检出感染者7例，阳性者配偶检查检出阳性者3例，美沙酮门诊服药人员检出阳性1例；共接受自愿咨询检测1037人次，检出感染者3例。至2012年12月31日，全市累计报告艾滋病病毒感染者和病人88例，目前在册登记管理随访72例，有39例感染者和病人进行抗病毒药物治疗。

【地方病防治与监测工作】 强化布病疫情监测和防控措施，2012年再次对全市所有从事羊（牛）交易、屠宰、加工、销售和饲养等行业的布病职业人群开展了一次全面的摸底调查工作。经调查统计，全市共有职业人群180人，建立了职业人群动态电子健康档案，进行一年两次和分批多次的监测。全年共检测192人次，检出布病抗体阳性14例，抗体阳性率8.28%。结合临床症状和抗体滴度，按照布病诊断标准判定布病病人11例，感染者3例，并对病人及感染者及时进行全程规范治疗和医学观察。巩固血吸虫病防治成果和基本消除疟疾成果。全市共查螺37个村，查螺条块120个、监测点21个，查螺面积135180平方米，未查出钉螺，巩固了“十一五”期间消除残存钉螺的成果。根据上虞市血防工作实际，对861名来自血吸虫病疫区的外来流动人口进行血清学（DIGFA）检测，检出血吸虫抗体阳性2例，复查结果均为阴性。全市共血检“三热”病人2485人，其中流动人群522人，血检率占全市总人口的3.20‰。未检查出疟原虫阳性病例，继续保持巩固了基本消除疟疾成果。7月份有效处置了一起从非洲高疟区归国人员中检测发现的输入性疟疾疫情。

【麻风病防治工作获省考核优秀】 继续实施《上虞市麻风病可疑症状监测方案》，全年无新发麻风病人。开展了“中国——荷兰合作麻风病人心理健康调查项目”，对上虞麻风病受累者这个特殊人群的心理健康和精神卫生状况等进行了调查。通过了绍兴市卫生局对上虞市麻防工作的专项检查。启动了麻风村（银山养老服务中心）的拆建工程，计划投资380万元，在拆除原有旧房的基础上，新建1300平方米的3幢宿舍和办公用房。2012年3月，市皮肤病防治医院荣获“2011年度浙江省优秀性病监测点”。

【有序开展社区慢性病防治工作】 结合基本公共卫生服务项目工作，指导全市各社区卫生服务机构规范开展高血压、糖尿病、重性精神病的管理工作。2012年全市在档高血压病患者62037例，规范管理52703例，规范管理率84.95%；在档糖尿病患者12785例，规范管理10309例，规范管理率80.63%。在档精神病患者人数4591人，其中重性精神病（六大类）患者2621例，规范管理2198例，规范管理率94.91%。 （顾锐林）

妇幼保健

【概况】 2012年，全市医疗单位接产产妇4433人，剖宫产率为37.66%，出生新生儿4464人。无本地户籍孕产妇死亡、流动人口孕产妇死亡1例。婴儿死亡率3.58‰，5岁以下儿童死亡率5.38‰。对2159名农村孕产妇进行住院分娩补助。妇女病普查与农民健康工程相结合，妇女病普查95764人，查出病人20286人，治疗病人12382人。妇女病普查率41.97%，疾病检出率21.18%，得到随诊和治疗。为6689名农村妇女免费发放叶酸。农村妇女宫颈癌、乳腺癌筛查工作顺利推进。启动市婚姻登记优生服务中心工程建设。市妇保院经考核验收晋升为省三级乙等妇保院，与上海红房子妇产科医院签订协议，成为合作医院，并成为宁波职业技术学院教学医院。

【孕产妇、儿童保健管理系统化】 孕产妇系统管理率96.59%，7岁以下儿童保健服务覆盖率96.4%，3岁以下儿童系统管理率95.97%，剖宫产率37.66%，产前筛查率79.55%。新生儿疾病筛查率99.96%，新生儿听力筛查率99.96%。

妇保院门诊大楼启动仪式

【婚前医学检查率96.99%】 全年全市共登记结婚10182人，接受医学婚前检查9876人，婚检率96.99%，检出疾病人数1156人，患病率11.71%。

【计划生育技术服务工作】 全年全市实行各项计划生育技术服务手术14018例，其中放置宫内节育器3821例，取出宫内节育器3445例，输卵管结扎169例，人工流产6366例，中期引产217例。

【托幼儿童体验率100%】 开展全市托幼机构儿童的健康体检和入托入园儿童的体检工作，体检率为100%，开展托幼机构工作人员体检共1000多人次。举办托幼机构保健人员业务培训班，加强托幼机构卫生保健管理。

【做好三项筛查工作】 强化三项筛查，降低出生缺陷。2012年全市产前筛查率达到78.96%，高风险孕妇召回率93.67%，低风险孕妇随访率96.02%。新生儿疾病筛查率为103.2%(省中心数据)，听力筛查率达到99.75%，共确诊1例先天性甲状腺低下患儿、10例听力损失患儿，均给予了早期的干预和治疗。

【启动宫颈癌、乳腺癌两癌筛查项目】 完成2300例宫颈癌和400例乳腺癌的筛查，其中未发现乳腺癌患者，宫颈癌筛查发现2例为微小润癌，均作手术治疗。

【开展三项疾病母婴阻断工作】 规范开展预防艾滋病、梅毒及乙肝母婴传播项目，作为国家级预防艾滋病、梅毒及乙肝母婴传播项目实施县市，2012年全市共接受艾滋病、梅毒、乙肝免费检测孕产妇8000多例，免费检测率为100%，检出艾滋病感染孕产妇2例，梅毒感染孕产妇32例，乙肝感染孕产妇307例，对所有感染孕产妇开展了相关干预和母婴阻断工作。 (顾锐林)

医政管理

【概况】 2012年，市人民医院正式被省卫生厅确定为第二批浙江省住院医师规范化临床培训基地，所申报的内科、外科、妇产科、儿科、急诊科、神经内科、耳鼻喉科、麻醉科、医学影像、病理科、口腔科、医学检验、全科医学等13个培训学科同时被确定为基地培训学科。由省中医药管理局公布的浙江省中医住院医师规范化临床培训基地、后备基地及社区实践基地(第一批)名单中，市中医院9个中医学科通过认定，分别为中医内科、中医外科、中医妇科、中医针灸科、中医推拿科、中医骨伤科、中医耳鼻咽喉科、中医眼科、中医全科。同时，由省卫生厅公布的浙江省住院医师规范化临床培训基地(第二批)名单中，2个西医学科通过认定，分别为内科和外科。百官街道社区卫生服务中心顺利通过浙江省中医住院医师规范化培训基地的评审认定，成为浙江省第一批中医住院医师规范化培训社区实践基地。东关卫生院等8家预防接种门诊顺利通过省级规范化预防接种门诊评审；小越中心卫生院、谢塘卫生院两家单位达到省级三星级预防接种门诊标准。市中医院接受国家三级中医医院评审组评审。全市237人参加全国执业医师资格考试，其中62人获得执业医师资格。14人获得助理执业医师资格。全市公立医疗服务机构门急诊443.15万人次，较上年增加13.63%，出院7.27万人次，较上年增长24.38%，市级医院床位使用率达96.4%，出院者平均住院天数比上年缩短。门诊均次费用、出院者均次费用比上年分别下降1.99%和0.27%。

【医疗改革】 2012年，全市正式启动公立医院改革。5家市级公立医院全面实施以"一降、二调、一补"为主要内容的综合改革，成为全省29个试点县市之一。制定公立医院总控药品目录，确定981种药品、2500种品规，所有药品(除中药饮片)实行零差率销售；适当提高诊查费、治疗费、手术费、护理费、床位费标准，价格调整方案按药品利润补偿率69.82%执行，医保政策同步调整，市财政承担服务价格上调后剩余部分药品利润补偿的70%。公立医院综合改革实施以来，医疗费用上涨趋势和医药比例得到较好控制。

【城乡资源整合】 探索医疗卫生资源纵向整合，市妇保院成为上海红房子医院合作医院和宁波卫生职业技术学院教学医院，市人民医院成为浙江医学高等专科学校教学医院及吴阶平基金会上海肿瘤综合治疗中心临床协作基地，加强与上海瑞金医院、上海第六人民医院、北京安贞医院的对接。探索市人民医院整合丰惠中心卫生院工作，继续推进"市级医院牵手社区"活动，落实市级医院医生晋升高级职称前到乡镇卫生院短期工作的政策。鼓励社会资本创办医疗机构，上虞仁济医院创办各项前期工作顺利推进，仁民护理院开办进入装潢阶段。

【无偿献血量149.47万毫升】 无偿献血实施"街头献血与团体献血并重，深化志愿者献血"模式，全市自愿无偿献血率达到100%，全年全市献血量149.47万毫升。全年用血量151.5万毫升，无偿献血占临床用血量98.7%，自体输血比例上提到10%以上。

【规范处置医疗纠纷】 市卫生局组织专家对全市补偿1万元以上的医疗纠纷进行分析评审，并将评审情况和整改意见以通报形式下发至各医疗单位。全年受理上送绍兴市医学会鉴定7件，协助市医调会解决医疗纠纷17起，合计赔偿70.2万元。

【获"全国农村中医药工作先进单位"称号】 市中医院中医骨伤学科成为省中医药重点学科建设单位，市中医院晋升为国家级三级甲等中医医院。创建中医药文化长廊，宣传中医药传统文化，出版《中医与养生》《肿瘤预防与诊断》等著作，营造浓厚的中医药氛围。继续开展中医药免费防治高血压和哮喘项目，全市共完成75例治疗病人数，开展中医药进社区活动，推广中医药适宜技术，顺利通过全国基层中医药工作先进单位复验，并被授予"全国农村中医药工作先进单位"称号。

(孙法元)

城乡社区卫生服务

【概况】 2012年，全市有社区卫生服务中心(乡镇卫生院)20家，社区卫生服务站101家，村卫生室124家。下管、丁宅、永和等六个乡镇卫生院通过验收创建成为省规范化乡镇卫生院，从而实现全市规范化乡镇(街道)卫生院全覆盖。

【减少药品支出费用5572.74万元】 对全市规划内的124家村卫生室进行标准化建设，并实施以"五统一、二独立"为主要内容的紧密型一体化管理。落实乡村医生专项补助政策，建立由政府补助、村集体和社会多方支持的村卫生室运营机制。加强对基层医疗机构的业务管理，制定并落实制度建设、设备药品配备、人才培养、医疗规范等一系列规定。全市社区卫生服务机构门诊人次比同期增加6.25%；为群众减少药品支出费用5572.74万元。此项工作走在浙江省前列，省卫生厅专题进行了调研。

【实施基本药物制度】 完善基本药物制度，扩大基药实施范围，124家规划内村卫生室实施了基本药物制度，5家市级公立医院基本药物配备数量不少于总品种数的25%、年度基本药物使用金额达到药品总金额的25%以上。规定乡镇(街道)卫生院基本药物配备在450种以上，社区卫生服务站在250种以上，村卫生室在120种以上。同时，根据实际需要，在基本药物目录范围内又增加药品97种，确保基层医疗机构配足、配齐基本药物，着力提高市和基层医疗机构用药吻合度。

【城乡居民健康体检21.35万人次】 完成城乡居民健康体检21.35万人，其中60周岁以上老年人体检率81%。居民电子健康档案系统建立个人档案685984份，健康档案建档率95.8%，高血压、糖尿病、重性精神病规范管理率分别为84.95%、80.63%、94.91%。慢性病、肿瘤等一些危害城乡居民身体健康的疾病得到及时治疗。（孙法元）

医教科研

【概况】 2012年，各医疗单位、各级医学科研立项24项，有15个项目通过各级评审，7个项目获奖。其中市人民医院、市中医院、市妇保院各获一项省医药科技奖。市中医院、市妇保院各获一项绍兴市医药科技奖。扩大招生规模，春季招生168人。目前共有16个班级，575名在册学员。组织各类考试109场，参考人数4867人次左右。选派47名医务人员到各级上级医院进修。

【住院医师(护士)、乡村医生岗位培训】 开展规范化住院医师培训基地建设，启动新住院医生规范化培训工作，全市59名住院医师参加新住院医师规范化培训。乡村医生注册培训224名。今年完成2010级、2011级全科医师岗位培训面授、考务工作，参训学员60人(其中10级38人、11级22人)，至2012年6月，33名学员取得全科医师岗位培训合格证书，合格率87%；完成2011级、2012级50名社区护士岗位培训的面授、考务工作，其中2011级28名学员取得社区护士岗位培训合格证书，合格率达93%。

【执业医师资格考试、考核】 全市237人参加全国执业医师资格考试，其中62人获得执业医师资格。14人获得助理执业医师资格。

【医学继续教育工作】 举办全科医师、社区护士、免疫接种、妇幼保健等岗位业务培训班七期，分层次对医务人员进行抗生素临床应用的培训，对培训考核合格人员下发“抗菌药物临床使用培训合格证”。初级卫生专业技术人员继续医学教育结合上虞市卫技人员在职培训工作的实际需求与特点，对卫技人员采取分层次、多形式、有针对性地全员终身医学教育，2012年共有573人报名参考，为晋升初、中级职称提供有力保障。

（孙法元）

卫生监督

【概况】 2012年共接受群众举报、投诉47起，其中医疗卫生17起、公共场所21起，涉水产品1起，职业卫生2起，生活饮用水2起，消毒产品4起，查处47起，查处结果反馈47起，查办反馈率达100%。依法立案处罚结案18起，其中医疗机构14起，公共场所2起，涉水产品1起，消毒餐饮具1起，共处罚没金57970元；对18起案卷进行评查，优质案卷7起，案卷优质率为38.9%，案卷优质率较去年有所提高。移送公安机关案件1起，无卫生行政复议、诉讼案例发生。

【整治监管医疗秩序】 全年共出动卫生监督员750余人次，查处非法行医行为31起，取缔31起，输入浙江省“无证行医”黑名单信息平台31条，立案13起，罚款46500元，没收非法所得1570元，没收药品二十余箱、中草药150余公斤、器械90余件。全面规范医疗机构依法执业行为，今年共对19家社区卫生服务中心(乡镇卫生院)、100家社区卫生服务站、124家村卫生室、34家单位医务室，40家个体诊所、3家民营医疗机构进行执业分级，覆盖率达100%。开展了医疗机构消毒管理专项检查，出动监督人员130人次，共检查32家医疗机构。及时对村卫生室一体化管理中136家未纳入实施基本药物制度和乡村一体化管理的村卫生室开展专项摸排调查，对仍继续开展诊疗活动的41家撤并卫生室及时提出建议与对策。

【公共场所卫生许可证复核及量化分级管理】 全年共完成卫生许可证复核113家；完成住宿、游泳、美容美发和沐浴场所等重点公共场所量化分级管理507家。其中住宿和游泳场所量化分级率达100%。开展游泳场所专项监督检查，对全市9

家单位负责人和卫生管理员开展《公共场所卫生管理条例实施细则》和《游泳场所卫生规范》专题培训；开展游泳场所游泳池水、浸脚池水水质监督监测，共监测泳池水质36份，对部分监测不合格单位，均出具卫生监督意见书，要求立即整改。开展大型商场空气质量监测和旅店业公共用品用具抽检：对2家营业面积3000平方米以上的大型商场开展空气质量监测；对2家三星级以上宾馆和5家普通旅店（招待所）的床上卧具、毛巾、茶具、脸盆、恭桶坐垫等公共用品用具进行采样检测。至年底，全市53家足浴场所已有35家足浴场所经营单位取得了“公共场所卫生许可证”，持证率已达66.04%。

【餐饮具集中消毒单位专项整治】 开展以“洁净餐具、食者无忧”为主题的餐饮具集中消毒宣传活动，发放宣传资料300余份。对全市每家餐饮具集中消毒企业的负责人认真开展培训一次、约谈一次、签订一份承诺书的“三个一”活动，实现活动开展率100%。加强执法，全面整顿餐饮具集中消毒市场。全市7家餐饮具集中消毒企业中，4家达到规范要求，取得餐饮具集中消毒卫生监督合格证，3家因硬件条件限制而关停。加强对有证企业的监督执法，建立起消毒后餐饮具产品包装、标签内容和消毒效果的监测体系；同时，坚决取缔无证企业。整治期间，共出动卫生监督员85人次，车辆28车次；抽检消毒后餐饮具100份，合格100份，合格率100%；行政处罚1起，罚款5000元。

【开展医疗废物监督试点工作】 实施“四个统一”管理。在完善全市医疗废物集中统一处置的基础上，统一规范建设好医疗废物暂存处，统一管理程序和制度，同时统一制作、规范使用医疗废物交接登记簿及暂存收集登记簿；落实“三有五规范”措施。明确内部管理岗位职责，落实医疗废物收集、暂存、移交等各个环节专人负责制，做到有岗有人有职、职权分明，实现医疗废物管理“分类收集规范、分装标识规范、分区暂存规范、清洗消毒登记规范、交接收集登记规范”五规范；推行在线监控试点。选择市人民医院等2家三级医疗机构探索推行医疗废物处置在线监控，提高日常处置规范化管理水平。

【加强生活饮用水卫生监督监测】 制订《上虞市2012年实施国家生活饮用水卫生监督监测工作方案》，在全市5家持卫生许可证的集中式供水单位及10个二次供水设施设置36个水质监测点，每季度组织开展水质监督监测，监测数据及时录入《国家级卫生监督信息系统》，并指定专人担任审核员严格质量审核制度。全年共监测市政供水的出厂水20份，合格19份，合格率95.0%；水源水15份，合格14份，合格率93.3%；管网末梢水128份，合格126份，合格率98.4%；二次供水水样20份，合格20份，合格率100%。并将每季度对水质监测结果进行评价分析，在上虞日报上进行公示，让群众了解生活饮用水水质状况，接受社会监督。规范饮用水水质在线监测工作。市卫生监督所联合市自来水公司对百官、谢塘、盖北3个点开展管网末梢水在线监测。及时指导规范水质在线监测点建设，改进在线监测点的合理设置及在线监测仪器规范化管理。开展集中式供水单位的量化分级工作。对5家集中式供水单位中应量化分级的4家单位开展了量化分级工作，其中A级2家，B级2家，不予分级1家。

【职业病防治】 4月、9月，联动安监、质监、公安、环保、消防、气象、园区管委会等部门对134家企业开展职业卫生、安全生产大检查，重点对用人单位的职业病危害项目申报、劳动者职业健康监护、作业场所职业病危害因素检测与评价、职业卫生现场管理情况等进行职业卫生专项检查。对全市范围内5家危险废物处理企业开展职业病防治专项整治检查；组织召开全市9家电镀行业企业负责人职业病防治专项整治会议，并出动162人次定期或不定期地开展服务和监督，6家整治提升企业已通过专项验收，1家企业已完成职业病危害控制效果评价。开展木质家具制造企业、皮革制造加工企业的职业病防治专项治理，对全市的13家木质家具制造企业和2家皮革制造加工企业，专门制定工作实施方案，进行监督指导。有8家企业开展15个职业危害预评价项目，有19家企业开展39个职业病危害控制效果评价项目；7家企业完成了职业病危害预评价备案，8家开展职业病危害控制效果评价企业通过建设项目职业病危害竣工验收，从源头上强化了职业病危害控制。加强对医疗机构放射诊疗的监管，进一步规范放射诊疗许可，对全市16家医疗卫生单位《放射诊疗许可证》进行了校验。

【学校卫生监督】 开展春季传染病监管为重点的健康1号行动、教学环境为重点的校园安全健康2号行动和饮用水监管为重点的校园卫生安全健康3号行动检查，共检查全市学校（包括幼儿园）292所次，出动卫生监督员780余人次，对全市学校的传染病管理、教学环境和生活饮用水开展了专项检查，对检查中存在的问题提出了整改意见，为广大师生的身体健康保驾护航。

（顾锐林）

爱国卫生

【概况】 2012年，市爱国卫生运动委员会办公室（以下简称区爱卫办）协调各乡镇（街道）爱国卫生运动委员会办公室按照年初制定的全市爱国卫生工作计划，以城乡创卫、农村改水改厕、病媒生物防制、健康教育等为主要内容，以"远离病媒分割，你我同享健康"为主题的爱国卫生月活动为载体，开展爱国卫生运动，城乡环境面貌进一步改善。灭蚊灭蝇先进城区通过复查。创建省级卫生村（单位）1个，绍兴市卫生乡镇2个，绍兴市卫生村（单位）24个，上虞市卫生乡镇1个，上虞市卫生村（单位）10个。另外，2家省级卫生村、10家省级卫生单位通过上级复查。市爱国卫生运动委员会被评为省爱国卫生运动60周年先进集体。

【健康教育进村入户】 抓好各乡镇（街道）健康教育网络队伍建设工作，利用电视、广播、黑板报、报刊等宣传阵地，广泛开展流感、麻疹、手足口病、肠道传染病、艾滋病、结核病等重点传染病健康教育。组织开展"百场健康教育讲座进基层活动"，深入社区、学校、企业、机关，采用寓教于乐、通俗易懂方式，针对群众普遍关心的健康问题开展防病知识的宣传。全市累计举办讲座105场次。按照《健康中国行——上虞全民健康素养促进活动计划》，组织开展"百场健康教育讲座进基层活动"。讲师团完成427场次巡讲，受益人数达20450人次。结合世界结核病防治日、计划免疫周、碘缺乏病防治日、国际禁毒日、糖尿病宣传日、高血压宣传日、世界艾滋病日等卫生防病宣传日，有针对性地进行防病治病的宣传活动。共展出展板470块，发放宣传资料35000份，接受咨询3000余人次。制作合理用药折页4万份，手足口病折页2万份，健康素养99条折页10万份，其他宣传资料5万份。在艾滋病健康教育方面，重点关注男男同性恋人群，通过志愿者宣传、网络宣传、场所干预等方法，加强高危人群的行为干预。结合世界防治结核病日、全国儿童预防接种日、世界无烟日、全国高血压日、世界艾滋病日等卫生防病宣传日，加强部门联动，开展形式多样的宣传咨询活动。市卫生局、市教体局联合在市职教中心开展"世界防治结核病日"宣传活动；市卫生局与有关企业联合开展"世界艾滋病日"宣传活动，普及外来流动人员防艾知识。

【农村改水改厕继续推进】 贯彻实施"千万农民饮用水工程"。完成农民饮用水项目2只，全市自来水覆盖率达98.29%。推进农村改厕工作，2012年围绕美丽乡村建设，通过开展全市露天粪缸集中整治行动、创建农村环境卫生示范村等活动，加强农村改厕工作，提高粪便无害化处理率。2012年全市共有831只公厕新建或改建项目列入建设计划，新增无害化卫生户厕0.35万只，累计卫生户厕21.31万只，卫生户厕普及率90.96%，无害化卫生厕所普及率88.22%。

【病媒生物防制有效巩固】 2012年继续采用市场化模式进行病媒生物密度监测，并在原有监测方案的基础上，对监测点的定点类别、数量作了进一步调整与完善。监测结果表明，各类病媒生物种群构成与2011年监测结果基本一致，四害密度在国家标准范围内。结合省级卫生城市、灭鼠先进城区复查达标活动，统筹安排春秋两季灭鼠、5—10月外环境蚊蝇孳生地季节性地面消杀、8月灭蟑统一投药的除四害工作，每次活动均做到“四个统一”和“五个不漏”，据不完全统计，全年共投放灭鼠药6.5吨，发放灭蟑药120000包，发放灭蚊、蝇药物约725千克。

【开展爱国卫生活动113次】 积极开展以“整洁城乡、美丽家园”为主题的爱国卫生月活动，下发《关于开展春季爱国卫生运动暨第二十四个爱国卫生月活动的通知》。组织不同规模的活动113次，参加爱国卫生月活动人数达1.3万人次，清理卫生死角2550处，清运垃圾2600吨，梳理城中村3个，拆除违章建筑0.50万平方米，新增绿地面积2.2万平方米，清理绿化带0.82万平方米，修筑整治道路56条，整治城郊结合部10处，清除乱贴广告1.2万张，有效改善了城乡环境卫生面貌。

【组织开展“清洁家园”活动】 累计组织“清洁家园”检查430人次，发出通报9期，市电视台“清洁家园”栏目播出46期，曝光突出问题88处，整改率达98.3%。组织开展“洁净过年”“四季仙果之旅”线路等大清扫活动，有力地提升了农村人居环境。

【城乡18小时保洁率达到80%】 继续在城乡开展环境卫生整洁行动，进一步完善城区环卫保洁机制，实施网格化和精细化管理，18小时保洁率达到80%。创新“垃圾直运”、装饰装潢垃圾规范化管理机制。整治城乡结合部环境卫生，投入6辆基建垃圾清运车，加强巡查，及时清运城乡接合部建筑装潢垃圾。完善城区环卫设施，更换150只果壳箱、310只垃圾红桶，修复公厕200间次、垃圾房门48扇。结合美丽乡村建设，将53个村列入2012年度建设计划，开展以“干净、整洁、有序、美观”为目标的农村环境卫生整治行动。

（顾锐林）

体　育

综　述

【概况】 2012年，是全市备战省十五届运动会和绍兴市八运会的关键之年，是创建省体育强市的冲刺之年。全市体育工作立足上虞实际，以争创省体育强市为目标，坚持教体合一，坚持群众体育与竞技体育协调发展的战略方针，强服务，惠民生，促和谐，体育基础能力持续增强，服务发展、服务群众的水平不断提升。全市新增篮球场35个，健身路径26条，争取到市体育中心建设用地70亩，为创建省体育强市打下了扎实的基础。

【体育创强工作】 全市有3个乡镇成功创强，两个乡镇顺利通过强乡镇复评，4个社区和40个行政村分别通过了省城市体育先进社区和小康体育村的验收，市体育总会保持先进荣誉，顺利通过省级复评。

群众体育

【概况】 2012年承办绍兴市体育系统第二届运动会，先后承办“大舜杯”绍兴市象棋锦标赛等多项市县级赛事，为10个基层和单项体育社团提供策划组织服务；组队代表浙江省参加全国健身气功交流比赛，获八段锦集体一等奖，易筋经集体二等奖。做好43名省级社会体育初级监测员和2名省级社会体育中级指导员的培养工作，圆满完成1500人的国民体质测试样本任务。

【第十六个全民健身节启动仪式成功举行】 第十六个全民健身节启动仪式暨千人登龙山活动于4月21日在市文化广场隆重举行，参加启动仪式和登龙山活动的有45个市直机关、部门，19个乡镇(街道)，3个体育社团，26个城市社区共计90多个代表队，1200余人，是上虞实施全民健身节活动以来启动仪式上参加单位、参与人群最多的一次。

【万人登山活动蓬勃开展】 4月7日，由体育发展中心牵头，组织章镇、永和、谢塘三个体育创强乡镇，赴绍兴大禹陵参加绍兴市举办的万人登山启动仪式暨千人登会稽山活动后，掀起了群众性登山活动高潮，广大学校、社区、机关、企业按照市健身节活动的要求，积极开展登山活动。在短短的一个月中，全市共有113个单位，7394名市民响应绍兴市万人登山活动号召，登上了市内外20余座山川，报送登山活动报告表113份，新闻照片339张，是2005年上虞开展万人登山活动以来参加单位、参与人数最多的一年。

【举办上虞市第二届残疾人运动会】 5月19日，全市20个乡镇(街道)组团参加了在市职业中专举行的“长城杯”上虞市第二届残疾人运动会，该届运动会设肢体残疾、视力残疾、听力残疾三个组别，田径、乒乓球、羽毛球、飞镖、地滚球、盲人定向行走、拔河等七个大项，近400名运动员参加了比赛。

竞技体育

【概况】 获绍兴市青少年田径锦标赛团体总分和

金牌总数双第一并第五次蝉联冠军；绍兴市12项青少年体育锦标赛中，获9项团体总分和金牌总数双第一；获全国金牌6枚、银牌4枚，省级金牌35枚，绍兴市金牌255枚，再创历史。男篮、女足分获绍兴市青少年锦标赛甲组、乙组两项第一名；国际象棋、短式网球、乒乓球（女子丁组）分获绍兴市青少年锦标赛团体第一名；单独组队参加省青少年短式网球锦标赛获男子乙组金牌总数和团体总分两项第一名；组队参加省青少年足球锦标赛获女子乙组第五名，创历史最好成绩。上虞输送的运动员参加全国中学生射击比赛获金牌2枚，全国青年皮划赛艇锦标赛银牌1枚。

【王铁鑫获赛艇世界杯冠军成为上虞奥运第一人】 优秀赛艇运动员王铁鑫获赛艇世界杯冠军，参加伦敦奥运会获男子轻量级4人单桨2000米项目B组决赛第4名（总成绩第十名），成为上虞奥运第一人，实现历史性的突破。

【连续第五次蝉联金牌总数团体总分双第一】 参加省、绍兴市青少年比赛，共获得省级金牌19枚，绍兴市金牌155枚。跆拳道、柔道、摔跤、拳击、武术套路、武术散打、举重、田径等8个项目分获绍兴市青少年锦标赛金牌总数和团体总分两项第一，其中田径已连续第5次蝉联绍兴市青少年锦标赛金牌总数和团体总分两项第一。

体育产业

【概况】 2012年，全市继续以体育彩票为支柱，推进体育产业发展。省体育局在上虞召开了全省体育产业工作年会，大康体育、金泰泳池两家公司被评为浙江省体育制造业示范企业。抓住“11选5”上市销售契机，进一步拓展销售渠道，超额完成年度销售目标。同时规范各单项体育俱乐部、户外营地等的运行，加强对游泳、攀岩等体育经营场所的监管，全年无一起安全事故发生。

【全省体育产业工作会议在虞召开】 2月15日，全省体育产业工作会议在虞召开。国家体育总局经济司副司长陈恩堂、省体育局局长李云林、省体育局副局长李期华、绍兴市委副书记王文序、绍兴市副市长丁晓燕、绍兴市体育局局长王越新等出席。会议期间，省体育局局长李云林、绍兴市委副书记王文序还考察了上虞文化体育设施。

【全市销售体育彩票突破6000万元】 注重市场调查，分析各地体育彩票销售发展势头，在新增网点过程中做到实地踏看，严格按照设点规范要求，有效调控网点布局，彩票网点布局更趋合理。上半年在丰惠镇、汤浦镇开展即开彩票的宣传营销。抓住“11选5”上市销售契机，对全市销售网点形象进行整改，进一步拓展销售渠道，通过上下努力，全市销售体育彩票突破6000万元。（盛 杰）

社会事务

民族宗教事务工作

【概况】 创新宗教界参与社会服务形式，积极支持和鼓励宗教界开展社会公益服务，谢崧大家庭福乐园等社会服务事业的成功运作，为创新社会管理、引导宗教界参与社会服务提供了有益探索，此项工作荣获2012年度全省统战工作创新奖；开展和谐寺观教堂创建，全面落实宗教工作岗位目标考核，对全市242个宗教活动场所和民间信仰活动场所开展五次不同程度的安全检查。到2012年年底，已成功创建和谐寺观教堂37个，占全市宗教活动场所总数的70.4%。

【落实宗教帮扶资金10多万元】 确定56个宗教场所与50户少数民族困难家庭开展结对，落实宗教帮扶资金10多万元，并开展深层次的结对慰问；筹建全市少数民族联谊会，努力为少数民族联谊联络搭建平台。

【开展“宗教慈善周”活动】 11月8日—20日，上虞市宗教界开展“慈爱人间，宗教有为”为主题的“宗教慈善周”活动。通过开展佛教界祈福法会、宗教活动场所与50户少数民族困难户结对帮扶、基督教界慰问残疾人小康阳光庇护中心、各宗教活动场所结对贫困学子等活动，捐款19.3万元，取得了良好的社会效应。 （毛利湧）

老龄工作

编制和实施《上虞市老龄事业发展“十二五”规划》，在曹娥街道金村开展农村社区居家养老服务照料中心建设试点工作，并在全市分年度有计划地铺开实施。当年全市通过“星光老年之家”转型升级，完成56家农村社区居家养老服务照料中心建设。积极实施《关于2012—2014年为老年人办实事的意见》明确的各项具体实事工程。有67个村开展“银龄互助”活动。积极挖掘孝德资源，切实抓好全社会的孝德教育。市人民政府被评为全国敬老模范单位。继续抓好基层老年人协会规范化建设，开展上虞市“孝亲敬老月”活动。抓好老年电大教学工作，全年招收学员1.36万人次。新办理老年人优待证5786张，切实抓好老年人权益保障工作。 （毛利湧）

人口与计划生育

【概况】 2012年，全市户籍总人口77.85万人，出生人口4277人，其中一孩3573人，二孩及以上1277人，人口出生率6.75‰，死亡率7.30‰，自然增长率-0.56‰；计划生育率95.11%；出生性别比106.89；婚检率99.08%，优生检测率100%。

【深化优生促进工程】 市政府出台《关于进一步做好出生人口性别比综合治理工作的通知》，开展专项治理活动，严厉打击“两非”行为，综合治理出生人口性别比。切实把好凭证引产、凭证取环、凭证接生和无证报告制度关。根据市政府《关于深化优生促进工程的意见》，计生、卫生、财政、民政、残联等部门出台《关于完善〈上虞市优生促进工程项目实施方案〉的通知》，对优生促进内容进行全面梳理整合，将优生促进工程升格为国家优生健康检查项目。新增免费孕前遗传基因筛查。投资300万元易地新建婚姻登记优生服务中心。全市免费婚检11166人,优生检测6129人,6923名农村待孕妇女免费得到叶酸补充,4794名孕产妇进行了免费产前筛查,7368名新生儿进行疾病筛查,6174名新生儿进行听力筛查,17名独生子女病残儿得到免费医学鉴定,26名残疾儿童得到康复训练补助金21.28万元。530名未怀孕妇女得到遗传基因免费筛查。

【发放计生奖励扶助金、特别扶助金达867.6万元】 调整奖励扶助和特别扶助政策。将计生半边户对象纳入奖励扶助制度,切实保障计划生育家庭的权益。调整奖扶、特扶享受标准由每人每年60元提高到80元,独生子女伤残家庭特别扶助金由每人每月120元提高到160元,失独家庭特别扶助金由每人每月150元提高到200元。全年全市新增奖扶对象2172名,特扶对象70名,发放奖励扶助、特别扶助金达867.6万元。

【计生公益基金总额达1.395亿元】 开展生育关怀行动,继续通过引资捐资形式,新成立乡镇计生冠名公益金8只,全市计生公益金累计39只,基金总额1.395亿元。以资金救助、助学奖励等方式,关心、关爱计生困难家庭、外来务工人员。市计生公益金发放44.16万元,救助计生困难对象187名。各乡镇冠名基金也逐一进行发放救助。历年累计发放计生公益金1291.4万元,救助计生对象15686人。继续执行好计生养老保险、中考加分政策。

【计生网络、执法装备全覆盖】 计生信息化建设网络至全市各村(社区)前提下,深入开展婚育新风进万家活动,加强新型生育文化建设。上虞有线电视开机宣传栏、上虞新闻片头栏计生标语定期更换播放。舜江东路、赵家大桥至东站新建婚育文明风情路。结合撤县设市20周年,制作《甜蜜的事业充满阳光》电视专题片。开展青春健康讲座进校园、进企业、进社区"三进"活动。积极探索流动人口计划生育均等化服务新机制,出台《关于2012年上虞市流动人口计划生育工作专题绩效评估方案》,对乡镇流动人口计生工作进行专题评估。全年全市为257人次外来育龄妇女报销四项手术费1.44万元,为18242人次外来育龄妇女进行了免费查孕查环。道墟镇创建"一站式管理,一体化服务"的流动人口计划生育规范化服务中心,积极为流动人口提供计划生育基础管理、宣传教育、孕环检、免费避孕药具发放、计划生育信息交换五位一体优质便捷服务。百官街道高丰社区建立流动人口"爱心驿站",发放爱心卡给困难流动人口。发挥综合平台流动人口模块作用,加强信息录入和登记管理,确保数据真实、准确及重点人群信息提交、反馈和接收。全市流动人口综合平台导入信息28.21万余条,反馈重点对象723条,处理省内流动待办4.2539万条,发起协查3.2328万条,流动人口计划生育均等化服务工作机制初步建立。出台《关于加强人口和计划生育行政执法装备的实施方案》,全市乡镇(街道)建立了规范化办案室,配备执法设备,建立健全各项管理制度。20个乡镇(街道)完成执法装备建设。对1553名城镇无业居民发放奖励费77650元。全年全市社会抚养费案件决定率94.97%,案件结案率71.11%,人民银行征信系统查询40件。

【实施信息建设工程】 在全市基本搭建起人口和计划生育信息网络架构的基础上,加快应用计生专网,选择东关街道、谢塘镇信息化应用试点。全市有52个村开通录入修改权限账户,逐步实现网上办公。20个乡镇(街道)的所有村计生服务员分期开展了微机实用知识培训,编印《育龄妇女网络版操作指南》《人口和计划生育统计口径》等资料,便于村计生服务员学习对照。开展上虞市人口和计划生育阳光统计示范乡镇创建活动,增强人口计生统计数据公信力。全市有19个村通过验收,创建成为计划生育示范村。 (孙 清)

新居民管理

【概况】 至年底,全市登记在册的新居民26.5万人,比上年度增长1.1%,其中居住一个月以上的新居民18.4万人,比上年度增长3.8%,发放浙江省临时居住证17.9万本、浙江省居住证1999本，累计登记出租房屋4.9万间，比上年度增长13.9%。曹娥街道、盖北镇的新居民数量与户籍人口数量比超过0.5:1；百官街道新建居委、前三村、横江里村，曹娥街道下沙居委、里睦桥居委，盖北镇兴海村、新河村、联合村的新居民数量与户籍人口数量比超过1:1。在虞新居民来源地省份排名前五位的分别是安徽省、贵州省、河南省、四川省、湖南省。围绕社会管理创新落实年主题，组织开展重点村（居）和城区社区新居民信息登记竞赛活动、浙江省居住证集中办理服务活动，健全完善信息登记稽查机制，将每月稽查结果纳入乡镇（街道）社会稳定"三色预警"考核体系。先后开展务工新居民返城情况抽样调查、改善新居民发展环境情况调研、崧厦"中国伞城"周边新居民生存情况调研和务工新居民落户城镇意愿抽样调查等，为上级和市级职能部门提供决策参考。9月份，全省IC卡式居住证试点工作座谈会在上虞市召开。2012年度，上虞市新居民服务管理局获"全省流动人口服务管理工作先进集体"荣誉称号。

【深化和谐促进会建设】 新建村级和谐促进会10家，总数达60家，配备和谐促进员60名，建设领域由村（居、社区）向企业延伸。作用发挥上，和谐促进会组织会员参与治安巡防、志愿服务、环境整治、普法宣传、困难帮扶等活动874次，调处矛盾纠纷261起，举办联欢晚会、联谊会等53场次，6月份，全市和谐促进员第一次联谊会召开。发展社区新居民联合工会，吸收餐饮店、零售店、鲜花水果店等三产服务行业的新居民加入工会组织。

【推进新居民党建工作】 6月，全市新居民党建工作现场会在盖北镇召开，推广盖北试点经验，建立新居民党员协同培养、协同保障、协同管理制度。至年底，全市建立乡镇（街道）新居民党总支6个，新居民"孵化器"党支部9个，新居民党支部35个，确认党员身份新居民304名。

【探索"双向"协作机制】 市新居民服务管理局试点探索与新居民主要流出地县（市、区）职能部门建立服务管理"双向"协作机制，至年底，累计与全国21个县（市、区）职能部门签订服务管理框架性协作协议。

【健全关爱服务机制】 上虞市加快新居民集中居住区和人才公寓建设，投资6.9亿元在城北建设全市首个人才公寓。2012年下半年，在虞入学就读新居民子女达1.25万人，评选表彰上虞市百名优秀新居民子女，启动"假日爱心学校"试点工作，1.47万名新居民参加免费技能培训，新居民入选上虞市级以上政协委员44名、人大代表13名。有关单位向新居民赠送联通、移动通讯卡及200份《上虞日报》，实施新居民大关爱专项行动，组织困难新居民子女及家庭慰问活动12次，百官街道设立新居民"神舟"关爱基金。1月，上虞市新居民服务管理局组织新居民志愿者在火车站、汽车西站开展第三届春运送姜汤服务活动。9月份，上虞市新居民服务管理局举办"喜迎十八大 歌唱新家乡"新居民歌咏大赛，20名新居民选手参加决赛。上虞市新居民服务管理局领导带队走访慰问第三届"十佳新居民"。（朱立军）

9月，市新居民服务管理局举办"喜迎十八大 歌咏新家乡"新居民歌咏大赛

残疾人工作

【开展持证残疾人基础信息核查工作】 市残联通过近10个月的时间，对全市13000名持证残疾人逐户上门调查登记，并全部录入电脑数据库，比较

准确地掌握了残疾人的基本生活状况与需求，为针对性制定政策提供了基础信息。

【实施重度残疾人基本生活保障工程】 全市共有2968名贫困重度残疾人全额享受低保金或低保补助金；3000名不能享受低保的二级残疾人、精残和智残的三级、四级残疾人享受生活补助；除了上面两项政策不能享受的贫困残疾人，生活确实贫困的，推出全区1000户贫困残疾人千户定额补助。为1062名一级重度残疾人办理了重度托（安）养手续，集中托养每年享受12000元、居家照料享受4800元托（安）养补助；并为进入阳光庇护中心的92名残疾人提供照料服务。

【实施危房改造工程】 市残联对20户残疾人无房、危房户实施了新建或修缮，各级投入补助资金70万元，对残疾人无房、危房户做到了发现一户，解决一户，保证了残疾人有房住且有安全的住房住。

【实施残疾人免费乘坐公交车政策】 市残联为有出行需求的持证残疾人全部免费办理公交IC卡，为残疾人的出行提供了极大的方便。

【增加特教和培训投入】 特教学校新投入800万元，进行了改造升级，教学设施、教学水平全省领先；特教学生在校就读享受特别补助每学年12000元；全年对191名贫困残疾人实施助学补助58万元；全市残疾适龄少年儿童入学率达到99%；全年共对467名残疾人开展免费职业技能培训，为残疾人掌握一技之长，提高就业能力打好基础。

【残疾人康复医疗服务得到保障】 市残联在城乡建立了康复训练站26个、130个行政村（社区）建立了康复活动室，建立了600人组成的康复服务员队伍，建成了“一刻钟康复服务圈”，能初步满足残疾人基本的康复服务需求；超额完成残疾人假肢、助听器、助视器适配和白内障复明等重点康复任务；全市有12407名残疾人参加城乡医疗保险，参保率达99.3%。

【组织残疾人参加文艺活动】 市残联组织26名智障残疾人参加“特奥日”活动，组织20名残疾人参加绍兴市残联的“兰亭杯”书画大赛，有10幅作品参加绍兴市“自强杯”残疾人书画作品展，有2名残疾人被推荐参加省、绍兴市书画培训，有76名残疾人参加本市残疾人书画才艺培训，组织30名残疾人免费参加杭州宋城旅游，有300名运动员参加了上虞市“长城杯”第二届残疾人运动会，组织5名运动员参加绍兴市羽毛球比赛并包揽前三名。肢残人陈伟强选送了70幅作品，应邀参加伦敦奥运会开幕式及书画展。组织残疾人文艺演出4场。（钱丹萍）

关心下一代工作

【概况】 2012年，上虞市关心下一代工作委员会（以下简称关工委）组织思想道德教育“五老”讲师团开展主题宣讲，5月至10月共计82场，受教育青少年2万余人；首届“爱心假日学校”在盖北镇小和汤浦镇小试点举行，解决了“流动花朵”暑期失管、失教的难题；推荐曹秋芳、石鸿莹参加省第十五届青少年学生道德榜样评选，榜上有名；12月18日，浙江省关工委在杭州召开全省关心下一代工作暨表彰会议，市关工委被评为省先进集体；印发《青少年基础道德学习与思考80问》一万册，为广大中小学生提供一本基础道德方面的课外读物。

【召开推进民营企业关工委建设工作会议】 根据中国关工委要求和省、市关工委文件精神，市关工委和市委组织部联合下发《关于加强民营企业关工委建设的通知》，以更好发挥民营企业关工委的作用，推进民营企业关工委建设，5月9日，市委组织部、市关工委在市行政中心联合召开全市民营企业关工委建设工作会议，交流经验，明确方向，关爱员工子女健康成长，关心青年员工综合素质的提升，创造和谐环境，促进企业健康发展。

【浙江石狮集团爱心助学基金发放】 8月24日，浙江石狮爱心助学基金在石狮商贸城隆重发放。2009、2010、2011级大学生和2012级大学新生近200人参加了会议。石狮集团自2006年公司建立爱心助学基金以来，每年出资50万元资助50名家庭贫困的大学生入学，至今资助已达七年，共计资助大学生350余名，发放资助金达350万元。

【资助贫困家庭大学生834人】 市关工委5月初召开完职中校长会议，部署贫困家庭大学生资助方案，下发资助申请表，5月中旬汇总摸底名单，交乡镇(街道)关工委进行归类审核，市资助工作协调小组审议后将资助金发放到位。2012年全市资助新入学的贫困家庭大学生322人、在读大学生512人，资助金额264.3万元。其中市关工委牵线资助贫困家庭大学生291人，资助金额84.1万元。

【举办青少年孝德教育经验交流会】 10月18日至19日，市关工委、文明办、教体局联合举办，邀请全省部分县(市、区)参加的青少年孝德教育经验交流会在上虞宾馆举行。宁波市江北区、慈溪市、余姚市、仙居县、金华市金东区、嵊州市、诸暨市、上虞市等八个县(市、区)的关工委、教育局关工委或学校的代表共60余人出席了会议。通过相互学习、相互交流，共同推进孝德教育的深入开展。

(周惠月)

5月9日市关工委与市委组织部联合召开民营企业关工委建设工作会议

慈善工作

【概况】 2012年，全市有115家慈善冠名企业认捐第二轮第二年度慈善冠名基金，104家企业认捐资金到位，接收增值金3393.5万元，占应完成捐赠金额的96%。全市各乡镇(街道)、市级机关部门广大干部职工和社会各界人士捐款515万元。市慈善总会接受捐款情况及时在《上虞日报》上公示。

【"王朝杯"2012年全国优秀慈善通讯员揭晓】 12月19日，由中华慈善总会、《中华慈善年鉴》编辑部、《慈善》杂志社、慈善公益报社主办，中法合营王朝葡萄酒酿酒有限公司赞助的"王朝杯"全国优秀通讯员揭晓。来自全国各地的49名慈善通讯员被评为"全国优秀慈善通讯员"。市慈善总会叶和土被评为"全国优秀慈善通讯员"。

【春节前夕发放慰问金752万元】 春节前夕，市慈善总会在摸清情况的基础上，走访慰问新中国成立前老党员、孤儿、城乡低保对象、低保边缘户、患大病困难家庭、敬老院、城镇"三无"对象等十余类困难群体21268人(户)，发放慰问金752多万元。

【发放大病救助金87.9万元】 市慈善总会按照《上虞市慈善总会大病救助实施办法》的文件精神，全年救助大病对象109人，发放救助金87.9万元。

【发放慈善助学购物券68.48万元】 市慈善总会根据民政部门登记在册的低保户和低保边缘户中在读小学至高中的子女，对发放慈善购物券作了调整。一个孩子上学的家庭，由原来每户300元调整到每户400元，两个及以上孩子上学的，每户500元调整到每户600元。此次共发放慈善购物券68.48万元，受益家庭1653户。

【贫困大学生助学金发放112.7万元】 龙盛助学金资助贫困家庭大学生273名，发放金额达112.7

万元，其中历届在读生190名，发放金额达72.5万元，应届生83名，发放金额达40.2万元。

【发放助孤救助金25万元】 根据《关于上虞市慈善总会与浙江闰土慈善基金管理实施办法》规定，市慈善总会发放救助金25万元，资助全市112位孤儿。其中学前孤儿5名，小学至高中87名，大学在读生20名。六一儿童节前夕，市慈善总会先后赴虞南山区丰惠、章镇慰问特困儿童，送上了书包、学习用品及600元慰问金。

【省慈善总会阳光课堂项目发放仪式在虞举行】 10月17日，全省慈善总会"胜华慈善基金""忠福慈善基金"阳光课堂项目发放仪式在上虞新居民学校举行，省慈善总会副会长兼秘书长李刚出席会议并讲话，他对上虞市的慈善助学工作给予了高度评价。

【慰问特困职工1003人】 在全市第二轮第二年度慈善冠名基金企业中，慈善总会全年共救助特困职工1003人，发放救助金80.24万元。

【支持贫困村物业用房建设】 针对盖北镇镇海村经济薄弱的状况，市慈善总会会同盖北镇慈善工作联络站拨出部分资金协助该村建造物业用房来"借鸡生蛋"。镇海村投资170万元建造的15间物业用房已经出租，上半年收取租费20万元。

【做好农村造血型扶贫基地的试点工作】 根据虞南山区有着丰富资源优势和种植业的发展前景，慈善总会在丁宅乡庙湾村开展了全市第一个农村造血型扶贫基地——百味园果蔬专业合作社慈善扶贫基地试点工作。百味园果蔬专业合作社慈善扶贫基地已与丁宅乡周边5个村、55户贫困家庭以紧密型或松散型的结对方式，发展种植业、养殖业。8月23日，浙江省慈善总会副会长兼秘书长李刚一行到该基地作为省慈善扶贫基地进行考核。该基地已经成为全省首批18家慈善扶贫示范基地之一。 （叶和土）

民生保障

综述

【概况】 2012年组织招聘活动18次，参会企业700余家，推出岗位8540名，已累计引进各类人才8877名。推荐上报12名对象为市2012年度“151人才工程”培养对象选拔人选。推荐卧龙集团公司“Brookw系列电机转移项目”为市2012年度省级引智项目。组织了5家企业先后参加了“第十届博士绍兴行”活动和中国杭州国际人才交流大会。举办首届校企合作技能人才交流大会。兑现拨付科创平台奖励、高层次人才奖励、海外人才引进资助、优秀人才奖励、高技能人才培训补助各项经费1063.69万元。

全市新增就业岗位16560个，下岗失业人员就业5440人；为7697名灵活就业人员发放社保补贴1200余万元。为2012年度100家困难企业，累计发放资金738万元。共完成各类培训12400人，鉴定各类人员职业工种13731人。与全国12个省25个县市达成劳务协作基地29个。

出台城乡居民社会医疗保险等相关制度，提高报销待遇。将现行事业单位职工养老保险基金统筹办法，逐步向社会养老保险过渡。五大保险新增参保人数在12万人次以上。发放社会保障卡25万张，占全市职工医保参保人员的95%。

全年受理各类劳动投诉案件903起，立案882件，追回欠扣工资1003.5万元，主动检查用人单位817家，涉及劳动者6.8万人。受理劳动争议仲裁案件808件，涉及金额3242.18万元。受理工伤申请2533件，认定工伤2498件，工伤职工伤残鉴定1139人，切实维护了工伤职工和企业的合法权益。

2012年度上虞市人力资源和社会保障局荣获浙江省人力资源社会保障系统先进集体称号。

（许彩华）

2012年度上虞市人力资源和社会保障局荣获浙江省人力资源社会保障系统先进集体称号

【“双爱”活动参与率达到100%】 2012年，按照省人力资源和社会保障厅的统一部署，联合市总工会、企业联合会、工商联在全市范围内开展以“企业关爱职工 职工热爱企业”为主题的“双爱”活动。“双爱”活动坚持以人为本，坚持企业与职工利益“双维护”原则，推动广大企业关爱职工，力争实现“六有”，即劳动有合同、工资有增长、五险有保障、生产有安全、管理有民主、精神有关怀；同时，引导广大职工热爱企业，做到“六要”，即工作要敬业、技能要提高、经营要关心、纪律要遵守、维权要理性、身心要健康。凝聚企业管理者和劳动者双方的积极性、智慧和创造力，实现职工得实惠、企业得效益、经济得发展、社会得稳定的良好局面。当年实现辖区内规模以上企业及已建工会规下企业“双爱”活动参与率均达到100%。

（郑伟栋）

【化解1000余起劳资纠纷】 2012年3月起实施了对公民代理行为的规范工作，建立严格的公民代理准入制度。对公民代理的条件、手续及相关处罚措施进行严格的界定。加强裁审衔接工作，积极与人民法院沟通，加强法理理解、实务口径、程序要求方面的衔接，统一案件裁审尺度，形成劳动人事处理合力，及时、便捷、有效化解争议纠纷。推行调解程序前置试点工作。对属于有调解组织单位的当事人申请仲裁的，先由调解委员会在规定的时间内组织双方进行一至二次调解，调解不成的再由劳动仲裁机构依法调解仲裁。2012年，全市共有1000余起劳资纠纷在乡镇（街道）、企业调解委员会及时化解。劳动争议调解前置使大量的劳资矛盾在基层得到缓解。

（陈生荣）

【劳动监察网格化管理】 以乡镇（街道）和园区为基础、以用人单位和劳动者数量为依据，把劳动监察划分为21个网格，每个网格确定1名专职劳动保障监察员负责，并配备1～2名的劳动保障监察协管员。专职劳动保障监察员由市劳动保障监察大队指派，劳动保障监察协管员由乡镇（街道）和园区负责从事劳动保障监察的人员中配备。同时对298名村级劳动保障监察协管员进行专业培训，发放《劳动保障监察协管员证》。各监察中队按照监察职责，会同行政村协管员全面推行用人单位劳动保障网格化监管，部分建立了用人单位诚信档案、实行了“绿、蓝、黄、红”四级分类管理，对劳动保障失信和拖欠职工工资两个月以上的用人单位实施重点跟踪监管。

（陈建中）

【提升12333咨询服务功能】 安装一台能实时反映咨询业务情况的大屏幕显示器；开通了社保信息电话自动查询功能和社会保障卡自动语音挂失功能，通过拨打12333语音电话可自动查询参保缴费信息；更新12333咨询软件系统的知识库，及时上传最新的相关政策法规、办事指南和问题解答等资料。截至2012年年底，共接来电26681只，其中语音服务7075只，人工接听18257只，放弃量1349只。人工接听业务量主要集中在有关养老保险、医疗保险等政策咨询及办事业务。

（徐柏年）

12333咨询热线办公现场

劳动就业

【概况】 市就业管理中心举办各类大型招聘会40场，共进场接纳招工企业1047家，新增就业岗位16560个，城镇登记失业率控制在2.98%。贯彻落实新一轮积极就业政策，加大城镇就业困难群体、被征地农民等人员的就业援助力度，着重抓好就业失业证的申领、换发。为7697名灵活就业人员发放就业困难人员社保补贴资金1260.32万元；为全市131名就业困难对象（包括低保、低保边缘户对象）发放40.29万元公益性岗位补贴；开展创业型城市创建活动。9月，顺利通过省级创业型城市的创建验收工作。贯彻落实国务院关于加强职业培训促进就业的意见，重点做好农村转移劳动力、在岗职工的培训。到12月底，全市共完成各类培训12400人，鉴定各类人员职业工种13731人，其中高技能人才1574人，核发职业资格证书12974本，专项能力证书4152本。2012年浙江省人民政府授予上虞市就业管理服务中心为“浙江省就业先进工作单位”称号。

（金　旦）

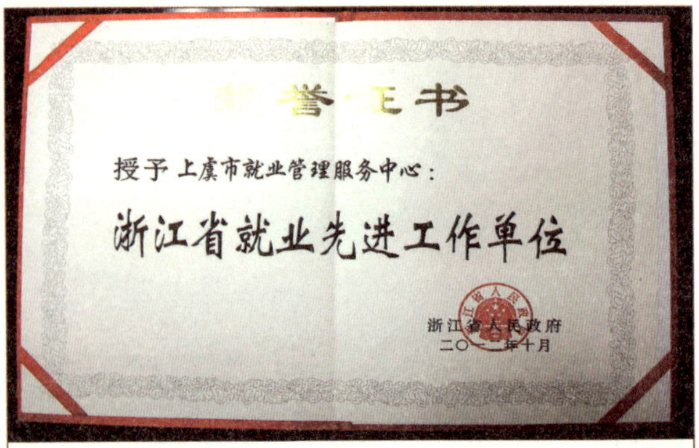

2012年浙江省人民政府授予上虞市就业管理服务中心为“浙江省就业先进工作单位”称号

【“双创活动”结硕果】 截至2012年年底，全市累计有29个社区和320个行政村达到创建充分就业社区（村）标准。2012年3月至4月份在上虞日报、上虞创业网等相关媒体网站开设《十佳创业典型》评选活动，营造崇尚创业的良好氛围。8月20日省创建创业型城市领导小组委托绍兴市人力资源和社会保障局，来上虞进行考核评估，对上虞市在创建工作中取得的成绩给予充分肯定，9月，顺利通过省级创业型城市的创建验收工作。（金　旦）

【强化服务推动就业】 2012年，就业工作重心进一步下移，把困难就业人员认定、社保补贴初审、创业后续服务等重点服务工作下移乡镇（街道）社区（行政村）便民服务中心，发挥“小平台”“大窗口”作用。下半年，落实虞籍大学生创业就业政策和人才租房补助政策。到2012年10月底，共有1175人申报大学生各类创业就业补助，申报金额共计456万元。同时，加大社区（行政村）公益性岗位的开发力度；规范透明公益性岗位的安置用人程序；拓宽家庭服务业领域作为新就业增长点，帮助失业人员实现就业。对符合条件的100个困难企业开展帮扶工作，发放困难企业岗位补贴738万元。（徐柏年）

【首批“上虞技能大师工作室”命名】 2012年12月26日，上虞市人力资源和社会保障局根据中共上虞市委人才办公室部署，经过行业主管部门推荐和专家评审，命名上虞市“李道风越窑青瓷工艺大师工作室”和“陈功年中式烹饪大师工作室”为首批“上虞市技能大师工作室”。（吴伟军）

【加快农民培训转移】 各级各部门均建立了农民培训和转移工作的领导及业务班子，从市级机关到乡镇、村、社区，均配备业务工作人员，指导农民培训转移工作；专门编写了《上虞市农民培训指南》。培训方法有集中办班上课培训、送教下乡、实地指导性培训等；市财政每年投入500万至600万元资金用于确保农民培训转移工作的有效实施。2012年全市共组织开展各级各类农民培训班214期，其中农民职业技能培训4935人，创业培训1048人，农村实用人才培训3892人，转移就业培训6573人。（吴伟军）

社会保险

【概况】 2012年，全年受理各类社保业务207万余件，接待参保群众10万余人次。5月，整合农村合作医疗，统一列入社保范畴。改革城乡居民社会医疗保险相关制度。改革事业单位养老保险征缴办法，将现行事业单位职工养老保险基金统筹办法，逐步向社会养老保险过渡，建立健全养老保险由国家、集体、个人合理负担，缴费与享受待遇相挂钩的社会保障长效机制。同时继续扩大养老保险覆盖面。全市职工基本养老、医疗、工伤、失业、生育等五大社会保险参保人数不断增加，城乡居民参保22.66万人；城乡居民医疗保险参保65.27万人。全市总参保达213万人次，新增参保人数在12万人次以上。继续做好被征地农民基本生活保障人员的调档和险种折算工作。全面落实提高社保待遇。完成新增退休人员养老金待遇的审核计发工作。完成2012年全市2658名企业退休人员（其中特殊工种提前退休48人）养老金待遇审核计发；完成“三项政策”符合条件参保人员的养老金待遇审核计发；完成339名新增事业养老保险退休人员待遇发放工作。截至12月底，共核定26340人退休待遇，并及时发放到位。全市共有退休人员48486人，比2011年增加30294人。完成全市34324企业退休人员增资工作，平均月增资198元。提高180名企业退休军转干部的生活补贴，月增加生活补贴308.5元。完成全市45060名退休人员重阳节补贴慰问金发放（补贴标准为400元）和803名农村老退伍军人生活补贴发放工作。积极推进社会保障卡发放工作，至12月

底，累计发放社会保障卡25万张，占全市职工医保参保人员的95%。（王 筱）

2012年10月上虞市人社局获得浙江省人民政府授予的浙江省城乡居民社会养老保险工作先进单位称号

【社会保险参保面继续扩大】 全市职工基本养老、医疗、工伤、失业、生育等五大社会保险参保人数不断增加，基金抗风险能力不断提高。到12月底，参加基本养老保险的企业6655家，参保职工31.75万人；参加基本医疗保险单位共计6672家，参保职工25.53万人；参加工伤保险的企业共6820家，参保职工21.82万人；参加失业保险单位共6696家，参保职工14.5万人；参加企业生育保险共6642家，参保职工14.86万人。五大保险新增参保人数在12万人次以上。（王 筱）

【妥善解决社保历史遗留问题】 根据浙江省关于解决社会保障历史遗留问题“三项政策”规定，上虞市人力社保局制定了鼓励参保的贷款政策和被征地农民转保奖励的实施办法。至2012年5月底，全市完成未参保集体企业及其相关人员基本养老保险的参保缴费及待遇核发工作，共办理参保21707人，其中：知青643人，部分离开单位的职工327人，被征地农民转保20737人。为符合条件的有关人员办理退休审核，发放养老金待遇。完成了原民办代课教师等人员和乡镇聘任的社会服务管理人员参加城乡居民社会养老保险，视作缴费年限认定及待遇提高工作，共核定2921人受益，人均增资195.72元/月。至年底又完成精减退职人员享受生活困难补助费资格认定工作。共有263名精减退职人员受益。至此，全市社会保险历史遗留问题得到妥善解决。是年，上虞市“三项政策”审办工作被评为浙江省先进单位。（任黎虹）

【调整提高企业退休人员基本养老金】 根据浙江省《关于2012年调整企业退休人员基本养老金的通知》有关规定，从2012年1月1日起，上虞市对2011年12月31日前退休（退职）企业退休人员再次调整提高基本养老金。该次普遍调整基本养老金仍实行“双挂钩”办法。即：首先退休人员按月人均增加85元、退职人员按月人均增加68元标准调整，再按退休（退职）人员本人缴费年限每满1年，每月增加5元。另外，对高级专业技术人员，1953年12月31日前参加工作的及男年满70周岁、女年满65周岁等三类退休（退职）人员叠加增发不同额度的基本养老金。全市企业退休人员共34324人增加了养老金。平均月增资198元。增资后月均养老金为1427.05元/月。（任黎虹）

【全面落实社保待遇】 2012年，按规定应发放的各项社保待遇都得到落实。2012年8月起，上虞市城乡居民养老补贴，调整为城乡居民社会养老保险基础养老金。并从当年8月1日起，全市60周岁至89周岁人员享受每人每月城乡居民社会养老保险基础养老金100元，90周岁及以上人员享受每人每月120元。自此上虞市社会养老保险已覆盖全体城乡居民。对享受被征地农民基本生活保障待遇的人员，每人每月增发生活补助30元。截止到12月底，核定26340人退休待遇，并及时发放到位。提高180名企业退休军转干部的生活补贴，月增加生活补贴308.5元。全市45060名退休人员重阳节补贴慰问金（补贴标准为400元）和803名农村老退伍军人生活补贴发放到位。提高医疗保险待遇标准，并对13273名企业退休人员进行健康体检。（王 筱）

【完善机关事业单位养老保险】 调整机关事业单位缴费基数、缴费比例及执行周期，从2012年10月1日起用人单位缴费由“双基数”改为在编职工工资总额征缴的“单基数”，并提高单位缴费比例到23%，以及个人缴费比例分三年到位3%（原标准）。适度改革养老保险待遇计发办法，从2012

年1月1日起将离退休(职)人员按节发放的生活补贴列入统筹基金支付,调整机关事业单位分流等人员的养老、医疗保险缴费标准,从2012年11月起缴费方式由原来窗口按年征收调整为通过社会保障卡银联账号按月征收。 (任黎虹)

【新农合工作整体移交市人力社保部门】 2012年4月,根据《上虞市新型制度管理职能移交工作实施方案》(虞政办发〔2012〕85号)通知精神,原由市卫生部门管理的新型农村合作医疗工作整体划转市人力社保部门管理,市农村合作医疗管理办公室成建制并入市社会保险事业管理局。4月底,完成新农合职能、机构、人员、资产、基金的移交;5月1日起,由市人力社保局履行全市新农合管理职能。 (徐柏年)

6月30日,市委副书记、市长王慧琳看望社保工作人员 (郑松钿 摄)

社会救助与社会福利

【概况】 2012年,全市大力开展"阳光民政",切实保障了特殊群体、优抚群体、困难群体的生活权益,促进了社会和谐稳定。社会救助工作全年预算7325.5万元,实际支出6536.8万元,救助内容包括最低生活保障、低保边缘户、医疗救助、临时救助等。年末全市共有最低生活保障家庭5729户9080人,其中农村4621户7295人,城镇1108户1785人。全年最低生活保障资金支出4143.5万元,其中城镇936.4万元,农村3207.1万元。全年优待优抚对象2296人,优待金额3191.7万元。不断巩固集中供养水平,年末全市共有集中供养对象470人,其中农村五保390人,城镇"三无"对象80人,全市供养率达100%。全年共下拨五保、"三无"对象补助资金290.6万元。老龄事业成效显著,全市5家乡镇敬老院转型升级为养老服务指导中心,53家农村"星光养老之家"转型升级为养老服务站。 (王志元)

【城市社区居家养老服务站全覆盖】 2012年,为户籍在百官、曹娥、东关街道下辖城市社区,并常住在此的60周岁以上、有生活照料需求的111名居家老年人发放居家养老服务券,发放金额13.31万元。 (莫益灿)

【实施医疗救助】 2012年,全市共使用医疗救助资金662.72万元。其中,"一站式"救助21268人次,救助资金315.77万元;手工结报医疗救助1238人,救助资金334.95万元;医前救助4人,救助资金12万元。

【低收入家庭核查不漏户】 市民政局对全市337户申请低保的家庭进行上门调查、审核,新增低保对象城镇62户123人,农村289户537人,取消低保对象城镇126户230人,农村492户935人。调查认定城乡低保边缘户共3846户8768人。 (王志元)

【临时救助常年开展】 共临时救助652人,发放资金121.86万元。对58878名困难对象发放基本生活价格补贴共493.72万元。对1494名困难群众下拨冬春补助费75万元。共救助因病致贫户734人,发放救助金额220.73万元。春节期间,对全市低保对象、五保户及"三无"对象、重点优抚对象、在职困难职工等16种困难对象进行走访慰问,共慰问37152人,发放资金1473.36万元。

【防灾减灾建设】 市民政局组织开展"5·12"防灾减灾宣传活动,发放宣传资料千余份;举办村级灾害信息员培训班,共271名村级灾害信息员参加培训和考试。新建20个村级避灾安置点,1个社区成功创建全国综合减灾示范社区,2个社区成功创建省级综合减灾示范社区。

开 发 区

杭州湾上虞工业园区

【概况】 杭州湾上虞工业园区位于上虞市东北部，嘉绍跨江大桥以东，拥有最大最优的发展空间，具有最强的爆发力，也是近年来引进大项目、好项目较为集中的区域。园区创建于1998年，2006年经国家发改委核准保留为省级开发区，并更名为杭州湾上虞工业园区，2010年经省政府核准开发面积133平方千米，主要由四大区域组成。建成区，规划面积21平方千米，以精细化工及生物医药产业为主；先进制造业产业区，规划面积16.7平方千米，主要由7.3平方千米东一区和9.4平方千米东二区组成，重点引进和培育汽车及零部件、高端装备制造、绿色电子电器、新能源新材料等产业；东三区规划面积6平方千米，依托上虞新港和西侧嘉绍高速，重点发展现代物流、仓储及临港制造产业。滨海新城，规划面积31.5平方千米，主要发展科技研发、金融贸易、教育培训、休闲旅游、城市服务和创意文化等产业。园区已完成开发建设40余平方千米，有落户企业180余家，引进国内外上市公司15家，累计引进投资635亿元。2012年，园区176家规上投产企业实现工业总产值550亿元，比上年增长21%，增幅高出全市10个百分点；实现利税55亿元，同比增长9.4%，其中利润37.4亿元、税收17.5亿元，分别同比增长4.8%和20.8%；自营出口8.8亿美元，增长14.7%；合同外资1.5亿美元，实际利用外资1.62亿美元；完成工业性投入90.3亿元，增长26.3%。实到外资、工业投入、工业产值、工业税收四项指标分别占全市总量的64%、53%、42%、47%，综合考核得分在绍兴市十五个省级以上开发区排名第二。园区被评为上虞市级“五好”党组织，获得“一号工程”先进集体、“回归经济”发展先进集体等15项集体荣誉。

【20只优质工业项目签约落户】 园区大力推进招商选资“一号工程”，组建京温台、杭甬、上海三个招商小组，实施定点招商，通过紧密接洽，客商对园区的关注度不断提升，全年接待客商100余批次。至年末，超额完成外资任务，实现实到外资1.6亿美元，合同外资1.5亿美元。全年共引进优质工业项目20只，总投资110.4亿元，其中投资额超10亿元项目5只，超5亿元项目3只。

【亿元以上企业总量达到89家】 园区企业销售额实现持续提升，超亿元企业新增10家，25家企业产值增幅超50%，亿元以上企业总量达到89家，宏达冶炼产值超40亿元，有7家企业产值超10亿元。40家企业税收增幅超过100%，8家企业利润上亿元，嘉成、自立、迪邦、安诺、国邦、龙盛染化等企业税收超过5000万元，新和成税收超1亿元，37家企业列入全市百强行列。

【完成工业性投入90.3亿元】 园区深入开展“项目推进年”活动，突出抓项目、抓建设、抓服务，全年共实施工业项目125只，累计完成工业性投入90.3亿元，比2011年增长26%。东二区目前已有11家企业进场，东一区按每月新增投产企业1～2家的进度推进，到目前已有22只项目竣工投产，其中今年新投产11只。

4月19日，总投资超过16亿元的金科环保工业园、中安起重机及新益智能三大项目在东二区集中开工

【整治提升取得成效】 园区以争创国家生态工业示范园区为载体，重抓"五个强制"新三年计划，大力实施"环境质量提升工程"，加快推进低效化工企业退改，深入实施整治提升。完成全年退出8家低效化工企业的目标任务，16家企业126台在用特种设备强制淘汰，24家企业的61个项目重点监管工艺完善升级并安装视频监控系统。

6月9日，园区组织召开创建国家生态工业示范园区规划评审会

【和谐基金募集捐款1264万元】 2012年，园区117家投产企业积极承担社会责任，踊跃捐赠和谐基金1264万元。园区自2006年8月创办和谐基金以来，每年举行和谐基金捐赠仪式，6年来，和谐基金已累计募集捐款6200余万元。这些资金主要用于盖北、崧厦等园区周边镇村的公益事业补助、帮扶周边镇村和园区企业困难职工、支持教育卫生事业等方面，促进园区与周边镇村的和谐共赢。

【基础配套建设投入资金5亿元】 重点突出工业园区和滨海新城两大平台，投入资金5亿元，全面提升基础配套建设。高新区完成规划研究评审，东三区完成控制性详细规划。建成区基础配套功能更趋完善，东一区在建职工生活区已全部结顶，东二区职工生活区完成规划编制，滨海大道（东二区段）建成，进港公路延伸段BT工程开工建设，快速路项目列入省级重点项目并争取567亩土地指标，职工居住区一期项目完成招标并启动建设。

【11家企业登上年度科技创新名单】 2012年度国家和省级各类科技创新名单公布结果显示，上虞盛晖化工有限公司、上虞京新药业有限公司、浙江秦燕化工有限公司、上虞帝瑞云涛化工限公司、浙江嘉成化工有限公司、浙江鸿盛化工有限公司等6家企业被评为2012年度国家重点扶持高新技术企业。自立高温材料省级高新技术企业研究开发中心、美诺华新型药物省级高新技术企业研究开发中心、中欣氟精细化学品省级高新技术企业研究开发中心、长征化工染料及染料中间体省级高新技术企业研究开发中心、扬帆光引发剂省级高新技术企业研究开发中心等5家企业研发中心被评为2012年度浙江省高新技术企业研究开发中心。（沈　棋）

上虞经济开发区

【概况】 2012年，上虞经济开发区有各类工业生产单位1705家，年销售10亿元以上企业7家，超1亿元以上企业39家，上市公司9家（其中境外上市3家），开发区内有来自15个国家（地区）的外资企业170余家，世界500强企业飞利浦、日本松下、惠普公司也在开发区内合资兴办项目。全年实现国地两税89147万元，比2011年增长12.4%；完成工业总产值466.7亿元，同比增长9.33%；实现销售收入455.16亿元，同比增长15.09%；实现利税58.17亿元，同比增长4.87%；完成全社会固定资产投资24.58亿元，其中工业性投入23.08亿元，同比增长27.18%；实到外资2611.79万美元，实到内资70240万元，完成自营出口6.52亿美元。

表11 上虞经济开发区所辖街道基本情况表

街道名称	村(居)委会、社区	总人数(人)	区域面积(平方千米)	规上工业总产值(亿元)	三产销售额(亿元)
曹娥街道	45	6.77万	59.5	426.96	455.16

表12　　曹娥街道各村(居)委会基本情况表(2012年)

村名	党务负责人	村(居)委会负责人	户数(户)	人口(人)	水田(亩)	旱地(亩)	山林(亩)	村级集体经济收入(万元)
漳汀村	徐富荣	徐利德	292	1002	478	40	2614	46.1
蒿坝村	任建忠	冯志康	493	1198	600	150	1739	62.91
蒿东村	陈金荣	潜立富	1165	2906	1027	120	3922	76.07
金村村	周仁根	王文新	600	1465	552	56	0	76.25
董村村	孙兴成	朱建钢	525	1324	473	0	65	77.22
丽樟村	沈永刚	任国祥	756	1902	900	0	0	189.25
上沙村	俞其校	任振方	313	788	197.02	0	354	26.9
孝女庙村	吴瑞淼	丁贤辉	347	843	160	67	362	49.1
朱山头村	许忠信	孟建其	970	2570	2100	120	3100	146.94
娥一居委	陈北来	陈岳来	505	1021	0	0	0	98.58
民丰居委	沈南山	吴雪良	439	1087	49	0	0	71.34
娥二居委	杨松海	田　毅	450	1186	0	30	0	74.14
联丰居委	朱培荣	卢国庆	634	1546	0	0	0	123.11
下沙居委	金永兴	马迪良	649	1581	0	0	0	119.61
三角站居委	陶水龙	林寅江	731	1991	0	0	0	116.31
里睦桥居委	张剑雄	钱　林	326	1037	0	0	0	26.85
狮子居委	陈峥嵘	陈伟丽	625	1645	120	0	45	106.56
白米堰居委	金兴苗	陆　标	401	1376	0	0	0	258.2
新沙居委	俞国森	金锦土	770	2118	0	60	0	128.84
梁巷居委	梁根云	陈关华	515	1267	0	60	30	44.4
越爱居委	缪海根	胡志明	350	880	0	0	0	36.49
徐家塘居委	胡国炎	徐百来	455	1195	0	0	0	91.78
新楼下居委	胡兴荣	韩贤夫	417	1102	0	0	0	143.28
光明居委	周志刚	徐金昌	1250	3260	0	330	0	84.51
西湖居委	陈建国	陈关土	206	570	0	0	0	40.67
贺盘居委	任　美	鲁林海	323	852	0	50	0	37.19
大厂居委	王凤元	陈加根	589	1452	0	0	0	145.45

续表12

村　名	党　务负责人	村(居)委会负责人	户　数（户）	人　口（人）	水　田（亩）	旱　地（亩）	山　林（亩）	村级集体经济收入（万元）
高田头村	周百海	张宝法	178	506	25	25	0	174.01
国庆村	景国森	陈来新	395	1169	399	0	0	19.73
沥泗村	王洪波	杜启德	681	1885	370	610	0	63.58
红星村	黄洪新	胡立中	398	998	350	0	0	53.9
新建庄村	郦寿荣	郦　兴	810	2140	0	140	0	146.43
前村村	杜金木	杜志明	520	1485	787	0	30	261.7
茅家村	赵关坤	赵国峰	496	1301	495	0	0	54.71
外五甲村	倪佰芳	陈孟君	270	726	0	899	0	118.76

表13　**曹娥街道各社区基本情况表（2012年）**

社区名称	党务负责人	社区负责人	户　数（户）	户籍人口数（人）	常住户数（户）	常住人口数（人）
江滨社区	金阿仙	金阿仙	1621	2631	1508	4585
舜杰社区	王　颖	王　颖	1279	2013	1265	4056
振兴社区	吴伟芬	吴伟芬	1441	3503	2111	8418
银河社区	徐幼飞	徐幼飞	1358	3022	3285	7230
金桂苑社区	解亚娟	王　莉	1169	2903	1953	5930
德济苑社区	邵玲芬	邵玲芬	910	2158	1860	5586
大三角社区	黄爱娟	黄爱娟	644	1286	1665	4260
曹娥社区	单根法	单根法	612	1017	1175	1678
和城社区	魏燕华	魏燕华	447	988	4742	5592
蒿坝社区	沈金坤	谢培江	367	456	236	279

【推进开发区建设进度】　全年完成拆迁面积13万平方米，初步完成14.5平方千米的拓展区控制性详细规划，设计东起三环路、西至四环路354亩的江滨景观带，实施104国道和人民西路段“门户靓化”工程，完成大三角区域配套道路、聚英路南段、通江路改造工程和人民西路两侧绿化工程，加快滨江新城内道路、民生工程、配套设施建设，落实新城内世邦万祥城、宝华·和天下、宝华·家天下、电力大楼、24—1及24—2地块等6个项目的开发进度，大厂拆迁安置房二期工程如期完工。

远眺中的上虞经济开发区　（经济开发区　提供）

【100家规模以上企业完成工业总产值426.96亿元】 全年，100家规模以上企业完成工业总产值426.96亿元、实现销售收入414.42亿元、实现利税53.06亿元，分别占区街总量的91.48%、91.05%、91.22%，规上企业经济总量占区街经济总量90%以上。

【完成工业性投入23.08亿元】 全年，共实施总投资58亿元的工业项目，累计完成工业性投入23.08亿元。53个千万元以上重点项目开工建设48个，竣工投产41个，其中13个市级重点项目全部开工，完成投资10.1亿元，占区街工业性投入的46.42%。

【列入国家级各类科技项目13个】 列入国家级各类科技项目13个、市级以上各类科技项目26个；列入各类高新技术企业9家；中国驰名商标1只、省名牌产品1只、绍兴市著名商标4只；卧龙集团等3家技术团队列入绍兴市级以上创新团队。

【服务企业解决33个难题】 开展"企业服务年"活动，对9家投资在1000万元以上项目跟踪服务，走访企业90家416批次，摸排土地、资金、行政验收、基础配套等七大类43个困难问题，解决33个，10个继续跟进。

【商贸服务发展迅速】 全年，66家重点商贸服务企业实现销售额49.84亿元，比2011年增长9.5%；9个全市服务业竞赛活动项目完成投资17.62亿元，同比增长24.35%。总投资20亿元的惠普全球软件外包服务项目、余坤大酒店等项目进入前期工作。

【完善社会公共服务】 总投资8500万元的城西小学如期启用；总投入400多万元的区街文化中心顺利完工；总投资2800万元的曹娥卫生院易地新建工程主体结顶。投入150多万元，改善区街幼儿园的配套设施；投入400多万元，改善城乡环境卫生面貌；投入800多万元，完善治安防控体系，深化平安创建工作，被评为绍兴市平安乡镇(街道)。

【晶盛机电上市】 5月11日，浙江晶盛机电股份有限公司成功登陆深交所创业板，成为开发区第9家上市公司，也是上虞市首家创业板上市公司。绍兴市委常委、常务副市长陈月亮，上虞市委书记孙云耀，市人大常委会主任徐尧峰，副市长吴志育，市政协副主席赵畅等见证了晶盛机电首发上市。

【托管八村14.5平方千米】 7月11日，开发区与三个镇街签署托管交接协议，正式托管东关街道新建庄村、高田头村、红星村、前村，道墟镇国庆村、沥泗村、茅家村，崧厦镇外五甲村等八个行政村，面积为14.5平方千米，实行统一领导、统一规划、统一招商、统一配置资源。市委副书记、市长王慧琳，市委常委吕军，市委常委、副市长成明权，市人大常委会副主任金国松，市政协副主席傅亚文出席行政村托管工作交接会。

【滨江新城总部经济回归园奠基】 10月30日，开发区举行滨江新城总部经济回归园(科技园)奠基仪式暨虞商回归推介恳谈会。部分市领导、有关部门主要负责人及特邀虞商代表40余人参加会议。开发区介绍滨江新城总部经济回归园(科技园)的规划方案、市回归经济领导小组办公室(发改局)介绍回归经济相关鼓励扶持政策，市委书记孙云耀作重要讲话，虞商们与相关部门互动，表示看好上虞良好的发展前景，同时表达反哺家乡的投资愿望。2012年，开发区完成回归经济75773.6万元，回归税源2772.35万元。（马国珍）

部分市领导和虞商代表察看滨江新城总部经济回归园规划　　（经济开发区　提供）

乡镇 街道

百官街道

【概况】 百官街道地处市中心，是全市的政治、文化、商贸中心，区域面积40平方千米，辖36个行政村(居)委会、16个社区。常住人口12.4万人，另有新居民40571人，总人口164571人。百官街道办事处是市政府的派出机构。2012年，街道实现工业总产值116.7亿元，同比增长11.34%，其中规模以上企业62.7亿元，同比增长12.49%。地方财政收入3.94亿元，同比增长15%。城镇居民可支配收入33398元，农民人均纯收入12807元，同比增长8%。实现合同外资906.9万美元，完成计划数139%。实到外资551.86万美元，完成计划数102%。完成工业性投资4.08亿元，完成计划128%。落户重大项目2个，回归资金2.38亿元，回归税源1178万元。接管城东和路东两个工业园区，完成园区泵站基础建设及附属设施建设，组建物业管理公司。赵家市场创成省级示范文明市场。2012年商贸服务业销售额达到87亿元，完成商贸投入16.09亿元，同比增长20%。获国家级科技项目2项。新增高新技术企业、企业研发中心10家，4家企业被评为浙江省科技型企业，2家企业被评为绍兴创新型企业，申请各类专利212件。收集企业各类困难问题52个，主动和提请上级协调解决43个。组建农业专业合作社3家，新增农业企业3家，申报现代发展农业项目6只，建成粮食功能区1000.5亩。街道在2012年度获得浙江省级先进集体1项，绍兴市级先进集体5项，上虞市级先进集体10余项，街道相关村(居)、社区、企业获国家、省、市各类专项先进30余项，50多位同志获得上虞市级及以上招商引资、村级工程管理、计生、平安创建、统计、征兵、卫生、文化等各类先进荣誉60余项。

附表：百官街道各村基本情况

百官街道社区基本情况

表14　2012年百官街道各村(居)委会基本情况表

村名	党务负责人	村(居)委会负责人	户 数(户)	人 口(人)	农村劳动力(人)	耕地面积(亩)	总收入(万元)
一村	张志诚	陈伟强	374	973	500	0	98.76
杜家村	陈伯华	王焕清	530	1220	742	90	83.8
前二村	金建华	周谷中	671	1502	907	0	82.02
外严村	严小太	严春龙	212	676	517	18	131.53
金家岙村	任永林	蒋巧明	354	864	620	350	42.5
路工村	许海山	章钟良	270	744	426	0	68.35
横江里村	陈龙根	王海堂	251	609	350	0	57.88

续表14

村名	党务负责人	村(居)委会负责人	户 数(户)	人 口(人)	农村劳动力(人)	耕地面积(亩)	总收入(万元)
联新村	陈建扬	丁岳明	1085	3170	1966	1900	83.53
南一村	章银海	杭立峰	844	2125	1400	1200	106.54
南二村	陈志龙	李结根	1046	2856	1520	1907	89.03
南三村	顾新龙	郎银龙	1097	3198	1775	2200	62.88
路东村	严振龙	严忠庆	610	1540	998	406	106.96
新叶家埭村	叶伟荣	叶建平	1059	2692	1736	1098	128.6
梁家山居委	管伟忠	陈桂泉	753	1681	1043	0	136.25
新建居委	王忠华		330	830	470	0	168.4
丰一居委	叶南潮	李金良	763	1885	1159		319.79
丰二居委	顾建生	郑伟泉	508	1103	673		28.16
岭光居委	俞朝阳	王胜江	295	1068	608		116.78
大坝居委	黎炳炎	陈海潮	539	1790	1120		299.92
赵家居委	赵建钢		832	2856	2318		241.55
二村居委	贾铭祥		304	838	528		93.09
三村居委	倪德泰		420	1090	580		79.84
四村居委	茅森瑜	范永苗	357	1148	703		113.44
五村居委	赵森兔	俞夫根	556	1701	1085		129.59
星二居委	徐永尧		425	1042	602		42.94
星三居委	蒋伯荣		472	1083	618		134.56
星四居委	卢银标	徐朝阳	234	477	283		5.74
星五居委	陈友堂	罗军华	508	1213	745		100.4
中利居委	陈康泉	杜振苗	1143	2671	1650		126.95
后村居委	沈清	孙纪德	432	1114	682		50.75
头甲居委	杜苗根	王金龙	646	1410	987		21.23
二甲居委	叶洪其	叶云根	668	1600	850		38.09
四甲居委	陈立新	章开春	763	2003	1110	0.01	37.62
前一居委	丁海华	陆兴荣	653	1572	1330		19.53
前三居委	金吉明	陈洪昌	402	951	570		81.83
前四居委	金加瑜	金跃进	354	823	780		29.14

表15　　2012年百官街道社区基本情况表

社区名	党务负责人	社区负责人	户数（户）	户籍人口（人）	常住户数（户）	常住人口（人）
上棉社区	裘凤珍	裘凤珍	528	1201	700	2100
上源闸社区	陈梅英	陈梅英	1327	2603	2350	5548
龙山社区	王辉	王辉	1354	3278	2160	5210
平阳山社区	张剑英	张剑英	966	2322	1250	4500
九浸畈社区	张友君	张友君	1048	2571	1524	4325
阳光社区	陈文静	陈文静	966	1920	880	2220
卧龙社区	金雅娣	金雅娣	1136	2643	1640	5180
凤山社区	王月芬	王月芬	1531	3681	2037	5635
胜利社区	詹爱莲	詹爱莲	1637	3633	2128	6218
半山社区	王瑾	王瑾	1909	4915	2296	7523
文化社区	王荷英	王荷英	3629	9153	4503	15963
金鱼湾社区	宋惠清	宋惠清	2270	6069	2367	8334
西横河社区	陈苗英	陈苗英	2065	5385	2786	8230
恒利社区	谢爱芬	谢爱芬	4033	10525	4973	20636
高丰社区	沈凤仙	沈凤仙	2752	5984	6161	15486
绿城社区	严金红	严金红	2635	5223	6376	13368

【推进城市改造】 2012年，星二、星三、星四、丰二四大区块签约率均达96%以上，完成签约面积31.46万平方米。顺利推进太阳股份“退二进三”，规定红线内的7万平方米地块签约并成功出让。岭光超五星酒店项目城北43号地块迁坟工作全部完成，岭光、路东区块完成99.5%(剩22穴)。迁葬点工程岭光区块通过验收。成功创建省级生态街道；完成二村集体资产股份制改造试点，启动实施村级经济增收五年计划，新增年经营性收入20万元以上村3个。拆除违章建筑面积达1494余平方米。

【农村合作医疗支付补偿1005万元】 新型农村合作医疗共支付补偿资金1005万元，补偿受益1651人/次，城镇居民医疗补偿45.5万元，补偿受益298人/次，城乡居民基本实现应保尽保。全面实行村卫生室实施基本药物制度，完成农民健康体检0.8万人

【表彰“五十佳”典型】 根据万峰孝德奖励基金实施细则，7月份在全街道开展了“十佳好女婿(儿子)”“十佳好儿媳(女儿)”“十佳暑期好学生”“十佳爱心人物”“十佳文明家庭”推荐评选表彰活动。

【入选省级最美生态街道】 省环保厅与省农办在3月到6月期间，在全省联合组织开展了“我心目中最美生态乡镇”评选活动，对杭州市滨江区浦沿街道等84个省级生态乡镇(街道)进行了授牌表彰，百官街道入选其中。

【成立总额1500万元四大基金】 经过精心筹划，3月9日，百官街道金凤凰宣传文化奖励基金、万峰孝德奖励基金、芳华文体发展基金、神舟流动人口关爱基金四大基金成立。这四大基金全部由企业出资冠名，总额达1500万元，每年可提取的利息30万元，所有利息收入全部用于扶持奖励宣传

思想文化工作及人口管理服务工作。早在2007年，街道就已成立了石狮和谐发展基金、尧亮教育体育发展基金、微清计划生育关爱基金和洁华老党员关爱基金等四个基金，涉及教育体育、平安创建、人口与计划生育工作和党建工作等领域，受益人员达1万余人。

【工贸项目进展顺利】 25只重点工贸项目动工建设22只，其中建设完工8只，完成工业性技改投入4.08亿元，完成计划128%，同比增长10.5%；商贸投入16.09亿元，同比增长20%。

【企业转型升级新成果】 2012年，获国家级科技项目2项；新增高新技术企业3家，其中国家级1家，省级1家，绍兴级1家；新增企业研发中心5家，其中省级2家，绍兴级3家；新增绍兴创新型企业2家，申请各类专利212件。

【合同外资650.9万美元】 全年实现合同外资650.9万美元，完成计划数101%；实到外资551.86万美元，完成计划数102%。引进内资4亿元，完成年计划的105%，同比增长27%。

【回归经济发展良好】 街道在回归经济工作上专门组建班子，制订方案，摸排情况，充分挖掘市外"百官人"资源，列出一些体量大、税源优、发展好的异地经营企业，积极牵线搭桥、对接联系，帮助在外能人纷纷回乡投资创业，助推家乡发展。据统计，招商选资落户重大项目2个，回归资金2.38亿元，回归税源1178万元。

【圆满完成换届选举】 10月至11月，街道16个社区开展党组织、居民委员会、居委监督委员会换届选举，16个社区党支部（总支）委员会和居民委员会全部一次性选举产生，选足率达100%。在党组织换届中，有1229名党员和367名居民代表参与推荐，1107名党员参加选举，党员参选率达93.8%。居委换届中，有543名居民代表参加选举，参选率达93.6%。 （董国光）

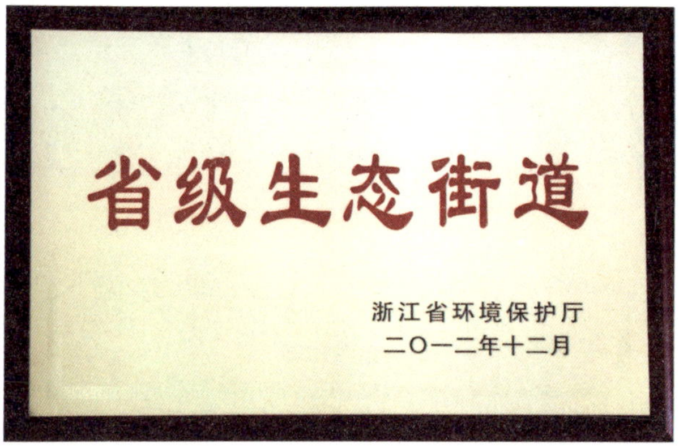

东关街道

【概况】 东关街道位于上虞市西部，距市政府所在地7千米。全境地域总面积31平方千米，行政村19个，社区3个。年末总户数14116户，总人口3.68万人。全年工业总产值58.14亿元，增长10.1%；国地两税收入1.8亿元，增长6.93%；农民人均纯收入16743元，增长11.93%。实现合同外资848万美元，实到外资616.34万美元，引进内资1.81亿元。

年末常用耕地面积21472.05亩，其中水田19591.05亩，旱地1881亩。有效灌溉面积21003亩。粮食总产量13016吨。完成工业污染治理项目3个，投资额600多万元。绿化造林65亩。工业企业总数675家，其中规模以上工业企业23家，超亿元企业5家。工业产品销售收入54.75亿元，产销率96.3%，自营出口6012万元。有中学1所、小学3所、幼儿园4所。在校中学生1038人，入学率100%；在校小学生2491人，入学率100%；在园幼儿786人。医院3家，卫生室12家。全年出生186人，计划生育率97.52%。初级卫生保健普及率100%。自来水普及率100%。2626人享受"三项政策"扩面，2936人享受基础养老金，3882人享受城乡居民养老保险待遇，城乡居民医疗保险参保率达98%以上，全年投入救灾救济和慰问补助资金近200万元。

表16　　2012年东关街道各行政村(社区)基本情况表

村(社区)名	党务负责人	村务负责人	户籍户数(户)	户籍人口(人)	面积(平方千米)	村级集体经济收入(万元)
东塘村	徐幼娟	章华刚	1125	2748	1.72	23.43
马家桥村	朱宝元	朱张金	355	728	0.87	198.96
新建庄村	郦寿荣	郦兴	811	2141	1.56	——
高田头村	周百海	张宝法	182	504	0.32	——
红星村	黄洪新	胡立中	385	997	0.92	——
前村村	杜金木	杜志明	596	1486	1.29	——
彭家堰村	严永成	李卫星	275	794	0.38	52.96
联星村	严霞兴	项立新	822	2325	2.17	25.83
高泾村	王张明	徐关华	811	2283	1.89	220.03
大西庄村	潘水尧	徐水松	533	1573	1.56	70.53
凌江村	贺康林	屠志光	779	2156	1.72	43.17
金鸡山村	张关夫	朝松潮	703	2006	2.83	46.35
三丰村	钱幼荣	钱忠海	519	1507	2.27	82.98
保驾山村	徐国友	徐明星	649	1732	2.15	137.32
担山村	姚宝忠	周文苗	443	1394	1.65	183.47
新丰村	鲁关木	丁建华	402	1149	1.95	25.34
傅张村	傅振生	傅永苗	551	1666	1.64	22.43
高旺村	屠关水	高苗成	439	1324	1.12	36.92
马山村	胡建刚	任建标	1159	3166	414	3.28
南阳社区	郑徐旗	郑徐旗	1323	2751		——
越泉社区	章天芳	章天芳	1003	2142		——
马山社区	胡建刚	胡建刚	251	292		——

【企业转型和科技创新】 思纳克热流道、中亚电气等18家企业通过各级科技型企业认定，女儿红、万里轴承等7个企业研究开发中心通过各级评审，福特机械列入国家中小企业创新基金项目，上能锅炉列入国家重点新产品项目，电力电容器厂等20个项目列入省级新产品。

【发展回归经济】 与浙大绍兴校友会签订合作协议，积极联络科技界、工商界乡贤回归东关、反哺家乡，共引进回归投资9888万元，完成市定指标的109.87%，引进回归税收519万元。（徐森培）

【长效卫生保洁】 开展“清洁家园”和“一月一扫”活动，强化农村环境卫生整治和清水河道保洁责任制，获得生态文明建设和农村环境卫生工作先进集体称号。（徐森培　钱　钢）

【开展“网格管理、联动服务”试点工作】 社会管理和维稳工作有突破性进展，积访、缠访问题逐步化解，群体性事件处置得当，获得全省党的十八大信访工作先进集体称号，连续两年被评为绍兴市先进平安街道，连续六年获得绍兴市信访“三无”街道。

【集镇基础设施工程】 五里牌桥通车，东达路、镇东路改造完成，永兴大桥建设启动，农贸市场改造提升，集镇公厕全面修缮。

【门户靓化】 以“门户靓化”为契机，取缔国道沿线违章洗车点，整治货车违规停放，进行路灯亮化、绿化补种，被评为门户靓化改建工作先进集体。对集镇主要道路经营秩序和违章建筑加强整治管理。 （徐森培　钱　钢）

道墟镇

【概况】 道墟镇位于上虞市西北部，距市区所在地11千米。全境地域总面积43平方千米，辖21个行政村，1个社区。年末总户数19285户，总人口49984人，其中非农人口16583人。2012年实现工农业总产值214.64亿元，规模以上企业实现产值184.99亿元；农业产值4.62亿元。实现财政总收入60030亿元，农民人均纯收入21517元。

全镇工业企业总数608家，其中规模以上企业40家。工业产品销售收入178.54亿元，产销率96.5%。自营出口3亿美元。全年农作物播种面积85320亩，粮食总产量1550万吨。农业总动力2.67万千瓦。公路通车里程30千米，村等级公路通达率100%。全年完成水利建设项目1个，投资1030万元。存栏生猪40675头，出栏生猪34700头；存栏家禽315996羽，出栏家禽697798羽。

全镇有初级中学1所，小学4所，幼儿园6所。在校中学生1031人，入学率100%；在校小学生2636人，入学率100%；在园幼儿1014人。社区卫生服务中心1家，卫生服务站5家。全年出生349人，计划生育率91.6%。初级卫生保健率89%。自来水普及率95%。参加农村养老保险29657人，参加新型农村合作医疗保险34881人。最低生活保障救助人数366人。有社会福利性敬老院1个，年底供养老人16人。

表17　　2012年道墟镇各行政村(社区)基本情况表

村名	党务负责人	村务负责人	户数(户)	人口(人)	水田(亩)	旱地(亩)	村级集体经济收入(万元)
积山村	范水龙	宣水夫	857	2411	1356	950	15.47
长娄村	杨建荣	吴五金	471	1404	890	14.6	17.86
云里村	章振海	宣四祥	476	1314	876	282	59.07
新民主村	韩桂珍	谢关海	685	1793	836	151	8.05
中联村	阮德灿	章关金	1345	3040	300		107.24
庙桥村	孙勇飞	章根法	767	1935	945	146	12.72
杜浦村	杜成德	章苗兴	926	2526		594	49.85
称海村	谢华鑫	阮文良	976	2793		1008	102.90
汇联村	阮炎庆	阮加夫	686	1961		1294	22.05
联江村	谢伟德	阮忠海	743	2130		1517	18.97
江协村	阮国兴	罗纪江	920	2631		1748	30.01
新里港村	章水标	章水标	806	2121	298.9	811	43.78
肖金村	张金祥	阮瑞清	913	2511	2370	280	50.76
沽渚村	阮新标	阮友良	575	1530	178	1020	36.69
东桑村	阮天兴	马明祥	580	1531	1231	98	17.34
大湖村	汪海良	郦强	586	1613	1101	50	18.11
联浦村	陈耀祖	孙木免	595	1387	1081	321	19.39
五四村	任银祥	季卫忠	611	1717	847		106.23
韩浜村	陆根炎	陆建明	573	1443	913	80	6.36
新屯南村	陈金德	陈丽娟	1003	2764	1635		8.69
钱上村	杭福寿	李明亮	397	1068	752		80.88
道墟社区	邵国秀	邵国秀	1988	3190			

【"大走访"突出解难题办实事】 道墟镇在"进村入企"大走访活动中,提出开展一批走访调查,进行一批谈心谈话,慰问一批贫困对象,处理一批信访积案,联系一批重点项目,帮扶一批困难企业,形成一批高质量调研报告等"七个一"要求。全镇26个走访小组深入各村,访民情,解民忧,共走访农户近3000户,召开座谈会10个。14个工作组集中一周时间走访近百家规模以上企业,分类摸排企业发展中的困难和问题,对排摸出的13只镇级重点项目和13家发展有困难的企业,实施班子领导联系挂钩制。

【组织爆破钱上村等6支轮窑】 2012年,道墟镇根据《上虞市淘汰落后产能实施方案》要求,切实抓好关停砖瓦窑落后产能专项整治工作，在完成停产、安置、取消等基础上，对辖区内钱上村窑厂、五四村窑厂、新屯南村窑厂、云里村窑厂、积山村窑厂、长娄村窑厂等6支轮窑组织定向爆破。截至10月，全面完成安全爆破。

【省级示范品牌指导站通过验收】 9月10日，省示范品牌指导站验收组一行验收道墟镇创建工作。工业样板指导站编制《道墟镇品牌指导工作手册》，首印1000本，全部发放到道墟镇所属行政村及有关重点骨干企业，整体提升了创牌、护牌、管牌水平。指导拥有2件驰名商标的浙江闰土股份有限公司试点制定了企业商标标准化管理制度。目前道墟镇已有国内注册商标318件，其中行政认定的中国驰名商标3件，占全市行政认定驰名商标的近三分之一。另外还有省著名商标7件、绍兴市著名商标7件，成为名副其实的品牌强镇、工业强镇。年末，道墟镇品牌工作指导站被命名为"浙江省品牌服务十大示范指导站"，是绍兴市唯一一家。

【上虞港曹娥作业区项目开工】 杭甬运河上虞港曹娥作业区是集物流、仓储、配送、商贸为一体的现代化综合物流基地。10月18日举行杭甬运河上虞港曹娥作业区项目开工仪式，市委副书记、市长王慧琳宣布开工，市委常委吕军对项目开工表示祝贺并讲话。杭甬运河上虞港曹娥作业区项目由上虞港·通源物流有限公司投资建设，是省重点建设物流项目，包括钢铁物流区、化工物流区、集装箱物流区、综合物流区和商业配套区，总投资3.58亿元。项目将实现水路、公路、铁路和航空多种运输方式的立体对接，成为大宗物流、建筑材料、化工原料及钢铁等物流发展大平台。

【沥泗、国庆、茅家等3村由曹娥街道托管】 2012年，根据市委、市政府统一部署，道墟镇沥泗村、国庆村、茅家村等3个村由上虞经济开发区（曹娥街道）托管。受托管的3村人口4310人。

（胡燕锋）

长塘镇

【概况】 长塘镇位于上虞区西南，行政区域面积39.7平方千米，总人口1.36万人，下辖8个行政村和1个居委会，呈"五山一水四分田"格局。交通便利，距上三线高速公路蒿坝、东关道口均为8千米，是上虞市的西南大门。长塘镇是山清水秀之乡、历史文物之邦、名人荟萃之地，享有"生态之乡""状元之乡""竹笋之乡"的美誉，是浙江省农业特色强镇、浙江省生态镇、浙江省教育强镇、浙江省旅游强镇、浙江省体育强镇。

2012年，全镇实现地区生产总值3.21亿元，同比增长10%。实现工业总产值7.58亿元，同比增长10.6%；工业生产性投入8912万元，同比增长27.9%；实现销售收入7.37亿元，同比增长10.6%；实现自营出口796.3万美元，引进合同外资100万美元、实到外资50万美元，引进内资2500万元，分别完成市考核指标的100%，100%和125%；新办家庭工业80家。实现农业总产值1.75亿元，同比增长14.8%。全年粮食种植面积20023.95亩，有效改良农田土质1677亩，涉及农户1114户。农民人均纯收入达到16160元，同比增长13.48%；实现国地两税收入1038.5万元；财政总收入1833万元，同比增长12.1%。鼓励发展农村家庭工业，新办家庭工业82家，同比增长6.5%。落实节能减排举措，关停落后产能企业2家。

长塘镇里山畈生态治理成果

（徐 波 摄）

表18

2012年长塘镇各村(居)委会基本情况表

行政村名	户数(户)	人口数(人)	农村劳动力(人)	耕地面积(亩)	山林面积(亩)	水域面积(亩)	总收入(万元)
广陵村	403	1078	700	659	3939	0	176.38
会篁村	577	1524	966	1050	7170	0	176.6282
罗村村	412	1115	645	665	3600	0	74.62
长塘村	1308	3502	2510	2300	6400	200	60.7732
桃园村	530	1353	800	1000	0	0	167.06
何家溇村	683	1761	1068	1427	1466	70	119.59
谢憩村	665	1896	1085	1554	3350	260	55.13
湖田村	502	1333	897	830	120	312	56.18
居委	141	193					

【推进多个农业改造项目】 实施谢憩畈、广陵畈粮食生产功能区项目工程，提升农业综合生产力。深化完善基本农田保护工作，划定基本农田保护区9691.65亩，并通过市级验收。投资100多万元开展省万亩竹笋示范基地建设，年底成功创建省级毛竹产业示范区。总投资1066万元的里山片小流域综合整治及农业生态工程项目正式启动；抓好谢憩畈、广陵畈粮食生产功能区建设，完成油竹弄、秧田弄、青岙3只山塘水库的除险加固任务，启动旭光水库千库保安工程；扎实做好了农业直补、农技推广培训、地力工程项目等。坚持培植壮大产业基地，新增土地流转面积472.95亩，新成立专业合作社4家。

【休闲旅游活力剧增】 以休闲旅游为抓手，着力打造生态农业新模式，推进省级毛竹示范区和精品园区建设，不断做深做精休闲农业与旅游业结合文章。依托长塘桃花源国家AAA级景区资源优势，启动实施广陵书院建设项目，拓展休闲旅游发展平台。

【推进新农村建设】 累计拆除旧房6355平方米，可满足31户农户建房需求，二期工程项目规划启动；开展土地综合整治工作，完成后可新增耕地80亩；全面开展"美丽长塘"建设，继续实施道路硬化绿化洁化、生活污水、卫生设施等各项基础设施项目建设，集中改造主干道沿线的垃圾箱房，建立环境卫生工作考核、奖励制度，不断改善村容村貌；启动实施应龙桥、新墩桥修缮工程，完成谢憩村、何家溇村、湖田村等河道整治工程。

【民生支出557.6万元】 2012年，镇财政预算内民生支出557.6万元，同比增长12%。全镇参保城乡居民社会养老保险5731人，全镇参保城乡居民医疗保险10190人，参保率达到99.77%。完成农民培训276人，转移245人。镇中心卫生院得到改造提升，4个村级卫生室改造工程启动实施。改建成立镇邮政所，实现8个村邮站全覆盖。高度重视信访事项调处，信访总量同比下降15%。发放困难群众救助资金13.64万元。扎实开展农民培训，共组织农业技术培训班3期，培训500人。培训企业在岗职工40人。

【排查矛盾纠纷61起】 组织开展不稳定因素排查26次，共排查矛盾纠纷61起，调解成功率100%。全市消防比武荣获第一名，连续四年名列全市前三位。

【"娥江先锋"创先争优活动】 在全镇党组织和党员中开展"娥江先锋"创先争优活动，共有8个村、1个居委、3个企事业单位、6家企业的42个党支部(总支)、687名党员参加。

【开展“村情入心”活动】 镇党委、政府开展“村情入心”活动，班子成员和镇干部与村干部共谋发展思路，与群众面对面交谈，倾听群众对党委政府及行政村发展的意见建议，累计走访农户2781户。共收集问题3024件，全部建立台账，明确责任人，制定解决措施，确定办结时限，共解决问题3019件，一些历史遗留问题也得到很好解决，基层发展环境总体趋于良好。 （贯文超）

上浦镇

【概况】 上浦镇位于上虞市西南部，距城区15千米。全镇地域总面积89平方千米，辖14个村（居）委会。年末总户数8826户，总人口2.41万人，其中非农业人口2146人。2012年实现工业总产值40.78亿元，财政总收入1.65亿元，农民人均纯收入16300元。

全年农作物播种面积44623.05亩，粮食总产量1.45万吨。农机总动力1.52万千瓦。公路通车里程67.7千米，村等级公路通达率100%。水利投资1100万元。存栏生猪7930头，存栏家禽3.01万羽，水产品养殖面积3324亩、水产品产量1566吨。绿化造林8700亩，封山育林3750亩，水果种植面积2430亩，水果产量255.2吨。工业企业总数429家，其中规模以上工业企业15家。工业产品销售收入27.34亿元，产销率93%，自营出口2982.1万美元。有初级中学1所，在校中学生717人，入学率100%；小学4所，在校小学生986人，入学率100%；幼儿园1所，在园幼儿310人。有社区卫生服务中心1家，村级卫生服务站4个。全年出生195人，计划生育率95.38%，60岁以上老人每年体检率83.29%以上，慢性病管理率88.1%。到年末有7个村饮用小舜江水库的自来水。固定电话用户5321户，移动电话用户13209户，互联网用户3178户。参加城乡居民养老保险7216人，参加新型农村合作医疗保险14604人。最低生活保障求助人数440人。有社会福利敬老院1个，年底供养老人25人。农户新建房屋188户，建筑面积4.21万平方米。

表19 2012年上浦镇各村（居）委会基本情况表

村（居）委会名	党务负责人	村（居）委会负责人	户数（人）	人口（人）	水田（亩）	旱地（亩）	山林（亩）	村级集体经济收入（万元）
渔家渡村	董鑫勇	董月明	550	1530	967	220	6644	15.92
舜江村	胡立表	董国联	828	2410	2200		4332	29.12
王湖村	沈钧昶	王国贤	458	1330	940	170	4671	13.95
四峰村	姜子龙	董文标	785	2293	1390	30	2054	21.11
大善小坞村	黄迪君	赵廷康	655	2000	1600	100	4701	31.04
昆岙村	傅茂土	丁岳祥	653	1180	294	8	3212	10.26
梅坞村	倪子德	倪同彪	365	1093	719	313	4257	15.68
上浦村	董吉林	林荣兴	366	1118	175	98	506	4.38
东山村	应新林	梁荣毛	1073	2968	2995	40	10239	53.26
九连村	胡伟平	夏志良	613	1757	2494	400	4893	40.72
戚山村	胡玉忠	王华江	655	1881	2719	275	2245	21.55
冯浦村	冯卫明	王国明	746	2043	2200	200	12766	19.35
夏家埠村	夏张松	夏国祥	477	1499	1660	576	5120	17.29
居委会	赵新良	赵新良	880	1125				
镇场							1677	

【东山景区一期工程完成建设】 东山景区一期工程以修复谢安墓、三公祠、国庆寺为主要内容，自2009年启动至2012年完工。谢安墓坐北朝南，圆形，条石垒砌，高1.5米，周长22.8米，上覆封土；墓前立碑，高2.34米，宽0.48米，楷书阳刻"晋太傅谢公墓"，该墓为上虞市文物保护单位。三公祠距今几百年间，仅存遗址，2009年开始，由上浦镇政府牵头与东山景区管理委员会共同修复，在东山北麓择地重建太傅祠，占地8亩，建筑面积660平方米。东山国庆寺整体建筑自2004年8月28日开工，至2012年竣工。

【玩昆线昆岙段马路拓宽】 随着东山景区二期工程和东山湖景区开发，一桥三区的人流、物流、资金流加速涌动，玩昆线昆岙段马路经常堵车成了交通瓶颈。为了推进上浦镇美丽乡村精品线路建设，2012年3月9日、3月16日上浦镇组织相关职能部门，对玩昆线昆岙段昆仑村21户、上浦村14户共计4000余平方米的违章建筑进行拆除。随后拓宽了玩昆线昆岙段马路，并对围墙进行彩绘，进一步靓化了东山景区入口。

【董文海创办东山越窑青瓷坊】 董文海在上浦闸苣山创办东山越窑青瓷坊。董文海出身陶瓷世家，自幼熏陶陶瓷艺术，曾任上虞陶瓷厂技术副厂长。他潜心研究越窑青瓷烧制技艺，曾获浙江省工艺美术大师称号，是集瓷土采集、坯料提炼、釉色配方、作品设计、拉坯造型、作品烧结技术于一身的陶瓷艺人。其作品多次获得国家、省、市级奖项，得到广大收藏爱好者的青睐。中央电视台、新华社等新闻媒体对其作了采访报道。

【省长夏宝龙视察东山湖景区】 3月21日，省委副书记、省长夏宝龙来到上浦镇东山湖景区，视察调研休闲旅游及农家乐发展情况。

【成立"十大"民间基金】 到年底，上浦镇共有10位企业家先后成立"十大"民间基金，分别是上虞万杰制冷配件厂厂长樊德洪先生出资设立"琴利"奖学助学基金，本金150万元，每年切出5万元奖励优秀学生和困难学生。

上虞明生休闲服装有限公司董事长董明生先生出资设立"明生"老党员基金，本金300万元，每年出资10万元，分两次定期发放给60岁以上的老党员、困难党员。

上海龙舜管道实业有限公司董事长夏金龙先生出资设立"金龙"生育关怀基金，本金250万元，每年切出5万元对计生困难家庭实行补助。

杭州兆世进出口有限公司董事长赵福建先生出资设立"赵福建"尊老敬老基金，每年出资10万元，慰问老人。赵福建先生又出资设立"般若教育奖励基金"，每年出5万元，分两次定期奖励德育优秀学生和优秀德育工作者。

上虞金来铜业有限公司董事长孙立刚先生出资设立"金来"文明基金，本金300万元，每年切出10万元，奖励孝顺儿女（婿媳）、文明家庭和环卫美容师。

双阳、上风等企业出资300万元，设立慈善扶贫帮困基金，每年切出10万元，用于救助贫困家庭。

上虞永益包装材料有限公司出资300万元，设立见义勇为基金，每年切出5万元，用于奖励见义勇为好人好事。

东山村各界仁人志士捐资160余万元，成立东山村美丽乡村发展基金，用于本村公益事业发展。

上浦镇王湖村王志尧个人出资设立志尧奖教基金，在第26个教师节上，基金首次发放总额达10万元。

（吴　伟）

汤浦镇

【概况】 汤浦镇地处上虞市西南部，东北与上浦镇相连，东南与章镇镇、南与嵊州市三界镇接壤，西南与绍兴县交界，北与长塘镇相邻，距市区19.3千米。全镇地域面积33平方千米，辖9个行政村（居）委会。2012年总户数5789户，总人口1.53万人，其中非农业人口1551人。全年实现工农业总产值87.25亿元，财政总收入8823万元，农民人均纯收入19295元。

全年农作物播种面积16075.5亩，粮食总产量

3329.4吨。农机总动力2.43万千瓦，公路通车里程27.7千米，村级公路通达率100%。年末存栏生猪1731头，出栏肉猪1000头；年末存栏家禽2.49万羽，出栏家禽2.57万羽。水果种植面积1533亩，水果1360.1吨。茶园面积900亩，茶叶产量15吨。工业企业总家数468家，其中规模以上工业企业32家。工业总产值85亿元，比2011年减少20.6%。有初级中学1所，在校学生272人，入学率100%；小学1所，在校学生1008人，入学率100%；幼儿园2所，在园幼儿440人。有社区卫生服务中心1家，村级卫生服务站3个。全年出生人数118人，计划生育率94.07%。固定电话用户5423户，移动电话用户13542户，互联网用户3185户。参加城乡居民养老保险8680人，参保率97%；参加城乡居民医疗保险9915人，参保率96%；最低生活保障救助人数313人。有社会福利性敬老院1个，年底供养老人9人。农户新建房屋26户，建筑面积5981平方米。

表20　　2012年汤浦镇各村(居)委会基本情况表

村(居)委会名	党务负责人	村(居)委会负责人	户数(户)	人口(人)	耕地(亩)	山林(亩)	村级集体经济收入(万元)
汤浦村	宋元兴	陶志苗	835	2152	336	1647	20.0
舜岸村	陈烈夫	孙荣强	334	1014	1314	64.5	23.7
霞里村	徐建明	徐伟庆	473	1343	694.5	1333.5	20.0
蒋村村	郑四龙	罗国兴	320	862	700.5	4620	20.0
长山新村村	董华生	钟友新	473	1358	2704.5	—	89.4
鹤湖村	吴晓祥	冯宣吉	601	1792	820.5	6358.5	20.3
霞越村	陈新利	颜金海	771	2328	1068	7234.5	33.0
达郭村	王炳根	毛金良	1188	2913	1315.5	9742.5	20.0
居　委	钟秀林	郑金妹	749	1551	—	—	—

【实到外资520万美元】 完成合同外资450万美元，实到外资520万美元，分别完成任务的100%和130%，其中银佳铜业320万美元，好房子铜业200万美元；引进内资项目28个，实到内资6050万元，完成全年任务的101%。

【实施科技项目41只】 全镇实施科技项目41只，其中市级重点项目2只，星鹏集团投资8600万元，年产2万吨新型高导铜管项目竣工投产，银佳铜业投资6000万元，年产3000件四通阀体建设项目完成前期准备。

【水利建设投资210万元】 投资200万元完成蒋村埂郑家段防洪堤工程，投资10万元对蒋村排涝站、长山排涝闸等水利设施进行修复。

【拆除违法建筑1256平方米】 对违法用地、违法建筑实行“一月一拆”，全年共查处违法违章建筑17起，拆除违法建筑1256平方米。

【举办第三届童装节】 2月27日，在新落成的汤浦童装城举行上虞市第三届童装节暨首届童装博览会开幕式。浙江省服务协会常务副会长兼秘书长韩礼成、上虞市委常委吕军、服务业发展局局长金伟免、汤浦镇党委书记王培坚、镇长周先章、各村党组织书记、村委主任、全体镇机关干部及服装企业代表共200余人参加。开幕式后举行了产品展览及企业与客商签约活动，现场签约额达500余万元。　(黄常苗)

章镇镇

【概况】 章镇镇位于上虞市南部，距市区23千米。地域面积138.6平方千米，辖36个村(居)委会。年末总户数15548户，总人口42431人，其中非农业人口4415人。2012年实现工农业总产值54.36亿元，财政总收入2.37亿元，农民人均纯收入15463元。

全年农作物播种面积139536亩，粮食总产量3.78万吨。农机总动力46274千瓦。公路通车里程68千米，村等级公路通达率100%。存栏生猪31691头，出栏肉猪47100头；存栏山羊4176只，出栏5344只；存栏家禽205251羽；鹌鹑等其他家禽饲养量1173万羽。水果种植面积14100亩，总产量2.78万吨。其中葡萄种植面积4500亩，总产量7300吨；猕猴桃种植面积4999.5亩，总产量3300吨。茶园面积10999.95亩，总产量1040吨；桑园面积6093亩，蚕茧总产量305吨。工业企业190家，其中规模以上企业17家。工业总产值47.89亿元，比2011年增长14.98%。实际利用外资360万美元，自营出口1731万美元。有初级中学1所、小学5所、幼儿园7所；在校中学生515人，入学率100%；在校小学生1499人，入学率100%；在园幼儿609人。有社区卫生服务中心1家，村级卫生服务站6家。全年出生253人，人口自然增长率-0.338%，初级卫生保健普及率100%。自来水普及率100%。固定电话用户11000户，移动电话用户22190户，电话普及率78部/百人，互联网用户5876户。参加农村养老保险19669人，参加新型农村合作医疗保险33063人，最低生活保障救助人数756人。有社会福利性敬老院1个，年底供养老人57人。农户新建房屋193户，建筑面积37984.28平方米。

表21　　2012年章镇镇各村(居)委会基本情况表

村(居)委会名	党务负责人	村(居)委会负责人	户数(户)	人口(人)	水田(亩)	山林(亩)	村级集体经济收入(万元)
笕桥村	王利松	杜春新	518	1587	1153	2115	32.42
板张村	戚柏军	景吉军	212	661	315	389	23.11
花坎村	叶云灿	魏　军	286	835	889	4385	55.65
宋马村	陈月甫	徐如根	555	1778	1742	763	25.12
中兴村	卢新尧	林吉尧	394	1209	1105	147	18.48
新区村	颜吉土	冯　军	356	955	285	162	16.03
杭浦村	杭乃华	陈华军	119	359	408	18	15.78
镇南村	龚水根	王帅军	309	896	1161	120	35.53
新叶村	叶志军	叶迪昌	209	626	772	21	21.99
章家埠村	丁林军	叶建根	502	1525	1551	23	44.43
新江村	张　林	丁小狗	314	907	1280	689	32.48
公益村	谢达仁	郑　标	185	457	402	0	27.20
青丰村	石凤才	俞彩金	240	679	210	196	31.96
灵运村	刘光明	徐尧英	423	1109	1350	820	40.88
新南村	张海洪	杨　坚	670	1806	2201	3187	58.71
泰山村	黎国良	竺余良	562	1755	2150	4292	97.27
河浮村	徐河根	沈杏夫	335	1031	1298	1440	38.10

续表21

村(居)委会名	党务负责人	村(居)委会负责人	户数(户)	人口(人)	水田(亩)	山林(亩)	村级集体经济收入(万元)
朱光村	陈云木	朱李桥	265	716	1330	2096	18.96
龙浦村	张万青	张根木	351	1072	1289	78	26.06
龙江村	王国卫	吴伟忠	544	1654	2295	2232	53.47
大钱村	童其炎	沈国忠	290	877	1908	3349	34.08
湾头村	景少军	方才良	300	910	1332	926	16.29
新三联村	闫志校	陈红君	377	1093	1071	3792	39.19
清潭村	方柏耀	方佰永	320	930	1045	5255	13.46
新魏村	魏开君	魏苗军	370	1045	1123	7878	22.42
秀峰村	郑祥振	郑友标	75	207	224	2749	72.03
新魏家庄村	魏勤华	吴建军	494	1408	1287	2181	28.33
大勤村	徐岳炎	俞慧慧	433	1185	1508	3121	39.96
任叶村	卢小明	徐伟东	394	1026	1215	1896	29.85
巴弄村	王维根	任大春	242	652	1170	4550	19.27
陈墩村	陈军强	徐云灿	392	1066	1904	1418	49.30
张村村	许兴祥	陈水根	1016	2817	4643	13910	104.22
建设村	陈瑞昌	陶百寿	587	1745	2500	13209	28.97
越星村	丁建明	丁放鸣	445	1272	2204	9901	54.38
陈埠村	王泗宝	阮兴校	310	1005	1260	2276	45.52
居委会	陈国金	陈国金	2247	3618	-	-	-

【举办“王充文化节”】 5月29日晚上7点，章镇镇“王充文化节”启动仪式暨章镇镇第二届十佳模范职工颁奖晚会在镇政府广场举行。市委常委、宣传部长郑建庆与市总工会、市文广新局等部门领导参加启动仪式并观看晚会节目。本次“王充文化节”的主题是“弘扬王充文化，建设文化强镇”。活动时间从4月下旬开始到11月结束，期间开展王充陈列室开馆仪式、章镇风光摄影比赛、全民运动会、农民才艺大比拼、猕猴桃采摘节文艺汇演、章镇镇首届排舞比赛、王充文化周、王充故里戏曲展演等系列活动。

【举办首届全民运动会】 6月25日，章镇镇首届全民运动会在章镇镇中体育场隆重开幕。本次运动会由镇机关、站所、企业、行政村、居委共51个代表队942名运动员参加了田径、篮球、乒乓球、拔河等12个大项的比赛。

【2012中国·上虞舜阳红心猕猴桃开摘仪式】 8月30日上午，“2012中国·上虞舜阳红心猕猴桃开摘仪式”在章镇镇文化商业广场隆重举行。在开摘仪式上，绍兴市副市长冯建荣宣布2012中国·舜阳红心猕猴桃开摘，市委书记孙云耀向专卖商授牌。仪式由副市长徐耘主持，市委常委吕军致辞，镇党委书记王永表介绍全镇猕猴桃发展情况，合作社代表集体诚信宣誓。

“舜阳”是章镇为猕猴桃注册的商标，全镇已有300余户农户种植猕猴桃，种植面积4950余亩，总产量3000吨，总产值6000余万元。

【浙江电视台《流动大舞台》走进章镇】 “你搭台，我唱戏，明星就是你自己”。9月23日下午，浙江电视台公共新农村频道的《流动大舞台》栏目组走进省级中心镇章镇镇。在镇商业文化广场录制了一台以“舜阳红心猕猴桃，绿色生态章镇镇”为主题的综艺节目，吸引了500余名群众观看。录制节目于10月7日晚17:00～17:50在浙江电视台播出。

【成功创建省体育强镇】 11月13日，省创建体育强镇检查组对章镇镇体育创强工作进行检查验收。检查组成员通过走、看、听，肯定了章镇镇的体育强镇创建工作，认为基本符合省体育强镇的标准，予以通过。（吴德裕）

岭南乡

【概况】 岭南乡位于上虞最南端，地处上虞、嵊州、余姚三市交界，由原覆卮乡、岭南乡于1992年撤并而成。全乡区域面积57.4平方千米，总人口1.2万人，农村劳动力6782人，下辖13个行政村。2012年全乡实现地区生产总值1.5亿元，实现税收收入137万元，农民人均纯收入11350元。

全年农作物播种面积27363亩，粮食总产量4654吨。有林地面积47320.5亩，其中茶园面积2610亩，出产茶叶114吨。存栏生猪1544头，出栏生猪698头；存栏山羊811只，出栏山羊1466只；存栏家禽11194羽，出栏家禽9637羽。公路通车里程30千米，等级公路通车率100%。有中心学校一所，在校学生234人，入学率100%。幼儿园1所，在园幼儿43人，入园率100%。有乡级卫生服务中心1个，村级卫生服务中心4个。全年出生98人，计划生育完成率98%。初级卫生保健普及率100%。参加农村新型合作医疗保险9291人，最低生活保障救助344人。自来水普及率100%。有社会福利性敬老院1个，年底供养老人16人。农村新建住房66户，建筑面积10427.3平方米。

（范佳佳）

表22　2012年岭南乡各村委会基本情况表

村委会名	党务负责人	村委会负责人	户数（户）	人数（人）	耕地（亩）	林地（亩）	村级集体经济收入（元）
龙山村	许庭千	厉建根	457	1257	803	3212	6613.64
白龙潭村	王仁钰	王仁钰	283	748	647	1810	442.59
立功村	王中荣	王仲铨	283	735	413.73	1972	6632.21
田山村	王金表	钟建成	444	1257	1050	4558	21290.67
丰树坪村	许建云	许连校	508	1421	1016	4061	39450.52
泰岳村	赵天白	朱堃太	560	1620	1200	980	10451.16
许岙村	梁建祥	张忠良	448	1235	831	7087	17903.14
青山村	叶炳荣	程顺贤	357	1055	1200	5556	28427.13
覆卮村	许学轩	王桂苗	310	905	619	11059	36950.8
东澄村	王水良	王善良	71	203	308	1885.5	7955.98
梁宅村	梁柏根	梁仲平	90	244	153	1037	4586.49
平山村	阮国军	王光乔	109	300	428	3253	2018.41
丁山村	成国萌	成国萌	113	275	256	850	16775.13

【国家级生态乡镇成功创建】 年初，乡党委、政府提出创建国家级生态乡镇目标，成立创建工作班子，制定创建工作方案，以生态保护和环境整治为工作重点，通过规范石材企业生产运作，加强农业面源污染防控，实施覆卮山保护性开发，加强松材线虫病防治，建立健全护林管火队和农村保洁员队伍，开展绿色环保志愿者大行动等，生态资源有效保护，农村环境持续改善。年终，创成国家级生态乡镇。

【覆卮山景区基础设施不断完善】 积极争取项目和资金，共修建环覆卮山游步道2000米，拓宽“四季仙果之旅”基地外部道路1500米，新建生态公厕3只、休息亭1只、停车场1处，新建东澄农业公司水果基地内游步道约1500米及护栏等其他配套安全设施，覆卮山景区基础及配套设施不断完善。同时，加强“四季仙果之旅”生态农业基地建设，全年新建蓝莓、葡萄、猕猴桃等采摘园3个，新种植樱桃180亩、蓝莓30亩、高山油茶700.05亩。

【覆卮山旅游度假村项目实质推进】 覆卮山旅游度假村项目是整个覆卮山景区提档升级的重要组成部分，总投资2个多亿。12月，基本完成投资950万元全长5.6千米的上山道路路基工程建设，项目一期地块47.55亩土地完成征收并顺利出让。

【成功举办“四季仙果之旅”】 4—10月，成功举办“四季仙果之旅”——2012覆卮山生态文化旅游系列活动，内容包括樱花大会启动仪式、覆卮山樱桃采摘节、覆卮山农耕文化节、冰川漂流节、第六届覆卮山攀浪节等。全年共接待游客9万余人，旅游车辆18000余辆，旅游收入达1290万元，其中农产品销售收入达725.5万元，餐饮收入达333.1万元。

【民生工程投入2500万元】 投资1200余万元实施隐潭溪小流域农业生态工程，投资近280万元实施中小学风雨操场新建和幼儿园改建工程，投资近480万元实施山塘水库除险加固工程，投资近200万元实施农村生活污水处理工程，投入350万元实施包括村级生态公厕新建、村内道路拓宽硬化等20只新农村项目，全年乡村两级实施的民生实事工程合计投入将近2500万元，投入额为历年之最。 （金杭杰）

陈溪乡

【概况】 陈溪乡位于上虞市南部，距上虞城区37千米。地域面积40.2平方千米，辖10个行政村。年末总户数3386户，总人数9017人，其中非农人数489人。2012年实现农业总产值17624万元，实现国地税收入95万元，农村经济总收入1163万元，农民纯收入13034元。

全年农作物播种面积24844.5亩，粮食总产量3867吨。林地面积27375亩，其中茶园面积3037.5亩，出产茶叶318吨。存栏生猪9950头，出栏生猪11000头；存栏山羊6897只，出栏山羊7789只；存栏家禽27765羽，出栏家禽20765羽。公路通车里程21千米，等级公路通车率60%。有小学一所，在校学生157人，入学率100%。幼儿园1所，在园幼儿56人，入园率100%。有乡级卫生服务中心1个，村级卫生服务中心3个。全年出生66人，计划生育完成率96.97%。初级卫生保健普及率100%。自来水普及率85%。固定电话用户2230户，移动电话用户2100户，电话普及率48部/百人。参加农村新型合作医疗保险7355人，最低生活保障救助233人。有社会福利性敬老院1个，年底供养老人27人。王苗通出资补助60岁以上老人79.93万元，其中60～69岁老人每人得300元，70～79岁老人每人得400元，满80岁老人每人得500元。农村新建住房21户，建筑面积4169平方米。

表23 2012年陈溪乡各村委会基本情况表

村委会名	党务负责人	村委会负责人	户数(户)	人数(人)	水田(亩)	山林(亩)	村级集体经济收入(元)
陈溪村	陈华灿	王永福	452	1534	580.95	2140.05	11378
虹溪村	王柏成	王永良	406	1060	663	6183	5500
石笋山村	戴建平	王灿江	248	675	448.95	1863	0
干溪村	王永良	吴春寿	468	1180	856.05	2997	4045
塔溪村	陈江灿	王庆高	317	921	852	7773	0
小陈岙村	王建中	王银达	369	992	592.95	1216.05	1607
夏家岙村	陈江芬	夏大钊	311	926	649.95	5764.05	1200
旭峰村	邵富强	徐欢坤	116	301	169.95	523.05	2260
陈家岙村	钟水谷	钟水谷	237	691	585	1011	4980
太平山村	金秋丰	金银表	284	734	562.95	4231.05	3924

【雄盛公司列入省科技型企业】 上虞市雄盛电器有限公司主营网络机柜三通、汽车膨胀阀、五金配件生产、销售，公司研究和开发的网络机柜三通获国家专利产品。绍兴科〔2012〕105号文件公布，上虞市雄盛电器有限公司为浙江省科技型企业，并创建成绍兴市高新技术企业。

【投资220万元建成四村处污设施】 陈溪、虹溪、太平山、陈家岙4村生活污水影响着生活环境。2012年3月，陈溪乡政府筹集资金，组织力量，对上述4村生活污水处理设施进行建设。在建设过程中乡政府协调村与村之间的关系，解决土地使用问题等。各村委落实人员，挨家挨户动员宣传发动，具体实施。经过近一年努力，总投资220万元，新建生态公厕16只，添置垃圾箱(桶)160处，购置垃圾清运车8辆，整修好生活污水处理管网，美化了环境。

【成功创建绍兴市清水工程示范乡镇】 陈溪乡政府年初制订创建方案，以实现“水清、面洁、岸绿、流畅、景美”为目标，重点管好源头，护好周边。全年共投入1100万元，完成对陈溪、夏家岙、干溪3村溪段1200米长的进行溪流砌坎整治，对杜家畈等3只山塘水库进行除险加固，启动小陈岙村溪流整治工程，做好生活垃圾收集、生活污水治理、畜禽粪便污染处置等工作。年终，创建绍兴市清水工程示范乡镇通过验收。

【陈溪村成功创建省级旅游特色村】 陈溪村处于陈溪乡核心区，自然景点、人文景观众多。2012年，乡政府通过对该村旅游资源整合包装，推出自己的特色。双石笋、象鼻洞、钓台山、长潭、石龙壁、鹰嘴岩等自然景观开通漫道，设置安全防护栏，使原来可望而不可即景点变成游人随心可登地。通泽古庙、四柏古庵、新四军后勤基地遗址、天福庵石屋民居在保持原貌的基础上，通过美化周边环境，改建辅助设施，提升景点品位。建设花坛560平方米，硬化通道2000米，同时设置路标、提示牌等。陈溪村成为青山秀水相映衬，人文自然融一体的生态旅游地，被浙江省旅游局授予省级旅游特色村称号。

【雪花潭景区配套设施完善】 雪花潭景区位于巽溪自然村原生态深山间。一涧清流成潭、成瀑，形态多样，清澈不变。但由于道路崎岖，无配套设施，游人罕至。2011年开始，陈溪乡政府着手建设景区配套设施，修筑步道1600米，建造停车场2个、生态公厕2只，增设亭子、休息台10多处。到2012年5月，共投入资金200万元，配套设施基本完善。

5月成功举办2012“清灵陈溪·风情虞南”休闲游系列活动，雪花潭景区全年接待游客3万人次。

（陈岳来）

陈溪太平山村处污设施动工建设

下管镇

【概况】 下管镇位于上虞市东南部，距市区（百官）28千米，镇域总面积48.5平方千米，下辖10个村1个居委会，年末总户数4392户，人口11595人，其中非农业人口885人。

本年实现工农业总产值1.482亿元，农村经济收入7928万元，农民人均收入7697元。镇财政收入2054万元。全镇耕地面积7215亩，种粮面积4200亩，粮食产量2800吨；全镇山地面积75510亩，其中山林35400亩，竹山24000亩，年产笋1600吨；茶地2520亩，产干茶150吨；樱桃面积4080亩，产樱桃380吨；板栗面积9900亩，产板栗830吨。畜牧全年饲养猪5000头，出栏3500头，存栏1500头；山羊全年饲养800头，出栏600头，存栏200头。全镇工业企业36家，家庭企业32家。有文化站和镇文化中心各1家，已建文化礼堂村有管梁、振新两村。有初级中学1所，在校学生181人；小学1所，在校学生263人，入学率100%；幼儿园1所，在园儿童84人。公路通车里程36千米，自来水普及率95%。有镇中心卫生院1家，有芦山村、东里村建设好医疗卫生服务站（室），初级卫生保健率100%，参加农村医疗保险人数9565人，参保率90%。全年出生101人，生育率8.5‰，自然增长率0.32‰。参加农村养老保险人数3670人，给最低生活保障人数362人，镇敬老院供养人数18人。

表24　2012年下管镇各村（居）委会基本情况表

村名	党务负责人	村(居)委会负责人	户数(户)	人数(人)	耕地(亩)	山林(亩)	村级集体经济收入(万元)
东里村	郭伯丁	徐同成	373	1100	645	13058	136.8334
联新桥村	徐永昊	徐永清	384	1021	577	7860	131.7998
新民村	朱明江	徐建园	436	1481	796	5878	187.8544
振新村	徐岳阳	林红芬	706	1548	859	3665	110.9711
新庄村	沈仲照	钱建良	349	961	829	2590	206.0722
洙凤村	任建明	周小牛	554	1645	1067	7590	216.8848
兴南村	王永田	石龙盛	515	1463	1043	6870	203.7990
管梁村	桑明华	阮国水	301	901	534	6971	76.7705
下燕村	徐建军	董芙蓉	218	680	297	4168	129.6206
芦山村	张松强	张建军	362	1129	721	8715	61.7684
居委会		孙霞芬	674	885			

【举办“管溪之声”文艺晚会】 2月15日在影剧院举办迎春“管溪之声”文艺晚会，全镇10个行政村共演出人员91人参加演出，节目以自编自导为主，有舞蹈、歌舞、歌唱、戏曲、声乐、小品等。演出时间1小时40分钟，市文广新局、镇领导班子成员及镇机关干部和10个村的党支部书记、村委主任参加晚会，共1100多人观看演出。

【覆卮山樱桃开摘节举行】 5月2日，上虞市覆卮山樱桃开摘节在下管镇洙凤村樱桃基地举行，市委常委、宣传部长郑建庆，市级有关部门领导，陈溪、丁宅、岭南、下管四乡镇党委书记、乡镇长出席开摘节。在节会上举行丰富多彩文艺节目演出和诗画论坛、摄影比赛等活动。与会人员还在洙凤村樱桃基地游览樱桃园、品尝樱桃。

【成功创建省体育强镇】 下管镇村村有民众锻炼的体育设施，村村有舞蹈队健身，全镇民众的健身活动蔚然成风。经省体协考核验收，成功创建省民众体育强镇。

【《千年古镇、生态下管》一书首发】 下管镇是虞南重镇、商贸重地，有深厚的耕读文化，悠久的民俗文化、民间文化。下管镇党委组织人员，经过两年时间的收集、编辑，出版了《千年古镇，生态下管》一书并举行了首发式。 （徐三祈）

丁宅乡

【概况】 丁宅乡地处上虞东南部，距城区域23千米，全乡区域面积42.51平方千米，辖9个行政村，年末总户数3928户，总人口10401人，其中非农业人口499人，人口自然增长率为1.82%。2012年全乡工农业生产总值7.3亿元，其中农业总产值1.53亿元，税收780万元，财政收入3113万元，农民人均纯收入11601元。

全年农作物播种面积20188.5亩，粮食总产量7094吨；水果种植面积1740亩，产量1250吨。其中，重点水果桑果面积675亩，产值1200万元；水蜜桃375亩，产值300多万元。桑果文化旅游节带动各类农产品销售收入2500万元。工业总产值5.769亿元，其中规模以上企业3家，产值2.48亿元，引进内资400万元，完成指标任务的114%，引进合同外资100万美元，实到36万美元，实施区级科技项目2只。

全乡有中心学校（丁宅中小学）1所、中心幼儿园1所，2012年在校中学生123人、小学生279人、入园幼儿140人。有社区卫生服务中心1家，村级卫生服务站2家，初级卫生保健普及率100%，参加农村新型合作医疗保险8100人。参加农村养老保险250人，最低生活保障救助143户225人，有福利敬老院1个，床位30张。有公共公营车站1个，村级公路通车率100%。2012年农户新建住房84户，建筑面积18258平方米。

【副省长郑继伟参观“王铁鑫荣誉室”】 2月22日，副省长郑继伟在视察丁宅时到丁宅乡学校参观“王铁鑫荣誉室”，对学校成立“王铁鑫荣誉室”激励师生爱国爱教、奋发向上的做法大加赞赏，他勉励学校老师培养出更多的体育尖子，为家乡争光。

“王铁鑫荣誉室”展出了王铁鑫参加奥运会、亚运会、全国、省运会所得到的各种奖状和奖杯，学校每学期开学伊始都要组织学生参观，以激励学生奋发向上，丁宅乡团委也经常组织青年参观“王铁鑫荣誉室”，收到很好效果。

2月22日，副省长郑继伟参观丁宅乡学校“王铁鑫荣誉室” （史舟明 摄）

表25

2012年丁宅乡各村委会基本情况表

村委会名	党务负责人	村委会负责人	户数(户)	人口(人)	耕地(亩)	水田(亩)	山林(亩)	村级集体经济收入(万元)
丁宅村	徐振海	丁建国	692	1809	1741	1735	2823	40.4
上宅村	丁孝章	丁建章	555	1550	1391	1134.3	5185	11.47
下宅村	丁吉炎	任海荣	482	1288	1330	1075.8	1338	3.8
新任溪村	任庆灿	任建立	770	2160	2220	2016.9	6273	3.24
双桥村	赖银标	顾建大	455	1288	990	868.6	7482	1.98
缸岙村	邱林华	赵志坚	295	853	813	655.2	6867	2.95
华丰村	陈新汝	王宝虎	244	649	783	356.2	2897	0.21
庙湾村	王世圻	王八校	185	485	504	475.7	2473	13.04
深湾村	张焕庆	王浩田	111	260	184	184	4321	1.47

【建成7个现代农业园区】 共投资1500万元，全面建成7个现代农业园区，分别是：绍兴市上虞区百味园果蔬专业合作社、绍兴市上虞区丁宅洪寿仙果合作社、绍兴市南野生态农业有限公司、绍兴市上虞大通农场有限公司、绍兴市润之露农业发展有限公司、绍兴市上虞卉丰园艺有限公司、绍兴上虞舜耕庄园蚕桑专业合作社。7个园区建成后，使丁宅乡成为上虞"四季仙果"文化休闲旅游主要目的地。

【建成"江滨文体公园"】 投资280万元建成集镇建设重点工程——丁宅江滨文体公园，面积1.3万平方米，建有戏台、篮球场、展览室、休闲公园、健身体育场、沿溪走廊、鹅卵石小道，中间小桥流水，西面一个天然游泳池，整个公园建在青山碧水间，命名为"山水特色江滨文体公园"。丁宅江滨公园的建成，丰富了群众的文化生活，也让老年人有个休闲的好去处，是名副其实的民生实事工程。

【整修丁宅烈士墓】 丁宅烈士墓建在夏溪南岸欧山(亦称前庵山)山顶，20世纪90年代丁宅乡人民政府根据当地乡民的要求，为纪念在抗战时期前庵山战斗中英勇牺牲的新四军战士所兴建，并成为丁宅乡青少年爱国主义的教育基地。8月份开始，乡政府投资40万元整修丁宅烈士墓和新建丁宅烈士墓墓道，经过3个多月的修建，墓碑装饰一新，陵园设施完善，墓道宽敞硬化。在整修过程中，当地村民积极建言献策，主动配合，有的无偿让出山林使用权，有的参与掘山填路，充分体现了老区人民群众对革命烈士的敬仰和怀念之情。

【顾小平捐资300万元设杭特教育发展基金】 9月，浙江杭特容器有限公司董事长顾小平捐资300万元，设立"杭特教育发展基金"，并在丁宅乡学校新建1个"杭特学生实践园"。顾小平是丁宅村人，他非常关心家乡的发展和乡民生活，除了捐资设教育发展基金外，还为丁宅村建造村委大楼、文化礼堂，重阳节给全村60岁以上老人送钱、送礼品，为困难老党员、老村干部排忧解难捐款50多万元。

【举办首届丁宅桃花节】 4月7日，"上虞丁宅首届十里桃花节"开幕仪式在上宅村芋艿湾水蜜桃基地举行，市人大常委会副主任金国松等领导应邀出席，乡党委书记蔡建红宣布首届"上虞丁宅十里桃花节”开幕，乡长石洪元主持开幕式，乡、村二级干部代表和全乡“四季仙果”果农1000多人参加。此次桃花节以“十里桃花开，踏青赏花来”为主题，同时举办“人面桃花相映红”摄影比赛，“百人桃园自行车环游”“桃花相亲游园”等系列活动，来自乡内外游客到丁宅十里桃园观赏桃花，品尝丁宅农家土菜，领略田园风光。

4月7日，上虞丁宅首届“十里桃花节”开幕仪式

（陈国林　摄）

【浙江电视台“流动大舞台”走进丁宅】 元宵节，浙江电视台公共新农村频道播放了“流动大舞台”走进丁宅专场演出实况。此次浙江电视台公共新农村频道“流动大舞台”专场演出到上虞属首场，丁宅乡民间吹打乐队、丁宅乡老年腰鼓队、丁宅乡业余演唱组和上虞文化馆等4个业余文艺团队参加了演出，1500多名观众观看了演出。

（史才丰　陈国林）

丰惠镇

【概况】 丰惠镇位于上虞市东南部，距市区14千米。地域面积118平方千米，辖30个村（居）委会，年末总户数19301户，总人口52364人，其中非农业人口9388人。2012年实现工业总产值75.25亿元；实现财政总收入1.52亿元；农民人均纯收入15322元，同比增长15.3%。

全年农作物播种面积132441.9亩，粮食总产量4.13万吨。农业总产值3.58亿元，比2011年增长2.73%（不包括林业、渔业产值）。村等级公路通达率100%。完成5.95千米村级河道整治。存栏生猪5.96万头，出栏肉猪10.87万头；存栏家禽28.3万羽，出栏家禽38.2万羽。水果种植面积10941.9亩，水果产量22407.4吨。茶园面积2872.95亩，茶叶产量208.2吨。工业企业总数798家，其中规模以上企业28家。工业生产性投资3.7亿元。实现销售收入69.2亿元，自营出口1.42亿美元。有初级中学1所、小学6所，入学率均为100%。有社区卫生服务中心1家、服务站8个。全年出生351人，计划生育率97.15%。初级卫生保健率100%。自来水普及率100%。固定电话用户16515户，移动电话用户47600户。宽带用户8419户，有线电视用户13600户。参加城乡医疗保险33072人，参保率94.31%。完成新农合参保13311户，医疗费补偿支出1995.31万元，受益群众达126771人次。有社会福利性敬老院1个，年底供养老人70人。农户新建房屋143户，建筑面积32604.8平方米。

表26　　2012年丰惠镇各村（居）委会基本情况表

村（居）委会名称	党务负责人	村（居）委会负责人	户数（户）	人口（人）	水田（亩）	园地（亩）	林地（亩）	村级集体经济收入（万元）
渔门村	金锡其	王松江	576	1634	1446	357	3620	4.34
祝家庄村	梁坚士	倪浩丰	865	2548	1830	60	2565	12.09
南源村	倪国民	贾立东	545	1764	1811	—	6180	11.64
西湖村	周焕梁	赵伟忠	996	3291	3267	—	2267	24.61

续表26

村(居)委会名称	党务负责人	村(居)委会负责人	户数(户)	人口(人)	水田(亩)	园地(亩)	林地(亩)	村级集体经济收入(万元)
东光村	龚巧蓉	陈国强	423	1291	600	30	2147	1.48
后山村	薛银水	陈金龙	810	2118	2485	451	1636	22.05
西南门村	谢振茂	王加青	467	1415	1110	71	1554	5.44
南门村	周　翔	王幼申	570	1630	1469	—	1125	28.383
通明村	陈汉军	梁芦根	654	1670	1500	—	508	3.37
凤鸣村	龚惠民	梁兴龙	412	1348	1173	—	240	20.20
丰南村	龚伟江	丁校根	445	1450	1204	560	10000	1.77
东门村	许华明	杜志高	812	2201	1968	81	430	1.73
五云村	夏福春	陈建忠	666	1843	2095	315	105	4.22
谢桥村	叶志明	叶建江	808	2269	2550	—	200	0.91
虞光村	贺坚兵	胡溥君	907	2432	2444	34	3300	6.07
夹塘村	姚伟明	周建江	960	2592	3035	200	2320	9.78
虞东村	叶建阳	陈友才	508	1340	1674	—	247	2.21
陈夏谢村	夏庆泉	夏久升	487	1348	1835	—	420	9.71
盛茂村	何炎华	陈定海	378	1184	1423	508	6343	6.02
夏王村	赵新森	贾永强	658	1905	2389	—	6250	1.73
孟尝村	董健华	董青良	346	1167	1454	108	1600	2.84
双溪村	任立强	徐国民	410	1295	1033	—	5060	1.62
三溪村	王东泰	周均华	689	2138	1148	100	8015	20.70
西溪湖村	刘佳根	王培元	627	1938	1945	150	3626	11.14
西郊村	吴建海	柴卫强	310	1023	907	—	84	5.70
永庆村	陈志清	陈灿军	512	1510	450	—	72	2.71
北门村	章小魁	甄维羊	215	567	—	—	—	8.46
东门居委会	许如梅	许如梅	669	1368	—	—	—	—
南街居委会	任晓燕	任晓燕	557	1131	—	—	—	—
庙弄居委会	陈绿珍	陈绿珍	887	2057	—	—	—	—

【范寿康故居捐赠】 3月23日，虞籍已故著名乡贤范寿康的故居捐赠仪式在北京举行。范寿康的二儿子范岱年代表众兄弟姐妹，与丰惠镇政府签订了故居捐赠协议。范寿康(1896—1983年)，上虞丰惠人，是中国近现代著名教育家、哲学家，曾任春晖中学校长、台湾大学哲学系教授及政协第六届全国委员、常务委员等职。范寿康故居位于丰惠镇城隍河西岸，又名“后乐堂”，与胡愈之故居“敉五堂”相邻。“后乐堂”坐东朝西，占地650平方米，分前后二进，前为五间楼房，后为三间平屋，皆为两坡硬山顶、穿斗构造，为典型的清代江南庭院式民居。

【举办首届文化艺术节】 10月27日，丰惠镇首届文化艺术节开幕式暨西湖村文化广场落成典礼在西湖村举行。该次艺术节由丰惠镇党委、政府主办，丰惠镇文化站、丰惠镇西湖村党总支、村民委员会承办，从27日开始到29日结束，活动内容有民间书画展、民间文艺团队文艺表演、文化建设成果摄影展等。

【接受国家级生态镇复查】 11月6日，由省环保厅生态处副处长柴莹带队的复查组到丰惠镇进行国家级生态镇的生态建设成果复查。2010年，丰惠镇被环境保护部命名为国家级生态镇，此后，丰惠镇修编各类规划，把生态保护纳入规划当中，对各项公共设施、道路管网、环境设施等编制高起点规划，实行农村生活垃圾分类，并评选“文明家庭”“绿色学校”，开展“市级生态村”“市级环境整治村”“全面小康示范村”“省级卫生镇”等一系列活动。6月，丰惠镇被省环保厅、省农办命名为浙江省“我心目中最美生态乡镇”。

【起凤塔建成投用】 11月9日，起凤塔举行落成庆典。起凤塔，位于凤鸣山景区，始建于明朝万历五年(1577年)，原塔为25米高的六面七层重檐复宇阁楼式砖塔，后由于自然和历史原因被毁。2011年，上虞起凤农业开发公司投资200万元动工重建此塔，现起凤塔占地面积118平方米，高33米，共7层。

【推进城区基础配套建设】 完成350万元的人民路一期改造和300万元的环城南路新建工程，推进城区供水管网改造工程，改造丰惠农贸市场，加紧建设城北污水管网和丰惠夜市，完成入城口配套绿化、亮化工程的初步方案设计；启动城东、城北两大区块“退二进三”改造，完成全年拆迁签约任务，丰惠总拆迁量超110982平方米。古城花园、书香名城两大楼盘交付使用。村庄整治有序开展，组织实施“一月一整治”活动，完成3个中心村道路硬化和基础配套设施建设，实施村级公厕升级改造，建立健全村级环境卫生考核检查机制。村级集体经济五年增收计划扎实推进，探索物业联建增收渠道，实施联建项目6个，5个村实现集体经济20万元增收目标。

永和镇

【概况】 永和镇位于上虞市东部，镇域面积31.32平方千米，总人口1.6万人，下辖8个行政村。2012年实现工业总产值13.76亿元，同比增长10.6%，其中规模以上企业实现产值3.2亿元，同比增长10.7%；实现销售收入13.07亿元，同比增长10.2%。实现合同外资255万美元，实到外资200万美元，全面完成目标任务；引进内资1.5亿元，同比增长8%；完成浙商回归项目投入8081万元，完成全年任务的108%。完成生产性投入1.2亿元，完成全年任务的105.4%。新办工业企业86家，完成任务的107%；新引进投资公司2家，企业总部一个。

全镇实现农业总产值1.48亿元，同比增长3%，农民人均纯收入达16064元，同比增长11.2%。全镇8个行政村集体收入达142.2万元，同比增长20%。新增各类农机67台套，水稻机插面积达8898亩，机插技术推广面积在全市居领先地位。推广测土配方施肥12799.95亩、秸秆还田14374.95亩和有机肥应用2221.95亩，完成统防统治3804亩，创建市级丰产示范方一个，示范户10个，切实提高耕地质量，节约生产成本，确保粮食丰产丰收。全镇新流转土地490.05亩，超额完成市下达的405亩任务，全年累计发放各类补贴共计361.2万元，进一步提高广大农户的种粮积极性。效益农业实质起步，业已形成精品果蔬900亩，精品水产1995亩。

启动建设总投资2300万元的镇中学、中心幼儿园新建工程，全面完成全镇4200只有线电视终端的数字化改造任务。全年共拆除违法违章建筑1966平方米，审批农村私人建房62户，审批面积6369平方米。基础设施不断完善，投资250余万元完成朱巷村农村生活污水处理池及管网工程、停车场、道路硬化，村内主干道两侧绿化等一揽子工程。投资70余万元，完成大墩两个自然村的道路硬化，投资30余万元，完成项家桥村青贤岭道路硬化及部分道路亮化配套工程。

表27 2012年永和镇各村委会基本情况表

村委会名	党务负责人	村委会负责人	户数（户）	人口（人）	水田（亩）	旱地（亩）	山林（亩）	村级集体经济收入（万元）
项家桥村	项相校	王惠君	766	2125	1492.5	258.5	3463	17.7
永和村	陈立军	徐接见	935	2389	1905.1	458.9	1414	18.6
三桥村	陆森林	吴伟琦	605	1581	1408.17	97.53	221	1.1
安家渡村	戚友山	徐立新	999	2611	2780	388.5	2354	7.1
青峰村	叶建明	胡鹏飞	915	2477	1540	347.4	5633	10.1
新岙村	王鉴苗	朱舜江	362	1043	1278.5	95.8	1926	25.31
朱巷村	朱尧土	朱柏传	1017	2794	2786	280	2081	64.14
大墩村	朱炳强	张小平	339	989	1129.6	110	453	3.25

【举办永和镇第一届全民运动会】 5月20日，来自全镇各行政村、企事业单位及镇机关的21支代表队，600余名运动员、裁判员、演出人员和工作人员参加了本次盛会。该届运动会共设置了篮球、拔河、100米短跑、羽毛球等15个项目。经过激烈角逐，青峰村获行政村组团体第一名、永和村获第二名、新岙村获第三名；永和旅游开发公司获企业组团体第一名，大吉医疗获第二名，永久文化获第三名；永和镇中获机关站所组团体第一名，永和镇小获第二名，镇政府获第三名。

【成功创建省体育强镇】 镇政府先后安排了600多万元用于改善镇、村两级的体育设施和活动开展。全镇有篮球场14个，其中镇级1个，企业（站所）5个，村级8个；健身场地5个，面积5000平方米；健身路径24条，乒乓球桌28张，地滚球场1个；羽毛球场1个；高尔夫练习场1个，网球场2个；永和体育馆、200米塑胶跑道以及灯光篮球场动工建设。11月，通过浙江省体育强（乡）检查组验收。

永和镇第一届全民运动会开幕式

永和镇争创省体育强镇

【永和村排舞队获二等奖】 12月15日，由永和村组建成立的排舞代表队表演的排舞《土耳其之吻》，参加了由市文广新局举办的“虞舜文化节第二届排舞比赛”。该节目是唯一一支由印度风格展示的节目，服装漂亮，在动作编排上也是格外的新颖，在全市28支代表队中脱颖而出，荣获二等奖。 （叶林尧）

排舞比赛

梁湖镇

【概况】 梁湖镇北面紧依百官街道，是上虞城区的南大门，距市政府所在地6千米。镇域面积62.63平方千米，辖20个村（居）委会。年末总户数9905户，总人口2.9025万人，其中非农业人口10577人。另有新居民1885人。全年实现工农业总产值65.2亿元，同比增长15.4%。其中工业总产值62亿元，同比增长15.7%；农业总产值3.2亿元，同比增长25%。完成自营出口7000万美元，同比增长2%。完成社会固定资产投入2.3亿元，增长6%。农民人均纯收入17127元，增长10%。

全年农作物播种面积14854.5亩，粮食总产量0.63万吨。农机总动力2.12万千瓦。实施并验收通过上虞市级农业产业化扶持项目11个，绍兴市级现代化农业园区1个。存栏生猪20817头，出栏肉猪48720头；存栏家禽72.629万羽，出栏家禽180.623万羽。茶园总面积5769亩，干茶总产量204.6吨。水果种植面积5769亩，总产量9916.4吨。水产品产量943吨。工业企业216家，其中规模以上企业28家，规上企业工业总产值44.4亿元，产销率98%。有初级中学1所，在校学生699人，入学率100%；小学3所，学生1199人，入学率100%；幼儿园9所，在园幼儿632人。有社区卫生服务中心1家，村级卫生服务站6个。全年出生人口181人，计划生育符合率98.34%。初级卫生保健普及率100%。全镇开展农村环境整治工程，出台《农村环境卫生长效保洁考核办法》，全年清理垃圾6000余吨。自来水普及率100%。固定电话用户9043户；移动电话用户2.41万人；有线电视用户7952户。参加城乡居民养老保险7910人，60岁以上老年人参保率100%。最低生活保障救助257户，共407人。社会福利敬老院1个，年底供养老人14人。农户新建住房94户，建筑面积9823平方米。制止违章建筑28起，完成拆迁签约7058平方米。

【农民专业合作社24家】 全镇有在工商登记注册的农民专业合作社24家，合作社总注册资金684.6万元，种植面积3349.95亩，入社社员182人，带动非成员农户1048户。24家农民专业合作社中，有AAA级合作社1家，AA级合作社1家，A级合作社5家，皂李湖畜禽专业合作社被评为省级示范社。

【镇妇联做好“家”字文章】 2012年，镇“妇联”精心组织各项特色活动，做好“家”字文章，开展各种特色家庭创建活动。全镇“文明家庭”创建率95%，“平安家庭”创建率90%，创上虞市“学习型家庭”“绿色家庭”“平安家庭”各1户，8个村（居）创办了家长学校。

【党建工作创新创优】 在开展“基层组织建设年”活动中，镇党委集中精力展开“娥江扬帆”行动，建立镇“两新”（新党支部、党组织新书记）工委，配备专职干事，强化投入，对工业功能区规模以下企业抓覆盖，规模以上企业抓品牌，企业组织争星级，企业党员争十佳的“两抓两争”党建活动，实现了非公有制企业党的工作覆盖率达到100%。同时，组织“两新”党组织书记参加各类培训班，单独建立党组织的非公企业开展“评星晋级”活动，共评选四星级企业3家，三星级企业8家，有效推进了非公企业党组织标准化建设。

【工业经济稳中有升】 引进合同外资620万美元，实到外资558万美元，引进内资9297万元，新办个私工贸企业102家，做好“腾笼换鸟”工作，盘活存量土地64.95亩，厂房2.8万平方米。在转型升级上，共申报国家星火项目3只，国家重点新产品1只，国家火炬计划项目1只，省重大科技专项2只，省高新技术研发中心1家，绍兴市级研发中心1家，省级新产品11只，上虞市级科技计划10只，专利示范企业3家，申报专利158项，省名牌产品、著名商标各1只。绍兴市名牌产品3只，为历年最多。

【群众文化生活丰富多彩】 开展魅力文化建设行动，建立村(居)文化活动中心和农家书屋，通过省体育强镇复检，组织参加浙江省全民健身浙中片区“种文化”和谐团队体育活动，绍兴市万人登山活动等。镇文化站指导华山居委开展优秀文化示范点创建工作：帮助组建文艺团队，举办各类文体活动，开展梁湖年糕糕塑文化展示等。潘家陡村确定为镇2012年特色文化创建村。

（陈仰之　陆根土）

表28　　2012年梁湖镇各村(居)委会基本情况表

村(居)委会名	党务负责人	村(居)委会负责人	户数(户)	人口(人)	耕地面积(亩)	山林面积(亩)	村级集体经济总收入(万元)
拗花山村	顾祝英	孙宝良	311	965	482	3861	30.11
古里巷村	顾建灿	方尧根	299	922	270	940	29.58
外梁湖村	金佳曙	周皓阳	585	1820	630	333	26.46
花浦村	陈国炎	陈国龙	566	1727	1500	2504	39.11
前旺塘村	曹军	邵松根	246	720	678	1373	20.52
南穴村	李列海	李柏乾	547	1707	1422	2901	25.6
任庄村	葛光辉	任关萍	347	1114	803	5048	20.27
吴家楼村	吴立军	陈苗忠	228	720	458	2392	20.17
玩石村	王永利	沈培申	374	1110	860	6369	20.26
方梁岙村	梁绍定	方百良	190	518	308	4525	22.74
倪家堡村	倪如庆	赵建平	614	1869	992	2339	20.2
皂李湖村	莫和祥	陈建祥	1496	4970	1854	2864	50.58
潘家陡村	陈云娟	宋卫东	453	1430	855	5069	20.08
西华瑶村	徐培其	黎国仙	649	1995	1267	3329	20.32
大库居委会	潘国芳	陈柏森	339	1077	116	25	–
华山居委会	唐建忠	王柏龙	288	985	225	945	–
洪山湖居委会	徐坤荣	李友夫	359	1194	23	3110	–
华光居委会	张永江	王小青	372	1154	245	1545	–
华东居委会	张军	朱百仁	307	958	205	904	–
禄泽居委会	黎荣土	陈洪根	359	1158	45	20	–

驿亭镇

【概况】 驿亭镇位于上虞市东部，距市政府所在地10.8千米。全境地域面积53平方千米，16个行政村，村民小组149个。年末总户数7013户，总人口21372人，其中非农业人口3349人。全年国内生产总值93.42亿元，比上年增长12%。其中第一产业实现增加值1.8亿元，增长10%；第二产业实现增加值38.62亿元，增长17%；第三产业实现增加值1.0306亿元，增长10%。农民人均收入14985元，增长11%。财政收入8707万元，比2011年增长18%。

年末耕地面积14509.5亩，人均0.6705亩，粮食总产量1.08197万吨。农机总动力1.54万千瓦。公路通车里程64.218千米，行政村等级公路通达率100%。完成环境污染治理项目1个，投资额110万元。存栏生猪6760头，出栏生猪5500头；存栏家禽75040羽，出栏家禽26.7030万羽。水产养殖面积509.9，水产品产量148万千克。绿化造林60亩，封山育林14467.95亩。水果种植面积17310亩，水果产量8996万千克。杨梅面积14340余亩，产量近4250万千克，实现产值0.80亿元，销售0.6亿元。全镇已有规模企业总数27家。有初中1所，在校学生318人，教职工42人，小升初升学率、九年义务教育覆盖率均达100%。小学2所，学生934人，教职工54人，适龄儿童入学率100%。幼儿园2所，下设横塘教学点、杨溪教学点、五夫教学点共11个班级，289名幼儿，有教职工28人。2012年教育经费支出57万元，占财政总支出1.1%。境内白马湖畔有浙江省一级重点中学春晖中学。驿亭镇社区中心卫生院辖横塘、五夫、杨溪三个社区卫生服务站和袍江、贾家、杨溪三个服务点，全院现有医务人员32人。获中级职称6人，初级26人，完成诊疗5.6万人次。2012年，参加新型农村合作医疗保险1.6783万人，参保率为98.4%。年末有学校体育场6个，81.25%的村安装了健身器材。有广播电视服务站一个，年末有线电视用户为6179户，入户率为88.1%。城镇最低生活保障户数37户，人数43人，支付15万余元；农村最低生活保障户数270户，人数426人，支付150余万元。敬老院1家，收养农村五保户15人。社区服务设施16个，其中社区服务中心16个。有驿亭邮政所、白马湖邮政所，由小越邮政支局管辖，有16个村级代邮点。电话交换机1.1万门，固定电话用户0.55万户，电话普及率78%，移动电话用户1.8万户，互联网用户0.24万户。全年电信业务收入近700万元。年末，全镇通自来水，管道总长35.8千米，年供水190万立方米。D600排水管道6000米，日排污水2.3万吨。共有两座110千伏变电所，99台农村综合变电器，配变容量17060千伏安，10千伏高压输电线路9条，总长度118.111千米，用电负荷1.34万千瓦，属小越供电所维护。成功应对了“6·18”特大梅汛和“9·11”超强台风的考验，未出现人员伤亡事故。

表29　　2012年驿亭镇各村委会基本情况表

村名	党务负责人	村务负责人	户数（户）	人口（人）	水田（亩）	旱地（亩）	山林（亩）	村级集体经济收（元）
新驿亭村	李长荣	李明海	640	1722	580.95	55.05	444	76797
联桥村	施高祥	罗佳明	344	985	262.05		769.95	6500
五夫村	周森成	高四娣	500	1600	463.95	28.05		520062
马慢桥村	马建明	周国海	211	611	294	58.95		14109
西陡门村	张生弟	张生弟	380	1090	900	13.95	667.05	86264
春晖村	赵增荣	徐斯增	545	1448	951		1887	200026

续表29

村名	党务负责人	村务负责人	户数（户）	人口（人）	水田（亩）	旱地（亩）	山林（亩）	村级集体经济收（元）
鲁溪闸村	张伟元	茅岳军	526	1667	1317.45	159		81486
贾家村	杭信土	丁莲珠	628	2018	1468.95	1657.95	61.95	2178593
五洲村	王来江	郑伟明	408	1213	1056.9			16568
袍江村	王建生	王其林	336	986	820.05	10.05	214.05	8014
新横塘村	李水祥	徐荣夫	594	1754	1198.05	496.05	1680	43451
二都村	宋斌均	徐维杰	349	1055	588			15504
杨梅村	冯松尧	杭永标	367	1167	744	142.05		9229
白马湖村	赵兴祥	赵东夫	663	2040	1551			197798
孝丰村	李建平	李建忠	164	516	304.05	109.95	300	1093
杨溪村	谢一军	吕洪水	358	1143	772.05			57695

【二都杨梅生态园成为国家AAA级景区】 二都杨梅生态园核心景区面积6平方千米，2012年成功创建成国家AAA级景区。生态园以“游绿海红波，品二都杨梅”为主题，以弘扬和传播二都杨梅文化、展示二都杨梅产业生产特色、体现梅林生态休闲和森林山地风光的休闲旅游景区。景区内有法界寺、清隐寺等名刹古迹和状元岙水库、萝岩山景点，登山游步道、自行车骑行健身道、林间小道穿越其中。

【二都杨梅地理商标】 驿亭镇是全国优质杨梅基地乡镇，现有杨梅近15000亩。二都一带土壤中富含稀有元素硒，所产杨梅中也富含硒元素，并且达到富硒果蔬标准。二都杨梅先后被评为“浙江省优质农产品”“浙江省绿色农产绍兴名牌产品”，并荣获“中国浙江国际农业博会银奖”。上虞市获中国经济林协会颁发的“中国杨梅之乡”称号。成功取得二都杨梅地理商标申报。驿亭镇出台《关于驿亭镇二都杨梅诚信体系建设的实施方案》，与8个杨梅主产村和17个主要合作社签订承诺书，统一使用“二都杨梅”商标，品牌影响不断放大。

【郑裕川：17岁的心愿】 11月10日央视白岩松主持的《新闻周刊》，播出题目为《郑裕川：17岁的心愿》的节目，报道了驿亭镇春晖村郑裕川捐献角膜的事迹。郑裕川捐献角膜是他多年的心愿：“我想把角膜捐给年龄和我差不多的人，代我看着弟弟长大。”郑裕川是三年来上虞自愿捐献眼角膜的第二例。 （经富灿）

小 越 镇

【概况】 小越镇位于上虞市东部，距市区8千米。东与余姚市黄家埠镇、牟山镇为邻，南、西、北分别与上虞市驿亭镇、百官街道、谢塘镇相连。镇境轮廓略成东西向长方形。镇域总面积29.50平方千米。辖21个行政村、2个居民社区，275个村(居)民小组。2012年年末有城乡常住居民11452户，29974人，其中男性14902人，女性15072人；农业人口17869人，非农业人口12105人；壮、苗、土家、布依等少数民族人口158人。另有新居民8500余人。

2012年年底，全镇有耕地20895亩，全年农作物播种面积49369.5亩(复种面积，下同)。其中粮食作物播种面积33420亩，粮食总产量14793吨，比2011年增长2.07%。同时还生产油菜籽637吨，蔬菜18000吨，瓜果6250吨。种植花卉苗木1000.5亩。全年实现农业总产值2.28亿元，农民人均纯收入17952元。农机总动力2.0万千瓦，其中联合收割机57台。

工业经济特别是消防、压力容器生产和汽车零部件生产块状经济发展迅速。2012年年末，全镇有工业企业549家，实现工业总产值95.88亿元。其中规模以上工业企业42家，实现工业总产值62.57亿元；自营出口值2.6亿美元。实现国、地两税税收收入2.6亿元。镇财政收入5062万元。

全镇有幼儿教育机构7家，入园幼儿849人；小学1所、初级中学1所，在校学生分别为1882人、759人。幼儿入园率和九年制义务教育入学率均达到100%。有社区卫生服务机构3家，医务人员41名，病床50张；村级卫生服务站9个，从业人员10名。全年出生171人，人口自然增长率-3.06‰。有养老服务机构1个，入院老年人28名。参加城乡养老保险9938人，城乡居民基本医疗保险参保20002人，被征地农民生活保障参保6700人。

表30　　2012年小越镇各村委会(社区)基本情况表

村(社区)名称	党务负责人	村委会(社区)负责人	户数(户)	人口(人)	水田(亩)	旱地(亩)	山林(亩)	村级集体经济收入(万元)
边墩村	胡国明	徐树远	395	1038	712	69	75	5.13
峧里村	徐火根	罗武平	344	929	129	350	111	30.06
小越湖村	王丽君	倪均标	762	2009	1247	149	724	28.87
岭南村	吴小坤	袁国军	347	855	585	40	419	7.44
小越村	金小龙	金小龙	483	1318	527	31	700	1.56
越北村	王建春	顾全华	520	1394	129	42	423	3.76
新宅村	陈苗根	陈建方	814	2288	1197	108	1135	118.40
冯柯山村	经新红	冯国军	732	2099	1934	100	52	3.62
横山徐村	徐宗琪	徐忠良	504	1386	1453	60	233	3.93
胜桥村	徐云成	周善荣	490	1306	1039	78	35	2.22
大庙罗村	罗友林	黄国根	157	429	72	15		9.52
西罗村	罗天忠	罗耀东	373	1008	1021	31	78	11.31
罗家村	罗龙根	罗悍伟	782	2245	1499	13	140	23.06
倪梁村	倪建君	倪永海	453	1302	737	40	125	11.07
朱家滩村	罗吉龙	张伯鑫	323	867	964	66	200	0.64
赵巷桥村	陈来夫	夏岳明	368	1010	1174	36		3.27
孔家岙村	王军	施正奋	154	392	432	32	400	10.26

续表30

村(社区)名称	党务负责人	村委会(社区)负责人	户数(户)	人口(人)	水田(亩)	旱地(亩)	山林(亩)	村级集体经济收入(万元)
新兴村	石洪庆	陈槐杨	401	968	955	41		5.95
吴山村	莫学飞	吴建明	278	719	201	8		9.46
田家村	田华军	田银香	868	2219	1542	62		33.43
幸福村	倪荣春	魏尧祥	376	946	609	17		6.83
越兴社区	顾小珍	顾小珍	834	1795				
德隆社区	顾小珍	顾小珍	627	1298				

【犁轭湾公园改造工程完工】 犁轭湾公园位于横街河与西罗大江连接处，是小越集镇群众休闲健身的主要活动场地之一。为改善相关设施，镇政府划拨横街河南岸东段近3000平方米土地，拨出专项资金145万元，对公园进行扩建、改造。整个工程包括新增3000平方米绿地，增设高杆照明灯和沿河扶栏，提升九曲桥标高，河岸砌坎整修，公园入口处整修、增添活动设施等。同时还在公园内设置反邪教警示教育资料，以倡导健康、文明的现代生活方式。

【“JINDUN”被命名为浙江省著名商标】 浙江金盾控股集团公司是全国最大的家用灭火器生产企业。公司生产“JINDUN”商标各种铝合金气瓶、汽车用压缩天然气瓶、Q/JD01-2005企标气瓶、DOT3AA标准气瓶、复合材料缠绕铝内胆高压气瓶(呼吸气瓶)、环向纤维缠绕压缩天然气CNG瓶等各类压力容器。2012年，自行研制的冷旋压生产工艺正式上马，提高了钢瓶的质量；承压300公斤的钢瓶试制成功，成为全国唯一；还牵头组织镇内10家消防压力容器生产企业赴巴西抱团参展。

【老街恢复性保护工程启动】 小越是千年古镇。2012年年初，镇政府拨出专项资金500万元，开展老街恢复性保护的前期工作。主要内容有：街河清淤，河沿砌石的整修，河东岸石栏杆的安装，老街区卫生设施的完善，老街区标志(牌坊)的建造，恢复性保护工程的调研和方案编制等。

【通过省级森林生态镇验收】 小越镇自2006年开始森林城镇创建工作，在建成绍兴市级森林生态镇基础上，顺利通过省级验收，于2012年12月18日被浙江省关注森林组织委员会、浙江省绿化委员会命名为浙江省首批“森林城镇”。

【马夏康获第三届科技新浙商奖】 教授级高级工程师马夏康于2005年开始受聘担任浙江金盾控股集团公司总裁，他是国内首批美国机械工程师学会ASME授权检验师，拥有国家质检总局特种设备高级检验师资格，取得发明专利2项，实用新型专利2项，出版专著1部，在国内专业学报和核心期刊上发表学术论文12篇，主持或作为主要成员参与《燃气用聚乙烯管道焊接技术规程》等13部国家级规范和标准的制定工作。2012年1月6日，马夏康赴杭，出席了第三届“科技新浙商”颁奖典礼，在获奖的10名新浙商中，名列首位。

【金盾隧道风机获省科技一等奖】 由浙江金盾控股集团公司子公司金盾风机股份有限公司谈洪期、郝盛、陈根荣等9名科技人员领衔研发的“地铁隧道智能通风系统”使用高科技技术，能使风跟着车子跑，可以在火灾等特殊情况下使风向侧面排出，既改善了隧道内通风环境，又增加了隧道内安全系数，填补了国内空白，已被杭州地铁、庆春路隧道、浙江诸(暨)永(嘉)高速公路等工程采用。该项目被评为2011年度浙江省科学技术奖一等奖。

【凯信公司通过国家高新技术企业认证】 浙江凯信光电科技有限公司是一家集开发、生产、销售、服务于一体的高新技术企业。2005年进入液晶显示膜市场，生产LCD液晶显示器。2009年，与国外企业合作研发3D眼镜。同时在国内外著名院校和科研机构聘请技术顾问，在韩国、深圳等地建立研发团队，积极进行科技攻关。2011年起，企业组织TFT模组用光学材料的研发，已基本完成产品小试。年产100万套TFT-LCD用LED背光模组及年产400万片多点式电容触摸屏技改项目正在组织实施。企业已拥有实用新型专利17项，软件著作权9项。2012年年底，企业顺利通过了“国家高新技术企业”和“绍兴市技术中心”认证。

（章　翰　林章苗　郑建新）

谢塘镇

【概况】 谢塘镇位于上虞市东北部，距市区9千米。地域面积24.5平方千米，辖15个村（居）委会。年末总户数8907户，总人口2.57万人，其中非农业人口3750人。2012年实现工农业总产值34.52亿元，比2011年增长10.3%；实现财政总收入0.67亿元，农民人均纯收入17870元。

全年农作物播种面积70516.05亩，粮食总产量1.64万吨。农机总动力2.22万千瓦。公路通车里程48千米，村等级公路通达率100%。水利工程建设项目2个，投资170万元。存栏生猪17500头，出栏肉猪24200头；存栏家禽19万羽，出栏家禽77.65万羽。水产品养殖面积2320.5亩，水产品产量396.7吨。绿化造林87.45亩。水果种植面积4000.05亩，产量1.35万吨。有工业企业241家，其中规模以上工业企业18家。工业产品销售收入28.86亿元，产销率92%。自营出口4318万美元。合同利用外资515万美元，实际利用外资418万美元。有初级中学1所，在校学生370人，入学率100%；小学4所，在校学生1137人，入学率100%；幼儿园4所，在园幼儿597人。有社区卫生服务中心1家，村级卫生服务站5个。全年出生153人，计划生育率98.69%。初级卫生保健普及率100%。自来水普及率100%。固定电话用户5900户，移动电话用户1.88万户，电话普及率96.18/百人，互联网用户5630户。参加城乡社会养老保险11570人。参加新型农村合作医疗保险20168人。最低生活保障救助309人。有社会福利性敬老院2个，年底供养五保老人20人。农户新建房屋110户，建筑面积21130平方米。

表31　　2012年谢塘镇各村(居)委会基本情况表

村(居)委会名	党务负责人	村(居)委会负责人	户数(户)	人口(人)	耕地(亩)	村级集体经济收入(万元)
晋生村	章溢锋	王绍坤	845	2358	1860	16.57
谢家塘村	徐苗夫	周建青	558	1640	1371	50.67
东联村	胡益军	王夏春	463	1389	338	28.05
新章村	梁剑钟	陆七良	765	2278	2394	1.38
建塘村	罗建成	顾世坚	418	1275	1248	1.29
联民村	朱春芳	冯建良	556	1787	1343	14.92
禹峰村	俞吉祥	陈兴尧	395	1271	1380	7.89
铲还湖村	郑小尧	朱建绪	611	1962	1972	11.77
新戴家村	戴瑞良	戴爱标	533	1661	1706	41.07
丰园村	任八九	董来土	567	1660	1522	0.85
东闸村	何水清	陈文苗	682	2036	2103	8.39

续表31

村(居)委会名	党务负责人	村(居)委会负责人	户数(户)	人口(人)	耕地(亩)	村级集体经济收入(万元)
星明村	邵新灿	顾七二	466	1519	1400	0.46
东升村	陆春	胡晓江	464	1459	1442	4.73
岑仓村	胡建海	谢海祥	545	1703	1900	14.66
居委	陆龙德	朱丽青	1071	1787	/	/

【省、绍兴市组织部门领导来谢塘调研】 2月10日，浙江省委常委、组织部部长蔡奇和专家到谢塘调研农村党员教育管理和服务型基层党组织建设工作情况，镇党委书记朱藕根向调研组作了题为《以打通农村党员“进出口”通道试点工作为契机，扎实推进服务型基层党组织建设》的汇报发言，其做法和经验受到调研组领导和专家的一致好评。

3月16日，绍兴市委常委、组织部部长吴晓东一行，在上虞市委书记孙云耀的陪同下到谢塘镇专题调研农村党员教育管理及服务型基层党组织建设工作。谢塘镇以落实全程票决制、纪实制、联审制严把党员“进口关”，以健全预警制、亮分制加强党员“管理关”，以探索党员类型评定规范处置办法疏通党员“出口关”的做法，取得了良好的效果，得到上级肯定。

【新戴家村被评为“全国创先争优先进基层党组织”】 6月，谢塘镇新戴家村党总支被中共中央组织部评为“全国创先争优先进基层党组织”。

新戴家村党总支发挥基层党组织的战斗堡垒作用，带领全村党员和干部群众凝心聚力开拓进取，在社会主义新农村建设中取得了可喜成绩。以村党总支为核心的村级组织首创的“群众办事不出村，矛盾调解不出村，信息咨询不出村，致富求助不出村”的“四不出村”工作法，深受群众拥戴，曾获好评，得到推广。此项荣誉是该村继2005年获“全国民主法治示范村”和2009年获“全国巾帼示范村”之后的第三项国家级荣誉。

【“舜恒建设”奖学助学基金设立】 5月11日，在谢塘镇政府五楼大会议室隆重举行了“谢塘镇‘舜恒建设’奖学助学基金”成立大会。“舜恒建设奖学助学基金”由谢塘镇谢家塘村乡贤朱建林任董事长的上海舜恒建设集团出资500万元冠名设立，每年出资10万元用于对本镇优秀大中小学生的奖励和对家庭贫困学生的资助。9月10日，在谢塘镇举行的庆祝第二十八个教师节大会上，“舜恒建设奖学助学基金”举行了首次颁发仪式，将10万元人民币奖助到学生手中。

【成功创建为“浙江省体育强镇”】 年初，谢塘镇被上虞市政府列为当年争创“浙江省体育强乡镇”的三个乡镇之一。为此镇党委、镇政府十分重视，将创建工作提上重要议事日程，成立领导小组和工作班子，出台实施意见、工作规划、奖励政策等有关一系列文件，召开动员大会，加强宣传、动员全社会积极参与。同时，加大对体育场地设施建设的投入，努力改善镇、村、学校和企事业单位的体育场地设施条件，为群众提供良好的健身平台；完善各级体育健身组织，积极引导和组织群众，广泛深入开展全民健身活动和体育竞赛活动，各类争创活动顺利有序开展。为配合创建工作，投入40余万元成功举办了谢塘镇第一届全民运动会。9月23日隆重举行了第一届全运会的开幕式，600余名运动员、裁判员和工作人员出席了开幕式。12月经上虞市、绍兴市、浙江省各级体育行政部门的检查验收，认定为合格，谢塘镇被浙江省体育局命名为“浙江省体育强乡镇”。

【召开残疾人联合会第五次代表大会】 10月24日，召开镇残疾人联合会第五次代表大会，60名代表参加会议。大会选举产生了镇残疾人联合会第五届理事会，陈鑫森当选主席，樊金宝当选副主席，张芳芳当选执行理事长。

【禹峰小学新校舍启用】 5月，谢塘镇禹峰小学教学楼食堂门卫拆建工程顺利竣工，经有关部门验收合格，新校舍投入启用。新校舍主体教学楼占地509.9平方米，建筑面积1717.42平方米，附属建筑为食堂、门卫室和60米塑胶跑道，总投入356.96万元。新校舍的投入施用全面改善了该校的办学条件，为创建省标准化完小打下了良好的硬件基础。 （余友根　谢建利）

谢塘镇残疾人联合会第五次代表大会于10月24日召开 （张芳芳　摄）

盖北镇

【概况】 盖北镇位于上虞区东北部，距市区15千米。镇域总面积22.4平方千米，辖10个村。年末总户数8720户，人口25939万人，其中非农业人口2000人。2012年实现工农业总产值27.2亿元，财政总收入1.01亿元，农民人均纯收入17092元。

全年农作物播种面积38961亩，种植粮食7699.5亩，总产量2766吨。葡萄棚架面积12000亩，总产2.55万吨。农机总动力21728千瓦。公路通车里程52千米，村公路通达率100%。水利投入500万元，完成6个水利工程项目。生猪存栏1017头，出栏肉猪900头。水产养殖面积1110亩，水产品年产量300吨。工业企业213家，其中规模以上企业7家，个体私营企业168家，工业产品销售产值5.67亿元，产销率91.6%。有初级中学1所、小学2所、幼儿园1所。在校中学生608人，在校小学生2338人，入学率均为100%；在园幼儿385人。有社区卫生服务中心1家，村级卫生服务站5个。全年出生143人，建造垃圾中转站2个，农户生活垃圾全部桶装化，垃圾无害化处理率99%。参加社会养老保险11217人；参加新型农村合作医疗保险12032人；最低生活保障对象214户共316人。有社会福利性敬老院1个，年底供养五保老人13人。农村新建房89屋户，建筑面积21756平方米。 （沈青青）

表32　2012年盖北镇各村委会基本情况表

村委会名	党务负责人	村委会负责人	户数（户）	人口（人）	耕地（亩）	葡萄种植面积（亩）	村级集体经济收入（万元）
镇东村	成金山	陈渭夫	791	2531	1925	723	64.3742
镇海村	马长丰	倪建立	619	1840	1107	352	89.0008
丰棉村	顾明良	朱苗尧	940	2934	2056	1143	59.7355
丰富村	沈德和	周炳华	952	2697	1833	1205	280.7694
珠海村	王爱桃	钱增云	510	1557	850	810	45.4743
联合村	邵水良	何小江	874	2548	1318	920	66.8938
新河村	应松海	王定尧	634	1945	786	756	267.8694
兴海村	徐佰良	倪张潮	1107	2998	1672	1292	83.953
世海村	严柏青	王志康	1188	3478	2056	1320	150.8547
夏盖山村	陈岳洪	陈建水	1008	2837	1965	1485	51.6033

【举办2012年中国·上虞野藤葡萄文化旅游节系列活动】 6月19日，中国农学会葡萄分会正式批复，上虞野藤葡萄节升格为“2012年中国·上虞野藤葡萄文化旅游节”。6月至8月，盖北镇成功举办经贸洽谈会、中国南方及设施葡萄精品大赛、2012年中国·上虞野藤葡萄文化旅游节开幕暨国家AAA级景区授牌仪式、葡萄产业高峰论坛、精品大赛、浙江卫视流动大舞台进盖北浙江品质旅游联盟“清凉一夏”野藤葡萄采摘一日游(杭州——上虞)首发仪式、浙江电视台公共新农村频道《流动大舞台》走进上虞市盖北镇野藤葡萄公园等活动，品牌知名度进一步提高。

【盖北野藤葡萄公园景区成功创建AAA级旅游景区】 2012年6月盖北野藤葡萄公园景区成功创建国家AAA级旅游景区。整个园区是“农业生态园+葡萄文化欣赏+采摘休闲+特色餐饮”等多种旅游元素和形态全新组合的经营模式。景区投入500余万元，完成了停车场、基地生态厕所、中心南横路路面油化、文化长廊工程等30余只项目建设，旅游基础设施得到有效改善。

【组建绍兴市首家镇级社会服务管理中心】 2012年4月，盖北镇率先在全市开展综治工作中心更名工作，并于6月份成立了全市第一家社会服务管理中心。更名后的社会服务管理中心组织更加健全，制度更加完善，功能更加完备，涵盖了信访、维稳、综治、平安、司法、人民调解、禁毒、反邪教、安全生产、社会保障、网格服务、社区警务、新居民服务、党团工妇等各项内容。

【举办2012中国·上虞野藤葡萄经贸洽谈会】 6月28日，2012年中国·上虞野藤葡萄经贸洽谈会在上虞盖北镇举行，来自山东、安徽、湖北等省市的20多家客商代表参加。当日，盖北永绿果蔬专业合作社、中兴果蔬专业合作社等5个合作社和贩销大户与参会的浙江科技罐头厂、山东潍坊食品外贸有限公司等5家单位签署了青果6600吨、红果7200吨的收购协议。（汤　逸）

崧厦镇

【概况】 崧厦镇地处上虞市北部，东临谢塘镇、盖北镇，南接百官街道、曹娥街道，西接道墟镇、沥海镇，北濒杭州湾上虞工业园区。地域面积84.8平方千米，辖38个行政村(其中外五甲村由曹娥街道托管)和3个社区。年末总户数3.95万户，户籍人口10.68万人，其中农业人口8.52万人，非农业人口2.16万人。2012年实现国内生产总值49亿元，增长12%；全社会固定资产投资6.12亿元，增长35.8%；国地税收入2.78亿元，增长5.6%；被评为“浙江省新型城市化建设十佳示范中心镇”；成功创建为浙江省商贸示范镇、浙江省扶残助残爱心乡镇、绍兴市卫生强镇。

表33　　2012年崧厦镇各村委会(社区)基本情况表

村(社区)名	党务负责人	村委会(社区)负责人	户数(户)	人口(人)	耕地(亩)	村级集体经济收入(万元)
陆家村	陆信成	陆松友	1117	3113	1550	27.49
章家村	章岳寿	顾建忠	2560	6683	3302	34.62
时华村	连燕燕	王炎昌	977	2645	1005	17.35
西华村	叶坤潮	顾银灿	776	2174	2833	23.19
三华村	桑炳才	蒲飞尧	1639	4396	818	31.11

续表33

村(社区)名	党务负责人	村委会(社区)负责人	户数(户)	人口(人)	耕地(亩)	村级集体经济收入(万元)
内五甲村	赵娟女	章明山	292	801	360	4.03
丁泽村	陈仰华	丁江辉	874	2405	1763	19.5
严巷头村	严老虎	严松桥	1629	4496	2017	41.8
潘韩村	韩红标	潘忠良	940	2536	700	94.9
共何村	费　炜	何阿金	806	2050	975	120.57
新光村	金柏明	单伟耀	985	2801	430	129.02
万湖村	俞永胜	余月根	472	1583	1380	26.86
东上湖村	连小祥	连永尧	779	2376	1906	21.9
新下湖村	胡九英	郭建龙	742	2375	3232	29.82
联胜村	朱高山	蒋根祥	1458	4514	1148	78.73
庙川村	钟阿良	潘永林	763	2091	430	39.26
杭郭村	杭金兔	蒋金生	755	1997	1074	15.62
寺前村	郑建江	王正钢	1085	2901	2235	37.47
勤联村	王明江	阮柏龙	720	1962	1018	45.49
联塘村	何雅娥	陆军钢	801	2213	1110	40.54
联海村	潘金尧	吕信根	797	2275	1172	34.11
雀嘴村	王铭标	徐　瑛	2032	5497	110	20.82
前庄村	陈交良	夏张龙	818	2127	825	14.74
任谢村	任尚云	任校夫	688	1905	1199	21.42
章黎村	王潮夫	潘顺康	414	1174	665	13.68
福海村	叶炳祥	沈新法	665	1823	826	25.48
双埠村	何明辉	潘小夫	728	2069	1117	48.63
祝温村	杭兰英	王茂桃	599	1597	1217	24.86
金中村	钟建祥	金建平	958	2663	1560	21.77
舜源村	钟茶荣	黄建明	681	2043	4399	45.96
蔡林村	朱尧龙	桑建林	670	1832	2566	56.34
东凌湖村	李立惠	李水火	1901	5122	1105	74.09
杨凌湖村	王伯林	严水荣	421	1110	517	25.82
三友村	严桂芳	严佳根	965	2577	2222	20.28
港联村	朱柏灿	夏金英	460	1193	1043	7.09
黄家堰村	范伟军	夏高军	568	1512	951	40.88
吕家埠村	吕灿良	吕信龙	2442	6345	5957	53.58
祝家街社区	—	柯小珍	1014	2399		
顾家弄社区	—	俞新华	779	1846		
跃进桥社区	—	潘顺表	918	2145		

【绍兴市中小城市培育专题研讨班到崧厦调研】 3月20日，绍兴市中小城市培育专题研讨班赴崧厦镇开展调研。研讨班实地走访了天玮雨具、百沥河滨水景观带、崧厦馆和建设中的伞城广场，了解崧厦产业发展、城镇建设规划、人文历史景观、产城互融发展等多方面的情况，并听取了崧厦小城市建设工作情况介绍。

【崧厦伞业七下羊城抱团参展】 5月1日，第111届广交会第三期在广州琶洲国际会展中心拉开帷幕。上虞伞业商会组织20家伞业企业第7次抱团参展。至3日下午，达成意向成交额1246.8万美元，特别是拉美、非洲、中东等新兴市场采购商大幅增加，洽谈成交活跃，前三天，伞品意向成交额达578.3万美元，较上年同期上升36.7%。

【伞城荣膺“浙江省现代服务业集聚示范区”】 5月4日，省人民政府办公厅公布第二批浙江省现代服务业集聚示范区名单，全省35家单位被授予该荣誉，崧厦中国伞城商业广场荣列其中，是上虞唯一一家单位。

中国伞城商业广场是由中富集团控股、浙江艾尔威伞城发展有限公司开发建设的。几年来，随着中国伞城商业广场一期、二期的投入使用以及三期投入力度的加大，伞城商业广场的辐射、示范效应不断显现，有效加快了崧厦新市镇的建设步伐，推动了崧厦伞业经济的发展。

【工银商友俱乐部启动仪式在崧厦举行】 5月8日，工银商友俱乐部启动仪式在崧厦镇隆重举行。崧厦镇党委、镇政府领导，崧厦伞城经营户，工行绍兴分行、上虞支行领导，工行上虞崧厦支行员工等100多人参加本次会议。

工银商友俱乐部是专门为工商企业主、个体工商户量身定制建立的交流友谊和享受工行专项特殊优惠服务的平台，旨在通过建立俱乐部与会员之间，会员与会员之间，会员与工行之间沟通交流，实现以商会友、银商联手、互通信息、捕捉商机、合作共赢。

【举行“蓝领登高”伞件制作技能大赛】 8月24日，崧厦镇举行了“蓝领登高”伞件制作技能大赛。来自全镇13家企业的26名选手参加了集体手工缝120厘米太阳伞、三折伞项目激烈角逐，比赛根据伞件制作时间、质量，经评委逐把、逐项打分，评出一、二、三等奖，浙江天玮雨具伞业有限公司获得比赛一等奖，天外天伞业有限公司、浙江友谊菲诺伞业有限公司获二等奖，上虞华天、鸿亮特种、腾鑫伞业有限公司获三等奖。

【潘韩村成立村容村貌巡视队】 10月26日，崧厦镇潘韩村举行上虞首个村容村貌巡视队成立仪式，镇有关领导、村三委会成员及村民代表、老党员、老干部等150多人应邀参加。仪式上，通过了新制定的村卫生公约和环境卫生制度，并为村退休干部、老党员、老干部等7名组成村容村貌巡视队的人员颁发了聘书。

成立村容村貌巡视队是农村基层工作的一种创新，旨在充分发挥老干部、老党员余热，进一步强化日常环卫巡视监管，不断提升村庄品位，优化经济发展人居环境，确保辖区内环境卫生的干净、整齐、靓丽和美化。

省政协副主席黄旭明到崧厦镇调研现代生态循环农业

沥海镇

【概况】 沥海镇位于上虞市西北部，距市政府所在地20千米。地域面积57平方千米，其中陆地面积52.3平方千米，水域面积4.7平方千米，辖24个村(居)委会。年末总户数22748户，总人口58988人。2012年实现工农业总产值51.44亿元，财政总收入3.04亿元，农民人均纯收入15006元。

全年农作物播种面积116505亩，生产粮食1.57万吨，农机总动力3.28万千瓦。存栏生猪5.11万头，出栏肉猪7.09万头；存栏家禽6.43万羽，出栏家禽12.71万羽。水产品养殖面积6840亩，水产品产量6908吨。水果种植面积915亩，水果产量544.9吨；蔬菜复种面积25605亩，总产量69828.9吨；棉花种植面积11430亩，总产量1103.5吨。沥海镇工业企业443家，其中规模以上企业26家，工业产品销售收入47.47亿元，产销率93.44%，自营出口0.7127亿美元。初级中学1所，小学3所，幼儿园7所。在校中学生1075人，在校小学生2593人，入学率为100%；在园幼儿1067人。有社区卫生服务中心1家，村级卫生服务站9个，标准化村卫生室6个。全年出生307人。人口出生率为5.2‰，死亡人数458人，人口死亡率为7.76‰，人口自然增长率为-2.56‰。初级卫生保健普及率100%。完成城乡居民养老保险参保2.09万人，完成被征地农民养老保障2869人，完成新农合参保45830人。加大社会救助力度，组织开展各类扶贫帮困活动，累计发放低保、救助、优抚等各类补助资金300余万元。完成农房新建

表34　2012年沥海镇各村(居)委会基本情况表

村(居)委会名	党务负责人	村(居)委会负责人	户数(户)	人口(人)	内陆耕地(亩)	海涂(亩)	村级集体经济收入(万元)
阮家村	阮建尧	阮荣标	851	2368	757	873	113.64
四联村	赵全江	邵伟成	685	1889	601	546	57.06
城西村	苗敖齐	杜国昌	898	2432	1331	750	81.69
百沥村	陈培康	朱友堂	998	2781	952	968	114.08
南桥村	俞文浪	杨江丰	666	1816	783	507	59.53
联邵村	邵伟堂	邵国昌	810	2235	786	567	130.08
城沿村	徐正峰	许文夫	1053	2706	227	1078	100.77
渔村村	徐尧成	赵海丰	906	2324	172	50	82.11
舜海村	黄勇才		552	1621		1600	99.90
民生村	王国良		613	1734	1075	728	84.67
伟明村	苗荣根	陈宝云	988	2647	2240	1045	94.41
光荣村	阮志灿	沈光尧	807	2201	1582	1301	122.84
联谊村	崔国良	王小通	897	2388	1772	915	83.97
新联村	沈纪云	沈百铨	1115	2838	1804	1222	174.51
华平村	张加坤	杨吉良	1489	3859	1784	1545	272.63
南汇村	阮卫娟	王春华	1460	3674	1581	1793	87.30
华东村	倪忠校	厉正表	1294	3500	1291	1190	204.08
潭许村	李建坤	李越忠	1070	3039	1583	559	173.56
郭渎村	杭国达	柯国洋	864	2338	1069	825	90.54
东海村	阮龙坤	陈来坤	710	1855	524	516	96.93

续表34

村(居)委会名	党务负责人	村(居)委会负责人	户数(户)	人口(人)	内陆耕地(亩)	海涂(亩)	村级集体经济收入(万元)
二渡村	陈岳亭	金国良	780	2111	1145	507	77.50
沥东村	顾钿钩	姚永良	658	1951	620	600	78.48
沥海居委	顾莉萍	李寿生	1982	3169			
三汇居委	朱金木		602	1028			

及改造137户，建筑面积28352平方米，用地面积14027平方米。（何小军）

【商贸服务业繁荣发展】 供销社滨海购物中心改造开张，综合服务型海悦大酒店建成营业，高档居民住宅区滨海一号商住楼建成开盘，沥海市场和沥东市场改造提升，金融网点服务更加健全便捷，零售批发、文化娱乐、住宿餐饮等商贸服务业呈现良好发展势头。

【教育投入1700万元】 累计投入1700多万元实施镇中心幼儿园三汇分园建设、沥东小学、三汇小学体育设施改造、校安工程以及奖教助学活动。完成沥海中学50周年校庆，顺利实施沥海镇小总分部合并，完成沥海镇成人文化中心建设。积极开展群众性文化体育活动，成功举办第五届文化艺术节活动。

【镇残联第五次代表大会召开】 10月20日上午，沥海镇召开残疾人联合会第五次代表大会，绍兴市残联副理事长陈中伟，绍兴滨海新城残工委办公室主任、社事局局长陈超应邀参加了大会。本次大会共选举产生沥海镇残疾人联合会第五届主席团委员9名，推举产生镇残联主席团正、副主席及执行理事会理事长。

【镇第九次妇代会召开】 10月19日上午，沥海镇第九次妇女代表大会在镇4楼1号会议室隆重召开。来自全镇基层各条战线的妇女代表共71名出席会议。大会选举产生了沥海镇第九次妇女代表大会执行委员会及出席上虞市第十四次妇女代表大会代表。

【城乡建设呈现新面貌】 实施沥海镇土地利用总体规划局部调整，完成5个城乡新社区的建设规划编制。启动镇区综合整治工程，动工建设镇区立面改造工程，实施沥海市场和沥东市场改造提升工程，扎实推进环城南路、三汇中心路民生段等老城区和乡村道路改造工程。重抓村庄整治，开展“美丽乡村”建设行动，实施新农村建设和村庄整治项目31只。完成城北垃圾管理房、小型垃圾填埋场新建等环卫管理配套工程，镇村环境面貌有较大改观。

【推进社会治安防控体系建设】 深入开展“网格化管理、组团式服务”工作，积极实施“天网”工程。高度重视信访调处工作，深入开展“两排查一促进”专项活动，巩固提升农村“老娘舅”调解工作室成效，落实领导干部每月大接访制度，有效化解了一大批信访矛盾和积案，圆满完成十八大等重要节会时期的安保工作。（王　杰）

统计资料

统计图

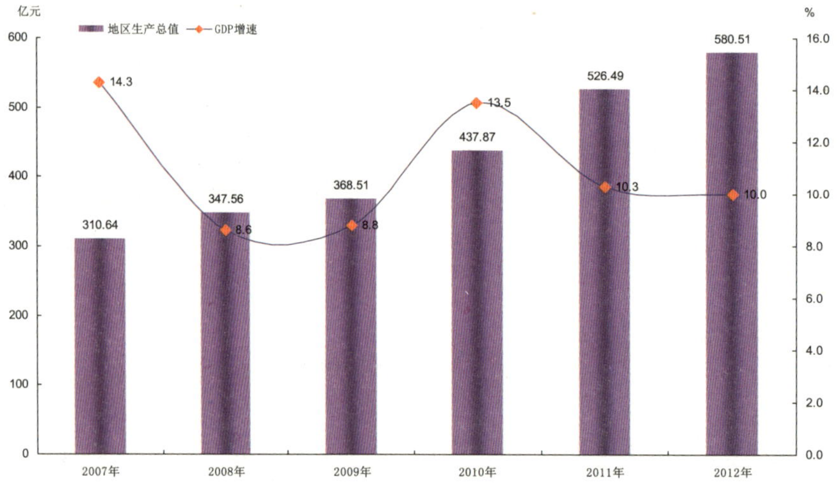

地区生产总值

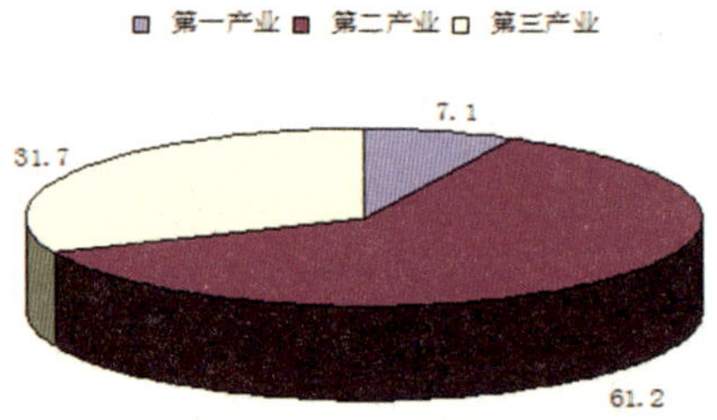

2007年

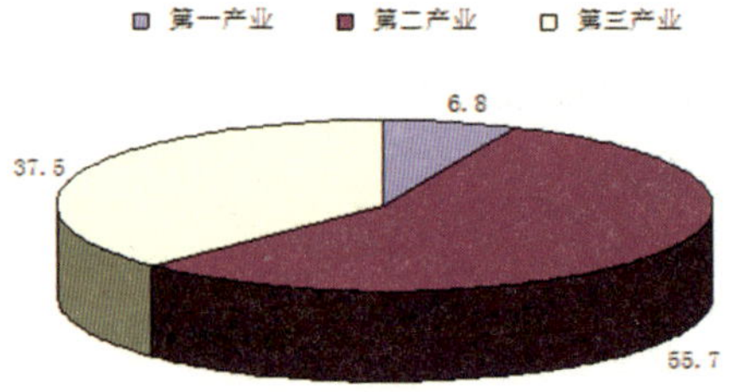

2012年

三次产业增加值比重

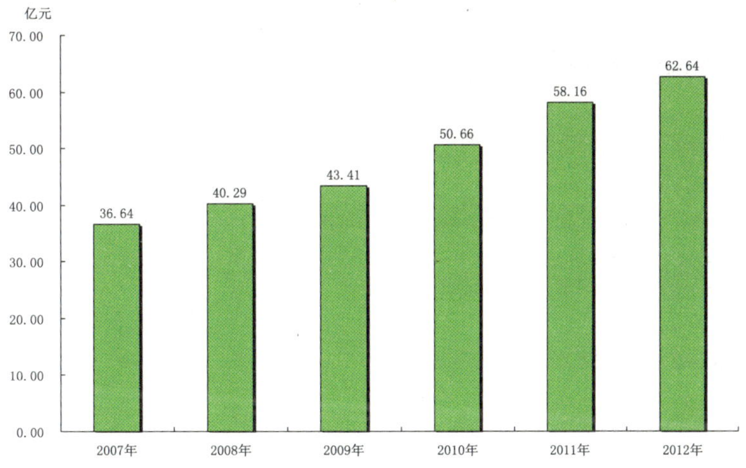

农业总产值

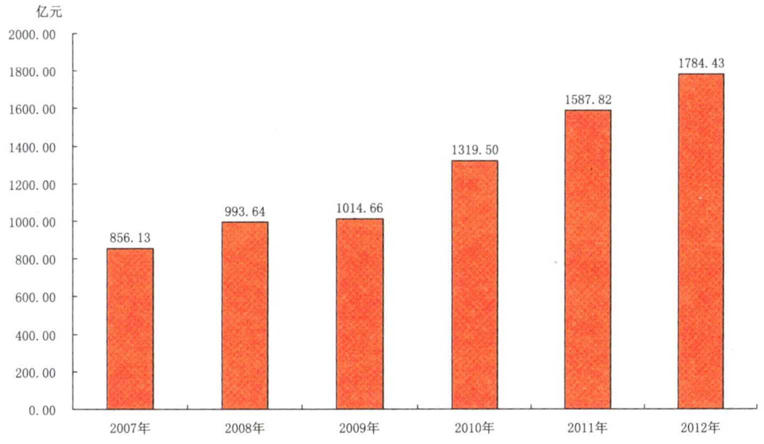

工业总产值

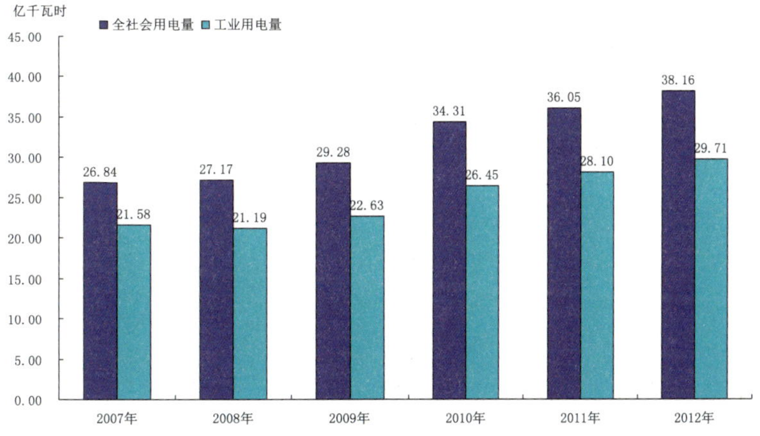

全社会、工业用电量

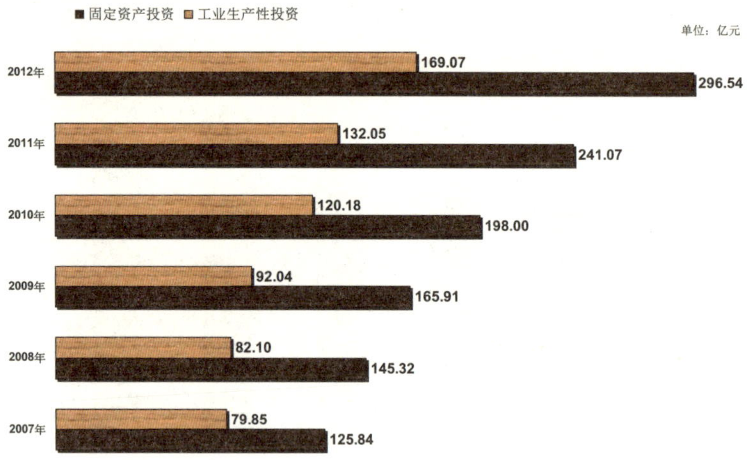

固定资产投资、工业生产性投资

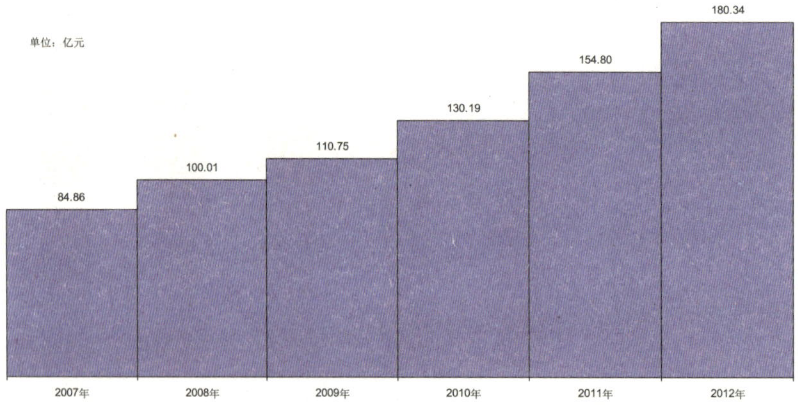

社会消费品零售总额

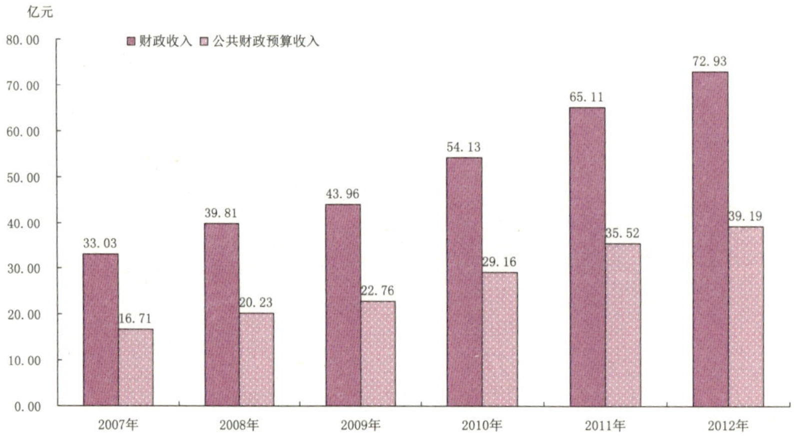

财政收入情况

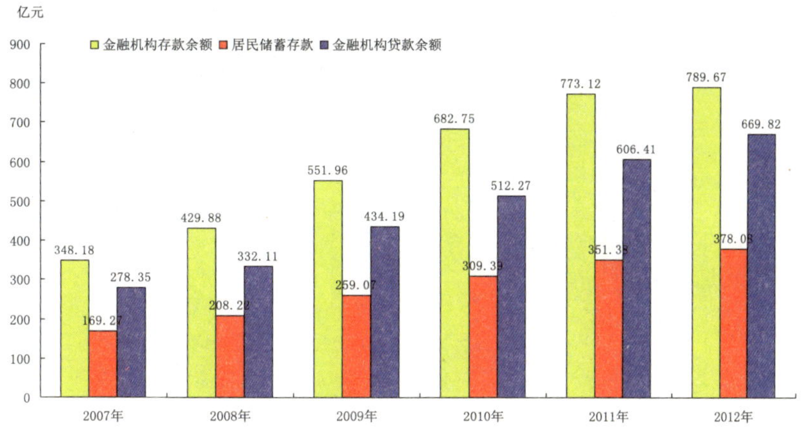

金融机构存贷余额(人民币口径)

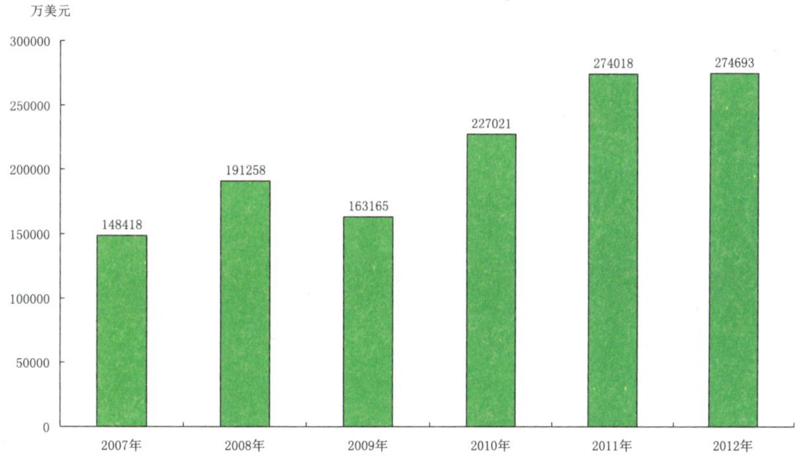

自营出口额

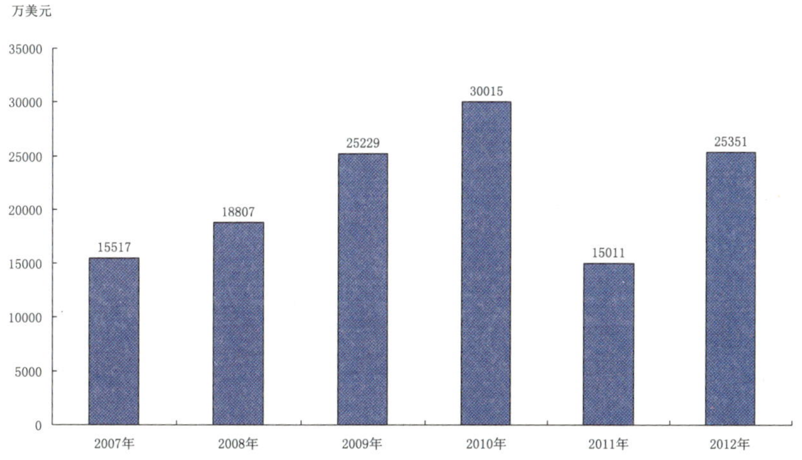

实际利用外资额

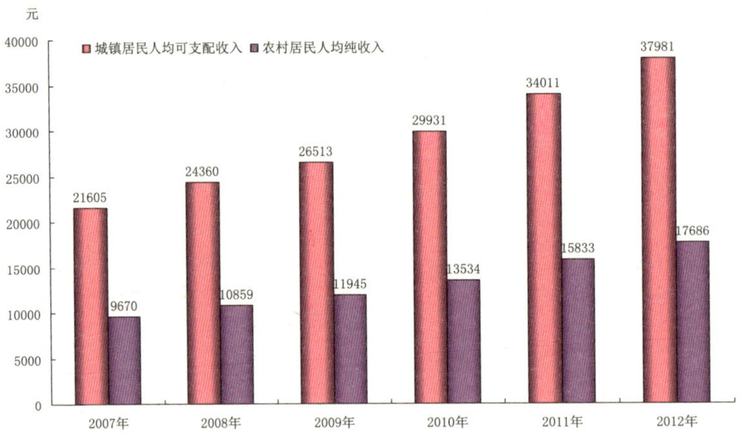

城乡居民收入

统计表

表35

2012年上虞概况表

	计量单位	2011年	2012年	增幅%
一、行政区划面积	平方千米	1403	1403	0.0
二、行政组织				
镇人民政府	个	15	15	0.0
乡人民政府	个	3	3	0.0
街道办事处	个	3	3	0.0
居民委员会(社区)	个	101	102	1.0
村民委员会	个	341	340	-0.3
三、人口				
年末总户数	万户	29.41	29.41	0.0
年末总人口(户籍)	万人	77.74	77.85	0.1
#男性	万人	38.56	38.57	0.0
女性	万人	39.18	39.28	0.3
#农业人口	万人	50.30	49.13	-2.3
非农业人口	万人	27.45	28.72	4.6
暂住人口	万人	19.39	20.83	7.4
全年出生人口	人	4563	5537	21.3
出生率	‰	5.87	7.12	1.25

续表35

	计量单位	2011年	2012年	增幅%
全年死亡人口	人	5354	5761	7.6
死亡率	‰	6.89	7.41	0.52
自然增长人口	人	−791	−224	—
自然增长率(公安)	‰	−1.02	−0.29	0.73
年末城镇登记失业人员数	人	3108	3625	16.6
城镇登记失业率	%	2.98	2.89	−0.09
城镇基本养老保险参保人数	万人	26.39	31.75	20.3
城镇基本医疗保险参保人数	万人	22.74	25.53	12.3
失业保险参保人数	万人	13.76	14.95	8.6
工伤保险参保人数	万人	20.80	21.82	4.9
生育保险参保人数	万人	12.76	14.86	16.5

表36

经济发展主要指标表

指标名称	单位	2011年	2012年	增幅%
地区生产总值(现价)	亿元	526.49	580.51	10.0
#第一产业	亿元	36.56	39.24	3.2
第二产业	亿元	297.76	323.26	10.7
#工业	亿元	252.26	273.56	11.0
第三产业	亿元	192.17	218.00	10.2
人均地区生产总值	元	67769	74619	9.8
农业总产值	亿元	58.16	62.64	3.2
工业总产值	亿元	1587.82	1784.43	12.4
#规模以上工业企业总产值	亿元	1199.92	1324.02	10.3
固定资产投资	亿元	241.07	296.54	23.0
#工业生产性投资	亿元	132.05	169.07	28.0
社会消费品零售总额	亿元	154.80	180.34	16.5
全社会用电量	亿千瓦时	36.05	38.16	5.9
#工业用电量	亿千瓦时	28.10	29.71	5.7
自营出口总额	万美元	274018	274693	0.3
实际利用外资	万美元	15011	25351	68.9
旅游总收入	亿元	35.86	45.55	27.0
财政总收入	亿元	65.11	72.93	12.0
#公共财政预算收入	亿元	35.52	39.19	10.3

续表36

指标名称	单位	2011年	2012年	增幅%
公共财政预算支出	亿元	35.76	39.92	11.6
金融系统年末存款余额(本外币)	亿元	781.27	801.45	2.6
#城乡居民储蓄	亿元	352.49	379.36	7.6
金融系统年末贷款余额(本外币)	亿元	612.47	682.84	11.5
邮电业务收入	亿元	7.22	7.63	5.7
年末公路通车里程	千米	1506	1511	0.3
在岗职工平均工资(不含私营)	元	41901	48616	16.0
城镇居民人均可支配收入	元	34011	37981	11.7
农村居民人均纯收入	元	15833	17686	11.7

表37

农业基本情况表

指标	单位	2011年	2012年	增幅%
农村从业人员数	万人	37.77	37.85	0.2
#外出劳动力	万人	11.21	10.79	-3.7
#农、林、牧、渔业	万人	11.89	11.85	-0.3
工业	万人	12.16	12.85	5.7
建筑业	万人	7.83	7.87	0.5
附:外来劳力	万人	5.00	5.71	14.2
农业总产值	亿元	58.16	62.64	3.2
#农业产值	亿元	36.79	39.79	3.0
林业产值	亿元	2.94	3.41	9.3
牧业产值	亿元	9.34	9.35	0.5
渔业产值	亿元	8.60	9.53	4.5
农作物总播种面积	万亩	127.76	125.81	-1.5
#粮食作物	万亩	73.84	74.51	0.9
#油料	万亩	11.02	10.37	-5.9
#蔬菜	万亩	28.31	26.85	-5.2
#果用瓜	万亩	5.88	5.40	-8.2
#花卉苗木	万亩	2.60	2.89	11.2
粮食作物总产量	万吨	28.76	29.41	2.3
油料总产量	万吨	1.63	1.54	-5.5
蔬菜总产量	万吨	74.91	71.40	-4.7
水果总产量	万吨	24.19	23.71	-2.0

续表37

指标	单位	2011年	2012年	增幅%
年内生猪出栏数	万头	47.91	41.76	-12.8
年内牛出栏数	头	1104	1162	5.3
年内羊出栏数	万只	5.29	5.55	4.9
肉类产量	万吨	4.46	4.08	-8.5
水产品总产量	万吨	3.86	3.88	0.5
#淡水产品	万吨	3.68	3.73	1.4

表38　规模以上工业企业主要经济指标表

指标	单位	2011年	2012年	增幅%
企业单位数	个	520	552	6.2
工业总产值	亿元	1199.92	1324.02	10.3
#新产品产值	亿元	308.09	370.21	20.2
工业销售产值	亿元	1143.32	1265.87	10.7
#出口交货值	亿元	204.36	201.76	-1.3
主营业务收入	亿元	1134.83	1251.88	10.3
利税总额	亿元	132.14	132.55	0.3
利润总额	亿元	95.59	94.88	-0.7
应收账款	亿元	162.89	184.70	13.4
存货	亿元	159.81	172.72	8.1
应付职工薪酬	亿元	46.27	52.81	14.1
固定资产合计	亿元	264.57	295.00	11.5
资产总额	亿元	1151.09	1278.90	11.1
负债总额	亿元	616.05	664.71	7.9
所有者权益	亿元	535.04	614.19	14.8
产销率	%	95.28	95.61	0.33
资产负债率	%	53.52	51.97	-1.55
成本费用利润率	%	9.15	8.18	-0.97
每百元固定资产原值实现利税	元	37.79	32.94	-12.8
每百元销售收入实现利税	元	11.64	10.59	-9.0
流动比率	%	1.34	1.38	0.04
速动比率	%	1.06	1.08	0.02
企业亏损面	%	13.27	18.00	4.73
亏损率	%	2.01	3.33	1.32

续表38

指标	单位	2011年	2012年	增幅%
出口交货值占工业销售产值比重	%	17.87	15.94	-1.93
利润总额占利税比重	%	72.34	71.58	-0.76
存货周转次数	%	5.97	6.13	0.16

表39

固定资产投资

单位:万元

指　　标	2011年	2012年	增幅%
固定资产投资	2410721	2965372	23.0
1.房地产开发投资	556932	602967	8.3
2.项目完成投资数	1853789	2362405	27.4
工业投资	1320466	1690682	28.0
#工业技术改造投资	754299	1003507	33.0
基础设施投资	431607	638808	48.0
按三次产业分:			
第一产业	12925	24603	90.4
第二产业	1320466	1690682	28.0
第三产业	520398	647120	24.4

注:2011年固定资产投资为限额以上投资口径

表40

房地产开发投资主要指标

指　标	单位	2011年	2012年	增幅%
房地产开发投资额	万元	556932	602967	8.3
按构成分				
建筑工程	万元	275230	309471	12.4
安装工程	万元	25644	28882	12.6
设备工器具购置	万元	1455	9166	530.0
其他费用	万元	254603	255448	0.3
按用途分				
商品住宅	万元	462813	530480	14.6
办公楼	万元	27537	33278	20.8
商业营业用房	万元	38655	24567	-36.4
其　他	万元	27927	14642	-47.6

续表40

指　　标	单位	2011年	2012年	增幅%
新增固定资产	万元	151963	177719	16.9
竣工房屋价值	万元	136831	150531	10.0
房屋建筑面积				
施工面积	万平方米	343.05	353.21	3.0
#住宅	万平方米	278.90	288.26	3.4
竣工面积	万平方米	61.55	60.23	-2.1
#住宅	万平方米	52.49	50.27	-4.2
商品房销售面积	万平方米	41.20	44.86	8.9
商品房待售面积	万平方米	35.29	48.42	37.2
商品房销售额	万元	364711	381023	4.5

表41　　建筑企业主要经济指标表

指　　标	计量单位	2011年	2012年	增幅%
资质企业个数	个	109	123	12.8
建筑业总产值	亿元	1007.98	1155.71	14.7
#在外省完成的产值	亿元	722.31	837.71	16.0
房屋建筑施工面积	万平方米	9456.89	10365.32	9.6
房屋建筑竣工面积	万平方米	3402.95	3860.88	13.5
施工机械设备年末净值	亿元	19.48	18.88	-3.1
主营业务收入	亿元	811.07	913.37	12.6
主营业务成本	亿元	731.11	824.16	12.7
主营业务税金及附加	亿元	31.25	33.84	8.3
营业利润	亿元	29.23	32.25	10.3
利润总额	亿元	31.33	32.90	5.0
固定资产原价	亿元	58.53	59.89	2.3
流动资产合计	亿元	332.10	396.52	19.4
资产合计	亿元	402.02	472.59	17.6
负债合计	亿元	215.81	255.70	18.5
所有者权益	亿元	186.21	216.83	16.4

表42　　**国 内 贸 易 表**

指标名称	单位	2011年	2012年	增幅%
社会消费品零售总额	亿元	154.80	180.34	16.5
#城区消费品市场	亿元	125.26	146.55	17.0
农村消费品市场	亿元	29.54	33.79	14.4
#批发零售业	亿元	140.28	162.00	15.5
住宿餐饮业	亿元	14.53	18.34	26.2
商品交易市场个数	个	55	56	1.8
#成交额超亿元	个	6	6	0.0
商品市场成交额	亿元	130.66	131.12	0.4
#消费品市场成交额	亿元	67.22	72.87	8.4
生产资料市场成交额	亿元	63.44	58.25	-8.2

表43　　**对 外 经 济 表**

指标名称	单位	2011年	2012年	增幅%
对外贸易				
进出口总额	万美元	335041	322944	-3.6
#进口总额	万美元	61022	48252	-20.9
出口总额	万美元	274018	274693	0.3
#一般贸易出口	万美元	244438	250111	2.3
加工贸易出口	万美元	29577	24577	-16.9
利用外资				
本年新签外资企业数	个	40	40	0.0
增资企业数	个	18	25	38.9
总投资	万美元	76611	51344	-33.0
注册资本	万美元	41193	33891	-17.7
合同利用外资	万美元	32250	35054	8.7
实际利用外资	万美元	15011	25351	68.9

表44

交通主要经济指标表

指标	单 位	2011年	2012年	增幅%
一、公路通车里程	千米	1506	1511	0.3
1. 干线公路	千米	109	112	2.8
国 道	千米	106	109	2.8
省 道	千米	3.52	3.52	0.0
2. 支线公路	千米	1397	1399	0.1
县 道	千米	374	372	-0.5
乡 道	千米	123	123	0.0
村 道	千米	900	905	0.6
境内一级以上公路里程	千米	106	114	7.5
境内高速公路里程	千米	61	61	0.0
二、客运量	万人	2489	2465	-1.0
客运周转量	万人千米	68759	69024	0.4
公路:客运量	万人	2489	2465	-1.0
客运周转量	万人千米	68759	69024	0.4
三、货运量	万吨	1299	1323	1.8
货运周转量	万吨千米	243123	213392	-12.2
公路:货运量	万吨	1036	1085	4.7
货运周转量	万吨千米	109688	112061	2.2
水路:货运量	万吨	263	238	-9.5
货运周转量	万吨千米	133435	101331	-24.1

表45

邮政电信基本情况表

指标	单位	2011年	2012年	增幅%
邮电业务收入	万元	72182	76278	5.7
函件	万件	1057	820	-22.4
包件	万件	4	4	0.0
汇票	万张	17	13	-23.5
特快专递	万件	5	4	-20.0
订销报纸累计数	万份	3568	3276	-8.2
订销杂志累计数	万份	114	102	-10.5
集邮业务	万枚	76	89	17.1
邮路总长度	千米	268	268	0.0

续表 45

指标	单位	2011 年	2012 年	增幅%
农村投递路线长度	千米	3452	3434	-0.5
固定电话期末户数(包括小灵通)	万户	31.31	30.47	-2.7
移动电话期末户数	万户	69.40	72.36	4.3
互联网用户数(包括手机上网用户)	万户	49.31	60.01	21.7

注:移动电话用户数统计口径为通话用户数

表 46

全社会用电量表

单位:万千瓦时

项　目	2011 年	2012 年	增幅%
全社会用电量总计	360520	381631	5.9
一、全行业用电量	322840	340702	5.5
农林牧渔业	3678	4378	19.0
工业	280997	297084	5.7
建 筑 业	6850	5582	-18.5
交通运输、仓储、邮政业	1148	1151	0.3
信息传输、计算机服务和软件业	1948	2123	9.0
商业、住宿和餐饮业	14643	15761	7.6
金融、房地产、商务及居民服务业	4236	4739	11.9
公共事业及管理组织	9341	9885	5.8
二、城乡居民生活用电量	37679	40929	8.6
#城镇居民	16535	18047	9.1
乡村居民	21144	22881	8.2

表 47

财政预算收入表

单位:万元

收 入 项 目	2011 年	2012 年	增幅%
1. 中央收入	295871	337374	14.0
#中央“两税”	187340	210052	12.1
企业所得税	80814	100511	24.4
个人所得税	27717	26811	-3.3
2. 公共财政预算收入	355195	391888	10.3
①工商税收	302771	329967	9.0

续表47

收 入 项 目	2011年	2012年	增幅%
#增值税	61744	69398	12.4
营业税	96398	92271	-4.3
个所税	18478	17874	-3.3
企业所得税	53876	67007	24.4
其他工商税收	72275	83417	15.4
②契税和耕占税	36831	39834	8.2
#耕占税	10443	18072	73.1
契　税	26388	21762	-17.5
③国有企业计划亏损补贴	-9676	-5206	
④专项收入	10675	11386	6.7
#排污费收入	845	919	8.8
教育费附加收入	9580	10208	6.6
⑤罚没行政事业性收费收入	13742	14439	5.1
⑥其他收入	852	1468	72.3
收入合计	651066	729262	12.0

表48

财政预算支出表

单位:万元

支出项目	2011年	2012年	增幅%
一般公共服务支出	51899	60539	16.6
国防支出	589	587	-0.3
公共安全支出	25492	27432	7.6
教育支出	86630	99902	15.3
科学技术支出	15435	18371	19.0
文化体育和传媒支出	3962	5489	38.5
社会保障和就业支出	29386	33036	12.4
医疗卫生支出	19856	23435	18.0
环境保护支出	24425	21229	-13.1
城乡社区事务支出	10025	11133	11.1
农林水事务支出	50072	56901	13.6
交通运输支出	15736	15856	0.8
资源勘探电力信息等事务支出	6977	7376	5.7
商业服务业等事务支出	11543	7679	-33.5

续表48

支出项目	2011年	2012年	增幅%
金融监管等事务支出	1901	1148	-39.6
国土资源气象等事务支出	622	886	42.4
住房保障支出	1901	877	-53.9
粮油物资管理事务	240	484	101.7
国债还本付息支出	617	844	36.8
其他支出	260	6013	2212.7
支出合计	357568	399217	11.6

表49

金融系统年末本外币存贷款余额表

单位：亿元

指　标	2011年	2012年	增幅%
金融系统年末存款余额	781.27	801.45	2.6
#企事业单位存款	413.82	406.42	-1.8
居民储蓄存款	352.49	379.36	7.6
金融系统年末贷款余额	612.47	682.84	11.5
#短期贷款	465.14	528.05	13.5
中长期贷款	145.35	151.79	4.4
票据融资	1.79	2.23	24.9
存贷比率(%)	78.39	85.20	6.81

表50

城乡居民生活表

指标名称	单位	2011年	2012年	增幅%
农村居民生活				
农村居民人均纯收入	元	15833	17686	11.7
#工资性收入	元	10881	12369	13.7
家庭经营收入	元	3879	4057	4.6
农村居民人均生活消费支出	元	9943	10717	7.8
#食品支出	元	4297	4551	5.9
恩格尔系数	%	43.2	42.5	-0.7
人均居住住房面积	平方米	57.04	57.78	1.3
城镇居民生活				
城镇居民人均可支配收入	元	34011	37981	11.7

续表50

指标名称	单位	2011年	2012年	增幅%
#工资性收入	元	26926	28930	7.4
城镇居民人均消费性支出	元	21310	24106	13.1
#食品支出	元	7055	7664	8.6
恩格尔系数	%	33.1	31.8	-1.3
人均居住使用面积	平方米	30.53	30.71	0.6

表51 **科学、教育、文化、卫生基本情况表**

指标	单位	2011年	2012年	增幅%
一、科学技术				
从事科技活动人员数(科技报表)	人	7389	7916	7.1
R&D经费内部支出	万元	99017	116573	17.7
专利申请受理量	项	2057	3489	69.6
专利申请授权量	项	1435	2353	64.0
其中:发明	项	104	127	22.1
二、教育事业				
各类学校数(含幼儿园)	个	194	191	-1.5
#普通中学	个	33	33	0.0
小学	个	56	55	-1.8
在校学生数	人	119434	116337	-2.6
#普通中学	人	41768	39503	-5.4
小学	人	47107	46036	-2.3
教职工数	人	8199	8169	-0.4
#普通中学	人	3299	3285	-0.4
小学	人	2691	2651	-1.5
专任教师数	人	6905	6962	0.8
#普通中学	人	2915	2966	1.7
小学	人	2515	2487	-1.1
小学毕业生升学率	%	100	100	0.0
初中毕业生升学率	%	98.55	99.59	1.04
三、文化事业				
艺术表演团体	个	1	1	0.0
演出场次	场次	181	243	34.3
艺术表演场所	个	1	1	0.0

续表51

指标	单位	2011年	2012年	增幅%
公共图书馆	个	1	1	0.0
总藏书量	万册	33.5	38	13.4
电影院	个	3	3	0.0
电影放映场次	场次	20788	19800	-4.8
电影观众人次	万人次	167.21	192.10	14.9
群艺馆、文化馆(站)	个	1	1	0.0
四、卫生事业				
卫生机构数	个	31	30	-3.2
卫生机构床位数	张	2268	2468	8.8
#医院床位	张	1484	1639	10.4
卫生技术人员数	人	3197	3496	9.4
#医生数	人	1340	1445	7.8
注册护士数	人	1112	1283	15.4
每万人拥有医疗床位数	张	29.17	31.70	8.7
#每万人拥有医院床位数	张	19.09	21.05	10.3
每万人拥有医生数	人	17.24	18.56	7.7

表52　旅游经济表

指标名称	单位	2011年	2012年	增幅%
旅行社数	个	16	16	0.0
星级饭店总数	个	10	10	0.0
星级饭店客房总数	间	1727	1727	0.0
国内外旅游人数	万人次	454.12	570.00	25.5
#国内旅游人数	万人次	449.32	564.10	25.5
入境旅游人数	万人次	4.80	5.90	22.9
旅游总收入	亿元	35.86	45.55	27.0
#国内旅游收入	亿元	34.74	44.18	27.2
旅游外汇收入	万美元	1732	2162	24.8

（朱佳玲）

文件目录

市委（市委办）文件目录

市委〔2012〕1号　关于召开中国共产党上虞市第十四次代表大会的通知
市委〔2012〕2号　关于绍兴市七届政协委员推荐情况的报告
市委〔2012〕3号　关于上虞市第十四次党代会及市委、市纪委一次全会选举结果的报告
市委〔2012〕4号　关于出席中国共产党绍兴市第七次代表大会代表选举结果的报告
市委〔2012〕5号　关于表彰2011年度先进集体和先进个人的决定
市委〔2012〕6号　关于表彰2011年度“五好”基层党组织优秀党务工作者和优秀共产党员的决定
市委〔2012〕7号　关于表彰2011年上虞市级文明单位（村镇、社区）的决定
市委〔2012〕9号　关于对2011年度系统平安创建活动示范和创建先进单位命名表彰的决定
市委〔2012〕10号　关于进一步推进“文化强市”建设的若干意见
市委〔2012〕11号　关于上虞市人大、政府、政协、法院、检察院换届候选人问题的请示
市委〔2012〕12号　关于印发中共上虞市委理论学习中心组2012年学习计划的通知
市委〔2012〕13号　关于在全市开展“进村入企”大走访活动的实施意见
市委〔2012〕14号　关于深入开展招商选资“一号工程”的实施意见
市委〔2012〕15号　关于深入开展“项目推进年”活动的实施意见
市委〔2012〕16号　关于深入开展“城市提质年”活动的实施意见
市委〔2012〕17号　关于深入开展“企业服务年”活动的实施意见
市委〔2012〕18号　关于市委常委分工的通知
市委〔2012〕19号　关于上虞市第十六届人民代表大会第一次会议、政协第九届上虞市委员会第一次会议选举结果的报告
市委〔2012〕20号　关于公布2012年度市级领导“六个一”联系点名单的通知
市委〔2012〕21号　中国共产党上虞市第十四届委员会工作规则
市委〔2012〕22号　中国共产党上虞市第十四届委员会关于切实加强自身建设的决定
市委〔2012〕23号　关于进一步建立健全工作推进机制加快市委市政府重点工作落实的实施意见
市委〔2012〕24号　关于明确2012年度市级先进评比项目的通知
市委〔2012〕25号　关于印发《2012年全市经济社会发展重点工作任务分解表》的通知
市委〔2012〕26号　关于印发2012上虞市作风建设工作要点的通知
市委〔2012〕27号　关于进一步强化海外高层次人才创业扶持的若干政策意见
市委〔2012〕28号　关于进一步加快高层次人才引进培养的若干政策意见
市委〔2012〕29号　关于大力发展“回归经济”的实施意见
市委〔2012〕30号　关于建议王永表等3位同志为

近期可高配为副县级人选考察对象的报告

市委〔2012〕31号　关于加快现代服务业跨越式发展的若干意见

市委〔2012〕32号　中共上虞市委上虞市人民政府2012年工作要点

市委〔2012〕33号　关于批转《政协上虞市委员会2012年工作要点》的通知

市委〔2012〕34号　关于批转《上虞市人大常委会2012年工作要点》的通知

市委〔2012〕35号　关于对省委第五巡视组反馈意见整改方案的报告

市委〔2012〕36号　关于村级集体经济增收五年计划的实施意见

市委〔2012〕37号　关于加强新形势下统一战线工作的实施意见

市委〔2012〕39号　关于调整市委建设“法治上虞”工作领导小组成员的通知

市委〔2012〕40号　关于成立市委财经工作领导小组的通知

市委〔2012〕41号　关于调整市精神文明建设委员会组成人员的通知

市委〔2012〕42号　关于调整市委建设“平安上虞”领导小组成员的通知

市委〔2012〕43号　关于加快工业强市建设的决定

市委〔2012〕45号　关于建立完善部分市委常委、政府部门与民主党派、工商联、无党派人士对口联系制度的通知

市委〔2012〕46号　关于公布市委理论学习中心组成员名单的通知

市委〔2012〕47号　关于加强和改进新形势下工商联工作的实施意见

市委〔2012〕48号　关于进一步完善企业重组政策的若干意见的补充意见

市委〔2012〕49号　关于认真学习宣传贯彻党的十八大精神的通知

市委〔2012〕50号　关于对2011年度优秀公务员(参照公务员法管理单位工作人员)进行奖励的决定

市委办〔2012〕1号　关于印发《中共上虞市委办公室实施“科学发展主题培训行动计划”工作方案》的通知

市委办〔2012〕2号　关于成立上虞市预防和制止家庭暴力委员会的通知

市委办〔2012〕3号　关于表彰2011年度人民调解工作优胜单位和先进个人的决定

市委办〔2012〕4号　关于表彰省级生态市创建工作先进集体和先进个人的决定

市委办〔2012〕5号　关于印发市委、市人大常委会、市政府和市政协1月份重点工作的通知

市委办〔2012〕6号　关于春节期间开展拥军优属走访慰问活动的通知

市委办〔2012〕7号　关于印发孙云耀同志在中国共产党上虞市第十四次代表大会上的报告的通知

市委办〔2012〕8号　关于2011年度乡镇(街道)、市直部门单位和“两区”工作目标责任制考核结果及奖金发放的通知

市委办〔2012〕9号　关于2011年度市级各类先进评比项目奖金发放的通知

市委办〔2012〕10号　关于表彰2011年度建设“平安上虞”先进个人的决定

市委办〔2012〕11号　关于在全办开展“孝义、诚信、责任”主题教育活动的实施意见

市委办〔2012〕12号　关于认真做好《面对面》电视访谈节目的通知

市委办〔2012〕13号　关于转发中共上虞市委宣传部2012年全市宣传思想文化工作意见的通知

市委办〔2012〕14号　关于命名和表彰2011年度“魅力文化十大行动”各类称号和先进的通知

市委办〔2012〕15号　关于表彰2011年度上虞市“谢晋文化奖”的通知

市委办〔2012〕16号　关于印发孙云耀同志在市委十四届二次全体(扩大)会议上的报告的通知

市委办〔2012〕17号　关于公布胡愈之故居等五家单位为上虞市级爱国主义教育基地的通知

市委办〔2012〕18号　关于印发市委、市人大常委会、市政府和市政协2月份重点工作的通知

市委办〔2012〕19号　关于印发《上虞市科学技术普及工作“十二五”规划》(2011—2015)的通知

市委办〔2012〕20号　关于印发2012年全市信访

工作意见的通知
市委办〔2012〕21号　关于开展市、乡镇、村(社区)三级干部联合下访约访接待群众来访活动的通知
市委办〔2012〕22号　关于表彰2011年度人口计划生育先进工作者和村(社区)优秀计划生育服务员的通知
市委办〔2012〕23号　关于印发《2012年全市干部教育培训工作要点》的通知
市委办〔2012〕24号　关于印发2012年“虞舜论坛”报告会方案的通知
市委办〔2012〕25号　关于印发2012年全市政法综治工作意见的通知
市委办〔2012〕26号　关于表彰省森林城市创建工作先进集体和先进个人的通知
市委办〔2012〕27号　关于印发上虞市城乡公共文化阵地管理办法的通知
市委办〔2012〕28号　关于印发上虞市文化遗产管理保护方案的通知
市委办〔2012〕29号　关于印发上虞市阳光文化惠民行动实施办法的通知
市委办〔2012〕30号　转发《中共浙江省委办公厅浙江省人民政府办公厅关于加强党政群机关和事业单位专用中文域名注册管理工作的通知》的通知
市委办〔2012〕31号　关于在全办开展“进村入企”大走访活动的实施方案的通知
市委办〔2012〕32号　关于印发中共上虞市委办公室2012年党总支工作计划的通知
市委办〔2012〕33号　关于印发上虞市鼓励社会工作人才开发培养的若干政策意见的通知
市委办〔2012〕34号　关于印发《2012年全市人才工作要点》的通知
市委办〔2012〕35号　关于进一步深化领导干部定期接待群众来访工作的意见
市委办〔2012〕36号　关于印发上虞市社会稳定工作“三色”预警办法的通知
市委办〔2012〕38号　关于印发2012年“市民讲坛”报告会方案的通知
市委办〔2012〕39号　关于开展“社会管理创新落实年”活动的实施意见
市委办〔2012〕40号　关于深入开展“网格管理、联动服务”工作的实施意见
市委办〔2012〕41号　关于印发2012年度上虞市社会稳定工作考核办法的通知
市委办〔2012〕43号　关于加快村庄整治推进美丽乡村建设的若干政策意见
市委办〔2012〕44号　关于印发《2012年度党风廉政建设责任制考核办法》的通知
市委办〔2012〕45号　关于印发《2012年反腐倡廉建设组织领导与责任分工》的意见
市委办〔2012〕46号　关于印发《上虞市2012年行风效能建设实施意见》的通知
市委办〔2012〕47号　关于印发2012年度乡镇街道工作目标责任制考核办法的通知
市委办〔2012〕48号　关于印发2012年度市直部门(单位)工作目标责任制考核办法的通知
市委办〔2012〕49号　关于印发2012年度“两区”工作目标责任制考核办法的通知
市委办〔2012〕50号　关于切实做好2012年度房屋征迁改造工作的通知
市委办〔2012〕51号　印发《关于加快发展总部经济的若干政策意见(试行)》的通知
市委办〔2012〕52号　关于印发《“四季仙果之旅”——’2012上虞生态休闲旅游节总体方案》的通知
市委办〔2012〕53号　关于印发《上虞市2012年度乡镇街道人口和计划生育目标管理责任制考核办法》和《上虞市2012年度市直部门人口和计划生育目标管理责任制考核办法》的通知
市委办〔2012〕54号　关于表彰2011年度边界经济集约发展示范类企业的决定
市委办〔2012〕55号　关于落实村务监督委员会主任基本报酬的意见
市委办〔2012〕56号　关于调整上虞市国有资产监督管理委员会组成人员的通知
市委办〔2012〕58号　关于促进会务经济发展的若干意见
市委办〔2012〕59号　关于调整市委防范和处理邪教问题领导小组成员的通知
市委办〔2012〕60号　关于印发中共上虞市委防范

和处理邪教问题领导小组2012年工作要点的通知

市委办〔2012〕61号 关于印发《中共上虞市委办公室在全办开展“基层建设年”活动的实施意见》的通知

市委办〔2012〕62号 关于成立上虞市农村集体资产产权制度改革试点工作领导小组的通知

市委办〔2012〕63号 关于财税支持虞商发展回归经济的补充意见

市委办〔2012〕64号 关于成立上虞市蓝天行动领导小组的通知

市委办〔2012〕65号 关于表彰2011年度全市党政信息工作先进集体和个人的通报

市委办〔2012〕66号 关于表彰2011年度全市党政信息工作先进集体和个人的通报

市委办〔2012〕67号 关于印发《上虞市党政信息工作考核办法》的通知

市委办〔2012〕68号 关于进一步加强紧急信息报送工作的通知

市委办〔2012〕69号 关于市社会治安综合治理委员会更名为市社会管理综合治理委员会的通知

市委办〔2012〕70号 关于成立“回归经济”发展工作领导小组的通知

市委办〔2012〕71号 关于组织民兵参与加强和创新社会管理的通知

市委办〔2012〕72号 关于印发《2012年上虞市服务业工作要点》的通知

市委办〔2012〕73号 关于开展全市服务业项目竞赛活动的通知

市委办〔2012〕74号 关于开展城市“门户靓化”工程的实施意见

市委办〔2012〕75号 关于成立市推进工业强市建设工作领导小组的通知

市委办〔2012〕76号 关于开展市、乡镇、村(社区)三级干部联合下访约访接待群众来访活动的通知

市委办〔2012〕77号 关于调整上虞市生态文明建设推进行动工作领导小组的通知

市委办〔2012〕78号 关于印发《2012年度乡镇、街道三产服务业工作目标责任制考核实施细则》的通知

市委办〔2012〕79号 关于印发《2012年度市直部门三产服务业工作目标责任制考核实施细则》的通知

市委办〔2012〕80号 关于印发《2012年度“两区”三产服务业工作目标责任制考核实施细则》的通知

市委办〔2012〕81号 关于开展国有及国有控股(参股)企业专项清理工作的通知

市委办〔2012〕82号 关于做好2012年度《浙江领导参考》征订工作的通知

市委办〔2012〕83号 关于调整上虞市农民培训和转移工作领导小组成员的通知

市委办〔2012〕84号 关于印发《2012年建设“法治建设”工作要点》的通知

市委办〔2012〕85号 关于印发《上虞市创建浙江省法治县(市、区)工作先进单位责任分解表》的通知

市委办〔2012〕86号 关于进一步加大自营出口扶持力度的补充意见

市委办〔2012〕87号 关于建立维稳信息定期分析研判联席会议制度的通知

市委办〔2012〕88号 关于印发上虞市村级组织规范化管理实施细则的通知

市委办〔2012〕91号 关于调整复员退伍军人问题工作小组成员的通知

市委办〔2012〕92号 关于对各类涉军群体的重点人员开展结对帮扶的通知

市委办〔2012〕94号 关于调整市委保密委员会和市委密码工作领导小组组成人员的通知

市委办〔2012〕96号 关于成立上虞市“文化强市”建设工作领导小组的通知

市委办〔2012〕97号 关于调整市委对外宣传工作领导小组成员的通知

市委办〔2012〕98号 关于成立中共上虞市委互联网宣传管理工作领导小组的通知

市委办〔2012〕99号 关于调整上虞市慈善工作领导小组的通知

市委办〔2012〕100号 关于调整浙江省农村致富技术函授大学上虞市分校校务委员会成员的通知

市委办〔2012〕101号　关于调整上虞市全民科学素质工作领导小组成员的通知
市委办〔2012〕102号　关于印发《'2012"四季仙果之旅"大型文艺推介晚会总体方案》的通知
市委办〔2012〕103号　关于认真学习宣传贯彻省第十三次党代会精神的通知
市委办〔2012〕104号　关于调整上虞市信访工作领导小组成员的通知
市委办〔2012〕105号　关于调整完善市处理信访突出问题和群体性事件联席会议制度的通知
市委办〔2012〕106号　关于调整市社会管理创新工作领导小组的通知
市委办〔2012〕107号　关于转发《中共中央办公厅国务院办公厅关于印发〈节庆活动管理办法(试行)〉》的通知
市委办〔2012〕108号　关于印发2012年度上虞市生态文明建设工作计划的通知
市委办〔2012〕109号　关于印发2012年度上虞市生态文明建设工作考核办法的通知
市委办〔2012〕112号　关于印发《2012年度"平安上虞"创建责任分解》的通知
市委办〔2012〕113号　关于印发《经济开发区(曹娥街道)行政村托管工作实施方案》的通知
市委办〔2012〕114号　关于下发《中国(上虞)信义文化节开幕式暨中华十大信义任务颁奖盛典实施方案》的通知
市委办〔2012〕116号　关于调整市委老干部工作领导小组成员的通知
市委办〔2012〕117号　关于调整上虞市老年大学校务委员会成员的通知
市委办〔2012〕118号　关于调整上虞市双拥工作领导小组成员的通知
市委办〔2012〕119号　关于调整市宗教工作领导小组和联席会议成员的通知
市委办〔2012〕121号　关于印发《'2012中国·上虞野藤葡萄文化旅游节实施方案》的通知
市委办〔2012〕122号　关于印发2012年度应急管理目标责任制考核办法的通知
市委办〔2012〕123号　关于公布新时期上虞精神表述语的通知
市委办〔2012〕124号　关于公布上虞城市公益形象语的通知
市委办〔2012〕125号　关于印发《上虞市省级卫生城市复查达标工作实施方案》的通知
市委办〔2012〕126号　关于印发《上虞市支持浙(虞)商创业创新促进上虞发展目标责任制考核办法》的通知
市委办〔2012〕127号　关于成立创建全国休闲农业与乡村旅游示范县工作领导小组的通知
市委办〔2012〕128号　关于印发《上虞市创建全国休闲农业与乡村旅游示范县实施方案》的通知
市委办〔2012〕130号　关于转发《在全省开展"百乡千村"示范服务中心创建活动通知》的通知
市委办〔2012〕131号　关于开展建军85周年纪念活动的通知
市委办〔2012〕134号　关于印发上虞市党委政法委员会执法监督工作实施细则的通知
市委办〔2012〕135号　关于印发孙云耀同志在市委十四届三次全体(扩大)会议上的报告的通知
市委办〔2012〕136号　关于成立省级卫生城市复查达标工作领导小组的通知
市委办〔2012〕137号　关于调整上虞市突发公共事件应急管理委员会的通知
市委办〔2012〕138号　关于成立市党委系统信息化工作领导小组的通知
市委办〔2012〕139号　关于调整上虞市创建省级创业型城市工作领导小组的通知
市委办〔2012〕141号　关于认真做好省委巡视组反馈意见整改工作的通知
市委办〔2012〕142号　关于成立省委巡视组反馈意见整改工作领导小组的通知
市委办〔2012〕143号　关于印发《'2012浙东新商都(上虞)购物节活动总体方案》的通知
市委办〔2012〕144号　关于印发《上虞曹娥火车站(货站)及周边环境专项整治行动实施方案》的通知
市委办〔2012〕145号　关于印发《2012年上虞市普法依法治理工作要点》的通知
市委办〔2012〕146号　关于印发《上虞市重大决策社会稳定风险评估实施办法(试行)》的通知

市委办〔2012〕147号　关于调整上虞市军队转业干部安置工作领导小组成员的通知
市委办〔2012〕148号　关于成立上虞市深化行政审批制度改革工作领导小组的通知
市委办〔2012〕149号　转发中共绍兴市委办公室绍兴市人民政府办公室关于深入推进行政审批制度改革的实施意见的通知
市委办〔2012〕150号　关于开展上虞撤县设市20周年十大民心工程评选活动的通知
市委办〔2012〕151号　学习贯彻中共浙江省委办公厅浙江省人民政府办公厅印发关于严格控制机构编制的实施意见的通知
市委办〔2012〕152号　印发《关于在全市开展信访维稳工作“双月攻坚行动”的实施意见》的通知
市委办〔2012〕153号　关于重申紧急信息报送有关规定的通知
市委办〔2012〕154号　关于成立上虞市推进社会矛盾纠纷“大调解”工作体系建设领导小组的通知
市委办〔2012〕155号　关于要求明确市委机要局人员编制及领导职数的请示
市委办〔2012〕156号　关于调整市维护国防利益领导小组及下设机构组成人员的通知
市委办〔2012〕157号　关于认真做好《党政机关公文处理工作条例》贯彻实施工作的通知
市委办〔2012〕158号　关于成立上虞市应急联动处置领导小组及市应急联动指挥中心的通知
市委办〔2012〕159号　关于印发上虞市2012年城市无车日活动实施方案的通知
市委办〔2012〕160号　印发《关于进一步加快三产服务业投资是实施意见》的通知
市委办〔2012〕161号　批转《上虞市乡镇、街道残联召开代表大会进行换届选举的指导意见》的通知
市委办〔2012〕162号　关于《上虞年鉴(2012)》编纂工作的意见
市委办〔2012〕163号　关于公布2012年市领导联系第二批重点工业建设项目名单的通知
市委办〔2012〕165号　关于成立上虞市历史文化村落保护利用工作协调小组的通知
市委办〔2012〕166号　关于成立曹娥江旅游度假区筹建办公室的通知
市委办〔2012〕167号　关于认真做好2012年社区换届选举工作的意见
市委办〔2012〕168号　关于印发上虞市“811”生态文明建设专项行动方案的通知
市委办〔2012〕170号　关于开展三级干部联合大接访及信访维稳“双月攻坚行动”专项督查活动的通知
市委办〔2012〕171号　关于切实做好2013年度党报党刊发行工作的通知
市委办〔2012〕172号　关于从严规范全村级组织公费订阅报刊工作的通知
市委办〔2012〕173号　关于对《中共上虞市委办公室上虞市人民政府办公室关于从严规范全市村级组织公费订阅报刊工作的通知》有关内容补充调整的通知
市委办〔2012〕174号　关于加强新时期侨联工作的意见
市委办〔2012〕175号　关于印发2012年市委读书会重点交流课题调研安排的通知
市委办〔2012〕176号　关于印发《上虞市“四边三化”行动方案》的通知
市委办〔2012〕178号　关于开展扶贫帮困“送温暖”慈善捐赠活动的通知
市委办〔2012〕179号　关于举行市委理论学习中心组(扩大)集中学习会的通知
市委办〔2012〕180号　关于印发《全市实有人口、实有房屋信息大采集活动实施方案》的通知
市委办〔2012〕181号　关于公布上虞撤县设市20周年民心工程评选结果的通知
市委办〔2012〕182号　关于上虞市应急联动规范化建设工作的实施意见
市委办〔2012〕183号　关于印发上虞市应急联动工作考核办法的通知
市委办〔2012〕184号　关于调整上虞市新居民服务管理工作领导小组成员的通知
市委办〔2012〕185号　关于调整杭州湾上虞滨海新城海涂国有土地回收工作领导小组成员的通知
市委办〔2012〕186号　关于开展2012年度党风廉

政建设责任制考核的通知

市委办〔2012〕187号　关于进一步加强企业国有资产管理工作的通知

市委办〔2012〕188号　关于调整市普法教育领导小组成员单位和市社区矫正工作委员会成员的通知

市委办〔2012〕189号　关于印发《上虞市创建绍兴市国家级旅游标准化试点县（市）实施方案》的通知

市委办〔2012〕190号　关于组织开展清薪维稳专项行动的通知

市委办〔2012〕191号　关于成立上虞市构建和谐劳动关系工作领导小组的通知

市委办〔2012〕192号　关于调整市老龄工作委员会组成人员的通知

市委办〔2012〕193号　关于表彰创建省福残助残爱心城市工作先进集体、先进个人及爱心企业、爱心家庭、爱心助残志愿者的决定

市委办〔2012〕194号　关于调整上虞市志愿服务工作委员会的通知

市委办〔2012〕195号　关于成立杭州湾上虞工业园区创建国家级经济技术开发区工作领导小组的通知

市委办〔2012〕196号　关于规范对乡镇街道年终考核的通知

市委办〔2012〕197号　关于开展2012年度市直部门（单位）工作目标责任制考核总结自评的通知

市委办〔2012〕198号　关于印发《2012年度考核评比工作实施意见》的通知

市委办〔2012〕199号　关于上虞市服务业标准化与品牌建设的实施意见

市委办〔2012〕200号　转发市公安局《关于开展冬季治安大巡防工作方案》的通知

市委办〔2012〕201号　关于开展2012年度"五好"基层党组织和优秀党务工作者、优秀共产党员推荐评选活动的通知

市委办〔2012〕202号　关于严禁对乡镇街道开展年终实地考核的紧急通知

市委办〔2012〕204号　关于做好2013年元旦、春节期间有关工作通知

市政府（市府办）文件目录

虞政发〔2012〕9号　上虞市人民政府关于进一步完善困难群众基本生活价格补贴机制的通知

虞政发〔2012〕1号　上虞市人民政府关于重新公布上虞市征地区片综合地价的通知

虞政发〔2012〕7号　上虞市人民政府关于进一步明确工业用地招拍挂起始价的若干意见

虞政发〔2012〕18号　上虞市人民政府关于进一步规范城区道路和居民社区停车秩序的通告

虞政发〔2012〕17号　上虞市人民政府关于加快推进重点区域"退二进三"工作的实施意见（试行）

虞政发〔2012〕19号　上虞市人民政府关于促进服务外包产业发展的政策意见

虞政发〔2012〕23号　上虞市人民政府关于印发《上虞市公交运营体制改革实施意见》的通知

虞政发〔2012〕26号　上虞市人民政府关于进一步明确工业用地招拍挂起始价的补充意见

虞政发〔2012〕27号　上虞市人民政府关于加强城区沿街店面（单位）装潢垃圾处置管理的通告

虞政发〔2012〕28号　上虞市人民政府关于深化优生促进工程的意见

虞政发〔2012〕29号　上虞市人民政府关于进一步加强房屋征迁改造工作的若干意见

虞政发〔2012〕22号　上虞市人民政府关于加快推进传统产业提升发展新兴产业培育壮大的政策意见

虞政发〔2012〕31号　上虞市人民政府关于进一步加强食品安全工作的意见

虞政发〔2012〕33号　上虞市人民政府关于印发上虞市市级公立医院综合改革工作方案的通知

虞政发〔2012〕39号　上虞市人民政府关于完善机关事业单位职工基本养老保险基金统筹办法的通知

虞政发〔2012〕44号　上虞市人民政府关于印发上虞市城乡居民基本医疗保险实施细则（试行）的通知

虞政发〔2012〕45号　上虞市人民政府关于进一步

加快工业强市建设的政策意见
虞政发〔2012〕48号 上虞市人民政府关于在城区实施黄标车区域限行的通告
虞政发〔2012〕50号 上虞市人民政府关于加快发展融资性担保机构的若干意见(试行)
虞政发〔2012〕57号 上虞市人民政府关于推进低效利用建设用地二次开发的实施意见(试行)
虞政发〔2012〕61号 上虞市人民政府关于加快发展生态循环农业的实施意见
虞政发〔2012〕68号 上虞市人民政府关于印发《上虞市政府投资项目管理办法》的通知
虞政发〔2012〕78号 上虞市人民政府关于印发《上虞市价格调节基金使用管理办法(暂行)》的通知
虞政发〔2012〕81号 上虞市人民政府关于进一步明确从土地出让收入中计提社会保障等专项资金有关事项的通知
虞政办发〔2012〕30号 上虞市人民政府办公室关于印发《上虞市燃煤热电企业锅炉炉外脱硫改造实施意见》的通知
虞政办发〔2012〕36号 上虞市人民政府办公室关于印发《上虞市病险山塘整治工程实施细则》的通知
虞政办发〔2012〕37号 上虞市人民政府办公室关于印发《上虞市清水工程(农村河道综合整治)项目建设管理办法》的通知
虞政办发〔2012〕41号 上虞市人民政府办公室关于进一步加强村卫生室管理和乡村医生队伍建设的实施意见
虞政办发〔2012〕45号 上虞市人民政府办公室关于进一步加强农村私人建房管理的意见
虞政办发〔2012〕75号 上虞市人民政府办公室关于推进农家乐提档升级的实施意见
虞政办发〔2012〕93号 上虞市人民政府办公室关于明确一般诊疗费在新型农村合作医疗中补偿标准的通知
虞政办发〔2012〕101号 上虞市人民政府办公室关于印发《上虞市农业“两区”建设专项资金使用管理暂行办法》的通知
虞政办发〔2012〕124号 上虞市人民政府办公室关于进一步加强基层农业公共服务中心建设提升农业公共服务能力的意见
虞政办发〔2012〕133号 上虞市人民政府办公室关于全面推广企业综合排序优化配置社会资源的实施意见
虞政办发〔2012〕135号 上虞市人民政府办公室关于进一步加强学生接送监督和管理工作的实施意见
虞政办发〔2012〕139号 上虞市人民政府办公室关于印发《上虞市城区房屋征迁改造补偿安置实施细则》的通知
虞政办发〔2012〕113号 上虞市人民政府办公室关于进一步提升乡镇工业功能区建设水平的若干意见
虞政办发〔2012〕114号 上虞市人民政府办公室关于印发上虞市鼓励企业开展自主创新奖励办法的通知
虞政办发〔2012〕115号 上虞市人民政府办公室关于印发上虞市公共科技创新服务平台建设奖励办法的通知
虞政办发〔2012〕116号 上虞市人民政府办公室关于印发上虞市科技创业服务专项资金管理暂行办法的通知
虞政办发〔2012〕163号 上虞市人民政府办公室关于进一步加强房屋装饰装修管理的意见
虞政办发〔2012〕176号 上虞市人民政府办公室关于印发上虞市市级公立医院综合改革政府投入政策实施意见的通知
虞政办发〔2012〕177号 上虞市人民政府办公室关于印发上虞市市级公立医院内部运行机制改革实施意见的通知
虞政办发〔2012〕178号 上虞市人民政府办公室关于印发上虞市市级公立医院综合改革基本医疗保险实施意见的通知
虞政办发〔2012〕186号 上虞市人民政府办公室关于加强电网建设保障和电力设施保护工作的意见
虞政办发〔2012〕191号 上虞市人民政府办公室关于切实加快转而未供土地消化利用的通知
虞政办发〔2012〕208号 上虞市人民政府办公室转发市国土局关于加快推进上虞市农村集体土地确权登记发证工作实施意见的通知

虞政办发〔2012〕235号　上虞市人民政府办公室关于加强食品生产加工小作坊监管的实施意见
虞政办发〔2012〕243号　上虞市人民政府办公室关于印发《关于培育扶持汤浦童装城的政策意见》的通知
虞政办发〔2012〕255号　上虞市人民政府办公室关于印发《上虞市生产经营单位安全生产诚信管理暂行办法》的通知
虞政办发〔2012〕260号　上虞市人民政府办公室关于印发《上虞市殡葬基本服务项目免费办法》的通知
虞政办发〔2012〕275号　上虞市人民政府办公室关于印发上虞市餐厨垃圾管理办法(试行)的通知
虞政办发〔2012〕273号　上虞市人民政府办公室关于印发《上虞市企业互助基金操作管理办法(试行)》的通知
虞政办发〔2012〕313号　上虞市人民政府办公室关于印发上虞市印染企业煤改天然气工作实施意见的通知
虞政办发〔2012〕315号　上虞市人民政府办公室关于印发《上虞市市长质量奖评审管理办法》的通知
虞政办发〔2012〕318号　上虞市人民政府办公室关于印发上虞市高污染燃料禁燃区管理办法(试行)的通知
虞政办发〔2012〕378号　上虞市人民政府办公室关于印发上虞市电镀行业长效管理办法的通知

人 物

上虞籍学部委员和两院院士

【竺可桢】 竺可桢(1890—1974年),男,上虞东关人,中国近代气象学和地理学的奠基人。早年就读绍兴东湖通艺学堂、上海复旦公学。1910年留学美国。1918年获哈佛大学博士学位,同年回国,先后在武昌、南京、上海等地工作,1936年任浙江大学校长。抗战时期率浙大师生流亡办学,被称为“文军长征”。1949年7月应周恩来邀请参加中华全国自然科学工作者代表会议筹备会;9月被推选为全国政协委员,出席政协一届一次会议。中华人民共和国成立后,历任中国科学院副院长、全国科协副主席、中国地理学会理事长、中国气象学会理事长等职,1955年当选为中科院生物学地学部学部委员(院士)。系第一、二、三届全国人大常委会委员。著有《我国五千年气候变迁的初步研究》《气象与农业之关系》等书,辑有《竺可桢文集》。

【陈梦熊】 男,1917年10月出生于南京,祖籍上虞,著名水文地质学家,我国水文地质事业主要创始人之一。1942年毕业于西南联合大学地质系,历任地矿部水文地质工程局副总工程师、地矿部高级工程师、国土资源部科技咨询研究中心咨询委员、中国地质调查局高级咨询专家。曾组织、领导全国区域水文地质普查,创立具有中国特色的水文地质编图方法和统一图例等,受到国内外专家高度评价。参与完成国际水文计划(IHP)两项重大合作课题——地下水系统研究、水资源的开发和管理,具有较高的权威。20世纪80年代后,致力于地下水资源与环境水文地质问题的研究。在区域地质、水文地质、地貌第四纪地质、铁路工程地质以及环境地质等方面发表论文130余篇。先后获全国科学大会奖,国家科技进步二等奖,地矿部科技成果二等奖、三等奖等多项奖励。1991年当选为中科院院士。2012年逝世。

【徐光宪】 男,1920年11月出生,上虞汤浦人,著名物理化学家,2008年国家最高科技奖获得者,被学者誉为“稀土之父”。早年就读于春晖中学和稽山中学。1944年毕业于上海交通大学,1951年获美国哥伦比亚大学博士学位。回国后,历任北京大学教授、教研室主任、稀土化学研究中心主任,稀土材料化学及应用国家重点实验室学术委员会主任,以及《中国稀土学报》主编。长期从事量子化学、稀土化学、配位化学、萃取化学、核燃料化学等领域的教学和科研工作,发表论文500余篇,著有专著及教科书共10卷,其中《物质结构》获国家优秀教材特等奖,并获首届何梁何利科技化学奖等国家级奖项多项。系第三届全国人大代表,第五、六、七、八届全国政协委员。1980年当选为中国科学院化学部学部委员。

【周炯槃】 男,1921年1月出生,上虞崧厦人,通信技术专家。1943年毕业于上海交通大学电机系。1948年赴美国哈佛大学,翌年获理学硕士学位。回国后历任天津新安电机厂总工程师,天津大学电信系教授,北京邮电学院教授兼无线电系副主任、科研所所长，国务院学位委员会学科评议组第一、二届委员，北京邮电大学信息工程学院名誉院长、教授、博士生导师。长期从事信息和通信网理论的科研，在其指导参与下，北京邮电学院于1958年创建中国第一个实验电视台——北邮教学电视台，后又领导研制了飞点扫描彩色电视实践系统，填补了国内在该领域的空白。在20世纪60年代首次把卷积码引入无线数字通信信道的纠错和检错中，在国家科研项目“6401”的实验样机中取得成功。20世纪70年代将伪随机码理论应用于抗衰落技术，指导完成了对流层散射数据传输通信设备的研制，装备六大军区使用，获1978年全国科学大会奖。20世纪80年代指导研制报纸传真压缩传输设备，领导和建立了中国数字化卫星报纸传真网。获“北京市劳动模范”“全国劳动模范”等荣誉。1995年当选为中国工程院信息与电子工程学部院士。2011年12月6日，因病在北京逝世。

【袁承业】 男，1924年8月出生，上虞小越人，有机化学家。1948年毕业于南京国立药学专科学校。1955年获苏联科学副博士学位。1958年，建立与领导核燃料萃取剂研究组，解决了我国国防工业的亟须问题。1960年9月，成为中国科学院上海有机化学研究所研究员。20世纪70年代，结合我国有色金属的综合利用研制成功分离稀土及钴镍的多种萃取剂。后与合作者在大量实验数据基础上进行“萃取剂的结构与性能研究”，以后又用量子化学、分子力学、模式识别、因子分析及相关分析进行处理，从而将萃取剂化学提高到一个新水平。先后获包括国家自然科学一等奖、国家科技进步二等奖及国家发明三等奖在内的国家级奖励6项。2001年获何梁何利基金奖。与徐光宪院士合著的《稀土的溶剂萃取》一书获全国优秀图书一等奖，发表学术论文280余篇。1997年当选为中国科学院化学学部院士。

【周勤之】 男，1927年11月出生，上虞沥海人，著名机械制造工艺与设备专家，上海机床厂教授级高级工程师，中国静压轴承开创人之一。1950年毕业于中华工商专科学校。开发的静压轴承在高精度外圆磨床用卡盘夹磨工作圆度小于0.08微米，达到当代国际最高水平。吸收国外技术试验开发MBG1432A镜面磨削外圆磨床，开中国镜面磨削先河。直接参与并组织指导研究开发的精密分度技术、接长丝杆技术、磁分度技术、平面智能研磨技术等，分别达到国际先进水平和领先地位。1995年当选为中国工程院机械与运载工程学部院士。

【徐如人】 男，1932年2月出生，上虞下管人，无机化学家。1952年毕业于上海交通大学，现任教于吉林大学化学系，从事无机合成化学、分子筛化学与分子工程学领域研究工作。历任教授、化学系主任、合成与催化研究所所长、吉林大学无机合成与制备化学(国家)重点实验室学术委员会副主任、中科院长春应化所稀土化学与物理重点开放实验室学术委员会主任，吉林省第八、九届人大常委会副主任等职。是第六至第九届全国人大代表，国务院学位委员会第二、三届化学学科评审组成员和召集人，第三届国家自然科学基金委员会委员，第十五届国际分子筛会议主席。在无机合成与微孔晶体化学领域，获国家自然科学奖2次，国家教委科学进步一等奖3次、二等奖2次，1995年获何梁何利科技进步化学奖。累计发表学术论文400多篇，出版论著7部。曾被评为全国模范教师，全国教育系统劳动模范。1991年当选为中国科学院化学部学部委员(院士)，2003年当选为第三世界科学院院士。

【曹春晓】 男，1934年8月出生，上虞人，材料科学家，钛合金专家，中国钛合金研究与应用的创始人之一。1956年毕业于上海交通大学，一直从事以钛合金为主的航空材料研究工作，历任中航工业北京航空材料研究院研究员、博士生导师、高级顾问、学位评定委员会主席和南昌航空大学学术委员会主任，兼任国家国防科工局科技委委员、中国航空研究院学位评定委员会副主任、先进高温结构材料国防科技重点实验室学术委员会主任、大型飞机重大专项专家咨询委员会委员、中国航空学会常务理事兼材料工程分会名誉主任、中国航空学会学术工作委员会副主任、中航工业科技委高级顾问、《材料工程》主编、《航空材料学报》副主编等。曾任中国机械工程学会塑性工程学会主任、中国有色金属工业协会钛业分会会长。共获国家级和省部级科技成果16项，其中国家科技进步一等奖1项和二等奖3项，国家发明三等奖2项，获国家发明专利2项。发表论著约200篇。培养博士后、博士、硕士成绩显著，1989年获国家级“有突出贡献中青年专家”称号，1993年被航空航天部评为优秀研究生导师。1996年获光华科技基金一等奖。1997年当选为中国科学院技术科学学部院士，2001年获航空报国金奖——航空工业系统最高奖，2003年获航空报国突出贡献奖。

【钟群鹏】 男，1934年10月出生，上虞丰惠人，著名机械装备失效分析预测和预防专家。1957年毕业于北京航空学院研究生班，留校任教，历任教授、博士生导师、材料和失效预防研究所所长，兼任中国机械工程学会技术委员会副主任、失效预防工作委员会主任等职。20世纪80年代初创立中国第一个失效分析技术组织，90年代又创建中国科协工程联失效分析和预防中心。撰有专著24部，在国内外发表论文120多篇。先后获国家和部委科技进步一等奖11项，多次被评为北京市优秀教师和航空航天工业部有突出贡献专家。1999年12月当选为中国工程院院士。

【强伯勤】 男，1939年9月出生，上虞人，分子生物学家。1962年毕业于上海第二医科大学医疗系，历任中国协和医科大学生物化学与分子生物学系主任、教授，中国医学科学院基础医学研究所研究员，并曾任医科院副院长、协和医大副校长。在国际上首次发现了八核苷酸限制酶sfil，合作鉴定出第二种八核苷酸限制酶Notl的识别特异性；发现新酶Nallll、Nlalv和Msll；构成了基因工程高产菌株，提高限制酶或甲基化酶产量10~100倍；1993年起从事人类基因组研究。主要领域是脑发育以及与神经系统疾病相关基因的结构与功能。1991年当选为中国科学院院士。

【王基铭】 男，1942年6月出生，上虞百官人，炼油、石油化工及工程管理专家。1964年毕业于华东化工学院石油炼制专业，分配至上海炼油厂从事技术工作。1972年参加筹建上海石化总厂，先后担任化工一厂基建指挥部副指挥、副厂长。1984年起，历任上海石化总厂副厂长、厂长。1993年任上海石化股份公司董事长、总经理。1994年任中国石油化工总公司副总经理、党组成员兼上海石化股份公司董事长。1998年赴京任中国石油化工集团副总经理，并兼任集团公司科技委员会主任。2005年3月任中石化股份有限公司副董事长、总裁，兼任中国可持续发展工商理事会执行会长。同期，当选为中国石油化工协会副会长、中国国际商会石化行业商会会长等。系中共第十四次全国代表大会代表、第十届全国政协委员。2005年12月当选为中国工程院院士。

2012年度省级及以上先进集体表

表53

集体名称	奖项	颁奖单位
上虞市	中国信义城市	中国伦理学会
上虞市“形势 任务”宣讲团	浙江省优秀宣讲团队	省委宣传部
中共谢塘镇新戴家村总支委员会	全国争先创优先进基层党组织	中共中央组织部

2012年度省级及以上先进个人表

表54

姓名	奖项	颁奖单位
叶源源(检察院)	百佳办案能手	浙江省政法委
毛建江(科技局)	2012年度省科技工作先进个人	省科技厅、国家科技部
孙建宇(禁毒大队)	全国特级优秀人民警察	中华人民共和国人力资源和社会保障部、公安部
姚阳潮(百官派出所)	全省特级优秀人民警察	浙江省人力资源和社会保障部、浙江省公安厅
袁伟文、杨国华(文广局)	第十六届群星奖	文化部
罗国来(上虞区安全生产监督局)	2012年全国安全生产监管监察系统先进工作者	人力资源和社会保障部、国家安全生产监督管理总局
孙建宇(禁毒大队)	2012年全国特级优秀人民警察	中华人民共和国公安部
姚一松(上虞供销总社)	2012年全国供销合作社系统先进个人	人力资源和社会保障部 中华全国供销合作总社
朱立新(上百贸易有限公司上百超市)	2012年全国五一劳动奖章	中华全国总工会

2012年上虞市百岁老人统计表(不包括沥海)

表55

序号	姓　名	性别	出生年月	家庭住址
1	倪洪章	男	1910.6.29	上虞市梁湖镇花浦村
2	陈玉花	女	1911.2.11	上虞市盖北镇丰棉村
3	张玉琴	女	1911.5.27	上虞市崧厦镇三友村
4	徐芝仙	女	1911.5.30	上虞市崧厦镇西街居委
5	姚阿茶	女	19111.5.31	上虞市崧厦镇勤联村
6	蒋高生	男	1910.9.16	上虞市崧厦镇潘韩村
7	王阿琴	女	1911.8.18	上虞市章镇镇公益村
8	谢阿芬	女	1911.5.28	上虞市道墟镇新里港村
9	戴荷花	女	1912.7.25	上虞市章镇镇龙江里民
10	倪成根	男	1912.11.17	上虞市东关街道医院路后永兴11号

逝世乡贤

陈梦熊(1917—2012年)男，上虞百官人，水文地质学家、工程地质学家、中国科学院资深院士，国土资源部科技咨询研究中心咨询委员、高级工程师、中国地质调查局高级咨询专家，曾任地矿部水文地质工程地质局副总工程师，主管水文地质科技业务，领导完成全国区域水文地质普查工作。1942年毕业于西南联合大学理学院地质系，

1991年当选为中国科学院院士。是我国水文地质事业主要创始人之一，领导完成全国区域水文地质普查和全国地下水资源的计算与评价，创立具有我国特色的水文地质编图方法和统一图例，组织指导各省编制出版了大量的各类图幅、图系或图集，受到国内外专家好评。参与完成国际水文计划(IHP)两项重大国际合作课题——地下水系统研究、水资源的开发和管理，在国际上具有较高的权威性。在研究工作涉及水文地质学各个领域，具有一定的开拓性和带头作用，曾先后获全国科学大会奖、国家科学技术进步奖及地矿部科技成果奖等多项奖励，代表作有《中国地下水资源与环境》《中国水文地质环境地质问题研究》和《中国水文地质工程地质事业的发展与成就》等。2012年12月28日因病逝世。

杨守正(1915—2012年)曾用名田冲、田大聪，男，上虞谢塘人。著名教授、学者。1937年进入西北联大学习，1940年起历任八路军一二〇师三五九旅补充团政治教员、团政治处代主任、湖南人民救国军三支队政治部主任、鄂南嘉蒲宁县长，中原军区后勤部政治部主任，吉林工业专科学校校长。新中国成立后，历任东北工业部设计处处长、重工业部设计司司长，国家计委设计计划局副局长，国家建委标准定额局局长，辽宁省化工石油厅厅长，中共辽宁省委副秘书长，1964年起，历任中国驻索马里、苏丹、埃塞俄比亚、莫桑比克、苏联等五国大使。1985年后，历任中国人民大学经济系教授，吉林大学、东北师范大学、外交学院、解放军外语学院等院校兼职教授，辽宁省经济咨询委员会顾问，香港招商局顾问。1991年被选为世界生产率科学院院士，系中国东北亚技术经济合作促进会会长、中国保安集团高级经济顾问、吉林省经济顾问。2012年8月29日因病逝世。

何畏(1913—2012年)原名杜其昌，男，上虞驿亭人。1938年，加入中国共产党，曾任五夫小学教员，1939年奉命打入国民党上虞县政府，任科员，执行党的特殊任务。1942年，受中共浙东区党委敌伪军工作委员会派遣，先后打入汪伪上虞县政府和汪伪绍兴敌特机关做情报工作。撤出后，历任抗日民主政府浙东三北特派员公署，慈溪县政府秘书，中共梁湖区(后改百官区)区委委员、区长等职。1945年奉命北撤，先后在解放军第一纵队政治部民运部任干事，在新汶煤矿公司任秘书，在山东省卫生局和华东军区卫生部任秘书、科长，1949年随军南下，在上海参加接管工作，历任中共上海市委组织部科长、副处长，市人事局办公室副主任，上海中学副校长，上海市体育干部进修学院负责人，系上海驿亭乡亲会的会长。1984年离休，著有《五夫的故事》《五夫今昔谈》《我的革命回忆》等。2012年2月因病逝世。

吕紫兰(1926—2012年)女，上虞崧厦人，台湾上虞同乡会原理事长。

王锐明(1940—2012年)男，上虞百官人。历任上海海关组织处副处长、上海海关吴淞办事处副主任、上海海关高阳路办事处副主任、上海吴淞海关副关长、海关调查处处长、海关关长，1994年后调任上海虹桥机场海关工作。2012年因病逝世。　(万国通　章懿清)

附　录

2012年度行政新认定驰著名商标企业名录

表56

序号	企业名称
一、中国驰名商标企业	
1	浙江皇马化工集团有限公司
2	浙江古越蓄电池有限公司
二、浙江省著名商标企业	
1	浙江晨辉婴宝儿童用品有限公司
2	浙江越州纸品有限公司(2015年度已撤销)
3	上虞市茶叶有限责任公司
4	浙江瑞华化工有限公司
三、绍兴市著名商标企业	
1	上虞市光明化工有限公司
2	上虞市风帆电气附件有限公司
3	浙江金盾压力容器有限公司
4	浙江新益控制系统有限公司
5	浙江晨辉照明有限公司
6	浙江世纪华通车业股份有限公司
7	浙江阿克希龙舜华铝塑业有限公司
8	上虞市龙兴水果专业合作社
9	上虞龙浦葡萄专业合作社
10	上虞市晶梅杨梅专业合作社

（胡晓东）

新增名牌产品

表57　上虞市2012年绍兴名牌产品名单(工业产品)

序号	产品名称	商标	企业名称	地址
1	针织童装	小一峰	上虞市小一峰服饰有限公司	汤浦镇工业园区
2	封箱用BOPP压敏胶粘带	红阳	上虞红阳粘胶制品有限公司	杭州湾上虞工业园区新纬一路
3	印花染料		浙江劲光化工有限公司	杭州湾上虞工业园区
4	刚玉尖晶石预制块	自立	浙江自立股份有限公司	百官街道百谢路338号
5	直剪仪	逾峰	浙江土工仪器制造有限公司	道墟镇工业区
6	电线电缆	正光明	上虞市光明电线厂	道墟镇肖金村
7	可变翼地铁隧道轴流风机	专风	上虞专用风机有限公司	人民西路1818号
8	D(−−)苯甘氨酸	云涛	上虞帝瑞云涛化工有限公司	杭州湾上虞工业园区纬五路10号

表58

上虞市2012年绍兴名牌产品名单(农业产品)

序号	产品名称	商标	企业名称	地址
1	猕猴桃	小草湾	上虞市小草湾果业专业合作社	章镇镇建设村
2	杨梅	晶梅	上虞市晶梅杨梅专业合作社	驿亭镇二都村

表59

上虞市2012年绍兴名牌产品名单(服务产品)

序号	产品名称	商标	企业名称	地址
1	广告服务	雅图	浙江雅图传媒环艺有限公司	人民中路323号
2	综合服务	LEIDISEN WINNING	上虞雷迪森万锦大酒店有限公司	百官街道城北新区市民大道555号
3	百货零售	/	绍兴大通商城股份有限公司	人民中路193号
4	综合服务	上虞宾馆	上虞宾馆有限公司	百官街道新河路2号
5	百货零售	柏怡思	浙江上百贸易有限公司	百官街道龙山路26号
6	物流		上虞市信诚物流中心	曹娥街道大三角开发区
7	汽车修理与维护		上虞市康众汽车销售服务有限公司	杭甬高速公路上虞出口处东首
8	96345热线服务	96345	上虞市社区服务中心	百官街道文化路98号三楼

表60

上虞市2012年浙江名牌产品名单(工业产品)

序号	产品名称	商标	企业名称	地址
1	地铁隧道轴流风机	金盾	浙江金盾风机股份有限公司	上虞市章镇镇工业园区
2	万能材料试验机	逾峰	浙江土工仪器制造有限公司	道墟镇工业区
3	自镇流荧光灯	尧亮照明	浙江尧亮照明电器有限公司	上虞市百官工业园区
4	唇膏管	AXILONE SHUNHUA	浙江阿克希龙舜华铝塑业有限公司	上虞市329国道(小越段)88号
5	冷轧钢板和钢带	龙盛薄板	浙江龙盛薄板有限公司	杭州湾上虞工业园区纬三路23号
6	包裹型无磷过碳酸钠(SPC)	金科	浙江金科过氧化物股份有限公司	杭州湾上虞工业园区纬九路5号
7	隔爆型三相异步电动机		上虞华盛电机有限公司	上虞市驿亭镇五夫工业区

表61

上虞市2012年浙江名牌产品名单(区域产品)

序号	产品名称	商标	企业名称	地址
1	上虞风机	上虞风机	上虞市风机协会	上浦镇人民政府

外媒看上虞

【概况】 2012年，上虞市对外宣传工作坚持以科学发展观为统领，紧紧围绕市委市政府提出打造“创新上虞、精致上虞、人文上虞、幸福上虞”的总体目标，突出重点，加强推介，注重引导，着力营造有利于上虞发展的良好舆论环境。据统计，全市在绍兴市级以上重要媒体刊播报道作品近1000篇(条)。 (陈肖平)

表62　全年媒体报道重点篇目(2012年)

级别	媒体名称	稿件／节目标题	刊播日期
国家级	《人民日报》	《首届〈儿童文学〉金近奖颁发》	5月30日
	《光明日报》	《浙江上虞出实招解决人才住房难》	6月28日
	《光明日报》	《上虞:虞舜文化的新魅力》	10月22日
	《光明日报》	《浙江上虞“七制”工作法提升审批效能》	12月6日
	《经济日报》	《“浙东新商都”上虞迎来投资潮》	10月15日
	《中国教育报》	《每个乡村儿童都能“上好学”》	2月6日
	《中国文化报》	《文化上虞的新思路》	8月16日
	《中国旅游报》	《五月，上虞樱桃红了》	5月9日
	《中国旅游报》	《猕猴桃成为“四季仙果之旅”新引擎》	9月5日
国家级	中央电视台新闻频道	《民间吹打乐，欢乐锣鼓敲起来》	1月10日
	中央电视台新闻频道	《远方的家》沿海行绍兴上虞专题	2月6日
	中央电视台新闻频道	《12岁白血病女孩渴望上学》《病床上的新学期第一课》和《霞萍病情受关注 各界捐款爱心涌动》	9月8日
	中央电视台发现之旅频道	《上虞故事》专题(1)	9月20日
	中央电视台发现之旅频道	《上虞故事》专题(2)	9月21日
	中央电视台发现之旅频道	《上虞故事》专题(3)	9月24日
	中央电视台新闻频道	《远嫁的猕猴桃身价更高》	10月21日
	中央电视台新闻频道	《一样的“视”界，不一样的精彩》	10月28日
	中央电视台新闻频道	《蟹味这边独好》	12月10日
	中央电视台新闻频道	《青瓷留韵，黄酒伴香》	12月17日
	中央电视台综合频道	《救火阿三》专题(上)	12月19日
	中央电视台综合频道	《救火阿三》专题(下)	12月20日
	中央电视台新闻频道	《顾宝军追梦十五年，情系两头乌猪》	12月21日
浙江省级	《浙江日报》	《舍不下那份乡情》	1月1日
	《浙江日报》	《上虞广织民间爱心网 全市涌现百余公益基金》	1月20日
	《浙江日报》	《上虞外来工光鲜返城》	2月1日
	《浙江日报》	《不离不弃半世纪》	2月24日
	《浙江日报》	《上虞:庭院文化闹盈盈》	4月1日
	《浙江日报》	《越窑青瓷转型升级》	4月20日
	《浙江日报》	《手牵手，带你过马路》	4月24日
	《浙江日报》	《温情满载 幸福关爱》	4月30日

续表62

级别	媒体名称	稿件/节目标题	刊播日期
浙江省级	《浙江日报》	《心系群众办实事》	5月12日
	《浙江日报》	《"小儿科"有大作为〈儿童文学〉金近奖落户绍兴上虞》	5月30日
	《浙江日报》	《上虞"四季仙果之旅"休闲健康新时尚》	6月20日
	《浙江日报》	《上虞叫响"四季仙果之旅"果园变景区卖果又卖景》	7月26日
	《浙江日报》	《不为时代之落伍者》	8月24日
	《浙江日报》	《上虞 一个购物天堂的崛起》	9月27日
	《浙江日报》	《三天奔忙，帮迷路老人回家》	10月30日
	《浙江日报》	《上虞市便民服务中心——优质服务惠万家》	11月15日
	《浙江日报》	《上虞创新驱动产业升级》	12月9日
浙江省级	《浙江日报》	《营造乡村孩子的童话王国》	12月10日
	《浙江日报》	《房客东家一家亲》	12月10日
	《浙江日报》	《打造"四个上虞"建设幸福城市 创新驱动科学发展》	12月24日
	《浙江日报》	《上虞：走向城乡教育均衡》	12月25日
	《浙江卫视》新闻联播	《上虞：公安部奖励"救火阿三"》	4月16日
	《浙江卫视》新闻联播	《上虞万杰制冷：捐资助学，回馈社会》	5月20日
	《浙江卫视》新闻联播	《上虞市投资七亿元建人才公寓，引进四方人才建设上虞》	7月18日
	《浙江卫视》新闻联播	《首届中华十大信义人物昨晚出炉》	7月29日
	《今日浙江》	《吕鹏飞：嫩芽儿茁壮成长》	第7期
	《今日浙江》	《爱心点亮明灯》	第8期
	《今日浙江》	《宣传思想工作"项目化"》	第17期
	《今日浙江》	《好妈妈沈文珍》	第18期
	《今日浙江》	《上虞商贸为什么这么"火"》	第20期
绍兴市级	《绍兴日报》	《上虞携手上海启德航空》	1月7日
	《绍兴日报》	《让群众告诉群众什么是真善美》	1月9日
	《绍兴日报》	《组合民间组织建设诚信体系》	1月12日
	《绍兴日报》	《上虞新兴产业进入加速发展期》	2月1日
	《绍兴日报》	《浙东新商都再添大市场》	2月20日
	《绍兴日报》	《5%的业务占到30%的利润》	4月8日
	《绍兴日报》	《四年里投入一亿多让地铁风机变聪明》	5月10日
	《绍兴日报》	《"三辆车"背后的上虞新产业链》	5月27日
	《绍兴日报》	《上虞"回归"项目投资已超100亿》	5月28日

续表62

级别	媒体名称	稿件/节目标题	刊播日期
绍兴市级	《绍兴日报》	《筑巢引凤来　村级经济活》	5月31日
	《绍兴日报》	《绍兴上虞无臂书画家陈伟强书画作品出展伦敦奥运会》	7月8日
	《绍兴日报》	《小巧口红管“擦”红大品牌》	8月3日
	《绍兴日报》	《上虞高铁新城建设全面提速》	8月18日
	《绍兴日报》	《三大现代产业“再造一个上虞”》	8月20日
	《绍兴日报》	《规划60平方千米投资101亿元》	11月18日
	《绍兴日报》	《撑起“一把伞”抱团抵“寒流”》	12月8日
	《绍兴日报》	《卧龙变压器获重大突破》	12月19日
	《绍兴日报》	《抱团走出去照亮新市场　上虞照明企业港澳集中推介》	12月24日

【媒体报道选刊】

每个乡村儿童都能“上好学”

原载于2012年2月6日《中国教育报》头版头条
作者：苏　婷　顾松灿

学校布局调整后，一些规模小、设施差、效益低的完小、村小被并入城镇学校，而一些不易撤并、仍“留守”在农村的完小怎么办？浙江省上虞市提出：要让农村孩子在家门口也能享受和城镇孩子一样的优质教育，让每个乡村儿童都能“上好学”。

在上虞市，现有的34所农村完小超过全市学校总数的三分之一。近年来，该市十分重视农村完小建设，市教体局局长章兆钧抓的一项主力工作就是“补短板”：“只有把完小建设好了，才能使上虞教育的‘容积效能’最大化。”作为促进教育均衡发展的重点工程，该市通过一系列“强筋壮骨”措施，为农村孩子家门口的学校增强发展后劲。

A级完小创建，让农村完小“挺直腰板”

这几年，在上虞教育系统有一个耳熟能详的名词——“6200工程”，意思是市财政每年投入6个200万元，解决农村教育发展中的突出问题，其中一个专门用于农村完小建设。伴随着“6200工程”的实施，上虞市完小A级学校督导评估机制应运而生。

该市教体局专门制定了《农村完小督导评估A级学校评估操作标准》，引导各乡镇（街道）在重视镇中、镇小建设的同时，加大投入，改善完小办学条件，加强规范化管理。规定凡创建AAA级完小奖15万元，AA级完小奖10万元，其所在上一级中心学校在年度考核中给予加分。这一机制有效地改善了完小的办学条件。

驿亭镇横塘完小原有三幢教学楼都是危房，电教设备几乎没有，操场也坑坑洼洼，老百姓戏称为“绿洲中的沙漠”。开展A级完小创建后，学校硬件可谓“脱胎换骨”：政府投入400余万元，拆除原教学楼，新建3幢标准教学楼和围墙、食堂、运动场，添置篮球架、乒乓球桌等体育设施；校园生均绿化面积达到2.4平方米；多媒体设备进了课堂，现代教学设备实现与城镇学校同步。

到目前，上虞市农村完小的占地、建筑和绿化面积达标程度大大提高，有12所达到省标准化学校要求，18所跻身A级完小行列。

内涵发展评估，为农村完小树前行标杆

随着城市化的推进，农村完小面临生存压力。对此，上虞市引导完小坚持走以张扬特色、提高质量为重点的内涵发展之路。

地处城郊接合部的曹娥小学，把学校定位为“一所精致的学校”。具体目标包括彰显个性，有

比较浓郁的文化氛围；质量领先，教学质量被社会认可；学生有个性特长，有一批特色社团；师资优化，部分学科具备竞争实力等。近年来，该校抓硬件、强科研、练队伍、扬孝德、提质量，全面提升办学层次，先后跻身上虞市示范完小、上虞市AAA完小、上虞市校本教研示范学校、绍兴市实验学校、绍兴市示范小学、浙江省标准化学校、全国小公民道德建设实验学校的行列。市教体局在该校召开了全市完小内涵发展工作现场会，总结、推广该校的经验。

目前，内涵建设正成为该市农村完小新一轮发展的主旋律。内涵发展评估让学校自拟发展指标，自我进行评价，不比基础比进步，不看“教育总量”而看“发展过程和质量”，为农村完小树起了前行的标杆。一批完小展示“乡村体育融真情”“邮文化”教育、“校园吉尼斯”活动、“象棋社团”“乒乓球嘉年华”等特色，亮点频现。

城乡教育一体，农村完小与城镇小学同步

拥有10多万人口的崧厦镇现有下属完小5所。这些完小分散、规模大小不一、师资结构不合理。自2009年以来，崧厦镇大力推进镇域一体化，实行学校管理、教师调配考核、督导评估、特色培育一体化。在此过程中，该镇建立镇小领导联系制、镇域小学校长工作例会制、镇校领导集体视导制；选派优秀教师到师资力量薄弱的基层学校任教。镇小制定工作计划时，都涵盖对完小的工作要求。

完小由于教师数量少，缺乏骨干教师，开展校本培训和教研活动相对困难。崧厦镇实行全镇教职工由镇小统一调配，教师由“学校人”变为“镇域人”，并以镇小为依托，开展了镇、片、校三级教研活动，着力打造镇域教师成长共同体。在全镇教师中选派骨干教师，组成镇级教研大组，开展教学方法、备课指导、学情分析等研究活动。每次活动，组织全镇相关学科教师参加。崧厦镇小校长杭渭河说，镇域一体化管理最大限度地发挥教学资源的使用效益，从而实现镇域均衡发展。

据了解，目前上虞市的丰惠、道墟等几个大镇相继建立了镇域一体化管理机制，建有对完小的结对帮扶制度。

小班化个性教育，让农村孩子得到更多关爱

上虞市教体局一方面严格控制城镇学校的班额，另一方面在规模较小的农村完小大力推行小班个性化教育，小班化教育正逐渐形成“农村包围城镇”的格局。

梁湖镇江山小学是一所地处半山区的完小。随着城镇化的推进，学校由500多名学生逐年递减至173人。2009年以来，学校开展了小班个性化教育实践与探索，试验“师生互动最大化、师生距离最小化、个性发展最优化”。

“人人有展示、堂堂有关注、时时有赏识、班班有一品”，是这所乡村完小提出的实验目标。记者在江山小学校园里走了一圈：每班30人左右，教室宽敞、明亮。每个班级设有学生个人展示区，每个学生有优秀作文、自编小报、个人收藏、剪纸书法等作品展示。学校还采用“综合协同”和“走班合作”的教学模式，为教师提供更多的与其自身条件相称的教学机会与教学条件。同时，推行“微笑的你最美、好学的你最棒、健康的你最牛”的评价机制，每个班级都拥有自己的特色传统项目，如吹笛子、拉二胡、吹葫芦丝、滚铁环、打陀螺、跳皮筋等。学校自实施小班个性化教育以来，优质生源流失的势头已初步得到抑制。

在上虞各农村完小，这样的小班个性化教育正逐渐“弥漫”到每个角落。

覆卮山的樱桃熟了

原载于2012年5月8日《新民晚报》长三角B3版
作者：张智颖　陈肖平

“四月江南黄鸟肥，樱桃满市粲朝晖。”每每这个季节，人们都会想起宋人陈与义的这句诗词。每年4月底至5月上旬，浙江上虞市覆卮山大片樱桃红熟了：山里山外，一片片、一丛丛樱桃树，夹挂着一串串红黄相间的樱桃，透着诱人的色彩和香味。据介绍，今年早春，覆卮山因没有忽冷忽热的气候，使那一片樱桃挂果时间持久，糖分充足，一颗颗樱桃玲珑剔透，甘甜如饴，引得长三角各地游客特别是自驾游客近悦远来。

因谢灵运“登此山饮酒赋诗，饮罢覆卮”而得名的上虞覆卮山，山峦起伏，云雾缭绕，山间更有第四纪冰川的遗迹。樱桃采摘节期间，旅客还可登山看世纪冰川，观千年梯田，游明清村落；而山里的农家土鸡、时鲜蔬菜也让游客大快朵颐。

樱桃开摘是上虞市“四季仙果之旅”的首站。接下来，上虞每月都会推出一款水果采摘游。春有樱桃，夏有杨梅，秋有桃子，冬有板栗……一年四季采摘不断。

首届《儿童文学》金近奖颁发

原载于2012年5月30日《人民日报》
作者：张健

首届《儿童文学》金近奖颁奖典礼今日在著名儿童文学作家、《儿童文学》杂志创始人金近先生的故乡浙江上虞举行。评奖作品为两年内在《儿童文学》上、下两刊中发表的原创作品与优秀插图。毛云尔《老王家的狗》等20篇文章获得作品奖，周珊如等9人获得插画奖。

《儿童文学》杂志在金近先生及一批老一辈著名作家的关怀与参与下，于1963年创办。现在《儿童文学》的月均发行量达100万册以上，成为中国儿童文学领域中影响最大的杂志之一。《儿童文学》金近奖是为了纪念与弘扬金近先生献身儿童文学事业的无私精神，进一步繁荣儿童文学创作，由上虞市人民政府与《儿童文学》杂志社联合设立。

浙江上虞出实招解决人才住房难

原载于2012年6月28日《光明日报》头版
作者：周智敏　余彩龙　潘剑凯

在浙江上虞城北新区曹娥江畔，一个占地面积近5万平方米的高品质“江景房”正在开工建设。这不是什么房地产开发项目，而是上虞市人才公寓。

城北新区，是上虞市最繁华的黄金区域。这个地段的商品房，每平方米的均价已超过1.2万元。而上虞市符合条件的人才，仅需支付每平方米6000元的成本价，就可以购得拥有完全产权的新房。这一人才公寓，建筑总面积为10万平方米，周围江滨绿化带、商业街、学校等配套设施齐全，可为该市近千名人才解决住房问题。

“市里建造人才公寓，可以为我们企业解决最为头痛的住房问题。”卧龙集团人力资源部任华强告诉记者。该公司的人才住房条件不算差，其生活配套区内，共有200余套房子。“但现在已经住满了，新进的五六十名大学生，正愁没地方安置呢！”任华强说。

上虞市人才公寓由国有公司承建，再根据企业的社会贡献度按比例出售给企业人才。目前，上虞市各有关企业正在摸排有入住需要的人才。“大学生们都非常开心，报名十分踊跃。”金盾集团压力容器副总经理钦义发告诉记者。

在建造人才公寓的同时，上虞市还对符合条件的人才购买住房，给予20万元至100万元不等的一次性房补。“按照这个政策，我拿到了政府一次性住房补贴100万元！”刚从加拿大来到上虞启明生化公司工作的林维扬博士，开心地告诉记者。目前，全市像林维扬这样，共有161名海内外高层次人才享受了该政策，合计补助资金3000多万元。

“对一时不买房子的人才，则可以享受政府每月400元至2000元的租房补贴。”上虞市人才办负责人告诉记者。尤其是去年将全日制高校本科学历的大学生，也列入补贴范围，受益面更大了。“如果两人合租一套房子，每个月800元的补助，再加上企业适当的配套，在上虞市区租房，基本上可以自己不掏腰包了。这对我们新参加工作的人来说，真是雪中送炭！”一位去年刚从浙江工业大学毕业的大学生显得十分开心。

据悉，除了购房租房有补贴，上虞市还推行了自主创业有资助、到上虞工作有补助、创新提升有奖励、子女就学有保障、企业开发人才有支持的“六个有”政策体系，3年内人才专项资金高达10亿元。

"浙东新商都"上虞迎来投资潮

原载于2012年10月15日《经济日报》6版
作者:黄 平 朱小静

漫步于浙江上虞城北商业街,车水马龙、人声喧嚣,沃尔玛、麦德龙这些全球商业巨头早已进驻这座小城;走进商场,卡地亚、施华洛世奇、PORTS等一线品牌应有尽有,让人很难相信这只是一座中等规模的县级市。

2007年以来,上虞城区新增商业建筑面积超过120万平方米,其中百货超市等零售商业类达40万平方米,专业市场60余万平方米,住宿餐饮类达20万平方米。名店、名品、名牌纷纷落户上虞,国际一线品牌云集,已有3家五星级酒店。

全球商业巨头为何青睐这座小城?

上虞位于浙江省东北部,过去是一个以生产粮棉为主的鱼米之乡,到现在已发展成以先进制造业为主导的滨江生态型中等城市,是浙江省17个经济强县市区之一。结合区域位置优势,上虞明确城市定位:商贸活市和服务业立市。上虞近年来逐渐打造出"浙东新商都"城市新品牌。

目前,上虞市共有4136家服务业企业,31418家个体服务业主,年均吸纳就业人员近万人。据统计,仅今年上半年,上虞就实现服务业增加值99.91亿元,同比增长9.4%,占GDP比重达37.8%,增速为历年之最。

数据显示,1992年至2011年间,上虞的服务业增加值从4.78亿元上升到190.66亿元,增长近40倍。2011年,实现服务业税收收入13.05亿元,约占地方税收的一半。

国庆前夕,一年一度的上虞购物节举行,为期1个月的购物节主题是"浙东新商都、幸福上虞城",共安排大型城市消费兑奖、首届浙东(上虞)汽车文化博览会等16项活动。"从内容来看,购物节突破了单一的购物促销活动,以消费购物为纽带,融合文化娱乐、休闲旅游、商务活动、项目建设等各个方面,涉及三次产业多个领域。"上虞市服务业发展局局长章建华告诉记者,购物节已经产生五大功效:一是打造浙东新商都品牌,二是集聚人气商气,三是引导市民消费,四是提升城市能级,五是锻炼商务人才。

"人气高了,自然有商业巨头追逐而至。"决策者要把上虞打造成这样一座理想城市:"要让城里的人住得幸福,城外的人心向往之。"

记者在采访中了解到,上虞正在从传统商贸业向生产性服务业领域拓展,已引进浙江省交投大型高速物流、省农发集团商贸旅游项目等大项目,与惠普、浙大网新等知名企业签订合作协议,服务业结构更趋优化。

紧紧抓住产业结构重组和城市能级提升两个战略主题,上虞做好如何使上虞乡贤文化转化为上虞乡贤经济、如何使上虞收藏文化转化为上虞收藏经济这两篇文章。

上虞:虞舜文化的新魅力

原载于2012年10月22日《光明日报》4版
作者:余彩龙 潘剑凯

■上虞市委书记孙云耀:文化是一种力量,能让人精神充盈,生活丰裕,从而使社会充满凝聚力。

■上虞市市长王慧琳:地域文化是一个地方的核心与灵魂,是提升城市品位与精神内核的源泉。

主持人语

如果说舜帝的传说太久远,那么就从秘色瓷的幽幽青光、春晖园的琅琅书声中去体悟她的历史;如果说梁祝的爱情太凄美,那么就从东山再起、百业兴旺中感受她的朝气。这是一座有文化传承的城市,并正在创造着新的文化胜景。

——栏目主持人 杨 亮

"美哉名区,秀美孕育,达人杰士,史不绝书"。清代著名学者徐致靖曾这样称赞上虞。

从抵达浙江上虞的那刻起,就被这里无处不在的文化氛围所深深浸淫着。在城市档案中心,映现在眼前的是一个个光芒四射的上虞名人:王充、章学诚、马一浮、吴觉农、夏丏尊、胡愈之、经亨颐、竺可桢、谢晋；在城防景观带上，“舜会百官”“东山雅聚”“春晖集贤”的城雕，则向我们叙述着无数文人名士集聚上虞的盛况；在春晖名人园里，那静卧在白马湖畔的名人故居，仿佛在细诉那惺惺相惜的难忘时光。虞舜文化、青瓷文化、东山文化、梁祝文化、白马湖文化、孝德文化、信义文化……在上虞采访，我们深深感受到了这股文化力量正强烈地充盈着虞舜大地。

虞舜精神：上虞文化的源头活水

虞舜精神给上虞这座城市提供了无穷而深远的精神力量，塑造了上虞人独特的个性和品格。除了史料的记载外，这里更有虹漾村、象田、舜井等众多舜迹遗存。2001年，舜耕公园落成，它不仅将大舜庙、舜桥、舜井这些遗迹保护起来，还由中国艺术大师韩美林创作了舜耕群雕作为中心建筑。

与上虞地域几千年来连绵发展的虞舜文化、地域文化相对应，所发展而成的广义的虞舜精神，意义独特，与现今提炼出来的“崇孝守信、务实创新”的新时期上虞精神一脉相承。

“崇德”是虞舜精神最基本的部分，具有奠基石的地位。包含和容纳了上虞几千年来德治人文的积淀和由此孕育的诸多硕果。孟尝的合浦还珠，马一浮的蔑视权贵，陈春澜的捐资办学等等，都是上虞素有浓厚“崇德”之风的生动、鲜明体现。与“崇德”互动互生，“诚信”亦同样是广义虞舜精神的核心内容。祝英台对爱情的忠贞不渝以至跳坟殉情，是生命对生命诚信；经亨颐、夏丏尊在偏居乡野一隅的白马湖畔能集聚那么多文化精英，是人格与人格的诚信。

“激情”是虞舜精神的特质，也是虞舜精神本质的张扬。古老的青瓷发源于上虞，体现了善于创新、勇于创造的激情；谢安临危受命挽家国于将倾，体现了匹夫有责、敢于负责的激情；而令上虞人民深为骄傲的围垦海涂，则体现了遇难而上、勇于拼搏的激情。务实更富有上虞地域人文的特征。王充的《论衡》在中国历史上第一个举起了批谶纬、重务实的古代唯物主义大旗，章学诚的《文史通义》倡言“六经皆史”成为唯物史观的萌芽，而竺可桢开启的浙大“求是”校风和马一浮“默然不语，其声如雷”的诤言，同样是上虞土地上一以贯之的求真务实精神的重要文化基因。

“和谐”作为虞舜精神基本内涵，是舜以德化人思想的终极目的之一，同样是上虞人几千年来养成的重要处世态度。上虞人素有贫富间相互扶持的传统，总额达15.2亿元的民间公益基金编织起上虞民间慈善、仁爱的爱心网。捐款1200余万元支持家乡教育事业，成为“感动浙江”第一人的张杰先生更是此中的典范。春晖中学“与时俱进”的校训，更将“开放”的意义阐释发挥得淋漓尽致。

民间力量：虞舜文化的普及发扬

“我们每天一大早都在练，听说你们要来，我们特地延长了表演时间。”在文化广场，只见一群妇女，正和着音乐，跳着舞儿。“这叫木兰长绸扇”，上虞市木兰拳协会秘书长王珍仙见到我们，就笑嘻嘻地介绍开了。她说，协会成立13年来，已拥有13支女子健身队，18个晨练点，市里凡有大型活动，木兰拳表演是指定节目。她们还先后赴省内外比赛9次获奖，如今，“百人练拳，千人健舞”已成为上虞市民的生活时尚。

“去上虞乡贤研究会看看！”说起上虞民间团体，提起最多的恐怕就是它了。“‘上虞百贤展’将要开展，我们要用书法、绘画、篆刻等三种方式展示‘虞舜’‘王充’等100位上虞已故文化名人的事迹。”这段时间，会员们虽然个个紧张忙碌，但脸上依然泛着甜甜的笑靥。用会长陈秋强的话来说，就是要用他们的实际行动，当好文化传播的使者。像这样的民间团体在上虞为数不少：卧龙合唱团、一笑艺术团、国华艺术团、戏迷联谊会、东华剧社、文光越剧团、轻舞飞扬舞蹈队……这些完全由民间自发走到一起的团体组织，用各自的方式传达着对文化艺术的执着和追求。

而上虞的民营企业家们，也用自己的行动支持家乡的文化建设。王苗通，华通控股集团公司的老总，他不仅把一个小厂打造成全国民营企业500强、中国汽车塑料件行业的龙头企业，更是一举出资700余万元建设陈溪乡影剧院。上虞市汤浦镇的浙江佳鑫铜业有限公司总经理林平慷慨解囊，出资500万元成立“浙江佳鑫文化发展基金”，专项用于汤浦镇文化事业建设。“金科”明志图书基金、“德盛”社区文体基金……越来越多的社会资金参与到文化建设中来。

魅力活动:上虞文化的传承升华

前不久,公众的目光不约而同地投向上虞。首届中国信义文化节在这里举行,不仅有中华十大信义人物颁奖盛典,上虞市还被授予"中国信义城市"称号。这是上虞市进一步挖掘自古就有的信义文化的传承之举。"传承信义精神,是对一个城市的道德积淀。信义文化建设必将推动经济社会发展的方方面面。"上虞市委书记孙云耀说。

在上虞,"信义观"已经渗透到市民的日常生活之中,由当地编排创作的《信义之歌》在群众中广为传唱;信义墙、信义林、信义窗在城市广场设立;以诚信为主题的文明体系复评、工商、金融等行业的诚信体系建设全面展开……

秋日,当我们一行兴致勃勃地来到粉墙黛瓦、古朴幽静的江南民居前,向导告诉我们,这是上虞市投资500万元,历时三年,重新修缮的陈春澜故居同兴里。我们不禁为再现江南第一民宅的决心所深深折服。"老祖宗给的遗产再璀璨夺目,没有新发展,这厚实的家底也会被消耗殆尽。"上虞市委常委、宣传部长郑建庆介绍说。这几年,叶天底故居、竺可桢故居、谢晋故居、春晖中学名人园、王充墓、谢安墓等一大批名人建筑在文化遗产整修行动中得以恢复原貌……

在"魅力文化十大行动"成果展示栏上,我们看到,像《大师谢晋》《春晖》《流浪的二胡》《名人故居》等书目赫然在目,上虞作家群新近创作的母土文化作品源源不断;《"东山再起"之地——上浦镇》《"徐懋庸故里"——下管镇》等地方书籍不断涌现。而以一代名导谢晋而命名的"谢晋文化奖",以每年不少于200万元的资金,对文化精品、文化活动和文化基地实施奖励,"娥江之春"音乐会、"虞舜文化节",无不演绎上虞文化的"正在进行时"。

上虞创新驱动产业升级

原载于2012年12月9日《浙江日报》头版头条
作者:周智敏　吴妙丽　肖艳艳

"滴答"一秒,就能生产出40只金属易拉罐!在杭州湾上虞工业园区东一区,日前开业的浙江奥瑞金包装有限公司年产8亿只铝制易拉罐项目,拥有世界上最先进的两片罐生产线。

在上虞,这样的镜头并不鲜见。浙江金盾压力容器公司是全球唯一能用钢坯冲拔工艺,生产大直径无缝钢瓶的企业。与之相距不远的浙江东轻高新焊丝有限公司,生产的铝合金焊丝替代进口,应用于高速动车车体和运载火箭。

十八大报告提出实施创新驱动发展战略。对上虞制造而言,就是要站在行业的制高点,以全球视野谋划和推动创新。

为增强抢占国际技术前沿地带的实力,上虞市每年科技投入超过1亿元,对科技型企业培育、企业研发机构建设等自主创新活动和公共科技基础平台、专业(行业)科技创新服务平台建设进行奖励。该市还鼓励企业开展校企合作,加大科技投入。全市415家企业与248家高校科研院所建立合作关系。去年,全市企业累计投入科研资金17.2亿元,占工业增加值的6.6%。同时,该市积极探索科技金融创新,切实为广大科技型企业提供金融服务。

上虞企业将收购兼并的目标瞄准世界著名企业。卧龙集团以1亿欧元并购奥地利最大电机制造企业——ATB集团,不光把它的全球营销网络揽入怀中,最重要的是拥有了世界最尖端的技术。此前,"浙江龙盛"并购全球最大的染料供应商——德司达,"闰土股份"收购世界第四大染料集团——约克夏化工控股有限公司,都有异曲同工之妙。

上虞还将招商选资的目标锁定全球500强企业,实现借梯登高。目前,日本伊藤忠、荷兰飞利浦、韩国SK、法国液化气等7家世界500强企业在上虞落户,另有3家正在洽谈。"这些500强企业的引进,将国外高端项目、高新技术带进了上虞。"上虞市经信局负责人告诉记者。

这批站在全球制高点的企业,促进了上虞经济又好又快发展。今年前三季度,上虞规模以上工业企业销售增长9.8%,财政收入增长10.5%。

索 引

说 明

1. 索引分正文索引和正文图表索引。按标引词首字汉语拼音(同音字按声调)顺序排列,首字相同按第二字排列,以下依此类推。

2. 正文索引仅限于具体条目、类目、分目、及条目中的“概况”、“概述”不作索引。

3. 标引词后的阿拉伯数字表示页码。

4. “特载”、“特辑”、“大事记”、“机构”、“统计资料”、“文件目录”、“附录”类目及彩页未编索引。

正文索引

0–9

D

E

F

G

K

L

M

N

T

W

X

Y

Z

正文图表索引